H.V. MORTON

Societäts-Verlag

Wanderungen in ROM

Frankfurt am Main

MIT ZEICHNUNGEN VON BERND ROSENHEIM

Neunte Auflage mit einem Nachwort von Josef Schmitz van Vorst.
Titel des Originalwerkes: „A Traveller in Rome", Methuen & Co., London. Foto des Umschlages nach einem Motiv vom Haus der Vestalinnen: Engelbert Kirschbaum SJ. Umschlaggestaltung Heinrich Müller.
Druck: Paul Wilk, Seulberg,
Einbandarbeiten: Hollmann GmbH, Darmstadt.
Printed in Germany 1986.
ISBN 3 7973 0093 X

O Roma felix, quae duorum Principum
Es consecrata glorioso sanguine
Horum cruore purpurata ceteras
Excellis orbis una pulchritudines.

Alter römischer Hymnus

Der Macht Roms gegenüber kann man nur eine einzige Haltung einnehmen: die Kampfstellung.

GODFRIED BOMANS, 1956

Man muß sein Hemd verkaufen, um die Loggien von Raffael zu sehen und um sie wiederzusehen, wenn man sie gesehen hat.

STENDHAL, 1811

Wenn man so eine Existenz ansieht, die 2000 Jahr und drüber alt ist, durch die Wechsel der Zeiten so mannigfaltig und von Grund aus verändert, und doch noch derselbe Boden, derselbe Berg, ja oft dieselbe Säule und Mauer, und im Volke noch die Spuren des alten Charakters, so wird man ein Mitgenosse der großen Ratschlüsse des Schicksals.

GOETHE an Herder, November 1786

Ich wage es zu behaupten, daß die ganze Geschichte nichts wert wäre, wenn die Römer nicht existiert hätten.

RANKE an König Maximilian II. von Bayern, 1854

Die Entstehung Roms aus einem in die Mythe verhüllten Keim, das Wachsen, endlich die Monarchie dieser einen Stadt wird stets als das tiefste Mysterium des Weltlebens erscheinen.

FERDINAND GREGOROVIUS, Geschichte der Stadt Rom im Mittelalter

Seit meinem ersten Besuch war mir die Stadt nicht nur in allen ihren historischen Schichten, sondern in ihrer seelischen Essenz, also in einem übergeschichtlichen Sinne, die heilige Stadt geworden, damit aber zugleich eine nicht verwählte, sondern entdeckte, eine angestammte Heimat, ein Wallfahrtsziel.

ERNST ROBERT CURTIUS

Kapitel I

Blick von einem römischen Balkon
Der römische Lärm
Spaziergang in Rom
Frühstück bei der Peterskirche
Der Trevi-Brunnen
Die Entstehung eines Aberglaubens

1

Wer von uns nicht eingenickt war, blickte beiläufig auf die Alpen hinunter, die wie ein Modell im geologischen Museum unter unseren Flügeln lagen. Obwohl es Juli war, waren viele Gipfel noch weiß.

Manchmal überfällt uns unversehens die Erkenntnis von den unfaßbaren Wundern unserer Zeit, und so dachte ich, indem ich mir meine Rückenlehne noch bequemer einstellte, wie ungeheuerlich es doch war, so durch die Lüfte nach Rom zu jagen, während viele von uns die riesige Schranke, die unsere Vorfahren mit ehrfürchtigem Schrecken erfüllt hatte, nicht einmal beachteten. Hinunterblickend versuchte ich die Pässe zu finden: den Mont Cenis, den St. Gotthard, den Großen und den Kleinen St. Bernhard und natürlich den berühmten Brenner. Dabei zog mir eine Kette von Bildern durch den Sinn: Hannibal und seine hungrigen Elefanten, Karl der Kahle, der auf dem Mont Cenis starb, Kaiser Heinrich IV., der sich durch die Schneestürme des Januar 1077 kämpfte, um mit dem Papst Frieden zu schließen – die Kaiserin und ihre Hofdamen schnallte man in Ochsenhäute und ließ sie wie Heubündel über die vereisten Hänge hinab.

»Möchten Sie Traubenzucker oder Pfefferminz?« fragt die Stewardeß, als wir die Alpen überqueren.

Die Gefühle von Generationen von Rompilgern lassen sich in

einem Satz aus dem Brief zusammenfassen, den Lady Mary Wortley Montagu 1720 von Turin aus schrieb: »Gottlob, ich bin glücklich über die Alpen!« Noch in ihren Tagen, als man die sogenannte »Große Reise« schon recht gut organisiert hatte, war der Übergang über die Alpen eine gefahrvolle oder zumindest beängstigende Sache.
Die Kutschen wurden gewöhnlich auseinandergenommen und auf Maultieren hinübertransportiert, während die Reisenden selbst, angetan mit Pelzmützen und Handschuhen und in Bärenfelle eingemummelt, von gewandten Bergbewohnern in Sesseln, die zwischen zwei Stangen hingen, über die Pässe getragen wurden. Auf diese Weise wurde Montaigne, der in Italien seine Gallensteine auskurieren wollte, den Mont Cenis hinaufbefördert und erst oben in einen Schlitten gesetzt. Auf dem gleichen Paßübergang wurde Horace Walpoles Schoßhündchen von einem Wolf zerrissen. – Unter solchen und ähnlichen Gedanken ließen wir die Alpen auch schon hinter uns, und nicht lange danach war es Zeit, sich für die Landung in Rom anzuschnallen.

Die Fahrt vom Flugplatz nach Rom hinein war lang und eintönig, aber die ganze Zeit freute ich mich schon auf mein »Zimmer mit Balkon«, dem ich ja nun immer näher kam. Ich sah ihn seit Wochen vor mir, diesen Balkon, obwohl ich ihn nie wirklich gesehen hatte. Möglich, daß er keine Bougainvillea hat, sinnierte ich, aber ganz bestimmt Geranientöpfe. Und dann würde ich abends von diesem Balkon aus beobachten, wie die Sonne hinter der Peterskirche untergeht, und die Mauersegler – ob es im Juli wohl noch Mauersegler gab? – würden derweil mit ihrem durchdringenden Schrei die Luft zerschneiden, diesem Schrei, dessen Bedeutung jedes Kind in Rom kennt: »Gesù ... Gesù ... Gesù!«
Die Ruinen eines Aquädukts hinkten querfeldein. Obwohl ich sie von Fotografien her wiedererkannte, konnte ich nicht auf ihren Namen kommen. Überhaupt wurde mir in den ersten zehn Minuten klar, daß ein Aufenthalt in Rom keine Entdeckungsfahrt, sondern ein Wiedersehen ist. Wir durcheilten nun die äußeren Vororte, wo sich zwischen Stein- und Mörtelhaufen mas-

sive Wohnblocks aus Beton erheben, die modernen Nachfahren der römischen »insulae«, aber doch wohl recht viel stärker und gerader gebaut als diese. Dann fuhren wir durch ein turmbewehrtes Tor der Aurelianischen Mauer und schlossen uns von nun an dem dichten Gewühl der grünen Straßenbahnen und Autobusse an, während ringsumher die von Büchern, Postkarten und den Wänden alter Pfarrhäuser her vertrauten Bilder Leben gewannen. Ab und zu erkannten wir einen Obelisken, einen Brunnen.

Ich verstaute mich und mein Gepäck in ein Taxi, und ab ging's durch den heißen goldenen Nachmittag hügelabwärts meinem Zimmer mit Balkon zu. Im Vorüberfahren sah ich viele Leute unter blauen Sonnenschirmen in der Via Veneto Kaffee trinken, dann bogen wir auch schon mit großem Schwung in eine Seitenstraße ein und hielten vor einem ziemlich streng aussehenden Torweg.

2

Dies sollte mein Balkon sein? Hatte ich hiervon seit Wochen geträumt? Ich konnte nichts weiter sehen als das Gebäude gegenüber, das einmal vor Jahren ziemlich nachlässig braun getüncht worden war. Von seinen Fenstern starrte man mich mit der feindseligen Neugierde an, die man einem »Neuen« in der Klasse entgegenbringt. Männer mit komischen kleinen Mützen aus Zeitungspapier auf dem Kopf waren dabei, das Dach zu reparieren. Ich sah Läden, Restaurants, ein Friseurgeschäft und eine Imbißbar, in deren Fensterauslage inmitten von Pfirsichkörben, Oliven- und Artischockengläsern die Gerichte in ihren Töpfen brodelten. Im Eingang zu einem unterirdischen Gewölbe saß, gnomengleich, ein buckliger Flickschuster, den Mund voller Nägel, die er mit unglaublicher Geschwindigkeit in die Sohle des zu reparierenden Schuhs beförderte. Enttäuscht wandte ich mich ab, wieder um eine Illusion ärmer, denn dies war nicht so ein Balkon mit romantischem Blick auf die Peterskirche, wie ihn andere, vom Glück eher begünstigte Schriftsteller immer zu finden schienen.

Meine Pension lag in einer Seitenstraße, ein paar hundert Meter von den Borghese-Gärten entfernt. Es war eine noble und eindrucksvolle Adresse, solange die Bekannten die Post benutzten und nicht selbst kamen. Dann hätten sie einen Innenhof zu sehen bekommen, wo die Kellner vom Restaurant nebenan ständig Krabben schälten und derweil jedem Zimmermädchen, das zufällig aus einem der oberen Fenster hinaussah, Koseworte zuriefen. Weiter hätte der Besucher die Bekanntschaft mit dem fürchterlichen Aufzug gemacht, denn Italien ist das Land der unnachgiebigen Lifts. Diese Erfindung hat sich hier einfach noch nicht akklimatisiert. Er wird meistens verschlossen gehalten und untersteht fast immer der unvermeidlichen Alten, die im Kellergeschoß wohnt und von dort mit dem Schlüssel auftaucht. Des öfteren muß man für seine Benutzung bezahlen, und ungezählte Male kann man wohl hinauffahren, aber nicht hinunter.

Mein Pensionsaufzug war vom Teufel besessen. Nie habe ich ein böswilligeres Stück Maschinerie erlebt. Er hatte seine guten und seine schlechten Tage. War er übellaunig, spie er blaue Funken und hielt im verkehrten Stock. Fast jede Woche mußte man einen armen, zwischen den Stockwerken festsitzenden Gefangenen erlösen, wozu in aller Eile Männer in fleckigen Werksanzügen herbeigerufen wurden, um das Teufelsding zu bezähmen. Manchmal, wenn man im Erdgeschoß ohne vorherige Warnung auf den Knopf drückte, fing man oben eine Alte, die dann wie eine zornige Pallas Athene unten ankam und statt des Speers den Besen schwang. Einmal erwischte ich sogar einen Müllabfuhrmann mit zwei Ascheneimern.

Aus diesen Gründen ging ich oft lieber die fünf schönen Marmortreppen zu Fuß hinauf. Die Treppenstufen in Rom gehören zu meinen ersten Erinnerungen: Stufen aus Marmor und Travertin, flache Renaissance-Stufen, die für die Beinmuskeln so viel angenehmer sind als die steilen Stufen des antiken Rom, Stufen, die sich rechts, links und in der Mitte vom Spanischen Platz aus hinaufschwingen, wie um zu zeigen, was Stufen vermögen, wenn man sie nur gewähren läßt... Edle Stufen nach S. Maria in Aracoeli hinauf, elegante Stufen vor dem Quirinal, majestätische Stufen, die zum Petersdom und zu unzähligen anderen Kirchen, Brunnen und Palästen hinaufführen – die herrlichsten Stufenfluchten der Welt. Sogar die Treppen zu meiner Pension waren Verwandte der Spanischen Treppe, wenn auch arme Verwandte, und ihre sanfte, marmorne Steigung entschädigte mich für die vielen Male, in denen sich der Aufzug aufsässig gebärdete.

Ich beneide oft die Menschen, die ihrer Umwelt gegenüber unempfindlich sind. Zwar geht ihnen eine Menge verloren, andererseits bleibt ihnen die Tyrannei der leblosen Dinge erspart. Ich war nie mit dieser Gleichgültigkeit gesegnet und fühle mich nicht glücklich, ehe ich mir nicht einen Zufluchtsort oder ein Zuhause geschaffen habe. Das war nun leicht in den Tagen, als man noch per Bahn oder Boot reiste und Bücher und persönliche Kleinigkeiten mitnehmen konnte – heutzutage aber, wo man auf dem Luftwege mit wenig mehr ankommt, als man auf dem Leibe trägt, dauert das Zusammentragen von ein paar persönlichen Dingen schon etwas Zeit. Immerhin, mit Büchern, Karten und umgeräumtem Mobiliar begann mein Zimmer nach einer Woche den Charakter einer Büßerklause zu verlieren, ja es fing an, mir zu gefallen. Ich freute mich auf den Abend und den Augenblick, wo ich die Tür hinter mir schließen und mich der Nachwirkung der am Tage gesehenen Dinge überlassen konnte. Die meisten Wohnungen gegenüber waren von ständigen Mietern bewohnt, einige wurden dagegen an Touristen abgegeben, die ein, zwei Nächte blieben und dann wieder aus dem Gesichtskreis verschwanden. Unter den ständigen Bewohnern gab es einen Mann, der in dem Augenblick, wo die Morgensonne sein Fensterbrett berührte, einen kleinen Kaktustopf hinausstellte und ihn abends beim Nachhausekommen als erstes wieder hereinholte. Über ihm lebte eine Greisin, die wie ein alter Raubvogel stundenlang in unsere Fenster starrte. Ganz offensichtlich waren wir ihre Erholung, ihre Romanbibliothek. Eines Morgens schlief ich bei hochgezogenen Rolläden länger als sonst. Als ich aufwachte, sah ich sie geradenwegs auf mich herunterstarren, reglos, ausdruckslos. Entsetzt sprang ich auf und ließ die Läden herunter. – Die flüchtigen Erscheinungen drüben sahen meistens erhitzt, schlapp und wundgelaufen aus: Junge Amerikaner mit Elektro-Rasierapparaten, ernsthafte Deutsche, blonde Dänen und amerikanische Mädchen, die ihr Fenster lustig mit Nylon-Dingen garnierten. Alle zusammen gehörten sie zu der bunt zusammengewürfelten Schar der Zugvögel in Rom, die heute kommen und morgen gehen: das moderne Gegenstück zu den Sündern von ehedem, die durch eine Pilgerfahrt nach Rom Vergebung für ihre Missetaten erhofften.

Ziemlich die gleiche Art Besucher kam durch meine Pension, alle waren sie jung und ernsthaft, nur wenige blieben mehr als zwei Tage. Oft sage ich Schweizern, Dänen, Deutschen und Franzosen guten Morgen und Engländern, Spaniern, Schweden und Amerikanern guten Abend. Es war ein ständiges Kommen und Gehen, und nach einer Woche war ich der älteste Gast. Einmal erschienen zwei dünnbeinige Mädchen in braunen Shorts, australische Wimpel auf riesigen Rucksäcken, deren Umfang und Gewicht einen Gardesoldaten zur Meuterei getrieben hätte. Vornübergebeugt liefen sie so auf ihren dünnen Beinen durch Italien, den Blick im Staub der Straße. Abends steckten sie überraschenderweise in Sommerkleidern, und am nächsten Morgen waren sie wieder fort.

Nach ein paar Tagen hätte ich meinen Balkon nicht gegen die schönste Aussicht von Rom eingetauscht. Das Stückchen Straßenleben unter mir bot ständige Unterhaltung. Es war wie ein Ausschnitt aus Martials Rom. Dieser große Journalist nahm die Kamera um viele Jahrhunderte vorweg: er war der Fotograf des kaiserlichen Rom. Es ging mir durch den Sinn, daß sein Zimmer auf dem Quirinal dem meinen sehr ähnlich gewesen sein mußte – er hatte ebenso viele Stufen zu klettern! Er war entsetzt und verzweifelt über den Lärm in Rom: ich auch! Er konnte in Rom nur schlecht schlafen: mir ging es genau so. Lächelnd dachte ich, welch Aufhebens Martial schon von der Geräuschkulisse im Rom des ersten Jahrhunderts gemacht hatte: dem Hämmern der Kupferschmiede, dem Schelten der Schulmeister, dem vereinzelten Trompetensignal, dem Klopfen der Steinmetze, die eine neue Kaiser-Statue meißelten, dem Klimpern der Geldwechsler – ich hätte dies für eine ergötzliche,

von Menschenhand gespielte Geräuschsymphonie gehalten! Und doch fand der Martial des kaiserlichen Rom es unerträglich. Was hätte er erst zu dem maschinellen Höllenlärm des heutigen Rom gesagt, einer Stadt, in der man die Qualität eines Autos nach seinem Krach und der Großartigkeit seiner Vergaserknallerei mißt? Was hätte Martial über dieses absurde Fortbewegungsmittel, den Motorroller, gedacht? Die Sehnsucht jedes Italieners nach einem mechanisch getriebenen, dazu möglichst lauten Fortbewegungsmittel hat ein Volk von adrett gekleideten Männern hervorgebracht, die so schulmeisterlich aufrecht auf diesen Maschinen sitzen, als ob ihre Bürostühle sich plötzlich mit ihnen in die Lüfte und auf die Straße geschwungen hätten. Niedriger im Ansehen als die Vespa und die Lambretta steht das gewöhnliche Fahrrad mit Benzinmotor – aber dafür ist es auch noch geräuschvoller. Was ihm an Kraft gebricht, das ersetzt es durch Lautstärke. Weiter gibt es den motorisierten Dreirad-Lieferwagen, in dem die Geschäftsleute ihre Waren austragen. Er nimmt es an Krach mit einer Maschinengewehr-Abteilung auf. Es ist kaum zu verstehen, wie eine moderne Hauptstadt es zulassen kann, daß man sie in ein solches Geräusch-Inferno verwandelt. London oder Paris würden den Lärm Roms keine 24 Stunden dulden. Ich bin zu dem Schluß gekommen, daß jedoch die Italiener den Lärm gar nicht hören oder aber, wenn ja, ihre Freude daran haben. Vielleicht wirkt der Tumult anregend auf sie – wie übrigens auch auf die Spanier –, er versetzt sie in jenen Zustand geistiger Erregtheit, den sie so lieben. Das Straßenleben unter meinem Fenster wäre für Martial und Juvenal noch ein ganz vertrauter Anblick gewesen, besonders die Eßwarenhändler mit ihren heißen Würstchen und die Friseurgeschäfte mit ihrem ständigen Kommen und Gehen von glanzlockigen Vertretern der – fast – jeunesse dorée. Da ich selber den notwendigen Gang zum Friseur wenig schätze, finde ich es faszinierend, wie viele Männer in den lateinischen Ländern sich ein Vergnügen daraus machen. In Rom wie in Madrid kann man die gleiche Schar fröhlicher, glücklicher Männer beobachten, die, ein Handtuch um den Hals, sich wohlwollend im Spiegel betrachten und mit den Friseuren Witze reißen. Nicht viel anders wird es während der bartlosen Ära des antiken Rom gewesen sein, d. h. etwa von Julius Cäsar bis zu den Antoninen. Dieses kleine Stück von Rom lebte nach einem so regelmäßigen Tageslauf, daß ich durch einen Blick aus dem Fenster die Zeit bestimmen konnte. Die ersten morgens und die letzten abends waren stets die Kellner. (Ich hätte gerne gewußt, wann hier auf dem Kontinent die Kellner wohl schlafen!) Sie kamen zeitunglesend an: »Il Giornale d'Italia«, häufiger »Avanti« oder »Unità«, schoben die Rolläden hoch und machten sich an die gestapelten Tische und Stühle. Die Angestellten in der Bar schlüpften in ihre weißen Jacken und bereiteten die Espresso-Maschinen für die ersten Frühstückskunden vor. Die frühe Morgensonne hatte es nun schon in sich: die Marquisen wurden heruntergelassen. Die Kunden tranken meist stehend ihre Tasse Kaffee und aßen eine Semmel dazu. Schon drängte sich hier wieder der Vergleich mit dem Altertum auf. Auch die alten Römer frühstückten mäßig; ein Becher Wein oder Wasser, ein Stück Brot, und fertig waren sie für den Gang auf das Forum oder zum Lever des reichen Mannes.

Dann kamen auch schon die Obst- und Blumenkarren. Nelken und Gladiolen wurden unter dem Wasserhahn an der Ecke, der stets im Überfluß Wasser gab, ein wenig aufgefrischt, Pfirsiche, Trauben, Walderdbeeren, längliche Tomaten und Salatköpfe sauber auf den Karren aufgeschichtet. Mittlerweile war der Lärm allmählich ohrenbetäubend geworden. Parkende Autos, Motorroller, Fahrräder und Lastautos verstopften die Straße. Rein aus Spaß an der Sache brach dann ein wahnwitziges Hupkonzert los. Einmal in der Woche hatten wir einen sehr malerischen Besuch: die Weinkarren aus der Campagna mit ihren Rot- und Weißweinfässern. Diese eigenartigen Karren sind heute im Gegensatz zu vor ein paar Jahren, als ich noch fünf bis sechs hintereinander zählen konnte, recht viel seltener geworden. Sie haben nur zwei übergroße rot bemalte Räder.

Der Kutscher sitzt auf einer Seite unter einer breiten, halbrunden, wasserdichten Plane, die über Reifen gespannt ist. Von diesen Wagen wurden nach rückwärts zwei Planken bis auf die Straße heruntergelassen, über die die Fäßchen ganz brav in die Weinhandlung rollten.

Was sich zwischen acht oder neun Uhr morgens und der Abenddämmerung abspielte, habe ich nie erfahren. Ich kam erst nach Hause, wenn schon die ersten Neonlampen glühten und von der Greisin gegenüber nur noch ein graues Gesicht auf dem düsteren Hintergrund ihrer einsamen Wohnung sichtbar war. Manchmal ging ich schon um sechs Uhr morgens aus. Das ist die schönste Tageszeit im römischen Sommer. Die Nacht hat Abkühlung gebracht, und ein Hauch von Blumenduft liegt in der Luft. Dann – oh köstlicher Augenblick! – ist das einzige Geräusch Roms das Plätschern und Rauschen seiner Brunnen.

3

Eine fremde Stadt lernt man am besten kennen, wenn man überall zu Fuß hingeht. Während der ersten drei Wochen machte ich es mir zum Gebot, weder Straßenbahn noch Taxi zu benutzen, und bis auf vielleicht drei Male habe ich mein Wort gehalten. Wie jedes Museum strapaziert auch Rom die Füße, und wenn seine Hügel zwar dem Motorisierten wenig ausmachen, so spürt sie der Wanderer besonders abends doch ganz gut. Müde gelaufen wie ich war, kam es mir auf dem Rückweg oft vor, als ob die Hügel sich verzehn- oder verzwanzigfacht hätten. Abends im Bett vergegenwärtigte ich mir dann die Wege, die ich am Tage gegangen war, Platz für Platz, Kirche für Kirche, Brunnen für Brunnen und Palast für Palast. Ich stellte mir dann topographische Aufgaben: Du bist jetzt am Kolosseum, sagte ich mir, nun geh' nach San Clemente und finde von dort den Weg nach der Piazza Esedra. Dieser Platz ist übrigens in Piazza della Repubblica umgetauft worden, aber der alte Name behauptet sich. Oder aber der Auftrag hieß: Geh' vom Mausoleum des

Augustus zum Pantheon, von da zur Piazza Navona und zum Tiber, dann geh' über die Engelsbrücke zum Petersdom. Mit fortschreitenden Lokalkenntnissen konnte ich mir dann auch die Namen der Brunnen und Paläste hersagen, an denen ich vorbeigekommen war, und so nahm die Karte von Rom ganz allmählich in meinem Kopf Gestalt an. Die Stadt, die mir zuerst so groß erschienen war, wurde nun in Wahrheit so klein, daß ich in einer knappen Stunde von der Porta Pinciana bis zur Porta S. Paolo laufen konnte.

Mit dem Anwachsen der Stadt hatte sich auch die Zahl der ursprünglichen sieben Hügel Roms vermehrt, es gibt nun neun auf dem Ostufer des Tibers und zwei, den Vatikanischen Hügel und den Gianicolo, auf dem Westufer. Ein Baudenkmal, von dem man wenig hört, setzte mich wahrhaft in Erstaunen: die römische Stadtmauer. Sie umgürtet die Stadt von nahezu allen Seiten, und ihre fünfzehn Tore werden jetzt noch jeden Tag benutzt. Ich bin mehrmals um die ganze Mauer gegangen. Das besterhaltene Stück liegt nach Süden, zwischen der Porta S. Giovanni und der Porta S. Paolo, ein herrlicher Abschnitt, von wo aus man das mächtige Bollwerk mit seinen Schießscharten, seinen vorspringenden Türmen und Bastionen wunderbar verfolgen kann, bis es sich in der Ferne verliert. Diese Mauer war zur Zeit ihrer Entstehung wohl die mächtigste Befestigung ihrer Art im ganzen Römischen Reich. Kaiser Aurelian erbaute sie bei dem ersten deutlichen Grollen des heraufziehenden Barbarensturms und wurde so zum Vater aller Stadtmauern. Auch im übrigen Europa folgte man notgedrungen bald seinem Beispiel, Konstantinopel baute ein paar Jahrhunderte später einen ähnlichen Wall. Geflickt, erneuert und teilweise abgerissen: für mich gehörte die Aurelianische Mauer mit ihren starken Toren zu den edelsten Baudenkmälern Roms.

Wie schon erwähnt, war ich gern vor sechs Uhr morgens auf, wenn die Luft noch frisch und Rom noch nicht eigentlich erwacht ist. Am liebsten ging ich dann zum Tiber hinunter, um in einer kleinen Kaffeebar in Sichtweite der Peterskirche zu frühstücken. Oder aber ich ging, die Parkmauer der Villa Medici zu meiner Rechten, hügelabwärts zur Terrasse oberhalb

der Spanischen Treppe hinunter, oft machte ich dabei den Umweg über die Fontana del Tritone, aus reiner Freude darüber, Berninis Triton, diesen überlebensgroßen nackten Meeresgott in seiner aufgeklappten großen Muschel einmal nicht von Taxis verdeckt zu sehen. Mit beiden Händen hebt er eine gewundene Muschel an seine Lippen und trinkt mit zurückgebogenem Kopf von dem aufsteigenden Wasserstrahl, der so genau in sich zusammenfällt, daß Schultern und Körper des Meeresgottes immer naß sind. Im Laufe von drei Jahrhunderten hat das Wasser seine Konturen etwas verwischt und verwaschen. Aber noch immer sitzt er, ein Gott unter Sterblichen, auf seinem Platz.
Zu dieser frühen Stunde steht die Sonne noch tief. Ihre Strahlen berühren zuerst die Kuppeln, Türme und Schornsteine Roms, fluten dann an den Häusermauern herunter und tauchen die eine Straßenseite in Gold, während die andere düster bleibt. Auch die alten Paläste stehen halb lichtübergossen, halb im Dunkel, und die langen Schatten ihrer kerkerähnlichen Fenstergitter ziehen sich erst allmählich mit der aufsteigenden Sonne wieder in sich zusammen. Zu dieser Morgenstunde konnte ich mir vorstellen, wie Rom für die Reisenden vor hundert Jahren ausgesehen haben muß, ehe es zur Hauptstadt Italiens erhoben wurde und die engen Gassen im Rom der Renaissance vom Verkehr verstopft und durch den Lärm unerträglich wurden. Mit ihren eisenvergitterten unteren Fenstern, ihren sienabraunen, gelben oder römisch-roten Mauern, ihren Torwegen, die sich auf Innenhöfe öffneten, in dem ein Brunnen sein Wasser in moosbewachsene Schalen tropfte, standen die alten Paläste als triumphale Verkörperung der Renaissance doch in dunklen engen Gängen, die einer älteren, mittelalterlichen Welt angehörten. Aber die Stimmung voll ruhevoller Würde, die unsere Altvordern noch ungestört erlebten, währt heute nicht mehr lange. Schon donnern die ersten Motorräder und -roller hupend und knatternd die Straße daher.

Eines Morgens stand ich oberhalb der Spanischen Treppe und blickte in die Richtung des Tibers und der Peterskirche. Dies war die berühmte Aussicht, die ich mir von meinem Balkon aus gewünscht hatte. Als Goethe sich im Jahre 1787 in Rom aufhielt, war die Treppe ungefähr 60 Jahre alt, nur der Obelisk an ihrer Spitze stand noch nicht, man arbeitete noch an der Untermauerung. Dabei stießen die Grabenden auf große Reste von Ruinen der Lucullischen Gärten, die sich zu römischer Zeit über den Pincio erstreckten. Goethe erzählt, daß sein »Perückenmacher« eines Morgens ein flaches Stück gebrannten Tons mit Figurenschmuck aus dem Boden klaubte: »Ich eigne es mir gleich zu«, schrieb er. »Es ist nicht gar eine Hand groß und scheint von dem Rande einer großen Schüssel zu sein. Es stehn zwei Greifen an einem Opfertische, sie sind von der schönsten Arbeit und freuen mich ungemein.«

Sah ich die langen Schwünge des Stufenwerks hinunter, konnte ich unten am Fuße beobachten, wie die Blumenverkäufer ihre Sonnenschirme entfalteten und dann gegenüber an der »Barcaccia«, dem höchst merkwürdigen Brunnen von Berninis Vater, ihre Nelkenbündel und Frauenhaartöpfe auffrischten. Die Spanische Treppe erfreut sich nicht weniger großer Beliebtheit als die anderen Bauwerke Roms. Es gibt wohl kaum einen Fremden, der nicht an einem sonnigen Tag auf ihren Stufen gesessen hätte, um sich vor dem »Anstieg« zu verschnaufen. Mit den hellen Farbenklecksen der Blumenstände zu ihren Füßen bleibt sie in unserer Erinnerung, als wäre sie der prächtigste römische Palast. Wie merkwürdig danebengegriffen ist aber der Name »Spanische Treppe«! Ihre einzige Verbindung mit Spanien besteht darin, daß ihr Schöpfer, Alessandro Specchi, auch die Fassade der nahe gelegenen spanischen Botschaft, des Palazzo di Spagna, entwarf. Sie hieße viel zutreffender »Französische Treppe«, denn sie verdankt ihre Entstehung der Großzügigkeit eines französischen Diplomaten, Monsieur Gouffier, und führt zur französischen Kirche Trinità dei Monti und zur heutigen Französischen Akademie, der Villa Medici, hinauf. Ich kann sie nie bewundern, ohne dabei auch daran zu denken, daß sie für den todkranken Keats der letzte Blick von der Außenwelt war, wenn er zum Fenster des sienabraunen Hauses am Fuße der Treppe hinaussah.

Die Reisenden des letzten Jahrhunderts erwähnen fast alle die Malermodelle, die damals in malerischen Trachten und Gewandungen dort umherschlenderten, bis ein Maler sie mietete. Viele waren Landleute, die im Winter aus der Campagna nach Rom kamen, die Männer in blauen Jacken und Ziegenfellhosen und die Frauen in leinenen Hauben und roten oder blauen Röcken. Soweit ich weiß, erwähnt als einziger Schriftsteller Lanziani die hochinteressante Tatsache, daß einige dieser Modelle italianisierte Araber-Namen trugen, etwa Almansorre (El Mansur), und aus dem Dorf Saracinesco oben in den Sabiner Bergen kamen. Diese Leute waren angeblich die Nachkommen einer Sarazenenschar, die während des Raubzuges vom Jahre 927 auf der Suche nach Proviant den Rückweg abgeschnitten fand. Unter der Bedingung, daß sie ihrem Glauben entsagten, ließ man sie sich in den Bergen ansiedeln.

»La Barcaccia« – vielleicht übersetzbar mit »alter Kahn« – war das letzte Werk von Pietro Bernini, dem Vater des berühmteren und begabteren Sohnes. Die Idee eines Brunnens in Form eines sinkenden Bootes geht höchstwahrscheinlich auf die Weihnachtstage 1598 zurück, als eine große Überschwemmung eine Tiberbarke bis an die Abhänge des Pincio spülte. Jedenfalls ist die volkstümliche Version, nach der Bernini Brunnen und Wasserstrahl so tief gelegt haben soll, um den Blick auf die Treppe freizuhalten, unrichtig, denn der Brunnen bestand schon an die hundert Jahre vor der Treppe. Es gibt noch eine Reihe von Bildern aus dem Rom des 17. Jahrhunderts, die zeigen, wie die Trinità dei Monti vor Erbauung der Spanischen Treppe aussah, ich entsinne mich eines im Braschi-Museum und eines weiteren im Keats-Gedächtnishaus. Die Kirche oben auf dem Hügel stand am Rande einer steilen, baumbewachsenen Schlucht, vor ihrem Hauptportal war gerade für zwei aneinander vorbeifahrende Kutschen Platz. Nach diesen alten Bildern ist man erstaunt, mit welcher Unbekümmertheit die Renaissance- und Barockkünstler die Perlen ihrer Kunst sozusagen in den Straßenstaub setzten. Die Menschen der Zeit haben manchen Brunnen nie anders gesehen als in einer Umgebung holpriger, ungepflasterter Straßen, die im Sommer eine

Staubwolke und im Winter grundlos waren. An der Barcaccia sitzend, beobachtete ich eine Szene, die sich hier noch mehrfach wiederholte. Aus einem der anliegenden Häuser kam ein junges Mädchen mit einem großen Krug, den es am Brunnen füllte, woraus sich mit Berechtigung schließen ließe, daß die Häuser hier ohne Wasserleitung sind. Das stimmt aber nicht. Das Leitungswasser kommt aus der Marcia Pia, das Brunnenwasser dagegen aus der berühmten Virgo, die, wie uns jeder heutige Römer versichert und jeder alte Römer auch schon versichert hätte, das reinste Trinkwasser von ganz Rom hat. Ich blickte sinnend zum Fenster von Keat's Sterbehaus hinüber: Ob ihn wohl der Anblick der Barcaccia zu der bitteren Grabinschrift angeregt haben mag: »Here lies one whose name was writ in water«? »Hier liegt einer, dessen Name in Wasser geschrieben war.« (Inschrift auf Keats' Grab auf dem protestantischen Friedhof in Rom.)

Ich ging nun die sonst so belebte Via Condotti hinunter, die um diese Zeit noch menschenleer und mit geschlossenen Rollläden vor ihren eleganten Schaufenstern dalag. Die Via Condotti führt über den Corso hinweg in breite, moderne Straßen, die direkt zum Tiber hinunterführen. Dort stieß ich auf einen hinter Häusern versteckten kleinen Obst- und Gemüsemarkt, wo schon alles in vollem Gange war. Ich erstand zwei Pfirsiche und schlenderte weiter zum Tiber hinunter, der still und blaßblau in der Morgensonne lag; als Fluß macht er herzlich wenig Eindruck.

»Denn einst, an einem rauhen, stürm'schen Tage,
Als wild die Tiber an ihr Ufer tobte,
Sprach Cäsar zu mir: Wagst Du, Cassius, nun
Mit mir zu springen in die zorn'ge Flut
Und bis dorthin zu schwimmen?«

Als ich einmal als Junge bei einer Schulaufführung den Cassius spielen mußte – eine Rolle, die mir stets weit besser lag als die des tugendhaften Brutus –, hatte ich diese Verse zu sprechen und stellte mir dabei den Tiber noch viel breiter als die Themse an der London Bridge vor. Dabei ist der Fluß enttäuschend, und war es wohl auch schon vor seiner Eindämmung. Indessen geht doch ein mächtiger Zauber von seinem Namen aus, und so betrachtete ich ihn an jenem Morgen mit Ehrfurcht und Respekt. Ich wanderte am Tiber entlang weiter und erblickte vor mir auf dem anderen Ufer das große rötliche Rund des Hadriansgrabmals mit dem barocken Engel darüber, der gerade sein Schwert in die Scheide steckt. Dieser Engel stellt den heiligen Michael dar. Der Sage nach erschien er A. D. 590 dem Papst Gregor dem Großen, als er an der Spitze einer Prozession pestkranker Bürger zur Peterskirche schritt. Das Kreuz in den Händen, das Kyrie Eleison auf den Lippen, wanderte der neugewählte Papst seit drei Tagen mit den Bürgern durch die Straßen Roms, um von Gott das Ende der schweren Heimsuchung zu erflehen. Als sie die Brücke überquerten, gewahrte der heilige Gregor aufschauend, wie oben auf dem Hadriansgrabmal der Erzengel sein flammendes Schwert in die Scheide zurückstieß. Da wußte er, daß Gottes Zorn besänftigt war. Ich las einmal, daß der in ganz Europa verbreitete Brauch, »Gesundheit« zu wünschen, wenn jemand niest, schon aus jener fernen Zeit stammt. Angeblich kündigte sich Krankheit mit einem Schnupfen an, worauf die erschreckten Nachbarn »Gesundheit!« wünschten und zweifellos damit »Gott helfe dir!« meinten.

Zu diesem großen Bauwerk führt die Engelsbrücke hinüber. Auf ihrer Brüstung stehen die Heiligen Petrus und Paulus samt zehn recht lebhaften Engeln, die als die »sturmdurchwehten Besessenen« des Bernini bekannt sind, obwohl sie von seinen Schülern geschaffen wurden. Selbst an einem völlig windstillen Morgen, wenn sich jeder Mauerstein der Burg im glasigen Tiber spiegelt, stehen diese Engel in einem fürchterlichen barocken Sturmwind.

Ich ließ die Brücke hinter mir und sah an dem gewaltigen Rund verwitterten Mauerwerks empor. Vom Zahn der Zeit benagt, von Kanonenkugeln durchlöchert, ist dies alles, was von dem marmornen Grabmal blieb, das der mächtige Hadrian für sich und seine Familie erbaute, der große Hadrian, der in einem

Goldenen Zeitalter herrschte. Ich sah im Geiste sein traueriüberschattetes, bärtiges Antlitz –, angeblich ließ er sich den Bart stehen, um eine Narbe zu verdecken, – und meine Gedanken wanderten zum Hadrians-Wall. Ich stellte mir vor, wie er dort auf unserer nordischen Heide stand und über die windigen Moore ins Land der Pikten hinüberspähte oder wie er in London die an der Brücke von Billingsgate vertäuten Kriegsschiffe beobachtete. Er war einer der größten unter den reisenden Kaisern. In einer Reihe sorgfältig geplanter Rundreisen besuchte er jeden Winkel seines Reiches, hier ordnend, dort verhandelnd, und in freundschaftlicher Aussprache Kriege verhütend in einer Welt, die im Vergleich zu unserer merkwürdig vernünftig gewesen sein muß.

Ich befand mich nun in der Nähe der Peterskirche und erreichte nach wenigen hundert Metern die breite, zeremoniale Zugangsstraße, die von der faschistischen Regierung zur Erinnerung an die Unterzeichnung des Lateranvertrages im Jahre 1929 angelegt wurde. In jenem Jahr sah ich Rom zum ersten Mal. Die Via della Conciliazione war damals noch Teil eines köstlichen Gewirrs alter Straßen, die den Blick auf die Peterskirche und ihren Platz bis zum letzten Augenblick vorenthielten. Dann stand die Basilika mit der Plötzlichkeit einer wunderbaren Erscheinung da. Niemand wird je wieder dieses überwältigende Erlebnis haben, denn die Peterskirche ist nun schon von weit her, nämlich vom Anfang der gutgemeinten, aber nicht sehr überzeugenden Ehrengabe der Architekten im Stil Mussolinis aus zu sehen. In einer der Bauten, die dieser verunglückten Auffahrt weichen mußten, befand sich das noch völlig erhaltene Atelier Raffaels.

Nicht weit von hier am Tiberufer fiel mir ein langes Gebäude mit einem hübschen kleinen Renaissance-Eingang und einem achteckigen Turm auf. Für den Engländer müßte dieses Gebäude eigentlich zu den interessantesten Sehenswürdigkeiten Roms gehören. Es ist das Heilig-Geist-Hospital, die noch erhaltene Nachfolge des alten Hospizes, das im achten Jahrhundert von den angelsächsischen Königen erbaut wurde und Jahrhunderte lang den sächsischen Pilgern als Unterkunft diente. Ich ging über die Straße und fand an einer Häuserwand den erstaunlichen Namen dieser Uferstraße: *Lungotevere in Sassia*. Das Wort Sassia oder Saxia weist auf das sächsische Viertel hin, das sich hier in dieser Gegend Roms etwas unregelmäßig bis vor die Tore der Peterskirche erstreckte. Die Angelsachsen bezeichneten ihre Niederlassung mit dem sächsischen Wort *burh* (nicht nach dem germanischen *burgh*), und das Wort *borgo*, das sich noch heute in Straßennamen um die Peterskirche und den Vatikan findet, ist die italienische Abwandlung. Wer also auf seinem Weg zur Peterskirche über die Engelsbrücke geht, kommt dabei immer durch das Gebiet der ehemaligen sächsischen Kolonie, die schon ein Jahrhundert vor der Geburt Karls des Großen eine Brücke zwischen England und Rom schlug.

Ich kam jetzt auf die Peterskirche zu, die zu dieser frühen Stunde von der emporklimmenden Morgensonne über der linken Kolonnadenflanke beschienen war. Vatikan und Kirche lagen sonnenüberglänzt. Der Obelisk in der Mitte der Piazza warf noch einen langen, frühmorgendlichen Schatten, der Springbrunnen zu meiner Rechten sprühte seinen weißen Gischt in die Sonne, der andere links lag noch im Halbdunkel. Bis auf ein paar eilige Gestalten war der weite Platz leer, nicht einmal einen Reiseomnibus gab es! Die einzigen, die das großartige Treppenwerk zur Basilika hinaufstiegen, waren die zu Besuch in Rom weilenden Priester, die zum Messelesen zogen. Der Anblick dieser Kirche macht uns alle zu Provinzlern. Genau wie zur römischen Kaiserzeit der Besucher aus einem entlegenen Teil des Reiches den Jupitertempel oder das Trajansforum angestaunt haben mag, stehen auch wir überwältigt da, jedenfalls mir geht es immer von neuem so.

Die anscheinend blühenden Läden am Ende der Straße, die entweder *articoli religiosi* oder *oggetti sacri* verkaufen, waren noch nicht geöffnet. Ich besah mir ihre Schaufensterauslagen, all die Rosenkränze, Medaillen, päpstlichen Fähnchen, Peterskirchenmodelle, bronzenen Apostelstatuen, die weißen Figuren der heiligen Cäcilia und des Santo Bambino, Bilder der Madonna del Sarto, des Papstes wie päpstlicher Prozessionen und die hunderterlei anderen kleinen Dinge, die den Pilger von heute mit dem Pilger aller Zeiten verbinden. Es geht etwas unsagbar Rührendes von diesen Andenken, den greifbaren Beweisen gläubiger Frömmigkeit aus, die ihren Weg auf die Kaminsimse und Zimmerwände in aller Welt finden, zum Zeichen dessen, daß ihr Besitzer in Rom und im Bannkreis des Heiligen geweilt hatte.

Ich betrat eine kleine Kaffeebar am Ende der Straße. Es war noch zu früh, doch der Kellner führte mich an einen Tisch auf dem Gehsteig, schob mir einen Stuhl zu und versicherte, das Brot werde in *un momentino* dasein – das Wort ist so reizend wie das spanische *momentito*. Welch ein Ort für ein Frühstück am Sommermorgen! Ich konnte die Brunnen vom Petersplatz hören. Ich konnte den einen Arm der Kolonnaden mit ihren Heiligen und darüber den Vatikanspalast erspähen. St. Peter selbst lag hinter einem vorspringenden Gebäude verborgen. Dabei fiel mir ein, daß es früher ein reizendes kleines Café auf der gegenüberliegenden Straßenseite, direkt am Rande des

Platzes gab, von wo aus man die ganze Peterskirche überblikken, ja sogar die Inschrift in der Fassade entziffern konnte. Sie besagt in riesigen römischen Lettern, daß die Kirche während des Pontifikats Pauls V. aus dem Hause Borghese vollendet wurde. Das war im Jahre 1614. In England herrschte Jakob I., Walter Raleigh war noch nicht aus dem Tower entlassen, um Eldorado suchen zu gehen, und Shakespeare war noch am Leben. Der dreißigjährige Krieg in Deutschland hatte noch nicht begonnen.

Ein Bäckerjunge mit dem Brot im geflochtenen Korb kam angeradelt. Im Nu hatte mir der Kellner die noch backofenwarmen Brötchen, Marmelade, Butter, Kaffee und einen Teller für meine beiden Pfirsiche gebracht. Gab es ein köstlicheres Bild als dieses mitten im erwachenden Rom?

Ich entsann mich, wie ich vor Jahren, während meines ersten Rom-Aufenthaltes, an einem dämmerigen Februarmorgen im Abendanzug nach St. Peter hinuntergegangen war und dort im fröstеligen Morgenlicht gespannt vor der Sakristeitür gewartet hatte. Ich hatte eine Einladung für die Pontifikalmesse erhalten, die Pius XI. zur Feier der Unterzeichnung des Lateranvertrages und des Abschlusses der »Römischen Frage« zelebrieren sollte. Von meinem Platz auf einer der Emporen gegenüber dem Hochaltar aus, eingeengt zwischen parfümduftendem Nerz, Zobel und Goldschnüren, beobachtete ich, wie sich der ungeheure Kirchenraum mit Menschen füllte. Ich betrachtete alles in einer Art Verzauberung, schien es doch, als hätten sich die Tore der Zeit geöffnet, um einer Prozession aus den Hallen von Karnak, oder von der Via Sacra her, den Weg freizugeben. Unter Trompetenklängen und wedelnden Pfauenfächern wurde der Papst auf seinem scharlachroten Tragsessel in die Kirche getragen, während die dichtgedrängte Menge mit ihrem Willkomm die Luft zum Erzittern brachte. Zum ersten Male nach 48 Jahren hatte Rom einen Papst, der nicht mehr der »Gefangene im Vatikan« war. Aus einer Entfernung von nur wenigen Metern von dem Altar, der dem Papst allein vorbehalten ist, verfolgte ich die umständliche Zeremonie der Pontifikalmesse. Kaum weniger interessant als der Papst selbst war die Person des Zeremonienmeisters, eines Monsignore in roter Robe mit Spitzenüberwurf, der den einen Kardinal an diesen Platz zupfte und den anderen mit hastiger Hand an jenen Platz winkte. Er war der verkörperte Geist der Orthodoxie, ein lebender, sichtbarer Beweis für die Vielgestalt der Tradition: und die Kirchenfürsten gehorchten ihm wie Chorknaben, die sich verlaufen haben.

Ich beendete mein Frühstück. Diese Erinnerungen hatten mich so lange in ihrem Bann gehalten, daß nun der Platz im vollen Sonnenglanz lag. Ein Fremdenführer stand schon inmitten seiner Schutzbefohlenen und zeigte hierhin und dorthin. Ich bemerkte nun erst, daß ein kleiner, dunkler Mann, sicher auch einer dieses Gewerbes, mich mit forschendem Interesse beäugte. Er trat herzu und lüftete den Hut: »Mein Herr, Sie sind englisch, no?« Ich nickte, obgleich er ja seine Frage schon selbst beantwortet hatte. »Kennen Sie den Major Jones vom Kriegsministerium?« fragte er. Ich wollte nicht unfreundlich sein und meinte, der Name käme mir irgendwie bekannt vor. Sehr befriedigt zog er darauf ein abgegriffenes, schwärzliches Notizbuch hervor, fingerte darin herum und zeigte schließlich triumphierend auf die Unterschrift von Major Jones. »Ah«, rief er, »so ein netter Herr! So *simpatico*! Major Jones sagt, meine *trattoria:* die beste in Rom! Sie wollen essen: *spaghetti*, *cannelloni*, *saltimbocca alla Romana?* Ich mach das!« Hier küßte er vor Begeisterung seine Fingerspitzen. »Gut! Billig! Sie werden sehen!« Mit einer Verbeugung überreichte er mir die Adresse seines Restaurants. Sechs Vespas knatterten vorbei. Auf der einen saß ein Priester. Rom war erwacht.

4

Man erzählt sich, ein Engländer, ein Franzose, ein Deutscher und ein Italiener seien einmal mit gebundenen Armen ins Gefängnis geworfen worden. So gefesselt, versuchte man, sie auf der Folter zum Reden zu bringen. Alle gestanden –, nur der Italiener nicht. Als dieser Held wieder in Freiheit war, fragten seine Freunde ihn, wie er seine Tortur schweigend habe ertragen können. »Ja, seht mal«, erklärte er, »ich konnte ja gar nichts sagen, meine Hände waren doch gefesselt!«
Es muß wohl fast unmöglich sein, Italienisch zu sprechen, ohne die Hände zur Hilfe zu nehmen. Diese Sprache verlangt ganz einfach Musik oder Gestik als Begleitung, und in der Nationalmuse, der Oper, ist ja beides vereint. Rom verständigt sich mit Gebärden. Der Verkehr in dieser Sprache geht im pianissimo, im andante, im robusto, im fortissimo vor sich, und das geht so den lieben langen Tag. Fährt ein Auto ein anderes an, sind die Fahrer mit einem Satz draußen und reden mit der Gestikulation im furioso, die zu den Spitzenleistungen dieser Kunst gehört, aufeinander ein. Weder zwei Griechen, die sich beschwindelt, noch zwei Spanier, die sich beleidigt haben, könnten sie darin überbieten; das ganze für gefühlsgeladene Gelegenheiten reservierte Gebärdenregister wird eingesetzt: man duckt sich, man preßt die gekrümmten Finger gegen die Stirn, um sie urplötzlich gestreckt nach vorne zu schnellen, man schlägt sich auf die Brust und wirft mit den Armen um sich, man dreht sich um, als ob man davonliefe, kreiselt aber plötzlich mit gezücktem Zeigefinger zurück, bündelt die Finger vor dem Mund zusammen –, und das Schlimmste ist, glaube ich, wenn man den Kopf in die Schultern zieht und dann mit ausgebreiteten Armen, langsam und verzweifelt, als ob man es mit einem hoffnungslosen Idioten zu tun habe, die Achseln zuckt.

Das Stadtbild Roms ist selbst eine einzige Deklamation. Hunderte von gestikulierenden Heiligen stehen oben an den Dachkanten, ein barocker Wind durchweht ihre Gewänder, ihre Hände ermahnen, deuten, beten. Der geschwungene Baustil, mit dem die Kirche des 17. Jahrhunderts ihrer Genugtuung über den Ausgang der Gegenreformation Ausdruck verlieh, wird zum heiteren, anregenden Hintergrund für die Gebärde. Auf dieser Bühne wäre ein Puritaner mit sittsam niedergeschlagenen Augen allerdings eine Unmöglichkeit: hier herrscht vielmehr eine lebensprühende, eine wiedererstarkende Kirche, die ihrer selbst so sicher ist, daß sie zuweilen fast humorvoll sein kann. Sogar die Toten in den Kirchen machen die Bewegung mit: zuerst stützen sie sich auf den Ellbogen, wenig später stehen sie auf und schwenken in temperamentvoller Gebärde ihre Arme.

Nur vor einem solchen Hintergrund ist es möglich, daß ein englischer Priester mir im Hinblick auf eine berühmte Persönlichkeit, die unlängst in die römisch-katholische Kirche aufgenommen wurde, fröhlich sagt: »Ja, den haben wir unter Dach und Fach!« Das Barocke dieses Kommentars ging mir wohl auf. Wenn ich danach durch die Straßen Roms schlenderte, war es mir, als ob die winddurchwehten Heiligen oben auf den Dächern mir zuriefen: »Den haben wir unter Dach und Fach!« Und die Engel, die Cherubim und Seraphim, setzten die Trompeten an die üppigen Lippen und bliesen immer wieder munter in die Luft: »Den haben wir unter Dach und Fach!«

Was sich Auge und Sinn zunächst einprägt, ist nicht das unter den Straßen verborgene, zeitentrückte klassische Rom noch das mittelalterliche, fast nur noch durch den einen oder anderen bezaubernden Glockenturm vertretene Rom, weder das gigantische des 19. Jahrhunderts noch das meist aus häßlichen Betonblocks bestehende heutige: Es ist dieses heitere, gebärdenreiche Rom der Päpste mit seinen pfirsichrosagoldenen Palästen, seinen einst stillen Plätzen, seinen herrlichen Brunnen, dem ganzen Fluidum eines Ortes, der wie an einem besonders heiteren, glücklichen Tage geschaffen scheint. Dieses Rom liegt im Tiber-Bogen, da, wo sich früher das alte Marsfeld befand. Es wird im Osten vom Corso begrenzt, der schnurgerade von der Porta del Popolo bis zum Denkmal des Viktor Emanuel, also auf der Linie der alten Via Flaminia, verläuft.

Das ganze Gebiet westlich vom Corso, in der Ausbuchtung, die durch die scharfe Biegung des Tibers gerade gegenüber der Peterskirche entsteht, gehört diesem Rom der Renaissance. Es löste das mittelalterliche Rom auf dem Marsfeld ab, das zur Kaiserzeit allerdings keine vornehme Adresse abgab. Hier wurden die Legionen ausgebildet und die Kavallerie ohne Steigbügel gedrillt; hier wählte das Volk; hier, außerhalb der älteren Mauer, wurden Gesandte empfangen und bewirtet, die nach Rom einzulassen man nicht für politisch ratsam hielt; und hier wurden die Kaiser eingeäschert und von ihrem Holzstoß ein Adler freigelassen, der ihre Seele zu Jupiter emportragen sollte.

Doch niemand wohnte zu jener Zeit in diesem nun dicht besiedelten Stadtteil von Rom, denn bis zu Aurelians Zeiten lag er vor den Mauern und zudem in einer Senke, so daß er im Frühjahr ständig unter Wasser stand. Für Pferderennen, Wagenrennen und Schauspiel war dieser Bezirk dagegen sehr beliebt. Hier, in der Vorhalle zum Theater des Pompeius, wurde Cäsar ermordet. Unweit dieser Stelle errichtete dann Domitian ein Stadion, dessen Oval noch heute in der Piazza Navona erhalten ist. Entweder hier oder auch auf einer der anderen Rennbahnen fand jeden Oktober ein seltsam-grauenvolles Wagenrennen statt. Sobald der Siegerwagen den Pfosten passiert hatte, wurde das Pferd zur Rechten mit einem Speer getötet, sein Kopf vom Rumpf getrennt und mit Brotlaiben behängt. Läufer brachten den blutigen Pferdeschwanz eilends auf das Forum zum Pontifex Maximus, der ihn darauf den Vestalischen Jungfrauen zur zeremoniellen Verbrennung übergab. Diesem Brauch lag wohl ein uralter, grausamer Fruchtbarkeitsritus zugrunde, der bei der Einbringung der Ernte helfen sollte.

Es muß im Leben Roms wirklich eine schreckliche Zeit gewesen sein, als die Bevölkerung während der Barbareneinfälle von den sieben Hügeln, auf denen sie so lange gelebt hatte, herunter auf das tiefgelegene Marsfeld zog. Die Zerstörung der Aquädukte durch die Barbaren brachte diese großartige, überreiche Wasserversorgung zum Versiegen. Der Wassermangel trieb die Römer an den Tiber und an die Brunnen der sumpfigen Ebene hinunter, auf der schließlich das mittelalterliche Rom entstand.

Es zog mich wieder und wieder zu den alten Straßen am Tiber, westlich vom Corso. Alle zwei Meter stößt man auf etwas Neues, des Ansehens und Nachdenkens wert. Der Genuß wäre vollkommen, könnte dieser Bezirk zur Schweigezone erklärt werden –, und falls der Regierung daran liegt, daß der Besucher sich auch weiter in Rom wohlfühlen soll, so wird sie sich wohl eines Tages dazu entschließen müssen. Um des Schönen willen, das sie schufen, um des Genies willen, dem sie Brot gaben, verzeiht man den Renaissance-Päpsten willig viele ihrer Sünden. Das so reizvolle Durcheinander des alten Rom rührt jedoch zum großen Teil auch von seinem mittelalterlichen Grundriß her. Die Paläste des 16. Jahrhunderts erheben sich in den engen Straßen des 14. Jahrhunderts. Manche scheinen sich den ihnen nötigen Platz rein durch die Ellbogenwirkung ihres Charakters erobert zu haben und liegen da nun wie riesige Fregatten in einem kleinen, mittelalterlichen Hafen. Geht man zum Beispiel vom Campo de' Fiori zum Farnese-Palast hinüber, so durchquert man mit diesen wenigen Schritten mehrere Jahrhunderte. Im Herumwandern durch die Palast- und Elendsquartiere des Rom der Renaissance hatte ich oft das Gefühl, in einem Shakespeare-Spiel zu leben. Ich wäre nicht erstaunt gewesen, wenn ich unverhofft in der Tür einer *taberna* auf Sir Toby Belch gestoßen wäre, Portia und Nerissa vor einem Hutladen und Touchstone mit Audrey auf einer Vespa gesehen hätte. Wenn auch die Szene selbst, dieser ganze schwungvoll-ausgelassene Pfefferkuchenstil des Barocks nie über den Kanal kam, um sich wie in Spanien auch in England zu tummeln, ist doch der Geist, der diese römischen Straßen schuf, auch der des Shakespeareschen Theaters. Immerhin ist die Verbindung zwischen Shakespeare und dem Rom der Renaissance nicht gar so abwegig; das Elisabethanische England hatte unendlich viel Italienisches aufgesogen, und der zurückkehrende eitle Geck mit seinem »äffischen Hütchen, das fest wie eine Auster auf den Schädel geklemmt saß«, war schon der *diavolo incarnato*. Shakespeare und seine Zeitgenossen sprachen übrigens das englische Wort »Rome« so aus, daß es sich auf »room« reimte:

»... *Now it is Rome indeed and room enough,*
When there is in it but one only man . . .«

»... *Nun ist in Rom fürwahr des Raums genug,*
Find't man darin nur einen einz'gen Mann . . .«

sagt Cassius, das gleiche Wortspiel wird noch einmal im »König Johann« von der Constanze wiederholt:

»... *That I have room with Rome to curse awhile!*«
»... *Daß ich mit Rom mag eine Weile fluchen!*«

Diese Aussprache hielt sich verhältnismäßig lange, und es gibt bestimmt noch alte Leute, die ihre Großeltern sagen hörten, sie reisten nach »Room«. Kemble in der Rolle des Cato sprach von »Room«, und Farrington erzählt in seinem Tagebuch von 1811, der Maler Lawrence habe ihm einen Brief von Canning gezeigt, in dem dieser Kemble's Aussprache kritisiert und darlegt, »Rome« müsse sich auf »roam« reimen, also so ausgesprochen werden, wie wir es heute tun.

In Rom umherzuschlendern ist sicher das größte Erlebnis, aber auch die größte Geduldsprobe für den Fremden; denn ein eigentliches Zentrum gibt es nicht. Es gibt keinen Stadtbezirk, von dem man mit Bestimmtheit sagen kann: hier und nur hier ist das Herz Roms. Das ist merkwürdig in einem Land, wo jede Stadt an ihrem zentralen Domplatz kenntlich ist, auf dem sich das ganze Leben abspielt; es wird noch merkwürdiger, wenn man bedenkt, daß das antike Rom mit seinen kaiserlichen Foren praktisch nur ein einziges Zentrum war. Die Straßen der ganzen antiken Welt liefen auf diesem mächtigen Mittelpunkt Roms, mit dem Kernstück des Forum Romanum, zusammen. Daß dieses Stadtzentrum verfallen und in völlige Vergessenheit geraten konnte, sagt viel über das Sterben des antiken Rom und seines weitverzweigten Lebens aus: Es war geradeso, wie wenn in tausend Jahren die Bank von England, die Königliche Börse und das Mansion House verschwunden wären und das Handelszentrum im London des Jahres 3000 n. Chr. sich in einer Nebenstraße befände!

An Stelle eines großen Forums hat Rom heute unzählige, über die ganze Stadt verstreute Plätze, und der Fremde kann kaum entscheiden, welcher der wichtigste von allen ist. Es gibt keinen merklichen Bedeutungsunterschied zwischen der Piazza Colonna, der Piazza Barberini, der Piazza di Spagna, der Piazza dell'Esedra und allen anderen Plätzen; selbst die berühmte Piazza Venezia mit dem angrenzenden Viktor-Emanuel-Denkmal ist eher ein Orientierungs- und Ausgangspunkt für den Fremden als ein Sammelpunkt bürgerlicher Geselligkeit.
Die Erklärung für diese Weitläufigkeit des heutigen Rom liegt natürlich in seiner Geschichte. Diokletian fand, daß das große Reich sich unmöglich von einem Punkt aus regieren ließe, und teilte es in eine östliche und eine westliche Hälfte auf. Als Hauptstadt des östlichen Reiches erbaute Konstantin Konstantinopel, oder das Neue Rom. Dieser Teil des Reiches hielt sich bis zur Einnahme Konstantinopels durch die Türken im Jahre 1453, die Reihe der westlichen Kaiser reißt aber schon 475 ab. Von da an besteht die Geschichte Roms in der Abfolge der Barbareneinfälle und der schließlichen Aufgabe der alten Hauptstadt seitens der östlichen Kaiser. Ab 755 ging der griechische Osten seinen eigenen, vom Glück begünstigten Weg, während der lateinische Westen sich von nun an unter den Päpsten allein durchschlug. Am Weihnachtstage des Jahres 800 krönte Leo III. in der Peterskirche seinen eigenen westlichen Kaiser, Karl den Großen; das Mittelalter war angebrochen. Das Stadtbild der alten Kapitale hatte sich inzwischen völlig verändert. Die Mittelpunkte Roms waren nun die Lateranskirche an der nordwestlichen Stadtgrenze und die Peterskirche jenseits des Tiber. Das antike Weichbild verfiel der Unordnung und Auflösung. Als sich Rom zur Zeit der Renaissance wieder erholte, war es keine Stadt wie andere auch, sondern ein Priesterstaat.
Die Bewohner, die jetzt zählten, waren Würdenträger der Kirche, Mönche und Nonnen, die weder Börse noch Marktplatz brauchten, sondern Kirchen und Klöster. Dieses malerische Stadtgebilde fanden Garibaldi und Cavour 1870 vor, als sie Rom zur Hauptstadt des neugeeinten Italiens erhoben.

Damit gerieten zwei Welten in Konflikt, die nichts miteinander gemein hatten. Augustus Hare ahnte vielleicht als erster, daß das Rom der Päpste, das er gekannt und geliebt hatte, nun von den Erfordernissen einer ehrgeizigen neuen Hauptstadt überschattet, wenn nicht völlig verdrängt würde. Kaum siebzehn Jahre nach der Einigung Italiens klagt er schon über die Veränderungen, die unter der »sardinischen Besatzung«, wie er verächtlich schrieb, vor sich gingen. Liest man die Literatur des 19. Jahrhunderts über Rom und betrachtet Bilder Roms aus der gleichen Zeit, so wünscht man allerdings, die Patrioten hätten Mailand gewählt und Rom als eine Freistatt des Geistes und der Künste in Frieden gelassen. Das kaiserliche Rom war tot und zu Staub zerfallen, aber sein Schemen ging weiter um. Dieser Schemen, den man sich so oft als entthronte Königin vorstellte, wurde nolens volens neu gekrönt. »Was bedeutet mir, dem begeisterten Verehrer der Antike, diese Stadt, wenn nicht die Hauptstadt der Welt?« schrieb Garibaldi. »Eine entthronte Königin, ja, aber von ihren gewaltigen, gigantischen, erhabenen Ruinen erhebt sich ein heller Schein: die Erinnerung an die Größe der Vergangenheit... Rom ist für mich das eine und einzige Symbol der italienischen Einheit.«

Die Wahl seiner Adjektive läßt keinen Zweifel darüber, daß das Viktor-Emanuel-Denkmal schon im Anmarsch war.

5

Jeden Tag rollen Reiseomnibusse aus allen Ländern Europas nach Rom hinein, Glasungetüme, in denen Reihen müder Reisender hermetisch gegen Landschaft und Volk abgeschlossen sitzen. Nachts stehen diese Omnibusse in den Seitenstraßen bei den besten Hotels, und auf ihren staubigen Flanken sind die Namen London, Berlin, Hamburg, Bergen, Wien, Oslo und vieler anderer Städte zu lesen. Am nächsten Tag trifft man sie in dem einen oder anderen römischen Stadtteil, am Tage darauf aber sind sie nordwärts nach Florenz oder südwärts nach Neapel entschwunden. Kaum haben die Zimmermädchen die Betten bezogen, trifft auch schon der nächste Schwung von Reisenden ein, die nicht viel anders aussehen als ihre Vorgänger, müde, ob des Neuen ein wenig verwirrt und froh, daß sie ihre Beine ausstrecken können.

Es ist alles fabelhaft organisiert. Nie zuvor in der Geschichte haben solche Menschenmengen von ihrem Platz hinter der Fensterscheibe aus Europa besichtigt. Noch leichter kann das Reisen nicht gemacht werden, und die Wanderer sind schneller wieder zu Hause als unsere im Schneckentempo reisenden Altvordern in Boulogne. Dieser Omnibusverkehr – der wohl aus den Erfahrungen der mechanisierten Kriegführung und aus dem Truppentransport auf der Straße gelernt hat – sichert den Weiterbestand der großen Hotels Europas, die durch Währungsbeschränkungen und das Aussterben der reichen Müßiggänger am Rande des Ruins standen – bis eines Tages die Reiseagenturen mit ihren Sammelbestellungen die ganze Saison belegten. Interessant, zu sehen, wie die Hotels ihr Mäntelchen nach dem neuzeitlichen Reisewind drehen. Die majestätischen, palastähnlichen Etablissements, die früher auf Reisegesellschaften als auf die niedrigste Stufe menschlichen Lebens hinabblickten und sich brüsteten, nie etwas mit ihnen zu tun zu haben, öffnen jetzt voll Freude Tür und Tor ihrer marmornen Hallen, und der Herr Geschäftsführer im Cut wartet manchmal höchstpersönlich auf den Stufen, um eine besonders zahlungskräftige Gruppe in Empfang zu nehmen, so, wie er einstmals Seine Lordschaft im Rolls Royce begrüßte.

Nichts überraschte mich in Rom so sehr wie das plötzliche Dahinschwinden einer jahrhundertealten Tradition. Seit Ciceros und Horaz' Zeiten ist kein Mensch je im Sommer nach Rom gekommen, es sei denn, es war ihm wirklich zu keiner anderen Zeit möglich. In alten Zeiten schon gingen die begüterten Römer an die See oder auf das Land, sobald die »ersten Feigen und die Hitze den Bestattungsunternehmer und sein Gefolge schwarzer Helfer mit Arbeit versorgte«, wie Horaz pessimistisch seinem reichen Freund schreibt. Und diese althergebrachte Völkerwanderung findet auch heute noch statt. Der Papst macht den Anfang, wenn er in seinen Sommerpalast in den Albaner Bergen übersiedelt, die wohlhabenden Römer folgen, und im

August ist Rom eine Stadt, die von stellvertretenden Zweitkommandierenden in Gang gehalten wird. Doch für jeden abwesenden Römer strömen mindestens 1000 Besucher in die Stadt, und dieser Strom reißt auch während der heißesten Spanne des Jahres nicht ab.

Wenn man dann in den elegantesten Straßen Roms Mädchen in Bluejeans trifft, deren Begleiter sich für Angelferien an den Großen Seen ausstaffiert haben; wenn ein päpstlicher Gendarm in voller Uniform, im Zweispitz und mit Degen, mit seiner weißbehandschuhten Rechten entrüstet ein Mädchen in kurzen Hosen von den Stufen der Peterskirche verbannt, dann weiß man, daß der Höhepunkt der Reisesaison erreicht ist. Während jedoch die allzu zwanglose Touristenkleidung den Spanier empört und verärgert, da er darin eine Beleidigung seines Landes sieht, berührt sie den Römer überhaupt nicht; Touristen können ihn nicht mehr aus der Ruhe bringen, er hat davon im Laufe der Jahrhunderte zu viele gesehen.

Der eilige Besucher ist übrigens nicht, wie man denken könnte, eine neuzeitliche Erscheinung. Dr. John Moore, der sich 1792 in Rom aufhielt, erwähnt einen zielstrebigen Reisenden, der sich einen Führer, schnelle Pferde und einen guten Wagen mietete, damit in Rom umherpreschte und methodisch alle Sehenswürdigkeiten, an denen er vorüberkam, auf einer Liste abhakte. Nach zwei Tagen konnte er sagen, daß er alles gesehen habe. Auch Sir Josuah Reynolds, der in Rom studierte und sich in den zugigen Galerien des Vatikans eine Erkältung holte, die eine lebenslängliche Taubheit nach sich zog, hat ein Wort zum Thema Touristen zu sagen. »Während ich im Vatikan war«, schrieb er, »kamen manchmal Engländer, die sechs Stunden lang alles niederschrieben, was der Kustos ihnen diktierte. Die Bilder schauten sie die ganze Zeit kaum einmal an.«

Man sieht das gleiche auch heutzutage, wenn Touristenschwärme von unerbittlichen Fremdenführern durch endlose Galerien getrieben werden und der Augenblick naht, wo selbst die Abgehärtetsten sich nicht mehr die Mühe machen, intelligent oder interessiert auszusehen, sondern gesenkten Auges unter den schönsten Deckenmalereien dahintrotten. Viele dieser Besucher scheinen unempfindlich gegen die Hitze. Während Rom zur Siesta-Zeit apathisch daliegt und die Läden bis um fünf Uhr geschlossen sind, während sich der Asphalt unter den Füßen in zähen schwarzen Brei verwandelt und man an den Taxi-Haltestellen meinen könnte, die Fahrer seien alle an ihrem Lenkrad gestorben, ausgerechnet dann ist es manchmal das Los dieser scheinbar aus Asbest gemachten Reisenden, nachmittags in einer ausgestorbenen Stadt herumzulaufen.

Eine Klasse für sich bilden die frommen Pilgerfahrer, die ursprünglichen Besucher Roms. Sie sind sich in den langen Jahrhunderten ziemlich gleichgeblieben und wollen auch die gleichen Dinge sehen, die schon für die Wallfahrer des Mittelalters das Ziel der Verehrung waren. Stets sind sie in Scharen im Petersdom und in den anderen Hauptbasiliken anzutreffen, und ein Blick genügt, um sie von den übrigen Besuchern zu unterscheiden. Nicht nur, daß sie ohne Scheu und im rechten Augenblick das Knie beugen; sie gehören einfach zum Bild der Stadt Rom, woher sie auch stammen mögen. Sie sind wohl Fremde, aber sie sind hier zu Hause.

6

In den Seitenstraßen am unteren Ende der Via del Tritone hört man das gleichmäßige Geräusch fallenden Wassers. Ein solches Geräusch mitten in einer Stadt läßt aufhorchen, denn es handelt sich hier nicht um das höflich-zurückhaltende Geplätscher eines Brunnens, sondern um das ungebärdige Brausen eines Wildbaches. Geht man diesem Ton durch die engen Straßen nach, so kommt man an den sehenswürdigsten und gleichzeitig auch beliebtesten der römischen Brunnen, die Fontana di Trevi.

Ich erinnere mich, wie ruhig und verlassen noch vor Jahren der Trevi-Brunnen nachts dalag. Wenn man dort einen Wagen nahm, wie ich es häufig tat, fand man einen Brunnen, der einsam und allein im Lampen- oder Mondenschein sein Wasser verschäumte. Ab und zu schlenderte ein Liebespaar herzu und opferte den Wassergeistern eine Münze, um damit seine Rückkehr nach

Rom zu sichern. Ich habe das auch getan, als ich das erste Mal in Rom war, und obgleich ich dabei vergaß, mich umzudrehen, hat der Zauber doch bei mir gewirkt.

Sogar Sir James Frazer, der Verfasser des Buches »The Golden Bough«, opferte gebührend seine Münze, wie er selbst zugibt: »In Rom steht ein Brunnen, die Fontana di Trevi, in den die Leute in dem Glauben, damit ihre Wiederkehr in die Ewige Stadt sicherzustellen, Münzen hineinwerfen. Der Schreiber vorliegender Zeilen hatte keine Bedenken, es den anderen gleichzutun.« Man schmunzelt bei dem Gedanken, wie der große Sammler abergläubischen Brauchtums da vor dem wild bewegten Brunnen steht und »keine Bedenken hat, es den anderen nachzutun«!

Der Trevi-Brunnen kam in fast allen in Rom spielenden Romanen des 19. Jahrhunderts vor, was ohne nennenswerte Wirkung auf den Touristenverkehr blieb. Unlängst aber benutzte ein Film Rom als Hintergrund für seine Liebesgeschichte, die ganze Welt erfuhr vom Trevi-Brunnen und dem damit verbundenen Brauch, und nun gehört dieser Brunnen zu den besuch-

testen in Rom. Den lieben langen Tag bis tief in die Nacht hinein füllen Scharen von Menschen den einst so stillen kleinen Platz, Touristenomnibusse halten gerade so lange, daß die Reisenden ihre Münzen ins Wasser werfen und den Brunnen fotografieren können, um halb zwei Uhr nachts wirft immer noch jemand Münzen, und alle paar Augenblicke zucken die Blitzlichter der Fotografierenden durch die Nacht. Ich habe das Brunnenbecken mit Geldstücken nur so gepflastert gesehen. Im Laufe von 24 Stunden wird soviel Geld hineingeworfen, daß die drumherum wohnenden Straßenknirpse allmählich ganz opulent aussehen. Sie haben eine Menge sinnreicher Harken und anderes Gerät erfunden, und zwei Polizisten wachen ständig darüber, daß sich die *ragazzi* nicht splitterfasernackt ausziehen und in dieses Wasser von Eldorado hinabtauchen. Nachts wird der Brunnen mit Scheinwerfern angestrahlt, selbst bei Vollmond.

Obgleich die Fontana di Trevi nicht eigentlich mein Lieblingsbrunnen in Rom ist, bin ich doch ständig wieder von der überströmenden Phantasie dieses Maskenspiels im Wasser überrascht und entzückt. Der Gedanke allein, eine Felsenlandschaft voll tosender Wasserfälle mitsamt Neptun und seinen wild ausschlagenden Rossen vor die klassisch ausgewogene Fassade eines Renaissance-Palastes zu setzen, ist an sich schon von so verblüffender Unwahrscheinlichkeit, daß man nur staunend den Kopf schüttelt. Daß diese romantische Vision hinter engen Straßen versteckt und auf einem eben ausreichend großen Platz zu finden ist, erscheint mir charakteristisch für Rom. Wo sonst hätte man nur entfernt daran gedacht, ein solches Bauwerk an eine solche Stelle zu setzen? In Paris hätte man es schön isoliert auf einem geeigneten Platz aufgestellt. In London wäre ein solches Phantasiegebilde wohl überhaupt nicht gebaut worden. Gerade aber darin liegt der besondere Reiz von Rom, daß man im Um-die-Ecke-Biegen plötzlich auf etwas ganz unerwartet Schönes stoßen kann, das vor Jahrhunderten anscheinend höchst nebenbei dort hingestellt wurde. Rom ist eine Stadt, in der die Wunder um die nächste Straßenecke liegen und Meisterwerke gewissermaßen am Wege abgestellt sind, wie sie gerade kamen. Das aber macht den kleinsten Spazierweg zu einer aufregenden Entdeckungsreise.

Fremde zum ersten Male zur Fontana di Trevi zu führen und sich an ihrer entzückten Überraschung zu weiden, ist ein Vergnügen für sich. Einmal ging ich mit einer Amerikanerin dorthin, und an ihrem Kommentar würden sowohl Bernini, der den Brunnen entworfen haben soll, als auch Nicola Salvi, der ihn hundert Jahre später baute und sich dabei den Tod holte, beide ihre Freude gehabt haben. »Das ist ja ein richtiges kleines Theater!« rief sie. »Kommen Sie, wir setzen uns ins Parkett!« Ich bin sicher, genau den Eindruck wollten Bernini und Salvi uns verschaffen, wenn wir die Stufen zum Wasserbecken hinabgehen und dem alltäglichen Leben auf der Straße den Rücken kehren. Wir sind wirklich in einem Barocktheater und bereit, uns ganz der Illusion hinzugeben. Nichts kann unsere Aufmerksamkeit von der Felsenbühne ablenken, auf der sich Neptun in triumphierender Pose aufgebaut hat, während seine Rosse sich in die Wogen stürzen und die Tritonen in ihr Horn blasen. Mit dem Rücken zur Straße, versunken in die Betrachtung der hundert kleinen Wasserfälle, die aus den Felsen sprudeln und schäumen, ist man wie in einem guten Theaterstück für eine Weile der Wirklichkeit entrückt.

Das Wasser des Trevi-Brunnens wird von der berühmten Aqua Virgo gespeist, die das schönste, reinste Wasser hat, wie die Römer sagen. Es kommt ungefähr 25 Kilometer weit aus der Campagna und wurde im Jahre 19 v. Chr. zum ersten Mal nach Rom geleitet. Im Jahre 537 zerstörten Goten und Burgunder die Anlage, die dann erst im 15. Jahrhundert wieder ganz instand gesetzt wurde. Das Wasser der Aqua Virgo kommt über die Gärten des Pincio nach Rom hinein, versorgt zunächst »La Barcaccia« am Fuße der Spanischen Treppe und speist danach noch weitere fünfzehn große und vierzig kleine Brunnen; der Trevi-Brunnen ist der größte von allen. Der erste Trevi-Brunnen lag übrigens unauffällig und bescheiden in der Piazza delle Crociferi um die Ecke. Während der anderthalb Jahrhunderte aber, in denen er seinen Bezirk mit Wasser versorgte, wuchs Rom zu einer immer großartigeren und prächtigeren Stadt heran, und so beschloß der Barberini-Papst Urban VIII., dessen Bienen in ganz Rom umherschwärmen, auch den Trevi-Brunnen dementsprechend auszugestalten. Er ließ den Brunnen an seinen heutigen Platz setzen, benutzte aber Berninis Entwurf nicht. Zehn Päpste kamen noch zur Herrschaft, ehe die Idee von dem erstaunlichen alten Klemens XII., der bei seiner Wahl 78 Jahre zählte und noch zehn Jahre regierte, wieder aufgegriffen wurde. Der Architekt Salvi begann seine gewaltige Aufgabe um 1723, im gleichen Jahre wurden auch die Arbeiten zu einem weiteren Wahrzeichen Roms, der Spanischen Treppe, aufgenommen. Während zu ihrer Fertigstellung aber nur drei Jahre nötig waren, erforderte die Konstruktion der Fontana di Trevi 39 Jahre. Noch unter dem Pontifikat Benedikts XIV. baute man daran und vollendete sie schließlich unter Klemens XIII. im Jahre 1762. Salvi war inzwischen gestorben, die viele Zeit, die er unter der Erde in der feuchten Kühle der Wasserleitungsanlage zubringen mußte, hatte seine Gesundheit untergraben.

Den ganzen Tag fliegen unter Gelächter, Hochrufen und dem Knipsen der Kameras die Münzen ins Wasser. Ich überlege, aus welcher Zeit dieser Brauch stammt, viel älter als vom Ende des 19. Jahrhunderts kann er nicht sein. Madame de Staël's Corinna trifft ihren Oswald im Mondenschein am Trevi-Brunnen im Jahre 1807, damals warf man noch keine Münzen. Auch Charlotte Eaton tat noch nichts dergleichen, als sie den Brunnen 1817 sah – und er ihr nicht gefiel. Den ersten Beleg fand ich in dem Buch »The Marble Faun« von Nathaniel Hawthorne, das 1860 erschien. Darin geht das geheimnisvolle Mädchen Miriam nachts zum Trevi-Brunnen hinunter und sagt: »Ich will soviel von diesem Wasser trinken, als ich in meiner hohlen Hand halten kann... In ein paar Tagen muß ich Rom verlassen, doch nach der Überlieferung verheißt ein Abschiedstrunk aus dem Trevi-Brunnen dem Scheidenden die Rückkehr nach Rom, welche Hindernisse und Widrigkeiten sich ihm auch in den Weg stellen mögen.« Danach scheint also das Trinken von Trevi-Wasser die ältere Tradition gewesen zu sein, das Münzenwerfen kam erst später auf. 1883, im Erscheinungsjahr von Baedekers achter Auflage, hat sich der Brauch bereits eingebürgert. Baedeker gibt auch die Anleitung: Wasser trinken und eine Münze hineinwerfen. Daß man sich dabei umdrehen muß, wird nicht erwähnt. Als S. Russell Forbes im Jahre 1892 sein Buch »Rambles in Rome« schrieb, war der Brauch schon zum Ritus geworden. »Wenn du wieder nach Rom zurückkehren möchtest, mußt du am letzten Tage deines Aufenthaltes hierher kommen, am Brunnenrand aus deiner linken Hand trinken, dich umdrehen und über deine linke Schulter ein Geldstück ins Wasser werfen.« Sechs Jahre später schreibt Marion Crawford: »Wer beim Vollmondschein, wenn die Strahlen auf dem kräuseligen Wasser tanzen, zum großen Brunnen hinuntergeht, von dem Wasser trinkt und als Opfergabe an den Genius des Ortes eine Münze mitten hinein wirft, der kehrt bestimmt nach Rom zurück, ob alt, ob jung, ob früher oder später.«

Die Fontana di Trevi gebraucht immer wieder das gleiche Wasser. Es kommt aus einem Speicher in dem Gebäude hinter dem Brunnen und wird von dort in unzählige Röhren gepumpt. Einmal wöchentlich, an einem Dienstagmorgen, werden die Wasserspiele abgestellt, Schwärme von Arbeitern klettern über die Felsen und reinigen Neptun und seine Rosse von oben bis unten, ehe der Wasservorrat für die nächste Woche in den Speicher gelassen wird und seinen Kreislauf von neuem beginnt. An einem Morgen beobachtete ich einen gewitzten jungen Burschen, der mit einem an einer langen Stange befestigten Magnet zwischen den Opfergaben herumfischte, bis ihn ein Polizist mit einer wahren Kanonade wütender »Via! Via!« verscheuchte. Ein Hüter der Wassergeister in der Person eines gewandten jungen Straßenfotografen erzählte mir, daß in einer günstigen Woche der Hochsaison manchmal Münzen im Werte von 600–700 Mark am wöchentlichen Reinigungstag aus dem Becken geholt werden. Ich blickte wohl etwas ungläubig, aber er versicherte mir, daß das stimmte. »Was wird denn aber damit?« fragte ich. »Tja, das meiste geht an die Krankenhäuser und Waisenhäuser«, sagte er, »und dann bekommen natürlich die Brunnenreiniger ihr Teil.«

Gegenüber dem Brunnen, an einer Ecke des kleinen Platzes, steht die kleine Kirche S. Vincenzo ed Anastasio. Sie wurde von dem großen Kardinal Mazarin erbaut, und der Frauenkopf über dem Hauptportal ist angeblich das Bildnis seiner Lieblingsnichte Maria Mancini. Wer im übrigen glaubt, der »Selfmademan« wäre erst eine Erscheinung unseres demokratischen Zeitalters, der sollte sich einmal kurz mit der Lebensgeschichte des Kardinals Mazarin beschäftigen. Sein Vater begann als Butler bei den Colonna und wurde später Verwalter. Er heiratete eine illegitime Tochter der Familie und erlebte noch, daß sein Sohn Kardinal und der eigentliche Beherrscher Frankreichs wurde und seine Enkelin Maria den Prinzen Colonna heiratete. Als Witwer vermählte sich der ehemalige Butler mit Porzia Orsini und wurde damit der einzige Mann in der Geschichte, der eine Angehörige aus jeder der beiden rivalisierenden Familien zur Frau hatte. Mit der Kirche hat es eine merkwürdige und makabre Bewandtnis. Eine Bronze-Platte links vom Altar verzeichnet die Namen von 22 Päpsten, die dieser Gemeindekirche des Quirinalspalastes Herz und Eingeweide vermachten. Sixtus V. und alle Päpste, die nach ihm in dem bis 1870 päpstlichen Quirinalspalast starben, hinterließen dieses sonderbare Vermächtnis. Wie die Eingeweide der Pharaonen in den Vasen aus Canopos wird ihr Herz in Marmorurnen aufbewahrt.

7

Steht man mit dem Blick auf die Spanische Treppe, so hat man rechts das Keats-Haus und links den Teesalon des Fräuleins Babington. Dazwischen liegt das sinkende Schiff, die Barcaccia, womöglich eine ironische Anspielung auf die Vermögenslage jener Aristokratie, die zwei Jahrhunderte dem Spanischen Platz sein lebhaftes Gepräge gab. Eines Tages, bei einer Tasse Tee im Babington-Saal, fiel mir plötzlich der Name auf. Die Babington-Verschwörung... Thomas Babington Macoulay – immerhin kein alltäglicher Name.

Im Jahre 1893 kam eine etwa dreißigjährige unverheiratete Engländerin mit einem Kapital von 100 Pfund Sterling nach Rom, um sich dort eine für eine Dame passende Existenz aufzubauen. Sie gehörte zu dem Zweig der Babingtons, die in

Derbyshire wohnen, einer katholischen Familie, deren bekanntestes Mitglied Anthony Babington war. Dieser Anthony wurde 1586 als Anführer einer Verschwörung gegen Königin Elisabeth gehängt, aufs Rad gezogen und gevierteilt. Sein Ende war grausig. Sein Freund Ballard wurde vor ihm gehängt, während Babington nicht etwa betete, sondern dabeistand, »den Hut in der Hand, als sei er selbst nur ein Zuschauer bei der Hinrichtung«. Dann wurde er selbst unter teuflischen Martern gehängt und noch lebend losgeschnitten. Königin Elisabeth war darüber so entsetzt, daß sie befahl, man solle die übrigen Verschwörer, die am folgenden Tage sterben mußten, vor ihrer Vierteilung erst ordnungsgemäß zu Tode hängen. Babingtons Besitz ging an Sir Walter Raleigh über, Königin Elisabeth wählte eine schöne Uhr aus dem Nachlaß für sich aus. Lord Macoulay war ein entfernter Verwandter der Familie und erhielt den Taufnamen Babington.

Wie dem auch sei, dreihundert Jahre nach diesen Geschehnissen traf jedenfalls Fräulein Anna Maria Babington in Begleitung einer Freundin in Rom ein, um ihr Glück zu machen. Ein merkwürdiger Zufall wollte es, daß auch diese Freundin einen Ahnen vorweisen konnte, der öffentlich gehängt worden war. Sie war Fräulein Isabel Cargill aus Dunedin in Neuseeland. Ihr Großvater war der Gründer der Stadt Otago und ihr Ahne Donald Cargill, ein Anhänger der schottischen Presbyter-Kirche. In seinem singenden schottischen Tonfall hatte Donald König Karl II. des Verrates, der Tyrannei und Ausschweifung angeklagt und wanderte predigend durch Schottland, ebenso überzeugt protestantisch, wie Babington katholisch gewesen war. Schließlich fing man ihn, und so wurde er 1681 in Edinburgh wegen Hochverrats hingerichtet. Welch ein sonderbarer Zufall, daß gerade diese beiden Frauen sich begegnet waren und nun zusammen in Rom eine Existenz gründen wollten!

1893 war ein ereignisreiches Jahr, und das brachte die beiden Damen auf einen Einfall, der, wie die englische Zeitung jener Zeit es ausdrückte, »einem lang empfundenen Mangel« abhelfen würde. Man feierte das Bischofsjubiläum des Papstes Leo XIII., und scharenweise strömten die Besucher nach Rom. Im

Februar erteilte der Papst einer 50000köpfigen Menge seinen Segen, im März besprach er eine Edison-Phonograph-Platte für den Präsidenten der Vereinigten Staaten, im April empfing er die Prinzessin von Wales, die spätere Königin Alexandra, in Audienz und überreichte ihr eine Fotografie mit eigenhändiger Unterschrift. Und damit nicht genug, denn im April dieses Jahres fanden außerdem noch die Silberhochzeitsfeierlichkeiten des Königs Umberto I. und seiner Gemahlin Margherita von Savoyen statt. Die Pilger waren wieder abgefahren, und Rom war nun voll herrschaftlichen Besuches aus den Königshäusern und der höchsten Gesellschaft. Staatslandauer, von königlichen Kürassieren in ihren wehenden Roßhaarbüscheln eskortiert, rollten vom Bahnhof zum Quirinalspalast, ihnen entstiegen Kaiser Wilhelm II. und seine Gemahlin, dann der junge, bärtige Herzog von York und spätere König Georg V. von England, der damals die letzten beiden Monate seiner Junggesellenzeit genoß, und viele andere hohe Persönlichkeiten dieses wahrhaft königlichen Zeitalters. In dem ganzen glanzvollen und frohen Treiben beschlich manch einen die Sehnsucht nach einer anständigen Tasse Tee: und diese Sehnsucht zu stillen nahmen sich nun die beiden Fräulein Babington und Cargill vor. Ihr erster Teesalon lag in der Via dei Due Macelli und fand solchen Zuspruch, daß bald darauf ein weiterer an der Piazza di San Pietro eröffnet werden konnte. Im folgenden Jahr wurde das heutige Gebäude an der Piazza di Spagna frei – hier waren ursprünglich die zum Palazzo gehörigen Stallungen untergebracht –, und da es im Herzen der englischen Kolonie Roms lag, konnte man es gar nicht günstiger treffen. Fräulein Babington und Fräulein Cargill dekorierten die Räume mit japanischen Matten, in die Mitte des Vorderzimmers stellten sie eine Palme. Gaslicht wurde gelegt. Der »Anglo-American« schreibt unter dem 10. Dezember 1894, »daß Fräulein Babington's Teesalon wirklich eine treue, zahlreiche Kundschaft verdient. Er ist sauber, gemütlich eingerichtet, gut geheizt und gelüftet. Ein hübscher Leseraum ist angeschlossen, und alle Räume liegen im Erdgeschoß, so daß man keine Treppen zu steigen braucht. Und was die Güte der Küche, die Bedienung und die mäßigen Preise anlangt, so kann man nur sagen, Nizza könnte zu seinem eigenen Vorteil dem Fräulein Babington manches absehen.«

Das Unternehmen des Fräuleins Babington hatte alsbald seinen festen Platz in der Kolonie, die heutzutage nur noch ein Schatten ihrer selbst ist. 1903 heiratete Fräulein Cargill den bekannten Maler Professor Pozzo, arbeitete aber weiterhin im Teesalon und wechselte sich mit Fräulein Babington an der Kasse ab. 1928 zog sich Fräulein Babington als hochbetagte und fast erblindete alte Dame vom Geschäft zurück und lebte forthin in der Schweiz; Signora Pozzo führte den Salon allein weiter. Heute steht das Unternehmen unter der Leitung ihrer Tochter, der Contessa Dorotea Bedini.

»Das wirklich Erstaunliche aber ist«, erzählte diese mir, »daß zwei der ersten Angestellten noch bei uns arbeiten, Giulia Nadoni an der Kasse und Anita de Santis am Küchenbüfett. Während des letzten Krieges brachte ich meine Familie in die Alpen, wurde dort 1943 vom Waffenstillstand überrascht und konnte nicht vor Kriegsende nach Rom zurückkehren. Dank der treuen Anhänglichkeit Giulia Nadoni's und aller anderen Angestellten konnte der Teesalon während der ganzen neun Monate der deutschen Besatzung in Betrieb gehalten werden, und nur am Tage des deutschen Einmarsches wurde für wenige Stunden geschlossen. An diesem Tage hatten wir auch den einzigen Kriegsschaden: Granatsplitter zerschlugen die Fensterscheiben. Den ganzen Krieg hindurch ist der Name Babington nicht ein einziges Mal heruntergenommen worden.«

So blieb also der Babington'sche Teesalon erhalten und braut weiterhin Tee, wenn auch in einer so ganz anderen Welt als der von 1893. Es sei dahingestellt, was Fräulein Babington zu den Touristen in offenen Hemdkragen und knalligen Strandpullovern gesagt hätte, die heutzutage in ihren Salon kommen. Noch gibt es zwar auch andere Kunden. Häufig sieht man kleine Gruppen von *contesse* und *marchesi* miteinander Tee trinken und hört sie ein Englisch sprechen, das ihnen die großen Botschafterinnen Englands, die englischen Gouvernanten, beigebracht haben. Der verstorbene König Alfons von Spanien liebte Tee sehr und war ein eifriger Babingtonianer.

Die Atmosphäre eines englischen »tea-room« ist eine eigene Sache, wie eigen, wird am besten klar, wenn man eben über die Straße in das Café Greco in der Via Condotti geht. Es ist älter als der Babington'sche Salon und hat sich seit den Tagen, als Liszt, Wagner und Byron an den kleinen Marmortischchen saßen, kaum verändert. Einer seiner schon legendenumwobenen *habitués* war Buffalo Bill.

Man kann auch dort ausgezeichneten Tee bekommen, aber es entspricht dem Ort doch mehr, Eiskaffee zu bestellen. Einmal hörte ich dort eine merkwürdige Unterhaltung mit an. Ein junger Amerikaner beschrieb gerade seine Zimmer in einem alten *palazzo*. »Und bums, in der Mitte des Innenhofs steht so ein altes marmornes Brunnenbecken«, sagte er. »Aber die kenn' ich, kann ich wohl sagen. In dem Haus, wo ich groß wurde, saßen wir auf so einem Dings.« Seine Freunde zeigten sich etwas erstaunt. »Na ja«, erklärte er, »meine Großmutter war mal in Rom und brachte zwei mit nach Hause und installierte sie als Klosetts!«

8

Oben an der Via Veneto steht eine Reihe rotgeräderter *carozze*, die auf Kunden aus den teuren Hotels warten. Jedes Pferd hat eine kleine Klingel auf dem Geschirr, und die Kutscher sind echte Römer von der Sorte aus Trastevere. Die Italiener selbst behaupten, ihre Sprache und Schlagfertigkeit seien unbezahlbar, sie müssen also für Rom das sein, was der nun ausgestorbene Cockney einst für London war. Die *carozze* sind ein Überbleibsel aus dem Rom des 19. Jahrhunderts, und sicher hat Urgroßvater Urgroßmutters Hand gehalten, wenn sie auf ihrer Hochzeitsreise in so einer *carozza* durch die stillen Straßen fuhren, um den Trevi-Brunnen bei Mondschein zu genießen. Auch heute noch werden sie hauptsächlich von Verliebten benutzt, oder auch von Leuten, für die eine Fahrt mit Pferd und Wagen etwas ganz Neues ist. Wahrscheinlich aus Erbitterung über die mechanisierte Konkurrenz sind die Kutscher allerdings zu rechten Halsabschneidern geworden.

Immerhin, im Gedanken daran, wie wunderhübsch es früher gewesen sein muß, ohne jeden anderen Laut als das Klingeln des Geschirrglöckchens und das Trappeln der Pferdehufe auf den Pflastersteinen durch die Straßen zu fahren, ging ich eines Abends auf einen Kutscher zu, der sich darauf zu mir herunterbeugte und sagte: »You wanna take a buggy-ride?« O Roma immortalis! Genauso hat wohl ein alter Römer zur Zeit des Verfalls einen Goten oder Vandalen im Akzent der Eroberer angeredet!

Kapitel II

Der Kapitolinische Hügel
Die Tragödie des Rienzi
S. Maria in Aracoeli und der Santo Bambino
Eine diplomatische Abendgesellschaft
Das amerikanische Rom
Die Gärten der Villa Borghese und der Pincio

1

Der Kapitolinische Hügel gehört für mich zu den schönsten Punkten Roms. Dem Lärm der Stadt und dem Widerstreit zwischen alt und neu entronnen, schreitet man wie durch einen Torbogen geradewegs ins 16. Jahrhundert, dessen ganze Schönheit in den unnachahmlichen, pfirsichfarbenen Gebäuden zu den drei Seiten des Platzes steinerne Gestalt angenommen hat. In der Mitte des Platzes sitzt hoch auf seinem bronzenen, noch immer hier und da goldgesprenkelten Roß Mark Aurel, das lockige Haupt- und Barthaar frisch geschnitten und parfümiert, als wolle er wie vor Zeiten in den sonnigen Morgen reiten. In jeder Stadt gibt es irgendeinen Ort, sei es Kirche oder Garten, wohin man sich in Augenblicken großen Glückes oder Schmerzes wie in eine Freistatt zurückziehen kann, und das bedeutet trotz seiner großen, bewegten Vergangenheit der Kapitolsplatz für mich. Die Jahrhunderte umbranden ihn von allen Seiten, aber wie Wasser läuft ihr stürmisches Geschehen an ihm ab, und der Kapitolsfelsen mit dem Philosophenkaiser auf seinem goldenen Roß erhebt sich gleichsam wie eine Arche hoch über dem Strom der Zeit.

Der Hügel ist nicht besonders hoch, wohl an die 45 Meter, und bildet eine für sich liegende Akropolis, auf der die Römer sechs Jahrhunderte vor Christus den größten Tempel der römischen Welt, den Tempel des *Jupiter Capitolinus*, errichteten. In seiner frühesten Gestalt war Jupiter eine rohe, etruskische Figur, deren rotes Gesicht in feierlicher Zeremonie einmal im Jahr mit rotem Pigment *(minium)* bemalt wurde. Bei ihren Triumphzügen standen die siegreichen römischen Cäsaren und Feldherrn als Jupiter gekleidet mit rotbemaltem Gesicht auf ihren Streitwagen, Pferde, weiß wie die Rosse Jupiters, zogen sie. Stets fand der Zug auf dem Kapitolinischen Hügel mit einem Dankopfer des siegreichen Feldherrn an den Gott seinen Abschluß. Zur Zeit der Kaiser wurde dann der primitive, rotgesichtige Gott durch eine goldene Statue ersetzt. Das Dach des Tempels war golden, das Tor war golden, die Schwelle aus Goldbronze. Goldglänzend ragte das Gebäude im strahlenden Sonnenlicht über dem Forum.

Rechtwinklig zum Kapitol und in alter Zeit durch ein schmales Sumpfgebiet davon getrennt, erstreckt sich der lange Rücken des Palatins, auf dem die Cäsaren ihre Paläste bauten; in der Talsenke zwischen beiden Hügeln lag das alte Forum. Seine Hauptstraße war die Via Sacra, »heilig«, weil sie am Vesta-Tempel und dem Hause des obersten Priesters, des *Pontifex Maximus* vorbei zum Jupitertempel auf das Kapitol hinaufführte. Das Forum sah also zum Kapitol auf, und das Kapitol blickte auf das Herz der römischen Welt, auf den Mittelpunkt der Zivilisation und Ausgang und Ende aller Straßen hinunter.

Der Sage nach fand man während der Ausschachtungen zum ersten Jupitertempel einen menschlichen Schädel, der einem mythischen Helden namens Tollius gehört haben soll. Die Augurn legten den Fund als Zeichen dafür aus, daß Rom dereinst das Haupt *(caput)* der Welt sein würde. So nannte man den Hügel Capitolium *(a capite Toli)*, und so kamen wir zu unserem Wort Kapitol, das heutzutage in vielen Hauptstädten, etwa in Washington, den Sitz des Parlaments bezeichnet. Der benachbarte Hügel des Palatins gab Europa das Wort »Palast«. Aber noch eine Vokabel des heutigen Sprachgebrauchs stammt vom Kapitol, auf dem als Gegenstück zum Jupitertempel auch der Tempel seiner Gemahlin Juno in ihrer Eigenschaft als Juno Moneta stand. In ihrem Tempel war die römische Münze untergebracht, und so ging das Wort »moneta« als »money«, »monnaie«, »moneda«, »mund« und »münz« in die europäischen Sprachen ein. Die Tempel sind zu Staub zerfallen, die Worte aber, die auf diesen römischen Hügeln geprägt wurden, sind noch heute in aller Munde.

Das Kapitol hat auch seine Symbolik. In den Tagen des alten Rom erstieg man es vom Forum aus, dem Forum zugewandt standen auch die großen Jupiter- und Junotempel und alle anderen Gebäude und kehrten damit dem heutigen Rom den Rücken zu. Mit dem Ende Roms aber kamen Jahrhunderte des Verfalls. Das Forum erstarb und fiel in Trümmer, Jupiter selbst blieb wenig mehr als eine Erinnerung, und die Brocken seines stürzenden Tempels rollten den Hügelabhang hinab. Neues Leben begann sich erst wieder zu regen, als die Menschen des frühen Mittelalters über dem Junotempel eine der Jungfrau Maria geweihte Kirche und unweit der Stelle des Jupitertempels eine befestigte Burg für den Magistrat erbauten. Diese Gebäude kehrten sich nicht mehr um die erloschene Welt, sondern sahen der neuen Zeit entgegen. In einer jener unnachahmlichen Gesten der Geschichte blickten sie zur Peterskirche hinüber.

Jedes Mal, wenn ich auf das Kapitol ging, entdeckte ich wieder etwas Neues zum Bewundern. Da waren zunächst die beiden Treppen. Vielleicht, daß man über der mit Recht gepriesenen zauberhaften Schönheit der römischen Brunnen die schwungvolle Grazie der mit so viel Formsinn angelegten Treppen Roms vergißt. Für mich verging kaum ein Tag, an dem ich nicht irgendwo anhielt und dachte, wie herrlich gelegen und schön im Entwurf oft eine an sich ganz anspruchslose Treppe war, über deren abgetretene Stufen täglich Tausende gedankenlos dahingingen. Der wellige Untergrund Roms bot den Renaissance-Architekten den Vorwand, Treppen jeder Art und Größe zu entwerfen; könnte man die Spanische Treppe als ein übermütiges Schnörkelspiel in der Kunst des Treppenbaus bezeichnen, so sind die beiden zum Kapitol hinaufführenden Stufenfluchten ein unnachahmliches Beispiel für formvollendete Manieren in der Architektur. Sie sind Seite an Seite erbaut, zeitlich liegen zwei Jahrhunderte dazwischen. Die einhundertvierundzwanzig steilen Marmorstufen zur Kirche S. Maria in Aracoeli hinauf wurden im 14. Jahrhundert von den Opfergaben erbaut, die man während der Zeit des Schwarzen Todes der Jungfrau Maria dargebracht hatte. Die Quader kamen ursprünglich vom Quirinalshügel und dienten einst als Stufen zu dem großen Sonnentempel des Kaisers Aurelian. Bis zur Zeit der Renaissance bildeten sie die einzige Treppe zum Kapitol hinauf. Ein Blick, oder besser ein Aufstieg, genügt zum Beweis, daß sie ursprünglich für kräftige römische Beinmuskeln gedacht waren. Überhaupt ist der erste Eindruck, den man nach einem Gang durch Rom von den alten Römern bekommt, daß sie als Volk flache, leicht ersteigbare Stufen verachteten. Ein Aufstieg nach S. Maria in Aracoeli hinauf ist viel anstrengender als Hunderte von flachen Renaissance-Stufen zu steigen. Die Schöpfer des Kapitolsplatzes standen vor dem Problem, einen Aufstieg zu schaffen, der sich der alten Treppe würdig erweisen und sie doch nicht ausstechen sollte. So bauten sie nicht eine Treppenflucht, sondern eine sanft ansteigende Rampe, die, am Fuße der alten Treppe beginnend, in einer leichten Auswärtsbiegung graziös nach oben führt. In dieser Geste liegt so etwas wie die Höflichkeit eines jungen Mannes, der dem Älteren den Vortritt läßt.

Das gewaltige Stufenwerk aus römischem Marmor zur Linken ist, wie gesagt, eine wahre Beinmuskel-Probe. Dabei ist auf einem alten Stich zu sehen, wie Frauen die Stufen auf ihren Knien hinaufrutschen, um damit die Vermittlung der Jungfrau Maria in ihren häuslichen Angelegenheiten zu erflehen oder die Himmelskönigin um Ehemann oder Nachkommenschaft zu bitten. Es ist merkwürdig, zu denken, daß diese Frauen in einem in der Religion keineswegs ungewöhnlichen Überlagerungsprozeß zu dem einst der heidnischen Himmelskönigin Juno geweihten Schrein zogen, der Göttin, die über alles herrschte, was zwischen Geburt und Tod Sache der Frauen war. Ganz sicher waren die Probleme, mit denen die Frauen des Altertums zu Juno kamen, die gleichen, die heute der Jungfrau Maria vorgetragen werden.

Ich bin diese Treppen mehrere Male hinaufgestiegen, aber die freundlicher gesinnte Cordonata war mir doch lieber. Oben an der Balustrade stehen Castor und Pollux, einmal nicht im Harnisch, sondern fast unbekleidet, und bekennen sich mit ihren

merkwürdigen kleinen Kappen in der Form eines halben Schwaneneis zu ihrer etwas ungewöhnlichen Elternschaft: Leda war ihre Mutter. Vor mir reitet Mark Aurel, und hinter ihm erstreckt sich der Senatorenpalast, dessen weiße Statuen sich hell gegen den römischen Himmel abzeichnen. Links vom Kaiser ist das Kapitolinische Museum, zu seiner Rechten der Konservatorenpalast, in beiden sind die edelsten Kunstschätze des antiken Rom untergebracht.

Für jeden, der einmal römische Münzen gesammelt hat, ist das lebensgroße Porträt des Kaisers in lockigem Haupt- und Bart-

haar eine Augenweide. Er ist überhaupt ein alter Freund. Aus der Ferne klingt seine Stimme: »Der Weg zur Vollendung besteht darin, jeden Tag als den letzten zu leben, ohne Überstürzung, ohne Stumpfheit und ohne Verstellung.« Und in einem anderen seiner Leitsätze deutet sich vielleicht schon das Christentum an: »Tut dir jemand unrecht, so mach es dir zur Pflicht, herauszufinden, aus welcher guten oder bösen Überzeugung heraus er unrecht handelte. Hast du das einmal erkannt, so wirst du ihn bedauern und nicht mehr erstaunt oder ärgerlich sein.« Und doch wurde nicht Mark Aurel, sondern ausgerechnet Trajan als einziger römischer Kaiser zum Christen honoris causa erhoben und war somit der einzige ungetaufte Christ in der Geschichte. Die Legende erzählt, Gregor der Große sei über das Mitleid des Kaisers Trajan mit den Witwen und Waisen so gerührt gewesen, daß er Gott bat, diesem guten, mitfühlenden Heiden die Tore des christlichen Himmels zu öffnen. Der Herr erhörte, ein wenig widerstrebend zwar, das Gebet des heiligen Gregor, machte aber unmißverständlich klar, daß der Heilige nicht mit zu vielen Anliegen dieser Art kommen dürfe. Das Problem eines ungetauften Christen beunruhigte die mittelalterliche Welt beträchtlich, bis Thomas von Aquino die Lage rettete und erklärte, Trajan sei nach seinem Tode noch einmal gerade so lang erschienen, daß die Zeit für eine Taufe reichte; so war denn alles in Ordnung. Wenn ich mir so den Philosophenkaiser betrachtete, schien mir, es wäre vielleicht doch leichter gewesen, ihn anstatt Trajans zum Christen zu erheben. »Was auch die anderen tun oder sagen«, schrieb Mark Aurel, »meine Pflicht ist es, gut zu sein.« Und ich stelle ihn mir gern vor, wie er mit offensichtlichem Widerwillen ins Kolosseum ging und das Publikum dadurch verärgerte, daß er während der blutigen Spiele seine Akten bearbeitete und unterschrieb. Die Ironie der Weltgeschichte wollte es, daß wir die Erhaltung seines Standbildes, des einzigen bronzenen Reiterstandbildes aus der Kaiserzeit Roms, das uns blieb, einem köstlichen Irrtum der frühen christlichen Welt verdanken, die ihn für Konstantin den Großen hielt.

Der vollendet schöne Platz ist ein Entwurf Michelangelos, wurde aber erst von dessen Nachfolgern fertiggestellt. Michelangelo war es auch, der die Mark-Aurel-Statue vom Lateran herüberholte, wo sie fünfhundert Jahre gestanden hatte, und sie auf den aus einer Säule des Castor-und-Pollux-Tempels gefertigten Sockel stellte. Und da reitet er nun und ist zum Vorbild für alle bronzenen Reiter geworden, die seither auf den öffentlichen Plätzen der Welt ihrem Pferde die Sporen geben. Aus der Hand Michelangelos sind auch die schönen Treppen, die sich von beiden Seiten zum Hauptportal des Senatorenpalastes, des heutigen Rathauses von Rom, emporschwingen.

Mit diesem Gebäude ist eine meiner schönsten Erinnerungen verbunden. Vor Jahren wohnte ich dort einem Ball bei, der im Januar 1930 anläßlich der Vermählung des Ex-Königs Umberto mit der Prinzessin Maria-José von Belgien gegeben wurde. Ich weiß noch, wie ich von Paris nach Rom im gleichen Eisenbahnwagen mit einem jungen Mann reiste, dessen Krönung zum Georg VI. ich sieben Jahre später in der Westminster-Abtei miterleben sollte. Als Herzog von York nahm er als Vertreter seines Vaters, des Königs Georg V., an den Hochzeitsfeierlichkeiten teil.
Rom war in freudigster Aufregung, und Trachtengruppen aus allen Teilen Italiens füllten die Straßen, manche waren von Trommlern und Flötenbläsern begleitet, andere, in Schaffellhosen gekleidete Hirten aus den Abruzzen, spielten melodische Weisen auf dem Dudelsack. Als ausländischer Berichterstatter hatte ich einen Platz in der königlichen Kapelle des Quirinalspalastes bekommen und sah den Hochzeitszug zur Trauungszeremonie an den Altar schreiten. Damals erlebte ich Mussolini zum ersten Mal. Mit einstudiert grimmiger Miene stolzierte er inmitten der glänzenden Prozession, und ich weiß noch, daß mich sein Kopf an einen der späteren Kaiser, Diokletian oder Julian, erinnerte.
Abends gab der Gouverneur von Rom einen Ball auf dem Kapitol, zum dem die meisten römischen Schönheiten und wohl alle Uniformen, Orden und Ehrenzeichen Europas geladen waren. Die Gäste strömten die alten Treppen hinauf und füllten die im Glanze der Kristalluster erstrahlenden, teppichbehangenen Empfangsräume: der Senatorenpalast war wirklich ein feenhafter Hintergrund für diese glänzende Gesellschaft! Schlag Mitternacht versammelten wir uns an den zum Forum hinausgehenden Fenstern und sahen im Scheinwerferlicht einen römischen Hochzeitszug in weißen Togen langsam die Via Sacra daherkommen, ein Schauspiel, das zu Ehren des Brautpaars veranstaltet war. Der Zug wallte zum Klang der Flöten durch die Nacht und verschwand wie eine Geisterprozession im Dunkel der Ruinen.
Ein Professor stieg mit mir in die unter dem Palast gelegenen Keller hinunter, dessen Mauern aus massiven Tuffstein-Blöcken

Jahrhunderte vor Christus so fein gefügt wurden, daß man die Nähte kaum mit dem Fingernagel entdeckt. Wir sprachen über den älteren Palast, den Michelangelo hatte einreißen lassen, um für den heutigen Platz zu bekommen. Beide Paläste erhoben sich über den gewaltigen Überresten des Tabulariums, des römischen Staatsarchivs, wo die geschichtlichen Ereignisse Roms auf bronzenen Tafeln verzeichnet wurden. Die Stimmung hatte etwas vom letzten Akt der »Aida«. Von oben aus dem Palast kamen schwach die Klänge der Musik, während wir die grabkammerähnlichen Räume durchforschten und auf Treppen stießen, die geradenwegs in das Herz des Kapitolinischen Hügels hinabzuführen schienen. Wir sprachen über Rienzi und seine ebenso hervorragende wie phantastische Rolle in der Geschichte des älteren Palastes. Keinem von uns beiden – und für den Professor wäre es ja auch *lèse-majesté* gewesen – fiel damals auf, daß der Diktator, um den sich zur Zeit alles drehte, selbst eine Parallele zum Leben des berühmten Volkstribuns bildete. Mir scheint, Rienzi und Mussolini haben so viel Gemeinsames, die gleiche Mischung von ausgezeichneten Ideen und persönlichem Versagen, die gleichen operettenhaften Gesten, daß damit Rienzis Lebenslauf neues Interesse gewinnt. Vor kurzem noch schien Mussolini ein Phänomen der Neuzeit, in Wahrheit aber war er ein aus der Geschichte wohlbekannter Typus, und sein schreckliches Ende beweist, daß eine italienische Volksmenge im Zorn heute noch genauso viel wilde Grausamkeit aufbringen kann wie ihre Vorgänger im 14. Jahrhundert.

2

Eigenartig, daß Hollywood den Stoff von Rienzis Leben und seiner Zeit noch nicht zu einem seiner historischen Monstre-*soufflés* benutzt hat. Wie die Welt damals glaubte, war das Papsttum zu einer französischen Angelegenheit geworden, und der Papst hatte Rom zugunsten des angenehmen »Gefängnisses« Avignon treulos verlassen. Rom wurde zum Schauplatz endloser Fehden zwischen den gewalttätigen großen Herren. In dieser Stadt der sich dicht an dicht im Tiberbogen drängenden roten Backsteintürme, der bewaffneten Banden, der Straßenkämpfe zwischen den Orsini und Colonna, herrschten wieder Raub, Mord und jegliche Gesetzlosigkeit, und wieder war ihr Antlitz von tragischem Elend gezeichnet, wie damals, als sie von den östlichen Kaisern aufgegeben und zur Beute der Barbaren wurde.

In diesem Rom des frühen 14. Jahrhunderts wurde Cola di Rienzi um 1313 als Sohn eines Schankwirts geboren und wuchs unter ärmlichen Verhältnissen auf. Er brachte sich selbst Latein bei, buchstabierte sich auf seinen Wanderungen durch die Ruinen die Inschriften zusammen und träumte von der glorreichen Vergangenheit Roms. Erstaunlich, zu denken, daß dieser Traum von der Größe Roms noch Männerherzen beflügeln konnte, als schon längst kein Tropfen echten römischen Blutes mehr in den Adern der Bevölkerung floß. In seinen Phantastereien auf den Ruinen sah sich Rienzi schon als Cäsar, der die zerfallene Stadt neuen Ruhmeszeiten entgegenführen würde. Er sah gut aus, hatte einen fanatischen Willen und verstand sich aufs Reden. Es war das Zeitalter Petrarcas. Die Mörgenröte der Renaissance zog über Italien herauf. Vielleicht war Rienzi sogar zugegen, als Petrarca auf dem Kapitol mit dem Lorbeerkranz gekrönt wurde. Damit begann das seltsame, für eine spätere Zeit so charakteristische Nebeneinander von Kunst und Literatur und Mord, Brand, Raub und Plünderung. Ein merkwürdiges Bild, wie sich die wilden Herren Roms auf dem Kapitol versammeln, um dem ersten modernen Gelehrten ihre Huldigung zu erweisen.

Mit dreißig Jahren reiste Rienzi mit dem Auftrag nach Avignon, dem Papst Klemens VI. zu seiner Wahl zu gratulieren und ihn im Namen der Gastwirte Roms, die einen beträchtlichen Teil der Bevölkerung ausmachten, zur Rückkehr nach Rom zu bewegen. Dem Papst gefiel dieser wortgewandte Besucher so gut, daß er ihn ein ganzes Jahr bei sich behielt. Wieder in Rom, sah Rienzi nun seinen Weg klar vor sich. Er glaubte felsenfest an seinen Stern. Der Adel lachte ihn aus, und es wurde Mode, ihn zu ihren Gastmählern zu bitten, um ihn wettern, eifern und finstere Drohungen ausstoßen zu hören. Er war unterdessen dabei, die Bürger im geheimen zu organisieren und ihnen einzuschärfen, für den Tag zu arbeiten, an dem die Macht des Adels gestürzt und ein »New Deal«, der *Buono Stato*, wie er es nannte, errichtet würde, in dem Gesetz, Ruhe und Ordnung herrschten. Er dachte sogar noch weiter voraus an ein geeintes Italien, ein Traum, der erst 1870 verwirklicht werden sollte.

Er war ein geborener Propagandist. Eine seiner Anordnungen befahl, die Mauern von Rom nachts mit den allegorischen Figuren von Glaube und Hoffnung, dem Bilde Roms in Gestalt einer trauernden Witwe inmitten zorniger Apostel und schließlich dem politisch ewig zugkräftigen Symbol des sinkenden Schiffes zu dekorieren. Beim Erwachen am nächsten Morgen sah dann Rom diese Malwerke und träumte von der kommenden Revolution. Nach zweijähriger Vorbereitung inszenierte Rienzi seinen »Marsch auf Rom«.

Am Morgen des 20. Mai 1347 läutete die Ratsglocke auf dem Kapitol *a stuormo*, und wie befohlen, versammelten sich eilends die Bürger. Rienzi hatte mit seinen Anhängern die Nacht in einer nahe gelegenen Kirche verbracht und erschien nun barhäuptig und in glänzender Rüstung, während das Banner der Gerechtigkeit und Freiheit vor ihm her getragen wurde. Er hatte seinen Augenblick geschickt gewählt: die Colonna und der übrige Adel waren nicht in Rom. In einer von großer Begeisterung getragenen Szene verkündigte er mit volltönender Stimme die Regeln des »New Deal«: Mörder sollten hingerichtet, jeder Gerichtsfall innerhalb von 15 Tagen verhandelt, Häuser dürften nur auf Befehl der Behörden abgerissen werden, jeder Bezirk Roms sollte seine eigene Wache bekommen, zum Schutze der Kaufleute sollte an der Küste ein Schiff postiert werden, Brücken, Burgen, Tore und Festungen sollten in der Hand des Volkes, nicht des Adels sein, die Straßen sollten von Wegelagerern gesäubert werden, und noch viele andere schöne Grundsätze. Ohne daß sich eine Hand dagegen erhob, erhielt Rienzi die unumschränkte Gewalt und nahm den Titel eines Volkstribunen und Befreiers der Heiligen Römischen Republik an.

Wer sich noch an Mussolinis Marsch auf Rom und die folgenden Jahre erinnern kann, wird auch noch wissen, wie nichts die

Welt so sehr beeindruckte wie die Tatsache, wie er es fertigbrachte, daß die Züge pünktlich liefen und die Straßen sauber gekehrt wurden. Rienzis Reformen hatten die gleiche Wirkung auf seine Zeitgenossen. Innerhalb eines Monats konnte er dem erstaunten Papst melden, daß die Straßen nun sicher und das Leben in Rom endlich friedlich sei. Ein Zeitgenosse schrieb: »Die Wälder jubilieren, denn es gibt keine Räuber mehr. Die Ochsen beginnen zu pflügen. Die Pilger nehmen ihre Wallfahrten zu den Heiligtümern wieder auf, die Kaufleute kommen und gehen von neuem ihren Geschäften nach. Furcht und Schrecken überfällt die Tyrannen, alle guten Menschen sind wie von schwerer Last befreit, und es herrscht allgemeine Freude.« Der alte Stefan Colonna war auf die Nachricht von Rienzis Triumph hin nach Rom zurückgeprescht und hatte gedroht, »diesen Narren aus dem Kapitolfenster zu werfen«, mußte aber um sein Leben fliehen. Der Adel, der sich einst über Rienzi lustig gemacht hatte, war gezwungen, ihm den Treueid zu schwören. So begann seine Regierung der sieben Monate. Rienzi erwies sich als glänzender Senator, aber als kläglicher Cäsar. Als er die örtlichen Probleme mit der großen Politik vertauschte, brachte er sich, wie unlängst sein Nachfolger, durch seine Torheiten selbst zu Fall.

Er war ungeheuer eitel und theatralisch. In einem halb grünhalb gelbseidenen, hermelinverbrämten Gewand ritt er durch Rom, in der Hand einen stählernen Stab mit einem silbervergoldeten Apfel auf der Spitze, in den ein Stückchen vom Heiligen Kreuz eingelassen war. Er beschloß sich selbst in den Ritterstand zu erheben.

Im Baptisterium der Laterankirche steht ein basaltenes Taufbecken, in dem, wie einst irrtümlich angenommen, Konstantin der Große die Taufe empfangen haben soll. In diesem Baptisterium verbrachte Rienzi eine Nacht und nahm im Taufbecken ein Läuterungsbad. Am Morgen darauf erschien er vor den Römern auf dem Balkon des Lateranpalastes in Scharlachrot, die goldenen Sporen des Ritterstandes an den Fersen. Trompeten erklangen, und dann hielt er vom Balkon herunter eine Ansprache an das Volk. Hier überspringt unsere Vorstellung sechs

Jahrhunderte, und wir erinnern uns an den Balkon des Palazzo Venezia. Er sprach nicht mehr mit der Stimme des obersten Ratsherrn, sondern als Kaiser. Er forderte den Papst zur Rückkehr nach Rom auf und brachte den empörten Protest des päpstlichen Vikars durch einen Trommelwirbel zum Schweigen. Er beanspruchte das Recht der deutschen Kaiserwahl, ein Recht, behauptete er, das dem römischen Volke von Haus aus gebühre. Unter Androhung seiner höchsten Ungnade gebot er allen, die anderer Meinung waren, in Rom zu erscheinen und ihre Gründe dafür darzulegen. Am Abend fand ein großes Festessen statt. Mark Aurels Pferd sprudelte Wein aus den bronzenen Nüstern.

Seine Krönungszeremonie entwarf er selbst. Hohe Würdenträger der Kirche setzten ihm nacheinander symbolische Kronen aus Efeu, Lorbeer, Myrte und Gräsern vom Konstantinsbogen auf das Haupt, ein hinter dem Thron stehender Bettler nahm sie jeweils ab und steckte sie auf eine Schwertspitze. Doch stand hinter diesem Symbolismus eine Idee. Er hatte Delegationen aus allen italienischen Städten zu seiner Krönung eingeladen, und jede Stadt wurde nun mit einem goldenen Ring Rom angetraut. Der Kaiser durch Wort und Symbol vollzog mithin als erster die Idee eines geeinten Italiens. Und doch, welch ein unglaublicher Scharlatan war dieser Mann! Sein Leben war eine einzige Folge von Bühnenauftritten. Zum Empfang eines päpstlichen Legaten, der ihn in seine Schranken weisen und zur Ordnung rufen sollte, legte er sich den Krönungsmantel der römischen Kaiser aus der Sakristei der Peterskirche um.

Durch ein taktloses Schauspiel, in dem er sich wie üblich selbst die Heldenrolle zugeteilt hatte, wurde sein Sturz beschleunigt. Während eines Banketts ließ er plötzlich den gesamten Adel von Rom verhaften. Er schickte ihnen Beichtväter mit dem Sakrament, und am nächsten Morgen wurden sie in einen wie zur Hinrichtung schwarz ausgeschlagenen Saal geführt. Einer nach dem anderen erschienen die Edelleute vor ihm, manche baten auf den Knien um ihr Leben. Rienzi stieg von seinem Richtersitz herab, hielt eine Rede über die Tugend des Ver-

gebens – und lud sie alle zum Mittagessen ein. Haßerfüllt und Rache schwörend, gingen die Edelleute nach Hause.
Bald darauf brach zwischen Adel und Bürgertum der offene Krieg aus. Rienzi erbleichte bei dem Gedanken, einmal für eine andere Gelegenheit als eine Prozession die Rüstung anlegen zu müssen. Immerhin zog er, schlotternd vor Angst, zur Schlacht. In wolkenbruchartigem Regen kam es an der Porta San Lorenzo zu einem Gefecht, in dem viele Edelleute erschlagen wurden und die Bürger mit mehr Glück als Verstand Sieger blieben. Obwohl Rienzi keinen Streich geführt hatte, hielt er sich nun für einen großen Helden. In feierlicher Handlung legte er sein Schwert auf den Altar von S. Maria in Aracoeli nieder. Der über so viel Anmaßung empörte Papst befahl dem Volk, sich von ihm abzuwenden, und nunmehr, nach sieben theatralischen Monaten, war es dazu bereit. Als Rienzi erkannte, daß er verspielt hatte, floh er mit dem Ruf: »Im siebenten Monat meiner Herrschaft werde ich vertrieben!« in die Engelsburg. Die Bevölkerung nahm die Nachricht von seiner Abdankung verständnislos auf, denn eine Rebellion hatte es nirgends gegeben. Durch die ratlose Volksmenge vor der Engelsburg drückte sich ein schlanker junger Mönch: Donna Rienzi, die ihrem Mann auch in der Niederlage zur Seite sein wollte.
Die nächsten sieben Jahre lebte Rienzi, wie es hieß, unter Eremiten und Sehern in den Abruzzen. Wahrsager sagten ihm eine neue ruhmreiche Regierungszeit voraus. Eines Tages war er aus den Bergen verschwunden und zum Römischen Kaiser nach Prag gegangen, der ihn allerdings sofort dem Papst in Avignon auslieferte. Klemens VI. war inzwischen gestorben. Sein Nachfolger, Innozenz VI., sah in Rienzi die mögliche Lösung für die immer noch anarchischen Zustände in Rom. Besaß er aber noch die alte Zugkraft von einst? Der Papst war der Ansicht, ein Versuch könnte nichts schaden, und so wurde Rienzi nun wieder prunkvoll eingekleidet und mit einer päpstlichen Streitmacht nach Rom geschickt. Das Volk hatte die tüchtigen Schauvorstellungen seines alten Tribunen nicht vergessen und schwärmte ihm in großen Haufen entgegen. Was sie sahen, war jedoch nicht der romantische Held von einst, sondern ein dik-

ker, beleibter Mann. Jemand, der ihn von früher her kannte, schrieb: »Er hatte einen Bauch, großmächtig wie ein Faß, wie ein Abt Asinico, und ein fleischiges rotes Gesicht mit einem langen Bart. Sein Ausdruck hatte sich verändert, seine Augen waren rot umrändert und manchmal blutunterlaufen.« Es war wirklich des Dramas letzter Akt. Konnte der alte Schauspieler noch einmal ein Come-back in Szene setzen?

Er war ein ganz anderer Mensch geworden, seit ihm das Geschick eine zweite Chance geboten hatte. »Geld zur Entlohnung seiner Soldaten besaß er keines,« sagt ein Biograph, »er schränkte sich in jeder Weise ein, jeder einzelne Pfennig ging an die Armee. Nie hatte man ihn so gesehen, er trug die ganze Sorgenlast der Römer allein auf seinen Schultern. Alles befahl und bestimmte nur er, den Zeitpunkt des Angriffs, den Arrest von Personen und Spionen, nie hatte er Ruhe.« Er war sogar mutig geworden. Rienzi, der Schauspieler, war zum Mann der Tat geworden.

Doch »der Strom der menschlichen Geschäfte wechselt...«, und das hatte Rienzi nicht beachtet. Es war zu spät. Die Römer wollten wieder ihr Schauspiel. Diesen sonderbaren, harten Rienzi, der ihnen Steuern auferlegte, anstatt Reden zu halten, schätzten sie nicht. Fanfaren wollten sie und Umzüge; statt dessen gab es eine Salz- und Weinsteuer und die Wehrpflicht. In seiner Jugend war Rienzi von Macht und Ruhm oft wie berauscht gewesen, jetzt, in seinen mittleren Jahren, wo er oft und gern trank, war er doch ein nüchterner Mann. Vor seiner Tatkraft und seiner Forderung nach Opferbereitschaft schreckten die Römer zurück. Nun, wo er endlich dazu fähig war, den *Buono Stato* zu errichten, wollten sie ihn nicht mehr. Eines Morgens, als er noch im Senatorenpalast oben auf dem Kapitol im Bett lag und sich gerade »das Gesicht in griechischem Wein gewaschen hatte« – so bezeichnet sein Biograph listig sein Frühstück –, hörte er eine wütende Menge »Tod dem Verräter!« schreien. Früher hätte er die *Patarina* geläutet und die Wachen gerufen, doch war er, wie es scheint, endlich zum alten Römer geworden. In voller Rüstung, in der Hand das Banner von Rom, versuchte er, zum Volk zu sprechen. Sie wollten ihn nicht anhören. Er gab es auf und fand, daß er mutterseelenallein im Palast war. Wenig später roch er Brandgeruch und wußte, der Mob hatte Feuer an das Haupttor gelegt. Eine Möglichkeit blieb ihm: tapfer zu sterben. Er verwarf sie. Nachdem er sich den Bart gestutzt und ein paar alte Lumpen über seine kostbare Kleidung geworfen hatte, ließ er sich an zusammengeknoteten Bettlaken in einen Innenhof hinunter, mischte sich unter die Menge und schrie mit den anderen: »Tod dem Verräter!«, bis ihn schließlich jemand an den goldenen Armspangen unter seinen Lumpen erkannte. Der Mob zerrte ihn bis vor die Treppen von S. Maria in Aracoeli, wo zu der Zeit die Verbrecher hingerichtet wurden, und dort stand er wohl eine Stunde lang; niemand hatte den Mut, ihn zu töten. Sein Gesicht war »schwarz wie eine Esse«, doch noch immer trug er grüne Seide und die Purpurstrümpfe eines Barons. Mit verschränkten Armen stand er da, bis schließlich ein Mann namens Cecco del Vecchio ihm sein Schwert in den Leib rannte. An den Füßen schleiften sie ihn nach San Marcello, dort schwankte er zwei Tage und zwei Nächte kopfabwärts im Wind. Am dritten Tag wurde der Leichnam auf den Platz vor dem Mausoleum des Augustus geschleppt und auf einem Haufen Disteln verbrannt.

Wenn man die Cordonata zum Kapitol hinaufgeht, fällt links in einer kleinen Mulde die weniger als lebensgroße Statue eines Mannes in einer Kapuze auf: Das ist Roms etwas kleinliche Anerkennung für einen Mann, der in vieler Hinsicht außerhalb seiner Zeit geboren war.

3

Von einem Punkt hinter dem Senatorenpalast aus hat man eine der großartigsten Ansichten von Rom. Unten, vom Septimius-Severus-Bogen bis zum Titusbogen mit dem Kolosseum im Hintergrund, erstreckt sich das Forum. Es macht einen schrecklich erstorbenen Eindruck, wie eine Bombenlandschaft. Die Besucher, die mit ihren Karten zwischen den Trümmern herumlaufen, kommen einem vor wie Leute, die nach ihrem verschütteten Geldschrank suchen. Einem Menschen von Heute ist es leider nicht mehr gegeben, wie seine Vorfahren romantischen Gedanken nachzuhängen, für uns ist der Verfall einer Kultur keineswegs mehr eine entlegene, romantische Spekulation. Im sicheren Glauben, daß die Welt tagtäglich besser werde, konnten sich unsere Altvordern noch den Luxus poetisch-schwärmerischen Moralisierens inmitten der Ruinen leisten; wir aber haben in Ruinen geweint. Während den Menschen der Viktorianischen Zeit nur ein angenehmes kleines Schaudern überlief, wenn er in Macaulays Utopie las, daß eines Tages ein Neuseeländer die Ruinen der Paulskirche zeichnen würde, interessiert uns dabei nur, welche Schutzkleidung dieser Herr dann wohl anhaben wird. Ich blickte auf das Rom, das sich zu meinen Füßen ausbreitete: hier war Cäsar gewandelt, hier hatte Cicero seine Reden gehalten und der jüngere Plinius seine Freunde während seiner literarischen Bankette zu Tode gelangweilt, hier war Horaz mit Maecenas spazierengegangen und hatte sich Claudius nach seiner Invasion in Britannien als Soldat aufgespielt, hier hatte Nero nicht gefiedelt und nicht gesungen, und hier hatte Vespasian den Gepflogenheiten des Kaisertums ein notwendiges Mindestmaß an Sachlichkeit und Kasernenhofdisziplin beigebracht. Dieser günstige Standort hinter dem Senatorenpalast liegt ungefähr dort, wo früher der Clivus Capitolinus vom Forum heraufkam, und hier schleppten sich auch die lang vergessenen Touristen des antiken Rom auf ebenfalls wundgelaufenen Füßen hinauf, um bewundernd die großen Tempel anzuschauen und dann wie wir auf den Mittelpunkt der Welt, auf das pulsierende, lärmende, farbenreiche Leben dort unten hinunterzusehen. Auch die Priester und Auguren schritten diese Straße hinauf, wenn sie vor einem wichtigen Ereignis die Vorzeichen deuten mußten, und hier entlang kam auf dem Höhepunkt seines Triumphes der siegreiche Feldherr gefahren, den Lorbeerkranz über dem rotbemalten Gesicht. Wenn er am Fuße des Kapitols ankam, traten die Gefangenen aus dem Zuge heraus, und in dem Augenblick, wo sie in der Tiefe des Kerkers den Tod durch den Strang oder das Beil erlitten, opferte oben im Jupitertempel der triumphierende Feldherr verhüllten An-

gesichts den schneeweißen Stier, der auf den fetten Weiden an den Quellen des Clitumnus gegrast hatte.
Wer vor achtzehn Jahrhunderten gerade an einem Spieltage des Kolosseums auf dem Kapitol stand, hätte den plötzlich aufrauschenden Beifall, die verhaltenen Laute der Erregung und atemlosen Spannung der 87000 Zuschauer hören können, die das heute in Trümmern liegende Amphitheater hinter dem Forum füllten. Es war ein gefühlsrohes, phantasieloses Volk, und doch, von seiner besten Seite besehen, hatte es die drei römischen Tugenden Einfachheit, Frömmigkeit und ernste Würde. Diese drei römischen Tugenden, zu denen durch Christus noch die Gabe des Mitleidenkönnens hinzukam, erfüllen die frühe Kirche mit so viel tiefer innerer Schönheit.
Ich kann mich dem Chor der Stimmen, die die Ausgrabung des Forums bejammern, nicht anschließen. Sicher sah es vor einem Jahrhundert sehr romantisch aus, als anstatt der Touristen noch Kühe dort umherwanderten, als malerische *contadini* sich an gestürzte Säulen lehnten und Urgroßmama ihr Skizzenbuch zückte, und doch haben wir durch die Ausgrabungen ungeheuer viel über das alte Rom und seine Bewohner dazugelernt.
Recht vergnüglich, wenn man so auf das Forum hinunterblickt, ist die Vorstellung von dem untersetzten kleinen Edward Gibbon, wie er bei seinem kurzen Besuch in Rom 1764 »erhabenen Schrittes« über die Steine des Forums wandelte. Damals kam ihm zum ersten Male die Idee, »The Decline and Fall of the Roman Empire« zu schreiben. »Nach einer schlaflosen Nacht«, schrieb er, »wandelte ich erhabenen Schrittes auf den Ruinen des Forums, wo Romulus gestanden oder Tullius gesprochen hatte, wo Cäsar stürzte (merkwürdig, daß ausgerechnet Gibbon dieser Irrtum unterlief) – jede denkwürdige Stelle stand sogleich vor meinem Auge.« Vielleicht wäre sein Schritt sogar noch »erhabener« geworden, hätte er das ausgegrabene Forum sehen können, wie es heute ist.
Noch ein Name geht einem durch den Sinn: Lady Elizabeth Foster, dieses »berückende Wesen«, wie Gibbon einmal sagte, die zweite Gemahlin des fünften Herzogs von Devonshire. Sie gehörte zu mehreren Damen, vor denen der rundliche

Historiker angeblich einen Kniefall tat, ohne sich aus eigener Kraft wieder erheben zu können. Wirklich bewunderte Gibbon sie sehr und behauptete von ihr, der Zauber ihrer Persönlichkeit sei so groß, daß sie den Lordkanzler von seinem Wollsack herunterlocken könnte, wenn sie wollte. Ihre letzten Jahre lebte sie als Witwe in Rom und brachte hier das Kunststück fertig, den Namen Devonshire mit dem des Tyrannen Phokas in Verbindung zu bringen. Die Säule zu Ehren dieses byzantinischen Despoten war die letzte, die auf dem Forum errichtet wurde, und konnte jahrhundertelang nicht identifiziert werden, bis die Herzogin 1813 im Verlauf von Ausgrabungen, die sie selbst bestritt, die Säulenbasis freilegte. Noch heute gehört die Säule zu den hervorstechendsten Bauten auf dem Forum. Zu Unrecht wurde sie noch 1817 von Byron mit den Worten »Du namenlose Säule mit dem vergrab'nen Fuß...« besungen.

»O Rom!« schrieb Byron, »mein Land! Du Stadt der Seele!«, wonach man annehmen könnte, daß er lange dort wohnte. Dabei verbrachte er gerade ganze 23 Tage in seinem »Land«. Doch Dichter sind unberechenbare Wesen und von der Zeit nicht abhängig. Während dieses kurzen Aufenthaltes, bei dem er die meiste Zeit noch dazu im Sattel zubrachte, verfaßte Byron eine Wesensbeschreibung von Rom, die bleibendere Gültigkeit hat als manche andere aus der Feder von Menschen, die ihr ganzes Leben in Rom lebten. In Rom spielte sich auch folgende ergötzliche Begebenheit ab: Der Dichter saß dem Bildhauer Thorwaldsen Modell. »Können Sie nicht stillsitzen?« fragte Thorwaldsen. »Außerdem brauchen Sie nicht diese Miene aufzusetzen!« – »Das ist aber mein Ausdruck!« beharrte Byron. Thorwaldsen wußte, daß er unbedingt wie »Childe Harold« aussehen wollte, kümmerte sich jedoch nicht darum und stellte ihn so dar, wie er ihn sah. Als Byron das fertige Werk zu sehen bekam, fand er, es sei ihm überhaupt nicht ähnlich. »Ich sehe doch viel unglücklicher aus!« erklärte er. So ist es auch mit seinen wunderschönen Versen über Rom. Sie sind »viel unglücklicher«, als ihr Verfasser seinerzeit war. Der geneigte Leser stellt sich dabei eine empfindsame Seele vor, die auf dem Forum Tränen der Trauer vergießt und auf der Via Appia nur mit Mühe das Schluchzen in der Kehle zurückdrängt – während Byron in Wirklichkeit die ganze Zeit ein sehr gesundes männliches Leben im Sattel führte, die Landschaft nur hastig und unvollkommen in sich aufnahm und dennoch die Quintessenz des Wesens der Stadt Rom sozusagen aus der Luft herausdestillierte.

Aber zurück zum Platz auf dem Kapitol! Daß man hier an Rienzi und Michelangelo denkt, ist nur natürlich. Wie eigen dagegen, sich vorzustellen, daß auf dem Glockenturm auch einmal der Union Jack geweht hat. Dies geschah 1799, als Nelson mit seiner Flotte vor der italienischen Küste operierte und Napoleons Truppen sich aus Italien zurückzogen. Ein junger Marineoffizier, der spätere Admiral Sir Thomas Louis, navigierte eine Schiffsflottille tiberaufwärts, landete in Rom und hißte die britische Flagge auf dem Kapitol. Gleichzeitig brachte ein anderer Engländer, später Sir Thomas Troubridge, mehrere französische Schiffe auf, deren Ladung aus vatikanischen Kunstschätzen bestand. Diese wurden dem Papst von der britischen Regierung zurückgegeben. Ich habe irgendwo gelesen, daß Troubridge in Anerkennung seiner Verdienste in dieser Sache das Recht verliehen wurde, die gekreuzten Schlüssel von St. Peter in seinem Wappen zu tragen. Merkwürdig, wie scheinbar beziehungslose Ereignisse manchmal miteinander in Verbindung gebracht werden: Dieser Akt der Gerechtigkeit seitens der britischen Regierung veranlaßte einige Jahre später den Vatikan, die Erlaubnis zur Anlage eines nichtkatholischen Friedhofs in Rom zu geben, wo nun Keats, Shelley und eine große Zahl englische und andere Protestanten bestattet liegen.

4

Edle Treppenstufen führen vom Kapitol zur Kirche S. Maria in Aracoeli hinauf, die, wie schon erwähnt, auf der Stelle des Juno-Tempels steht. Hier wurden also die berühmten Gänse gehalten, vielleicht in einem heiligen Gänsestall, vielleicht aber stolzierten sie aufgeblasen frei umher, so wie die »römischen

Gänse« heute in den Vorhöfen der Kathedrale von Barcelona. Es ist möglich, daß man diese Vögel für die Vorzeichendeutung hielt. Nach einer Doktrin des Auguren-Kollegiums konnte zwar jeder Vogel durch sein Fressen bzw. eben Nicht-Fressen ein *tripudium*, d. h. ein Vorzeichen geben, und wenn dazu auch meistens Junghähne verwendet wurden, so sind die Gänse mit ihrem Flügelschlagen, Hälsestrecken, Kopfnicken, Zischen, Schlingen und Sterzwackeln sicher die weitaus besseren Propheten gewesen, über die umfangreiche Skala ihrer stimmlichen Talente vom streitbaren Ga-gack bis zum hysterischen Geschnatter ganz zu schweigen. Plutarch, der ganz bestimmt nie selbst Gänse gehalten hat, weist besonders darauf hin, daß die Gänse zu der Zeit, als die Gallier das Kapitol stürmen wollten, gerade auf Belagerungsration gesetzt und folglich ungewöhnlich mager und wachsam waren; so gaben sie bereitwillig Alarm. Nach meiner Erfahrung aber sind auch vollgenudelte Gänse so gute Schildwachen, daß sie nachts bei jedem ungewöhnlichen Laut sofort anfangen, schnatternd mit den Flügeln zu schlagen. Nachdem Junos Gänse einmal das Kapitol gerettet hatten, war von da an natürlich nichts mehr gut genug für sie. Die Römer vergaßen ihnen ihren Patriotismus nie. Die Zensoren erkannten bei ihrem Amtsantritt an, daß die erste Sorge des Staatshaushalts das Futter für die Gänse zu sein hatte. Einmal im Jahr wurde eine in Gold und Purpur prächtig geschmückte Gans in einer prunkvollen Sänfte rings um das Forum getragen. Dieses köstliche Schauspiel wurde allerdings durch die übliche Beimischung römischer Gefühlsroheit entstellt, denn in Erinnerung daran, daß die Hunde in der betreffenden Nacht des gallischen Sturms auf das Kapitol pflichtvergessen nicht gebellt hatten, wurde auch ein auf Holunderholz gekreuzigter Hund umhergetragen.

Als ich zum ersten Mal die Kirche von S. Maria in Aracoeli betrat, glaubte ich, ins alte Rom zurückversetzt zu sein. Stand ich denn nicht in der großen Säulenhalle eines Gerichtshofes oder sonstigen öffentlichen Gebäudes? Es gab Hunderte solcher Gebäude im alten Rom, und die ersten Kirchen sind oft nicht nur ihr getreues Abbild, sondern in manchen Fällen die alten, zeit-

überdauernden Gebäude selbst. Unter freiem Himmel gelingt es nicht immer, sich das alte Stadtbild vorzustellen, die alten Kirchen aber vermitteln sofort die richtige Vorstellung.
S. Maria in Aracoeli bleibt mir von allen frühen Kirchen Roms die liebste. Drinnen herrscht Halbdunkel, der weitläufige Marmorfußboden nimmt kein Ende. Zweiundzwanzig Säulen stützen das Dach, keine gleicht der andern, denn sie stammen aus den verschiedensten römischen Hallen und Tempeln. Auf einer stehen noch die Worte »a cubiculo Augustorum« eingeritzt und weisen so auf ihre Herkunft. Diese Säulen wurden ohne Zweifel zur Zeit Gregors des Großen, um 590, auf den Hügel gebracht, als dort oben die erste Kirche gebaut werden sollte. Während St. Augustin die Heiden in Kent bekehrte, lasen hier griechische Mönche die Messe, 400 Jahre später waren es die Benediktiner, seit 1280 wird die Kirche von Franziskanern betreut.
Ich hätte gern gewußt, wo Gibbon saß, als er sich in dieser Kirche seiner Lebensaufgabe verschrieb. »Es war am 15. Oktober 1764 in Rom«, so schreibt er selbst, »ich saß sinnend inmitten der Ruinen des Kapitols, die Barfüßermönche sangen im Jupiter-Tempel das Ave-Maria, da kam mir zum ersten Mal der Gedanke, über den Verfall und Untergang der Stadt zu schreiben.« Zu seiner Zeit glaubte man noch, daß S. Maria in Aracoeli über dem alten Jupiter-Tempel erbaut war. Wie beeindruckt wäre Gibbon erst gewesen, hätte er gewußt, daß er sich in Wirklichkeit über dem Juno-Tempel befand und an der Stelle jetzt Hymnen an die Jungfrau Maria singen hörte, wo vor zweitausend Jahren die römische Himmelskönigin verehrt worden war. Ich sah ihn im Geist dort sitzen, den untersetzten kleinen Mann, wahrscheinlich in Perücke, schnupftabakbraunem Rock, Kniehosen und schneeweißen Spitzenmanschetten. Boswell hielt ihn für einen »häßlichen, affektierten, widerlichen Kerl« – es gab Leute, die das eigentlich von Boswell dachten! – Als Gibbon in der Kirche seinen Entschluß faßte, war er 27 Jahre alt. Als der letzte Band des Werkes »Verfall und Ende des Römischen Reiches« erschien, war er fünfzig. Die letzten Bände entstanden in Lausanne; er beschreibt auch die »Stunde, in der

mich die Arbeit endgültig entließ«. Am Tage oder vielmehr in der Nacht des 27. Juni 1787 zwischen elf und zwölf Uhr »schrieb ich im Sommerhause meines Gartens die Schlußzeilen der letzten Seite. Ich legte die Feder aus der Hand und ging einige Male in dem *berceau*, dem überdeckten Akaziengang, auf und ab, von dem aus man einen herrlichen Blick über das Land, den See und die Berge hat. Die Luft war milde, der Himmel heiter, das silberne Rund des Mondes spiegelte sich im Wasser, die Natur schwieg. Ich will das aufwallende Gefühl der Freude über meine wiedergewonnene Freiheit und womögliche Begründung meines Ruhmes nicht verheimlichen. Bei dem Gedanken aber, daß ich von einem alten, angenehmen Weggenossen Abschied genommen hatte, fiel mein Stolz bald in sich zusammen, und eine ernüchternde Melancholie breitete sich über mein Gemüt ...«

Wie Byron, hielt sich auch Gibbon nicht länger als ein Tourist in Rom auf und hat anscheinend auch als älterer, schon gefeierter Mann nicht mehr den Wunsch gehabt, den Ort wiederzusehen, wo er die Lebensarbeit konzipierte, die ihm bleibenden Ruhm einbringen sollte.

In einem Winkel der Kirche entdeckte ich den Grabstein des Mannes, der 1506 in seinem Weinberg die Laokoon-Gruppe auffand. Die dieser Entdeckung folgende Sensation war so groß, daß, wie es auf dem Grabstein heißt, der Mann Felis de Fredis einen doppelten Anspruch auf das Gedenken der Nachwelt hat: erstens, weil er den Laokoon fand, und zweitens – seine angeborene Tugend! Bei der Unmenge von Fotografien, die wir von dieser Marmorgruppe schon gesehen haben, können wir uns nur noch schwer die Aufregung am Hofe des Papstes Julius II. bei ihrer Auffindung vorstellen. Von der Beschreibung des Plinius kannte man die Statue gut; natürlich hatte niemand sie je gesehen. Der Sohn des Giuliano de Sangallo, Francesco, beschreibt, wie er als Kind mit seinem Vater und Michelangelo zum Fundort ging. »Wir gingen alle drei zusammen los, ich auf meines Vaters Schultern. Als wir an die Stelle kamen, wo die Statue lag, rief mein Vater sogleich: ‚Das ist der Laokoon, von dem Plinius berichtet.' Das Loch wurde erweitert, so daß die Statue gehoben werden konnte. Als wir sie genug bewundert hatten, gingen wir zum Essen nach Hause.« Es wird im Rom der Renaissance wohl häufiger vorgekommen sein, daß an einem schönen Morgen ein alter, von der klassischen Literatur her bekannter Freund seinen weißen Arm durch die Weinbergerde stieß und ans Licht gehoben wurde.

Bei meinem Rundgang durch die Kirche kam ich an eine verschlossene Tür, vor der eine Gruppe Frauen schweigend wartete. Ein brauner Franziskaner erschien mit einem Schlüssel, und ich ging den Frauen in die Kapelle nach. Der Klosterbruder knipste das Licht in einem Glaskasten über dem Altar an, und die Frauen fielen vor einer ungefähr sechzig Zentimeter hohen rotbäckigen Barockstatue des Jesuskindes in die Knie. Es glitzerte über und über vor Juwelen. Der Franziskaner begann uns von dieser wundertätigen Figur, der berühmtesten in ganz Rom, zu erzählen.

Seit dem 17. Jahrhundert kommt der Santo Bambino in fast jedem Buch über Rom vor, und ich besah ihn mir daher mit großem Interesse. Als Kunstwerk ist er keineswegs schön. Manche glauben, er sei von Engeln aus dem Holz der Ölbäume im Garten Gethsemane geschnitzt, andere meinen, himmlische Holzschnitzer müßten eigentlich geschickter sein, und behaupten, die Figur sei im 17. Jahrhundert von einem Mönch gemacht worden.

Noch bis vor kurzem stand Tag und Nacht eine Kutsche des Prinzen Torlonia bereit, um den Bambino an das Bett eines Kranken zu bringen, und die feierliche Prozession durch die Straßen, oft nach Einbruch der Dunkelheit, wird von vielen Reisenden beschrieben. Auch Charles Dickens sah sie einmal und bemerkt dazu, daß das Erscheinen des Bambino mit seiner zahlreichen Eskorte am Bett von schwachen, nervösen Kranken *in extremis* »diese nicht selten zu Tode geängstigt habe«.

In seinem Buch *Vatican Assignment* (»Diplomat im Vatikan«) beschreibt Sir Alec Randall, der zwischen den Kriegen Legationsrat an der Britischen Gesandtschaft beim Heiligen Stuhl war, wie der Bambino einmal während einer schweren Krankheit zu ihm gebracht wurde.

»1927 wurde ich von einem schweren Typhusanfall aufs Krankenlager geworfen. Für eine Genesung schien keine Hoffnung mehr, und ich empfing die heiligen Sterbesakramente. Dann riet jemand, der berühmte Bambino aus der Kirche von Aracoeli solle zu mir gebracht werden. Meine Frau und Schwester Mary Campion, eine ‚Blaue Nonne', die mich beide aufopfernd pflegten, gaben nach anfänglichem Zögern ihre Zustimmung. Pater Philip Langdon, der täglich bei uns ein und aus ging, erbot sich, die ziemlich aufgeputzte, aber große Verehrung genießende Figur des Gotteskindes mitsamt den Franziskanern, denen es oblag, sie zu den Sterbenden zu bringen, im Wagen des Kardinals zu holen. Als sie die Piazza Venezia überqueren wollten, versperrte ihnen ein Kordon Soldaten den Weg. Vergeblich wies Pater Philip auf das Kardinalswappen und die privilegierte CD-Nummer am Wagen. Niemand dürfe vorbei, ehe der Duce seine Rede vom Balkon des Palazzo gehalten habe. Pater Philip ließ nicht locker: er sei auf dem Weg zu einem Sterbenden, dem er den Bambino brächte. Sofort nahmen die Soldaten Haltung an und ließen ihn durch die Absperrung. Der Bambino kam richtig an und wurde mir unter den vorgeschriebenen Gebeten gezeigt. Schwester Campion machte später die grimmige Bemerkung, daß mir dieser Versuch nahezu das Leben gekostet habe. Als ich nach Jahren wieder einmal in Rom war, wurde ich häufig gefragt, ob ich nicht ein Beispiel für die Wundertätigkeit des Bambino sei. Der einzig stichhaltige Kommentar dazu kam von Professor Giuseppe Bastianelli, Mussolinis Leibarzt, der aber kein Faschist, sondern ein skeptischer Wissenschaftler der alten liberalen Schule war. Er meinte: ‚In einem Fall wie diesem vermag der Arzt nichts, die Schwestern ein wenig, einzig Gott allein kann ihn über den Berg bringen!'«
Der Bambino ist noch immer der berühmteste Doktor von Rom und geht in die Krankenhäuser, Kliniken und Krankenzimmer. Allerdings fährt er heutzutage im Taxi, erzählte der Klosterbruder.

»Wann wurde der Bambino zuletzt gerufen?« fragte ich.

»Gestern abend spät, in ein Krankenhaus«, berichtete der Franziskaner.

»Und wie oft wird er geholt?«
»Etwa zwei- bis dreimal pro Woche, manchmal öfter.«
Ich stieg zum Altar hinauf und sah, lose umherliegend oder in Körben geschichtet, Hunderte von Briefen aus aller Welt, aus Holland, Argentinien, Deutschland, Schweden, Kenia (von einem Kind), den Vereinigten Staaten, England und Algerien. Diese Marken erkannte ich jedenfalls auf den ersten Blick. Viele Briefe waren einfach an »Il Bambino, Roma« adressiert. Die Flut der Briefe reißt nicht ab. Sie werden niemals geöffnet. Jeder enthält die Bitte eines Menschen in seelischer oder körperlicher Pein. Nach einer Woche werden die Briefe fortgenommen und durch andere ersetzt.
»Was wird mit den alten Briefen?« fragte ich wieder.
»Sie werden alle verbrannt.«
»Ungeöffnet?«
»Natürlich. Was in den Briefen steht, ist eine Sache zwischen dem Bambino und dem Briefschreiber und geht uns nichts an.«
»Gibt es Klosterbrüder, die Briefmarken sammeln?«
Der braune Mann mußte lächeln.
Ich kam auf die erstaunlichen Schmucksachen zu sprechen, die an der Figur schimmerten und kaum einen Zentimeter Holz frei ließen. Ich hörte eine merkwürdige Geschichte. Vor ungefähr vier Jahren hatte sich mittags, eben bevor die Kirche geschlossen wurde, ein Dieb eingeschlichen, dann die Kapellentür geöffnet und den Bambino bis auf das letzte Kleinod ausgeraubt. Er hielt sich bis vier Uhr versteckt und war dann, als die Kirche wieder geöffnet wurde, ruhig weggegangen. Das Sakrilegium empörte ganz Rom, doch in etwas über einer Woche war der Bambino wieder über

und über mit den Juwelen behangen, die ich nun sah: Diamanten, Smaragde, Perlen, Rubine, Saphire, Anhänger, Halsketten, Ohrringe und Armbänder.

Einmal im Jahr wird der Bambino in eine prachtvolle *presepio*, eine Krippe, gebettet und in feierlicher Zeremonie auf den obersten Absatz der großen Freitreppe getragen, um Rom zu segnen. Zu dieser Zeit erscheinen auch Hunderte von kleinen Römern von vier bis zehn Jahren in ihren Sonntagsanzügen, sagen Gedichte auf und halten kleine Reden, die ihre Eltern oder Priester ihnen beigebracht haben. Wie ich hörte, bestehen die meisten diese Prüfung wie rechte kleine Ciceros; es muß köstlich sein, sie dabei zu beobachten.

Wohl nicht sehr viele kennen den Ursprung der Weihnachtskrippe. Es begann mit dem heiligen Franziskus, der einmal den Papst Honorius III. um Erlaubnis bat, in dem kleinen Dorf Grecia bei Assisi Weihnachten auf etwas ungewöhnliche Weise feiern zu dürfen. Er erklärte, er wolle nicht in den Ruf der Leichtfertigkeit kommen, und bäte daher den Papst, zu entscheiden, ob sein Plan wohl anginge. Als der Heilige Vater erfuhr, daß der Heilige lediglich eine Krippe nachmachen wollte, den Kindern zur Freude und den Einfältigen zur Unterweisung, gab er gern seine Zustimmung. Der heilige Franz ging dann zu einem ernsthaften, würdigen Mann, und zusammen machten sie eine Krippe mit Ochs und Esel und den Figuren der Jungfrau Maria und des Christuskindes. Das alles stellten sie in der Kirche auf. Dem Heiligen gefiel das Bild so sehr, daß er angeblich die ganze Nacht davor kniete, seufzend vor Glück und unaussprechlicher Freude.

Ehe ich die Kirche verließ, fand ich noch eines der ausgefallensten Grabmäler von Rom. In der Kapelle der Familie della Valle liegt die Ruhestätte eines syrischen Mädchens namens Gioreda Manni. Wie sie dort hinkam, erklärt folgende Geschichte. Anfang des 17. Jahrhunderts verliebte sich ein heißblütiger junger Mann, Pietro della Valle, so sehr in ein junges Mädchen, daß er den väterlichen Palast verließ und auf Pilgerfahrt nach Osten ging, als die Sache schlecht ausging. Es heißt, daß er in Kairo die große Pyramide erklomm und den Namen seiner Herzensdame in den höchsten Stein einritzte. Aber nichts heilt eine alte Liebe so schnell wie eine neue; nicht lange darauf verliebte sich Pietro in eine schöne syrische Christin mit Namen Gioreda. Sie heirateten in Bagdad, doch nach ein paar Jahren ungetrübten Glücks starb Gioreda in Persepolis. Pietro war vor Schmerz außer sich, und wie Johanna die Wahnsinnige vermochte er nicht, sich von dem geliebten Wesen zu trennen. So nahm er Gioreda in ihrem Sarg auf seinen Reisen mit. Er besuchte Schiras, gelangte an die Küste, bestieg ein Schiff nach Indien, reiste nach Muscat und weiter durch die Wüste nach Aleppo und Alexandrette. Nach fünf Jahren des Wanderlebens kam er wieder in Italien an und bettete den Leichnam seiner jungen Gemahlin in der Familiengruft auf dem Kapitol zur letzten Ruhe. Damit ist die Geschichte aber noch nicht zu Ende. Auf ihren Reisen hatte sich Gioreda mit einer jungen Georgierin mit dem ausgefallenen Namen Maria Tinatin de Ziba angefreundet, die sich ihr als Gefährtin anschloß. Der trauernde Pietro della Valle heiratete schließlich die Freundin seiner verstorbenen Gemahlin und richtete sich mit ihr im Palast seiner Väter ein. Sie hatten vierzehn Kinder. So endete diese romantische Pilgerfahrt aus Liebeskummer in einer sich stetig füllenden Kinderstube.

5

An einem unternehmungsreichen Vormittag auf und bei der Via Appia holte ich mir die übliche Katakombenerkältung, erstand ein Thermometer und fand, daß ich 37,8 hatte. Eigentlich hätte ich wohl ins Bett gemußt, aber ich hatte einem Freund aus einer Botschaft versprochen, zu einer Abendgesellschaft zu Ehren eines scheidenden Diplomaten zu kommen und hielt es für unhöflich, im letzten Augenblick abzusagen. Ich redete mir ein, der Abend würde mir und meiner Erkältung gut tun. Mit einer Begeisterung, die ich für derlei Anlässe schon jahrelang erloschen glaubte, hielt ich oben an der Via Veneto ein Taxi an und atmete genießerisch die Abendluft in den Borghese-Gärten

ein, während wir in diese pinienduftende Schale der Dämmerung hinabtauchten.
Ein gepflegter Lift mit ausgesprochenem Pflichtgefühl surrte gehorsam bis zum obersten Stock eines modernen Wohnblocks. Ich befand mich plötzlich in einem babylonischen Sprachgewirr von charmanten, ausgesucht eleganten Menschen, die in kleinen Gruppen vor einem höchst romantischen Hintergrund standen. Vom Dachgarten aus konnte man fast über ganz Rom sehen. Unter uns glühten und glitzerten die Millionen Lichter der Kapitale, und weit hinten am Himmel erstreckte sich ein dunkler Streifen, auf dem vier Lichtfunken die Masten der vatikanischen Rundfunkstation bezeichneten. Das Klappern der Bestecke, das Gelächter, das lustig gestreifte Sonnenzelt und ein Büfett mit allem und jedem, was man abends nicht essen sollte, das Klirren der Gläser und die festlich gekleideten Menschen, die sich so malerisch gegen den Sternenhimmel abhoben, alles dies brachte mir Lucullus und Petronius Arbiter in den Sinn. Ich blickte über die dunkelnde Stadt; viel anders konnte auch für Cäsars Gäste das Bild nicht gewesen sein, wenn sie von einem Fest auf dem Palatin in die Stadt hinuntersahen.
Das diplomatische Rom ist nur eines von vielen Roms. Es zählt doppelt soviel Diplomaten wie normalerweise üblich, denn eine ganze Reihe von Ländern entsendet Vertreter an den Heiligen Stuhl und an den Quirinal. Da die vatikanische Stadt für die Unterbringung eines diplomatischen Korps zu klein ist, wohnen die dort akkreditierten Landesvertreter in Rom, was die Zahl der privilegierten Paläste noch erhöht. Dieser große ausländische Bevölkerungsteil lebt geradezu in einer Kettenreaktion von gesellschaftlichen Ereignissen; durch die ganze Saison hindurch spielt sich ein »Cocktail«, ein Empfang, ein Diner nach dem anderen unter den Kristallüstern ab. Wenn jede Diplomatengesellschaft so nett ist wie diese, dachte ich mir, dann führt so ein junger Legationsrat oder Attaché eigentlich ein ideales Leben, fast wie im 18. Jahrhundert mit seinen Vorrechten und seiner liebenswürdigen Belanglosigkeit.
Ich entsinne mich, daß ich mich mit der Frau eines Botschafters des langen und breiten über Staudengärten und mit einem

Handelsdelegierten über Porzellan unterhielt. Dann schob ich mich langsam auf den typtreuesten Engländer zu, der mir je begegnet war, er entpuppte sich aber als Spanier. Ich führte eine gefeierte Filmschauspielerin zum Büfett und beobachtete, wie sie mit aufmerksamer Miene erst alles sorgfältig beäugte – bei welcher Diät sie wohl gerade war? Dann gab es da noch die Baronin. Sie war eine sehr energische kleine Person, die sich wegen eines Geistes in Rom aufhielt. Nun gibt es ja viele Gründe für einen Besuch in Rom, dieser war mir allerdings noch nicht vorgekommen. Der Geist suchte ein Schloß irgendwo in Italien heim, warf mit Steinen und Kies nach der Baronin und stellte ihre Möbel durcheinander. Da sie Protestantin war, erklärte der Dorfpfarrer, müsse es sich um den Geist eines Häretikers handeln, und wollte nichts mit der Sache zu tun haben. So war sie denn gekommen, um deswegen beim Vatikan vorstellig zu werden.

»Und was sagen die dazu?«

»Ich habe Glück,« erwiderte sie. »Ich komme weiter!

Jeden Tag gehe ich eine Stelle höher. Bestimmt lerne ich das nächste Mal einen Kardinal kennen. Ich werde sie schon überzeugen, daß es der Geist eines Mönchs ist – mein Schloß war früher ein Kloster –, und dann müssen sie mir ja jemand schikken, um ihn zu bannen.«

»Und wenn Sie sie nicht überzeugen können?«

»Dann warte ich, bis ich den Heiligen Vater selbst sprechen kann.«

Ob der Vatikan wohl viele solcher Besucher hat? Ein Blick auf die Baronin ließ keinen Zweifel darüber, daß sie Rom nicht eher verlassen würde, bis ihr der Vatikan versprochen hatte, ihren Geist ordnungsgemäß mit Geläut, Gebet und Kerzenschein zur Ruhe zu bringen.

Die Uhr schlug zwölf, als ich wieder auf der langen, leeren Straße stand. Taxis gab es nicht, und so lief ich denn zu Fuß los. Ich hatte Kopfschmerzen und einen ziemlich beschleunigten Puls. Meine sorglos-heitere Stimmung war einer dumpfen Vorahnung und Angst gewichen. Ich stand vor Roms großem barockem Begrüßungstor, der Porta del Popolo, durch die die

Kutschen früherer Generationen in die Ewige Stadt einfuhren. Ich ging unter dem Torbogen durch, und vor mir im Lampenlicht lag leer der weite Platz mit dem Obelisken in der Mitte und den vier Löwen an jeder Ecke, aus deren Mäulern Wasser in marmorne Schalen sprudelte. Die Nacht kam mir drückend vor, kein Lüftchen regte sich. Ich ging zu einem der Löwen und tauchte meine Hand ins Wasser, es war eiskalt. Diese Löwen auf der Piazza del Popolo sprudeln nicht wie die anderen römischen Löwen hübsch ordentlich einen einzigen Wasserstrahl in das Becken, sondern sprühen einen fein verteilten dünnen Keil, wie ein gebogenes Stück Glas. Auf meinem Weg den Corso entlang setzte ich mich dann mit der Aussicht auseinander, die mir zeitlebens einen Schrecken eingejagt hat: in einer fremden Stadt und nicht im eigenen Bett krank zu werden!

Am nächsten Morgen sagte der dunkelhaarige junge Arzt, er werde mir für die Spritze eine Schwester schicken. Ich fühlte mich viel zu elend, um zu fragen, warum er mir die denn nicht selbst geben könnte. Eine ganze Zeit darauf öffnete sich die Tür, und eine fürchterlich beleibte Frau kam herein und sah sich schwer atmend mit kurzsichtigen Augen im Zimmer nach ihrem Opfer um. Wie gebannt beobachtete ich sie, wie sie am Fenster die Injektionsspritze aufzog, die sie bis fünf Zentimeter vor ihre unglaublich dicken Brillengläser brachte. Es war höchst spannend, jemand, der die Vorstellung von einer Alchimistenhöhle heraufbeschwor, mit so modernem Gerät hantieren zu sehen. Am folgenden Tag gab sie mir zwei weitere Spritzen, und nach der dritten erschien der Doktor zum zweiten Male, erklärte mich für gesund und nannte sein Honorar. Dann präsentierte die Schwester ihre Rechnung und desgleichen der Apotheker die seine für das Penicillin. Die Gesamtkosten für meine Katakombenerkältung beliefen sich mithin auf 21000 Lire oder rund 140 Mark. In Rom gesund zu sein ist schon teuer genug, aber krank sein ist ein glatter Luxus.

6

Oben an der Via Veneto wachsen auf beiden Straßenseiten zahllose rote und blaue Sonnenschirme wie Pilze aus dem breiten Bürgersteig. Hier ist das amerikanische Rom, geradeso, wie die Piazza di Spagna vor hundert Jahren das englische Rom war. Alles ist hier ein wenig reicher und teurer als anderswo; wir befinden uns im Dollarraum. Hier verkehren die Größen des neuen Zeitalters, die Filmstars und Celluloid-Cäsaren und jene einflußreichen Persönlichkeiten, deren Namen in einem so lästigen Crescendo über die Leinwand gehen, ehe der Film beginnt.

Amerikas lange und ruhmvolle Verbundenheit mit Rom hat wohl mit dem jungen Kunststudenten Benjamin West begonnen, der 1760 aus Pennsylvanien eintraf – zur allgemeinen Freude Roms, denn er war so etwas wie eine Novität. Als der junge Mann dem alten, blinden Kardinal Albani vorgestellt wurde, fragte dieser ängstlich, ob er weiß oder schwarz sei. Man sagte ihm, er sei sehr hellhäutig, worauf der Kardinal, der eine südlich-olivenbraune Hautfarbe hatte, zurückfragte: »Was! So hell wie ich?« Dieser Satz machte die Runde in ganz Rom, und »hell wie der Kardinal« wurde zur stehenden Redensart. Die Zugkraft Roms erreichte aber ihre volle Wirkung auf die Amerikaner jenseits des Atlantiks erst ab Mitte des 19. Jahrhunderts, einer Zeit, die als Gründungsperiode für die amerikanische Tradition gelten darf, an öffentlichen Stellen Statuen aufzustellen. Die unerschöpflichen Marmorvorräte und ein Volk erheblich begabter Steinmetzen machten Rom zur internationalen Metropole der Bildhauerei.

Das Idol der Nordländer war der dänische Bildhauer Thorwaldsen, der das Grabmal Pius' VII. im Petersdom entwarf und dessen Kolossalstatuen von Christus und den zwölf Aposteln in Kopenhagen stehen. Weiter kam eine Flut von Amerikanern und Amerikanerinnen. Einer hörte auf den seltsamen Namen Moses Ezekiel und hatte ein Atelier in den Diokletians-Thermen mit einem Klavier, auf dem Liszt oft spielte. Weiter war da William Wetmore Story, der sich mit Browning zusammen um

Walter Savage Landor kümmerte, nachdem dieser arme alte Mann im Alter von 80 Jahren von seiner Familie auf die Straße gesetzt worden war, sodann Samuel Morse, der Erfinder des »Morse-Alphabets«, und Harriet Hosmer, die auffallendste unter den amerikanischen Bildhauerinnen, die sich nach Henry James »wie ein weißes Marmorgeschwader« in Rom niedergelassen hatten.

Dieses amerikanische Mädchen von 1850 war augenscheinlich eine recht eigenwillige Person und hat die Römer womöglich noch mehr interessiert als ihre mit Pferdeschwanz frisierten Nachkommen heute. »Hatty benimmt sich hier sehr unbekümmert und läßt niemanden im unklaren darüber, daß ein Yankee-Mädchen tun und lassen kann, was es will, allein ausgehen, allein ausreiten, über die geltenden Regeln spotten. Die Polizei griff ein und untersagte ihr wegen des dadurch entstehenden Auflaufs in den Straßen, allein auszureiten«, heißt es in einem Brief von 1853.

Sie alle gehörten zu den Gefährten und Freunden Nathaniel Hawthornes während seines Aufenthalts in Rom, und ihre allerdings stark durch die romantische Brille gesehenen Ateliers lassen sich in seinem noch immer reizenden, aber reichlich unwahrscheinlichen Roman »The Marble Faun« wiederfinden. Das Buch war nach einem beliebt gewordenen Rezept hergestellt, das als erste Madame de Staël in ihrer »Corinna« und nach ihr Hans Chr. Andersen ausprobiert hatten: ein Reisebuch in Romanform zu schreiben. Unsere Vorväter nahmen den »marmornen Faun« mit nach Rom und gingen bedächtigen Schrittes alle die Orte ab, an denen Hawthornes Romanfiguren dies oder jenes erlebten, geradeso, wie sie vordem die Stellen aufgesucht hatten, die durch Corinnas und Oswalds Träumereien berühmt geworden waren. Der gleiche Trick wirkt übrigens noch heute und wurde erfolgreich in dem Film »Drei Münzen im Brunnen« angewandt.

Unter den amerikanischen Bildhauern war der interessanteste William Story, der sich mit Frau und Kindern in Rom niederließ und auch in Italien starb. Die Familien Story und Browning waren unzertrennlich, bis der Tod Elizabeth Brownings den Dichter wieder nach England zurücktrieb. Unter Story's Anleitung begann Browning in Ton zu modellieren, Story selbst griff mit erstaunlichem Erfolg zur Feder. Sein Buch »Roba di Roma« (»Römisches Allerlei«) gibt ein überaus fesselndes Bild von der römischen Gesellschaft während der letzten Jahre des päpstlichen Rom. Story kommt zu einem ziemlich abfälligen Urteil über die offizielle amerikanische Gesellschaft der Zeit, er schildert sie als »sehr gewöhnlich, von Neid zerfressen und in übler Weise auf Kabalen und Verleumdung aus«, die amerikanische Gesandtschaft nennt er »das Gespött des diplomatischen Kreises«. Andererseits scheint die internationale Künstlerkolonie, in der er und seine Frau verkehrten, ein arkadisches Dasein geführt zu haben, sie waren glücklich in ihrer Arbeit, diskutierten sich im Café Greco die Köpfe heiß, wohnten praktisch umsonst in Palästen und suchten sich ihre Modelle unter den Italienern in den wunderschönen Trachten ihrer Heimat aus, die tagtäglich in malerischer Pose die Spanische Treppe bevölkerten. Kurz, es war ein herrschaftliches, vorwiegend angelsächsisches Montmartre, und jeder besaß genügend Geld, um im Sommer aus Rom heraus und in die Berge zu gehen.

Zu den Menschen, die im Hause der Story's gastfreundlich aufgenommen wurden, gehörte auch Hans Christian Andersen, der, wie weniger bekannt sein dürfte, die erste Sprosse seiner Ruhmesleiter in Rom erklomm. Er kam zum ersten Male im Jahre 1834 als mittelloser junger Mann mit einer staatlichen Beihilfe nach Rom, mutlos und uneins mit sich und der Welt. Wie so mancher protestantische Besucher war er von Rom entzückt, doch gleichzeitig fühlte er ein Unbehagen. Die Mönche beunruhigten ihn, den Nonnen mißtraute er, und selbst in der weltgewandten Höflichkeit der Jesuiten sah er etwas Satanisches. Fest steht, daß Andersen während einer großen Zeremonie im Petersdom als einsame Figur wie ein Zinnsoldat steif und aufrecht stehen blieb, während die nach Tausenden zählende Menge vor dem Papst in die Knie sank.

Immerhin nahm er doch viel von der römischen Atmosphäre in sich auf und schrieb zu Hause den »Improvisator«, ein Buch, dessen Lektüre sich durchaus noch lohnt und viel weniger verstiegen ist als »The Marble Faun«. Es hatte einen großen Erfolg in Dänemark, erlebte mehrere Auflagen und wurde übersetzt. Hans Andersen spürte zum ersten Mal, was Erfolg heißt. Später kehrte er als schon bekannter Schriftsteller nach Rom zurück, mußte aber damals viel durchgemacht haben. Es war Winter, und er wurde krank. Ansteckende Krankheiten waren im Umlauf, zudem war er, wie überhaupt ganz Rom, zutiefst über das tragische Ende der 22jährigen Tochter des 16. Grafen von Shrewsbury, Prinzessin Gwendolen Borghese, erschüttert, die ganz plötzlich an *scarlatina* gestorben war und ihre kleinen Kinder ins Grab nachzog. Der arme Hans Andersen verbrachte Weihnachten einsam in seinem Gasthof und aß Weintrauben, wobei sein Biograph zu berichten vergaß, wo er im Dezember die Weintrauben aufgetrieben hat.

In dieser Zeit gaben William Story und seine Frau eine Kindergesellschaft, zu der auch Andersen und Browning eingeladen waren. Hans Andersen las den Kindern »Das häßliche junge Entlein« vor, Browning las den »Rattenfänger«. Danach marschierten alle hinter dem als Rattenfänger die Flöte spielenden Story her durch die ganze Wohnung, die im zweiten Stock des Palazzo Barberini lag und aus einer Flucht riesiger Räume bestand. Henry James, der Story's Briefe herausgab, erzählt, daß kleine Kinder Hans Andersen häufig ihre zerbrochenen Zinnsoldaten, Puppen und andere Schätze als Geschenk verehrten. Er warf diese Reliquien niemals fort, sondern trug sie in einer Tasche mit sich herum. Man kann sich die Kommentare der Zollbeamten bei der Ankunft des melancholischen Dänen mit seinem Gepäck vorstellen!

Browning erzählte Story eine weniger bekannte Geschichte über Tennyson. Tennyson war ein starker Raucher. Als er auf dem Weg nach Rom in Florenz haltmachte, konnte er eine bestimmte Tabaksorte nicht bekommen. Er war darüber so verärgert, daß er seine Romreise aufgab und nach England zurückkehrte!

Sitzt man heutzutage in der Via Veneto zwischen Filmschauspielern und -schauspielerinnen, Geschäftsmagnaten, Beamten, umherreisenden Senatoren und Kongreßmitgliedern, Angehörigen des United States Information Service, der Handelskammer der Vereinigten Staaten für Italien und weiß Gott noch welcher anderen Verbände, an der Ecke die palastartige amerikanische Botschaft und Zeitungskioske davor, die vor amerikanischen Zeitungen und Illustrierten überquellen, dann fragt man sich, was wohl Story und Hawthorne dazu sagen würden. Vieles am modernen Rom wäre ihnen fremd, die größte Überraschung aber wäre eben dieser Bezirk bis zur Porta Pinciana hinauf, in dem ihre Landsleute sich heimisch gemacht haben. Sein ausgesprochener Charakter prägt auch noch die Seitenstraßen mit ihren Schnellimbiß-Bars und amerikanischen Restaurants, zu deren Spezialitäten Sandwiches, Chicken Maryland, Applepie, Pfirsiche in Dosen, »Hamburger« und amerikanischer Kaffee gehören. Die Verächter des Kolonialismus haben hier ganz offen eine Kolonie gegründet, in der sie sich sicher und wie zu Hause fühlen, und wohin sie sich nach Beutezügen in fremdes Gebiet wie in eine Festung zurückziehen können! Der Amerikanismus dieser Ecke Roms hat wirklich etwas ungemein Zwingendes, etwas von einem Imperium an sich ... Civis Americanus sum...

Unter einem blauen Sonnenschirm an der Via Veneto sitzend, habe ich oft zu zählen versucht, wie viele verschiedene Roms es eigentlich gibt: das Rom der Kirche, das Rom der Diplomaten, das Rom der Archäologen, der Künstler, des Geschäfts, der Touristen und schließlich das Rom des kleinen Mannes, in dem wohl die meisten Leute sich ihren Unterhalt verdienen. Das Rom der Fremden teilt sich sogar noch in Unterabteilungen auf. Zum Beispiel lernte ich einmal einen Mann kennen, der an einer Arbeit über die *terra sigillata* des ersten Jahrhunderts schrieb; alles, was vor Augustus oder nach Trajan geschah, interessierte ihn nicht. Wirklich, er war mit seinem so klar und sauber abgegrenzten kleinen Sektor Roms zu beneiden. Dann traf ich einmal einen älteren amerikanischen Priester, dessen Lebenswunsch gewesen war, einmal römisches Pflaster zu treten; nun zog er jeden Morgen, mit seinem Priesterausweis und seinem »Celebret« bewaffnet, los, um reihum in den Kirchen die

Messe zu lesen. Langsam arbeitete er sich so durch die Runde der römischen Altäre hindurch und interessierte sich darüber hinaus für nichts. Schließlich war da ein Architekt, für den Rom nur aus Grund- und Aufrissen, Toreingängen und Fenstervorsprüngen bestand. Wie sehr verdient der arme verwirrte Tourist unser Mitleid, auf den zwei bis drei Tage lang eine Flut von historischen Daten und Bezügen einstürmt und der in dieser kurzen Zeit die Ereignisse von Jahrtausenden in sich aufnehmen soll!

7

An heißen Tagen bildete ich mir gegen Abend manchmal ein, in Rom den Geruch des Meeres zu spüren. Es ist weniger ein Wind als eine erfrischende Kühle, die sich über die Stadt senkt. Das nennt man »*ponentino*« – kleiner Westwind – im Gegensatz zum wirklichen Wind, dem »*ponente*«. An solchen Abenden ging ich gern noch einmal durch die Borghese-Gärten, um vom Pincio aus den Sonnenuntergang zu betrachten.

Diese Gärten haben ihr eigenes gemütvolles Leben, das sich immer gleichbleibt und dessen Hauptfiguren Kinder, Hunde und Verliebte sind. Immer, wenn ich dort war, sah ich denselben Mann mit dem Schäferhund und dem roten Gummiball, dieselben Nonnen, die kleine Mädchen in rosa Waschkleidchen hübsch zwei zu zwei spazieren führten, und häufig auch dieselben Liebespärchen, die auf dem Rasen saßen oder unter den Pinien Eis aßen. Sonnabend nachmittags fand am Seeufer eine Kasperle-Vorstellung statt, und in der Runde der aufblickenden Gesichtchen konnte man die amüsantesten Studien machen. Sonntags machten die jungen Leute mit ihren Mädchen Bootsfahrten auf dem See zum Äskulap-Tempel hin.

Oft kam ich in diesen Gärten an einsamen Bodenmulden und wuchernden Gebüschen vorbei. Wie traurig erschien mir der Ort, wie verwunschen und wie alles in Rom von seinen ureigenen Geistern heimgesucht. Piniengruppen, die an Respighis

Tongedicht erinnern, ganze Alleen von schimmernden Magnolienbäumen, hoch wie Eichen, und düstere Lorbeer- und Ilexgürtel wachsen dort. Hier und da steht nach italienischer Sitte eine Statue oder Büste an einsam-verlassenem Ort; und die alten Gärten werden plötzlich auf unheimliche Weise zu einer heidnischen Welt. Es wäre so abwegig nicht, wenn ein ängstlicher Christ sich hier geschwind bekreuzigte, denn das Ohr wartet geradezu auf wundersame Musik, und das Auge späht argwöhnisch in die dunklen Büsche, darauf gefaßt, einem einsamen, entthronten Gott gegenüberzustehen.

Aus der Wildnis der Borghesischen Parklandschaft wechselt man in die formelle Geradlinigkeit der angrenzenden Gärten auf dem Pincio mit ihren geometrisch abgezirkelten Blumenbeeten, ihren Alleen und Aussichtspunkten hinüber; auch steht dort ein auf Marmorsockeln arrangiertes »*Wer ist's?*« berühmter Römer – doch was hat Napoleon hier zu suchen? Die römische Nase war immer eine lohnende Zielscheibe, und bisweilen bemerkt man im Vorbeigehen, daß Agrippa oder Vergil keine Nase mehr haben. Mit tiefer Befriedigung stellt man jedoch nach ein paar Tagen fest, daß das fehlende Riechorgan vom Amt für Öffentliche Arbeiten eilends ersetzt ist. Das Amt ist an diese Art Schönheitsoperationen gewöhnt und hat stets eine große Auswahl Nasen vorrätig. In diesem Zusammenhang möchte ich eine Warnung an alle aussprechen, die reich genug sind, bei einem Antiquitätenhändler in der Via del Babuino eine Büste oder Statue kaufen zu wollen: Unter hundert antiken Statuen hat höchstens noch eine eine intakte Nase. »Die fünf- bis sechshundert in meiner Zeit aufgefundenen Köpfe hatten bis auf ein bis zwei Dutzend alle keine Nasen mehr«, schreibt Lanciani.

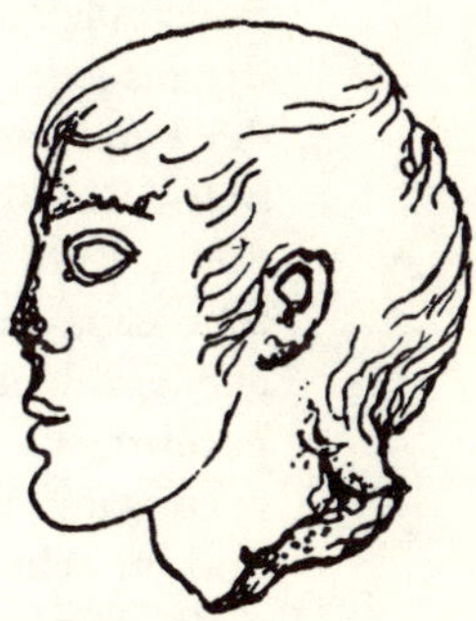

Nie bekommt man etwas in Rom gesagt; die Römer erwarten, daß man alles schon weiß oder so aufgeweckt ist, es selbst herauszufinden; dies gilt besonders für die ausgefallenen, scheinbar von der Laune des Augenblicks diktierten Besuchszeiten der verschiedenen Museen, Galerien usw. Man muß sich also schon allein die Mühe machen, warum Napoleon unter die berühmten Römer geraten ist, was zunächst auffällt. Doch steht er dort zu Recht und gewissermaßen ehrenhalber als Schöpfer der Piazza del Popolo. Sein Architekt Valadier gestaltete den Platz neu und entwarf auch die Gärten auf dem Pincio.

Die Stelle, wo die römische Stadtmauer einen merkwürdigen Knick um den Pincio-Hügel herum macht, heißt Muro Torto. Es ist das einzige Stück der Mauer, das auf die Versicherung der Bürger hin, der Apostel Petrus würde höchstselbst auf diesen Abschnitt achten, nicht von Belisar ausgebessert und verstärkt wurde – tatsächlich haben die Barbaren hier auch nie angegriffen. Auf meinem Weg zur berühmten Terrasse ging ich oft erst an das Gartentor der Villa Medici und blickte durch die Gitterstäbe auf das zauberhafte Stück 16. Jahrhunderts, das dort zwischen Blumenbeeten, Zypressen und langen, kiesbestreuten Gartenpfaden träumt. Ich hatte dort das Gefühl, jeden Augenblick könnte ein Kardinal in angeregtem Gespräch mit Velasquez vorbeikommen, der in der Villa gewohnt und auch den Garten gemalt hat – aber nichts regte sich außer einem taumeligen Falter über den Büschen oder dem Geflatter eines der in Rom so seltenen Vögel.

So kam ich schließlich zur Terrasse und an die Balustrade, von der aus jeder Romreisende einmal den Sonnenuntergang hinter der Peterskuppel beobachtet. Unter mir lag die Piazza del Popolo: Die Menschen hasteten über die weite Arena aus fahlem Stein, Autos kamen von rechts durch die Porta Flaminia geschossen, dem Einfahrtstor nach Rom für die Kutschen von ehedem. Unnahbar und unbeteiligt, so alt, daß nichts ihn mehr berührt, stand in der Mitte des Platzes der Obelisk. Er war schon eine Antiquität, als Augustus ihn aus Ägypten mitbrachte und im Schatten des Palatin im Circus Maximus aufstellte. Damals stand er auf der im Zentrum der Rennbahn gelegenen *spina*, und die Rennwagen fuhren um ihn ihre Runden. Auch heute noch blickt er auf die Römer nieder, die noch immer hasten und noch immer miteinander um die Wette jagen.

Drei Kirchen liegen an dem Platz, die alle drei der Jungfrau Maria geweiht sind. Die interessanteste lag rechts von mir, eben innerhalb des Tores, hinter den Bäumen der Terrasse verborgen: S. Maria del Popolo. Die Kirche wurde im 12. Jahrhundert erbaut, um den Geist Neros zu bannen, der angeblich auf den Hängen des Pincios umging und in Gesellschaft von Dämonen in Krähengestalt unter einer Gruppe alter Walnußbäume saß. Papst Paschalis II. fällte diese Bäume mit eigener Hand, als das Baugelände gerodet wurde. Die ursprüngliche Kirche ist nun verschwunden, aber auch die heutige erhebt sich noch über dem Familiengrab der Domitier, wo Neros Asche von seinen beiden alten Ammen und seiner Geliebten Acte beigesetzt wurde.

Mein Blick schweifte über das großartige Bild vor mir und weiter über die Dächer Roms bis hin zur Peterskuppel, die heute von den vier Antennenmasten des Vatikanischen Rundfunks eingerahmt wird. Hier ist wirklich einer der großen Aussichtspunkte der Welt. Während ich dort stand und in die sinkende Sonne blickte, nahm die ganze Landschaft, die Peterskuppel in der Mitte, das Hadriansgrabmal mit dem Engel darüber und der lange dunkle Bergrücken des Gianicolo zur Linken jene unwahrscheinlich schöne Färbung an, die nicht das kleinste der römischen Wunder ist. Nicht der Sonnenuntergang auf dem Pincio an sich ist das eigentlich Wunderbare, sondern das Verglühen des Sommerabends danach. Die Sonne sank. Über der Stadt, gleichsam aus ihr aufsteigend, stand goldenes Licht. Die Umrisse der Peterskuppel gegen den Himmel wurden schärfer. Ganz allmählich überspannte ein stumpfes Rot den westlichen Horizont und ging aufsteigend in das noch kräftige Blau eines italienischen Sommertags über. Dies ist das satte homerische Licht, das die Vorstellung von staubaufwirbelnden Hufen und Wagenrädern wachruft, eine epische Farbtönung, die sich im Dunklerwerden bei nun blasser schimmerndem Himmelsblau noch vertieft, bis der ganze Westen rostrot glüht und damit verspricht, daß der morgige Tag so wolkenlos wird wie der eben vergangene.

So kommt die Nacht und damit ein Augenblick von vollendeter Schönheit. Die Straßen leuchten weiter rosarot in der Dämmerung, als hätte das weiche vulkanische Tuffgestein sich über

Tag voll Sonne gesogen und gäbe sie bis zum Morgen nicht mehr her. Das schwindende Licht glüht noch an safrangelben, rosenroten und pfirsichrosa Wänden, das Pflaster strahlt eine Wärme aus, als ob die Lava die Erinnerung an prähistorische Feuersgluten bewahrte. Die Peterskuppel jenseits des Tibers steht nun ganz schwarz gegen die letzten roten Streifen. Der Sonnenwagen ist vorüber gerast, der Staub von seinen Rädern hat sich wieder gesetzt, die ersten Sterne funkeln über Rom. Der Augenblick rührt das Herz an. Erst hier, dann da – man weiß nicht, wo es beginnt – läuten die Glocken das Ave-Maria; wieder ist ein Tag im Leben vergangen. Nun bleibt das Dunkel – und das Morgen.

8

Der Weg zurück durch den kühlen Abend war stets ein Genuß. Die Pinien standen vom Widerschein des Lichts halbrund umsäumt, und die Pfade verloren sich in einer Wand undurchdringlicher Dunkelheit, um die die Lichter Roms einen hellen Kranz flochten. Schon bei Tag sind Pincio und Park der Villa Borghese eine verwunschene Landschaft, abends wirken sie noch geisterhafter. Dieser Teil Roms ist seit der Antike nie wieder bebaut worden, hier lagen die Gärten und der sagenhafte Palast des Lucullus, hier gab er die Feste, die ihn im Laufe der Jahrhunderte berühmter gemacht haben als sein Sieg über Mithridates.

Der schnellste Weg, im alten Rom zu Geld zu kommen, war, Statthalter einer Provinz zu werden. Eine ganze Reihe hochkultivierter Römer bereicherte sich auf diese Weise am Imperium und kehrten, wie Lucullus, beladen mit den Schätzen Asiens nach Rom zurück, um sich dort als Millionäre niederzulassen und ihre Zeitgenossen durch ihren verschwenderischen Lebensstil in Erstaunen zu setzen. Die Lucullischen Gärten erstreckten sich auf dem Pincio-Hügel, während der Palast selbst mit seinen Wandelgängen, seiner Bibliothek und der Flucht seiner Speisesäle mehr am Südhang lag, da, wo sich heute die Spanische Treppe befindet. Plutarch erzählt, Pompejus sei einmal krank gewesen und sein Arzt habe ihm ein Gericht Drosseln verordnet (leider noch heute eine römische Feinschmeckerei), die zu der betreffenden Jahreszeit nirgends zu haben gewesen seien, außer in den Brutkästen des Lucullus auf dem Pincio. Lucullus war es auch, der aus Asien die Kirsche nach Italien und damit nach Westeuropa einführte. Ebenfalls von Plutarch stammt die Geschichte, wie Cicero und Pompejus einmal zufällig den Lucullus auf dem Forum trafen und beschlossen, dem Gerücht auf den Grund zu gehen, nach dem der berühmte Epikuräer fast nichts zu sich nahm, wenn er allein war. Es muß wohl ungefähr Essenszeit gewesen sein, auch schien Lucullus an dem Tage keine Gäste zu haben; so fragten sie, ob sie bei ihm dinieren dürften. Lucullus schien etwas verlegen und bat um einen Tag vorheriger Anmeldung, worauf sich die beiden anderen aber nicht einließen. Darauf ließ Lucullus seinem Haushälter durch einen Boten ausrichten, er wünsche heute im Apollo-Saal zu speisen. Als die drei eintrafen, erwartete sie eines der unerhört üppigen Festmähler, die ihren Gastgeber so berühmt gemacht hatten. Wie es schien, waren für jeden Speise-

saal Kosten, Art und Umfang der Unterhaltung und des Menüs festgesetzt, und der Haushälter brauchte nur den Namen des Saals zu wissen, in dem sein Herr tafeln wollte, um das entsprechende Bankett vorzubereiten.
Aber was sich da aus dem Schatten des Pincio-Hügels hervorstiehlt, ist nicht der Geist des Lucullus – der schläft zufrieden unter einem Berg von honiggetränkten Feldmäusen und Nachtigallenzungen –, sondern er gehört der furchtgeschüttelten Messalina, die in eben diesen Hallen ermordet wurde. Einige Jahre nach dem Tode des Lucullus hatte diese rätselhafte Frau die Gärten, die damals ihrem Feinde Valerius Asiaticus gehörten, für sich beschlagnahmen lassen. Nachdem sie den unglückseligen Mann in den Tod getrieben hatte, eignete sie sich seinen Besitz an, und die Gärten auf dem Pincio wurden ihr bevorzugter Aufenthalt. Hier suchte sie auch Zuflucht, als es endlich gelang, ihren schon älteren, völlig in sie vernarrten Mann Claudius gegen sie aufzubringen, der scheinbar als letzter in Rom von ihren Eskapaden erfuhr. Ob Messalina wirklich so schlecht war, wie man sie darstellte, werden wir nie ergründen. Es ist immerhin möglich, daß eine Frau wie Agrippina, ihre Nachfolgerin im Palast, kräftig bei ihrer Diffamierung mitgewirkt hat. Messalina war bei ihrem Tode erst 26 Jahre alt, fast zu jung, möchte man meinen, um die ganze Zahl der ihr zur Last gelegten Verbrechen begangen zu haben. Wie dem auch sei, man gab Claudius zu verstehen, daß sie noch verderbter sei als seine früheren Frauen, und Messalina, die begriff, daß sie nun die unberechenbare Grausamkeit eines Schwächlings geweckt hatte, floh noch in der gleichen Nacht in die Gärten des Lucullus in der Hoffnung, der Sturm würde sich legen. So wäre es wohl auch gewesen, hätte nicht der Freigelassene Narzissus schnell eine Abordnung der Palastwache unter Leitung eines Tribunen mit der Weisung abgesandt, die Kaiserin zu töten. Sie fanden sie auf dem Pincio in einem der Gemächer des Palastes weinend in den Armen ihrer Mutter, die sich in den Zeiten des Glücks stets im Hintergrund gehalten hatte und nun herbeigeeilt war, um ihr in ihrer Verzweiflung tröstend zur Seite zu stehen. Als die Gartentore aufgebrochen wurden und

man den Tritt der näher kommenden Soldaten hörte, versuchte Lepida ihre Tochter zu überreden, wie eine Römerin aus der Welt zu gehen und sich selbst zu entleiben. Die Wachen betraten den Raum. Man reichte ihr einen Dolch. Sie setzte sich ihn an die Kehle, auf die Brust, fand aber nicht den Mut, zuzustoßen. Da zog der Tribun sein Schwert und tötete sie mit einem Streich. Etwas später bemerkte der Kaiser ihr Fehlen an der Tafel und fragte, wo sie denn sei.

9

Um nicht einer Nonne in die Arme zu fallen oder einem Franziskaner auf die nackten Zehen zu treten, hängt man in den grimmigen grünen Omnibussen Roms unter gräßlicher Anspannung jedes einzelnen Muskels an den Riemenhaltern – oder so sollte es wenigstens theoretisch sein, denn in Wirklichkeit greift man nach dem nächstbesten Halt, um das Gleichgewicht zu bewahren. Nichts wirkt auf den ersten Blick so abschreckend wie die öffentlichen Verkehrsmittel Roms. Da die Römer einen beachtlichen Teil ihres Lebens damit zubringen, morgens zur Arbeit zu hasten, mittags zum Essen nach Hause zu hasten, nach der Siesta zur Arbeit zurück zu hasten und am Abend endgültig wieder nach Hause zu hasten, gibt es also vier Hauptverkehrszeiten, zu denen sich die Menschenmassen, nicht -schlangen, an den Haltestellen ansammeln. Verteilte man Schwert und Schild unter die Wartenden, gäbe es bei Herannahen des Omnibusses ein paar herrliche Schlachtszenen. Wer sich länger als einige Tage in Rom aufhalten will, sollte wirklich die Benutzung dieses bewundernswerten Transportmittels erlernen, das ihn für einen Bruchteil des entsprechenden Taxipreises in die entlegensten Ecken der Stadt bringt. Der Omnibusverkehr ist tatsächlich erstaunlich billig in Rom, und es lohnt sich, ihn nicht nur aus diesem einfachen Grunde, sondern vor allem wegen des wahren Hochgefühls zu erlernen, das seine Meisterung mit sich bringt. Fremde, die sich mit Erfolg die Technik des Omnibusfahrens aneignen, müßten von den städti-

schen Behörden ein Ordensband oder sonstiges Abzeichen verliehen bekommen, sozusagen als ersten Schritt zu der so begehrten Ehrenbürgerwürde.
Beim Anhalten zischt ein römischer Omnibus wie ein wütender Drache, und vorn fliegen scheinbar ohne menschliches Zutun zwei kleine Flügeltüren auf. In Wirklichkeit bedient sie der Fahrer. Der Fremde steht nun abwartend, bis die zerzausten Passagiere aus dem Wageninnern auftauchen und sich nach dem langwierigen Kampf durch den brechend vollen Omnibus ihre zerdrückten Kleider zurechtschütteln – denkt er doch in seiner Unschuld, er solle auch durch diese Türen einsteigen. Gerade will er das tun, da schnappen sie ihm mit einem höhnischen Laut vor der Nase zu und lassen ihn auf dem Bürgersteig zurück. Er sieht noch eben, wie viele dunkle Augenpaare voller Mitgefühl auf ihn herabblicken, dann entschweben sie in die Ferne. Der Held, der es fertigbrächte, durch diese vordere Tür in einen römischen Omnibus einzusteigen, muß wohl erst noch geboren werden, er verstieße damit auch gegen den ersten Grundsatz des Busfahrens. Der einzige Eingang durch die schmale hintere Tür steht unter den wachsamen Blicken eines Mannes, der einen volltönenderen Titel als den eines Schaffners verdient. Er ist der Imperator des Busses. Als solcher thront er auf einem erhöhten kleinen Sitz, gibt die Fahrscheine aus und gebietet dazwischen den dichtgedrängt in dem zum Ersticken vollen Wagen Stehenden, nach vorn aufzurücken. Man reicht ihm einen 50-Lire-Schein, dünn und zerfetzt wie eine alte Regimentsfahne, und erhält dafür das Fahrbillett und so viele kleine Münzen Wechselgeld, daß man damit für mehrere Jahrhunderte die Rückkehr nach Rom sicherstellen könnte. Dann beginnt man voller Entschlossenheit, sich mit schlangenartiger Gewandtheit nach vorn durchzukämpfen. Tut man das nicht, fährt man todsicher ein

paar Kilometer über seine Haltestelle hinaus. Der Neuling weiß dabei selbstverständlich nicht einmal, wann seine Haltestelle naht, und erkennt er sie, steht er eingekeilt zwischen zwanzig Römern, die ihm den Weg zum Ausgang versperren. Die Taktik des Busfahrens besteht mithin darin, vom Augenblick des Einsteigens an sich in Richtung der Türen vorzuarbeiten, so daß man mit gemurmelten *scusi* und *permesso* und einem geschundenen Schienenbein in kürzester Frist bei den geöffneten Türen sein kann, ehe sie sich zischend wieder schließen. Anfänger können natürlich befürchten, die Türen gerade im Augenblick des Zuschnappens zu erreichen und, zwischen ihnen eingeklemmt, bis zur nächsten *fermata* mitsausen zu müssen; aber keine Angst! So viel Humor haben die Fahrer nicht. Im Bus zusammengewürfelt findet sich ein großartiger Querschnitt durch die römische Bevölkerung; eingekeilt zwischen Priestern, Nonnen, Franziskanern, Seminaristen und Italienern jeder Sorte stehend, könnte man in keiner anderen Stadt sein. Die fauchenden grünen Ungetüme gehören genauso zu Rom wie die roten Doppeldecker zu London.

Kapitel III

Forumbesuch mit Eintrittskarte
Die römische Toga
Das Haus des Senats
Die Vestalischen Jungfrauen
Wo Cäsar ermordet wurde
Kleopatra in Rom

1

Ich löste eine Eintrittskarte zum Forum und ging die lange Rampe zum alten römischen Pflaster hinab. 15 Meter darüber lehnen die Leute den ganzen Tag über der Umfassungsmauer und starren in die Ruinen hinunter, als ob sie etwas erwarteten. Natürlich ereignet sich nie etwas, es sei denn, daß hier, wo einmal das Herz der Welt pulste, eine Katze auf Mäusejagd geht. Im Umherschlendern dachte ich nicht an Romulus und Remus oder Cäsar und Augustus, sondern an die Durchschnittsrömer und ihre Lebensweise. Dabei fiel mir sogleich die Toga ein, zu der es kein modernes Gegenstück gibt. Mit Cutaway und Zylinder, den Symbolen der viktorianischen Achtbarkeit, läßt sie sich nicht vergleichen, da sie eine Volkszugehörigkeit und nicht einen Stand bezeichnete. In der Antike wußte man, ein Mann in einer Toga war ein korrekt gekleideter römischer Bürger, ein freier Römer mit dem römischen Recht hinter sich, für ihn gab es keine Kreuzigung oder Prügelstrafe noch sonstige Züchtigung oder Demütigung. Der Apostel Paulus hatte das Recht, die Toga zu tragen, der Apostel Petrus nicht. War man niedrigerer Herkunft, blickte man wohl voll neidischen Respekts auf den Mann in der Toga, den Vertreter des Herrschervolkes. Für den Provinzbewohner genoß er als Träger des offiziellen Gewandes das Ansehen eines Statthalters oder sonstigen hohen Beamten. Kleidete sich ein Fremder oder Sklave in die

Toga in der Hoffnung, so als echter Römer zu gelten, konnte ihm der Prozeß gemacht werden, und ein solcher Fall wurde tatsächlich einmal unter dem Vorsitz des Kaisers Claudius verhandelt.

Kein anderes Gewand hätte der *gravitas*, der würdevollen, formgebundenen Einstellung der alten Römer zum Leben, besser entsprochen als die Toga. Cincinnatus, berichtet eine Geschichte, war gerade beim Pflügen auf seinem Landgut auf dem *ager vaticanus*, als Boten ihm die Nachricht überbrachten, daß der Senat ihn zum Diktator gewählt habe. Er hatte sie schon von weitem kommen sehen und ließ sich eilends von seiner Frau die Toga holen, um ihnen mit Würde entgegentreten zu können. Das war die Reaktion eines echten Römers... Vom Kaiser Augustus wird erzählt, daß er sich einmal sehr verärgert zeigte, als eine Gruppe von Bürgern in ungehörigem Anzug zu einer Versammlung erschien. Er erließ daraufhin ein Gesetz, wonach jeder Bürger auf dem Forum und bei den Spielen die Toga zu tragen hatte. Die Kaiser waren überhaupt in Sachen Kleidungsvorschriften so eigen wie das Kriegsministerium in dem Tragen der Messingknöpfe, einer wie der andere gab Erlasse über das Tragen des nationalen Gewandes heraus. Es war das anmutigste und zugleich würdevollste Kleidungsstück, das je entworfen wurde, und die Gecken und Modejünglinge, aber auch die berühmten Rechtsanwälte brachten Stunden mit dem Anlegen ihrer Toga zu. Das römische Gegenstück zu einem Hosenbügler war eine sinnreiche Anordnung von Schienen, in die die Falten der Toga über Nacht eingespannt wurden.

Der große Advokat Hortensius verbrachte beim Ankleiden stets geraume Zeit vor dem Spiegel, und einmal sandte er einem Bekannten einen schriftlichen Protest, weil dieser ihn angerempelt und ihm dabei die Togafalten in Unordnung gebracht hatte. Er hatte dabei eine besondere Art, sich den *umbo*, das schalartige Ende über der Brust, umzulegen, und gab bei seinem Erscheinen auf dem Forum eine so stattliche Figur ab, daß die beiden Tragöden Äsopus und Roscius hinter ihm hergingen, um ihm seine Kleidungsweise und Haltung abzusehen. Sittenprediger verurteilten zwar die überlange Toga, in denen man-

che Modejünglinge sich gefielen – der Kaiser Caligula verfing sich einmal mit dem Fuß in so einer Toga und fiel der Länge nach hin. In der Absicht, mit der *gravitas* auch die *simplicitas* zu verbinden, trug Augustus eine ganz einfache Toga, die seine Gattin Livia mit ihren Mägden am heimischen Webstuhl gefertigt hatte. Wohl war es eine sparsam geschnittene Toga, denn Augustus war über die Mode erhaben, und doch war sie sicher lang genug, um seine erhöhten Sandalen zu verdecken: Augustus war nämlich nur 1,67 Meter groß.
Es gab verschiedene Arten der Toga. Die prächtigste war die *toga picta*, der Purpurmantel der Jupiterstatue. In früher Zeit hatte nur ein siegreicher General bei seinem Triumphzug das Recht zum Tragen der *toga picta*, später erhielt Julius Cäsar als erster Römer die Erlaubnis, die purpurne Toga anzulegen, wann es ihm beliebte. Dieses Vorrecht wurde von Augustus an auch den Kaisern, allerdings nur für Staatsanlässe, belassen. Die 600 Senatoren trugen die *toga praetexta*, die gewöhnliche weiße Wolltoga mit einem purpurnen Saum; dazu gehörten bei offiziellen Gelegenheiten rote Ledersandalen von einem Schnitt, den kein anderer Römer tragen durfte. Sodann gab es die *trabea*, die rotgesäumte Toga für bestimmte Priester und Auguren, unter Umständen noch für den Ritterstand, und schließlich die gewöhnliche weiße Toga für den einfachen Bürger.
Trotz der Auszeichnung, die sie für den Träger bedeutete, war die Toga doch im ganzen recht unbeliebt, und die Römer vermieden ständig, sie zu tragen. Sie war schwer, sie war unbequem und eigentlich nur zum würdevoll-langsamen Schreiten oder Redenhalten geeignet. Zudem war sie teuer und mußte immer wieder zum Bleichen geschickt werden. Juvenal und Martial beklagen sich ständig über den Zwang, in der guten römischen Gesellschaft die Toga tragen zu müssen, und beide stellen der Tyrannei dieses Kleidungsstückes die Freiheit und Ungebundenheit der ländlichen Kleidung gegenüber. Sogar ein solcher Gesellschaftsmensch wie der jüngere Plinius rechnete es zu den Attraktionen seiner Landvilla, daß er dort nicht die Toga zu tragen brauchte. So hat wohl auch zu Dickens' Zeiten ein Buchhalter der City seinen Seidenzylinder verflucht, dieses un-

bequeme Symbol, das immer wieder vom Barbier aufgebügelt werden mußte, bis es aussah wie eine struppige Katze.

Nach allem, was Martial über verwaschene Togen zu sagen hat, scheint es, daß sie den häufigen Reinigungsprozeß nicht allzu gut vertrugen, und zweifellos kam bei den Gladiatorenkämpfen der Kaiser zumindest in den oberen Rängen, wo das gemeine Volk saß, eine herrliche Auswahl alter, ausgefranster Togen zusammen.

Das alles ging mir durch den Kopf, als ich an jenem strahlenden Sommermorgen über das Forum wanderte. Wie es wohl wäre, wenn man sich plötzlich in das kaiserliche Rom, in das Leben und Treiben auf dem Forum zurückversetzt fände? Ich glaube, ich würde wie gebannt auf die Hunderte von Männern in den Togen starren: An den roten Sandalen erkenne ich den Senator, der zur Sitzung in die Kurie eilt, ein Blick auf eine rotgesäumte Toga, und ich weiß, das ist ein Augur, der die heiligen Hähnchen füttern geht, der dort in der kostbaren Toga ist bestimmt ein reicher Geck, und jener einfache Bürger in seinem fadenscheinigen Mantel will sicher eine Zeugenaussage in einem Prozeß machen... Kollegiale Gefühle überkommen mich beim Anblick eines Schriftstellers, etwa Martials, der sich in einer prächtigen, aber schon etwas älteren Toga durch die Menge drängt, um seinen Verleger im Argiletum zu besuchen. Und wie interessant wäre es, einen Mann zu entdecken, der auf seine Toga wirklich stolz ist, etwa einen zu Besuch weilenden britischen Stammesfürsten, dem aus politischen Gründen die römische Staatsbürgerschaft verliehen wurde, so einen dunklen, aufgeweckten kleinen Kelten aus dem fernen London an der Themse, der in seiner Toga aus der Saville Row, die mit jeder Falte den hohen Rang ihres Trägers verkündet, auf dem Forum auf und ab stolziert und sich römischer als die Römer gebärdet.

Die Via Sacra hinaufgehend, dachte ich lächelnd, daß das Forum nur in Verbindung mit Menschen aus Fleisch und Blut begreiflich oder überhaupt interessant wird. Manchem heutigen Besucher mag dieser wunderschöne Friedhof, in dem das Herz der alten Welt ruht, unverständlich oder gar abstoßend vorkommen; er kann eben nur dann Leben und Zusammenhang gewinnen, wenn man im Geiste die fehlenden Säulen ersetzt, die entschwundenen Dächer neu vergoldet, die gestürzten Statuen wieder auf ihre Sockel hebt und die engen Straßen – und wie überraschend eng waren sie! – mit vorwärtsschiebenden, lärmenden Menschen bevölkert, die nach Pomade und Knoblauch riechen und stoßen und drängeln und jeden Augenblick voll ausleben, wie auch wir es noch tun.

Auf dem höher gelegenen Gelände am Titusbogen, wo die Via Sacra beginnt, zögerte ich und blickte über die ganze Ausdehnung des Forums zurück. Wie hatte es hier in kaiserlicher Zeit ausgesehen? Für gewöhnlich ändert jeder Bezirk, der ununterbrochen dreizehn bis vierzehn Jahrhunderte lang bewohnt wird, seinen Charakter so von Grund auf, daß die ursprünglichen Bewohner sich nicht mehr zurechtfinden würden; aber für das Forum gilt das meiner Meinung nach nicht. Selbstverständlich wurde die ganze Zeit umgebaut, repariert, neu gebaut, aber da die meisten Gebäude einem sakralen Zweck dienten, erhoben sich die neuen immer wieder auf der gleichen Stelle und unterschieden sich von den alten lediglich durch ihre zunehmende Prächtigkeit. So darf man mit Berechtigung sagen, daß auch im Wechsel das Forum sich immer gleichblieb. Ein Römer aus dem Jahre 100 v. Chr., der das Forum vom Jahre 200 n. Chr. besuchte, hätte wohl die einzelnen Gebäude verändert, aber immer noch an dem ihm schon bekannten Platz gefunden. Nach dem ersten Erstaunen konnte er leicht seinen Weg vom Hause des Senats zum Vesta-Tempel oder einem der übrigen Hauptgebäude finden. Keinesfalls wäre er sich so verirrt und verwirrt vorgekommen wie etwa Shakespeare im London des Dr. Johnson.

Während ich noch auf der Heiligen Straße stand, kamen ein Mädchen und ein junger Mann mit einem blauen Reiseführer in der Hand vorbei.

»Du!« rief das Mädchen und zeigte auf die schwärzlichen, vieleckigen Pflastersteine, »sieh doch bloß mal die Wagenspuren! Ist das nicht einfach toll?«

Nun mögen die Menschen ja nicht gern verbessert werden, sonst hätte ich ihr erzählt, daß Wagen nur ausnahmsweise, nämlich für einen Triumphzug oder für die Ausfahrt der

Vestalinnen, auf dem Forum zugelassen waren, und daß die Räderspuren höchstwahrscheinlich von den Steinmetz-Karren der Renaissance stammten, die mit geplündertem Marmor für neue Kirchen und Papstpaläste schwer beladen davonrumpelten. Für den Fremden, der sich der Stadt von der Via Appia her näherte, muß der Blick auf das vor ihm liegende Rom des ersten Jahrhunderts wirklich ein Erlebnis gewesen sein, dachte ich, während ich am Titusbogen stand. Von hier aus überschaute er die Heilige Straße und das vorausliegende Forum. Zu seiner Linken lag der Palatin, auf dem die Kaiserpaläste in der Sonne funkelten, und vor ihm in einiger Entfernung ragte hoch über den dichtgedrängten Dächern der Tempel und Gerichtsgebäude der Kapitolshügel mit dem Jupiter-Tempel, dessen Türen und Dachziegeln golden schimmerten. Ich selbst hätte das prächtige, ruhmreiche Forum gern in der Zeit unter Vespasian erlebt. Dann hätte ich beim Bau des Kolosseums zusehen und Neros Goldenes Haus und den neuen Jupiter-Tempel bestaunen können – der alte war während der Unruhen vor Vespasians Ankunft in Rom (69 n. Chr.) abgebrannt. Vor allem aber hätte ich vielleicht den großen alten Krieger selbst zu Gesicht bekommen, der sich die ersten Sporen auf dem Wege zum Purpur als junger Offizier während des Feldzuges des Kaisers Claudius in Britannien verdient hatte. Damals überquerte er den Medway an einer Furt und führte die zweite Legion, die *Augusta*, an der Küste von Hampshire nach Südwestengland hinein. Welch ein Eindruck, dem alten Mann mit den uns so vertrauten rauhen und entschlossenen Zügen in seiner von Liktoren begleiteten kaiserlichen Sänfte zu begegnen!

Die Via Sacra führt zum Tempel der Göttin Vesta, wo die Vestalinnen das heilige Herdfeuer hüteten. Es überrascht indes, daß diese unsterbliche Straße so schmal und nur an die 720 Meter lang ist. Trostlos leer und zu beiden Seiten voller Unkraut, wie sie sich dem heutigen Auge darbietet, kann man sich kaum vorstellen, daß dies die berühmte Heilige Straße sein soll, in der sich einst von früh bis spät die Menschen drängten.

Hier oben an der Via Sacra begegnete Horaz jenem klebrig-anhänglichen Schwätzer (Neunte Satire) – wer kennte solch einen Herrn nicht? –, der ihn den ganzen Weg zum Forum hinunter mit seinem Redeschwall nicht mehr losließ. Auch Cicero beschreibt die Via Sacra mit ihrer stoßenden, drängenden Menge in den lebhaftesten Farben.

Man muß sich einmal klarmachen, wie viele Menschen hier die Straßen bevölkerten, auf den Tempelstufen herumstanden oder -saßen, durch die Türen der Gerichtsgebäude aus und ein strömten, sich in Scharen vor den Büros der Bankiers und Geldwechsler drängten: die weißgekleideten, würdevollen Gestalten der römischen Bürger, die Sklaven in ihrer rauhen Gürtel-Tunika, die Fremden, die die Tempel anstaunten, den kräuselnden Rauch über dem runden Heiligtum der Vesta beobachteten oder dicht an dicht gaffend anstanden, um einen berühmten Redner das Gericht verlassen oder einen gefeierten Senator das Hohe Haus betreten zu sehen. – An den öffentlichen Wasseruhren – den *clepsydrae* – hätten wir unseren Spaß gehabt. Die sonst so praktischen und geschäftstüchtigen Römer waren in der Kunst des Uhrenmachens erstaunlich zurück. Als Griechen und Ägypter die Zeit schon längst auf mechanischem Wege maßen, wurde auf dem Forum die Tageszeit noch immer von einem Herold ausgerufen, der zu Mittag, wenn die Sonne am höchsten stand, von den Stufen der Kurie aus sein »*Meridius est!*« verkündete. Noch merkwürdiger ist, daß dieses praktische Volk etliche Jahre eine Sonnenuhr benutzte, die auf den Sonnenstand von Catania in Sizilien geeicht war! Mit der Zeit aber erhielten alle öffentlichen Plätze akkurate Sonnenuhren, die schließlich von den Wasseruhren abgelöst wurden. Mit dem verrinnenden Wasser sank ein Schwimmer immer tiefer und zeigte auf einem durchsichtigen Zylinder die Stunden an. Manche *clepsydrae* waren komplizierter. Das Wasser setzte ein Räderwerk in Bewegung, das ganz ähnlich wie bei einer modernen Uhr auf einer runden Scheibe einen Zeiger drehte. Bisweilen hielt eine auf der Uhr angebrachte Figur diesen Zeiger wie einen Stab in der Hand; die kostbarsten Wasseruhren konnten sogar jede Stunde

ein Steinchen in die Höhe werfen oder einen leichten Pfeifton von sich geben.
Drängten wir uns während einer Prozeßverhandlung mit in die Basilika Julia oder sonst ein Gerichtsgebäude hinein, so fiele uns gleich der Gerichtsbeamte auf, der sorgfältig eine Wasseruhr beobachtet, sie während des Aktenlesens abstellt und beim Beginn der Plädoyers wieder in Gang setzt. Die Römer gaben den Griechen an Weitschweifigkeit nicht viel nach, und so war es nötig, der Anklage, der Verteidigung und den Richtern je ihre Zeitspanne, Wassermenge also zuzuteilen. Sobald der Gerichtsbeamte ansagte, daß das zugeteilte Wasser verronnen war, mußte der Anwalt in seiner Rede aufhören. Plinius erwähnt, daß er einmal während eines sehr wichtigen Falles zehn große *clepsydrae* zugeteilt bekam, nach fünfstündiger Rede aber immer noch nicht fertig war. Der Fall war aber so bedeutend, daß ihm noch weitere vier *clepsydrae* zugestanden wurden.
In einem seiner Epigramme nimmt Martial einen langatmigen Anwalt aufs Korn. »Der Richter hat dir widerstrebend sieben Wasseruhren Zeit erteilt, o Caecilianus«, schreibt er, »du aber redest mit zurückgeworfenem Kopf so lang und so laut und schüttest derweil ein Glas lauwarmes Wasser nach dem anderen hinunter, daß wir dich bitten möchten, o Caecilianus, trink doch bitte gleich aus der Wasseruhr, um deine Lust am Reden und Trinken zu befriedigen!«

Von der Basilika Julia ist heute nur noch eine trostlose Reihe leerer Sockel und geborstener Bodenplatten übrig. Damals muß es überwältigend gewesen sein, sie während einer Sitzung der *centumviri* zu betreten, wenn die Wasseruhren unhörbar die Stunden vertropften und achtzig Richter in blütenweißer Toga auf ihren Plätzen versammelt saßen, während rechts und links von ihnen die berühmten Anwälte die Vernehmung leiteten. An wichtigen Prozeßtagen reichte die riesige Basilika kaum aus, um die herbeiströmenden Zuhörermengen zu fassen, auch die oberen Galerien, die Männer auf der einen Seite, die Frauen auf der andern, waren überfüllt. Wir wissen von Plinius, welche Kraftprobe ein solcher Tag für Richter, Verteidiger und Publikum bedeutete. Es herrschte eine fürchterliche Hitze. Die Anwälte mußten schreien, um sich Gehör zu verschaffen. Häufig wurde der Verhandlungsverlauf durch bezahlte Claqueure – die *laudiceni* – unterbrochen, kurz, diese Atmosphäre mit ihrer Hitze, ihrem Lärm und fürchterlichen Durcheinander steht in großem Gegensatz zu dem Bilde, das man sich sonst von einem römischen Gericht macht.

Am überlaufensten waren die Kontore der Geldwechsler, Bankiers und Aktiengesellschaften – der *publicani*. Wie die Büros in der Londoner City waren sie in allen möglichen Gebäuden versteckt. Als ein Beispiel kaltschnäuziger Ausbeutung hat das römische Imperium in der Geschichte wohl nicht seinesgleichen. Wo immer die römischen Adler ihre düsteren Schatten über ein Land warfen, folgte der Steuereinnehmer hinterdrein. Mit den Legionen kamen Sklavenhändler, Handelsreisende und Steuerpächter, und jeder erfolggekrönte Feldzug bedeutete höhere Einnahmen, mehr Sklaven, größere Beute und ein reicheres Rom.

Es mutet heute merkwürdig an, daß die Römer der republikanischen und frühen kaiserlichen Zeit die Welt ohne Beamtenschaft regierten und kontrollierten. Im Namen des Staates zogen Gesellschaften und Einzelpersonen die Steuergelder ein, und dieses einträgliche Amt wurde öffentlich meistbietend ausgeschrieben. Wer am meisten geboten hatte, unterzeichnete einen Kontrakt mit dem Staat, in dem er sich zur Einziehung einer festgesetzten Summe verpflichtete, hinterließ eine Anzahlungssumme und heimste fürderhin soviel Geld wie möglich ein. Alles Geld über die vereinbarte Summe hinaus war reiner Verdienst. Da die Steuereinkünfte ganzer Provinzen wie auch die Erträge der staatlichen Steinbrüche, Salinen, Gruben, Forstwirtschaften, Fischereien und hunderterlei anderer Betriebe in der Hand solcher Gesellschaften lagen, gab es eine reiche Auswahl im Investment. Das System war schlecht, und wer Ciceros Reden gegen Verres einmal gelesen hat, wird noch wissen, welches düstere Bild er darin von Provinzen entwirft, die unter der Erpressung bestechlicher Statthalter und *publicani* stöhnten;

aber je mehr Geld, desto reicher die Aktieninhaber. Das Forum war die Flüstergalerie der Welt, und ein Heer von Boten war immer mit den neuesten Nachrichten nach Rom unterwegs. Jede Flüsterparole war interessant, denn irgendwie beeinflußten sie das verwickelte Investitionsgeschäft immer. Kein Wunder, daß man von Cicero, Horaz und Martial die Vorstellung bekommt, daß der Römer sich einfach nicht leisten konnte, dem Forum fernzubleiben. Hier allein konnte er erfahren, was mit seinem Geld geschah.

Ohne Frage schlossen die römischen Bankiers große Geschäfte auf dem Forum ab, denn sie kannten die Wechselkurse des Reiches, nahmen Geld auf Konto an und gaben Wechsel auf auswärtige Bankhäuser aus. Als Ciceros Sohn auf die Universität nach Athen ging, reiste er nicht mit einer Geldkassette, wie er es später im Mittelalter hätte tun müssen, sondern mit einem in Athen auszahlbaren Kreditbrief. Folgendes gibt einen aufschlußreichen Einblick in das Bankwesen der Zeit wie übrigens auch in das oft sehr menschliche Verhältnis zwischen Herrn und Untergebenem: Als Ciceros Privatsekretär Tiro, ein freigelassener Sklave, einmal in Griechenland erkrankte, war es ein leichtes, ihm durch Vermittlung eines römischen Bankhauses das für sich und die Bezahlung der Arztrechnungen nötige Geld überweisen zu lassen.

Und doch fällt es schwer, auf einem Marmorbrocken des Forums sitzend, sich diese Einöde ringsum mit reger Betriebsamkeit gefüllt zu denken. Wie kann man sich hier noch die über den Köpfen der Menge schaukelnden Sänften vorstellen, wenn etwa ein reicher Mann in der Begleitung seiner Günstlinge und Schmeichler die enge Straße daherkam? Womöglich hatte er gar noch den *nomenclator* bei sich, einen Sklaven, dessen Aufgabe es war, Namen und Beruf aller Leute zu wissen und sie seinem Herrn geschickt ins Ohr zu flüstern, so daß die Betreffenden geschmeichelt meinten, man kenne sie. Der Typ des Schmeichlers ist schon uralt und stand in Rom auf der Höhe seines kläglichen Ruhms. In die Toga gehüllt, die ihm sein Patron geschenkt hatte, flüsterte er diesem Komplimente zu, obgleich er ihn und sich selbst vielleicht dafür haßte. Er war gezwungen,

voller Dankbarkeit die Einladung zu einem Gastmahl anzunehmen, obgleich er wohl wußte, daß er dort nur mit weiteren armen Klienten an der Tafel sitzen und mit minderwertigen Gerichten und Weinen abgespeist würde. Sein Fall war nicht einfach der eines Schwächlings, er war ein soziales Problem. Er hatte nichts Besseres zu tun. Sein Stolz hinderte ihn daran, eine niedere Beschäftigung anzunehmen, und der Staat unterstützte ihn sogar in seinem mittellosen Faulenzerleben. Für ihn bauten die Kaiser die unerhört prunkvollen Marmorbäder, Stadien und Amphitheater. Mochte er auch unter dem Dach schlafen, seine wachen Stunden konnte er in einer Umgebung von äußerster Pracht zubringen. Die Bevölkerung des kaiserlichen Rom setzte sich aus einer kleinen Handvoll Millionäre, sowie einigen Hundert reichen Leuten, vielen Tausenden von armen Bürgern und unzähligen Sklaven jeder Rasse und Hautfarbe zusammen.
Wem würden Sie am liebsten auf dem Forum begegnen? Dem Kaiser? Sicher, der Anblick des Cäsaren, ganz gleich, welches, wäre einen Besuch in Rom wohl wert. Ich würde außerdem noch gern einen der wohlhabenden Freigelassenen sehen, die aus allen Ecken der Welt als Sklaven nach Rom gekommen waren und bisweilen zu größerer Macht als der Cäsar selbst aufrückten. Weiter würde es mich sehr reizen, einen Auguren bei seiner Arbeit zu beobachten. Dieser erstaunliche Hokuspokus muß der Gipfel feierlichen Unsinns gewesen sein, und ich kann mir kaum denken, daß die gebildeten Leute zu Ciceros Zeiten noch ernstlich glaubten, Vogelflug und ähnlich natürliche Vorgänge könnten in irgendeiner Form auf die menschlichen Geschicke Einfluß haben.

2

Das hervorstechendste Bauwerk auf dem Forum ist der Septimius-Severus-Bogen. Der Kaiser, der ihn erbaute, hatte während seiner Herrschaft mit Britannien zu tun, er starb dort und wurde in York eingeäschert.

Septimius Severus war ein großer Soldat und ein Mann von eiserner Disziplin, der einmal sogar die Prätorianergarde entwaffnete und verbannte. Er war ein rücksichtsloser, skrupelloser Mensch, ein aufmerksamer Vater und nachsichtiger Ehemann, und wenn auch ganz und gar nichts Liebenswertes an seinem Charakter war, kann man doch nicht umhin, den mächtigen Herrscher altrömischen Gepräges zu bedauern, der zwei so unwürdige Söhne hatte. Der ältere Sohn Caracalla verdankte seinen Spitznamen dem gallischen Kapuzenmantel, den er als Cäsar mit Vorliebe trug und auch beim Heer einführte. Seinen Namen kennen wir heute nur noch wegen der berühmten Bäder, in deren Ruinen zur Sommerzeit die Freilichtaufführungen der römischen Oper stattfinden. Wie Nero und Heinrich VIII. war er als Junge anscheinend sehr liebenswürdig und so weichherzig, daß »er sich beim Anblick der verurteilten Verbrecher, die gegen wilde Tiere kämpfen mußten, unter Tränen abwandte, was ihn bei dem Volk sehr beliebt machte«. Hier erscheint übrigens das römische Volk, das man sich doch meist sehr blutrünstig vorstellt, ganz unerwartet einmal in einem anderen Licht. Caracalla gewöhnte sich allerdings solche Regungen sehr bald ab und wuchs zu einem widerlich verkommenen jungen Mann heran – sein um ein Jahr jüngerer Bruder Geta war wahrscheinlich nicht viel besser.

Septimius Severus war bereits zweiundsechzig, krumm vor Gicht und in seinem fünfzehnten Regierungsjahr, als an den britischen Grenzen schwere Unruhen losbrachen; die Kaledonier stießen in ihren Raubzügen über den Hadrianswall vor. In Britannien war es seit der Regierungsübernahme des Severus nie ganz friedlich gewesen. Seinerzeit hatten römische Truppen den Statthalter Clodius Albinus zum Gegenkaiser ausgerufen, der darauf mit der gesamten britischen Streitmacht nach Gallien übersetzte, wo er vor den Toren Lyons in der größten Schlacht zwischen Römern und Römern seit Philippi von Severus geschlagen wurde. Mit der Niederlage der britischen Legionen geriet jedoch das Leben auf der Insel in Unordnung, und die Kaledonier entwickelten sich mit ihren Raubzügen in den reicheren Süden zu einer solchen Bedrohung für das Land, daß sich Severus, krank, wie er war, dazu entschloß, den Barbaren in eigener Person einen Denkzettel zu erteilen. Wie es heißt, soll er dabei erfreut die Gelegenheit ergriffen haben, Caracalla und Geta für eine Weile dem lebenslustigen Rom zu entziehen und sie ein wenig Disziplin kosten zu lassen.

In ihrer Beschreibung der darauffolgenden Ereignisse geben die römischen Geschichtsschreiber zum ersten Mal seit den Tagen des Claudius wieder ein klares Bild von den britannischen Inseln, und zum ersten Male bekommen wir auch Einblick in ein unendlich entlegenes Kaledonien, das noch nicht Schottland hieß. Severus traf im Herbst des Jahres 208 n. Chr. in Begleitung seiner beiden Söhne und der Kaiserin Julia in Britannien ein und stellte alsbald ein großes Heer mit dem Hauptquartier in York auf. Da Caracalla und Geta ständig miteinander stritten, wurde Geta zur Verwaltung des Südens in London zurückgelassen, Caracalla begleitete seinen Vater. Den ganzen Winter über hatten die römischen Ingenieure mit Holzfällen und dem Brückenbau über Flüsse, Sümpfe und Meeresarme vollauf zu tun, was die Kaledonier in äußerste Alarmstimmung versetzte. Ein Bericht erzählt von einem Volk, »das nackt und barfüßig in Zelten lebt, seine Frauen miteinander teilt und alle Kinder gemeinsam großzieht. Die Regierung dieser Stämme ist demokratisch und ihr liebstes Handwerk das Rauben und Plündern. Sie kämpfen von Streitwagen aus, die von kleinen, flinken Pferden gezogen werden. Doch schlagen sie sich auch zu Fuß, können sehr schnell laufen und sind zum Äußersten entschlossen, wenn man sie stellt. Ihre Waffen sind der Schild und ein kurzer Speer mit einem Messingknopf an einem Ende, der im Schwingen den Feind durch seinen Lärm in Furcht versetzen soll. Auch Dolche sind im Gebrauch. Sie können Hunger, Durst und die größten Entbehrungen jeder Art ertragen, z. B. stürzen sie sich manchmal bis zum Hals in die Sümpfe und verharren so mehrere Tage lang. In den Wäldern ernähren sie sich von Wurzeln und Baumrinde, und für Notfälle bereiten sie eine gewisse Nahrung vor, von der ein bohnengroßes Stück genügt, um sie vor Hunger und Durst zu bewahren.«

Im Frühjahr darauf führte Severus sein Heer in das unwirtliche Kaledonien, wobei er selbst oft das Pferd mit der Sänfte vertauschen mußte. Die Kaledonier hielten sich an die Nachhut, erschlugen die vom Wege abgekommenen Nachzügler, und lockten kleinere Verbände mit ausgesetztem Vieh in den Hinterhalt. Der Feind, von dem es in Wäldern und Mooren wimmelte, schien sich beim Herannahen der Truppen in Dunst aufzulösen, unmöglich, ihn in offener Schlacht zu stellen. In ständigen Guerillagefechten arbeiteten sich die Römer mühsam durch Wälder, Berge und überschwemmte Flüsse vor. Ihre Verluste in diesem Feldzug werden von den alten Geschichtsschreibern, die es zwar mit Zahlen nie sehr genau nehmen, mit 50000 angegeben – was kaum glaublich scheint.

Immerhin stießen die Römer durch Wind und Hochland-Wetter weiter nordwärts vor, bis sie »an die äußerste Spitze der britischen Insel« kamen, wo Severus in dem Bewußtsein, daß hier noch kein römischer Feldherr vor ihm gewesen war, astronomische Beobachtungen anstellen ließ und sich davon überzeugte, daß Britannien tatsächlich eine Insel war. In Wirklichkeit ist er wohl nicht weiter als bis zu den östlichen Ufern des Moray Firth vorgedrungen.

Dann verließ er die Truppen, die vor der harten Tatsache standen, in Aberdeenshire selbst oder in Lagern überwintern zu müssen, die weit genug nördlich lagen, um ein Behaupten des eroberten Gebietes zu ermöglichen. Er selbst zog sich bis zum Beginn der nächsten Kampfperiode nach York zurück. Sein Gesundheitszustand verschlechterte sich, doch sein Entschluß blieb fest, im Frühjahr kehrte er zur Truppe zurück. Dort kam es entweder wegen der erlittenen Entbehrungen, oder weil Caracalla die Loyalität des Heeres untergraben hatte, zu einer Meuterei, die der Alte erstickte, indem er von seiner Sänfte aus auf seine gichtgeschwollenen Glieder wies und sagte: »Soldaten, vergeßt nicht: Es ist immer noch der Kopf, der kommandiert!« Er befahl ihnen, zu gehorchen und sich wieder in Reih und Glied zu formieren, was sie auch ohne weiteres taten.

Der zweite Feldzug lehrte die Kaledonier, daß sie sich einem derart entschlossenen Feldherrn gegenüber nicht behaupten

konnten. Im Herbst baten sie um Frieden und versprachen, sich fürderhin ruhig zu verhalten und ihr Land dem Kaiser abzutreten. Sehr befriedigt kehrte dieser nach York zurück, kaum aber hatte er den Rücken gedreht, gingen die Kaledonier zur Generaloffensive über, eine Nachricht, die der Gesundheit des Kaisers nicht gerade zuträglich war. Hin und her gerissen zwischen Gicht, Zorn und der grimmigen Entschlossenheit, den Kaledoniern im nächsten Frühjahr vollends den Garaus zu machen, wurde der Kaiser schwer krank. Zu den Sorgen des Soldaten kam der Gram des Vaters, als ihm klar wurde, daß Caracalla nur auf seinen Tod wartete. Nach seinem Tod munkelte man, die Ärzte hätten auf Veranlassung Caracallas mit Gift nachgeholfen; dieser Verdacht stellte sich allerdings mit schöner Regelmäßigkeit an jeder Totenbahre eines Kaisers ein. Ein Scheiterhaufen wurde in York errichtet und Septimius Severus mit allen einem Kaiser zustehenden Ehren eingeäschert. Die Kaiserin Julia und ihre Söhne brachten die Alabasterurne mit der Asche des Kaisers nach Rom zurück. Caracalla und Geta waren nun die gemeinsamen Erben des Reiches. Unverhohlener Haß herrschte zwischen ihnen, so daß sie selbst daran dachten, so weit wie möglich voneinander entfernt zu leben, indem der eine über den Westen, der andere über den Osten gebot, aber im Grunde sagte Caracalla, der allein herrschen wollte, auch diese Lösung nicht zu. Auf Veranlassung der Kaiserin kam es in den privaten Gemächern ihres Palastes zu einer Aussprache zwischen beiden Söhnen. Caracalla erschien dazu in Begleitung von Centurionen, die Befehl hatten, Geta zu ermorden. Der Jüngling stürzte Schutz suchend zu seiner Mutter und fand in ihren Armen den Tod, vor den Augen, womöglich mit Beihilfe des Bruders.
Der Triumphbogen des Septimius Severus, der zu dieser Zeit schon auf dem Forum stand – er war 203 n. Chr., fünf Jahre vor dem kaledonischen Feldzug, errichtet –, trug außer dem Namen des Kaisers auch die seiner beiden Söhne Caracalla und Geta. Nach Getas Ermordung ließ Caracalla unverzüglich den Namen seines Bruders von jedem Bauwerk in Rom entfernen. Noch heute kann man auf dem Septimius-Severus-Bogen erken-

nen, wo die Worte »et Getae nobilissimo Caesari« fehlen. Sie lassen sich aus der Anordnung der Löcher rekonstruieren, die die Haken der entfernten Buchstaben hinterließen.
Die sieben Jahre, die Caracalla nur regierte, sind voll der schändlichsten Massenmorde. Angeblich sollen ihm die Geister seines Vaters und Bruders keine Ruhe gelassen haben, sie setzten ihm ihre Schwertspitze auf die Brust, und obwohl er Zeit seines Lebens bei den seltsamsten Göttern und Heiligtümern Rat suchte, vermochte nichts, sie zu vertreiben. So versuchte er, sie zu bannen, indem er ihnen Hunderte seiner Zeitgenossen als Gefährten ins Schattenreich nachsandte – aber vermutlich war er damals schon wahnsinnig. Er wurde in seinem dreißigsten Lebensjahr von einem Adjutanten getötet, der ihm aufs Pferd half und ihm dabei den Dolch in die Seite stieß.

3

In Gedanken an den alten Kaiser, der in seiner schaukelnden Sänfte durch das unwirtliche Schottland gezogen war, hatte ich mir den Septimius-Severus-Bogen aufmerksam angesehen. Nun bemerkte ich nur wenige Schritte entfernt eine Treppe, die zu zwei Bronzetüren eines verwitterten Gebäudes hinaufführten. Ich ging hinauf und sah, daß ich mich im Senatshaus des antiken Rom befand, dem berühmtesten Gebäude der Rechtsgeschichte und politischen Mittelpunkt der römischen Welt seit Julius Cäsars Ermordung.
Das Haus kam 1937 beim Abbruch der alten Kirche S. Adriano zum Vorschein. Im Abtragen der Kirche schälte sich die Kurie heraus und hatte anscheinend kaum unter der Vermauerung von dreizehn Jahrhunderten gelitten. Unter dem Fußboden fand man auch den ursprünglichen Bodenbelag aus der Zeit des Diokletian, auf dem der Senat in jenen schicksalsreichen Jahren zusammengetreten war.
Es wunderte mich, wie unbeteiligt die Leute sich hier umsahen und anscheinend keine Ahnung hatten, daß sie auf historisch geheiligtem Boden standen. Dies also war die verehrungswür-

dige Urahne des Parlaments! Ich mußte meine Begeisterung mit jemand teilen und sprach einen Mann neben mir an, der jedoch in einer mir unbekannten Sprache antwortete. Ich dachte an Gibbon, wie er »erhabenen Schrittes« über das Forum wandelte: Wie hätte er erst über den Anblick gestaunt!

Die Halle ist keineswegs prächtig und nicht sehr groß. An den beiden Längsseiten entlang ziehen sich drei übereinanderliegende Reihen marmorner Sitzbänke, an der Schmalseite, der Versammlung zugewandt, standen die Amtssessel der höheren Magistrate. An der hinteren Hallenwand sieht man noch das Mauerwerk des Altars, auf dem die berühmte Statue der goldenen Siegesgöttin stand, Augustus hatte sie einst aus Tarent mitgebracht.

Die Kurie war in vieler Hinsicht ein besonderes Gebäude, sie war geweiht und hatte den Status eines Tempels. Der Senat durfte nicht vor Sonnenaufgang und nicht nach Sonnenuntergang zusammentreten, und die bei uns so häufigen Nachtsitzungen des Parlaments waren im alten Rom etwas Unbekanntes. Betrat ein Senator das Hohe Haus, schritt er erst zum Siegesaltar und warf ein paar Körnchen Weihrauch auf ein Kohlenbecken, das vor dem Altar glühte. Wie im britischen Unterhaus gab es keine Rednertribüne, und die Redner sprachen von ihren Plätzen aus zur Versammlung. Zu einer Abstimmung sammelten sich die Befürworter des Antrags auf der einen, seine Gegner auf der anderen Seite des Hauses.

Das Gebäude, wie wir es heute sehen, stammt bereits aus der späten Kaiserzeit, aus der Zeit des Diokletian. In seiner langen Geschichte wurde es erweitert, umgebaut und brannte zweimal völlig aus, steht aber, wie man meint, immer noch auf der Stelle der ersten, im Jahre 670 v. Chr. von Roms drittem König erbauten Versammlungshalle, in der die Ältesten in ihren rauhen Schaffellmänteln zusammenkamen. Jahrhundertelang dienten die Gebäude nacheinander als Beratungsort für die Probleme der Republik und des Kaiserreichs. Von dieser Stelle aus wurden die Geschicke des römischen Weltreiches gelenkt, jeder große Mann der römischen Geschichte hat hier das Wort ergriffen, über seine Fliesen ist jeder römische Kaiser, jeder berühmte Redner geschritten. Bei der strengen und sparsamen Lebensweise der Republik hätte man es für unangebrachten Luxus gehalten, das Haus im Winter zu heizen. Mir fiel dabei ein Brief Ciceros aus dem Jahre 62 v. Chr. an seinen Bruder ein, in dem er schreibt, eine wichtige Sitzung hätte der Kälte wegen vertagt werden müssen, und die schaulustigen Römer hatten ihr Vergnügen, wenn sie die verehrten Stadtväter, fest in ihre purpurgesäumten Togen gewickelt, aus dem eisigen Gebäude kommen sahen.

Mein Interesse für dies alles muß wohl sehr auffallend gewesen sein, denn der Wächter an der Barriere, die das Publikum von dem alten Marmorfußboden fernhalten soll, wartete, bis wir allein waren, und lud mich dann mit einem liebenswürdig-verstehenden Lächeln und einer flinken Handbewegung ein, den Fußboden des Senats zu betreten. Ich untersuchte alles genauestens. Was mich jedoch am meisten interessierte, war das Mauerwerk am Ende der Halle, wo der Siegesaltar mit der bezaubernden Figur aus Tarent gestanden hatte. Jeder Theologiestudent wird sich an die Auseinandersetzung erinnern, die im 4. Jahrhundert um diese Statue entbrannte, – wer aber ahnt, daß ihr Sockel noch steht? Durch den uns überlieferten Schriftwechsel mit dem Protestschreiben des Symmachus und der Erwiderung des heiligen Ambrosius bekommen wir einen Einblick in die seltsamen Problemkreise einer Zeit, als Rom noch nicht völlig christlich war, und sich unter den alten aristokratischen Familien immer noch eine Handvoll unentwegter Verteidiger der alten Götter fand.

Zu dieser Zeit bildete der Senat schon eine aus Christen und Heiden gemischte Versammlung. Die Christen widersetzten sich dem seit den Tagen des Augustus im Hause geübten Brauch, der goldenen Göttin zu huldigen. Für die Heiden war diese Weigerung schlimmer, als wenn ein britisches Parlamentsmitglied es aus irgendeinem Grunde ablehnen sollte, sich vor dem Sprecher zu verbeugen. Die Christen überzeugten jedoch den Kaiser Konstans, daß die Statue verschwinden müsse. Ihr Sieg war aber nicht von Dauer. Mit Julian Apostata kehrte sie ins Hohe Haus zurück und stand dort zwanzig Jahre lang während der Regierungszeit des Jovian und Valentinians I. Dann kam Gratian auf den Thron, und wieder setzten die Christen durch, daß die Statue entfernt wurde; dies geschah im Jahre 382. Der Führer der heidnischen Partei war der Aristokrat Symmachus, ein rechtschaffener, aufrichtiger Mann, der an den Göttern seiner Ahnen festhielt. In einer Eingabe bat er den Kaiser, die Statue wieder an ihren Platz stellen zu lassen, wurde aber wegen seiner Bemühungen von Rom verbannt. In dem Jahre darauf starb Gratian. Symmachus kehrte nach Rom zurück und reichte sofort dem neuen Kaiser Valentinian II., einem dreizehnjährigen Kinde, dieselbe Eingabe noch einmal ein. Diese Bittschrift ist in ihrer Mischung von Aberglauben, Vaterlandsliebe und Traditionalismus ein höchst aufschlußreiches Dokument, im letzten Licht einer untergehenden Götterwelt von einem Mann geschrieben, dem die Sache am Herzen lag. Auch das Bild des Schreibers selbst, das es vermittelt, erschüttert: Ein alter Mann steht einer neuen Welt gegenüber, die ihm Mißtrauen und Abneigung einflößt.

Der heilige Ambrosius, Bischof von Mailand und einer der energischsten Persönlichkeiten unter den ersten Kirchenvätern, hörte von dieser Eingabe und ließ sich eine Abschrift kommen. In einer Stellungnahme an den Kaiser beantwortete er jeden einzelnen Punkt klar und allgemein verständlich. Spürt man in der Bittschrift die Last einer alten, ausgebrannten Religion, so spricht aus der Antwort des Ambrosius das kraftvolle Selbstvertrauen des neuen Glaubens. In seiner Schrift führt Symmachus zum Beweis dessen, daß die alten Götter den Staat beschützt hätten, die Größe Roms und seiner Geschichte an. Der heilige Ambrosius weist dagegen in seiner Antwort auf manch einen Augenblick in der römischen Geschichte hin, in dem seiner Meinung nach die alten Götter geschlafen hätten. Was, zum Beispiel, taten denn die Götter in der Nacht, als die Gallier das Kapitol stürmen wollten? »Wo war Jupiter in diesem Augenblick?« fragt er. »Sprach er da in Gestalt einer Gans?«

Dieser höchst interessante Schriftwechsel endete natürlich mit einem Sieg für die christliche Partei, und die Siegesstatue war ein für allemal aus dem Haus des Senats verbannt. Niemand weiß, wo sie geblieben ist.

4

Aus allen Ländern klettern heute Männer im Hause der Vestalischen Jungfrauen herum, wo elf Jahrhunderte lang die Anwesenheit eines Mannsbildes mit dem Tode bestraft wurde. Hier ist die einzige Stelle in den Ruinen, wo wir einmal nicht an Horaz und Juvenal zu denken brauchen, um die Schatten der Vergangenheit heraufzubeschwören, und bei aller Christlichkeit muß uns hier der Sinn für die edlere, feinsinnigere Seite des Heidentums aufgehen. Es ist, als käme so ein hübscher kleiner Faun aus dem Kapitolinischen Museum aus dem Sonnenlicht hereingesprungen und schmiegte sich an uns, damit wir ihn liebevoll ein wenig am Kopf kraulen.
Ich bilde mir gern ein, daß auch die frühen Kirchenväter so empfanden, sonst hätten sie es wohl nicht zugelassen, daß dieses Atrium hier zum architektonischen Vorbild für das christliche Frauenkloster wurde, auch hätten sie gewiß nicht ihre Töchter mit fast der gleichen Zeremonie der Kirche anvermählt, mit der eine Novize in den heiligen Orden der Vestalinnen aufgenommen wurde.
Das Haus der Vestalinnen liegt in Trümmern, und der eilige Besucher sieht weiter nichts als ein Durcheinander von Backsteinmauern und eine weite, grasbewachsene Fläche mit zwei rechteckigen Goldfischbecken in der Mitte. Es gibt ein paar mächtige Burschen darin, und alle verspeisten mit Vergnügen das Brot, das mitzubringen ich nicht vergessen hatte. An einer Längsseite des verschwundenen Säulenumganges steht eine Reihe weißer Statuen. Es sind die Standbilder der obersten Vestalinnen, der *vestales majorae*, man fand sie in den Ruinen. Eine trägt den purpurgesäumten Schleier, das *suffibulum*, auf dem Haupt, und soweit ich weiß, ist dies die einzige bildliche Darstellung dieser Kopfbedeckung, die wir haben. Sie wurde nur angelegt, wenn der Vesta Salzkuchen und andere Opfergaben dargebracht wurden.
Das ist alles, was wir sehen; aber in der Vorstellung können wir uns den prunkvollen zweistöckigen Säulenumgang, in dem alles aus Marmor war, wieder aufbauen. Von den Säulen, die das

erste Stockwerk stützten, sind noch Bruchstücke gefunden worden; sie waren aus *cipollino* und die kleineren darüber aus dem seltenen und kostbaren *breccia corallina*. Im oberen Stockwerk lagen die Schlafgemächer der Vestalinnen, ihre marmorbelegten Wände stürzten mit der Zeit in das Erdgeschoß hinunter. Dabei kam eine traurige Geschichte zutage. Rings von hohen Tempeln umgeben und gegen den Palatinshügel gebaut, muß der Marmorpalast bei kaltem Wetter ein Eiskeller gewesen sein. Bei einem nachmittäglichen Besuch wird man gewahr, wie bei sinkender Sonne diese Stelle als eine der ersten im Schatten liegt, und damals, als der Palatin noch mit hohen Palästen bebaut war, wird die Sonne sogar noch früher hinter dem Hügel verschwunden sein. Um sich gegen Feuchtigkeit und Kälte zu schützen, hatten die Vestalinnen die Mauer zum Palatin hin verdoppeln und in allen Gemächern den Fußboden erhöhen lassen, teilweise höchst ausgefallenerweise, mit Hilfe abgesägter Amphoren. In den Hohlräumen zwischen den halbierten Weinkrügen zirkulierte die von einem zentral gelegenen Heizofen hergeleitete Heißluft. Es stimmt melancholisch, zu denken, wie hier Heiligkeit und Sittsamkeit womöglich mit Arthritis und Rheumatismus Hand in Hand gingen.

Wer waren die Vestalinnen, und welche Pflichten hatten sie? In frühester Zeit war das Feuer ein magisches Element, das man durch das Aneinanderreiben zweier trockener Holzstäbchen erzeugte. In den ersten Gemeinwesen stand etwas abseits eine Hütte, in der ständig ein Feuer unterhalten wurde, so daß die Bewohner sich jederzeit dort von dem kostbaren Element holen konnten. Waren nun die Männer im Kriege oder auf der Jagd und die Frauen mit den Kindern im Haus beschäftigt, fiel die Verantwortung für die Erhaltung des Feuers ganz natürlich auf die jungen Mädchen, die sonst noch keine Pflichten hatten. Mit zunehmender Zivilisierung wurde aus der von praktischen Erwägungen bestimmten Einrichtung der frühen Stammeszeit ein Kult und die Feuerwache eine symbolische Handlung, bei der es um Sicherheit und Erhaltung des Staatswohls ging. In den Tagen von Roms Größe wäre die Vorstellung, das heilige Feuer könnte erlöschen, eine Ungeheuerlichkeit gewesen, und der aus dem Vesta-Tempel aufsteigende Rauch war für die Römer jeden Tag von neuem das Zeichen, daß im Reich alles in Ordnung war.

In ihrer Frühzeit wohnten die Römer und Etrusker in Rundhütten aus Schilfrohr. Auch als man mit Stein zu bauen begann, behielt der Vesta-Tempel weiterhin seine Rundform bei und blieb so bis zum Ende Roms ein marmornes Erinnerungszeichen an die erste Strohhütte. Von der gleichen Schau nach rückwärts war alles bestimmt, was mit der Verehrung der Vesta und den Pflichten der Vestalischen Jungfrauen zusammenhing. Zuerst gab es nur vier, dann sechs und erst sehr viel später sieben Vestalinnen; die längste Zeitspanne in der römischen Geschichte aber waren es immer sechs. Sie galten als heilig und standen über dem gemeinen Gesetz, auch sonst genossen sie viele Vorrechte und Annehmlichkeiten. Die Hauptvestalin hatte das Recht, jederzeit vom Kaiser empfangen zu werden. Wenn sie mit ihren Priesterinnen ausging, schritt ein Liktor vor ihnen her, und begegneten sie unterwegs zufällig einem Verbrecher, durften sie ihn begnadigen, ganz gleich, welcher Art seine Schuld gewesen war. Ferner durften sie zu jeder Tageszeit in den Straßen ausfahren, was in einer Stadt wie Rom, in der jeglicher Wagenverkehr bei Tageslicht verboten war, ein großes Vorrecht bedeutete. Zwei Wagen standen zu ihrer Verfügung, eine hohe, altertümliche Staatskarosse und ein leichtes Gefährt für den täglichen Gebrauch. Selbst ein Konsul mußte ihnen ehrerbietig den Weg freigeben, wenn er ihrem Wagen begegnete. Die Vestalinnen standen unter der väterlichen Obhut des obersten Priesters, des *Pontifex Maximus*, der als einziger Mann einigen Einfluß auf sie hatte und auch als einziger Mann das *Atrium Vestae* betreten durfte. Wahrscheinlich brachte er in ihrem Hause Dienerinnen als Spitzel unter, denn die Vestalinnen wurden bis ins kleinste in ihren Äußerungen und Handlungen überwacht.

Freistellen in der Schwesternschaft gab es nur, wenn eine Vestalin starb oder sich nach dreißigjähriger Dienstzeit ins Privatleben zurückzog. Ihr Platz wurde dann mit einem der jungen Mädchen neu besetzt, die ihre Eltern zu Vestalinnen bestimmt hatten. Die Anwärterinnen mußten bei bester Gesundheit, frei von besonderen Merkmalen oder Verunstaltungen sein und im Alter zwischen sechs und zehn Jahren stehen. Von ihren Eltern verlangte man einen untadeligen Ruf. Einmal wurde ein Mädchen nachgewiesenermaßen wegen der zwischen ihren Eltern bestehenden Unstimmigkeiten zurückgewiesen, denn nach damaligem Glauben wäre eine solche Novize der Göttin des heimischen Herdes nicht genehm gewesen. War die Wahl getroffen, nahm die junge Vestalin von ihren Eltern Abschied und wurde dem *Pontifex Maximus* übergeben. Dieser geleitete sie nun in den grasbewachsenen Innenhof des Klosters, wo er ihr mit feierlichen Worten den Titel *Amata* verlieh. Hierin liegt vielleicht eine Anspielung auf den sanften Dienst als Hüterin des heimischen Herdes, dem sie von nun an geweiht war. Am Schluß der feierlichen Handlung wurde ihr das Haar abgeschnitten und dem heiligen Baum dargebracht. Danach kleidete man sie in die weißen Gewänder einer Vestalischen Jungfrau ein. Während dieser Zeremonie legte sie das Gelübde dreißigjähriger Keuschheit ab; nach Ablauf dieser Zeit stand es ihr frei, den Orden zu verlassen und sogar eine Ehe einzugehen. Es heißt, daß auffallend wenige Vestalinnen sich diese Vergünstigung zunutze machten und lieber als Vestalinnen weiter ihre außerordentlichen Vorrechte genossen, bis sie in einem gesegneten Alter ihr Leben beschlossen.

Eine Vestalin hat wohl eine Menge lernen müssen. Die ersten zehn Jahre verbrachte sie in der Lehre, die nächsten zehn Jahre in der Anwendung des Erlernten und die letzten zehn Jahre in der Unterweisung der Novizen. Ihre ständige Sorge bei Tag und bei Nacht war natürlich die Erhaltung des Feuers in dem reizenden kleinen Vesta-Tempel, der nur wenige Schritte vom Atrium entfernt stand, wo seine Trümmer auch noch heute stehen. Es war der schönste Tempel in ganz Rom, ein heiterer, entzückender Rundbau aus Marmor, dessen weiße Säulen untereinander mit durchbrochenem Mauerwerk verbunden waren. Durch eine Öffnung in seinem flachkegeligen Dach stieg der Rauch des heiligen Feuers zum Himmel. Nachts hat wohl stets ein tröstlicher roter Schein über dieser Öffnung gestanden, und jeder, der in der Dunkelheit über das Forum ging und es dort oben glühen sah, wird beruhigt in dem Wissen nach Hause gegangen sein, daß die wachhabenden Vestalinnen das Feuer hüteten, und damit alles zum besten stand.

Erlosch das Feuer durch Zufall, was schließlich im Laufe von elf Jahrhunderten durch nasses Holz, wolkenbruchartigen Regen oder eine vom Schlaf übermannte Vestalin einmal vorkommen konnte, so bedeutete dieses Unglück das schlimmste aller *prodigia.* Lag die Schuld bei der wachhabenden Vestalin, harrte ihrer eine harte Bestrafung. Womöglich in Erinnerung an die Schläge, die in grauer Vorzeit die Mädchen bekamen, wenn sie unachtsam gewesen waren, wurde sie entkleidet und im Dunkeln vom *Pontifex Maximus* gezüchtigt. Danach entzündeten beide gemeinsam die neue Flamme, wahrscheinlich, indem sie ein Stück durchlöcherten heiligen Holzes rieben. Auf die gleiche Weise entzündete der *Pontifex Maximus* auch alljährlich im März das Neujahrsfeuer, nachdem man die alte Flamme hatte ausgehen lassen – eine heidnische Parallele zu der Zeremonie, die noch heute zum Osterfest von der griechisch-orthodoxen Kirche eingehalten wird.

Ein Priester, der das Messelesen lernt, braucht nicht genauer und achtsamer zu sein als eine Vestalische Jungfrau bei der Ausübung ihres frommen Dienstes. Es war ihr verboten, Wasser aus der Leitung zu entnehmen, und jeder Tropfen Wasser für das Haus der Vestalinnen mußte in einiger Entfernung von einer heiligen Quelle geholt werden. In alter Zeit hatten die Vestalinnen diesen Dienst noch selbst zu verrichten, indem sie das Wasser in irdenen Krügen auf dem Kopf herbeitrugen, später nahmen Dienerinnen ihnen diese lästige Hausarbeit ab. Das von den Vestalinnen benutzte Geschirr bestand aus höchst altertümlichen irdenen Schüsseln und Tassen, die an sich schon seit Jahrhunderten aus dem Gebrauch gekommen waren. Aus vorgeschichtlicher Zeit, als der Mühlstein noch nicht erfunden war, stammte auch die Methode, nach der die Vestalinnen das Opferbrot bereiteten, das alljährlich aus dem ersten geernteten Korn gebacken wurde. Es ist erstaunlich, zu beobachten, wie manchmal archaische Vorgänge im Laufe der Zeit mit einem religiösen Sinn unterlegt werden.

Außer ihrem Tempeldienst oblag den Vestalinnen noch die Verantwortung für gewisse geheimnisvolle Gegenstände, von deren Erhaltung nach der Meinung der Römer das Bestehen des römischen Staates abhing. Brach Feuer auf dem Forum aus, was des öfteren vorkam, überließen die Vestalinnen die heilige Flamme sich selbst; ihre einzige Sorge war dann die Rettung dieser Erinnerungsstücke.

Zu diesen gehörte die Statue der Pallas Athene, die der Sage nach von Aeneas aus dem brennenden Troja gerettet worden war. Wohin das Schicksal schließlich diese Heiligtümer verschlagen hat, ist eines der ungelösten Rätsel Roms. Als im vorigen Jahrhundert das Atrium der Vesta ausgegraben wurde, hoffte man, damit auch etwas Licht in dieses Dunkel zu bringen, doch ergaben die Ausgrabungen den Schluß, daß die letzten Vestalinnen ihr Geheimnis mit ins Grab genommen haben.

Jede Vestalin trug einen eigenartigen Kopfschmuck, die *vitta*. Dieses war ein diademartig gewundenes wollenes Band und galt als das Symbol ihrer Keuschheit. Verstieß eine Vestalin gegen ihr Gelübde, so hatte sie »ihre Vitta befleckt«. Dies kam jedoch selten vor; im Verlauf von elf Jahrhunderten sind kaum ein Dutzend Fälle bekanntgeworden. Einmal allerdings, in dem schrecklichen Jahr 114 v. Chr., hat wohl ein sehr schlechter Geist im Kloster geherrscht: es ereignete sich der ungeheuerliche, noch nie dagewesene Skandal, daß nicht weniger als drei Vestalinnen ihre Vitta befleckten und ihre Sünde mit dem gräßlichen Tode des Lebendigbegrabenwerdens bezahlen mußten – im römischen Recht war dies die auf Inzest stehende Strafe. Nachdem die sündige Vestalin angeklagt und für schuldig befunden war, nahm man ihr die Insignien des Ordens

ab und züchtigte sie. Was danach folgte, finden wir am besten bei Plutarch beschrieben:
»Die des Inzestes überführte Vestalin wird in der Nähe der Porta Collina unter dem Acker des Servius Tullius bei lebendigem Leibe eingemauert. Hier liegt ein kleines Gewölbe mit einer Öffnung in der Decke, durch die eine Leiter hinabgelassen werden kann. Unten befinden sich ein Bett, eine Öllampe und einige wenige Vorräte, wie Brot, Wasser, Milch und Öl. Diese Vorräte (die in der Tat noch eine Verfeinerung der Grausamkeit bedeuten) werden bereitgestellt, da man es für eine Art Sakrilegium hält, eine Frau Hungers sterben zu lassen, die bisher den Göttern geweiht war. Auf einer Bahre angeschnallt, wird die unglückselige Übeltäterin an diesen Ort gebracht, die Bahre ist verdeckt, so daß niemand der anwesenden Leidtragenden ihr Stöhnen und Klagen hören kann. Schweigend gibt die Menge den Weg für die Durchfahrt der Bahre frei, es fällt kein Wort, kein Murmeln ist zu hören. Die Tränen strömen den Zuschauern über das Gesicht, es ist unmöglich, sich einen entsetzlicheren Anblick vorzustellen, die ganze Stadt ist vor Schrecken und Schmerz wie erstarrt. Die Bahre wird bis nahe an den Rand der Öffnung gebracht, der Henker durchschneidet die Riemen, der Oberpriester spricht unhörbar, die Arme zum Himmel erhoben, ein Gebet und nimmt dann von der Schuldigen Abschied. Er geleitet sie noch zur Leiter, hilft ihr hinauf und kehrt sich in dem Augenblick ab, als die Unglückliche den Blicken entschwindet. Sobald sie unten angekommen ist, wird die Leiter hochgezogen, die Öffnung mit einer Steinplatte versiegelt und bis an den Rand mit Erde aufgeschüttet. Danach wird jede Spur der Hinrichtung beseitigt.«
Seit 1872 kennen wir dank Professor Lanciani auch den Ort des grausigen Grabes. Nach seiner Berechnung muß es unter der heutigen Via Goito, etwa 45 Meter von dem Ostportal des Finanzministeriums entfernt, gar nicht weit vom Hauptbahnhof, liegen. Dort ruhen also vermutlich noch heute die armen, von Venus verratenen Vestalinnen in ihrer schaurigen Gruft, und der Verkehr des heutigen Rom rauscht über sie hinweg.

Der letzte Auftritt einer Vestalin hat etwas von erhabener Größe. Das Jahr 394 n. Chr. sah die Säkularisierung der Tempel und damit die Auflösung des Vestalinnen-Ordens. Zur gleichen Zeit etwa hielt sich die schöne Gemahlin des Vandalen-Feldherrn Stilicho, Serena, in Rom auf und besuchte auch den Tempel der Großen Mutter auf dem Palatin. Dort erhob sich, noch immer in kostbarem Gewand und Schmuck, die Statue der Göttin über ihrem erloschenen Altar. Serena stieg die Stufen hinauf, löste ein Geschmeide vom Hals der Göttin und legte es sich selbst an. Bei diesem Anblick schrie die alte Vestalin, vielleicht die letzte ihres Ordens, die Serena zum Tempel begleitet hatte, vor Empörung über die Lästerung laut auf und wurde unter heftigen Verwünschungen gegen die gottlose Serena hinweggeführt. Einige Jahre später wurde Serena unter dem Verdacht, mit den Goten konspiriert zu haben, auf Befehl des Senats erwürgt. Als sich das Seil des Henkers um den Nakken legte, den vordem das Geschmeide der Göttin schmückte, fühlten die letzten Heiden in Rom, daß die alten Götter gesprochen hatten.

So schien mir, als berge selbst der Staub des Vestalinnenklosters noch Erinnerungen. In der ganzen Welt gibt es wohl keinen religiösen Orden, der mit weniger Flecken auf seinem Charakter zu den Schatten gesunken wäre. Mir war, als sähe ich die Hüterinnen der heiligen Flamme in ihren schneeweißen Gewändern vorüberziehen, eine viele Jahrhunderte lange Reihe; geheimnisvoll und priesterlich in allem ihrem Tun und doch in ihren heiligen Pflichten auch wiederum ein Symbol für alle Frauen, gleich, welcher Rasse und Religion, sind sie doch alle die Hüterinnen des heimischen Herdfeuers.

Hinter einem Haufen Mauerwerk tönt die Stimme eines Touristen: »Was ist denn da? Irgendwas zu sehen?« Eine andere Stimme, deren Besitzer anscheinend gerade die Karte studiert, liest vor: »Haus der Vestalinnen! Nöh, nicht viel! Haufen Trümmer ...«

Zwei jugendliche Besucher tauchen auf, klettern über eine Mauer und verschwinden in den Ruinen.

5

Als ich eines Tages die Via Sacra entlangschlenderte, kam ich an den kleinen Rundtempel, den die Reiseführer als den Tempel des Romulus bezeichnen. Dieser Tempel wurde zur Erinnerung an einen Prinzen gebaut, dem sein Vater, der Kaiser Maxentius, in einer Anwandlung retrospektiver Begeisterung diesen Namen gegeben hatte. Der Knabe starb jung. Drei Jahre später stürzte sich sein ihm so zugetaner Vater in den Tiber und fand unter dem Gewicht seiner Rüstung den Tod in den Fluten, als der siegreiche Konstantin der Große nach der Schlacht bei Saxa rubra mit dem Zeichen des Kreuzes auf seinen Standarten in Rom einzog.
Aber an Romulus dachte ich bei der Betrachtung des Tempels eigentlich nicht, sondern überlegte, wo wohl die Türen von dem Forum geblieben waren. Hier hatte ich nun eine herrliche bronzene Doppeltür in dem wunderbaren Patinagrün eines alten Handspiegels oder einer Münze vor mir. Ich stand noch bewundernd davor, als sich mit einem Mal der eine Flügel langsam zu öffnen begann. In der lautlosen Stille ringsumher wirkte dieses Zeichen menschlichen Lebens in dem verlassenen Tempel regelrecht unheimlich. Wer oder was da wohl sein mochte? Da kam ein älterer kleiner Italiener zum Vorschein, einer der geheimnisvollen, nichtuniformierten Hüter der Ruinen, denen die kleinen verschlossenen, mit der schönen Eierstabkante verzierten Häuschen gehören, die hie und da in den Trümmern stehen.
Ich ging die Stufen hinauf und sprach ihn darauf an, wie sehr ich die Bronzetür bewunderte. Er erzählte mir, dies seien die einzigen römischen Torflügel, die noch in ihren ursprünglichen Angeln hingen, was ich kaum glauben konnte. Er war aber seiner Sache ganz sicher und muß es ja wohl wissen. Er hieß Guiseppe Protti und hatte schon 35 Jahre unter vielen Archäologen auf dem Forum gearbeitet. In der Hand hielt er einen römischen Bronzeschlüssel von der Art, wie man sie, arg verrostet, im Britischen Museum zu sehen bekommt. Ich bat ihn, einmal im Leben eine Tür aufschließen zu dürfen, die, wenn

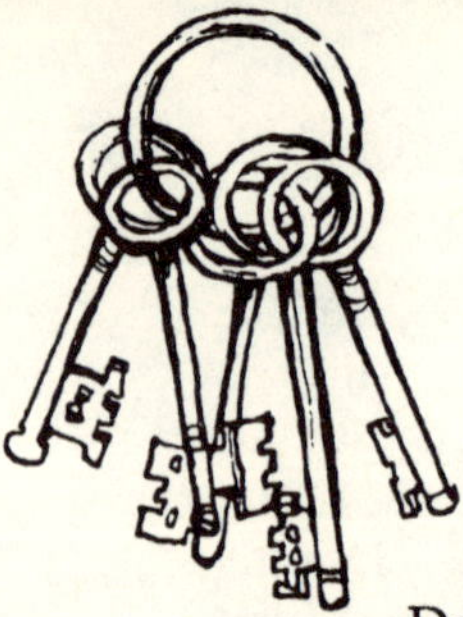

man ihm Glauben schenken durfte, schon so lange in ihren Angeln schwang, und er zeigte mir, wie man den Schlüssel in das Schlüsselloch stecken und dann tüchtig mit der Innenfläche der Hand dagegendrücken mußte. Nach ein paar erfolglosen Versuchen gab die große Bronzeplatte von mindestens 6 Meter Höhe langsam nach innen nach. Aber ach! Der Tempel wird nun als Lagerraum für Marmorsäulen und Bruchstücke antiken Mauerwerks, Hacken und Spaten benutzt. Wohl selten hat eine so herrliche Tür sich auf eine so nüchtern-alltägliche Szene geöffnet. Ich wanderte weiter die Via Sacra hinauf, an der Stelle vorbei, wo meiner Meinung nach der arme Horaz dem klebrigen Schwätzer begegnete, und kam an den herrlichen Titusbogen. Wer einmal sehen will, wie es mit der Baukunst bergab gehen kann, der vergleiche dieses köstliche Bauwerk des ersten Jahrhunderts mit den schwerfälligen und leblosen Figuren auf dem Septimius-Severus-Bogen am anderen Ende des Forums, der eineinhalb Jahrhunderte später errichtet wurde. Vespasians Sohn Titus beendete den Jüdischen Krieg und zerstörte den Tempel des Herodes, wie Josephus in kraftvollen Worten beschreibt. Auf dem Hochrelief in der Innenseite des Bogens ist zu sehen, wie Titus im Triumph durch Rom fährt und im Beutegut seines Feldzuges die Kultgegenstände und den Siebenarmigen Kandelaber aus purem Golde mit sich führt. Dies ist die einzig vorhandene zeitgenössische Darstellung dieser Kultgegenstände, und ihr Schicksal ist noch heute ein ungelöstes Rätsel.

Man weiß nur, daß sie bis zur Zeit der Barbarenplünderungen in Roms kostbarstem Museum, dem Tempel des Friedens, aufbewahrt wurden und mit wenigen andern Stücken vor dem Brand im Jahre 191 n. Chr. gerettet wurden. Weiter nimmt man an, daß ein Teil der Beute aus dem Jüdischen Krieg während der Plünderung Roms durch die Goten im Jahre 410 n. Chr. abhanden kam, jedenfalls hat man nie wieder etwas darüber gehört. Prokop schreibt im sechsten Jahrhundert, daß der Rest des Schatzes während der Plünderung Roms 455 durch Geiserich und seine Vandalen, Berber und Mauretanier auf Schiffe

verladen und sicher nach Karthago gebracht wurde. Dort hat Belisar ihn wohl aufgefunden und nach Konstantinopel geschickt.
Dem widerspricht eine merkwürdige Legende, nach der die Gefolgsleute Alarichs bei dessen Tode in Süditalien den Fluß Busento abgruben und im Flußbett ein großes Grab richteten, worin sie den toten Alarich, umgeben von seinen Siegestrophäen – unter ihnen die jüdischen Beutestücke –, beisetzten. Danach ließen sie den Fluß wieder in sein eigentliches Bett zurück und erschlugen die Arbeiter, damit niemand wissen sollte, wo Alarich begraben lag. Die Juden selbst halten keine dieser beiden Geschichten für wahr. Im Talmud heißt es, der Schatz aus dem Tempel sei in den Tiber versenkt worden, wo er noch heute liege. Die jüdische Gemeinde Roms hat, soviel ich weiß, im 18. Jahrhundert den Papst um die Erlaubnis zum Ausbaggern des Tibers ersucht, es ist aber nie dazu gekommen.
Unter den Juden herrscht ein alter Aberglaube, daß es nicht recht ist oder kein Glück bringt, unter dem Titusbogen durchzugehen. Um festzustellen, ob dieser Aberglaube noch besteht, habe ich oft Besuchergruppen auf dem Forum daraufhin beobachtet. Doch konnte ich zu keinem rechten Schluß kommen, denn viele meiner Meinung nach jüdische Besucher gingen furchtlos unter dem Bogen durch, und ebenso viele gleich jüdisch aussehende machten einen Bogen darum herum. Als ich einmal einen Führer darauf ansprach, meinte dieser, er habe wiederholt beobachtet, wie jüdische Mitglieder seiner Gruppen den Bogen ganz offensichtlich mieden. Gegen einen Besuch des Kolosseums, das gleichzeitig mit dem Titusbogen mit Hilfe großer jüdischer Gefangenenzüge errichtet wurde, bestehen solche Bedenken anscheinend nicht.

6

Sehen wir uns die marmornen Cäsarengesichter in den römischen Museen an, fällt vielleicht auf, daß selbst die schlechtesten unter ihnen noch etwas Ansprechendes in ihren Zügen haben.

Kann man sich beim Anblick des trauerüberschatteten, vornehmen Antlitzes des Kaisers Tiberius vorstellen, daß dieses der alte Lebemann sein soll, der sich mit siebzig Jahren auf die Insel Capri zurückzog, um dort seinen Exzessen frönen zu können? Wie kann man nach der Betrachtung der ruhigen, ausdrucksvollen Züge des Kaisers Claudius noch den Schilderungen glauben, die ihn als einen Riesenesel und Feigling bezeichnen? Oder daß Nero völlig ohne Verstand und Würde war? Woran sollen wir uns halten? Lügen diese Statuen, oder ist das »Leben der Cäsaren« nur eine Sammlung böswilliger politischer Klatschgeschichten? Ihr Autor Sueton war ein merkwürdiger Charakter, von dem wenig mehr bekannt ist, als daß er wahrscheinlich zur Zeit des Kaisers Nero geboren wurde und ein zurückgezogen lebender, abergläubischer Mensch war, der sich nie in seiner Umwelt zurechtfand. Er versuchte es mit der Juristerei und gab es auf, er versuchte es mit der Armee und nahm seinen Abschied. Schließlich wurde er als Sekretär des Kaisers Hadrian wegen respektlosen Verhaltens der Kaiserin gegenüber entlassen. Sein größtes Glück scheint er in den Bibliotheken und den keuschen Freuden der wissenschaftlichen Forschung gefunden zu haben. Da er Zugang zu den kaiserlichen Archiven hatte, stand ihm natürlich jede Möglichkeit offen, Intimitäten aus dem Leben hochgestellter Persönlichkeiten aufzuspüren, doch interessierten ihn anscheinend mehr ihre Laster als ihre Tugenden. Wie so mancher stille, in sich gekehrte Charakter hatte er für alle Skandalgeschichten ein williges Ohr. Zudem war er ein erstklassiger politischer Journalist und beherrschte die feine Kunst des Auslassens.

Auch Geschichtswissenschaftler würden mir wohl recht geben, wenn ich sage, daß es ein typischer Zug der römischen politischen Propaganda war, in unschuldige Gewohnheiten und kleine Absonderlichkeiten schändliche Immoralität hineinzulesen. Eine Verleumdung wegen gesetzwidrigen Verhaltens war in Rom anscheinend so etwas wie unsere politische Karikatur heute; kaum ein im öffentlichen Leben stehender Mann war dagegen gefeit. Vielleicht schüttelten die Römer so etwas mit der gleichen Leichtigkeit ab, wie wir heutzutage lachend eine

Karikatur abtun. Diese hinterhältigen Angriffe blieben aber in Rom bis in die Zeiten des Pasquino hinein Sitte.
Die Cäsaren lebten fast alle in ständiger Angst um ihr Leben. Meist war der neue Cäsar über den erschlagenen Leichnam seines Vorgängers zur Macht gekommen, und es war allgemein üblich, den toten Cäsar zu diffamieren. Das Erschreckendste an dem System aber war die völlige Ohnmacht des einst allmächtigen Senats, obwohl uns nach dem Zeitalter eines Hitler und Mussolini eigentlich das Verständnis für einen derartigen Hergang nicht fehlen dürfte. Doch selbst in dieser Sicht ist es merkwürdig, daß eine Bande von Kraftprotzen wie die Prätorianergarde jahrhundertelang den Kaiser wählen durfte und ihn je nach Lust und Laune umbringen und einen anderen auf den Thron heben konnte. Die Geschichte hätte vielleicht einen anderen Verlauf genommen, wäre der Senat noch stark genug gewesen, die Prätorianer wieder in die Hand zu bekommen, als diese nach der Ermordung Caligulas in übermütiger Laune Claudius hinter seinem Vorhang vorzerrten und zum Kaiser erhoben. So aber war der Senat von Anfang an nicht mehr Herr der Dinge und sah sich von nun an in der demütigenden Lage, den jeweiligen Kandidaten der Prätorianergarde beglückwünschen zu müssen.
Unter Verhältnissen, bei denen jeder Feldherr sich zum Rivalen des regierenden Kaisers aufschwingen konnte, ist es kein Wunder, wenn so mancher von ihnen urplötzlich zu Fall kam und so mancher Kaiser sich für ein kurzes, aber lustiges Leben entschied. In welcher Nervenanspannung sie lebten, zeigt am besten Domitian, der in seiner panischen Angst vor Ermordung die Wände seines Palastes mit Marienglas überziehen ließ, so daß er überwachen konnte, was hinter ihm vorging. Septimius Severus war es, der auf dem Totenbett die degradierende Formel zur Erhaltung der Macht prägte, als er seinen Söhnen riet: »Macht die Soldaten reich, weiter braucht ihr euch um nichts zu kümmern!«
Von den 55 Kaisern, die in einer Zeitspanne von vier Jahrhunderten von Augustus bis zu Julian regierten, wurden 28 ermordet und drei starben durch eigene Hand, nur sieben folgten

ihrem Vater auf den Thron. Zwischen 235 und 285 n. Chr. starb von 26 Kaisern einer eines natürlichen Todes. Die fürchterlichen Morde und Grausamkeiten, die Weiberintrigen und die Günstlingsherrschaft, die man gemeinhin Byzanz oder den Höfen der Kalifen nachsagt, waren auch auf dem Palatin durchaus zu Hause, und es ist fast verwunderlich, daß überhaupt noch jemand Lust hatte, Kaiser zu werden. Und doch gab es niemals einen Mangel an Kandidaten, vielmehr suchten sie mit Mord, Bestechung und Intrigen den Mantel zu erringen, der ihnen oft so schnell zum Leichentuch wurde.
Überdenkt man die blutbefleckte Geschichte der Cäsaren, fällt einem natürlich sogleich der erste ein, Julius Cäsar, den man den größten Mann der Antike genannt hat. Er mußte sterben, weil eine Gruppe idealistischer Republikaner und mißvergnügter Senatoren glaubte, er wolle die erbliche Monarchie einführen. Die Büsten aus seinen letzten Jahren zeigen ein trauriges, zerfurchtes Antlitz mit hohlen Wangen und bitter herabgezogenem Mund, das Bild eines vom Leben enttäuschten Mannes von Siebzig, dabei war Cäsar bei seinem Tode erst 58 Jahre alt.
Die Veränderungen in ihm konnten auch seinen Zeitgenossen nicht entgehen; er kränkelte viel, seine epileptischen Anfälle häuften sich, er war vergeßlich und übellaunisch und sah abgespannt und überarbeitet aus.
Cäsar wurde weder auf dem Kapitol, wie Shakespeare sagt, noch auf dem Forum ermordet, sondern ungefähr einen Kilometer davon in dem prächtigen neuen Theater, das Pompejus auf dem Marsfeld hatte errichten lassen. Das eigentliche Senatsgebäude war gerade wegen eines Umbaus unbenutzbar, daher konnte der Senat nicht in seinem historisch angestammten Haus zusammentreten.
Es ist hochinteressant, einmal den Schritten Cäsars an seinem letzten Lebenstage nachzugehen, wie ich es eines Morgens unternahm. Damals wohnte er mit seiner Gemahlin Calpurnia in der Dienstwohnung des *Pontifex Maximus* auf dem Forum, gleich neben dem Haus der Vestalinnen. Cäsar war der letzte *Pontifex Maximus*, der dort wohnte, sein Nachfolger Augustus

zog auf den Palatin, und das alte *Domus Publica* wurde dem Komplex des Vestalinnenklosters einverleibt.

In dieses Haus auf dem menschenleeren nächtlichen Forum kehrte Cäsar am Abend des 14. März 44 v. Chr. heim. Er hatte bei seinem Freunde Lepidus gespeist, nach dem Mahle noch einige dienstliche Akten durchgesehen und dabei mit halbem Ohr der Unterhaltung um ihn herum zugehört. Jemand warf die Frage auf, welches der schönste Tod sei. Cäsar sah von seinen Schriftstücken auf und sagte kurz: »Ein plötzlicher...«, und las weiter. Zu Hause konnte er keinen Schlaf finden, auch Calpurnia nicht. Ihr träumte, sie hielte seinen leblosen Körper in ihren Armen, und geriet darüber in solche Erregung, daß sie ihn von der Teilnahme an der Senatssitzung abzubringen versuchte.

Frauen ist oft eine Art sechster Sinn eigen, den auch kluge Männer nicht unterschätzen, und so war auch Cäsar zunächst geneigt, ihrem Rat zu folgen. An die sechzig Männer waren in die Verschwörung zu seiner Ermordung eingeweiht, und Calpurnia spürte zweifellos, daß ein Verhängnis in der Luft lag. Als alter Zyniker von 58 Jahren, über dessen galante Abenteuer sich die ganze Armee lustig machte, besaß Cäsar noch immer die Liebe dieser Frau, die sich in ihrer Sorge um Schutz und Sicherheit ihres Mannes nicht im geringsten davon beeinflussen ließ, daß zur gleichen Zeit ihre sattsam bekannte Rivalin Kleopatra gerade Cäsars Villa auf dem Westufer des Tibers bewohnte. Wie dem auch sei – als es soweit war, schlug Cäsar Calpurnias Befürchtungen in den Wind und begab sich zur Senatssitzung. Ein junger Mann war eigens dazu entsandt, ihn sicher dort hinzubringen, denn die Verschwörer zitterten vor Angst, ihr Komplott könnte vor der Vollendung ihrer blutigen Tat ruchbar werden.

Für meinen Weg von den Trümmern des *Domus Publica* auf dem Forum bis zum Schauplatz von Cäsars Tod brauchte ich eine Viertelstunde. Welche Straße er nahm, ist natürlich nicht bekannt, aber sicher hat er beim Verlassen des Forums einen Blick auf die mit einem Gerüst umgebene Kurie geworfen, wo wahrscheinlich die Arbeit gerade ruhte, denn die Iden des

März waren ein öffentlicher Feiertag. Alljährlich am 15. März strömte die römische Bevölkerung vor die Tore, um die Festlichkeiten zu Ehren einer rätselhaften Gottheit namens Anna Perenna zu begehen, die man sich als betrunkenes altes Weib vorstellte. Die Menschen picknickten unter Bäumen und schattigen Gebüschlauben und tranken dabei nicht wenig. Ovid beschreibt, wie die Bewohner in Scharen auf das Marsfeld zogen, sich in ausgelassenem Treiben vergnügten und beteten, daß ihnen noch so viele Lebensjahre beschert sein möchten, wie sie Becher leerten. Diese Rummelplatzszenen waren also das letzte, was Cäsar von Rom sah.

Das Theater des Pompejus auf dem Marsfeld war das prächtigste Gebäude seiner Art in ganz Rom und soll dem griechischen Theater in Mytilene geglichen haben. Das riesige Halbrund faßte auf seinen unter freiem Himmel gelegenen Sitzreihen 17000 Zuschauer, hinter der Bühne erstreckten sich überdachte Kolonnaden und Parkanlagen mit Ahornbäumen, in deren Schatten man sich in der Pause ergehen konnte. An die Gärten schloß sich die Kurie des Pompejus an, in der die Sitzbänke in ansteigendem Halbkreis um eine Apsis mit der berühmten Pompejus-Statue angeordnet waren. Hier sollte die Senatssitzung stattfinden, und hier, am Fuße der Pompejus-Statue, brach Cäsar unter 23 Stichwunden zusammen. Der Überlieferung nach war seine letzte Sorge, sich schicklich mit der Toga zu bedecken, ehe er auf die Marmorfliesen stürzte. So brachte Brutus, dessen zur Schau getragene Tugendhaftigkeit nicht einmal ganz unehrlich war, »vielleicht größeres Unglück über seine Generation als je ein Mann vor ihm«, wie es Professor J. F. Mahaffy ausgedrückt hat.

Heute liegt das herrliche Gebäude irgendwo unter den verkehrsreichen Straßen in der Nähe des Largo Argentina begraben. Dort, wo einst die Zugangsstraße zum Theater des Pompejus war, stauen sich jetzt die Taxi- und Omnibusschlangen, und auch nicht eine Spur des Gebäudes ist mehr über der Erde zu finden. Wer aber einmal die malerischen kleinen Straßen hinter dem Teatro Argentina durchstöbert, wird bestimmt auf einen schäbigen Platz stoßen, der mit seinen Wohnblocks,

Werkstätten und Bürogebäuden ganz klar der Kurve des ehemaligen Zuschauerraums folgt; der Platz heißt Piazza Grottapinta. Von dort führt ein dunkler, kleiner Gang in die winzige Piazza del Biscione. Und hier hat ein bescheidenes Restaurant mit Namen »Da Pancrazio« in den Grundmauern des alten Theaters einen unterirdisch gelegenen Speiseraum eingerichtet, wo man, von Travertinblöcken und Mauern in *opus reticulatum* umgeben, sitzen und sein Glas im Gedenken an den großen Mann erheben kann, der nicht weit von hier so hinterhältig ermordet wurde.

Es ist merkwürdig, wie auch diese Straßen wie so viele andere in Rom beim Einbruch der Dunkelheit um Jahrhunderte in die Zeit zurücksinken. Ich meinte wirklich, mich gut auszukennen, bis ich mich einmal abends dort zurechtfinden mußte. Alles sah völlig verändert aus, und ich irrte ohne Weg und Steg im Rom der Renaissance umher. Läden und Büros waren geschlossen, aus den Wohnungen und unterirdischen Behausungen tauchten Schwärme von Männern, Frauen und Kindern, die hier ansässige Bevölkerung, auf, die im Scheine der Straßenlaternen plötzlich die Gesichter und Gesten lang vergangener Jahrhunderte annahmen. Als ich schließlich zu dem kleinen Gang kam und wieder zur Piazza del Biscione hindurchgehen wollte, fand ich ihn an den beiden Enden mit Eisengittern versperrt. Im Dunkel des Bogenganges vermochte ich gerade noch das Antlitz einer Madonna über einer sehr schwachen Lampe zu erkennen. Ich fragte einen Mann, warum denn der Gang verschlossen sei, und erhielt zur Antwort, hier sei einmal ein Mädchen ermordet worden, und seither werde immer abends abgeriegelt.

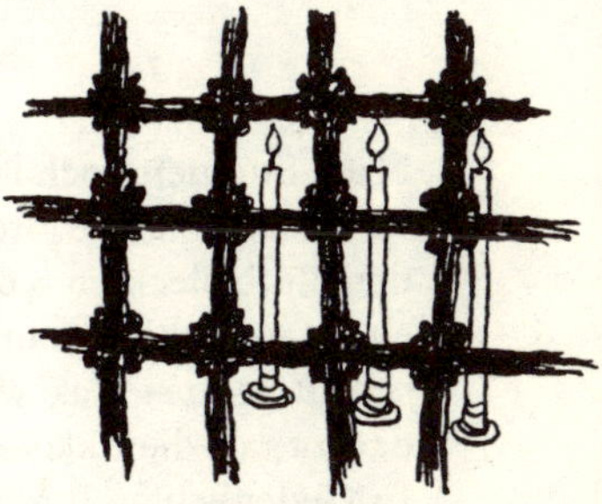

Wenn die Piazza Grottapinta den Bogen des Pompejus-Theaters nachzeichnet, müssen die Kolonnaden zwangsläufig irgendwo unter der Via di Chiavari liegen, und die Kurie erstreckt sich entsprechend in Richtung des Largo Argentina. Wenn wir also im heutigen Rom so nahe wie möglich die Stelle finden wollen, an der Cäsar starb, werden wir sie eigenartigerweise auf den Stufen des Teatro Argentina zu suchen haben, das zwar aus dem 18. Jahrhundert stammt, inzwischen aber erneuert ist. 1816 wurde hier Rossinis Oper »Der Barbier von Sevilla« bei der Uraufführung ausgepfiffen, woraufhin der unglückliche Komponist eilends aus dem Theater floh und in seiner Wohnung in der Via de' Leutari Schutz suchte. Die folgenden 24 Stunden trugen ihn jedoch aus der Tiefe der Verzweiflung auf die Höhen des Ruhms, denn bei der Wiederholung der Aufführung bejubelten die Zuschauer die Oper als ein Meisterwerk. In weiser Vorsicht hatte Rossini sich noch weiterhin versteckt gehalten, die froh-erregte Menge kam jedoch vor seine Wohnung marschiert und trug ihn im Triumph zu einem Bankett.

7

Nach Stunden noch lag der Leichnam Cäsars so, wie er gefallen war. Dann kamen drei von seinen vier Sänftenträgern, hoben den blutbefleckten Körper auf und brachten ihn nach Hause. Da ein Mann fehlte, stand die Sänfte schief, und Cäsars Arm hing schlaff heraus. Das war das Bild, das sich Calpurnias Blicken darbot, als die Sklaven ihren Herrn heimbrachten.
In Gedenken an ihren Shakespeare suchen viele Engländer die Stelle auf dem Forum, wo Mark Anton seine berühmte Rede hielt und die trauernde Menge den Leichenzug nicht auf das Marsfeld ziehen lassen wollte. Mit herbeigeschlepptem Ratsherrengestühl und allem, was sonst brennbar war, wurde an Ort und Stelle ein Holzstoß errichtet und der Leichnam verbrannt. Diese Stelle ist ganz leicht zu finden. Sie liegt nach Norden in fast gerader Linie mit den drei weißen Säulen, die noch von dem Tempel Castors und Pollux' stehen und mit eines der Markzeichen auf dem Forum bilden. Zu sehen ist nichts mehr außer einem dunklen Halbrund aus massivem Tuffgestein und Backsteingemäuer, dem Unterbau des wenig später hier errichteten Altars. Der *Domus Publica* liegt nur ein paar

Schritte entfernt, so daß sich der Trauerzug gerade erst formiert haben konnte, als der Mob die Lage in die Hand nahm.
Von den vielen Fragen, die sich mit der Ermordung Julius Cäsars ergaben, betraf die keineswegs uninteressanteste Kleopatra. Vom Gianicolo aus sah ich auf die englisch wirkenden Parkanlagen der Villa Doria Pamphili hinunter, wo Kleopatra einst in Cäsars Villa gewohnt hatte. Sie war einem Teil der römischen Gesellschaft und vermutlich auch dem einfachen Volk ein Dorn im Auge. Obwohl sie eine gebürtige Griechin aus Mazedonien war und daher keinen Tropfen ägyptischen Blutes in den Adern hatte, gefielen sich die Römer darin, in ihr eine orientalische Harpyie zu sehen, die Rom nichts Gutes bringen konnte. »Ich verabscheue die Königin«, schrieb Cicero an Atticus. Warum sie ihm so verhaßt war, ist allerdings schwer zu sagen, möglich, daß sie ihn düpiert hatte oder daß der alte Republikaner in ihr die Haupttriebfeder von Cäsars königlichen Ambitionen sah; jedenfalls war er nicht der einzige in seiner Abneigung. Ganz Rom war empört und fühlte sich vor den Kopf gestoßen, als Cäsar ihre Statue, deren Ohren zwei große britische Perlen schmückten, in seinem neuen Tempel der Venus Genetrix aufstellen ließ. Viele sahen hierin ein Zeichen dafür, daß Cäsar seine Freundin als Göttin verehrt sehen wollte. Sie zählte bei Cäsars Tode 24 Jahre, ihr kleiner Sohn Cäsarion, den sie ihm geboren hatte, war erst drei. Das heranwachsende Kind erinnerte in Gang und Aussehen sehr an Cäsar, und es ist seltsam, daß es in Cäsars Letztem Willen nicht erwähnt wird. In der allgemeinen Verwirrung nach dem Attentat forderte Mark Anton vor dem Senat die Anerkennung Cäsarions als Erben Cäsars, der Antrag wurde jedoch angefochten, und es kam zu nichts.
Für Kleopatra bedeutete Cäsars Tod den Verlust der Liebe und des Schutzes des größten Mannes der Welt und damit auch das Ende ihres Zukunftstraumes. Vor der Ermordung Cäsars hatte man sich in Rom erzählt, daß er sie heiraten und seine Hauptstadt nach Alexandrien verlegen wolle, um von dort aus gemeinsam mit ihr wie ein Pharao über die vereinte römisch-hellenische Welt zu herrschen. Mit einem Mann wie Cäsar als

Gemahl und der rechtlichen Anerkennung ihres gemeinsamen Sohnes sah sich Kleopatra bereits als Herrin der Welt, und ihren Sohn, in dessen Adern das mazedonische Blut der Ptolemäer und das römische Blut der *gens Julia* rollte, als Erben eines Weltreiches, von dessen Umfang nicht einmal ein Alexander der Große sich hatte träumen lassen.

Ein im April geschriebener Brief Ciceros erwähnt unter anderem auch Kleopatras Abreise. Um zu sehen, welchen Lauf die Dinge nehmen würden, hatte sie noch einen Monat in Rom mutig ausgehalten. Als sich die Stimmung dann gegen ihr Kind richtete, brachte eine ägyptische Flotte sie heim nach Alexandria.

In die Zeit von Kleopatras Besuch in Rom fiel ein Ereignis größter Bedeutung, an dem auch sie teilhatte und das heute noch auf das Leben jedes einzelnen Einfluß hat: die Kalenderreform. Der Jahresablauf war durcheinandergeraten, und so beschloß Cäsar, ihn im Julianischen Kalender, der auch unserer heutigen Zeitrechnung noch zugrunde liegt, neu zu ordnen. Er lud eine Gruppe ägyptischer Hofastronomen nach Rom ein, die ihm dabei helfen sollten, einen neuen Entwurf auf der Grundlage des ägyptischen Kalenders des Eudoxus auszuarbeiten. Unter ihnen befand sich auch der berühmteste Astronom Ägyptens, Sosigenes, mit dem Cäsar eng zusammenarbeitete.

Das der Einsetzung des neuen Kalenders voraufgehende Jahr muß endlos gewesen sein; es hatte 90 Tage mehr als sonst! Dann folgte das erste julianische Jahr, dessen Tage sich auf Monate mit abwechselnd 30 oder 31 Tagen verteilten, lediglich der Februar hatte ursprünglich 29 und alle vier Jahre 30 Tage. Zu Ehren von Julius Cäsar taufte man den Monat Quintilis in Juli um, und damit schien die neue Zeitrechnung festgelegt. Um der Eitelkeit des nachfolgenden Herrschers zu schmeicheln, benannte man jedoch den 30tägigen Monat Sextilis in August um, und da man es für herabwürdigend hielt, daß Augustus' August kürzer war als Cäsars Juli, strich man einen Tag vom Februar ab und hängte ihn dem August an. So kommt es, daß der Februar bis auf den heutigen Tag eben 28 und in jedem Schaltjahr 29 Tage zählt. Es ist wirklich ungeheuer reizvoll, vom Gianicolo in den bezaubernden Park der Villa Doria Pamphili hinunterzusehen und sich dabei vorzustellen, wie dort in Kleopatras Villa vor über 1900 Jahren diese unserem Alltag heute so geläufigen Dinge ausgeklügelt wurden.

Wenn die Statue im Vatikanischen Museum wirklich die aus dem Tempel der Venus Genetrix ist, dann war Kleopatra gar nicht einmal schön. Was wir sehen, ist eine anmutige junge Frau in griechischem Gewand. Ihr von einem Band zurückgehaltenes Haar ist im Nacken zu einem Knoten gewunden und gibt so ein Antlitz frei, das mehr durch seinen willensstarken und verächtlichen Ausdruck als durch seine Schönheit wirkt, jedenfalls ist darauf von ihrem unwiderstehlichen Charme und dem sprühenden Feuerwerk ihres Geistes, mit denen die antiken Schriftsteller sie neben anderen Talenten begabten, keine Spur zu finden. Die Statue könnte auch irgendeine andere junge Aristokratin der Zeit darstellen, und fiele nicht das Schildchen »Kleopatra« auf, würden wir achtlos an ihr vorbeigehen. Nach Cäsars Tod verbrachte sie die ihr verbleibenden dreizehn Lebensjahre damit, ihren Traum vom Weltreich noch einmal zu beleben. Sie heiratete Mark Anton, und wenn es noch eines Beweises dafür bedürfte, daß Cäsarion wirklich Cäsars Sohn war, hätten wir ihn in der prächtigen Zeremonie in Alexandria, in der Antonius den 13jährigen zum Mitregenten seiner Mutter ernannte und ihm den mächtigen Titel eines »Königs der Könige« verlieh. Nach der Schlacht bei Actium, in der Kleopatra und Mark Anton von Augustus besiegt wurden, schickten sie den jetzt 17jährigen Cäsarion nach Indien in der eitlen Hoffnung, daß er dort sicher aufgehoben sei, doch noch auf dem Wege dahin lockte Augustus ihn nach Alexandrien zurück und ließ ihn töten.

Manche Historiker sehen Kleopatra als eine Art weiblichen Alexander, die von einem vereinigten Ostwestreich träumte. Ohne Zweifel lag ihr mehr an Macht als an Männern. Bei ihrer Heirat war Mark Anton schon an die Fünfzig und sie eine Frau von Ende Dreißig, die neuerdings zur Fülle neigte. Plutarch berichtet, daß »sie tat, als ob sie sich vor Liebe zu Antonius verzehrte, auch machte sie eine Schlankheitskur«. Als Augustus ihr in der

Stunde ihrer tragischen Niederlage kurz vor ihrem Selbstmord seine Aufwartung machte, fand er sie auf einem schmalen Lager, »mit nichts anderem bekleidet als dem Gewand, das sie direkt auf dem Körper trug«. Mit wilden Haaren und eingefallenen Zügen lag sie da, ihre Stimme zitterte, ihre verdüsterten Augen lagen tief in den Höhlen. Sie hatte die Briefe Julius Cäsars, die er ihr geschrieben hatte, bei sich, um sie herum standen seine Bildnisse. Augustus setzte sich neben ihr Lager und versuchte sie damit zu beruhigen, daß sie nichts zu befürchten habe; es gelang ihr aber doch, ihn zu überlisten.

Die Nachricht von ihrem Selbstmord muß Augustus fast unmittelbar nach der Tat überbracht worden sein, denn in der Hoffnung, ihr Leben zu retten, sandte er in höchster Eile Angehörige eines nordafrikanischen Stammes, der Psylli, an ihr Lager. Die Psylli galten in Rom als große Schlangenbeschwörer und standen in dem Ruf, gegen Schlangenbisse immun und sogar fähig zu sein, dem Körper der Gebissenen das Gift wieder zu entziehen. Doch kann das Gift der *Echis carinata* – in Indien unter dem Namen *krait* bekannt –, das höchstwahrscheinlich Kleopatras Tod herbeiführte, innerhalb 20 Minuten seine Wirkung tun, jedenfalls war es schon zu spät, als die schlangenkundigen Sachverständigen eintrafen.

8

»Können Sie mir erklären, warum Rom unterging?«

Die Frage kam von einem bebrillten Engländer, der mir wie ein Physiklehrer aussah. Die Reisegesellschaft stand auf der Straße oberhalb des Forums, und der Führer wies auf die wichtigsten Ruinen unter ihnen. Geflissentlich überhörte der arme Kerl die lästige Unterbrechung und leierte seine Erklärungen weiter herunter, aber schon kam die Frage ein zweites Mal. Mit einem nicht gerade freundlichen Seitenblick auf den Frager trieb der Führer seine Herde eilends wieder zum Omnibus, und ab ging's zum Kolosseum. Er tat mir leid. Eine solche Frage so früh am Tage, wo vor dem Mittagessen noch das Kolosseum

und das Vatikanische Museum zu erledigen waren, das war wirklich hart!
Später am Vormittag wanderte ich auf den Palatin und trank eine Flasche eiskaltes Bier an der kleinen Bude oberhalb der Paläste, in denen so manche der ersten Kaiser herrlich und in Freuden gelebt hatten. Die Frage des jungen Mannes ging mir nach. Man konnte natürlich behaupten, daß Rom überhaupt nicht unterging, sondern in einem Umwandlungsprozeß zum geistlichen Reich der Kirche wurde. Aber das hatte der junge Mann nicht gemeint. Er wollte wissen, wie es möglich war, daß die westliche Hälfte des größten Militärstaates der Antike von ein paar Barbarenstämmen erobert werden konnte – das Oströmische Reich zerfiel ja erst mit der Eroberung Konstantinopels durch die Türken im Jahre 1453.
Es ist vielleicht merkwürdig, daß der Zusammenbruch Westroms noch heute die Welt beschäftigt und die Totenschau in dieser Sache noch nicht abgeschlossen ist, während sich niemand über den Untergang Babylons, Ägyptens, Persiens oder Griechenlands wundert. Kein moderner Historiker vertritt mehr die Ansicht, daß die Barbaren die Ursache für den Zusammenbruch des Weströmischen Reiches waren. Die alte Eiche war schon innerlich morsch, bevor die Barbaren sie stürzten.

Ich an Stelle des Führers hätte dem jungen Mann vielleicht geantwortet, daß der Verfall der westlichen Provinzen auf die Zeit der Anarchie und des Bürgerkrieges im dritten Jahrhundert zurückzuführen ist. Nach dem Tode von Septimius Severus im Jahre 211 regierten in 73 Jahren 23 Kaiser, von denen sich zwei nur einen Monat, drei weitere ein Jahr, und sechs zwei Jahre auf dem Throne hielten, während die 13jährige Herrschaft des Alexander Severus ein absolutes Phänomen darstellte. Manchmal kam die Nachricht von einer in der Provinz erfolgten Wahl eines neuen Kaisers gleichzeitig mit der Meldung von seiner Ermordung in Rom an. Erst mit den Reformen des Diokletian, die den Staat noch einmal zusammenkitten sollten, nahm die über siebzig Jahre währende Periode der Bürgerkriege, Militäranarchie, Beschlagnahmungen, Entvölkerung, Überbesteuerung von darniederliegendem Handel, Knappheit, Teuerung und Terror ihr Ende.

Es fällt nicht leicht, in dem Römer aus der Zeit Diokletians in seiner bestickten Tunika noch den Nachkommen der Römer aus Ciceros Zeit zu sehen, ebensowenig läßt sich noch eine Ähnlichkeit zwischen dem orientalischen Despoten, der seinen Höflingen zumutete, ihm den Rocksaum zu küssen, und den augusteischen Cäsaren entdecken, die lachend und scherzend mit ihren Freunden auf dem Forum umhergingen. Am meisten aber erstaunen der Reichtum und das gedankenlos ausgelassene Leben und Treiben in Rom. Nachts an Elendsquartiere und tagsüber an Marmorpaläste gewöhnt, dachte die Bevölkerung an nichts weiter als an Spiele und Wagenrennen, und mehr als ein Beobachter stellte fest, wie Rom lachenden Angesichts in sein Verderben rannte. Die gewaltige Ruinenlandschaft der Diokletians-Thermen stammt aus einer Zeit der Knappheit und Teuerung, und der Betrachter bemüht sich vergeblich, diese Pracht mit der Wirklichkeit in Einklang zu bringen.

Diokletian versuchte das menschenmögliche, um dem drohenden Zusammenbruch zu steuern. Im Jahre 301 befahl er einen Lohn- und Preisstopp und schuf eine Bürokratie, die sich an den Unterdrückungsmethoden des vergangenen Jahrhunderts inspirierte. Der Steuereinnehmer wurde zum Schrecken des flachen Landes. Die Menschen flohen lieber von ihrer Heimstatt, als daß sie sich ihm stellten, und rächten sich dann am Staat, indem sie unter die Räuber gingen. Die einzigen, die sich auf ihren Ländereien hielten, waren die reichen Gutsbesitzer, die sich – in Vorwegnahme der Zustände des Mittelalters – mit Leibeigenen und bewaffnetem Gesinde umgaben und dem Schatzamt durch Steuerhinterziehung und Bestechung die Stirn boten.

Die schwierigste Aufgabe dieser staatlichen Kontrolle war jedoch, nicht nur die Löhne und Preise, sondern auch die Menschen zu »stoppen«. Ein Wechsel des Arbeitsplatzes wurde unter Strafe gestellt, und der Sohn war gezwungen, den gleichen Beruf wie sein Vater zu ergreifen. Jedes Handwerk, die freien und sonstigen Berufe wurden erblich. Wenn jemand aus einer Bäkkerei davonlief, weil er Silberschmied werden wollte, wurde er wie ein entflohener Verbrecher wieder eingefangen. Auch der Soldatenberuf stand den römisch Geborenen nicht mehr offen. Die Truppen setzten sich jetzt zur Hauptsache aus Barbarensöldnern zusammen, die auch von romanisierten Barbaren angeführt wurden, denn die Kaiser bevorzugten Offiziere im Heer, die so leicht nicht wagen würden, nach dem Purpur zu streben. Das sollte erst noch kommen.

In dieser bitteren Karikatur der platonischen Republik entwickelte sich die Kirche zu dem einzigen Ort, wo der Mensch nicht nur Steuerzahler war, sondern ein Wesen mit einer unsterblichen Seele. Die Bischöfe waren wirklich die guten Hirten ihrer Herde und traten der Obrigkeit mutig entgegen. Der heilige Basilius verärgerte mit seinen ungeschminkten Worten einmal einen Prätorianerpräfekten, der ihm darauf zu verstehen gab, niemand habe bisher gewagt, so mit ihm zu sprechen. »Dann habt Ihr es eben noch nie mit einem Bischof zu tun gehabt«, entgegnete der heilige Basilius. Abgesehen von den Steuern und der Staatskontrolle, kam noch hinzu, daß sich Rom niemals wieder von dem Schlag erholte, den Konstantins Verlegung der Kapitale an den Bosporus für die Stadt bedeutete. Die reichen, hochgestellten Familien, aber auch die unternehmungslustigen Handwerker folgten dem Kaiser in Scharen und halfen ihm seine neue Hauptstadt auszubauen.

In Weiterführung der von Gibbon eingeleiteten Untersuchung sind Historiker, Philosophen und Wirtschaftler von Heute darum bemüht, den Bazillus des Staatsverfalls zu isolieren und festzustellen, warum Nationen, die ursprünglich wegen ihrer Tatkraft berühmt waren, ihren Schwung einbüßen und absinken, während andere, bisher keineswegs irgendwie hervorgetretene Völker plötzlich von einer allumfassenden Welle der Begeisterung erfaßt werden. Rostovtzeff erwähnt hier jene »Desillusionierung«, die eine Kultur befällt und mit dem Gefühl Hand in Hand geht, daß es sich nicht für die Zukunft zu leben lohne. »Wo immer wir diesen Vorgang beobachten«, schreibt er, »bemerken wir auch einen psychologischen Wandel in denjenigen Gesellschaftsschichten, die bislang die Kulturträger waren. Ihre schöpferischen Kräfte versiegen, die Menschen werden müde und verlieren die Freude am schöpferischen Vorgang, den sie nicht mehr würdigen können; sie sind enttäuscht. Ihr Leben ist nicht mehr ein Streben in Richtung auf ein schöpferisches Ideal zum Wohle der Menschheit. Ihr Sinn ist entweder von materiellen Interessen erfüllt oder aber von Idealen, die von dem Leben auf dieser Erde geschieden sind und in einer anderen Sphäre ihre Erfüllung finden.« Wie er weiter sagt, ging die Entwicklung dieser Geisteshaltung in den westlichen Provinzen – »Apathie bei den Reichen und Unzufriedenheit bei den Armen« – ganz langsam und unmerklich vor sich. Als aber das Reich nach Jahrhunderten der Ruhe und des Friedens zur Selbstverteidigung gezwungen war, fehlte die nötige Begeisterung. »Zur Rettung des Reiches begann nun der Staat, die Bevölkerung auszupressen und zu ruinieren, womit er die Mächtigen erniedrigte, die Niederen aber nicht hob. So entstand der soziale und politische Konflikt des dritten Jahrhunderts, in dem der Staat mit Hilfe der Armee, also der niederen Klassen, die oberen Klassen in die Knie zwang und sie gedemütigt und bettelarm auf der Strecke ließ.«

Tenney Frank weist auf die Verwässerung der Rasse durch Heirat mit weniger hochstehenden Volksteilen hin, Seeck schreibt von der »Ausrottung der Besten im Kriege«, Jules Toutain führt die Tyrannei der staatlichen Kontrolle als Grund an, die praktisch bedeutete, daß es »weder Privateigentum noch freie Arbeitskräfte mehr gab«. Alle diese Symptome, zusammen genommen, wirkten sich lähmend aus, und als die Barbaren, die überall im Staat ihre »Fünften Kolonnen« hatten, schließlich über die bröckelnden Grenzen ins Land strömten, war von den alten römischen Eigenschaften Stolz, Tatkraft und Vaterlandsliebe nicht mehr genug übrig, sie zurückzudrängen. Tatkraft und nationales Bewußtsein waren nun auf der Seite der ins Land einfallenden Barbaren, die blieben oder plündernd weiterzogen und in fast scheuem Staunen die großen Steinstädte betrachteten, in denen sie sich plötzlich befanden.

Das erste Bild von unseren frühеuropäischen Vorfahren ist nicht gerade schmeichelhaft. Apollinaris Sidonius, ein römischer Edelmann mit scharfer Auffassungsgabe, sah die aufeinanderfolgenden Wellen der Barbarenhorden an seinem im heutigen Frankreich gelegenen Landgut vorüber und in Richtung auf die Alpen ziehen. Als Junge hatte er vielleicht schon die breitnasigen, dünnbärtigen Hunnen gesehen, die wie Zentauren auf ihren Pferden saßen; ganz sicher sah und – roch er die Burgunder, die, wie er berichtet, sich die Haare mit ranziger Butter frisierten und mit ihren rauhen Tafelmanieren und ihrem unappetitlich zusammengekochten Essensbrei empfindlich gegen das Feingefühl gesitteter Leute verstießen. Er sah die Goten in ihren Schurzfellen aus den Häuten wilder Tiere und die blauäugigen Sachsen, die in fellbespannten Nußschalen zur See fuhren und zu Ehren ihrer Götter ihre Gefangenen erschlugen. Die Franken kommen in seiner Darstellung vielleicht noch am günstigsten weg: Sie waren Leute mit blaugrauen Augen und hellblonden Haaren, die wie die Menschen des alten Rom bartlos gingen und eine gegürtete Tunika trugen.

Viele dieser Stämme wurden in Gallien seßhaft und traten in den Städten die Nachfolge der Römer an, oft mit Zustimmung der Einwohner, die lieber unter der leichten Herrschaft der Barbaren als unter den Unterdrückungsmethoden der römischen Beamtenschaft leben wollten. Es gab sogar nicht wenige römische Flüchtlinge, und selbst der schlimmste der Barbaren, Attila, beschäftigte einen Römer als Sekretär. Mit Ausnahme der Hunnen waren alle diese Stämme ja keine Wilden, denen jede Kultur verhaßt war; ganz im Gegenteil hegten die meisten große Bewunderung für Rom, und unter ihren Führern gab es manche, die, wie Alarich und sein Schwager Athawulf (oder Adolf) – der Name bedeutet »Vater Wolf« und war, allerdings nur bis vor kurzer Zeit, noch recht beliebt in Deutschland –, sich nichts sehnlicher wünschten als den Rang eines römischen Feldherrn oder einen römischen Titel.

Im Nachlesen oder Nachsinnen über diese stürmischen Zeiten auf dem Palatin kann man begreifen, warum die Welt so erschüttert war, als die riesige, unverteidigte, sorglose Stadt Rom, die der westliche Kaiser als zu gefährlich bereits verlassen hatte, von ihrem Bewunderer Alarich im Jahre 410 geplündert wurde.

Doch die Welt war erstarrt, denn das majestätische Rom lag gedemütigt darnieder, und es war, als stürzte damit die Welt ein, die man bisher gekannt hatte. Selbst uns, die wir wissen, daß alles so kommen mußte, überfällt als die Erben Roms noch eine Art Entsetzen, so, als ob wir unfreiwillige Zeugen eines Verbrechens wären, wenn wir davon lesen, wie die Gotenscharen sich im August des Jahres 410 rund um die Aurelianische Mauer herum zusammenzogen.

Gegen Ende einer Geschichtsepoche kommt es bisweilen vor, daß die Geschicke eines Zeitalters von einer Frau gelenkt werden, an deren seltsamer und oft tragischer Lebensbahn wir das geistige Klima dieser Zeit ablesen können. Eine solche Frau war Galla Placidia, die Tochter Theodosius' des Großen und Stiefschwester des schwachen weströmischen Kaisers Honorius. »Das seltsame Leben dieser Fürstin begleitete den Fall des kaiserlichen Rom, wie das Leben der Kleopatra jenem der römischen Republik zur Seite gegangen war«, schreibt Gregorovius in seinem monumentalen Werk.
Die Lebensgeschichte dieser jungen und schönen Frau aus kaiserlichem Hause vermittelt womöglich einen weit besseren Einblick in die allgemeine Atmosphäre und Hintergründe jener Zeit, als seitenlange Beschreibungen der Plünderung Roms durch die Goten und Vandalen es vermöchten. Im Sommer 410, als der Gote Alarich zum dritten Mal in zwei Jahren vor den Toren Roms lag, hielt sich Galla Placidia in der Stadt auf. Senat und Volk waren schrecklich gelähmt. Rom, das schöne, von Gotenhand bisher noch unberührte Rom mit seinen glänzenden Palästen, seinen kaiserlichen Foren, seinen Amphitheatern und Bädern, seinen Tempeln, deren Dächer noch immer golden strahlten, seinen Straßen, die noch immer von gold- und silberbehangenen Standbildern gesäumt wurden, dieses Rom war für eine Belagerung völlig unvorbereitet.
Bei Alarichs erstem Besuch hatte man sich noch mit Gold und Silber, scharlachfarbenen Häuten und 5000 Pfund Pfeffer loskaufen können. Im August 410 aber war er verärgert und nicht mehr zu solchen Gelegenheitsgeschäften aufgelegt; ihm lag

mehr daran, Rom eine demütigende Lehre zu erteilen, denn er fühlte sich gekränkt. Seit Jahren hatte er in der ehrgeizigen Absicht, römischer Feldherr mit einem römischen Titel zu werden, irreguläre Truppen für Rom befehligt. Als sich seine Hoffnungen dann nicht erfüllten, schlug seine Einstellung gegenüber der Kultur, die er so bewunderte, ins Gegenteil um, und er zog mordend und plündernd mit einem großen Heer im Lande umher.

Warum Galla Placidia nicht wie so viele andere Reiche und Arme aus Rom floh, als Alarich und seine Goten anrückten, werden wir nie erfahren. Die Armen flohen auf das Land, die Reichen zogen auf ihre Güter in Sizilien und anderswo oder segelten unter Mitnahme ihrer Wertsachen und aller nicht niet- und nagelfesten Reichtümer nach Nordafrika. Manche Flüchtlinge kamen sogar bis Palästina, wo der heilige Hieronymus sie unter Tränen des Mitgefühls in seiner Klause in Bethlehem willkommen hieß. Der heilige Augustinus in Afrika dagegen erboste sich sehr über die Ankömmlinge, die, den Schrecken der Belagerung gerade entronnen, bei der Ankunft in Karthago keine anderen Sorgen hatten als die Frage, was es in den Theatern zu sehen gäbe. Diesen Beweis für die nur dem Augenblick lebende römische Mentalität verwahrte er sich zu späterer Verwendung in seinem »Gottesstaat« auf.

Placidia hielt es wohl für unter ihrer Würde, aus Rom zu fliehen, denn an sich konnte es für die Schwester des Kaisers nicht schwer sein, zu ihrem Bruder in Ravenna zu stoßen, wo dieser mit seinem Hofstaat sicher in einer von Sümpfen umgebenen Festung saß. Vielleicht hat auch niemand es für möglich gehalten, daß Alarich es wagen würde, Rom zu plündern, anstatt wie sonst mit sich handeln zu lassen.

Nachdem er jede Nahrungsmittelzufuhr abgeschnitten hatte, bis der Hunger in der Stadt herrschte, schwärmten die Barbaren in der Nacht zum 24. August durch die Porta Salaria in die Stadt. Tausende von Sklaven waren zu den Goten übergelaufen und nur allzugern bereit, den Eindringlingen zu zeigen, wo der Geldschrank stand. Die Szene, wie die Goten in jedem Winkel der Stadt eine furchtzitternde Menge vor sich hertreiben, ist wohl die ruhmloseste in der Geschichte der Stadt. Auch nicht eine heroische Handlung von den Römern wird berichtet. In ihren Verstecken aufgespürt, übergaben die demoralisierten Bürger den Barbaren alles, was diese wollten. Alarich hatte seinen Truppen die Erlaubnis gegeben, drei Tage, und nur drei Tage, zu plündern, auch hatte er befohlen, nur, wenn unumgänglich nötig, zu töten und die Kirchen zu respektieren. Wie viele seiner Gefolgsleute war auch er ein arianischer Christ. Papst Innozenz I. befand sich übrigens nicht in Rom, er war mit einer Abordnung nach Ravenna gezogen, um von dem kümmerlichen Kaiser die Rettung der Stadt zu erflehen.

Drei Tage lang wütete der Schrecken, aber die Gebäude Roms blieben unbeschädigt. Die Goten hatten kein Interesse daran, in mühevoller Anstrengung Standbilder und Obelisken zu stürzen, sie wollten sich nur ihre Taschen füllen. Die am härtesten betroffene Gegend war der Aventin mit seinen 130 Adelspalästen. Hier kamen die meisten Gewalttaten vor, denn die Goten hatten die zitternden Besitzer in Verdacht, ihre Schätze versteckt zu haben. Hier wurde die fromme Freundin des heiligen Hieronymus, Marcella, von den Beutemachern fast erschlagen, als sie sie auf Knien bat, die Unschuld ihrer Adoptivtochter Principia zu schonen. Immerhin gab es doch Goten, die sich weniger barbarisch aufführten als eine ganze Reihe nach ihnen kommender Plünderer Roms, die sich noch dazu christlich nannten. Durch Marcellas flehentliches Bitten gerührt, brachten die Soldaten Marcella und Principia nach St.-Paul-vor-den-Mauern in Sicherheit, erzählt der heilige Hieronymus in einem Brief, in dem er die Einzelheiten der Plünderung berichtet, wie sie ihm in Bethlehem geschildert wurden.

Noch ein ähnliches Vorkommnis wurde bekannt. In ein Gemach, wo eine junge Nonne über einem Schatz von goldenen und silbernen Pokalen und Tellern Wache hält, stürzt ein Gote. Gerade will er sich über die Wertsachen hermachen, als das Mädchen ihm bedeutet, er könne tun, was er wolle, aber er möge bedenken, daß alle diese Dinge dem heiligen Petrus gehörten und der Apostel ganz sicher das Sakrilegium ahnden würde. Entsetzt zieht sich der Gote sofort zurück und berichtet Alarich

von seinem Erlebnis. Daraufhin formiert sich auf Anordnung des Gotenführers eine Prozession, und die Goten tragen Kelche, Lampen und edelsteinbesetzte Kreuze in feierlichem Zuge durch die aufgerührten Straßen nach St. Peter und legen den Schatz am Grabe des Apostels nieder.
Über Placidias Ergehen während dieser drei Tage ist nichts bekannt, doch ist anzunehmen, daß sie unter dem sicheren Schutz Alarichs und seines Schwagers Adolf stand. Als die Goten mit ihrer ungeheuren Beute wieder abzogen, führten sie als politisch wertvollstes Beutegut Galla Placidia, die Stiefschwester des weströmischen und Cousine des oströmischen Kaisers, mit sich. Die sich in den Bergen und Wäldern versteckt haltenden Flüchtlinge werden wohl starr vor Schrecken gewesen sein, als sie die gotischen Heerscharen und ihre rumpelnden, mit den Schätzen der einstigen Hauptstadt der Welt hochbeladenen Wagen nach Süden abziehen sahen, zwischen ihnen, im Schutze der Barbarenspeere, ihre liebliche Gefangene, die erst eben zwanzigjährige Stiefschwester des Kaisers. Es ist uns nicht überliefert, was damals im Kopf dieser edlen jungen Dame vor sich ging, doch darf man vielleicht aus ihrer späteren Handlungsweise den Schluß ziehen, daß sie durchaus keine widerstrebende Gefangene war.
Alarichs Plan war, nach Afrika überzusetzen und den römischen Kornschiffen den Weg abzuschneiden, doch sollte es ihm nicht vergönnt sein, ihn auszuführen. Er starb ganz plötzlich in der Nähe des heutigen Cosenza in Calabrien, in Süditalien. So wurde Placidia zweifellos Augenzeugin des denkwürdigsten Leichenbegängnisses, für das, wie schon erwähnt, der Fluß Busento ab- und später wieder zurückgeleitet wurde, damit seine Wellen das Grab deckten, in das man den Gotenkönig, umgeben von seinen Schätzen, gebettet hatte. Zwei Jahre lang wanderte die Prinzessin mit den jetzt unter Adolfs Befehl stehenden Barbaren umher. Honorius und sein Feldherr Konstantius, der Placidia seit langem liebte, bemühten sich in dieser Zeit mit allen Mitteln um ihre Freigabe.
Man stelle sich die Empörung an den kaiserlichen Höfen in Ravenna und Konstantinopel vor, als im Jahre 414 die Nachricht

eintraf, daß Placidia Adolf geheiratet hatte und mithin Königin der Goten war. Dieses Ereignis fand im Hause eines angesehenen Bürgers von Narbonne statt. Als römische Prinzessin gekleidet, saß Galla Placidia an der Seite des Gotenkönigs, der ebenfalls ein römisches Gewand trug, und sah wahrscheinlich mit leicht gemischten Gefühlen zu, wie 50 gutgewachsene Gotenjünglinge in seidenen Gewändern hereinkamen, die in jeder Hand einen goldenen Teller trugen. Fünfzig dieser Teller waren mit dem erbeuteten Golde Roms beladen, auf den anderen fünfzig häufte sich das aus den Palästen des Aventin gestohlene Geschmeide. Das war das Brautgeschenk an die römische Prinzessin. Es gab eine ungetrübte Hochzeitsfeier, Goten und gefangene Römer mischten sich fröhlich beim Tanz zu Ehren dieses glücklichen Ereignisses.

Die Ehe dauerte nur ein Jahr. Placidia gebar Adolf ein Kind, das aber wieder starb; bald darauf wurde der Gotenkönig von einem Pferdeknecht ermordet. Darauf erfolgten erneute Anstrengungen von seiten Honorius' und Konstantius' um Placidias Freigabe, und schließlich wurde sie gegen 600000 Maß Korn ausgetauscht. Nach fünfjährigem Aufenthalt bei den Goten kehrte sie nach Italien zurück und heiratete fast unmittelbar danach – wie es scheint, gegen ihren Willen – ihren ihr so ergebenen Verehrer Konstantius. Sie war damals 27 Jahre alt. Im folgenden Jahre wurde ihre Tochter Honoria geboren, die eine fast ebenso merkwürdige Rolle in der Geschichte spielen sollte wie ihre Mutter, und ein Jahr danach ihr Sohn, der später als Valentinian III. weströmischer Kaiser wurde.

Konstantius wurde von Honorius bald in die Würde eines Mitregenten erhoben und zum Augustus gekrönt, während die ehemalige Königin der Goten zur römischen Augusta aufstieg. Als diese Nachricht nach Konstantinopel gelangte, weigerte sich Placidias Vetter, der oströmische Kaiser Theodosius II., ihre neue Würde anzuerkennen – vielleicht trug er ihr die Heirat mit dem Gotenkönig nach. Konstantius sah hierin eine solche Beleidigung, daß man ihn nur mit Mühe davon abbringen konnte, Konstantinopel den Krieg zu erklären. Allein seine

Tage waren gezählt. Er starb nach nur siebenmonatiger Herrschaft, und wiederum war Placidia Witwe.
Nun folgte eine merkwürdige, häßliche Periode in ihrem Leben. Ihr erbärmlicher Stiefbruder entbrannte in Leidenschaft zu ihr und konnte seine Zuneigung so wenig verbergen, daß es zum Skandal und in den Straßen Ravennas zu Zusammenrottungen kam. Placidia war in einer peinlichen Lage. Hofintrigen führten schließlich dazu, daß sie mit ihren beiden Kindern nach Konstantinopel abreiste. Hier hätte man ihr wahrscheinlich einen recht kühlen Empfang bereitet, wäre nicht Honorius höchst passend an Wassersucht gestorben, wodurch Placidias Zukunftsaussichten augenblicklich wieder recht großartig aussahen. Ihr nun sechsjähriger Sohn Valentinian wurde zum weströmischen Kaiser ausgerufen, und somit kehrte sie als Regentin und Kaiserin des Westreichs nach Italien zurück. Zehn Jahre lenkte sie die Geschicke des sterbenden westlichen Reiches und blieb weitere fünfzehn Jahre die eigentliche Macht hinter dem Thron. Sie starb im Alter von 62 Jahren, und ihr herrliches, mosaikfunkelndes Mausoleum gehört noch heute zu den schönsten Sehenswürdigkeiten Ravennas. Jahrhundertelang soll man noch durch ein Loch in der Wand ihre einbalsamierte Leiche in kaiserlichen Gewändern auf einer Bahre haben sehen können, im Jahre 1577 jedoch zündeten spielende Kinder ein Feuer an, das Kaiserin und Bahre einäscherte.
Es ist allgemein bekannt, daß Töchter oft nach ihren Vätern schlagen. Placidia und auch ihre Tochter Honoria wiesen in ihrem Charakter die Fähigkeit und Tatkraft zum Herrschen auf, die den männlichen Nachkommen Theodosius' des Großen gänzlich fehlte. Honoria war ein lebhaftes Mädchen; sie hatte das Unglück, zusehen zu müssen, wie ihr unfähiger Bruder sein Reich verwirtschaftete, während sie niemanden heiraten durfte, der Ambitionen auf den Purpur hätte zeigen können. So war sie mit dreißig Jahren noch unverehelicht. Damals verliebte sie sich in ihren Haushälter mit Namen Eugenius, und es ging das Gerücht, daß sie mit seiner Hilfe Valentinian ermorden oder wenigstens vom Thron jagen wollte. Der Anschlag wurde jedoch entdeckt und Eugenius mit dem Tode bestraft. Honoria

wurde einem einfachen, wohlhabenden Mann anverlobt, der, wie man hoffte, sie aus allen weiteren Ränkespielen heraushalten würde. In dieser äußersten Not verfiel sie auf einen ungeheuerlichen Ausweg: Diese hochgeborene, wohlerzogene Römerin sandte dem Hunnenkönig Attila heimlich ihren Ring mit der Bitte, ihr zu Hilfe zu kommen. Hierin dürfen wir sicher den Einfluß sehen, den das Leben ihrer Mutter auf sie gehabt hat, auch ist anzunehmen, daß Placidia keine Schreckensbilder von den Barbaren entwarf, wenn sie ihrer Tochter aus ihrem Leben als Gotenkönigin erzählte.
Nun war aber zwischen Attila und dem proromisch eingestellten Goten ein Unterschied wie Tag und Nacht. Attila war ein untersetzter, dunkler, breitschultriger Mann mit einer Mongolennase, tiefliegenden Augen und ein paar spärlichen Haaren an Stelle des Bartes, zudem war er ein Gewaltmensch, anmaßend und keiner mitleidigen Regung fähig. Der Geschichtsschreiber Priscus, der mit einer Abordnung zu den Hunnen entsandt wurde, hat uns eine ausgezeichnete Darstellung von ihm hinterlassen. Darin schildert er auch die rohen Hütten der Lagerstatt und die königliche Halle, in der er zu einem Gastmahl geladen war. Die wilden Krieger tafelten von silbernem Geschirr, Attila auf seinem Ehrensitz aber aß große Fleischstücke von einer hölzernen Platte. Seine Kumpane zechten aus goldenen Bechern, »die Geißel Gottes« aber trank aus einer einfachen hölzernen Schale. Als später die Fackeln in der Halle aufflammten und Possenreißer und schwachköpfige Narren ihre Späße trieben, wälzten sich die Hunnen vor Lachen auf ihren Sitzen; in Attilas Gesicht zuckte kein Muskel.
Der Hunnenführer nahm natürlich Honorias Hilferuf mit großem Vergnügen auf und beschloß, darin ein Heiratsangebot zu sehen. Vielleicht entlockte ihm der Gedanke an eine Ehe mit einer dreißigjährigen Römerin ein dünnes Lächeln, immerhin war es ein günstiger Vorwand, Ravenna und Konstantinopel unter Druck zu setzen.
Zwei Jahre lang, von 451 bis 452, führte er eine riesige Heerschar von Hunnen, Franken und Vandalen gegen das Weströmische Reich, um die Herausgabe seiner »Braut« zu fordern. Während

dieses Feldzuges flohen die Bewohner von Aquileia aus ihrer Stadt und suchten auf den Inseln zwischen den adriatischen Lagunen Zuflucht; so kam es zur Gründung der wunderbaren Stadt Venedig. 452 stieß Attila nach Rom vor, wo sich die Panik vom Jahre 410 wiederholte. Eine Abordnung der Bürger, der auch die majestätische Persönlichkeit Papst Leos I. angehörte, zog dem Hunnenkönig entgegen. Während ihres Besuches in seinem Zelt bemerkten sie, daß seine Ratgeber in der Frage, ob eine Plünderung Roms weise sei, geteilter Meinung waren. In einem lichten Augenblick der Geschichte spielte der Hunne seinen Trumpf nicht aus und kehrte um. Die christliche Überlieferung will, daß ihm im Traum die Apostel gedroht hatten, und es kann wohl kaum ein Zweifel darüber bestehen, daß der Gedanke an das Schicksal Alarichs, der so schnell nach der Plünderung Roms im Jahre 410 starb, ihn in seiner Entscheidung beeinflußt hat. Ein Jahr darauf lag Attila tot auf seinem Lager, neben seiner Leiche saß weinend das Mädchen, das er am Abend vorher geheiratet hatte. Manche sagen, er starb an einer geplatzten Ader, andere, daß das Mädchen ihn im Schlaf erschlug.
Was aus Honoria wurde, wissen wir nicht. Im Zwielicht einer untergehenden Kultur taucht sie als eine kurze, außergewöhnliche Erscheinung auf und ruft aus der Leere ihres Lebens heraus die ungebärdigen Kräfte zu Hilfe, die die westliche Welt zerfleischten. Mutter und Tochter stehen eigenartig symbolisch für die Ehe zwischen Barbarentum und Rom, aus der in ferner Zukunft Europa hervorgehen sollte.

Im Jahre 455, zwei Jahre nach Attilas Tod, wurde Rom von den Vandalen unter Geiserich heimgesucht. Dieser Stamm war nach Nordafrika übergesetzt und hatte sich dort zur Seemacht entwickelt. Verweichlichung durch Klima und leichtes Leben sollten schließlich zu seinem Untergang führen. Ein römischer Dichter beschreibt, wie die fetten Vandalen an Deck ihrer Schiffe lagen und träge zusahen, wie ihre afrikanischen Sklaven für sie Beute machten.
Geiserichs Mutter war noch selbst eine Sklavin gewesen. Ihr Sohn hatte ein ungezügeltes Temperament und lahmte von

einem Sturz vom Pferd. Er führte eine große Streitmacht von Vandalen und Mauren gegen Rom, die ihre Schiffe an den Tiberkais vertäuten und vierzehn Tage lang mordeten und plünderten, bis ihre Schiffe randvoll mit Schätzen waren. Im Vergleich zu den Vandalen, die weder Kirchen noch Frauen oder Kinder respektierten, hatten sich die Goten wie Gentlemen benommen. Der Begriff »Vandalismus« hält denn auch seither für alle Zeiten die Erinnerung an diese vierzehn Tage schändlicher Grausamkeit wach.

Sie brachen die vergoldeten Bronzeziegel vom Dach des Jupiter-Tempels und stahlen sogar das kupferne Kochgerät in den Küchen des Palatins. Da ihnen ein gewisser Geschmack für Kunst und Architektur nicht abging, nahmen sie zur Ausschmückung ihrer afrikanischen Villen die Kunstwerke aus den Palästen mit. Nach manchen Berichten soll schon Alarich die jüdischen Schätze aus dem Friedenstempel auf dem Forum entwendet haben, andere meinen, daß sie oder was davon noch übrig war, von den Vandalen gestohlen wurden. Schließlich legten ihre schwerbeladenen Schiffen wieder ab, unter Mitführung der Kaiserin Eudoxia und ihrer beiden Töchter. Rom war wie erstorben.

Hungersnot, Raub Mord, Feuer und Plage rissen nun nicht mehr ab, bis im Jahre 476 die Reihe der weströmischen Kaiser zu Ende ging und von jetzt an barbarische Könige über Italien herrschten. Unter ihnen ragt ein Mann ungewöhnlichen Formats hervor, Theoderich der Große, von tiefem Respekt für Bildung und Kultur durchdrungen, obwohl er selber weder lesen noch schreiben konnte. Dreiunddreißig Jahre, von 493 bis 526, blühte Rom in einem seltsamen goldenen Zeitalter auf. Ihr Eroberer verliebte sich in diese Stadt, ihr Feind wurde ihr getreuer Ritter. Wie ein Cäsar gekleidet, hielt Theoderich in Ravenna Hof, und bei seinen Besuchen in Rom wohnte er auf dem jetzt verödeten Aventin. Seine Reden vor dem Senat hielt er in einem komisch angelernten Buchlatein. Da die würdelosen Römer im Schutze der Dunkelheit den Hunderten auf Straßen und Foren noch verbliebenen Statuen die bronzenen Glieder abhackten, um sie einzuschmelzen, stellte Theoderich zu deren Schutz eine Polizeitruppe auf. Ein zeitgenössischer Geschichtsschreiber bemerkt, daß diese Statuen keineswegs geduldig waren und mit einem glockenartigen Warnton den Wachleuten meldeten, wenn sie von den Äxten der römischen Räuber angefallen wurden. Die Tatsache, daß ein Gote die Bilder der großen römischen Feldherren, Konsuln und Dichter vor römischen Dieben schützen mußte, wirft ein bezeichnendes Licht auf den moralischen Verfall der Stadt.

Mit Theoderichs Tode im Jahre 526 nahm auch die unwirkliche späte Blütezeit, die sein Königtum gebracht hatte, schnell ein Ende. Der byzantinische Kaiser beschloß, die westlichen Provinzen zurückzugewinnen, und im Jahre 536 wurde Rom von dem großen Feldherrn Belisar für den oströmischen Kaiser Justinian zurückerobert. Zehn Jahre später erschien ein neuer bemerkenswerter Mann auf der historischen Bühne: der Gote Totila.

Er belagerte die Stadt, bis die Menschen vor Hunger auf der Straße starben. Nesselsuppe, Ratten- und Hundefleisch galten als seltene Leckerbissen. Als die Zivilbevölkerung endlich die Stadt verlassen durfte, wälzte sich ein Elendszug aus den Mauern, manche starben am Wege, andere wurden von den wartenden Goten niedergemacht. Immerhin, die große Aurelianische Mauer erwies sich als uneinnehmbar, die zurückgebliebenen Einwohner nährten sich von dem auf Straßen und Plätzen wachsenden Gras und Unkraut und zeigten in ihrem Widerstand so viel Größe und Edelmut, daß Roms Feigheit in den Tagen Alarichs wohl damit aufgewogen wurde. Schließlich liefen vier griechische Schildwachen zu den Goten über und erboten sich, die Porta Asinaria in der Nähe der Lateranskirche zu öffnen; dann schlichen sie im Dunkeln auf ihre Posten zurück. Im ersten Tageslicht des 17. Dezember 546 schwärmten Totila und seine Scharen durch das geöffnete Tor in eine ausgestorbene Stadt. Es gab nichts mehr, an dem sie ihre Wut auslassen konnten. So unglaublich es klingt, befanden sich in ganz Rom nur noch 500 Zivilpersonen, die sich in den Kirchen versteckt hielten. Die Paläste standen leer, die Häuser offen, verlassen und menschenleer lagen die berühmten Straßen und kaiserlichen Foren; hier und da blickte eine Statue aus vergangenen großen Tagen auf die Tragödie Roms hernieder. So führten die Goten dieses Mal eine unblutige Plünderung durch, wie Einbrecher, die in Abwesenheit der Bewohner in ein Haus einsteigen.

Totila hatte die Gewohnheit, die Wälle jeder eroberten Stadt schleifen zu lassen, und er beschloß, mit Rom keine Ausnahme zu machen. Er ließ alle Tore entfernen und begann die Mauer niederzureißen. Die letzten Einwohner wurden aus der Stadt gejagt, in den leeren Straßen setzten die Goten ihr Zerstörungswerk fort. Als ein Drittel der Mauer darniederlag, traf eine Botschaft von Belisar mit der Warnung an Totila ein, sich dieses Vorhaben lieber noch einmal zu überlegen; die Zerstörung Roms würde auch seinen Ruhm in den Augen der Welt zerstören. Totila war ein sonderbarer Mensch mit plötzlichen Anwandlungen von Mitleid und Güte, entschieden auch von Großzügigkeit; er beschloß, Rom seinem Schicksal zu überlassen. Vierzig volle Tage lang lebte kein menschliches Wesen innerhalb der römischen Stadtmauer. Streunende Tiere liefen umher, Wölfe kamen in der Winterkälte von den Bergen und scharrten an den vielen flachen Gräbern.

Dann zog Belisar in Rom ein und setzte die Mauern wieder instand. Mit Lebensmitteln lockte er einige wenige Einwohner zurück, und so begann sich das Leben in der Stadt wieder zu regen. Nach zwei Jahren lag Totila erneut vor Rom, und die ganze Geschichte wiederholte sich noch einmal: Wachen verrieten die Stadt, die Goten nahmen sie ein. Doch war dieses Mal ihr merkwürdiger Führer nicht mehr auf ihre Zerstörung aus, sondern setzte sich im Gegenteil für ihren Wiederaufbau ein. Große Flächen innerhalb der Mauern trugen Korn, die Bevölkerungszahl war nicht höher als die eines kleinen Landstädtchens. Totila bemühte sich, von fern und nah neue Einwohner heranzuziehen. Ehe er von dannen zog, organisierte er noch ein makabres Fest.

Auf Einladung des Gotenkönigs versammelte sich die armselige Bevölkerung der schwergeprüften Stadt auf den Marmorsitzen des ehemals 200000 Zuschauer fassenden, noch völlig erhaltenen Circus Maximus zu öffentlichen Spielen. Die Wagenrennen des Jahres 549 waren die letzten in Rom, und die Schatten der alten Römer werden wohl angesichts dieses Zerrbilds der Vergangenheit weinend die Hände gerungen haben. Nach den Rennen zog Totila auf eine Strafexpedition nach Sizilien. Vier Jahre später mußte er Rom gegen ein byzantinisches Heer verteidigen. Er fiel in der Schlacht und wurde heimlich bestattet. Eine Gotin verriet sein Grab an die Griechen, die seinen Leichnam ausgruben und in Konstantinopel dem Kaiser Justinian zu Füßen legten.

Die folgenden 170 Jahre der Geschichte Roms sind durch die Abhängigkeit von Konstantinopel gekennzeichnet. Ein griechischer Exarch regierte als Vertreter des byzantinischen Kaisers in Ravenna. Ein griechischer Beamter, der nominell über Rom herrschte, wohnte in einem Winkel des verfallenden Cäsarenpalastes auf dem Palatin – der eigentliche Machthaber jedoch war der Papst. Griechische Mönche füllten die Klöster und dienten in den Kirchen, griechische Päpste lösten einander auf dem Thron des Apostels Petrus ab, die Kirchen Roms waren mit den köstlichsten Mosaiken geschmückt, von denen ein Teil noch heute besteht. Unmöglich, daß noch ein Tropfen des alten römischen Blutes in den Adern der Bevölkerung rollte, die nun, wo seit der Zerstörung der Aquädukte durch die Goten die Hügel ohne Wasser waren, zusammengepfercht auf dem Marsfeld in der Nähe des Tibers wohnten. Das war Rom, wie es sich den ersten sächsischen Pilgern darbot.
Im Jahre 731 warf Gregor II. die Oberhoheit Konstantinopels ab, und damit endete die Herrschaft der »Vizekönige«, der Exarchen. Aus dem Rom der Cäsaren sollte von nun das Rom der Päpste werden. In diesem geschichtlichen Augenblick kehrte das Papsttum dem griechischen Osten endgültig den Rücken und wandte sich dem lateinischen Westen zu, der sich unter seiner Führung zu Europa entwickeln sollte. Doch wenn es auch mit geistiger Autorität und sittlicher Macht ausgerüstet und in der Vergangenheit klug geworden war, fehlte ihm doch der Beschützer, denn ein Militärstaat war das Papsttum nicht.

Am ersten Weihnachtstage des Jahres 800 setzte der Papst Leo III. dem Frankenkönig Karl dem Großen die Krone auf das Haupt, und die Menschen in der Peterskirche jubelten ihm als ihrem *basileus* mit den gleichen Worten zu, die bei der Krönung der byzantinischen Kaiser üblich waren. Ein Historiker schreibt dazu: »Der Willkommensruf, der Karl dem Großen als Kaiser der Römer entgegenschallte, war wie der Schrei des soeben geborenen ersten Europa.«

Kapitel IV

Der Papst am Fenster
Das päpstliche Landgut
Ein Tag auf dem Palatin
Kaiserpaläste
Der Schriftsteller im antiken Rom
Neros Goldenes Haus
Das Kolosseum

1

Wenn es im Sommer immer heißer wird, immer mehr Römer die Stadt verlassen und immer mehr Besucher herbeiströmen, kommt der Augenblick, wo eine schwarze Limousine aus den Toren des Vatikans gleitet. Eine weißgekleidete Gestalt im Fond des Wagens schlägt nach rechts und links das Zeichen des Kreuzes über die knienden Menschen, die dann beim Erheben dem weißgekleideten Mann in dem entschwindenden Rückfenster nachwinken. Der Papst hat sich auf seinen Sommersitz in Castel Gandolfo begeben.

Wer auch nur ein bißchen Sinn für geschichtliche Atmosphäre hat, fühlt, daß Rom nun wirklich leer ist, und dieses Gefühl ist seit der Abschaffung der Monarchie besonders stark, denn Könige mögen kommen und gehen, der Papst aber bleibt für immer. Wohl selten ist die Heiligmäßigkeit eines Papstes so unbestritten gewesen wie die Pius' XII., und alles, was ich über ihn hörte, weckte in mir den Wunsch, diesen Mann zu sehen. Ich war daher sehr beglückt, als ich für eine der öffentlichen Audienzen, die der Papst zweimal wöchentlich während der Sommermonate abhielt, eine Einlaßkarte bekam. Diesmal hielt ich die Benutzung eines Taxis für berechtigt.

Der Fahrer, ein Italiener, schaute bis zu dem Augenblick, in dem er sich hinter das Lenkrad setzte, recht milde drein. Dann aber wurde er angriffslustig, wenn nicht regelrecht menschengefährlich. Wir flitzten um die Piazza Barberini, schlängelten uns im Wahnsinnstempo durch den Verkehr, streiften um ein Haar einen mit Nelkenmengen beladenen Radfahrer, bremsten in voller Fahrt, um einem anderen Wagen auszuweichen, schossen wieder vorwärts, um an ihm vorbeizukommen – denn mein Fahrer gehörte zu der Sorte, dem überholt zu werden gegen die Berufsehre geht –, und spurteten dann unter so unsinnigem Gehupe die engen Renaissance-Gassen entlang, daß die Fußgänger eilends volle Deckung nahmen.

»In einem Jahr hab' ich neun Unfälle gehabt«, sagte er, sich zu mir umdrehend, und gab mehr Gas. Und als ob ich es noch nicht begriffen hätte, nahm er beide Hände vom Lenkrad und schrie: »Neun!« – »Aber«, wieder drehte er sich neckisch zu mir um, und seine eine Hand wedelte fröhlich auf und ab, – »ich hab' jedes Mal recht – und krieg' das Geld.«

Wir rasten weiter. Die sprichwörtliche Alte in Schwarz, die auf jeder italienischen Straße geradenwegs vom Bürgersteig herunter und dem, wie es aussieht, sicheren Verkehrstod entgegengeht, erschien jetzt in unserem Blickfeld. Wir kamen mit knapper Not vorbei. Ich wandte mich um und sah sie gleichmütig ihre Reise fortsetzen, als ob nichts geschehen sei. Auch die ebenso schnell fahrenden Wagen um uns herum wichen mit jener instinktiven Bewegung des italienischen Autofahrers aus wie ein Schwarm Vögel, der sich teilt und wieder zusammenschließt. Dann sahen wir direkt vor uns einen Blinden, der von einem kleinen Jungen geführt und über die Straße geleitet wurde.

In jeder anderen Stadt der Welt wären wir mit einem anderen Wagen zusammengestoßen, und es hätte nicht wenige Tote und Verletzte gegeben. Doch mit dem sechsten Sinn des italienischen Fahrers für die Reaktion der anderen Italiener ließen uns die Wagen gerade genug Platz zum Ausweichen. Dann fuhren wir fröhlich mehrmals bei rotem Licht über die in Rom noch seltener mit Verkehrsampeln ausgestatteten Straßenkreuzungen, rasierten um ein Haar die Motorradbraut vom Rücksitz einer Vespa und befanden uns schließlich außerhalb der Mauern auf der Straße nach Albano. Von dort an ging es dann zügiger voran. »Wie kommt es, daß Sie ein so gutes Englisch sprechen?« fragte ich. »Ich war Ihr Gefangener«, erwiderte er schlicht und verzog sein Gesicht in demütige Falten.

Das sollte eine launige Anspielung auf unser unterschiedliches Kriegsglück sein, aber er hätte es ja nicht gerade so persönlich auszudrücken brauchen. Alles, was ich darauf antworten konnte, war: »Na, dann hoffe ich, daß ich Sie anständig behandelt habe.«

Wir rollten nun immer weiter aus Rom hinaus, kamen an der Endstation der Straßenbahn vorbei, an den dicken, inmitten von Bauschutt stehenden Wohnblocks, in denen die italienischen Filmgesellschaften ihre Filmdramen ansiedeln, sahen im Vorüberfahren einen zerstörten Aquädukt querfeldein durch die Campagna humpeln, dann den Flughafen – und schon stiegen wir zu den grünen Hügeln hinan.

Mein Fahrer war wirklich ein ausgesprochen gutmütiger, netter Kerl, ein echter Römer aus Trastevere, der mich mit seiner ironisch-philosophischen Ergebung in die harten Tatsachen des Lebens irgendwie an den ausgestorbenen Typ des Cockney erinnerte. Wie alle Italiener, kannte er jemand, der jemand kannte, der wieder wen anders kannte und so weiter, langsam die ganze Jakobsleiter bis zum Gott der Beziehungen hinauf. Bei so vielen, über ganz Rom verteilten Vettern, Neffen und Onkeln konnte ich mir schon vorstellen, daß er mit ein bißchen Diplomatie, Familiensinn und Zeit praktisch alles erreichen konnte.

Wenn der Papst nach Castel Gandolfo fährt, ist die ganze Gegend wie mit Polizeiposten gespickt. Alle 500 Meter standen an der Straße Schilderhäuschen mit Wachen davor, die uns, auf ihre Karabiner gelehnt, nachsahen. Bei einem dieser Posten hupte mein Fahrer unausgesetzt und winkte wie wild einem ärgerlich dreinschauenden Polizisten zu.

»Wer war das denn?« fragte ich.

»Der Vetter meiner Frau«, kam die Antwort.

Nun schossen wir eine steile, enge Straße empor und kamen endlich auf einer sonnigen Piazza mit einem Brunnen in der Mitte zum Stehen. Am anderen Ende des Platzes erhob sich

der päpstliche Palast mit seinem gewaltigen Eingangstor. Zwei Schweizergardisten in ihrer rot-gelb-blau geschlitzten Uniform standen davor und stellten sich gerade gutwillig lächelnd den Kameras von über hundert belgischen Pfadfinderinnen. Mein Fahrer wollte gern seinen Großvater besuchen und sagte, er würde nach dem Mittagessen zurück sein. Da die Audienz erst auf 18 Uhr abends angesetzt war, konnte ich den Nachmittag noch ausnutzen.
Eine Stunde saß ich behaglich vor einem Café und beobachtete die Menschen, die die Papstaudienz in dieses heiße kleine Hügelstädtchen lockte; Familien im großen Tourenwagen, Reisegesellschaften, Pilgergruppen mit ihren Priestern, Pfadfinderinnen aus Belgien und Holland, Pfadfinder aus England, Spanier, Dänen, Amerikaner und sogar mehrere kleine gelbgesichtige Priester, anscheinend Siamesen. Der Kellner erklärte mir, dies sei erst die Vorhut, das Gros käme erst am Spätnachmittag mit den großen Autobussen aus Rom.
Eine Gemeinschaft von Christen hat schon von jeher in ihren besten Momenten durch ihre Fröhlichkeit Eindruck gemacht, dachte ich, auch hier war es das erste, was mir an dieser Menge auffiel. Trotz ihrer verschiedenen Sprache fühlten sie sich in ihrer Kirche und in der allen verständlichen Sprache der Liturgie eins miteinander und waren eben in Erwartung des Augenblicks, wo sie vor dem Nachfolger des Apostels Petrus stehen und von ihm den Segen erhalten würden, in besonders freudiger Erregung. Plötzlich stand ein hochgewachsener Amerikaner von der rosig-wohlrasierten Sorte, die man von Reklamen für Haustelefone her kennt, vor mir und bat mich mit der Miene eines Marquis aus dem 18. Jahrhundert um Erlaubnis, sich mit seiner Frau an meinen Tisch setzen zu dürfen.
Sie waren über den Atlantik gekommen, um auf dem Militärfriedhof bei Nettuno das Grab ihres Sohnes zu besuchen, der an seinem zwanzigsten Geburtstag am Strand von Anzio gefallen war.
»Er war ein prächtiger Junge«, sagte der Vater.
»Er war ein guter Junge«, sagte die Mutter still und nippte von ihrem Kaffee. »Vor ein paar Wochen hatten wir die Ehre, vom

Heiligen Vater in Sonderaudienz empfangen zu werden«, erklärte der Vater weiter, »aber wir wollten ihn noch einmal sehen, ehe wir wieder nach Hause fahren, auch wenn es nur für einen kurzen Augenblick vom Rande der Menge aus ist.«
Ich ging langsam zu dem großen braunen Eingangsportal des Palastes hinüber, wo noch immer die beiden Schweizergardisten mit den Hellebarden in der Hand Wache hielten; um sie herum surrten und klickten die Kameras. Dieser Sommersitz, den der Papst sehr liebte, und in dem er so lange wie möglich blieb, ist ein großer Spätrenaissancebau aus der Hand des Architekten Maderna, der auch die Fassade des Petersdomes geschaffen hat. Um diesen Palast zu bauen, mußte Maderna erst die alte Burg der Gandolfi abreißen, die jahrhundertelang an dieser herrlichen Stelle hoch über dem Albaner See gestanden hatte. Das Merkwürdige ist, daß man diesen zauberhaften See tief unten zuerst einfach nicht entdeckt, wenn man sich nicht danach umsieht, er liegt völlig hinter den Straßen des Städtchens verborgen. Ich stand ganz unvermutet davor, als ich auf der Suche nach etwas Eßbarem in einen kleinen Gang einbog und zu einer Terrasse auf einem Felsenvorsprung kam. Da: 130 Meter unter mir lag der ehemalige Krater eines erloschenen Vulkans, jetzt ein kreisrunder blauer See inmitten ansteigender Hügel. Ein wunderbarer Anblick, dieser weite Kreis, dessen einst feuriger Grund nun vom himmelblauen Wasser gelöscht war. Das romantische kleine Restaurant auf dem Felsvorsprung schien eher einem Roman als wirklichem Leben entsprungen.

Ein Dutzend Tische standen unter einem schattigen Weindach, an dem sich schon die ersten Trauben bildeten. Und da, wo der Schatten aufhörte, lag flirrender Sonnenschein und tief unten, in kristallklarer Luft, der blaue See.

Die einzigen anderen Gäste außer mir waren zwei italienische Priester in staubigen Soutanen und schweren, klobigen Schuhen. Ihre einfachen, faltenreichen Gesichter glänzten von dem riesigen Berg Spaghetti, den sie nebst einer bauchigen Flasche einheimischen Weins gerade vertilgt hatten. Ich bestellte mir *stracciatella alla Romana*, eine Suppe mit Eiereinlage, die an das 16. Jahrhundert erinnert, sodann *scaloppine al Marsala* und Gorgonzola zum Nachtisch. Mit einem gewissen Stolz stellte der Kellner eine Karaffe des einheimischen Weins auf den Tisch, der, wie er erklärte, aus des Wirtes eigenen Gärten kam und mit Wein vom Nemi-See gemischt war. Er wartete, bis ich ihn probiert hatte, und war glücklich, als ich ihm bestätigte, daß er besser sei als alle andren Weine der *Castelli*-Landschaft. Gerade hatte ich meine Mahlzeit beendet, als der Fahrer vor mir stand. Gegessen hatte er, trank aber mit Vergnügen den Wein aus. »Haben Sie Lust, das päpstliche Landgut zu besichtigen?« fragte er.

Das war eine glänzende Idee, ich wußte nicht einmal, daß der Papst einen Gutshof hatte. Wir gingen zum Wagen zurück und fuhren durch den Torbogen einer imposanten Villa, wo ein Mann seine Mütze abnahm und sich so tief verbeugte, als ob ich ein Angehöriger des britischen Königshauses wäre. Bei diesem Willkomm hat doch sicher wieder ein Verwandter des Fahrers seine Hand im Spiel, ging es mir durch den Sinn. Wir rollten durch eine herrliche alte Baumallee bis auf eine weite Terrasse, von der man einen atemberaubenden Blick über die Campagna und Rom hatte. Treppenstufen führten in einen geometrisch angelegten Renaissancegarten mit Buchsbaum, rosa und roten Begonien und Heliotropen. Ich sah Springbrunnen, Hecken, einen Irrgarten. Der Blick wurde schließlich von einer Gruppe schwarzer Zypressen begrenzt, die ja in der römischen Landschaft nie ganz fehlen, sie kamen wie eine Reihe düster vermummter Mönche auf einen zu, wie um zu mahnen,

daß es im Leben noch Ernsthafteres gibt als Irrgärten und Wasserspiele.
Papst Pius XII. verweilte meist eine Stunde auf dieser Terrasse und bewunderte die Gärten, die zur Villa Barberini gehören. Er kam im Auto auf einer Privatstraße hierher, die den Palast direkt mit der Villa verbindet, ließ den Wagen auf der Terrasse und ging spazieren, manchmal ohne auch nur einmal den Blick von seinem Buch zu erheben. Wir kamen an einen kleinen, rings von Hecken umschlossenen *giardino segreto*, in dem neben einem Fischbassin die Statue der Jungfrau Maria steht.
»Sehen Sie den kleinen Blumenstrauß, den die Heilige Jungfrau in den Händen hält?« fragte der Fahrer. – »Den pflückt ihr immer der Heilige Vater!« Wirklich hielt sie vier, fünf kleine gelbe Blumen von der Art in der Hand, die ich auf den Rasenabhängen ringsumher hatte blühen sehen, sie waren ganz frisch, konnten also erst kürzlich gepflückt sein. Welch ein liebenswertes Bild: der alte Pontifex, der an einem stillen, sonnigen Morgen ganz allein in seinem Garten auf den Heckenwällen Wiesenblumen für die Madonna pflückt!
Weiter fuhren wir durch ein Gatter mitten in den Schauplatz geschäftiger bäuerlicher Tätigkeit hinein; mehrere Morgen Mais wurden abgeerntet. Weiter ging's an Kartoffel-, Kohl- und Porreefeldern vorbei, durch Obstgärten, deren schwerbeladene Apfelbäume darauf warteten, von ihrer rosigen Last befreit zu werden. Überall sah es so ordentlich aus wie sonst nur auf einem Mustergut, wo man hinter den tadellos versteckten Dunghaufen die Herrschaft eines Feldwebels zu spüren meint, bei dem es ohne auf Hochglanz polierte Spaten nicht abgeht. Wir bekamen eine Reihe von Geflügelställen zu sehen, über jeder Tür war ein reizendes Mosaik mit Szenen aus dem Leben eines Huhnes eingelassen. Scharen von Leghorn- und Rhodeländer Hennen pickten geziert zwischen denen vor ihrem Palast ausgestreuten Maisblättern herum wie Höflinge Ludwigs XIV., die sich auf einem ländlichen Fest amüsieren. Ich hätte mir gern noch die Hühnermosaiken angesehen, aber der Fahrer steuerte schon auf die Meierei zu. Hier fanden wir einen blaugekachelten Kuhstall mit vierzig hochwertigen Friesländer Kühen, die

in ihrem nach modernsten Erkenntnissen gebauten Palast gerade gefüttert wurden. Über ihren milden Gesichtern hingen Tafeln, auf denen Name, Milchleistung und Abstammung verzeichnet waren. Hier endlich konnte ich nun das Wortspiel anbringen, das jeder Besucher des päpstlichen Landguts pflichtgemäß machen muß: »Wo sind denn nun die päpstlichen Bullen?« Ich wurde an die anschließende Koppel geführt, wo tatsächlich ein klotziges, schwarzbuntes Tier namens *Christy*, das Geschenk eines Amerikaners an den Heiligen Vater, für einen Augenblick im Kauen einhielt und böse zu uns herüberstarrte: mit den blutunterlaufenen Augen eines Mörders und den Augenwimpern eines Filmstars.
Plötzlich stieß mein Fahrer einen Schreckenslaut aus: Wir müßten uns beeilen, um noch zur Audienz zurechtzukommen. Er mußte mir versprechen, nicht zu rasen, aber schon nach wenigen Minuten setzte er mich am Fuße des Hügels ab, da er bei der riesigen Menschenmenge nicht mehr wagen konnte, mich bis auf die Piazza zu fahren.
Ich schloß mich dem Zuge der Menschen an, die alle dem Palast zustrebten. Eine freudige Erregung lag in der Luft. Jeder wollte pünktlich sein. Die Zahl der gewöhnlichen Besucher wurde noch durch Gruppen von Seminaristen vermehrt, die von ihren um den See herum gelegenen Sommerschulen heruntergekommen waren: Engländer in ihren schwarzen Röcken, einige Schotten in violetten Röcken mit roten Gürteln und ein paar Deutsche, deren kardinalsrote Kleidung dem Straßenbild Roms so farbfrohe Tupfer aufsetzt, bis der Sommerexodus aus Rom einsetzt. Ein junger Franziskaner fiel mir auf, der mit seinem dünnen goldblonden Bart und den merkwürdig hellen, gleichsam visionären Augen wie einem Fresko von Fra Angelico entstiegen schien. Und schließlich fehlten in dem Gedränge auch die Fußgänger der Kirche nicht: die kräftig gebauten italienischen Dorfpfarrer in ihren breiten, klobigen Schuhen.
Unsere Befürchtungen waren nur allzu begründet. Der Innenhof war voll. Eine dichte Menge bat noch um Einlaß, aber die weißbehandschuhte päpstliche Polizei wies nur verzweif-

lungsvoll auf die eng an eng stehenden Menschen im Hof, indessen die Schweizerwachen sich malerisch mit gekreuzten Hellebarden vor dem Eingang aufgebaut hatten. Ich bahnte mir einen Weg bis zum Tor, geriet auch irgendwie im Strudel hindurch und fand mich auf den Marmortreppen des Palastes wieder. Von unten im Hof scholl es herauf wie schwärmende Bienen. Dann stimmte die nach mehreren Tausend zählende Menge einen Choral an. Ein Schweizergardist wies mir ein offenes Fenster an, wo ich stehen könne. Da sich dort schon an die zwanzig Leute postiert hatten, konnte ich aber nichts sehen. So stieg ich noch eine Treppe höher bis auf das Dach. Hier hatte ich gemeint, das Feld für mich allein zu haben, aber wohl an die tausend Menschen lehnten über der Brüstung, saßen auf hölzernen Gerüsten oder hockten sogar ziemlich gefährlich auf den Dachziegeln. Schließlich fand ich doch noch ein Eckchen an der Brüstung, von wo aus ich den brechend vollen Hof unter uns und den mittleren Balkon des Palastes mit seinem roten Banner wunderbar übersehen konnte. Während ich noch das Schauspiel betrachtete, sagte mein Nebenmann zu mir: »Sie werden sich wohl nicht mehr an mich erinnern, aber das letzte Mal begegneten wir uns in Bulawayo!«

Ein merkwürdiger weißer Fleck in der Menge unter uns entpuppte sich als eine Gruppe von Hunderten von weißbemützten amerikanischen Matrosen eines zu Besuch weilenden Kreuzers. Unzählige schrillstimmige kleine Mädchen mit Bannern waren in der Begleitung von Nonnen, lärmende Jungen unter Führung ihrer Dorfpfarrer gekommen, Mönche, Nonnen und jede Art von Besucher gab es. Plötzlich stieg lauter als alles bisher ein triumphierender Ruf von der Menge auf, meine Blicke gingen zum Balkon, wo jetzt gegen das dunkle Rechteck des Fensters eine schmale, aufrechte Gestalt in Weiß stand, gütig nach links und rechts lächelte und den Menschen mit einer Handbewegung Schweigen gebot. Das letzte »Viva il Papa!« erstarb.

Pius XII. nahm nun auf einem rot-goldenen Sessel Platz, rückte das Mikrophon zurecht und begann zu den Mitgliedern seiner weltweiten Familie zu sprechen. Beim Anblick des Papstes drängen sich zwangsläufig geschichtliche Überlegungen auf. Voller Ehrfurcht blickt man auf einen Mann, dessen heiliges Amt bis auf die Tage des kaiserlichen Rom zurückgeht. Eine so lückenlose Verbindung gibt es auf der Welt kein zweites Mal. Die weltliche Seite seines Amtes hat seine Person mit dem Zeremoniell der Cäsaren umgeben, doch war er nicht allein Cäsar, sondern der Papst, der Vater, und in dieser Eigenschaft erlebten wir ihn, während er vom Balkon seines Sommersitzes ruhig und gleichsam im Unterhaltungston zu uns sprach. Für mich war es in einer Weise noch eindrucksvoller als das frühere Mal, als ich ihn erlebte, wie er unter Trompetenklängen und dem Wedeln der Pfauenfächer hoch auf der *sedia gestatoria*, dem Tragsessel, umhergetragen wurde. Heute nämlich sprach er, wie die ersten Päpste zu den ersten Christen gesprochen hatten, wie ein Vater zu seinen Kindern.

Das ging mir durch den Sinn, während ich seiner Stimme lauschte. In Abständen hörte man die Beifallsrufe der Menschen, die er mit einer Handbewegung zum Schweigen brachte. Er sprach zuerst auf italienisch, dann zu einer latein-amerikanischen Pilgerschar auf spanisch, dann französisch, schließlich deutsch. Jede in ihrer Muttersprache angeredete Gruppe applaudierte, daß der Hof widerhallte. Schließlich fragte der Papst: »Sind Engländer hier?« In voller Lautstärke erscholl es von den Matrosen: »Amerikaner!« Der Papst lächelte und redete sie in englischer Sprache an. Als er geendet hatte, stieg donnernd ein »Gott segne den Papst!« zum Palastdach empor. Darauf wandte er sich den Kindern zu und sagte italienisch: »Kinder, ich spreche jetzt zu euch!«

»*Viva il Papa!*« schrien alle die schrillen Kinderstimmchen unter eifrigem Fähnchenschwenken.

»Seid ihr auch alle artig?« Fröhliches Gelächter antwortete dem Papst.

»*Si, Papa, si, si, si!*«

»Sprecht ihr auch immer eure Gebete?«

»*Si, Papa, si, sempre, sempre ...*«

»Eßt ihr ordentlich, schlaft ihr ordentlich?«

Dann erzählte der Papst ihnen in einfachen Worten etwas vom

Sinn des guten, wahrhaftigen Lebens. Zum Schluß hatten fast alle Frauen um mich herum feuchte Augen, und wirklich war der Augenblick *emociante*, wie der Spanier sagt. Der Papst erhob sich und segnete die Menge mit erhobenen Armen. Nach einem Augenblick des Gebets wandte er sich um und ging in den Palast zurück, in dem er am 9. Oktober 1958 starb.

In Gedanken versunken, fuhr ich nach Rom zurück. Einige Tage darauf erzählte ich einem vatikanischen Beamten von meinen Eindrücken während der Audienz und sagte dann, leichtere Dinge anspielend, es habe mir Spaß gemacht, die päpstlichen Rinder zu mustern. Er begriff nicht recht, und so erzählte ich ihm von meinem Besuch auf dem Landgut des Papstes. Auf seinem Gesicht malte sich unsäglicher Kummer. »Aber wie sind Sie denn nur da hineingekommen?« fragte er. »Niemand bekommt jemals die Erlaubnis zur Besichtigung!« Woraus jedermann folgern kann, daß es sich in Italien lohnt, jemand zu kennen, der jemand kennt, der ...!

2

Wenn in alten Zeiten der Reisende von der Via Appia her auf Rom zuschritt, war mit das erste, was er von dem Glanz der Weltstadt erblickte, die Gruppe der in der Sonne blitzenden Kaiserpaläste auf dem Palatin. Seit der Errichtung des Kaiserreiches wohnten die Cäsaren dort in immer großartigerem Prunk. Nirgends in der Welt gab es reichere Paläste. Von hier aus verwalteten sie ihr mächtiges Erbe, hier lebten sie, meist in einer Welt von Schmeichlern und Sklaven, und hier fiel manch einer von ihnen dem Dolche des Meuchelmörders zum Opfer. Als Konstantin der Große im vierten Jahrhundert beschloß, die Hauptstadt des Reiches nach Konstantinopel zu verlegen, waren die vielen Paläste schon alt. Ein neuer Palatin war im Entstehen, nur daß sich anstatt der Säulen nun Kuppeln im Wasser des Bosporus spiegelten. Die verschwenderische Pracht der byzantinischen Paläste fand Eingang in Sagen und Legenden. In den langen nordischen Wintern erzählten sich die

Wikinger davon; die Fürsten der Balkanstämme und die Nomaden der Steppe hatten von ihnen sagen hören und unterhielten sich am Lagerfeuer über den kaiserlichen Thron mit den goldenen Löwen zu beiden Seiten und dem goldenen Baum dahinter, in dessen Zweigen Singvögel aus Goldemaille saßen. Die römischen Paläste auf dem Palatin verfielen, aber die Kaiserpaläste von Byzanz legten eine noch immer steigende Pracht an den Tag, bis 1453 die Türken Byzanz eroberten und der Sultan staunend durch die Gemächer schritt. Wer heute durch die merkwürdig verzweigte Anlage des Sultanspalastes in Istanbul wandert, mag in ihnen nicht ganz zu Unrecht das letzte noch bestehende Modell des einst so belebten römischen Palatins sehen.

Der Palatin war jedoch nicht von jeher der Hügel des Herrschers. In der republikanischen Zeit, von 509 bis 31 v. Chr., wohnten hier der Adel und die Reichen. Die »Neureichen«, die erfolgreichen Redner und Bankmagnaten, fühlten sich »arriviert«, wenn sie sich dort oben niederlassen konnten. Augustus wurde auf dem Palatin geboren und wollte gern dort oben wohnen bleiben. Ein passendes Gebäude stand zur Verfügung und wurde ihm vom Senat übereignet, als er 27 Jahre alt war. Es hatte bisher dem berühmten Redner und Rivalen Ciceros, Quintus Hortensius, gehört, der als großer Tierliebhaber bekannt war. Hortensius lebte in Rom recht zurückgezogen und stellte seinen Reichtum mehr in seinen Landhäusern zur Schau, von denen er mehr als eins besaß. Auf seinem herrlichen Gut bei Tarentum besaß er einen Weinkeller mit zehntausend Amphoren voll Rotwein und ein Gehege, in dem er wilde, von ihm selbst gezähmte Tiere hielt. Es kam vor, daß seine Gäste während eines Festmahls manchmal Flötenklänge hörten und staunend sahen, wie aus einem Wäldchen ein als Orpheus verkleideter Sklave inmitten einer Schar der verschiedensten Tiere hervorschritt, die ihn zum Klang seiner Flöte umsprangen und umtollten.

In seinem Salzwasserbecken in Bauli hatte er sogar Meeresfische gezähmt und pflegte sie mit der Hand zu füttern, und einmal wurde er durch den Tod eines seiner Lieblinge zu Tränen gerührt. Auch Bäume liebte er sehr und gab ihnen künstlichen Dünger in der Form von Wein. Ein anderes Mal bat er Cicero, ihn in einer Sache zu vertreten, damit er auf seinem Gut einen seiner Lieblingsbäume zur rechten Zeit düngen könnte.

Dieser liebenswerte Mensch also lebte auf dem Palatin in einem recht bescheidenen Haus, und gerade das suchte Augustus, der zu gewitzt war, sich mit dem Pomp zu umgeben, den seine ihm an Format nachstehenden Nachfolger für sich beanspruchten. Wenn er auch später das Nachbarhaus hinzukaufte und so sein Heim vergrößerte, hat er anscheinend jahrelang stets in dem gleichen kleinen Schlafzimmer geschlafen. So wurde also das Haus des Hortensius zum Ausgangspunkt für die vielen Paläste, die sich schließlich über den ganzen Palatin hinzogen.

Einer der bedeutendsten Bauherren war Tiberius, der Kaiser zur Zeit von Christi Kreuzigung. Er ließ sich auf der Nordwestecke des Hügels einen Palast errichten, den sein Nachfolger, der wahnsinnige Caligula, noch bis zu der dem Forum zugekehrten Seite des Hügels, also unmittelbar bis oberhalb des Vestalinnenklosters, erweiterte. In diesem Palast wurde Caligula ermordet, und hier wurde der zitternde Claudius von ein paar vorbeilaufenden Soldaten entdeckt und in den Rang des Purpurs erhoben. Nero hielt den Palast seiner Vorgänger für seiner nicht würdig genug und gab den Palatin zugunsten seines legendären Goldenen Hauses auf. Weder Vespasian noch dessen Sohn Titus bauten neue Paläste, erst der jüngere Sohn Domitian gestaltete Mitte und Südseite des Hügels durch den Bau eines Stadions und eines wundervollen Palastes um, in dem er sein von Verfolgungswahn und Angst verdüstertes Leben fristete, bis er mit einem Dolch im Leibe in einem der Marmorsäle starb. In den nächsten hundert Jahren, während der Regierungszeit der großen Kaiser Trajan, Hadrian und Mark Aurel, kam nichts Neues auf dem Palatin hinzu. Unter Septimius Severus, über dessen Abenteuer in Schottland wir schon hörten und dessen Triumphbogen auch heute noch auf dem Forum steht, wurde die ganze Südwestseite des Hügels mit neuen prächtigen Gebäuden bebaut. Zu dieser Zeit war der Palatin allerdings schon so dicht besiedelt, daß der Kaiser zur

Erweiterung des Bauplatzes erst auf den riesigen Bögen, die noch vom Circus Maximus her sichtbar und mit das hervorstechendste Merkmal des Hügels sind, eine Plattform errichten mußte.

Von Augustus abgesehen, waren die Bauherren dieser Paläste gerade die weniger würdigen Cäsaren: Tiberus war kein sehr anziehender Mensch, Caligula geistesgestört; Nero übertraf alle mit seiner Verschwendungssucht – allerdings baute er nicht auf dem Palatin, Domitian entwickelte sich zu einem grausamen Tyrannen. Die guten Kaiser treten dagegen als Bauherren überhaupt nicht hervor: Claudius war ein Neurotiker, aber doch kein schlechter Mensch, hinterließ nichts, auch Trajan, Hadrian Antoninus Pius und Mark Aurel nicht. So künden also die Paläste auf dem Palatin von der *malaise de pierre* einer Handvoll höchst sonderbarer und unausgeglichener Cäsaren; das ist die ganze Geschichte.

3

Einer jener Sommertage brach an, welche die Stadt wie ein Raubtier anfallen. Schon um neun Uhr morgens brannte die Sonne sengend hernieder, mittags würde es unerträglich sein. Ein Tag, wie geschaffen, dachte ich, die Geheimnisse des Palatins jedenfalls in meinem Sinne zu lösen; dort gibt es schattige Pinien und grasbewachsene Abhänge, und bei einem früheren Besuch war mir eine von Oleanderbüschen und Ilexbäumen überhangene Stelle aufgefallen, wo eine kleine Quelle in einen Steinsarkophag rieselte. Man konnte sich kein passenderes Fleckchen für ein Picknick wünschen.

In einem der großartigen Kolonialwarenläden der römischen Seitenstraßen besorgte ich mir etwas Parmaschinken und »Bel-Paese«, beim Bäcker einen Beutel *grissini* und an einem Obststand ein paar Pfirsiche. Beim Kaufmann hatte ich mich offensichtlich nicht ganz klar ausgedrückt, jedenfalls hatte ich Schinken für zehn, aber wie sich herausstellen sollte, war das gerade recht so.

Auf meinem Weg zum Palatin ging ich eine enge Straße neben dem noch immer halbbegrabenen Forum Julius Cäsars hinunter, als ein bernsteinfarbener Kater, sichtlich ein schlauer alter Kämpe, mit hocherhobenem, zersausten Schwanz auf mich zuschlich. Die meisten Tiere zeigen sich durch ein bißchen menschliche Zuneigung wie verwandelt, Katzen auf jeden Fall. Manche dieser halbwilden Wesen, die da, auf sich allein gestellt, in den Ruinen Roms ihr Leben fristen, bewahren noch von ihren Ahnen her die Erinnerung an ein warmes Herdfeuer und sehnen sich oft nach einer menschlichen Stimme, selbst wenn sie bei der geringsten unvorhergesehenen Bewegung auf dem Sprung zurück in ihre Löcher und Höhlen sind. Auch dieser Kater Murr hatte augenscheinlich bessere Tage gesehen und wartete, wie ein kleiner Dynamo schnurrend, zu meinen Füßen. Als ich mich niederbeugte, um ihn mit ein paar Koselauten zu streicheln, fuhr seine Pfote blitzschnell nach der Schinkentüte. Wenn ein Fremder mich um ein Streichholz gebeten und mir dabei die Taschen geleert hätte, ich wäre nicht erschrockener gewesen. Im Schatten einer Mauer gab ich ihm dann ein Stück Schinken, auf das er sich mit Heißhunger stürzte. Dieses Betragen liegt so gar nicht in der Natur der Katze, die selbst ein Stück Brathähnchen erst einmal beschnuppert, als ob es Gift wäre, und dies zeigte am besten, welche Art Leben er führte. Mittlerweile lugten wie auf einen Lockruf hin hinter jeder Ruinenecke erwartungsvoll gesträubte Katzenschnurrbärte hervor, und im nächsten Augenblick war ich von einem Kreis furchtsam äugender grauer, schwarzer, schwarzweißer, weißer und bernsteinfarbener, jede Farbkombination tragender Katzen umringt, unter ihnen magere Katzenmütter, deren Kleine gerade erst auf ihren Beinen torkeln konnten. Kater Murr war wütend. Da er den Schinken (und mich) allein ausgemacht hatte, wollte er uns beide auch zu höchstpersönlichem Gebrauch vereinnahmen; und so legte er seine Ohren an, grollte dumpf in der Kehle und drohte mit erhobener Pfote. Ganz klar, er war der König dieser Katzenzigeuner.

Schon seit vielen Jahrhunderten hausen die obdachlosen Katzen Roms in Hallen, die einst nur Pracht und Herrlichkeit kannten. Die Reisenden des 18. Jahrhunderts erzählen von ihnen, unsere Väter fütterten sie im 19. Jahrhundert, und es gibt immer noch so viele wie eh und je. Gern ließe ich mir einmal von einem Biologen erklären, warum sich auch bei unbeschränkter Paarung die Farbe Weiß so stark durchsetzt. Ich hätte gedacht, Grau oder Schwarz-Weiß müßte dominieren. Wie dem auch sei, das Ende vom Liede war, daß an die fünfzig Katzen den für zehn Leute reichenden Schinken vertilgten und ich im Fortgehen noch sah, wie sie sich, noch immer voll ungläubigen Staunens ob dieses unerwarteten Glücksfalles, in ihre Ruinenbehausungen zurückzogen.

Ich stieg zum Palatinshügel hinauf und fand mich in einem überaus einsamen, verwunschenen Teil Roms. Pinien und Ilex werfen ihre Schatten auf unheimliche Erdhügel, aus denen irgendein Palastgerippe seine marmornen Knochen ins Tageslicht stößt, Stufen führen in bemooste Keller, lange dunkle Gänge, die einst lichte Marmorhallen miteinander verbanden, wirken wie ausgeschlachtete Untergrundbahnhöfe, und die buntfarbigen Marmorfußböden, über die der Schritt der Cäsaren hallte, sind von der Sonne geborsten. Von der einen Hügelseite konnte ich in seiner ganzen Ausdehnung das Forum überblicken, das unter mir in der heißen Vormittagssonne lag, von der anderen sah ich auf den Schemen des Circus Maximus hinab, dieses riesige, in braunen Staub gezeichnete Oval der marmorglänzenden Rennbahn von einst, die 200000 Zuschauer faßte und nichts als eine große, Geschichte beschwörende Öde ist. Es wird einem unheimlich zumute in der Einsamkeit des Palatins, der die Sprachen Europas um das Wort »Palast« bereicherte, und erleichtert blickt man jedem anderen Palatinforscher im Näherkommen ins Gesicht. Dann ist man wieder allein zwischen Mauern, die von marmorglänzenden Wänden und ragenden, säulengeschmückten Vorhallen erzählen, von Stockwerk über Stockwerk, von Dach an Dach, über denen sich in schwindelnder Höhe die goldenen Standbilder von Göttern

und Menschen und vergoldeten Quadrigen erhoben, die des Lysias etwa, dessen milchweiße Rosse »den Atem des Morgens aus ihren Nüstern bliesen«. Eine der interessantesten Ruinen auf dem Palatin ist das sogenannte Haus der Livia, das man aber heute eher für das Haus des Augustus hält. Ein paar Stufen führen zu einer Reihe kleiner Gemächer hinunter, auf deren Wänden die gemalten Girlanden und Medaillons noch scharf umrissen und farbfrisch wirken; noch immer verfolgt Polyphem die Galatea bis ins Meer und rettet Hermes gerade die Jo. Ehrfurcht überkam mich, als ich dachte, daß vor fast 2000 Jahren die Augen des Augustus auf diesen Wandgemälden geruht haben. Dem Aufseher lag dagegen mehr daran, daß ich das ins Badezimmer führende Hauptwasserrohr aus Blei nicht übersah.
Sollte dies wirklich das Haus des Augustus sein, so ist es noch kleiner, als ich es mir vorgestellt hatte, obwohl er ja bekanntlich in größter Einfachheit lebte. Sogar seine Togen ließ er sich eigenhändig von seiner hohen Gemahlin Livia weben. Auf Grund eines Traumes saß er einmal im Jahr wie ein Bettler vor seiner Tür und nahm von den Vorübergehenden Almosen an. Im Essen war er sehr mäßig, oft nahm er nur in Wasser geweichtes Brot und eine Handvoll Rosinen zu sich, auch Wein trank er wenig. Er litt an Schlaflosigkeit, und als einmal ein angeblicher Millionär hoch verschuldet starb, ließ er sich auf der folgenden Auktion das Kopfkissen ersteigern, das einem solchen Mann Schlaf gebracht hatte ... Augustus war nicht sehr groß, aber bei seinem auffallend schönen Wuchs bemerkte man dies erst, wenn er mit anderen Männern zusammen stand. Er hatte hellbraunes Haar, und sein Gesicht ist uns so vertraut wie nur eins von den Menschen, die vor so langer Zeit gelebt haben. Er hatte vergeistigte, fast asketische Gesichtszüge, vielleicht um eine Spur zu kühl und undurchsichtig. Nie verzogen sich seine Lippen zu einem Lächeln, und doch soll ihm ein gewisser Humor nicht abgegangen sein. Von einem Mann, der in übergroßer Nervosität ihm zitternd eine Bittschrift überreicht hatte, sagte er einmal, es habe ausgesehen, als ob jemand einem Elefanten einen Pfennig anböte. Eins seiner Epigramme, noch dazu

ein höchst ungehöriges, ist uns von Martial erhalten. Wahrscheinlich war er der erste große Sammler von Fossilien und steinzeitlichen Werkzeugen, die er in den Meereshöhlen von Capri fand, und außerdem war Augustus der stolze Besitzer eines Walskeletts.

Ganz im Gegensatz zu seinen größenwahnsinnigen Nachfolgern gestattete Augustus völlige Redefreiheit und ließ es zu, daß die einfachsten Leute ihm die größten Grobheiten ins Gesicht sagten. Tiberius tadelte einmal seinen Stiefvater deswegen, da er eine derartige Toleranz mit der Würde des mächtigsten Mannes der Erde für unvereinbar hielt. Augustus aber erwiderte nur: »Mein lieber Tiberius, rege dich nicht in so jugendlicher Weise auf und entrüste dich nicht so, wenn jemand Böses von mir spricht. Es genügt durchaus, wenn wir verhindern können, daß uns jemand Böses antut.« Und doch konnte er bei allen seinen Qualitäten grausam und herzlos sein. Seine erste Frau war zwölf Jahre älter als er, auch hatte er sie nur aus politischen Gründen geheiratet. Immerhin hätte er einen besseren Augenblick für seine Scheidung wählen können als ausgerechnet den Tag, an dem sie ihm eine Tochter schenkte. Er hatte sich jedoch in den Kopf gesetzt, Livia, die junge Frau des Tiberius Nero, zu heiraten, die denn auch nach ihrer eigenen Scheidung mit ihren beiden kleinen Söhnen zu ihm kam. Augustus verehrte sie sein ganzes Leben lang, obwohl die Skandalchronik seinen Namen mit dem vieler anderer Frauen in Verbindung brachte. Er starb mit 76 Jahren in ihren Armen, und seine letzten Worte sollen gewesen sein: »Livia, gedenke unseres gemeinsamen Lebens, und lebe wohl!«

Nach Dion Cassius wurde Livia einst gefragt, wie sie es angestellt habe, sich die Zuneigung des Augustus zu erhalten. Sie antwortete: »Mein Geheimnis ist sehr einfach, ich machte es mir zur Lebensaufgabe, ihm zu gefallen, und habe niemals eine indiskrete Neugierde hinsichtlich seiner privaten oder öffentlichen Angelegenheiten gezeigt.« Sie hatten keine Kinder, und nachdem die Erben von Augustus' eigener Familie unter Begleitumständen den Tod gefunden hatten, die von den Zeitgenossen für höchst verdächtig gehalten wurden, war es Tibe-

rius Livias Sohn aus erster Ehe, der gemeinsam mit Livia die Thronfolge antrat.
Nach ihren Standbildern zu urteilen, war sie eine hochgewachsene, stattliche und stolze Erscheinung, die jedem Künstler als Modell für eine römische Matrone aus republikanischer Zeit hätte sitzen können. Vergeblich forscht man in ihren Zügen nach einer Spur jenes Ehrgeizes, der vor Mord nicht zurückschreckt, doch bleibt die Tatsache bestehen, daß die Erben nach Augustus' eigener Wahl zu Tode kamen und Livia und ihr Sohn die Nachfolge antraten. In den ersten Jahren ihrer Regierung suchte sie ihren Sohn zu beherrschen. Tiberius haßte sie und nahm sich bei ihrem Tode im Alter von 80 Jahren nicht die Mühe, Trauer zu heucheln; er war nicht einmal bei ihrer Bestattung zugegen.
Ein kurzer Weg brachte mich an die dem Circus Maximus zugekehrte Seite des Palatins. Eine ausgedehnte Plattform unterschiedlicher Höhe mit unzähligen umherliegenden Säulenstümpfen ist hier alles, was vom Tempel des Apollo übrigblieb. Augustus hatte vor der Schlacht bei Actium, als seine Stellung noch nicht gefestigt war, dem Gott einen Tempel gelobt. Nachdem der Sieg über Antonius und Kleopatra erkämpft und er der Herr der Welt geworden war, beeilte er sich, sein Gelübde einzulösen. Wer je den Tempel zu sehen bekam, pries seine Erhabenheit und Schönheit, die Kostbarkeit seines Marmors und den inneren Schrein mit der griechischen Statue des Apollo mit der Leier, die auf den ersten Blick wie ein musizierendes junges Mädchen aussah. In ein Geheimfach im Sockel dieses Bildes hatte Augustus die Sibyllinischen Bücher hinterlegt. Das Schicksal dieser Orakelbücher ist eines der Geheimnisse des alten Rom. Lanciani behauptet, sie hätten sich noch im Jahre 363 n. Chr. bei dem Brand des Tempels, den der Polizeipräfekt Apronianus und seine Feuerwehr nicht verhüten konnten, an dieser Stelle befunden und seien als einziges gerettet worden. Herrlicher noch als der Tempel sollen die beiden Bibliotheken, eine griechische und eine lateinische gewesen sein, die dem Gebäudekomplex angeschlossen waren.
Wohl aus Frömmigkeit führte Augustus hiermit ein Vorhaben aus, das schon Julius Cäsar geplant hatte. Der Lesesaal dieser

Bibliothek, der für eine Senatssitzung genug Raum bot, war mit goldenen, silbernen und bronzenen Medaillons berühmter Redner und Schriftsteller geschmückt.

Wer sich mit einigem Schmunzeln noch an Plinius' Beschreibung der »Dichterlesung« erinnert, die von Zeit zu Zeit von Autoren und solchen, die es werden wollten, veranstaltet wurde, der muß sie sich einmal in dieser Bibliothek vorstellen. Damals war es Mode, daß Schriftsteller ihre Bücher vor ihrer Veröffentlichung erst einmal einem ausgesuchten Freundeskreis vortrugen, und in der eleganten Welt gehörte es zum guten Ton, bei diesen Veranstaltungen gesehen zu werden. Juvenal sagt von sich, zum Gedichteschreiben habe er sich nur deshalb verleiten lassen, um sich an denen zu rächen, deren endlose Werke er schweigend habe über sich ergehen lassen müssen. Zu den Schrecken Roms rechnet er Feuersbrünste, den Einsturz schlecht gebauter Häuser und »Dichter, die sich im August produzieren ...«. Selbstverständlich konnte nur ein berühmter Schriftsteller darauf hoffen, seine Lesestunde in der Bibliothek des Augustus abzuhalten, der durchschnittliche Literaturbeflissene mußte sich mit dem leeren Raum begnügen, den sein Mentor ihm mitsamt den Stühlen und Bänken und oft auch noch dem Publikum mietete!

So ein gesellschaftliches Ereignis, womöglich gar in der Augustus-Bibliothek, beschreibt Plinius, wenn er von Gästen berichtet, die sich nur zögernd dem Lesesaal nähern, indessen andere draußen verweilen und ihre Boten hineinschicken, um nachzusehen, wieviel Seiten noch folgen würden. Wenn sie dann hören, daß »das Ende nicht mehr fern ist, kommen sie langsam herein und sitzen auf der Stuhlkante ...«. Plinius war selbst ein nicht zu bremsender Vorleser und hatte für ein solches Benehmen wenig übrig. Eines fürchterlichen Tages gab er seinen Freunden bei Regenwetter eine zweitägige Vorlesung zum besten und behauptete, seine Zuhörer hätten auch noch um einen dritten Tag gebeten, als er sich anschickte, zum Schluß zu kommen. Wie gut können wir uns den geheuchelten Applaus vorstellen! Und wie Plinius, der plötzlich vom Klang der eigenen Stimme erschrickt und, pausierend, etwa sagt: »Also, dann muß ich wohl wirklich aufhören!« Darauf der Zuruf der Vielgeprüften: »Aber nein, mein Lieber! Mach doch ja weiter! Wir möchten doch nicht gern etwas verpassen!« Ein anderes Mal lud er seine Freunde zu einem Gastmahl ein und las ihnen an zwei aufeinanderfolgenden Abenden Gedichte vor. Schließlich meuterten sie und warfen ihm vor, er könne keine Gedichte aufsagen. Dies stürzte ihn in schwarze Verzweiflung. Er schrieb an einen Freund um Rat. Sollte er lieber seinen Freigelassenen lesen lassen? Wenn ja, wie müsse er sich selbst während des Vortrages verhalten? »Soll ich steif und unbeteiligt dasitzen, oder ihn während des Vortrages mit Augen, Händen und Stimme begleiten, wie du weißt, daß es manche tun?« Armer Plinius! Noch durch seine ironischen Worte spürt man seine verletzte Eitelkeit.

Zeitgenössische Schriftsteller berichten uns eine ganze Reihe Einzelheiten über das Leben eines Autoren, die Veröffentlichung seiner Werke und die Höhe seiner Auflage. Wenn der Verfasser sein neues Werk öffentlich vorgelesen hatte, ging er damit zu einem Verleger, der eine Anzahl Kopisten beschäftigte. Die Schreiber schrieben den Text im Diktat mit schwarzer Tinte auf Papyrusblätter nieder, die später zu einer Rolle zusammengeklebt wurden. Wenn zwanzig Schreiber mehrere Stunden am Tage arbeiteten, konnten sie ohne weiteres in einem Bruchteil der Zeit, die heutzutage zur Veröffentlichung auch des kleinsten Buches benötigt wird, tausend Abschriften herstellen, was damals schon eine ganz hübsche Auflage war. An der fertigen Papyrusrolle wurde ein Stab, *umbilicus*, befestigt, und der Büchersammler konnte nun noch jede Summe ausgeben, um die beiden Enden des *umbilicus*, genannt *cornua*, wunderschön ausschmücken, bemalen oder mit Gold- und Silberknäufen versehen zu lassen. Ferner konnte er auch die Kanten des Papyrus gefärbt bekommen, etwa in der Art unseres Goldschnittes, oder den von der Rolle wie das Siegel eines alten Dokuments herabhängenden Buchtitel verschönern und schließlich für das ganze Werk ein kostbares Kästchen, die *membrana*, anfertigen lassen.

Selten sieht man auf der Bühne einen Schauspieler, der ein altes Manuskript in der richtigen Weise liest, d. h. die Rolle in der

Linken hält und mit der Rechten die ersten Zentimeter hervorzieht und so weiter bis zum Ende der Buchrolle links nachgibt und rechts wieder aufwickelt. Um recht fest aufwickeln zu können, wurde die erste Seite oft unter dem Kinn festgehalten, so daß man beide Hände zum Rollen des *umbilicus* frei hatte. So erklärt sich auch eine Stelle bei Martial, die sicher manchem heutigen Leser schon zu schaffen gemacht hat: Er nennt ein ungelesenes Buch eins, »das noch nicht von einem bärtigen Kinn dünngescheuert ist«.

Meistens verkaufte der Autor sein Buch in Bausch und Bogen ganz an den Verleger, obwohl es ihm natürlich freistand, selber Abschreiber zu beschäftigen und es im Selbstverlag herauszugeben. Kein Wunder, wenn das selten geschah, denn Urheberrechte gab es noch nicht, und jeder konnte eine nichtautorisierte Ausgabe herausbringen. Sich nach einem Streit mit dem einen Verleger in die geöffneten Arme des nächsten zu werfen war also ein Vergnügen, das der antike Schriftsteller nicht kannte, es hatte auch keinen Zweck, denn der erboste erste Verleger konnte sich immer schadlos halten. Horaz verlegte seine Werke bei den Gebrüdern Socius, Martial bei Atrectus und Secundus, Quintilian bei Tryphon und Seneca bei Dorus. Ciceros reicher Freund Atticus verlegte dessen Werke zuweilen in einer, wie man sich gern vorstellt, prachtvoll ausgestatteten Privatausgabe. Kein Schriftsteller konnte von seinen Büchern leben. Martial weiß ein Lied von den Unbilden eines der Literatur gewidmeten Lebens zu singen und klagt, seine Epigramme würden zwar in Britannien, Spanien und Gallien gelesen, er selbst sei deswegen aber um nichts reicher – eine Anspielung auf ausländische Ausgaben, die im Herzen manch eines leidgeprüften Kollegen von heute ein Echo finden wird.

Die »Buchhändlerstraße« des alten Rom war in den Tagen des Martial das Argiletum nahe dem Forum, hier hatten die Verleger ihre Läden, manche waren höchst vornehm als Salons ausgestattet, in denen sich der Käufer niederlassen und in Ruhe die Werke durchsehen konnte, welche draußen an der Tür angezeigt waren. Die Manuskripte wurden, wie Stoffballen geschichtet, auf

Borden aufbewahrt, und so wäre unseren heutigen Augen so ein Buchladen wohl mehr wie das Geschäft eines Tuchhändlers vorgekommen. Ob es Leihbibliotheken in Rom gab, weiß ich nicht, Präsenzbibliotheken existierten jedenfalls nicht nur in Rom, sondern auch in den Provinzstädten. Aulus Gellius erzählt hierzu die Begebenheit, wie einmal während des Gastmahls in der Villa eines vornehmen Freundes in Tivoli die Frage aufgeworfen wurde, ob es gefährlich sei, bei Hitze geeistes Wasser zu trinken. Einige hielten diese Gewohnheit für harmlos und zweifelten gewisse Zitate an, die ein Gast als Gegenargument anführte. Zum Beweis lief der Gast schnurstracks in die öffentliche Bibliothek und kehrte mit einem Zitat des Aristoteles zurück, in welchem das Trinken geeisten Wassers für höchst gesundheitsschädlich erklärt wurde. Laut Gellius machte dieses Zitat einen derartigen Eindruck auf die übrigen Gäste, daß sie allesamt beschlossen, in Zukunft diese Gewohnheit aufzugeben. Was mich nun dabei interessieren würde, ist die Frage, ob der Gast die Erlaubnis erhielt, das fragliche Werk des Aristoteles mitzubringen, oder ob er sich das Zitat in der Bibliothek herausschreiben mußte; aber über diesen Punkt gibt uns Gellius keine Aufklärung.

Von Ruine zu Ruine wandernd, kam ich schließlich an ein unvermutetes, aber höchst willkommenes Schild mit der Aufschrift »Kaffeebar«, das mit seinem Arm in die schattigen Tiefen der Farnesischen Gärten wies. Unter ihren hohen Bäumen und dunklen Hecken flüsterten sich einst Kardinäle ihre weltlichen Geheimnisse zu, und die Zypressen beugten horchend ihre Wipfel hernieder. Die geisterhaften alten Bäume schienen mir voll verborgener Kenntnisse, die sie aus dem geschichtsträchtigen Erdboden sogen. Ich war mutterseelenallein, und doch drehte ich mich in diesem alten Garten mehrmals unversehens um, ob mir an diesem verwunschenen Ort auch nicht jemand folgte.

Aber da stand inmitten der verwilderten Alleen eine beruhigend wirkende Holzhütte: die Kaffeebar. Mit einem bezeichnenden Kopfnicken zu einer an einen Baum gelehnten Vespa hin erzählte mir der Besitzer, daß er im Sommer jeden Tag mit dem Motorrad hierher käme und seine Bar bis zum Ave-Maria-Läuten offenhalte. Noch völlig von dem Gedanken erfüllt, daß diese Gärten auf den Trümmern der Paläste Tiberius' und Caligulas angelegt waren, zog ich mich mit einem Getränk auf eine Bank an einer Hecke zurück. Diese Ruinen wurden niemals systematisch ausgegraben, obwohl im vorigen Jahrhundert ein Wachraum freiglegt wurde, dessen Mauern die Soldaten der Prätorianergarde mit ihren Kritzeleien bedeckt hatten; diese Unsitte ist also an keine Zeit gebunden. Ein Soldat hatte auf griechisch geschrieben: »Auf diese Mauer haben viele eine Menge geschrieben, ich gar nichts!«, worauf ein Kamerad sein »Bravo« hinzugesetzt hat. In diesem Palast wohnte Tiberius zur Zeit der jüdischen Unruhen in Jerusalem und wurde sicher von einem Beamten des Auswärtigen Amtes auf dem laufenden gehalten und damit beruhigt, daß Pontius Pilatus »die Lage fest in der Hand hat«. Hier trieb später sein Nachfolger, der wahnsinnige Caligula, sein Unwesen, wenn wir allem, was über ihn geschrieben wurde, Glauben schenken wollen.

Den Senat, das Volk und schließlich auch das Heer widerten Caligulas Benehmen an. Im vierten Jahr seiner Herrschaft faßte man den Entschluß zu seiner Ermordung. Die Verschwörung entsprang im Grunde einer republikanischen Gesinnung. Der Mann, auf den die Wahl fiel, Caligula niederzumachen, war der Tribun einer Prätorianerkohorte, den Caligula einmal beleidigt hatte. Als Zeitpunkt für die Tat waren die alljährlichen Spiele und Theateraufführungen auf dem Palatin ausersehen, und zwar der Augenblick, wenn Caligula sich während einer Pause vom Theater zum Baden und Speisen in den Palast zurückbegeben würde. Doch der Kaiser hatte von der Mitwirkung eines griechischen Knabenchors bei den Theatervorstellungen erfahren und kehrte noch einmal zurück, um in einem Korridor, wo sie sich versammelt hatten, zu ihnen zu sprechen. Da zog der Tribun sein Schwert und streckte Caligula zu Boden. Caligula war aber nicht tödlich getroffen und vermochte noch zu schreien: »Ich lebe noch!«, worauf in der Nähe herumstehende Soldaten ihn mit ihrer Waffe durchbohrten. Den ausführlichsten

Bericht von seinem Tode haben wir von dem jüdischen Geschichtsschreiber Josephus, der die Einzelheiten zweifellos von dem Enkel Herodes' des Großen, Herodes Agrippa I., erfuhr; dieser weilte zu jener Zeit in Rom. Herodes hatte seine Erziehung in Rom genossen und kannte die kaiserliche Familie aus nächster Nähe. In dem unmittelbar auf die Ermordung folgenden Ereignis sollte er eine bedeutsame Rolle spielen.

Während im Palast der Aufruhr tobte, hielt sich Claudius, der damals 51jährige Onkel des toten Kaisers, hinter einem Vorhang verborgen. Er war ein kluger, etwas pedantischer Professorentyp. Er litt an nervösen Störungen, stotterte, hatte ein Kopfzucken und einen stolpernden Gang, weswegen man ihn in seiner Jugend als den Familientölpel behandelte. Während der zitternde Claudius die Soldaten durch den Palast toben hörte, vergaß er hinter seinem Vorhang ganz, daß seine Füße zu sehen waren. So zerrten ihn die Soldaten aus seinem Versteck hervor, aber statt ihn zu erschlagen, wie er sicherlich erwartete, erkannten sie in ihm ein Mitglied des Kaiserhauses und riefen ihm zum Kaiser aus. Damit wurde der Grund für jenes unheilvolle System der Kaiserwahl durch die Armee gelegt, das bis zum Fall des Reiches dauern sollte.

An diesem Punkt der Geschehnisse griff König Herodes Agrippa I. ein. Daß sein ehemaliger Schulgefährte Claudius zum Kaiser ausgerufen war, kam ihm wohl sehr gelegen, andererseits wußte er, daß der Senat mit der Errichtung der Republik liebäugelte. Eilends begab er sich zur Kurie. Unterwegs traf er den armen Claudius, der in einer Sänfte zur Prätorianerkaserne getragen wurde, und konnte ihm mit ein paar Ratschlägen und ermunternden Worten gut zureden. Im Senat bekannte er sich zur republikanischen Staatsform, wies aber auf die Unmöglichkeiten hin, der Prätorianergarde mit städtischen Kohorten entgegenzutreten. Nachdem er den Senat etwas beruhigt hatte, gab er zu verstehen, das vernünftigste wäre wohl, Claudius zum Rücktritt zu bewegen, und bot sich – als alten Freund – selber zum Überbringer dieser Bitte an. Während er sich so als guten Republikaner produzierte, riet er dem Claudius in geheimen Botschaften fest zu bleiben. So half sein scharfer Verstand, die Entschlußfestigkeit des Senats zum Wanken zu bringen und dem unglücklichen Claudius den Rücken zu steifen.

Die verwunschenen Gärten hinter mir, kam ich nun zu der Stelle, wo Domitians Palast gestanden hat. Aber statt der Marmorhallen, die uns bei diesem Namen gegenwärtig werden, der wachhabenden Soldaten, der Sklaven, die lautlos über das silberne Filigran der Fliesen huschen, statt der Springbrunnen in den Höfen, des Onyx, des Porphyrs sah ich nur noch etliche Morgen Schutt. Und doch, hier lebte und starb jener seltsame Kaiser, dessen düstere Herrschaft durch ganze Scharen von Spitzeln gekennzeichnet ist. Domitian, der Sohn des häuslichen und demokratisch gesinnten Vespasian und Bruder des trefflichen Titus, machte seiner Familie keinesfalls Ehre. So sehr war er von der Angst, ermordet zu werden, besessen, daß sein Entsetzen sich auch auf seine Umgebung übertrug; alle lebten in ständiger Furcht. Er hatte seine Agenten und Spitzel überall; seine Kerker füllten sich mit Verdächtigen.

Auch sein Humor hatte einen makabren Einschlag. Einmal lud er eine Reihe der wichtigsten Persönlichkeiten Roms zu einem Gastmahl in seinen Palast ein. Bei ihrer Ankunft wurden sie in ein vom Boden bis zur Decke schwarz ausgeschlagenes Gemach geführt. Neben jedem Liegesofa sahen die entsetzten Gäste einen mit Namen beschrifteten Grabstein stehen. Dementsprechend nahmen sie ihre Plätze ein und harrten des Henkers, der da kommen sollte. Zunächst erschien eine Schar nackter, schwarzgefärbter kleiner Knaben, die langsam und feierlich einen Tanz vorführten. Zur Speise, die man sonst den Geistern der Dahingeschiedenen darbot, wurde der Totenkuchen gereicht. Während die Gäste einen Bissen zu schlucken versuchten, erzählte Domitian in der lastenden Stille Gruselgeschichten von Mord und Metzelei. Nicht einmal der Palatin hatte je ein solches Schauspiel erlebt. Nach Beendigung des Mahles hörten die erstaunten Gäste, daß sie nun gehen dürften; kaum waren sie zu Hause, erschien ein Palastbote. Doch anstatt des von allen erwarteten Todesurteils erhielt jeder Gast ein kostbares Geschenk ausgehändigt.

Domitians Verfolgungswahn wurde immer schlimmer. Auf seinen Befehl wurden die Wände einer Säulenhalle, in der er gern auf und ab ging, mit Pheugites, einem glänzenden Stein aus Kappadokien, belegt, möglicherweise waren dies dünne Schichten einer Art Marienglas, aus dem auch die Fensterscheiben hergestellt wurden. So konnte er beobachten, was hinter ihm vorging. Retten konnte ihn dieser Spiegelsaal allerdings auch nicht; im dreizehnten Jahr seiner Regierung, im Alter von 43 Jahren, wurde er in seinem Schlafgemach ermordet.
Der letzte Bewohner des Palastes Domitians war ein Schotte namens Charles Mills, der sich in den Ruinen eine gotische Villa baute und dort die römische Gesellschaft des 19. Jahrhunderts gern und häufig empfing. Die Villa Mills kommt in allen Reisetagebüchern des 19. Jahrhunderts vor und wurde erst vor gar nicht langer Zeit abgerissen. In ihren Gärten traf Lady Blessington an einem Frühlingstag des Jahres 1827 eine einsame alte Dame, eine hohe, würdevolle, elegante Erscheinung in einem Gewand aus schwerer dunkelgrauer Levantiner Seide, über einem Spitzenhäubchen trug sie einen Hut aus dem gleichen Material. Ein wunderschöner Kaschmir-Schal, der Lady Blessington wie die Ehrengabe eines barbarischen Stammesfürsten vorkam, fiel gefällig von ihren gebeugten Schultern. Die alte Dame kam auf ihren Sohn zu sprechen, der schon einige Jahre früher gestorben war, und sagte: »Ich werde ihn in jener besseren Welt wiedersehen, wo es keine Tränen gibt.« Man geleitete sie zu ihrem Wagen, und Napoleons Mutter fuhr durch die Ruinen der Cäsarenpaläste früherer Zeiten davon.

4

Die Sonne brannte auf die Ruinen, Grillen zirpten im versengten Gras. Die Hitze war nun ungeheuerlich, und ich machte mich auf die Suche nach meiner schattigen Picknickstelle.
Eine sich an der Südwestseite des Palatins entlangziehende Anhöhe verbirgt die kleine Franziskanerkirche des heiligen Bonaventura unserm Auge, hier sprudelt ein Wasserstrahl aus einem

Löwenmaul in einen alten Steinsarkophag, den das Moos mit einem dicken Plüschpolster überzogen hat. Das Wasser war frisch und klar, ich trank in langen Zügen und tauchte die Hand zwei-, dreimal in die eiskalte Tiefe. An den Hecken wuchsen Brombeeren, wilde Rosen und Minzkraut. Auch Zwergeichen, rote und weiße Oleander- und Lorbeerbäume gab es. Ich ließ mich in ihrem Schatten nieder, lauschte dem kühlen Geplätscher des Wassers und verzehrte die mitgebrachte Mahlzeit. Mir war, als sei ich der einzige Fremde auf dem ganzen Palatin. Später ging ich einen kleinen Pfad am äußersten Abhang des Palatins hinunter und sah bald das Kolosseum und den Konstantinsbogen vor mir liegen. Welch ein Anblick, dieses schaurigschöne Kolosseum von Rom! Jeder Bogen, jede Narbe war von hier so deutlich zu sehen, ich hätte einen Pfennig in sein Rund werfen können, so nahe schien es mir. Es ist ein schwer angeschlagenes, aber nicht tot zu kriegendes Ungetüm mit einer häßlichen aufgerissenen Flanke, die das Steinwerk zum Palazzo Farnese und vielen anderen lieferte.

Ich legte mich in den Schatten und muß wohl eingeschlafen sein, denn als ich die Augen wieder öffnete, sah ich zwanzig Schritt von mir einen jungen Chinesen im hohen Gras knien. Er trug einen schönen seidenen Anzug. Wiederholt ging er in die Knie, verbeugte sich in die Richtung des Kolosseums, erhob sich, ging hierher, dorthin und hatte schließlich das Kolosseum richtig im Sucher seiner Kamera. Was er wohl über Rom, die Mutter des Abendlandes, dachte? Ob er sich hier so fremd fühlte wie wir uns inmitten der geschwungenen Dächer und Drachenziegel Pekings? Mit einem Chinesen auf dem Palatin, das gibt es sicher nicht oft, dachte ich, ließ aber die seltene Gelegenheit ungenutzt, ihn anzusprechen. Er klappte seinen Apparat zu und verschwand nach einem letzten Blick auf das Kolosseum um die Ecke des Hügels.

Allmählich begriff ich, wie Rom vor hundert, zweihundert Jahren ausgesehen haben muß: alles grasüberwuchert, blumenbewachsen und friedlich. Da entsann ich mich eines reizenden Aquarells von Samuel Prout im Victoria-and-Albert-Museum, auf dem ein Franziskanermönch und ein paar Landleute auf einem Feldweg herumstehen, auf dem halb vergraben der Konstantinsbogen aufragt. Wieder blickte ich auf den Bogen hinüber, der heute ganz isoliert auf einer breiten Straße im brausenden Verkehr der hinter dem Kolosseum vorschießenden Autos Omnibusse, Lastwagen, Vespas und Motorräder steht.

5

Den lieben langen Tag sitzen die armen Angestellten am Schalter und lassen die Leute nur allzugern in Neros Goldenes Haus, das zu den weniger besuchten Stätten in Rom gehört. Nach diesen jetzt unterirdischen Gemächern ist es für den eiligen Betrachter auch fast unmöglich, sich ein Bild von dem Goldenen Haus zu machen, man ahnt nur noch seine riesigen Ausmaße. Der Führer zeigte mir einen dunklen Raum mit einer gewölbten Decke, an dessen Wänden sich noch immer geflügelte Genien zwischen den Girlanden tummeln, dann wies er auf ein Loch in der Decke, durch das, behauptete er, Raffael und seine Kollegen sich herunterließen, um die Fresken zu kopieren. Da die Renaissancekünstler von oben in die Ruinen einstiegen, hielten sie sie ganz natürlich für Höhlen oder Grotten und bezeichneten daher die römischen Wandmalereien als »*pittura grottesca*«, daher das Wort »grotesk«. Die Begeisterung der Künstler für diese leichten, anmutigen kleinen »Grotesken« war begründet, denn sie boten eine ausgezeichnete Lösung für das Problem, die vielen Wände der Renaissancepaläste mit Malereien auszuschmükken. Die römischen Innendekorateure des ersten Jahrhunderts wären wohl erstaunt gewesen, hätten sie je erfahren, wohin die vielen Vögel und geflügelten Liebesgötter auf ihren Wänden noch einmal fliegen würden: zuerst in den Vatikan und von da aus auf die Wände eines ganz »barock« gewordenen Europas.
Lanciani beschreibt zwar das Goldene Haus als »feenhafte Einrichtung«, aber ich glaube, es glich mehr einer der zwischen den Kriegen so beliebten internationalen Ausstellung. Der Palast deckte an die vier Quadratkilometer, die von Nero nach dem Brand von Rom im Jahre 64 beschlagnahmt waren. Die

besten Architekten der Zeit hatten ihn mit riesigem Aufwand gebaut und ausgestattet. Im Eingang stand eine etwa 30 Meter hohe Statue des Besitzers, die zu Hadrians Zeiten mit 24 Elefanten an eine andere Stelle geschafft wurde. Es war eine recht wandlungsfähige Statue, denn spätere Kaiser hatten die Gewohnheit, ihre Gesichtszüge oder gar den Kopf gegen ihren eigenen auszuwechseln. So stellte sie einmal Titus und das nächste Mal Commodus dar. Was aus diesem Koloß wurde, ist unbekannt, wie überhaupt das Verschwinden so massiver Gegenstände zu den Rätseln der späteren römischen Geschichte gehört.
Zu dem Gelände des Goldenen Hauses gehörten Höfe und Weingärten, Waldstücke voller Wild, ein Zoo, Botanische Gärten, Schwefelbäder, die von den zwanzig Kilometer entfernten *aquae Albulae* gespeist wurden, und Meerwasserbäder, deren Wasser dreißig Kilometer weit aus dem Mittelmeer kam; Tausende der herrlichsten griechischen und kleinasiatischen Statuen standen umher. Manche der Palastgemächer waren mit Edelsteinen und Perlmutter ausgelegt. Ein Saal für Staatsbankette hatte eine Art Rolldach, durch das die versammelten Gäste mit Blumen und Wohlgerüchen überschüttet wurden. Auch ein maschinell betriebenes Planetarium gab es, in dem die Gäste an einem elfenbeinfarbenen Firmament Auf- und Untergang der Sterne beobachten konnten. Sueton erzählt, Nero habe sich bei der Übernahme seines neuen Hauses umgeblickt und gesagt: »Endlich wohne ich wie ein Mensch!« Seine Hausbesitzerrolle währte allerdings nicht lange, man zeigte mir sogar einen Raum, der wohl vergipst, aber noch unbemalt war; er blieb bei Neros Tod wohl unbeendet liegen.
Das Trümmerfeld besichtigte außer mir nur noch ein französisches Ehepaar, das hunderterlei von dem Führer wissen wollte, so daß diesem fast der Geduldsfaden riß; er gehörte zu der Sorte, die sich nicht gerne von ihrer einstudierten Rede abbringen läßt. Eine ihrer vielen Fragen, die er nicht klar beantworten konnte, war: »Aber können Sie uns bitte sagen, was nach Neros Tode mit dem Goldenen Haus geschah?«
Der Volkshaß gegen Nero hatte sich nicht zum wenigsten gegen diesen verschwenderischen Ausdruck seiner zügellosen

Eigenliebe gerichtet, und Vespasian und dessen Sohn Titus machten es sich zur Aufgabe, das Gelände der Bevölkerung zurückzugeben; kein Wunder, wenn sie es mit großer Befriedigung taten. Auf einen barschen alten Soldaten wie Vespasian, der einfach und bescheiden lebte, gern auf dem Hof weilte, wo seine Großmutter ihn erzogen hatte, und dort aus ihrem Silberbecher trank, kann eine solche Verschwendung wie das Goldene Haus nur peinlich gewirkt haben. Er stiftete Neros künstlichen See als Gelände für das Kolosseum, und Titus ließ später einen Teil des eigentlichen Goldenen Hauses einreißen und baute dort seine Thermen, so daß das römische Volk nun selbstverständlich Nutznießer des Gebäudes wurde, dessen Anblick es einst gehaßt hatte.

»Meinen Sie, daß Nero Rom angezündet hat?« fragte das französische Ehepaar. Jetzt rächte sich der Führer.

»Ich war damals noch nicht hier«, erwiderte er mit schadenfrohem Grinsen.

»Ich glaube nicht«, griff ich an diesem Punkt um der Unterhaltung willen ein, »und ich glaube auch nicht, daß er während des Brandes sang, tanzte oder irgendein Instrument spielte.«

»Aber«, ereiferte sich nun der Franzose, und seine Brillengläser funkelten in der Hitze des Wortgefechts, »bei Tacitus steht, ein Teil der Bevölkerung habe den Brand löschen wollen, sei aber von anderen daran gehindert worden, die die Flammen sogar noch geschürt hätten!«

»Monsieur«, sagte ich ablenkend, »waren Sie schon einmal bei einem großen Brand dabei?«

»Nein«, mußte er zugeben.

»Nun, ich kann Ihnen versichern, daß die Leute sich in solchen Augenblicken Gott weiß was alles einbilden.«

Hier kam die Ehefrau ihrem Mann entschlossen zu Hilfe.

»Ich bin überzeugt, daß Nero Rom angesteckt hat«, erklärte sie.

»In diesem Falle, Madame«, sagte ich, »beugt sich der kluge Mann vor dem unfehlbaren Instinkt einer Frau. Es wäre lächerlich, nun noch weiter darüber nachzudenken.«

Wir gingen über die Straße in ein kleines Café gegenüber der Straßenbahnhaltestelle am Kolosseum und tranken einen Espresso. Ich hatte den Franzosen für einen Professor gehalten; er war ein Weinhändler aus Bordeaux.

6

Jeder ist nach der ersten Besichtigung des Kolosseums recht zufrieden. Auch ein völlig verwirrter Besucher ist wieder beruhigt, denn niemand könnte es für etwas anderes halten als ein riesiges Schlachthaus, das mit größtem Geschick zu dem Zweck gebaut wurde, die Aufmerksamkeit vieler Tausende auf ein kleines Kampffeld zu konzentrieren und sie dann ebenso geschickt wieder in alle vier Winde zu zerstreuen.
Das Erstaunlichste am Kolosseum ist die Tatsache, daß es auf sumpfigem Gelände erbaut wurde und sein ungeheures Gewicht seit all diesen Jahrhunderten auf künstlichen, ins Wasser getriebenen Fundamenten ruht. Auch heute noch wird dieser Teil von Rom von Quellen vom Esquilinhügel durchzogen, wie man in den Kirchen unter S. Clemente bemerken kann. Wie das Kolosseum auf derartigem Grund errichtet werden konnte, ist ein Wunder der Baukunst, und ich kann mir gut vorstellen, daß ein Architekt alles andere in Rom links liegenläßt, um die Gesetze dieser triumphierenden Steinmasse zu studieren. Im Jahre 1865 wurde eines der periodisch immer wieder auftauchenden Gerüchte von einem Schatz im Kolosseum von einem gewissen Signor Testa mit Erfolg wieder hervorgeholt. Er behauptete, er habe den Schlüssel zum Geheimnis des »Frangipani-Schatzes«, der im Mittelalter, als die Familie dieses Namens das Amphitheater in eine Festung verwandelte, angeblich dort vergraben wurde. Pius IX. zeigte sich interessiert und gab die Erlaubnis zu Grabungen, die ganz Rom mit atemloser Spannung verfolgte. Eigentlich Wertvolles fand man zwar nicht, doch waren die Anstrengungen auch nicht vergebens, da auf diese Weise Lanciani die einmalige Gelegenheit zur Untersuchung der Fundamente des Kolosseums geboten wurde.

Er schrieb, er habe »den oberen Gürtel der Grundfesten« gesehen, »die wie die oberen Rundgänge mit Bogen ausgestattet sind; darunter befindet sich eine Betonschicht, die bis in eine beträchtliche Tiefe reichen muß«. So steht also unter den sichtbaren Bogen des Kolosseums noch eine weitere Bogenreihe, die, auf einem Bett des unzerstörbaren römischen Betons ruhend, das Gewicht des Gebäudes trägt.

Ich kletterte kreuz und quer in dem mächtigen Bauwerk umher und fand, daß es von allen Ruinen in Rom am ehesten zu erfassen war. Es bedarf keiner großen Einbildungskraft, es in seiner ganzen Pracht wiederaufzubauen, mit 80000 Zuschauern zu füllen, sich den Cäsar in der kaiserlichen Loge, die Senatoren auf ihren Ehrenplätzen am Geländer, den Adel, die Vestalischen Jungfrauen vorzustellen und ganz hoch oben das gemeine Volk, das mit den obersten Plätzen vorliebnehmen mußte. Das Publikum saß im Kolosseum nach einer strikt eingehaltenen Sozialordnung, und ein Beamter, der *disignator*, achtete darauf, daß die Leute auf den ihnen zukommenden Plätzen blieben. Zuweilen wurden sogar Kleidungsvorschriften erlassen, die genau eingehalten werden mußten. Römische Bürger hatten zu den Spielen in ihren Togen zu erscheinen, und auch der Magistrat und die Senatoren kamen in ihrer Amtstracht. Diese gewaltige, überwiegend weiß gekleidete Menschenmenge in den aufsteigenden Rängen muß ein überwältigender Anblick gewesen sein: die Senatoren in ihrer gesäumten Toga und den roten Sandalen, die Konsuln im purpurnen Gewand, die Botschafter und anderen Angehörigen des Diplomatischen Korps in der Tracht ihrer Heimat, die Prätorianergarde in voller Uniform und der Kaiser in seiner herrscherlichen Robe.

In den starken Masten hoch oben auf der Galerie bedienten Scharen von eigens dazu ausgebildeten Matrosen der Flotte von Misenum wie auf einer riesigen Galeere die Seile und Flaschenzüge des ungeheuren Sonnensegels. Selbst bei nur leichtem Wind erzeugte dieses *velarium* einen donnerähnlichen Krach, und an böigen Tagen ließ es sich überhaupt nicht gebrauchen. Wenn man an Spieltagen über das menschenleere Forum ging, konnte man von weitem sein Knallen und Knattern hören, bis

plötzlich wildes Gebrüll aus achtzigtausend Kehlen es übertönte.
Eine Volksmenge, die eigens dazu zusammengekommen ist, um genießerisch Schmerz und Tod gemächlich zu beobachten, muß ein fürchterlicher Anblick sein. Ich denke da an das Erlebnis eines Freundes des heiligen Augustin, Alypius, den Mitstudenten gegen seinen Willen mit zu den Spielen geschleppt hatten. Zunächst wollte Alypius nicht zusehen und hatte mit geschlossenen Lidern dagesessen, dann aber, bei einem wilden Schrei, sah er aufschauend, wie ein Gladiator unter einem Schlag in die Knie sank. Unsägliches Mitleid mit dem Ärmsten erfüllte seine Seele, doch plötzlich, als der Todesstreich fiel, »war er wie berauscht von einer Art Wildheit« und saß mit weitaufgerissenen Augen, ein Wissender, da. Mit Ausnahme von Seneca hat nicht einer der antiken Schriftsteller, nicht einmal der gütige Horaz und der sanfte Plinius, die degradierende Wirkung des Amphitheaters angeprangert, erst mit dem Einzug des Christentums in die Welt brachten Männer den Mut und den Anstand auf, derartige Stätten zu schließen.
Beim Herumklettern auf den verfallenen Rängen und Stufen fiel mir auch die Organisation ein, die diese monströs-grausame Arena mit Material versorgte. Überall im Reiche ließen Beamte wilde Tiere für die Arena aufkaufen und fangen, und es heißt, daß die hohe Zahl edler Bestien, die ihr Leben zum Vergnügen des Mobs lassen mußten, im Verlauf der Jahrhunderte fast zu einer Ausrottung gewisser Arten in der römischen Welt führte. So seien angeblich der Elefant aus Nordafrika, das Nilpferd aus Nubien und der Löwe aus Mesopotamien verschwunden. Schon lange vor dem Bau des Kolosseums bildete diese Tierschlächterei den volkstümlichen Auftakt zu den Gladiatorenkämpfen, es gab eine Vormittags - und eine Nachmittagsvorstellung. Sulla schickte einmal 100 Löwen auf einmal in die Arena, und zwar wurden sie, wie Cicero berichtet, nicht wie bisher an Pflöcken angebunden, sondern liefen frei umher. 58 v. Chr. zeigte man in einem Wasserbecken der Arena mehrere Krokodile und für Rom zum ersten Male auch ein Nilpferd. Während einer *venatio* im Jahre 55 v. Chr., der auch Cicero beiwohnte,

wurden 600 Löwen niedergemacht, und 18 Elefanten hätten bei einem Fluchtversuch fast die Absperrung durchbrochen. Einzig und allein für den Elefanten brachte der herzlose römische Mob ein wenig Mitleid auf, weil man laut Cicero glaubte, der Elefant habe etwas mit dem Menschengeschlecht gemein. Der ältere Plinius berichtet, diese Tiere, die Pompejus mitgebracht hatte, »flehten in unbeschreiblich rührender Stellung um das Mitleid der Menge und beklagten in so herzzerreißenden Lauten ihr unglückliches Geschick, daß sich die ganze Versammlung tränenüberströmt erhob und Pompejus mit Flüchen überschüttete«. Leider ging das Mitgefühl nicht sehr tief; noch lange Jahrhunderte sah das Volk zu, wie Elefanten und sonstige Tiere hingeschlachtet wurden, ja gegen Ende des Reiches wurden diese gräßlichen Schauspiele noch besonders verschwenderisch ausgestaltet.

Zur Ausbildung der Tierkämpfer gab es in Rom Schulen, in denen sie besondere Tricks zur Belustigung und Nervenaufstachelung des Mobs lernten. Diese Männer, die *bestiarii* oder *venatores*, standen rangmäßig unter den Gladiatoren. Auch Verbrecher konnten dazu verurteilt werden, in diesen Instituten den Tierkampf in der Arena zu erlernen. Nach der Errichtung des Kolosseums hielt man die für das Amphitheater bestimmten Bestien in dem sogenannten Vivarium, einem auf dem benachbarten Coeliushügel gelegenen Zoo. Am Tage der Spiele wurden sie in Käfigen durch einen noch heute sichtbaren unterirdischen Gang zum Kolosseum hinuntergebracht, wo mit Hilfe von Flaschenzügen und Winden betriebene Aufzüge die Käfige in die Arena beförderten.

Dieses diente jedoch alles lediglich dazu, die Leute für die Männerkämpfe am Nachmittag auf den Geschmack zu bringen. Zur Kaiserzeit gab es vier staatliche Schulen, in denen die Gladiatoren in strengster Zucht lebten. Bei besonderer Ernährung umfaßte ihre Ausbildung jede Waffe vom Schwert und der Lanze bis zum Fischnetz und Wurfseil. Wie die Filmschauspieler heute war der Berufsgladiator damals das Idol der Menge und, versteht sich, mancher Frauen. Eine Mauerkritzelei in Pompeji bezeichnet einen bestimmten Gladiator als »Schwarm aller

Mädchen«. Wenn sie Glück hatten, hielt sich ihre Beliebtheit sogar länger als die der heutigen Filmstars, denn wir erfahren von alten Recken, Siegern in hundert Kämpfen, die beim ehrenhaften Abschied aus der Arena das Abzeichen des »hölzernen Schwertes« überreicht bekamen. So seltsam es klingen mag, manche dieser alten Gladiatoren vermochten sich nicht vom blutbefleckten Sand der Arena zu trennen, die Sucht nach Beliebtheit und Applaus, oft auch der Nervenkitzel des Kampfes lockten sie aus dem Ruhestand auf das Kampffeld zurück. Auch gab es ein Vermögen zu verdienen.

Neben den staatlichen Schulen bestanden noch zahlreiche *ludi*, in denen die Gladiatoren auf Kosten reicher Amateure oder Geschäftsleute ausgebildet und dann im ganzen Lande vermietet wurden, wie ja auch heute noch die Stierkampfveranstalter die *matadores* mitsamt ihrer *cuadrilla* mieten. Selbst das Kolosseum wurde vermietet. Ein reicher Mann oder ein Politiker, der sich beliebt machen wollte, konnte auf seine Kosten Spiele im Kolosseum veranstalten; er saß dann während der Vorstellung auf dem *editoris tribunal*, einem besonderen Platz, der heute nicht mehr zu sehen ist.

Auf den offiziellen Plätzen waren als einzige Frauen die Vestalinnen zugelassen; wohnte die Kaiserin den Spielen bei, saß sie bei ihnen. Im allgemeinen waren Frauen bei den Spielen nicht gern gesehen und durften nur ganz oben in den Reihen der *plebs* sitzen. Später ließ man sie wie Gladiatoren gegeneinander kämpfen, doch war damals wie heute der weibliche *matador* eine Ausnahme.

Wie die Vestalischen Jungfrauen eigentlich die Spiele ertragen sollten, wo man sie doch sonst so sorgfältig gegen die harten Tatsachen des Lebens abschirmte, ist mir ein Rätsel, doch las ich einmal, daß es zuweilen nötig war, sie in die höher gelegenen Reihen umzusetzen, auf denen die Sicht nicht so gut war. Von Anfang bis zum Ende, wenn eine schauerliche Figur in der Tracht des Charon oder sonst eines Bewohners der Unterwelt die Arena betrat und mit einem kleinen Holzschlegel den noch nicht Toten einen Schlag auf den Kopf versetzte, war diese Art »Unterhaltung« kaum für die Augen dieser Klosterfrauen ge-

eignet; da ihre Gegenwart dennoch von Amts wegen gewünscht wurde, zeigt das nur die Gegensätze zwischen der heidnischen und der christlichen Welt auf.
Genau wie moderne Stierkämpfer paradierten die Gladiatoren am Spieltage in ihren Wagen. Am Kolosseum angekommen, stellten sie sich in Reih und Glied auf und nahmen zu den Klängen der Musik am *paseo* teil. Diener trugen ihnen die Waffen nach, und so marschierten sie rund um die Arena und ließen an einem bestimmten Punkt gegenüber der kaiserlichen Loge mit erhobener Rechten ihren berühmten Gruß erschallen: »Heil dir, Cäsar, die Todgeweihten grüßen dich!«
Darauf wurden die Waffen untersucht und alle irgendwie in betrügerischer Absicht vorbereiteten ausgesondert. Manchmal wurden die Zweikämpfer durch das Los bestimmt, oft auch stellte man Experten der verschiedenen Waffen gegeneinander auf, etwa einen Schwertkämpfer gegen einen Mann mit Netz und Dreizack. Auf ein Zeichen des Kaisers begann nun eine Reihe von Zweikämpfen auf Leben und Tod, Musik von Trompeten, Hörnern, Flöten und einer Wasserorgel setzte ein, dazu kam das Gebrüll der Tausende und der Lärm der Instruktoren, die die Kämpfer mit anfeuernden Zurufen aufstachelten oder, wenn sie sich nicht richtig ins Zeug legten, mit der Peitsche dazwischenfuhren.
Einigermaßen barmherzig gingen noch die Kämpfe aus, in denen der besiegte Gladiator das Recht hatte, um sein Leben zu bitten. Hatte er tapfer seinen Mann gestanden, konnte die Menge ihn vom Tode retten, indem sie sich vorbeugte und ihre Daumen nach oben drehte, was bedeutete: »*Mitte!*« (Laß ihn gehen!); wollte sie ihn aber sterben sehen, kehrte sie die Daumen nach unten: »*Jugula*!« (Töte ihn!); und nachdem der Herr der Welt mit einem Blick über die Menge deren Willen festgestellt hatte, gab er das Zeichen zu Leben oder Tod.
Keine Gnade gab es jedoch in dem sogenannten »Kampf bis zum Tod«, in dem eine Kompanie Gladiatoren focht, bis nur noch einer am Leben war; und noch grausamer waren die Einlagen am Mittag, bevor die eigentlichen Wettkämpfe begannen, wenn eine Rotte elender Räuber, Wegelagerer, Mörder und

andere zum Tode Verurteilten in die Arena getrieben wurden, wo sie sich gegenseitig niedermachen mußten. Auf diese Weise kamen zu Neros Zeiten und auch später noch die Christen in der Arena um; da man sie aber kaum dazu bringen konnte, sich gegenseitig zu töten, ließ man wilde Tiere auf sie los. Der Gegensatz zwischen der besten Seite des römischen Lebens, seiner ernsten Würde und der widerlichsten Gemütsverrohung, die bei den öffentlichen Vergnügungen Roms zur Schau trat, ist wahrhaft erschütternd.

Einen recht lebhaften Eindruck von den Vorgängen im Kolosseum vermittelt ein Bericht des Dion Cassius über den Tag, an dem der hirnverbrannte junge Kaiser Commodus, der gern als königlicher Herkules verehrt werden wollte, in der Rolle eines *bestiarius* in der Arena erschien. Dion Cassius war in seiner Eigenschaft als Senator zugegen, in Amtstracht, den Lorbeerkranz um die Schläfen. Er beschreibt, wie der junge Kaiser, als Merkur gekleidet, von der Galerie des Amphitheaters herab an die hundert Bären mit Pfeil und Bogen erschoß. Dann stieg er in die Arena hinab und erlegte einen Tiger, ein Flußpferd und einen Elefanten. Die Senatoren empfanden es als eine Schande,

mit ansehen zu müssen, wie Mark Aurels Sohn die kaiserliche Würde in den Staub zog, und mußten doch während seiner Heldentaten von Zeit zu Zeit durch bestimmte Zurufe ihren Beifall bezeugen: »Du bist der Herr!« – »Stets bleibst du Sieger!« Dann, berichtete Dion Cassius weiter, wandte sich der Kaiser gegen die Reihen der Senatoren, reckte sein bluttriefendes Schwert und zeigte ihnen in hocherhobener Hand das Haupt eines soeben von ihm erschlagenen Tieres. Dabei »schüttelte er es, ohne ein Wort zu sprechen, wie um uns zu drohen, daß es uns ähnlich wie diesem Tier ergehen könne«. Viele Senatoren bogen sich vor Lachen, aber, sagt Dion Cassius, das hätte ihnen das Leben kosten können, und so zog er unauffällig ein paar Lorbeerblätter aus seinem Kranz, kaute darauf und »riet auch den neben mir Sitzenden, das gleiche zu tun«.

Beim Lesen dieser alten Schriftsteller hatte ich oft den Eindruck, daß viele von ihnen die Spiele an sich nicht schätzten, sie aber als eine nationale Einrichtung hinnahmen, die überdies den Segen des Staatsoberhauptes hatte. Kaiser Tiberius machte kein Hehl aus seiner Abneigung, ebensowenig Mark Aurel, der großen Anstoß damit erregte, daß er in der kaiserlichen Loge Briefe diktierte und sich unterhielt; aber erst in christlicher Zeit konnte sich die Gegnerschaft wirklich durchsetzen, so daß die Spiele allmählich aus der Mode kamen. Die letzten Spiele waren wohl nichts weiter als eine Gedenkvorstellung; wie Cassiodor sagt, waren die 519 von Theoderich eingeführten wilden Tiere seinen Zeitgenossen nicht einmal mehr bekannt. Die letzten uns überlieferten Spiele wurden 523 von Anicius Maximus veranstaltet. Sollten die Pferde- und Stierknochen, die 1878 im Kolosseum gefunden wurden, von dieser Gelegenheit herrühren, so hat man anscheinend in jener Zeit das Kolosseum als Stierkampfarena benutzt.

Und das blieb es auch im Mittelalter, ab und zu wurde dazwischen ein Schauspiel, ein Theaterstück gegeben. Bäume und Unkraut nahmen überhand, Räuber und Eremiten fanden dort Unterschlupf, Hexen und Zauberer machten es zum Hauptquartier der Schwarzen Kunst. In einer finsteren Nacht hatte hier Benvenuto Cellini sein denkwürdiges Erlebnis mit den

Teufeln. In Begleitung eines sizilianischen Priesters und eines Jungen aus seiner Werkstatt ging er zu einer Séance ins Kolosseum. Der Zauberkreis wurde gezogen, die Beschwörungsformeln gemurmelt, Räucherwerk wurde verbrannt. Dann, nur dem Priester und dem entsetzten Jungen sichtbar, füllte sich das Amphitheater mit Dämonen. »Eine Million kriegerischer Gestalten umzingelt uns!« rief der verängstigte Junge, und sein Schrecken teilte sich auch dem Priester mit, der wie Espenlaub zitterte. Cellini berichtet, daß auch er sich gefürchtet habe, ihnen aber bedeutete, sie sähen ja nur Rauch und Schatten. Der Junge schrie laut auf: »Das ganze Kolosseum steht in Flammen, gleich wird es uns verzehren!«, und wagte nicht mehr aufzublicken. Schließlich gingen sie beim Läuten der Frühmesse nach Hause; unterwegs behauptete der Junge immer noch steif und fest, daß ein paar Dämonen ihnen folgten, manchmal gar vor ihnen hersprangen oder auf den Dachfirsten herumtanzten.

Jahrhunderte später behaupteten die Victorianer und ihre Väter, etwas so Romantisches wie die Kolosseumsruine gäbe es in ganz Rom nicht. Auf der ehemaligen Bühne, wo das Blut unzähliger Menschen und Tiere geflossen war, stellten unsere Urgroßmütter ihre Staffeleien auf und machten eine schöne Zeichnung von einem Hirten mit seinen Ziegen neben einem zerborstenen Marmorsockel. Bäume und Büsche wuchsen, wo einst die Senatoren in amtlicher Würde gesessen hatten, in den oberen Rängen hausten nun Eremiten und sorgten damit für den romantischen Anstrich.

Ein Botaniker schrieb ein Buch über die Flora im Kolosseum; er stellte 260 Arten fest, spätere Forscher brachten die Zahl auf 420. Es wurde Mode, das Kolosseum bei Mondlicht zu betrachten. Kerzenlicht, Kartentisch, Eis und süße Nachtischknabbereien wurden schnöde verlassen, Samt und Seide zwängte sich in die *carozze* und fuhr im Vollmondschein zu dem gefallenen Riesen. »Es ist unmöglich, die feierliche Größe der Szenerie zu beschreiben«, schreibt Lady Knight 1795. »Das Mondlicht floß durch den eingestürzten Teil herein und beleuchtete mit vollem Glanze die besterhaltene Seite. Da in diesem Licht keine Ein-

zelheiten zu sehen waren, konnte man fast meinen, das Kolosseum sei noch ganz mit Zuschauern gefüllt.«
Hier hörte Byron der Eule langgezogenen Ruf. Dickens und viele andere huldigten einer Szene, die an Melancholie in der Welt nicht ihresgleichen hatte. Kaum aber war Rom die Hauptstadt Italiens geworden, als sich die Archäologen im Kolosseum ans Unkrautjäten machten, alle 420 Arten wurden herzlos aus ihren Rissen und Spalten gezerrt. Und so steht es noch heute; noch immer erregt es ungläubiges Staunen: ein Steinkoloß mit aufgerissener Flanke, in der im Mittelalter die Travertinblöcke tonnenweise in die Tiefe stürzten, deren Quadern später für den Palazzo Venezia, den Palazzo Farnese, die Cancelleria und viele andere verwendet wurden.

Kapitel V

Besuch der Katakomben
Auf der Via Appia
Die frühen Christen und das Abendmahl
St. Johannes im Lateran
Ein Einsiedlerpapst
Grab und Basilika des Völkerapostels Paulus
S. Clemente
Der Mithrastempel unter der Kirche

1

Vom Kolosseum zur Via Appia hinaus geht jetzt alle halbe Stunde ein Bus; solchen Zusammenstößen zwischen den Zeitaltern begegnet man hier auf Schritt und Tritt. Ist es nicht höchst seltsam, wenn man die Buchstaben S. P. Q. R., einst der Schrecken der Welt, heute als Stempel der Stadtverwaltung auf jedem Rinnstein und Kanaldeckel findet? Und ist es nicht im Grunde beklemmend, wenn Bekannte zu einem sagen: »Kommen Sie doch mal vorbei, wenn Sie an der Via Appia sind, wir wohnen ganz dicht am Grabmal der Cecilia Metella ...?« Für die Römer sind solche Dinge etwas Alltägliches, sie finden nichts Merkwürdiges dabei. Wenn man von dem kleinen Café an der Omnibushaltestelle voller Interesse zum Kolosseum hinübersieht, kann man ziemlich sicher sein, daß ihm die auf Bus oder Straßenbahn wartenden Römer nicht einen Blick schenken. Sie wissen, daß es da steht, und es würde ihnen fehlen, wenn es einstürzte, aber es ist schon so lange da, und sie kennen es alle von Kindesbeinen an. Lebte man in Rom ständig im wachen Bewußtsein der historischen und archäologischen Gegebenheiten, könnte man irre werden. Gibbon war klug genug, sein Buch in der Schweiz zu schreiben, und ich würde mich nicht wundern, wenn mir jemand sagte, daß Gregorovius nach zwanzig Jahren geschichtlicher Forschung in Rom als ein bißchen sonderbar gegolten habe.

Der Bus zur Via Appia hinaus ist meist halb leer. Er fährt die Straßen zwischen dem Coelio-Hügel und dem Palatin entlang. Auf der ebenen Kuppe des Coelio stand früher ein Wasserbehälter für die Seeschlachten im Kolosseum, weiter unten am Hügelabhang führt ein imposantes Treppenwerk zur Kirche des heiligen Gregorius hinauf, einst ein Benediktinerkloster, von dem der heilige Augustin und seine Gefährten zur Bekehrung der Engländer ausgesandt wurden.

Der Bus läßt die römische Stadtmauer bei der alten Porta Appia, heute Porta S. Sebastiano, hinter sich, wenige Augenblicke später fährt er unter einer Eisenbahnbrücke durch und über das klägliche Rinnsal eines Flusses. Kaum zu glauben, daß dies die romantische Almone sein soll, in der der Hohepriester der Kybele und seine widerlichen Derwische einmal im Jahr die Göttermutter badeten – wie die Aphrodite von Paphos lediglich ein schwarzer Stein – und zu Trommel- und Tamburinklang ihre erstarrten Riten vollzogen.

Etwas weiter, an der isoliert an der Straße stehenden kleinen Barockkirche »Domine Quo Vadis«, fallen uns wieder ansprechendere Dinge ein. An dieser Stelle begegneten sich nach der Überlieferung unser Herr und der Apostel Petrus, wie uns in den apokryphen »Petrus-Akten« so lebendig erzählt wird: Auf die Predigten des Apostels hin hatten nämlich eine Anzahl Patrizierinnen beschlossen, ihre Ehemänner zu verlassen und fortan in Keuschheit zu leben. Die erbosten Ehemänner wollten darauf Petrus als »Händler in sonderbaren Künsten« hinrichten lassen, allein eine gewisse »außerordentlich schöne« Dame namens Xanthippe warnte den Heiligen vor der ihm drohenden Gefahr und riet ihm, aus Rom zu fliehen. Zunächst weigerte sich Petrus, aber seine christlichen Brüder setzten ihm zu, daß er sein Leben um der jungen Kirche willen retten müsse.

»Er gab aber den Brüdern schließlich recht und zog fort, allein, und sagte: ›Keiner von euch soll mit mir fortziehen, sondern ich mache mich allein auf den Weg, nachdem ich mein äußeres Aussehen verändert habe.‹

Als er aber zum Stadttor hinausging, sah er den Herrn nach Rom hineingehen. Und als er ihn erblickte, sagte er: ›Herr, wohin unter diesen Umständen?‹ Und der Herr sprach zu ihm: ›Ich gehe nach Rom hinein, mich kreuzigen zu lassen!‹ Petrus sagte zu ihm: ›Herr, erneut wirst du gekreuzigt?‹ Und er sprach zu ihm: ›Jawohl, Petrus, erneut werde ich gekreuzigt.‹ Und Petrus ging in sich und sah den Herrn zum Himmel aufsteigen. Darauf kehrte er nach Rom zurück, war voller Jubel und pries den Herrn, weil er selbst ihm gesagt hatte: ›Ich werde gekreuzigt‹, was mit Bezug auf Petrus dann auch eintreten sollte.«

Die »Petrus-Akten« beschreiben dann, wie der heilige Petrus mit dem Kopf nach unten gekreuzigt wurde, und behaupten, Nero sei vor Wut außer sich gewesen, als er von dem Tod des Apostels erfuhr, »denn er wollte ihn strenger und mit größeren Martern bestrafen«.

Der Verfasser dieser Schriften, wahrscheinlich ein Grieche aus Kleinasien, der um 200 n. Chr. schrieb, hatte anscheinend wenig Ahnung von Rom, auf keinen Fall kann er Tacitus gelesen haben, denn er behauptet, Nero habe auf Grund einer Vision von der Christenverfolgung abgesehen.

Unweit der Kirche »Domine Quo Vadis« liegt die Via Ardeatina, die die Erinnerung an ein Martyrium der jüngeren Vergangenheit wachruft. Im März 1944 warfen Mitglieder der italienischen Widerstandsbewegung in der Via Rasella, der engen Straße gegenüber dem Hauptportal des Palazzo Barberini, eine Bombe, die 32 deutsche Soldaten tötete. Als Vergeltungsmaßnahme trieb die deutsche Gestapo aufs Geratewohl 335 Italiener zusammen, von denen keiner irgend etwas mit dem Attentat zu tun hatte – unter ihnen Geschäftsleute, Priester, einige Ausländer und ein 14jähriger Junge. Sie wurden in die verlassenen Sandgruben der Via Ardeatina gebracht, dann sprachen die Maschinengewehre. Ihre Leichen verbarg man unter Sandmassen, die durch Minen ins Gleiten gebracht wurden. Unmittelbar nach Abzug der Deutschen erfolgte die Ausgrabung und Identifizierung der Toten, und in den Sandgruben erhebt sich nun eine würdige Gedenkstätte, die für viele das ergreifendste

Denkmal zur Erinnerung an die Schlächterei des Krieges ist, das sie je gesehen haben. Bei der Besichtigung dieses düsteren Ortes sprach ich einen neben mir stehenden Mann an, – er antwortete auf deutsch.

Der Omnibus fährt nun ein Stück der Via Appia entlang, wo sie wie ein enger Landweg wirkt. Hier wechseln hohe Villenmauern mit Gartentoren ab, hinter denen schattige Pfade auf sienabraune, von Ranken und Bougainvillea über und über bewachsene Häuser zuführen, und man ist überzeugt, daß diese Straße auch im 19. Jahrhundert, als unsere Väter hier im Wagen hinausfuhren, schon so ausgesehen haben muß. Unser Bus zischt wie ein Drache – jedenfalls wie ein kleiner, ein bißchen abgekämpfter Drache – und kommt unweit des Grabmals der Cecilia Metella zum Stehen. Vor uns erstreckt sich gerade wie ein römischer Speer, umsäumt von Pinien und Zypressen, der Appische Weg. Das alte Pflaster aus viereckigen Basaltblöcken ist in Abschnitten von 15 bis 30 Meter Länge noch erhalten, auf den dicken Steinen hat der Verkehr von zwanzig Jahrhunderten tiefe Scharten und Rillen hinterlassen.

Nicht weit von hier liegen vier von Roms interessantesten Katakomben.

2

Wohl an die 50 Katakomben liegen in einem Kreis um Rom, noch immer werden neue dazu entdeckt. Ohne Zweifel schläft noch manch einer der ersten Christen ungestört unter dem Pflaster der heutigen Stadt. Nach Pater Marchis Schätzung liegen vermutlich sechs Millionen Christen in den Katakomben begraben, und die Gänge, alle aneinandergereiht, ergäben eine Strecke von etwa 900 Kilometer.

Zwei Begleitumstände spielten bei der Entstehung der Katakomben mit. Nach römischem Recht waren Bestattungen innerhalb der Mauern nicht erlaubt, daher lagen die Katakomben zwangsläufig vor der Stadt. Als Boden eignete sich das weiche Vulkangestein, *tufa granulare* benannt, am besten, darüber hinaus mußte das Gelände frei von unterirdischen Quellen sein und hoch genug liegen, um bei Regenwetter vor Überschwemmungen geschützt zu sein. Die alte Theorie, nach der die Katakomben in verlassenen Steinbrüchen und Sandgruben angelegt wurden, ist lange aufgegeben; sie wurden eine wie die andere höchst sorgfältig von der Gilde christlicher Totengräber, den *fossores*, ausgeschürft. Die Tatsachen, daß nach der ersten Blütezeit der frühen Kirche Gregor der Große diesen Leuten des öfteren verbieten mußte, gegen Bestechungsgelder Gräber in der Nähe eines beliebten Märtyrers anzulegen, läßt recht nüchterne Einblicke in die menschliche Natur zu.

Niemals dienten die Katakomben als Wohnungen, in denen sich die Christen verbargen. Liest man in den Lebensbeschreibungen der Heiligen von jemandem, der »in den Katakomben« lebte, so ist damit gemeint, daß er in einem der Gebäude darüber wohnte. Selbst wenn es möglich gewesen wäre, die ausgegrabenen Tuffsteinhaufen wegzuschaffen – aus welchem Grund hätten die Katakomben geheimgehalten werden sollen? Das römische Recht hatte hinsichtlich der Verstorbenen und ihrer Bestattung fest umrissene und wohlwollende Bestimmungen. Selbst die Leiche eines hingerichteten Verbrechers wurde in den meisten Fällen seinen Freunden und Verwandten ausgeliefert. Daher wandte sich Joseph von Arimathia auch ohne Zögern mit der Bitte um Herausgabe des Leichnams Christi an Pontius Pilatus, der dieser Bitte ohne weiteres entsprach. Außer vielleicht in den Zeiten bitterster Christenverfolgung, übergab man nach dem gleichen Recht auch die Körper der Märtyrer den Gläubigen zur Bestattung.

Wie alle anderen Gräber waren die Katakomben ein heiliger Ort. »Jeder macht seinen Grund und Boden zu einem heiligen Ort, indem er seine Toten dort hinbringt«, hieß es im Gesetz. Die Katakomben waren dem Magistrat und der Polizei gut bekannt und mußten überdies nach bestimmten Vorschriften angelegt werden. Die Ausschachtungen unter der Erde durften den Umfang des oberirdischen Geländes nicht überschreiten. War daher eine Katakombe voll ausgenutzt, so gruben die *fossores* ein paar Stufen tiefer einen neuen Stollen unter dem ersten.

So haben manche Katakomben sechs Stockwerke, wobei die ältesten Gräber natürlich am dichtesten unter der Erdoberfläche liegen.

Fünf Katakomben stammen noch aus apostolischer Zeit, die überwiegende Zahl jedoch aus dem zweiten bis vierten Jahrhundert. Mit dem Sieg der Kirche wurden Katakombenbegräbnisse seltener, und schon 365, als der heilige Hieronymus noch ein Schuljunge in Rom war, galten die Gräber als Sehenswürdigkeit, deren Anblick alle, die sie besichtigten, mit Ehrfurcht erfüllte.

»Als ich als Junge in Rom in den klassischen Fächern unterwiesen wurde«, schreibt Hieronymus, »wanderte ich oft des Sonntags mit Jungen meines Alters zwischen den Gräbern der Apostel und Märtyrer umher, manchmal stieg ich auch in tief in die Erde gegrabene Schächte hinab, in deren Mauern zu beiden Seiten die Toten begraben sind; alles ist so dunkel, daß sich hier wahrhaftig die Worte des Propheten erfüllen: ›Sie stiegen lebendig zur Hölle nieder!‹ Ab und zu mildert Licht von oben die Schrecken der Finsternis, aber es ist mehr ein Loch für den Lichteinfall als ein Fenster, und während man Schritt für Schritt tiefer in das Dunkel der Nacht vordringt, fühlt man sich an die Worte Vergils erinnert: ›Selbst das Schweigen füllt die Seele noch mit Furcht.‹«

Zweierlei ist sehr merkwürdig an den Katakomben. Einmal hätten die ersten Christen Roms, von uns auf die Katakomben hin angesprochen, entweder überhaupt nicht gewußt, was wir damit meinten, oder aber uns auf eine Gräberstätte mit dem Namen *Ad catacumbas* am Appischen Weg verwiesen. Der Name bedeutet »In der Senke«, ein Hinweis auf die Lage des Ortes. Dieser Ort genoß besondere Verehrung, da sich hier der Überlieferung nach die Ruhestätte der Gebeine der Apostel Petrus und Paulus befand. Man hatte sie hierher überführt, um sie angeblich vor dem Zugriff östlicher Christen zu schützen, die nach Rom gekommen waren, um sie zu entwenden. An dieser Stelle wurde im vierten Jahrhundert eine Kirche errichtet, die auch heute noch zu den sieben Wallfahrtskirchen von Rom gehört, der Name des Ortes wurde auf alle unterirdischen Gräberstätten ausgedehnt. Die ersten Christen Roms gebrauchten dagegen für die Katakomben das Wort *coemeterium*, das von dem griechischen Wort für Schlafstätte abgeleitet wurde.

Die zweite Merkwürdigkeit liegt in der Tatsache, daß mit Ausnahme von *Ad catacumbas* alle anderen Friedhöfe Roms sechshundert Jahre lang verloren und vergessen waren. Wie das mit den Gräbern von fast sechs Millionen Menschen geschehen konnte, ist kaum zu begreifen, doch liegt die Erklärung dafür in der Geschichte Roms.

Vom vierten zum sechsten Jahrhundert bildeten die Katakomben den Anziehungspunkt Roms, von weit her kamen die Pilger, um zu den Gräbern der Apostel und Märtyrer zu wallfahrten. Sogar Reiseführer wurden zu ihrer Hilfe herausgegeben, und nach der Besichtigung der Kirchen über den Gräbern der Apostel Petrus und Paulus machten sie die Runde durch die Katakomben. Der alte römische Abscheu vor einer *violatio sepulcri*, einer Gräberverletzung, lebte weiter und entwickelte sich zu der abergläubischen Furcht, daß es Unglück brächte, die Gebeine eines Märtyrers in seiner Ruhe zu stören. So tief ging das Vorurteil gegen ein Umbetten der Toten, daß Konstantin die Peterskirche unter großen Kosten- und Arbeitsaufwand an einem Hügelabhang und St.-Paul-vor-den-Mauern auf einem ungünstig eingeengten Gelände in der Nähe einer Hauptverkehrsader bauen mußte, damit die Gräber auch ja unberührt blieben. Welch ein Gesinnungsumschwung sollte hierin später eintreten!

Als die Barbaren im fünften Jahrhundert in Rom einfielen, durchsuchten sie alle Katakomben vor den Mauern nach Wertsachen. So beschlossen die Päpste, die Gebeine der Märtyrer in die Kirchen umzubetten, um sie vor Entweihung zu bewahren. Wagenweise wurden sie in die Stadt gebracht. Bei der Einweihung des Pantheons zur christlichen Kirche im Jahre 609 sollen nach Aufzeichnungen 28 Wagenladungen von Märtyrergebeinen in der Krypta beigesetzt worden sein, im Jahre 817 fanden die Gebeine vom 2300 Märtyrern in S. Prassede die letzte Ruhe. Damit verschob sich natürlich das Ziel der Wallfahrten. Die

Pilger fanden die Gräber der Märtyrer nun in den Kirchen, die geschändeten Katakomben gerieten dagegen in Zerfall und schließlich ganz in Vergessenheit. Die Zugänge fielen ein, Gras wucherte darüber. Als einziger Friedhof blieb *Ad catacumbas* den mittelalterlichen Pilgern bekannt.

Am 31. Mai 1578 grub ein Mann in seinem Weingarten an der Via Salaria nach *pozzolana* und brach dabei in einen unterirdischen Tunnel ein. Er befand sich in einem Totenreich. Vor ihm lag ein schmaler, in den Fels gehauener Gang, in dessen Wänden rechts und links Gräbernischen eingelassen waren. Sich weiter vorwagend, entdeckte er weitere Gänge, die den seinen kreuzten und in ein regelrechtes Labyrinth führten. Rom war überwältigt. Was die Leute so erregte, war allerdings mehr die Entdeckung, unvermutet eine ganze Totenstadt unter ihren Füßen zu haben, als die Tatsache, daß hier nach langer Grabesruhe die Welt der frühen Christenheit in frischer Schönheit wieder ans Licht kam: die Grablampen, die Glaskelche mit Abbildungen der Apostel Petrus und Paulus, die Darstellungen des Guten Hirten, die rührenden Grabinschriften. Viel wurde noch zerstört, zerstreut und ging unwiederbringlich verloren, ehe die Menschen diese wunderbare Auferstehung der ersten unschuldigen Kindheit unseres Christenglaubens richtig einschätzen lernten.

3

Die Via Appia ist im Laufe der Zeit weder laut noch gewöhnlich geworden, und wenn man auch nicht gerade erwartet, jeden Augenblick die Legionen, mit asiatischer Beute beladen, vorüberziehen zu sehen, so hat man doch das Gefühl, daß das Gebüsch sich teilen könnte und man plötzlich das spöttische Gesicht Horace Walpoles oder die ernsten Züge Nathaniel Hawthornes zu sehen bekäme, vielleicht sogar Mr. und Mrs. Robert Browning. Hier liegt die öde Campagna, von der man gelesen hat, die einst malariaverseuchte Ebene, liegen einsame Grabmäler, vereinzelte Marmorstücke, von hier hat man den

Blick auf die römischen Kuppeln in der Ferne und das Grabmal der Cecilia Metella, das Byron zu recht wißbegierigen Fragen anregte:

»*But who was she, the lady of the dead,*
Tomb'd in a palace? Was she chaste and fair?
Worthy a king's -or more- a Roman's bed?«

Hier erhebt sich auch die Kirche des heiligen Sebastian – *ad catacumbas* – mit einer niedrigen, von antiken Säulen getragenen Fassade; innen wurde sie, o Jammer, zur Barockzeit renoviert, und das Standbild des Heiligen ist mit Pfeilen gespickt wie ein Igel. Ein kleiner französischer Mönch, der sich aus englischen, französischen, deutschen und sonstigen europäischen Sprachbrocken ein wunderliches Esperanto zurechtgemacht hatte, führte mich unter die Kirche.

»Gut ... *magnifique, hein?*« fragte er, als wir im Dunkel der vierschichtigen Katakombe standen. Andere Katakomben mögen eindrucksvoller sein, keine aber ist geschichtlich so interessant wie diese. Als ein lateinischer Dichter des vierten Jahrhunderts – war es der heilige Ambrosius? – eines Tages einmal drei christliche Pilgergruppen in Rom in drei verschiedene Richtungen aufbrechen sah, konnte er fast mit Sicherheit sagen, daß die eine auf den vatikanischen Hügel, die andere zur Via Ostiense, wo der Apostel Paulus begraben lag, und die dritte Gruppe zu dieser Katakombe hier zog, über der zu jener Zeit eine den beiden Aposteln geweihte Kirche stand.

Tiefer unten betrachteten wir die Gräber der Menschen, die zur Zeit der Apostel gelebt hatten, und kehrten dann zur der Stelle zurück, die während des ganzen Mittelalters als die Ruhestätte der Gebeine Petri und Pauli verehrt wurde. Dies ist eine eigenartige Geschichte. Papst Damasus, der im Jahre 366 die Katakomben in Ordnung bringen ließ, erwähnt sie in einer seiner Versinschriften, besser berichtet aber hat sie zwei und ein halbes Jahrhundert später Papst Gregor der Große.

Dieser Papst erhielt einmal einen recht peinlichen Brief von der byzantinischen Kaiserin Konstanze, einer Dame, die gewöhnt war, ihre Wünsche durchzusetzen. Sie bat sich den Kopf oder sonst einen Teil der Gebeine des Apostels Paulus aus. Gregors Absagebrief, ein Meisterwerk an höfischem Takt, bedeutete der hochgeschätzten Dame, daß es in Rom nicht Sitte sei, Heilige auszugraben oder zu zerstückeln. Er sei aber bereit, ein Tuch zu übersenden, das mit dem Märtyrergrab in Berührung gekommen sei. Sodann erzählte er ihr die Geschichte, wie vor langen Jahren gewisse Christen aus dem Osten nach Rom gekommen waren und tatsächlich die Gebeine der Apostel aus ihren Gräbern entwendet hatten. Sie brachten sie bis zum zweiten Meilenstein außerhalb Roms und bargen sie dort an einem Ort, Catacumbas genannt. Als sie sie aber am nächsten Morgen wieder mit sich fortnehmen wollten, empfing sie heftiger Blitz und Donner, so daß sie in größtem Entsetzen von hinnen flohen, woraufhin die Römer kamen und sich die Gebeine wieder holten. Um die Absage weniger brüsk zu machen, schrieb der heilige Gregor, er werde seiner »Serenissima« Eisenspäne der Kette senden, mit der der heilige Petrus gefesselt gewesen war.

Es wird angenommen, daß die Gebeine während der Christenverfolgungen erneut in dieses Versteck gebracht wurden. Jedenfalls war während der ersten Jahrhunderte der Glaube an diese Überlieferung so stark, daß jeder Rompilger an die Via Appia zog, um dort zu beten. Als die Stelle 1915 ausgegraben wurde, kamen überwältigende Beweise für diesen Kult zutage. Die Wände waren über und über mit Kritzeleien bedeckt, die an einer modernen Mauer eine beklagenswerte Unsitte sind, aber unschätzbar wertvoll werden, sobald sie alt genug sind und den Ehrentitel *graffiti* verliehen bekommen. Beide Apostel kommen in den Anrufungen vor. »Peter und Paul, denkt an uns«, schrieb ein Pilger, »Paul und Peter, bittet für Viktor«, ein anderer. Manche kritzelten auf lateinisch, andere auf griechisch. Eine Inschrift lautet: »Ich, Tomius Coelius, habe an einem Totengedenkmahl für Petrus und Paulus teilgenommen«, eine Inschrift, die uns einen aufschlußreichen Blick in eine Welt vermittelt, die christlich dachte, aber noch heidnisch handelte.

4

Ein kurzer Weg brachte mich zu den eindrucksvollen Katakomben der heiligen Domitilla. Die Omnibusse von drei Reisegesellschaften standen vor dem Eingang, am Schalter drinnen verkauften bebrillte Mönche Reiseführer und Postkarten, während einer abzählte: »Wieviel Engländer? – Wieviel Franzosen? – Deutsche hier entlang, bitte!« So teilten wir uns denn in die durch den Fall Roms geschaffenen Sprachgruppen auf.

Ich ergriff eine Kerze und schloß mich der englischen Gruppe an, die der französischen auf dem Fuße folgte. Kaum hatten wir das Tageslicht verlassen, überfiel uns auch schon wie eine Knochenhand die Katakombenkühle. Selbst der Spaßvogel der Gruppe, der im Eingangsraum noch recht lebhaft gewesen war, verfiel nach ein paar kläglichen Versuchen der Stimmungsmache in Schweigen. In Einerreihe drangen wir in die nur vom flackernden Schein unserer Kerzen beleuchtete Dunkelheit. Wie Schiffskojen lagen die Grabnischen in den rauhen Mauern übereinander. Alle paar Meter kreuzte ein Gang den unsrigen, dann hielten wir uns zusammen, um uns ja nicht zu verlaufen.

Einem neugierigen Frager erzählte der Mönch geduldig, wie er das wohl täglich des öfteren tun mußte, daß sich die Leute manchmal in den Katakomben verirren und man Suchtrupps zu ihrer Auffindung ausschicken muß. Hat man den Weg verloren, ist das richtigste, an Ort und Stelle zu bleiben und abzuwarten, höchst gefährlich ist es dagegen, Treppen nach unten zu steigen, wo man womöglich in dem Gewirr von neuen Gängen nicht einmal die Rufe der Suchenden hört. Erst kürzlich wurden zwei Touristen 48 Stunden lang in einer der Katakomben vermißt.

Mit der gleichen Geduld, als ob er sie schon erwartet hätte, beantwortete der Mönch eine andere Frage: daß die Christen niemals in den Katakomben gewohnt hätten, sondern hier nur zusammengekommen seien, um an den Gräbern der Märtyrer zu beten und – gewöhnlich in der Dämmerung – das Abendmahl zu feiern. In Zeiten der Verfolgung konnte ein von der Obrigkeit gesuchter Christ hier immer Zuflucht finden und

sicher sein, nicht aufgespürt zu werden. In diesen Katakomben verirrte sich übrigens 1593 Antonio Bosio, der »Kolumbus der Katakomben«, und tappte ohne Licht auf der Suche nach dem Ausgang umher. Seine einzige Sorge dabei war, daß er »mit seinem erbärmlichen Körper die Ruhestätten der Märtyrer besudeln könnte«.
Ab und zu hielt der Mönch an, um etwas zu erklären. Dann sammelten wir uns zuhörend um ihn, die Gesichter vom Kerzenlicht beschienen, aus dem Dunkel vor uns kam das Echo von Stimmen, die auf französisch, auf deutsch, auf italienisch erläuterten. Es machte einen großen Eindruck auf mich, als Teil dieses europäischen Mikrokosmos in ehrfurchtsvoller Scheu an dieser ärmlichen Wiege unseres Glaubens und unserer Kultur zu stehen.
Mit welch liebevoller Sorgfalt die ersten Christen die rauhen vulkanischen Wände ausschmückten! Ich malte mir aus, wie sie an einem freien Tag oder nach Feierabend aus Rom kamen, mit Pinseln und kleinen Farbtöpfen, vielleicht mit einer Trittleiter. Bisweilen hörten sie wohl erst eine Messe am Grab eines Märtyrers, ehe sie mit ihrer Lampe zu der Nische gingen, um sie mit rührenden kleinen Bildern auszuschmücken. Manche sind so verblaßt, daß man sie nur noch mit den Augen des Glaubens entdecken kann, andere sind frisch wie am ersten Tage. Wir sahen die vielleicht früheste Darstellung der Jungfrau mit dem Kind und den drei Königen aus dem Morgenland. Ein Bild zeigte unseren Herrn auf dem Thron, von Aposteln umgeben, auf einem anderen waren sechs Märtyrer zu sehen, die sich dem Heiland nähern, um als Kämpfer Gottes aus seiner Hand die Krone in Empfang zu nehmen. Einer, vielleicht einer der Hafenarbeiter, hatte eine Szene auf einem Kornmarkt gemalt, mit Lagerhäusern und Arbeitern, die eine Tiberbarke entladen. Das Gefühl der Bangigkeit, das einen anfänglich in diesem staubigen Labyrinth des Todes überkommt, weicht bald einer warmen Zuneigung für diese unsere Mitmenschen, die so lange vor uns lebten und uns den Pfad des Glaubens ebneten. Sie waren sicher auch nicht anders als wir selbst. Wer könnte zum Beispiel ohne innere Bewegung die Worte lesen, die sie ihren

Lieben widmeten, nachdem sie ihnen die Augen zugedrückt hatten, Worte, die auch wir noch gebrauchen: nicht das heidnische hoffnungslose *Vale*, sondern *Vivas in Deo* und *In pace Christi*.

Im Weitergehen hörten wir die Töne einer gesungenen Hymne, ganz schwach zuerst und von dem Gewirr der Gänge wie aufgesogen, so daß es ebensogut ein geisterhaftes Echo der Vergangenheit hätte sein können. Dann kamen die Klänge immer klarer, bis wir schließlich an einer Stelle durch ein Loch im Boden auf einen Raum hinunterblicken konnten, in dem 50 Wallfahrer vor einem Altar knieten. Der Priester hatte gerade die Messe beendet und packte sein Meßgewand in ein Köfferchen. Eine ergreifendere Begegnung mit der Vergangenheit kann man sich kaum vorstellen. Unser Führer erzählte uns, daß hier jeden Morgen zwischen 20 und 30 Messen gelesen würden, manchmal ist der Priester allein, zuweilen kommt er mit einer Gruppe von Wallfahrern.

1881 wurde hier eine bemerkenswerte Entdeckung gemacht. Eine Krypta wurde gefunden, die eher wie ein Gemach eines pompejanischen Hauses aussah, und doch war es ein frühchristliches Familiengrab. »Ampliati« stand da in schönen römischen Lettern eingemeißelt, was die Ausgrabenden nicht wenig erstaunte. »Grüßet meinen im Herrn geliebten Ampliatus!« schrieb der Apostel Paulus im Römerbrief: vielleicht ist hier sein Grab.

Recht bereitwillig stiegen wir wieder ans Tageslicht, und ich wanderte nun unter den Pinien entlang bis zu den Katakomben des heiligen Kalixtus, der in den Jahren 221 bis 227 Papst war. Mehrere frühere Päpste fanden in dieser Katakombe dicht nebeneinander ihr Grab. Ihre auf griechisch geschriebenen Namen erinnern uns daran, daß mindestens 200 Jahre lang die Kirchensprache Griechisch war, wie so viele der hauptsächlichsten christlichen Ausdrücke es bis auf den heutigen Tag noch sind: Katechismus, Chrisma, Eucharistie, Presbyter, Diözese, Hymne, Psalm, Homilie. Doch wurde die lateinische Kirche sehr bald zweisprachig, und die Neubekehrten wurden gefragt, in welcher von beiden Sprachen sie das Glaubensbekenntnis ablegen wollten. Allmählich starb das Griechische ganz aus, und als Athanasius im vierten Jahrhundert in Rom zu Besuch weilte, mußte er erst Latein lernen, um zur Geistlichkeit sprechen zu können.

In dieser Katakombe befindet sich auch das Grabmal der heiligen Cäcilie, der sanften und rührenden Schutzheiligen der Musik, die der Legende nach die Orgel erfand, da sie auf irgendeine Weise den herrlichen himmlischen Klängen, die sie hörte, und der Inbrunst ihres Glaubens Ausdruck verleihen mußte. Sie war eine reiche Patrizierin und lebte in einem palastähnlichen Hause, über dem sich heute die Kirche der heiligen Cäcilie in Trastevere erhebt, eine der bezauberndsten Kirchen von Rom. Es heißt, daß sie in den Dampfbädern, deren Grundmauern noch bestehen, den Märtyrertod erleiden sollte, man schloß sie bei hochaufgeschürter Hitze darin ein, doch fand man sie am nächsten Morgen unversehrt, im Gebet versunken. Darauf erging die Weisung, sie mit dem Schwert hinzurichten, aber es gelang dem Henker nicht, ihr das Haupt vom Rumpf zu trennen.

Über 500 Jahre später, im Jahre 817, befahl Papst Paschalis I., in den Katakomben des heiligen Kalixtus nach ihrem Grab zu suchen; gefunden wurde nichts. Eines Morgens schlief der Papst während der Frühmesse, die in der Peterskirche bald nach Mitternacht gesungen wurde, ein. Da erschien ihm die heilige Cäcilie und bedeutete ihm, er sei auf der Suche nach ihrem Grab ihr so nahe gewesen, daß sie mit ihm hätte sprechen können. Daraufhin nahm er die Suche wieder auf und fand das Grab. Der Sarg aus Zypressenholz wurde geöffnet, und darin lag die

Heilige, völlig unverwesten Leibes, wie in einem leichten Schlummer ruhend.

Viel später, im Jahre 1599, ließ der Kardinal Sfondrati den Sarg noch einmal öffnen. Voll Staunen sah er, daß die Heilige nicht wie ein Leichnam ausgestreckt auf dem Rücken, sondern jungmädchenhaft mit hochgezogenen Knien wie schlafend auf der rechten Seite lag. Der Bildhauer Stephan Maderna wurde herbeigeholt und erhielt die Anweisung, die Heilige genauso in Marmor darzustellen. Heute ist sein Werk in der Kirche S. Cäcilia zu sehen, eine Kopie wurde in den Katakomben aufgestellt. Kleine Nachbildungen mit der Gestalt des jungen Mädchens, wie es mit abgewandtem Haupt, auf dessen Nacken noch die Schwertmale zu sehen sind, und ausgestreckten Schwurfingern scheinbar schlafend daliegt, sind in allen Devotionalienläden Roms zu haben und finden so ihren Weg in die ganze Welt. Der Bildhauer setzte folgende Unterschrift unter sein Werk: »Sehet hier den Körper der allerheiligsten Jungfrau Cäcilia, die ich selbst unversehrt in ihrem Grabe liegen sah. In diesem Marmor hier habe ich euch ein Bildnis der Heiligen in genau der gleichen Stellung gemacht, in der ich sie sah.«

Der Salesianerpater, unter dessen Führung ich durch diese Gräberstätte ging, hatte sich mit dem Studium der *agape* oder des Liebesmahls befaßt. Bei jeder Grabnische, in der solche Zusammenkünfte gehalten wurden, bei jeder bildlichen Darstellung dieser Zeremonie hatte er etwas Neues zu erklären. Er bezeichnete das Liebesmahl als ersten Ausdruck der christlichen Gemeinschaft und Nächstenliebe. Schon vor der Niederschrift der Evangelien wurde es gefeiert und höchstwahrscheinlich von Personen, die beim Abendmahl des Herrn im oberen Gemach zugegen waren, an die ersten Bekehrten weitergegeben.

Ich fragte den Pater, wann seiner Meinung nach das Herrenmahl und das Liebesmahl zwei gesonderte Dinge wurden.

»Ich glaube, es war immer zweierlei«, erwiderte er. »Man muß sich einmal eine Gruppe Christen vorstellen, etwa jene, die dem Apostel Paulus in Troas bis in die Nacht hinein zuhörten. Dann aßen sie zusammen, und wenn das Mahl vorüber und der Tisch abgeräumt waren, kam ein Augenblick, an dem sie über

Brot und Wein Gebete sprachen und dann alles feierlich miteinander teilten ... ›Solches tut zu meinem Gedächtnis.‹
Aber«, fuhr er fort, »der bekehrte Heide verwechselte noch gar zu leicht die *agape* mit dem ihm vertrauten Totenmahl. Wie Sie sich erinnern werden, hatte der Apostel Paulus gerade in diesem Punkt Scherereien mit den Korinthern. Später, als Tausende von Heiden in die Kirche aufgenommen wurden, wurde die *agape* ganz offen ein heidnisches Gelage, wie der arme heilige Paulus von Nola erleben mußte ... Zum Liebesmahl für den heiligen Felix erschienen seine Gemeindemitglieder mit Körben voller Eßwaren und Wein und feierten die ganze Nacht, während die Flasche kreiste. Ein solches Benehmen rief auch den Zorn des heiligen Augustin wach. Nachdem er diese sogenannten Christen an einem Märtyrergrab hatte schmausen sehen, rief er aus: ›Die Märtyrer hören eure Weinkrüge, die Märtyrer hören eure Bratpfannen, die Märtyrer hören eure Trinkgelage!‹ Natürlich aber war das heilige Sakrament lange vor dieser Zeit schon eine Feier für sich geworden.«
»Halten Sie es für möglich«, wollte ich weiter wissen, »daß die Christen in Zeiten der Verfolgung in die Katakomben stiegen, angeblich zu einem Totenmahl, in Wirklichkeit aber, um das Abendmahl zu feiern?«
»Richtig«, meinte er, »genau das haben sie getan. Die Messe über der Erde zu lesen wäre gefährlich gewesen, hier unten in den Katakomben aber war es ihnen von Rechts wegen als Bestattungsgesellschaft erlaubt, an den Gräbern Totenmahle abzuhalten. Natürlich nahmen sie die Gelegenheit wahr, die Messe zu lesen.«
Er erklärte mir hunderterlei Dinge, die mir entgangen waren. Zum Beispiel wurden die Leichen in den Katakomben aus hygienischen Gründen zumeist mit Kalk übergossen und das Grab danach hermetisch versiegelt. Trotzdem brannten auch noch wohlriechende Kräuter und geruchtilgende Mittel. In dem Kalk, der die Körper bedeckte, wurden häufig fest eingebettete Gläser gefunden, in denen die ersten Erforscher der Gräber einen harten, dunklen Rückstand bemerkten, getrocknetes Blut, wie sie meinten. Sie folgerten daraus, daß jedes

Grab, in dem ein solches Glas gefunden wurde, ein Märtyrergrab sei. In Wirklichkeit enthielten die Gläser das heilige Sakrament, das nicht nur den Toten beigegeben, sondern auch den Kranken gebracht wurde, manche Leute trugen es sogar in einem kleinen Büchschen um den Hals.

»Die Sitte, das Sakrament mit den Toten zu bestatten, wurde erst 393 n. Chr. untersagt«, setzte der Pater noch hinzu. »Heute darf es außer dem Heiligen Vater niemand mit sich herumtragen. Zwei der letzten Päpste haben das auch getan. Als Pius VII. auf Befehl Napoleons Rom verlassen mußte, trug er das heilige Sakrament in einem eigens dafür angefertigten kleinen Gefäß bei sich, das gleiche Gefäß trug dann Pius IX. um den Hals, als er während des nationalistischen Aufstandes von 1848 aus Rom fliehen mußte.«

»Sie verbringen viel Zeit in den Katakomben«, bemerkte ich. »Was beeindruckt Sie da am stärksten?«

»Hören Sie«, antwortete er, »ich muß täglich Hunderte von Fragen beantworten, aber das hat mich noch niemand gefragt! Ich kann es ihnen sofort, ohne nachzudenken, sagen: das Erlebnis grenzenlosen Glaubens und unerschütterlichen Vertrauens.«

Wir gingen wieder ins Sonnenlicht hinauf.

»Ich denke manchmal«, sagte er wie zu sich selbst, »die Welt von heute mit ihrem Materialismus und die römische Welt von damals sind sich doch ziemlich gleich. Steige ich dagegen in die Katakomben hinab, stehe ich in der Welt des Glaubens, der Berge versetzt.«

Auf meiner Omnibusfahrt zum Kolosseum zurück, ging mir eine Eigentümlichkeit der Katakomben im Kopf herum. In den Hunderten von Kilometern langen Gängen kommt nicht einmal das Bild von Christus am Kreuz vor. Der Christus der Katakomben ist der Gute Hirte: eine jugendliche, bartlose Gestalt im griechischen Gewand, die auf den ersten Blick auch Apollo oder Orpheus darstellen könnte. Die ersten Christen kannten den bärtigen, ans Kreuz geschlagenen Christus des Mittelalters überhaupt nicht, diese Auffassung stammt von den byzantinischen Griechen und herrscht seither in der Kunst vor. Ebenso

fehlen die in der Kunst der späteren Zeit einen so breiten Raum einnehmenden Passionsdarstellungen in den Katakomben.
Es ist eine Welt des Glaubens und Vertrauens dort unten, wie der Pater schon sagte. Die Grabinschriften sind von glücklicher Zuversicht, als gingen die Toten nur auf die Reise und winkten lächelnd zum Abschied. Überall erscheinen die Worte »Ruhe« und »Schlaf«. Ich kann mich nicht entsinnen, je das »Lebewohl« gesehen zu haben, das die heidnischen Begräbnisstätten mit seiner ganzen Hoffnungslosigkeit durchzieht. Als ich an die dunklen Stockwerke zurückdachte, kam mir das Bild eines Truppenschiffs mit seinen langen Kojenreihen in den Sinn, in denen die Schläfer zuversichtlich dem Licht eines neuen Tages entgegenschlafen.
Nur hier vernimmt man die demütigen Stimmen der ersten Christen, ihre Botschaft kündet von Glauben, Hoffnung und Liebe. Wieviel Zuneigung, Liebe und Güte sind dort im Dunkel eingeschlossen! Ein junges Mädchen wird von seinen Eltern »süß wie Honig« genannt, Ehegatten finden Worte der liebenden Dankbarkeit füreinander. »Dem seligen Andenken von Aurelian Felix«, heißt eine Inschrift, »der mit seiner Frau 18 Jahre in trautestem Eheglück lebte. 55 Jahre war er und wurde am 12. Tag vor den Kalenden des Januar in die ewige Heimat abberufen.« Weiter lesen wir: »Alexander ist nicht tot, sondern lebet über den Sternen, sein Körper ruht in diesem Grabe.« Oder: »Gemella ruht in Frieden«, »Das Schlafgemach von Elpis«, »Victorina schläft«. Von einem einjährigen Kind wird gesagt, es sei »vor kurzem illuminiert«, wie das alte Wort für ›taufen‹ hieß. In mir klingen die Worte nach, die ein mittelalterlicher Pilger in die Katakombenwand ritzte: »Licht ist in dieser Finsternis und Musik in diesen Gräbern.«
Daß in den Katakomben die Bilder der Apostel Petrus und Paulus auf uns überkommen sind, ist eines der Wunder Roms. Jeder Künstler, der seither die beiden Apostel gemalt hat, ist in irgendeiner Form diesen traditionellen Darstellungen verpflichtet. Die Porträts waren in Blattgold in den Boden der Kelche und Gläser eingraviert, die sich in dem Kalk um die Körper der Verstorbenen fanden. Hunderte dieser Gläser sind

in den Vatikanischen Museen zu sehen, die Abbildungen weichen nie voneinander ab. Beide Apostel werden als bärtige Männer mittleren Alters dargestellt, während aber der heilige Petrus dichtes, lockiges Haar hat, ist der heilige Paulus fast kahl. Sachverständige halten es nach Untersuchung der Bilder für möglich, daß sie auf eine Überlieferung aus Neros Tagen, das heißt vielleicht auf das Zeugnis von Menschen zurückgehen, die die Apostel noch von Angesicht kannten.

Ich denke dabei an eine Geschichte, die der verstorbene Monsignore Stapylton Barnes gerne zur Illustration der Spannweite des menschlichen Gedächtnisses erzählte. Seine Mutter starb 1927 in hohem Alter; sie konnte sich mit voller Klarheit daran erinnern, als ganz kleines Mädchen gehört zu haben, wie 1837 Victoria zur Königin ausgerufen wurde. Als Kind wurde sie oft zu einer alten Dame mitgenommen, die die Französische Revolution und die Enthauptung Marie Antoinettes im Jahre 1793 miterlebt hatte. Diese alte Dame wiederum hatte ihre Kindheit in Philadelphia verbracht und noch Benjamin Franklin gekannt, der 1706 geboren wurde. So wäre es durchaus denkbar, daß Franklin diesem kleinen Mädchen eine Erinnerung aus seiner frühen Kindheit erzählte – sagen wir, von der großen Feuersbrunst in Boston 1711 –, das kleine Mädchen hätte im hohen Alter diese Geschichte einem anderen kleinen Mädchen, nämlich Mrs. Barnes wiedererzählen und diese sie im 20. Jahrhundert an ihren Sohn weitergeben können ...

In seinem Buch »Das Martyrium der Apostel Petrus und Paulus«, *The Martyrdom of St. Peter and St. Paul*, geht Monsignore Barnes auf die Fülle umwälzender Geschehnisse ein, die auf diese Weise von ein paar Generationen erfaßt werden, und sagt dazu: »Nehmen wir einmal an, daß das Kind eines römischen Christen bei dem Martyrium des Apostel Petrus im Jahre 67 n. Chr. dabei war und ihn am Kreuz hängen sah. Es wäre sicher im Jahre 150 noch am Leben und könnte das Begebnis also einem Kinde beschreiben, das seinerseits im hohen Alter diese Beschreibung jemandem erzählte, der selbst noch den Sieg der Kirche im Jahre 312 unter Konstantin erleben würde.«

5

Die mondänen jungen Leute des kaiserlichen Rom fuhren schnelle Wagen, verkehrten in zweifelhafter Gesellschaft, gingen spät zu Bett, tranken zuviel und wurden manchmal Amateurgladiatoren. Das Gegenstück zu einem modernen Nachtklub war im alten Rom laut Juvenal eine »Nachtschenke«, in der der Besucher an der Tür von einem unterwürfigen, stets und ständig parfümierten Syrophönizier begrüßt und von der Bardame Cyane, im »geschürzten Rock, eine Kanne Wein zum Verkauf in der Hand«, in Empfang genommen wurde.

Zu den jungen Wüstlingen, die Juvenal mit beißendem Spott bedachte, gehörte auch Lateranus. »Dieser aufgeblasene Lateranus«, schreibt er, »fegt in einem pfeilschnellen Wagen an den Gebeinen und Aschenresten seiner Vorfahren vorbei«, ein Satz, den heute Alberto Moravia über den modernen jungen Römer in seinem Ferrari geschrieben haben könnte.

Juvenal meinte den Plautius Lateranus, einen stadtbekannten jungen Fant, der offensichtlich zu dem Typ der großen, gutmütigen Bären gehörte, die den Schwierigkeiten nicht aus dem Wege gehen, sondern sich noch welche schaffen: Ein Flirt mit Messalina, der sich für viele seiner Kumpane nicht gar so gefährlich erwiesen hatte, wäre ihm fast zum Verderben geworden, hätte er nicht das Glück gehabt, der Neffe des vom Kaiser bevorzugten Generals und Eroberers von Britannien, Aulus Plautius, zu sein. Unter dem nächsten Herrscher schloß er sich der Verschwörung des Piso an und übernahm die Aufgabe, Nero niederzuhalten, während ihm die anderen das Schwert in den Leib stießen. Die Gefahr der vorzeitigen Aufdeckung einer Verschwörung steht im direkten Verhältnis zur Zahl der beteiligten Verschwörer, in diesem Fall waren deren so viele, daß der Anschlag einfach herauskommen mußte. Lateranus wurde mit den anderen hingerichtet. Wie so viele seines Typs büßte er seine Torheiten mit mutigem Sterben.

Nero zog den Besitz der Laterani ein, der jedoch später der Familie zurückgegeben wurde. Schließlich brachte ihn Fausta, die Gemahlin Konstantins des Großen, als ein Teil ihrer Mit-

gift in die Ehe, und bald nach der Legalisierung der Kirche machte Konstantin den Lateranspalast dem Papst zum Geschenk. So brachte er es zuwege, daß in einem fast unmöglich anmutenden Schicksalszusammenhang die Namen eines Liebhabers der Messalina und des Johannes des Täufers zusammen als St. Johannes im Lateran in die Geschichte eingingen und der Mutterkirche aller Christenheit ihren Namen gaben.
Heute überschatten Petersdom und Vatikan mit ihrem Ruhm und Glanz den ehemaligen Sitz des Papsttums, und es fällt einem schwer, zu glauben, daß der Name »Lateranspalast« tausend Jahre lang die gleiche Vorstellung in der europäischen Welt hervorrief wie heute das Wort »Vatikan«. Die große Kirche und der angrenzende Palast liegen auf einer Anhöhe am Ausgang der Via Merulana vor uns, etwas tiefer verläuft die Aurelianische Mauer. Der Blick von hier auf die Albaner Berge muß herrlich gewesen sein, ehe die modernen Baumeister ans Werk gingen. Wieviel schöner als der Petersdom liegt doch die Lateranskirche! Der Platz für den Petersdom mußte erst von Menschenhand geschaffen werden, das Gelände der Lateranskirche wird schon von Natur aus immer herrlich gewesen sein. Die Zerstörung des Patriarchats und der alten Johanneskirche ist eines der traurigsten Ereignisse in der Geschichte Roms. Wenn auch nach Feuersbrunst, Erdbeben und Aufruhr nur noch wenig von der ursprünglichen Struktur der Kirche erhalten war, als Sixtus V. sie einreißen ließ, so wäre uns doch ein Wun-

der des Mittelalters mit ihr erhalten geblieben. Sixtus aber war ein unsentimentaler alter Mann und hatte Eile; in einem seiner großen städtebaulichen Erneuerungspläne fegte er den ganzen Wirrwarr von byzantinischen und mittelalterlichen Gebäuden auf einmal hinweg. Eine kleine Ahnung davon, wie es früher einmal hier ausgesehen haben muß, bekommen wir im Baptisterium mit seiner singenden Tür – ein gespenstischer Ton, wie es in Rom keinen zweiten gibt – und in der archaisch dunklen kleinen Papstkapelle oben an der Scala Santa.

Wie die Peterskirche und alle anderen von Konstantin errichteten Gotteshäuser und im übrigen die heidnischen Tempel sieht auch St. Johannes im Lateran der aufgehenden Sonne entgegen. Die überlebensgroßen Standbilder des Erlösers, Johannes' des Täufers und der Kirchengelehrten auf dem Dach, die sich weiß gegen den hellen Himmel eines Sommermorgens abheben, sind in ihrer Art ebenso eindrucksvoll wie die Peterskuppel. Im Näherkommen fallen sofort die beiden hohen Bronzetüren ins Auge, die so grün sind wie eine mit Patina überzogene Münze. Es sind gleichsam aus heroischer Zeit stammende edle Türen, würdig der ehernen Angeln. Es überraschte mich nicht, zu erfahren, daß sie aus dem Senatshaus stammen, so viel altehrwürdige Größe strahlen sie aus. Man muß sich das einmal klarmachen: Durch die ganzen heidnisch-christlichen Debatten des fünften Jahrhunderts hindurch standen sie auf dem Forum und öffneten sich vielleicht nur mit geheimer Trauer, als das goldene Standbild der Siegesgöttin von Tarent für immer aus dem Haus ausgeschlossen wurde. Als Alarichs Goten das Forum erstürmten, fanden sie sie sicher verriegelt und verrammelt: meine Augen forschten auf der grünen Fläche nach Spuren von Hammer und Axt. Auch während des Vandaleneinfalls standen sie immer noch auf ihrem Platz. Nur noch zweimal habe ich ähnliche Türen in Rom gesehen: die vom Pantheon und die vom Romulus-Tempel auf dem Forum. Nur wenige Altertümer sprechen eine so beredte, eindrucksvolle Sprache. Und doch muß es viele dieser herrlichen Türen gegeben haben, genau wie es Hunderte von Bronzestatuen gab. Aber Bronze läßt sich zu Münze schmelzen,

und so ist außer diesen drei Türen, der Mark-Aurel-Statue und einigen anderen in den Museen alles dahin.
Trotz ihrer Größe und der Pracht des vielfarbigen Marmorfußbodens, der purpurgoldenen Decke und ihres wie ein Schmuckkasten schimmernden Papstaltars, in dem die Häupter der Apostel Petrus und Paulus hinter einem vergoldeten Gitter aufbewahrt werden, ist die Lateranskirche enttäuschend. Enttäuschend, weil für jemanden, der ihre Geschichte kennt, keine Verbindung zu diesem riesigen Barocktempel führt. Gern würden wir diese ganze Pracht für einen Blick auf die alte Kirche und das Patriarchium hingeben.
Kein Papst in der Geschichte kann wohl je so erschüttert gewesen sein wie Miltiades, von dem nicht viel mehr bekannt ist, als daß er von 311 bis 314 regierte und von Konstantin den Lateranspalast zum Geschenk bekam. Die eingetretene Wendung war allerdings auch erstaunlich. Die christliche Kirche hatte gerade die schlimmste Verfolgungszeit seit ihrem Bestehen durchgemacht. Ein Papst nach dem anderen war erschlagen oder ins Exil geschickt worden. Man hatte die heiligen Bücher verbrannt, die Geistlichkeit eingekerkert, christliches Eigentum konfisziert. Mit dem Sieg Konstantins, eines 24jährigen jungen Mannes, den die britischen Legionen in York acht Jahre vorher zum Augustus ausgerufen hatten, war die Schreckensherrschaft plötzlich zu Ende. Die Familien der zahllosen Märtyrer, die durch Diokletians Inquisition den Tod erlitten, müssen gedacht haben, daß deren Stimmen den Himmel zum Eingreifen bewegten.
Die Basilika vom Lateran war die erste große christliche Kirche und ihr Mosaik des Erlösers die erste Darstellung Christi an einem der Öffentlichkeit zugänglichen Ort. Konstantin füllte die Kirche mit Gold und Silber, einige Jahre später wurden die Peterskirche, St.-Paul-vor-den-Mauern, die Kirche vom Heiligen Grabe in Jerusalem sowie weitere Gotteshäuser über den hauptsächlichsten Heiligtümern der Christenheit von ihm erbaut.
Vom Lateran aus zog Leo I. mit dem ganzen majestätischen Gepränge der Kirche dem Hunnenkönig Attila entgegen, um

ihn von Rom abzuwenden, hier lebte Gregor der Große, als er St. Augustin zur Bekehrung der Angelsachsen nach England ausschickte. Auch alle Päpste des Mittelalters hatten hier im Patriarchium ihren Wohnsitz, bis die anarchistischen Zustände in Rom sie 1305 nach Avignon vertrieben.

Als Gregor XI. 1377 nach Rom zurückkehrte, fand er eine zerfallene Stadt vor, deren Bevölkerung von etwa 17000 Einwohnern zusammengedrängt in Not und Elend lebte. Adam von Usk erzählt, daß er von seinem Quartier in der Nähe des Vatikans Kämpfen zwischen Wölfen und Hunden zusah. Der Lateranspalast war unbewohnbar, so zog der Papst in den Vatikan. 28 Päpste des Mittelalters wurden im Lateran beigesetzt, doch nur einige wenige Gräber sind noch vorhanden. Ich bekam das Grab Sylvesters II., des ersten Franzosen auf dem Stuhle Petri, zu sehen, der von 999 bis 1003 regierte. Seine Zeitgenossen hielten ihn für einen Zauberer, der seine Seele dem Teufel verschrieben hatte, so groß war im finsteren Mittelalter die Wirkung von ein wenig exakter Wissenschaft und Gelehrsamkeit. Sylvester hatte bei den Arabern und Juden von Córdoba in Spanien studiert und führte die arabischen Ziffern in Italien ein. Außerdem nannte er zwei Erfindungen des Teufels sein eigen: eine Dampforgel und eine mechanische Uhr! Wenn der alte Pontifex nachts auf einem Turm des Lateranspalastes den Himmel absuchte oder kabbalistische Zeichen auf das Pergament malte, raunten die Römer, es sei etwas nicht ganz geheuer mit ihm, und die Mönche, die Romanschreiber des Mittelalters, erzählten noch Jahrhunderte später Legenden über ihn. Eine merkwürdige Stadt steigt aus ihren Geschichten auf, ein Rom, das die mittelalterliche Phantasie an die Grenze des Fabelreichs verlegt, ein Ort der geheimnisumwitterten Ruinen, wo Statuen vor Schatzkammern Wache halten.

William von Malmesbury erwähnt ein solches Standbild mit erhobenem Arm und weisendem Zeigefinger, vielleicht ehemals ein Kaiser oder Redner. Auf seinem Haupt standen die Worte: »Schlag hier zu!« Einfaltspinsel hatten sich in der Hoffnung, Gold zu finden, mit Hämmern an dem Bildnis versucht, der Papst aber wußte es besser und markierte die Stelle, auf die zur

Mittagszeit der Schatten des Fingers fiel. In der Nacht kam er in Begleitung eines Dieners mit einer Laterne wieder. Vor Sylvesters Zauberspruch öffnete sich die Erde an der bezeichneten Stelle, und beide betraten einen Gang, der sie an einen Ort führte, wie ihn jeder mittelalterliche Schatzgräber zu finden träumte.

Sie standen in einem Palast aus schimmerndem Gold. Goldene Soldaten spielten mit goldenen Würfeln, ein König und eine Königin aus Gold saßen an goldenem Tische vor goldenen Köstlichkeiten, ein riesiger Karfunkelstein hing wie ein blitzender Stern im goldenen Raum, auf den ein goldener Bogenschütze seinen goldenen Pfeil angesetzt hatte. Jedes Mal, wenn Sylvester oder der Diener die Hand ausstreckten, um etwas zu betasten, wurden die goldenen Figuren plötzlich lebendig und machten Miene, sich auf sie zu stürzen. Sylvester graute es, nicht aber seinem Diener, der nach einem goldenen Messer griff. Da schoß der goldene Bogenschütze seinen Pfeil auf den Karfunkel ab, und sofort lag das Gemach in tiefer Finsternis. Der Diener warf das Messer von sich, und in Todesangst flohen die beiden Eindringlinge durch den Gang wieder in die Sicherheit der Nacht zurück.

Nach dem Tode dieses aufgeklärten Papstes gingen Gerüchte über sein Grab im Lateran um: daß seine Knochen klapperten, wenn ein Papst sterben mußte, und so fort. Bei der Öffnung seines Grabes im Jahre 1648 war für einen Augenblick sein Leichnam in den päpstlichen Gewändern mit über der Brust gefalteten Händen zu sehen. Unter der ersten Berührung zerfiel er zu Staub, ein silbernes Kreuz und ein Siegelring war alles, was blieb.

Von allen Schreckensszenen, die sich im Patriarchium abspielten, war die grauenvollste wohl die »Leichensynode« im Jahre 896. Es scheint, daß der Haß gegen seine politischen Gegner Papst Stephan VII. in den Wahnsinn getrieben hatte, jedenfalls ließ er den Leichnam seines Vorgängers Formosus ausgraben und in päpstlichen Gewändern auf den Thron setzen, dann veranstaltete er einen Scheinprozeß gegen den toten Papst, bei dem ein zitternder Diakon als Verteidiger der Leiche auftrat, aber vor Grauen und Entsetzen kein Wort hervorzubringen vermochte. Der tote Papst wurde für schuldig und jede seiner Amtshandlungen für null und nichtig erklärt, sein Körper in den Tiber geworfen, wo ihn Fischersleute herauszogen und ihm ein ordentliches Begräbnis gaben. Im nächsten Jahr wurde der Urheber dieses makabren Schauspiels meuchlings mit einem Kissen erstickt.

Man ist versucht, im Lateran nur an die melodramatischen Geschehnisse während des päpstlichen Mittelalters zu denken, während diese Zeit doch mehr Heilige als Sünder hervorgebracht hat. Auch sollte man nicht vergessen, daß gerade die blutigen Wirren dieses grausamen Zeitalters die unerhörte Fähigkeit des Papsttums noch unterstrichen, sich unter Bedingungen durchzusetzen, die für jede andere Institution das sichere Ende bedeutet hätten. Boccaccio spinnt diesen Gedanken sehr geistreich in seiner Geschichte von dem Juden aus, der nach Rom kommt und ganz entsetzt über diese schmutzige kleine Stadt ist, wo scheinbar der leibhaftige Antichrist auf dem Stuhl Petri sitzt, und doch, er wird sofort ein Christ mit der Begründung, ein Glaube, der trotz dieses Papsttums weiterbestehe, müsse wahrhaft göttlichen Ursprungs sein!

Auch die rührendste Gestalt unter den Päpsten, Coelestin V., gehört zu den Lateranspäpsten. Er wurde im Jahre 1294 aus einer vorübergehenden Auflehnung gegen die Torheiten und Verbrechen der Zeit gewählt, nachdem der päpstliche Stuhl auf Grund der Uneinigkeit der Kardinäle schon zwei Jahre vakant geblieben war. Eines Tages erwähnte ein frommer Kardinal zufällig einen frommen Einsiedler namens Petrus, der in den Bergen oberhalb der Geburtsstadt des Ovid, Solmona, lebte. Man beschloß, ihn zum Papst zu erheben, und drei Bischöfe machten sich mit der Wahlurkunde und den päpstlichen Gewändern auf, um den frommen Mann einzuholen. Ein Schäfersteig führte sie schließlich zu der entlegenen Höhle des schon achtzigjährigen Greises. Erschrocken und verstört wollte er sich davonmachen, aber es gelang zu guter Letzt, ihn davon zu überzeugen, daß seine Wahl zum Papst Gottes Wille war. So warf er sein armseliges Eremitenkleid ab, ließ sich die prächti-

gen Papstgewänder anlegen und stieg auf eines Esels Rücken den Berg hinab, während die Mönche sangen und Ritter hoch zu Roß klirrend vor ihm herritten.
Fünf Monate lang wohnte der arme alte Mann in einer für ihn zurechtgemachten kahlen Zelle im Papstpalast. Er tat, was man ihm auftrug, und unterschrieb, was man ihm vorlegte. Während manche Heilige einen unehrlichen Mann schon von weitem zu erkennen vermögen, war der arme Coelestin in seiner Weltfremdheit so unwissend, daß er die Menschen und Motive seiner Umgebung einfach nicht begriff. Voller Sehnsucht nach dem Frieden seiner Berge und Sterne war er ständig im Gebet versunken. Die wie üblich böswillige römische Fama erzählt, der verschlagene Kardinal Gaetani, der unter dem Namen Bonifaz VIII. sein Nachfolger wurde, habe ein Rohr durch die Wand der Papstzelle legen lassen, durch das er in der Stille der Nacht wie eine vom Himmel kommende Stimme Coelestin nahelegte, der Papstkrone zu entsagen. Das tat Coelestin und wurde damit einer von sechs Päpsten, die abdankten.
Glücklich legte der alte Mann sein Eremitengewand wieder an, doch war ihm die Ruhe in seiner Klause nicht lange gegönnt. Wohin er kam, fielen die Menschen vor ihm auf die Knie und baten ihn, wieder Papst zu werden. Diese Sehnsucht, an maßgebender Stelle einen Heiligen zu haben, der die Geldwechsler aus dem Tempel triebe, hat etwas unendlich Rührendes. Ebenso klar war, daß man einen geweihten Papst, der überall als Heiliger empfangen wurde, nicht frei umherziehen lassen konnte. Als die päpstlichen Offiziere kamen und ihm bedeuteten, da er einmal der Tiara entsagt habe, müsse er nun auch der Freiheit entsagen, beugte er sich in Demut und willigte ein, den Rest seiner Tage in einer düsteren Burgfeste zu verbringen. Es gehört zu den unerforschlichen Ratschlüssen Gottes, daß manches Gute von schlechten Päpsten ausgegangen ist, während die Wahl eines Menschen vom Typ eines einfachen Katakombenchristen zum Oberhirten nicht die geringste Spur in seiner Zeit hinterließ. Doch bei allen Sünden der Päpste vergaß ihn die Kirche nicht; zehn Jahre nach seinem Tode wurde Coelestin heiliggesprochen.

In einem anderen Teil der Kirche bemerkte ich das Grabmal des großen Papstes Innozenz III., den man den Augustus unter den Päpsten genannt hat. Er war in jeder Weise ein außerordentlicher Mensch, nicht nur seiner Gelehrsamkeit, Weisheit und eisernen Willensstärke wegen, sondern auch, weil er schon mit 37 Jahren den Heiligen Stuhl bestieg. Er war der Papst, der den König Johann exkommunizierte und England mit dem Bann belegte.

Ein junger Papst war schon von jeher eine Seltenheit und seit der Renaissance nahezu vollends unmöglich. Damit haben wir im Papsttum das beste Beispiel der Geschichte für eine Regierung alter Männer. Die meisten Oberhirten wurden in einem Alter gewählt, in dem ein König nur noch zur Abdankung taugt. Doch ist die belebende Wirkung des Stuhles Petri kein Geheimnis; manch ein zittriger Greis fühlte sich in dem Augenblick, da die Tiara seine Stirn berührte, um Jahre jünger. Ein augenfälliges Beispiel dafür bot Paul III., der als Kardinal Farnese, krumm vor Gicht und am Stock humpelnd, mit seinen 68 Jahren schon halb im Grabe zu stehen schien, bis er sich nach der Wahl plötzlich streckte und noch fünfzehn Jahre regierte.

Früher mußte ein Kandidat, den man als *creatura papabilis*, also als möglichen Papst ansah, meist über sechzig Jahre alt, ein Mann von gütiger Art ohne viel Familienanhang und außerdem Persona grata bei den europäischen Mächten sein. Ein Durchschnittsmensch, womöglich mit Feinden im Kardinalskollegium, hatte keine Aussichten. Auf die geistigen Qualitäten kam es nicht so sehr an: für die sorgte der Vatikan schon.

Kein gewöhnliches Staatswesen konnte die Abfolge so vieler kurzer Regierungszeiten überdauern, die im Papsttum doch als normal gelten, denn bis auf den heutigen Tag zieht der Tod des Papstes die Amtsniederlegung aller Regierungsbeamten, Nuntien und Hausprälaten im Vatikan nach sich, und bis zur Wahl des neuen Papstes herrscht das Kardinalskollegium über die Kirche. Früher bildete das Interregnum eine Schreckenszeit für Rom. Die Gefängnisse wurden geöffnet, Recht und Sicherheit lagen darnieder, die Adligen spannten Ketten über die

Straßen und ließen ihre bewaffneten Banden Kämpfe austragen und alte Rechnungen begleichen, kurz, alles ging drunter und drüber. Wie Girolama Gigli schrieb, verging kein Tag, ohne Streit, Mord und Hinterhalt. In der ganzen Stadt wurden Menschen umgebracht, manche kopflose Leiche trieb den Tiber hinunter. Häuser wurden des Nachts aufgebrochen und geplündert, Frauen vergewaltigt, getötet oder verschleppt, junge Mädchen entehrt, gewaltsam entführt.

Heute wie damals legt das Kardinalskollegium beim Hinscheiden des Papstes seine roten Roben ab und trägt Purpur. Überhaupt ist der Tod des Papstes auch heute noch von Vorschriften begleitet, die in die ältesten Zeiten zurückgehen. Unmittelbar nach seinem Tode wird der Kardinalkämmerer gerufen, um den Leichnam zu identifizieren. Kniend vollzieht er die alte römische *conclamatio*, das heißt, er ruft den Verstorbenen mit seinem Taufnamen, nicht mit seinem Papstnamen, an. In alten Zeiten war es zudem Brauch, dem Toten dreimal mit einem silbernen Hammer an die Stirn zu klopfen. Der Fischerring von seinem Finger wird zerbrochen. Nun ergeht die Anweisung, die Glocken Roms zu läuten, und damit geht die erste offizielle Nachricht vom Tode des Papstes in die Welt hinaus.

Sobald die umständlichen Bestattungszeremonien vorüber sind, denkt Rom an nichts anderes als an die Wahl des neuen Papstes. Daß jeder großjährige katholische Mann, auch ein Laie, zum Papst gewählt werden kann, ist vielleicht nicht allgemein bekannt. Allerdings sind seit dem Ende des 14. Jahrhunderts nur Kardinäle und seit Beginn des 16. Jahrhunderts nur Italiener gewählt worden. In den wenigen Fällen, in denen in der Vergangenheit die Wahl auf einen Laienkardinal fiel, ernannte man ihn sofort zum Bischof von Rom. Die weitaus größere Zahl der Päpste wurde im Lateran und nicht im Vatikan gewählt, denn zehn Jahrhunderte lang war das Patriarchium Sitz der Päpste, während der Vatikan erst seit wenig mehr als die Hälfte dieser Zeit ihr Heim ist.

6

In dem Augenblick, als ich aus der Lateranskirche in den Kreuzgang trat, schien sich die Zeit um Jahrhunderte zurückzudrehen. Es war mir, als sei ich nicht länger in Rom, sondern im England oder Frankreich des 13. Jahrhunderts. Ich befand mich in einem ansehnlichen Benediktinerkloster, nur mit dem Unterschied, daß hier alles in buntem byzantinischem Abglanz glitzerte und glühte. Die gedrehten Säulen und die Rundbögen waren übersät von roten, grünen, goldenen Mosaiksteinchen. Im römischen Sonnenlicht war dies von bezaubernder Wirkung, in Yorkshire hätte es sich vielleicht ein wenig flitterhaft ausgenommen. Dies hier gehörte der juwelenbesetzten, damastbehangenen östlichen Welt an.

Der Kreuzgang stammt aus dem 13. Jahrhundert. Damals begannen mehrere Familien von Steinschneidern, unter ihnen die Cosmati und Vasselletti als die berühmtesten Familien, die Trümmer Roms nach farbigem Marmor, besonders nach dem so begehrten und seltenen roten und grünen Porphyr zu durchsuchen. Sie schliffen ihn zu Würfeln, Vierecken und Kreisen, mit denen sie eine Vielzahl von geometrischen Mustern verfertigten und einen Stil der Kirchendekoration schufen, der sich in den nächsten hundert Jahren in Rom großer Beliebtheit erfreute. Das beste Beispiel für ihre Arbeit ist die Kirche von S. Clemente, während die Kreuzgänge im Lateran und in St.-Paul-vor-den-Mauern zeigen, daß sie auch im Freien ihr Handwerk verstanden.

7

In dem dunklen, alten, achteckigen Baptisterium der Lateransbasilika ist die eine Kapelle mit den sogenannten singenden Türen verschlossen. Sie sind hoch und schwer und angeblich aus Gold, Silber und Bronze. Ursprünglich hingen sie in den Thermen des Caracalla. Als der Aufseher den einen Flügel anschob, knirschte er zuerst ziemlich häßlich in seiner Metallschiene. Dann wurde das Knirschen zum tiefen Stöhnen, aus dem sich ein hoher Ton ablöste und singend und schwirrend in der Luft stand. Der Klang erfüllte das ganze kleine Gebäude, und mir war, als riefe eine Trompete die heidnische Welt an ihre Altäre. Es war der heidnische Klang, eingefangen und eingeschlossen in einem christlichen Bauwerk.

Die alte Legende, nach der Konstantin der Große in dem basaltnen Becken der Kapelle getauft sein soll, ist noch im Umlauf – in Wirklichkeit wurde Konstantin wie so viele andere Sünder der Zeit erst auf dem Totenbett zum Christ.

Ich ging nun zu dem Gebäude gegenüber dem Lateranspalast hinüber, in dem die Heilige Stiege untergebracht ist. Diese 28 Stufen aus tyrischem Marmor, die heute mit einer schützenden Holzverschalung umgeben sind, wurden angeblich von der heiligen Helena von Jerusalem nach Rom gebracht und sollen die Treppen zum Palast des Pilatus sein, die unser Heiland nach seinem Verhör durch Pilatus hinabschritt. Die Wallfahrer erklimmen diese Treppe auf den Knien, für den Rückweg führen zu beiden Seiten der Scala Sancta zwei Treppen hinunter. Oben stehen die Pilger vor der alten Papstkapelle Sancta Sanctorum des alten Patriarchiums, gleichsam der Sixtinischen Kapelle des Mittelalters; sie ist der Öffentlichkeit nicht zugänglich.

Kein Tag vergeht, ohne daß sich Pilgergruppen langsam auf Knien die Treppe emporarbeiten und dabei betend ihre Rosenkranzperlen zählen; in der Passionswoche aber ist die Treppe von morgens bis abends dicht besetzt. Auf dieser Treppe stand Martin Luther plötzlich auf halbem Wege nach oben auf und schritt aufrecht hinunter, es war offensichtlich das erste Mal, daß dies jemand fertigbrachte. Am Abend vor dem berühmten »20. September 1870« ließ sich Pius IX. zum Lateranspalast fahren und erklomm die Heilige Stiege auf den Knien. Oben angekommen, sprach er mit vor Erschütterung bebender Stimme ein Gebet. Er verließ das Gebäude durch eine Seitentür, vor ihm auf der offenen Fläche zwischen dem Lateran und den Stadtmauern lagerten seine Truppen. Auf die Bitte des Kommandanten erteilte der Papst seinen Segen, während die Truppen die Waffen präsentierten.

Danach begab sich der Papst nicht mehr in seinen Wohnsitz, den Quirinal, sondern in den Vatikan, den er nie wieder verließ.

8

Die Überlieferung will, daß der Apostel Paulus etwa drei Kilometer vom ostianischen Tor an einem Ort *ad aquas salvias*, heute Tre Fontane, enthauptet wurde. An den drei Stellen, die sein Haupt berührte, entsprangen drei Quellen; heute steht über jeder eine Kirche. Damals aber entstand ein Sumpf, so daß die Gegend zum gefährlichsten Malariagebiet um Rom wurde. Noch im letzten Jahrhundert, als man die *malaria* für ein geheimnisvolles, der Erde entströmendes Gift hielt, konnte man bleichen, fiebergeschüttelten Trappistenmönchen begegnen. Die Quellen sind nun versiegt, womöglich haben dabei die Eukalyptusbäume geholfen, die heutzutage mit ihren kahlen, platanenähnlichen Stämmen und silbrigen Blättern ein Wahrzeichen der Landschaft bilden. Aus den Blättern destillieren die Trappisten einen Likör, der trotz seines scharf-pharmazeutischen Geschmacks bei den vielen Besuchern, die ihn am Tor kaufen, recht beliebt ist. Einer der Mönche hat ein recht hübsches Flaschenetikett entworfen, auf dem die Wörter *Liquore Eucaliptina* den Initialen eines illuminierten Evangeliums ähneln.
Nach dem Martyrium des Apostels Paulus bat sich eine römische Matrone namens Lucinia den Leichnam zur Bestattung aus und gab ihm eine letzte Ruhestätte in ihrem Familiengrab, das ungefähr zwei Kilometer vor Rom in der Nähe eines Weingartens an der Straße nach Ostia lag. Sie gehörte zu den führenden Frauen der ersten christlichen Gemeinde, und eine wenige Jahre zurückliegende Entdeckung in den Katakomben legt die anziehende Theorie nahe, daß sie Pomponia Graecina war, die Gattin des Eroberers von Britannien, Aulus Plautius.
Ich wanderte zur Kirche des Apostels Paulus hinaus, die heute in einem häßlichen Industrieviertel voller Fabriken, Gaswerke

und Straßenbahnen liegt, und dachte an die ersten Pilger, die, durch einen fast zwei Kilometer langen, von 800 Marmorsäulen getragenen Kolonnadengang vor Sonne und Regen geschützt, zu dieser Kirche gelangten. Es ist ein Rätsel, wie diese gewaltige Konstruktion vom Erdboden verschwinden konnte. Lanciani schreibt, daß hier »das Beispiel für ein Zerstörungswerk vorliegt, wie es in diesem Umfang in der ganzen Geschichte der Zerstörung Roms einzig dasteht«.

Wie schon früher über dem Petrusgrab, so errichtete Konstantin auch über der Ruhestätte des Apostels Paulus eine Basilika, die allerdings etwas kleiner als die Peterskirche war. Das hatte nichts mit der Vorliebe des Kaisers für einen bestimmten Apostel zu tun, sondern entsprach den Regeln von Konstantins Baumeistern zu einer Zeit, als das christliche Gotteshaus noch eine architektonische Neuheit war. Nach diesen Regeln mußte das neue Bauwerk ein unberührtes Grab umschließen, das Grab auf der Sehne der Apsis liegen und schließlich das Hauptportal der aufgehenden Sonne zugewandt sein, wie dies früher auch bei den heidnischen Tempeln der Fall war. Paulus' Grab lag aber unmittelbar an der Hauptstraße nach Ostia, so daß auf so begrenztem Raum kein Platz für eine geräumige Kirche war. Erst im Jahre 386 wurde die Kirche von Grund auf umgebaut, was praktisch auf ein völliges Einreißen des alten und Errichtung eines auf veränderter Achse liegenden neuen Gebäudes mit östlicher Apsis hinauslief. St. Paul war somit die erste große Basilika, deren Apsis in dieser Himmelsrichtung lag, eine Bauweise, die sich später überall einbürgerte und heute die Regel ist. Allein die Peterskirche sieht mit ihrem Portal noch der aufgehenden Sonne entgegen.

Es muß den Christen des vierten Jahrhunderts merkwürdig vorgekommen sein, als nach Fertigstellung der vergrößerten Basilika, deren Apsis nach Osten lag, der messelesende Priester von nun an mit dem Rücken zur Gemeinde stand. Heute ist das natürlich allgemein üblich, damals aber war es nur in St. Paul so. Die Peterskirche ist dagegen nie »umgedreht« worden, und wenn der Papst am Hochaltar die Messe zelebriert, steht er nach der frühesten Überlieferung im christlichen Gottesdienst der Gemeinde zugewandt und blickt nach Osten. Ich habe das gleiche nur noch einmal in ärmlichen kleinen koptischen Kirchen Ägyptens gesehen, wo der Priester wie der Papst seine Gemeinde ansieht.

Die herrliche Basilika, die im Vergleich zum Petersdom einen unendlich schöneren und großartigen Eindruck macht, ist eine Rekonstruktion und erst etwas über ein Jahrhundert alt. An einem Juliabend des Jahres 1823 warf ein Dachdecker ein Bekken mit brennender Holzkohle nach seinem Arbeitskollegen, und die seit dem vierten Jahrhundert das Apostelgrab bergende Kirche brannte nieder. Womöglich waren Stücke rotglühender Kohle in eine Ritze des zundertrockenen Daches geraten, wo sie lag und gloste. Um zwei Uhr morgens beobachtete ein Mönch, der zufällig zum Fenster des in der Nähe gelegenen Klosters hinaussah, starr vor Entsetzen, wie plötzlich eine riesige Lohe zum Himmel aufstieg und das Dach in die Tiefe des Kirchenschiffs brach. Nichts blieb außer einem Teil der Außenwände, ein paar zerbrannten Säulen und dem Triumphbogen des Hauptschiffs, der in Rom die einzige Erinnerung an die Regierung Galla Placidias, der ehemaligen Gotenkönigin, ist.

Rom war erschüttert. Der einzige, der nichts von dem Unglück ahnte, war Papst Pius VII., der im Vatikan im Sterben lag. Napoleon hatte ihn mit Gewalt nach Frankreich bringen lassen. Stendhal berichtete von ihm die merkwürdige Geschichte, daß er auf dem Totenbett von der Vorahnung eines schweren Schlages für die katholische Kirche gequält wurde, immer wieder fragte er, ob irgend etwas geschehen sei. Daß St. Paul, wo er als junger Mönch gelebt hatte, nicht mehr existierte, wurde ihm gnädig verschwiegen, und am Tage nach dem Brand starb er, ohne von dem Unglück erfahren zu haben.

Viele werden mit mir darin einer Meinung sein, daß kein Bauwerk eine bessere Vorstellung von der Majestät Roms gibt als St.-Paul-vor-den-Mauern. Wenn man nicht wüßte, daß es eine Rekonstruktion ist, würde man es zunächst jedenfalls für einen atemberaubenden Überrest der Vergangenheit halten. Natürlich fehlt die echte Alterspatina der Basiliken S. Maria Maggiore oder S. Maria in Aracoeli, doch ist es eine getreue Nachbildung der altehrwürdigen Kirche des Apostels Paulus. Es muß für Pius IX. ein stolzer Augenblick gewesen sein, als er 1854, 31 Jahre nach dem Brand, in Anwesenheit von Prälaten aus aller Welt die Basilika neu weihte. Gewiß ist schade, daß das Äußere der Kirche so geschmacklos geraten ist, doch wenn man das Mittelschiff hinunterblickt, wo sich in dem geschliffenen Marmorfußboden 80 Granitsäulen wie Bäume in einem See spiegeln, dann ist alles vergessen. Der Blick wandert an dem Triumphbogen empor, der noch von der alten Basilika stammt. Kardinal Wiseman hat ihn einmal mit einer Schenkungsurkunde verglichen, die die neue Kirche mit ihrer altehrwürdigen Vergangenheit und dem versunkenen Rom der Galla Placidia verbindet.

Zar Nikolaus I. von Rußland stiftete Altäre aus Malachit, der Khedive Mohammed Ali die sechs riesigen Säulen an der Tür, doch was zuerst ins Auge springt, ist der Triumphbogen mit seinen Mosaiken, und darunter das Ciborium, das sich über dem Grab des Apostels Paulus erhebt. Das Grab liegt noch genauso, wie es zu Konstantins Zeiten aufgefunden wurde, und wer als privilegierter Besucher die Altarstufen hinaufgehen und durch das Eisengitter spähen darf, kann im Schein seiner Taschenlampe auf einem altehrwürdigen Stein die eingemeißelten Worte »Paulo Apostolo Mart...« aufleuchten sehen. Mitten im Stein befindet sich ein rundes Loch, durch das die ersten Pilger Rosenkränze und Stoffetzen hinunterließen, um sie durch die Berührung mit den sterblichen Überresten des Apostels zu heiligen.

Das Grab wurde während des Neubaus der Kirche nicht wissenschaftlich untersucht, aber man machte bei den Untermauerungsarbeiten für das Ciborium die gleiche Erfahrung wie während des Umbaus der Peterskirche im 16. Jahrhundert, als die Grundmauern für die vier schweren Bronzesäulen von Berninis Baldachin angelegt wurden: Dicht drängten sich alte Gräber um das Apostelgrab. Die in lange, altersdunkle Gewänder gehüllten und wie Mumien mit Leinenstreifen umwickelten Körper lagen mehrere Schichten tief und mit dem Kopf alle zum Apostelgrab hin.

Ich trat durch eine Tür und befand mich in einem Kreuzgang, der von grüner, roter, goldener Kosmatenarbeit funkelte. Dieser Kreuzgang ist womöglich noch schöner als der der Laterankirche. Mit nur wenigen Schritten tritt man aus der würdigen Strenge Roms in die farbig-heitere Welt des Mittelalters. Der Kreuzgang ist voller Fragmente und Inschriften, die bei dem Brand von 1823 aus der Kirche geborgen wurden. Über dem Tor entdeckte ich das Wappen eines Abtes von St. Paul, um das sich das Band des Hosenbandordens schlang. Dies ist ein Rest aus vorreformatorischer Zeit, als die Könige von England noch die Schutzherren der Paulskirche waren, die Könige von Frankreich hatten das Patronat über die Lateransbasilika und die spanischen Könige über S. Maria Maggiore. Zu jener Zeit redete der Vatikan die Monarchen Europas mit bestimmten formellen Titeln an: der König von England war die »allerreligiöseste«, der König von Frankreich die »allerchristlichste«, der König von Spanien die »allerkatholischste« und der König von Portugal die »allergläubigste« Majestät.

9

Eines Nachmittags wartete ich in der Kühle der Kirche von S. Clemente – draußen sengte eine unbarmherzige Hitze – auf den Bruder Paschalis, einen Iren, der mir die Kirchen und den Mithrastempel unter dem heutigen Gebäude zeigen sollte. Außer dem jungen Laienbruder, der nebenan im Vorraum zur Sakristei in Erwartung der nach der Siesta erscheinenden Besucher die Ansichtspostkarten und sonstigen Andenken sortierte, war niemand in der Kirche.

S. Clemente ist die schönste Kirche aus dem Rom des Mittelalters, doch erscheint sie noch um Jahrhunderte älter. Sie sieht wie eine in jeder Weise tadellos erhaltene Basilika aus dem vierten Jahrhundert aus. Nicht weit vom Kolosseum tritt man von der Via S. Giovanni in Laterano in ein nach oben offenes Atrium mit einem Brunnen in der Mitte. Vor einem liegt die Kirche aus kühlem weißem und buntem Marmor, ihr Altar erhebt sich unter einem Halbrund voller leuchtender Mosaiken. Hier haben wir gleichsam die alte Peterskirche en miniature vor uns, ja das Abbild jeder alten Basilika aus dem vierten Jahrhundert.

Niemand hatte je daran gezweifelt, daß dies nicht die erste Kirche des heiligen Klemens war, die nachweislich schon seit 350 bestand, bis vor nicht allzu langer Zeit unter dem heutigen Gebäude die ältere Kirche entdeckt wurde, die bis oben hin mit Bauschutt aus der Zeit der Plünderung Roms durch die Normannen im Jahre 1084 zugeschüttet war. Papst Gregor VII., der von Kaiser Heinrich IV. in der Engelsburg belagert wurde, hatte Robert Guiscard und seine Normannen zu Hilfe gerufen. Der Preis für eine Befreiung war eine rauchende Stadt, ein in den Trümmern seiner Kirchen und Häuser liegendes Rom. Drei Tage Mord und Brand hatten die Straßenoberfläche ganzer Bezirke um einen Meter erhöht.

Beim Abzug der Normannen lag auch S. Clemente in Asche, doch wurden die antiken Säulen und alles sonst Erhaltene aus den Trümmern geborgen. So vollendet erstand die neue Kirche auf den Ruinen der älteren, daß man in ihr ein Werk des vierten, nicht des elften Jahrhunderts sah.

Während ich da saß und mir diese schöne Kirche betrachtete, kam ein armes altes Frauchen mit einem ausgefransten Schal um den Kopf, in Filzpantoffeln herein und schlürfte auf ein lebensgroßes Kruzifix im Nebenschiff zu. Sie sah wie ein in Spinnengewebe gehülltes, vertrocknetes Laubbündel aus. Niederkniend zählte sie betend die Perlen ihres Rosenkranzes, dann erhob sie sich und beugte sich unter ständigem Gemurmel über die Füße des Gekreuzigten, küßte sie und schmiegte ihre Wangen daran. Ich sah, wie sie mit einem Zipfel ihres Tuches über die Füße strich, als wolle sie das Blut abwischen. Dann blickte sie zum Antlitz Christi auf und begann mit erhobenen, ausgebreiteten Armen in der frühesten Haltung der Betenden, die man noch auf den Katakombenwänden sehen kann, mit ihm zu sprechen. Wieder beugte sie sich auf seine Füße nieder und küßte sie. Sie war in

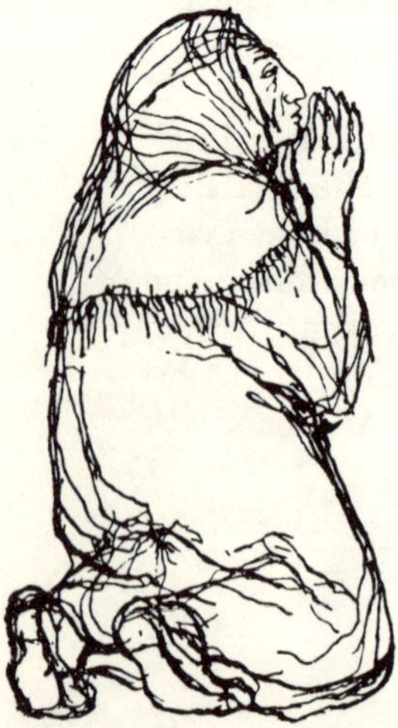

eine regelrechte Unterhaltung mit dem Gekreuzigten vertieft, lauschte manchmal gleichsam auf Antwort, sprach dann wieder und warf ihm einen Kuß zu. Wieder berührte sie die Füße und stand wie auf dem Kalvarienhügel, als ob sie auf die Abnahme vom Kreuz wartete.

Aus ihrem Gebaren konnte man erkennen, daß sie die Gewohnheit hatte, so zu Christus zu sprechen und ihm vielleicht von ihren Sorgen, vielleicht von den Geschichten aus ihrem Wohnblock zu erzählen. Wie unendlich rührend ist doch solches menschliche Vertrauen, dachte ich, dann war es mir, als hörte ich Paulus sagen: »Wir handeln im Glauben, nicht im Schauen!« Worin liegt schließlich der Unterschied zwischen diesen alten armen Wesen und den großen Mystikern? grübelte ich. Die heilige Therese, die selbst auf so gutem Fuß mit Gott stand, daß sie ihn einmal sogar ausschalt, hätte die Alte bestimmt verstanden. Ich entsann mich, daß mir ein großer, jetzt verstorbener Wissenschaftler einmal sagte: »Wir wissen nichts. Die Wissenschaft führt uns auf einen besonnten Berg, von dessen Gipfel aus wir alles zu erkennen hoffen, und dann sehen wir nichts als undurchdringlichen Nebel.«

Ich erhob mich und ging zur Sakristei, um zu sehen, wo der Bruder Paschalis geblieben war. Dazu mußte ich an der Alten vorüber, die, nun meiner ansichtig, bittend die Hand ausstreckte. Ich gab ihr ein elendes 50-Lire-Stück. Die Wirkung war beschämend. Sie ergriff meine Hand und küßte sie mehrmals, legte sie an ihre tränenüberströmten Wangen, dabei redete sie überstürzt vor sich hin und nickte mehrmals zu dem Gekreuzigten hinauf. Betroffen von ihrer Dankbarkeit und wegen meiner knauserigen Gabe beschämt, gab ich ihr einen Schein, der, so meinte ich, sie vielleicht eine Woche ernähren würde, aber nun kam ich erst recht nicht los. An beiden Händen zog sie mich zum Kruzifix. Ich begriff, daß sie Jesus für die Erfüllung ihrer Bitten danken wollte, aber mir war nicht wohl dabei, und ich fühlte mich wie ein Betrüger. Schnell machte ich mich von ihren Händen frei und ging in die Sakristei, wo der junge Laienbruder noch immer seine Postkarten ordnete.

»Wer ist denn diese Alte?« fragte ich ihn.

»Ich weiß nicht«, erwiderte er in seinem breiten irischen Akzent, »ich glaube, die gute Seele ist ein bißchen übergeschnappt.«
Ja, dachte ich, das haben bestimmt auch viele von den Heiligen gedacht.

Als ich mit Bruder Paschalis zurückkam, war sie gegangen. Er drehte das Licht in der Apsis an, und eins der schönsten Mosaiken Roms leuchtete vor meinen Augen auf. Hier war eine christliche Version der so sorgfältig ausgeführten kleinen »Grotesken« in Neros Goldenem Haus, nur daß hier die Vögel und Tiere nicht einfach Lebewesen waren, sondern jedes einen Symbolwert hatte. Die zentrale Figur ist ein großes Kreuz, das sich vom Himmel bis zur Erde erstreckt. Dort, wo es die Erde berührt, sprießen Blätter und Blüten, entspringen lebensspendende Flüsse. Als Symbol der getauften Gemeinde äst ein kleines Reh am Fuße des Kreuzes, und zwei Hirsche trinken von dem Wasser der Flüsse, die am Kreuz entspringen. »... wie der Hirsch schreiet nach frischem Wasser, so schreit meine Seele, o Herr, nach Dir.«

1645 übergab Papst Innozenz X. S. Clemente dem Dominikanerorden, 1677 wurde sie *in perpetuum* den irischen Dominikanern anvertraut. Die Kirche erhebt sich über dem väterlichen Palast des heiligen Klemens, der nach dem Zeugnis vieler Schriftsteller der dritte Nachfolger Petri auf dem Apostolischen Stuhl war. Womöglich ist er jener Mitarbeiter, den Paulus in seinem Brief an die Philipper erwähnt. Es heißt überdies, er sei der Verfasser des »Briefes an die Kirche von Korinth«.

Der Name Klemens scheint im Rom des ersten Jahrhunderts so verbreitet gewesen zu sein wie Robinson im heutigen London. Wenn auch in dem Legendenschatz um seinen Namen die anderer Menschen mit eingeflossen sind, so daß der Heilige eine etwas zusammengesetzte Persönlichkeit erhielt, so geht doch daraus hervor, daß der wirkliche Klemens ein recht bedeutendes Mitglied der frühen Kirche gewesen sein muß.

Bruder Paschalis führte mich in die untere Kirche hinunter und erzählte mir dabei, wie 1857 der damalige Rektor des irischen Dominikanerkollegs, Pater Joseph Mullooly, mehr und mehr zu der Überzeugung gekommen war, daß die heutige Kirche nicht mit der bei den frühen Schriftstellern erwähnten identisch sei. Mehrere Probegrabungen bestätigten seine Vermutung und ergaben, daß die Kirche auf den Mauern eines mit Brandschutt vollgefüllten früheren Gebäudes ruhte.

Ein halbes Jahrhundert verging über der schwierigen und kostspieligen Aufgabe des Schuttwegräumens und Abstützens der heutigen Kirche; noch ständig wird Neues gefunden. Pius IX. unterstützte die Ausgrabungen in großzügiger Weise, und aus aller Welt gingen Geldspenden ein. Es war Pater Mullooly noch vergönnt, zu erleben, wie die Basilika des vierten Jahrhunderts wieder zum Vorschein kam, auf deren Wandgemälden sich zum Teil noch die Spuren der normannischen Plünderung vom Jahre 1084 fanden. Die Frage des Wohin mit den Hunderten von Tonnen Bauschutt war allein schon ein schwieriges Problem. Der hübsche kleine Garten von S. Clemente zum Kolosseum hin wurde um etwa einen Meter erhöht, und so wachsen die heutigen Apfelbäume, Blumen und Gemüse lustig auf dem vom Normanneneinfall stammenden Bauschutt.

In der elektrisch erleuchteten unteren Kirche war es kühler als in den Katakomben. Wir hörten schon von weitem die unzähligen, vom Esquilin her durchsickernden Quellen mit ihrem Geplätscher, das sich tiefer unten zu einem Brausen verstärkte, und die byzantinischen Heiligen blickten uns mit großen, dunklen Augen durch einen feuchten Schleier an. Von diesen Fresken müßten unbedingt Farbaufnahmen gemacht werden, ehe sie völlig zerstört sind.

Auf der untersten Ausgrabungssohle harrt eine große Überraschung: Wir stehen vor einem gewölbten Mithrastempel mit einem Altarstein in der Mitte, auf dessen Relief Mithras gerade den Stier opfert. Zu beiden Seiten des Mittelganges erstrecken sich steinerne Lager für die Eingeweihten des Kults, ein gegenüberliegender Raum diente zur Unterweisung der Novizen. Nur durch einen Gang von dem heidnischen Tempel getrennt, finden wir die Überreste eines Gebäudes aus dem vierten Jahrhundert, das, wie man annimmt, dem heiligen Klemens gehörte. Das Mauerwerk dieses großen alten Palastes weist allerdings eher auf die republikanische als auf die kaiserliche Zeit Roms.

Es ist fast mit Sicherheit anzunehmen, daß die Apostel Petrus und Paulus diesen Palast gekannt haben.
Wir verließen diesen erstaunlichen Ort, den man wirklich nicht unter dieser Kirche vermutet, und stiegen dann zum Kolleg hinauf, wo mich der Prior in einer porträtbehangenen Halle begrüßte. Unter den Bildern entdeckte ich eins von Karl Eduard aus seinen letzten Jahren, als vom »Bonnie Prince Charlie« nichts mehr übrig war. Die Dominikaner standen mit dem Hof des Exilmonarchen von England in engen Beziehungen: Ein Dominikaner war Beichtvater des Prinzen Charlie und im Jahre 1755 wurde der Prior von S. Clemente seines Amtes enthoben, weil er entgegen den Weisungen des Vatikans den Prinzen mit königlichen Ehren empfangen hatte.
Die Kirche war auch mit den auf die ersten Jahre des vergangenen Jahrhunderts zurückgehenden Anfängen der Diözese von New York eng verbunden. Man zeigte mir das Bildnis von Pater Richard Luke Concanen, der im Jahre 1808 zum ersten Bischof von New York geweiht wurde, aber zwei Jahre auf eine Gelegenheit zur Überfahrt warten mußte, weil Napoleons Truppen alle Häfen sperrten. Er starb im Alter von 72 Jahren an dem für seine Abreise von Neapel festgesetzten Tage. Schließlich kam ein anderer Ire, Pater John Connolly, am 15. November 1815 nach einer Überfahrt von 67 Tagen von Dublin aus in New York an. Obwohl an sich der zweite Bischof der Diözese, war er doch der erste, der sein Amt auch antreten konnte. Wie aus einem interessanten Brief der Zeit hervorgeht, müssen die Zustände in der New Yorker katholischen Diözese damals recht primitiv gewesen sein; bei seiner Ankunft fand der Bischof für 13000 Katholiken nur vier Priester und drei Kirchen vor.

10

Als ich das edle Stufenwerk zur Kirche Gregors des Großen hinaufstieg, quoll mir plötzlich eine Menschenansammlung entgegen, mit einem Augenblick Abstand folgte langsamen

Schrittes und ganz in Weiß eine niedliche kleine Braut am Arm eines jungen Mannes im blauen Anzug.
Auf römischen Hochzeiten wird nach altem Brauch noch immer Konfetti geworfen, oder aber man überreicht sie den Gästen in kleinen Schachteln. Hier sind das aber nicht bunte Papierschlangen, die sich dem Bräutigam um den Hals ringeln und noch monatelang im Polster der Mietsautos hängen, sondern überzuckerte Mandeln. In diesem Brauch steckt noch die alte heidnische Sitte, bei Hochzeiten Nüsse zu werfen. Vor vielen Jahren, bei der Hochzeit des früheren Königs Umberto und seiner belgischen Gemahlin, standen Lakaien zu beiden Seiten der Treppe zum Quirinalspalast hinauf und schaufelten jedem Gast aus silbernen Schalen gebrannte Mandeln in die Hand. Nur selten noch werden diese Mandeln wie in alten Zeiten geworfen oder gestreut, heute, wo sie fünf Mark das Pfund kosten, hat es sich eingebürgert, sie den Gästen in kleinen Schachteln zu überreichen.
Für den Engländer ist es ein Erlebnis, oben auf der Treppe vor der Kirche des großen Gregor zu stehen und sich umzusehen. Von dieser Stelle, die nur wenige Schritte von den Palästen der Cäsaren und dem Forum entfernt liegt, auf dem Gregor die hellhaarigen Angeln aufgefallen waren, brach im Frühling des Jahres 596 der heilige Augustin auf, um den Engländern das Christentum zu bringen. So vollzieht man in Gedanken die Verbindung zwischen Rom und der Insel Thanet und Canterbury. Unten verläuft die Via Triumphalis, über die einst der Marschtritt der römischen Legionen gegangen war, die aufbrachen, um die Welt zu unterwerfen. Über die gleiche Straße zogen später die Legionen der Kirche zu ihren geistigen Eroberungszügen aus.
Der heilige Gregor lebte zu einer Zeit, in der die Menschheit an der Welt verzweifelte und ihr baldiges Ende kommen sah. Es war wie vor einer zweiten Sintflut. Die Klöster glichen der Arche, in die sich vor dem heraufziehenden Unwetter alles flüchtete, was an Kultur noch übrig war. Reiche, gelehrte Männer zogen sich mit ihren Büchern hinter Klostermauern zurück, Mitglieder der größten Familien Roms, Männer wie Frauen,

verschenkten ihre Güter und lebten fortan in Höhlen und Klausen. Zu Gregors Zeiten lebten an die 3000 Nonnen und Eremiten in Rom, deren unablässige Gebete einen schützenden Schild vor die sterbende Stadt hielten. Sie war bedroht, dieses Mal von den Langobarden. Hunger und Krankheit gingen um, von den durch die Zerstörung der Aquädukte entstandenen Sümpfen kam die Malaria in die Stadt. Doch das Leben ging weiter. Wir erfahren sogar, daß auf dem Trajansforum noch immer Dichterlesungen stattfanden.

Als junger Mann war Gregor in Samt und Seide gegangen, denn die reichen Römer waren anscheinend auch in den dunkelsten Tagen immer prächtig gekleidet. Sobald er über sein Vermögen verfügen konnte, verwandelte er den Familienpalast in ein Benediktinerkloster, seine verwitwete Mutter richtete sich in der Nähe eine Klause ein. Täglich sandte sie ihrem Sohn selbstgezogenes Gemüse. Wenn er nicht gerade fastete, aß er es roh und zog sich dadurch ein Darmleiden zu. In seinen letzten Jahren als Papst konnte er sich nur mit größten Schmerzen und nie mehr als drei Stunden von seinem Lager erheben, und doch zog mit diesem Kranken der Genius der herrschenden Klasse Roms in die Kirche ein und gab ihr einen geistlichen Cäsar, den Begründer des mittelalterlichen Papsttums.

Er lebte noch als Mönch in seinem alten Heim auf dem Coelio, als er einmal bei einem Spaziergang über das Forum die flachshaarigen angelsächsischen Sklavenjünglinge sah. Doch kann es eigentlich kaum das helle Haar gewesen sein, was ihm so an ihnen auffiel, denn wenn jemand mit dem Anblick blonder Germanen vertraut war, dann die Römer des sechsten Jahrhunderts. Schon in den Jahren der ersten Kaiser bestand ein lebhaftes Geschäft in germanischen Zöpfen, die von der eleganten Römerin über einer Art Perücke getragen wurden, und später wurde Rom jahrhundertelang von blonden Barbaren geplündert und bedroht. Nein, noch etwas anderes muß Gregors Mitleid an diesen Jünglingen erregt haben.

Jedenfalls machte er sich kurz darauf in Begleitung einiger Mönche selbst nach England auf, wurde aber nach Rom zurückgerufen. Wäre das nicht gewesen, so wäre der große Pontifex wohl der erste Erzbischof von Canterbury geworden. Später, als er als erster Mönch die Papstwürde annahm und damit zum Lotsen eines sinkenden Schiffes wurde, wie er es selbst ausdrückte, machte er den Plan zur Bekehrung Englands, den er nie ganz aufgegeben hatte, wahr. Er wählte den Prior des Klosters auf dem Coelio zu seinem Beauftragten, und dieser machte sich im Frühjahr 596 mit einer Gruppe von vierzig Mönchen auf den Weg. Unterwegs verließ sie der Mut, Augustin kehrte nach Rom zurück und bat, von seiner Mission entbunden zu werden. Gregor ließ nicht mit sich reden, und sandte ihn mit anspornenden Worten und guten Ratschlägen wieder auf den Weg.

Hier auf dem Coelio-Hügel, wo die Mauern von Augustins Heimatkloster noch unter der heutigen Kirche liegen, gewinnt die altbekannte Geschichte von der Ankunft Augustins in Kent und seiner Bekehrung König Ethelberts und zehntausend seines Volkes neues Interesse. Auf keinem anderen Gelände in Rom wäre eine Ausgrabung so lohnend wie hier. Im Jahre 1890 untersuchte ein Ausschuß unter Führung von Kardinal Manning die Keller des angrenzenden Klosters und überzeugte sich, daß sich »das Haus des großen Pontifex sowie das Kloster, von dem aus Augustin auszog, um in Britannien das Evangelium zu predigen, noch in bestem Erhaltungszustand befinden und ohne die geringste Gefahr für die Stabilität der modernen Kirche leicht ausgegraben werden könnten«. So jedenfalls ist Lancianis Urteil, der auch dem Ausschuß angehörte. Aus irgendeinem Grund schlug der Plan fehl, und seither ist nichts mehr unternommen worden. Aber vielleicht wird das Heim des Heiligen eines Tages doch noch einmal freigelegt, es ist jedenfalls eines der Wunder, die noch in Roms geschichtsträchtiger Erde ruhen.

Die moderne Kirche ist von keinem besonderen Interesse, doch in dem nahegelegenen Garten stehen drei Kapellen, die mir ein Mönch aufschloß. Sie sind unbenutzt, verstaubt, die Fresken im Abblättern. Die eine Kapelle ist der Mutter Gregors des Großen, der heiligen Silvia, eine andere dem heiligen Andreas geweiht, hier sind Wandgemälde von Dominichino und Guido

Reni in sehr traurigem Zustand. In der dritten, der Kapelle der heiligen Barbara, zeigte man mir einen langen römischen Tisch, an dem der heilige Gregor jeden Tag eigenhändig zwölf Bettler gespeist haben soll; der Legende nach erschien eines Tages als unerwarteter dreizehnter Gast ein Engel. Eine Wandmalerei in dieser Kapelle zeigt Gregor den Großen auf dem Forum im Gespräch mit den angelsächsischen Jünglingen.
Ich ging die schönen Treppen wieder hinunter. Bevor Gregor der Große als Papst in den Lateranspalast übersiedelte, mußte er jeden Tag, den er in Rom weilte, das Kolosseum gesehen haben, überlegte ich, in wenigen Schritten konnte er am Circus Maximus sein, der damals schon verödet und unkrautüberwuchert dalag, darüber ragten die Kaiserpaläste, die schon seit Jahrhunderten leer standen, aber doch immer noch gelegentlich den einen oder anderen Exarchen von Ravenna beherbergten. Zum letzten Mal wurde hier ein Kaiser empfangen, als im Jahre 629, 25 Jahre nach dem Tode Gregors des Großen, Heraclius Rom besuchte und bei dieser Gelegenheit im Thronsaal auf dem Palatin mit dem Diadem gekrönt wurde. Es muß eine gespenstische Zeremonie gewesen sein, denn ein neues Zeitalter war bereits angebrochen.
Ich wanderte am Kolosseum vorbei, durch den Titusbogen, über das Forum zum Viktor-Emanuel-Denkmal zurück, dort nahm ich ein Taxi. Ja, es war tatsächlich leichter, das Rom der Cäsaren als das zerfallene Rom Gregors des Großen zu rekonstruieren.

11

Für den römisch-katholischen Pilger verläuft der Aufenthalt in Rom seit Jahrhunderten in den gleichen geebneten Bahnen. Er führt ihn zunächst in die vier großen Hauptbasiliken, zur Mutter aller Kirchen, St. Johannes im Lateran, zum Petersdom, nach St.-Paul-vor-den-Mauern und nach S. Maria Maggiore. Nach den in diesen Kirchen vorgeschriebenen Gebeten kann er außerdem noch S. Lorenzo, S. Croce in Gerusalemme und S. Sebastiano besuchen und damit die Runde der im Mittelalter so berühmten »sieben Wallfahrtskirchen« beschließen. Das nimmt natürlich Zeit, und so kommt es bisweilen vor, daß selbst die frömmsten Besucher Rom wieder verlassen, ohne einen Blick in jene einzigartigen kleinen Kirchen zu tun, die Jahrhunderte vor der Peterskirche über den Häusern von Privatleuten errichtet wurden.

Im oberen Gemach eines Privathauses versammelte Jesus Christus seine Jünger zum letzten Abendmahl um sich, und in den Privathäusern Roms und anderer Orte wurde das Evangelium verkündet und das Abendmahl gefeiert, lange bevor man zu diesem Zweck besondere Gebäude errichtete.

»Grüßet die Prisca und den Aquila«, schrieb Paulus, »... und die Kirche in ihrem Hause.« Wenn er »Kirche« sagte, meinte er nicht das Gebäude, sondern die Gemeinde, die sich darin traf. »Grüßet Nymphias, und die Kirche, die in ihrem Hause ist.« Den ersten Christen war der Ort, an dem sie sich in Anwesenheit des Bischofs zu Gottesdienst und Gebet, zu Taufe und Abendmahl versammelten, unter dem Titel oder Namen des Hausbesitzers bekannt – *titulus Pudentis*, *titulus Lucinae* und so fort –, und als später die Kirche mehr durchorganisiert war, wurden für bestimmte *tituli* hauptamtliche Priester bestellt. Man nannte sie Kardinal, nach dem Wort *cardo*, das ist Türangel, um die sich alles dreht. Diese *tituli* entwickelten sich mit der Zeit zu den ersten Gemeindekirchen von Rom, und bis auf den heutigen Tag haben diese Kirchen einen Kardinal als Titularbischof. Seine erste Amtshandlung als neues Mitglied des Heiligen Kollegiums ist der Einzug in seine Kirche. Er erscheint in scharlachroter Robe und wird am Portal von einem Priester begrüßt, der ihm geweihtes Wasser darbietet. Auf dem Wege zum Altar beugt er dreimal das Knie. Von seinem Bischofssitz aus nimmt er sodann die Huldigungsansprachen entgegen und erwidert sie. Zum Schluß der Zeremonie umarmt der Bischof die einzeln herantretenden Priester oder bietet ihnen den Ring zum Kusse.

Diese Titularkirchen kann man überall in Rom an dem über dem Eingang angebrachten Wappen des Kardinals erkennen.

In der Kirche hängt an gut sichtbarer Stelle sein in Öl gemaltes, goldgerahmtes Porträt; von der Decke einer Seitenkapelle hängt der alte, staubige Kardinalshut eines früheren Amtsvorgängers von der Decke, bis er verschlissen ist oder nach dem Tode des gegenwärtigen Titularbischofs durch dessen roten Hut abgelöst wird.

Diese wunderbaren Kirchen wurden alle zu verschiedenen Zeiten umgebaut, doch sind sich die ältesten in vielem sehr ähnlich. Meistens erhebt sich ein Glockenturm aus zierlichen roten Backsteinen neben dem eigentlichen Kirchengebäude. Die Vorhalle wird von antiken Marmorsäulen gebildet, die über einem flachen Architrav das sich in sanfter Steigung an die Hauptfassade der Kirche anlehnende Ziegeldach tragen. Auch das Mittelschiff wird gewöhnlich von Säulen aus den antiken Tempeln gestützt, hinter dem Altar ist die Apsis ausgespart, über der sich ein vor Mosaik funkelndes Halbrund wölbt. Man fühlt sich an die Häuser von Herkulaneum erinnert, die, wenn man sie sich mit überdachtem mittlerem Atrium vorstellt, diesen Kirchen ziemlich gleich wären. Am interessantesten aber ist die Krypta, in der oft noch die Grundmauern des ursprünglichen römischen *titulus* zu sehen sind: dieselben Mauern, die der Überlieferung nach die Apostel beherbergten.

Diese ältesten Kirchen zerfallen in mehrere Gruppen, die sich leicht zu Fuß erreichen lassen. S. Pudenziana und S. Prassede liegen diesseits und jenseits von S. Maria Maggiore und sind nur durch einen kurzen Weg voneinander getrennt. S. Clemente und SS. Quattro Coronati liegen nicht weit voneinander in dem Straßengeviert östlich des Kolosseums. S. Gregorio Magno und SS. Giovanni e Paolo liegen fast Seite an Seite auf dem Coelio-Hügel; am Tiber, unweit der Ponte Palatino, erhebt sich S. Maria in Cosmedin, dreihundert Meter davon liegt S. Sabina und in weiteren hundert Metern ist man an der Kirche S. Prisca. Es gibt noch viele andere, diese sind nur meine Lieblingskirchen, und nach ihrem Besuch hat man meiner Meinung nach eine recht gute Vorstellung von den byzantinisch-mittelalterlichen Gotteshäusern, die sich aus den *tituli* oder Hauskirchen des alten Rom entwickelten.

24 Stufen führen zur Kirche der heiligen Pudenziana hinunter. Unten wandte ich mich um und las an den Mauerschichten Meter um Meter bis zur heutigen Straßenhöhe die Zeitalter ab. Verglichen mit vielen der anderen frühen Kirchen, ist die Kirche weder sehr schön noch sehr eindrucksvoll, aber hier steht die Wiege der westlichen Christenheit. Unter der Kirche befinden sich die Überreste eines Hauses aus dem ersten Jahrhundert, in dem der Apostel Petrus gelebt und die Sakramente ausgeteilt haben soll, hier versammelten sich die Gläubigen. Diese Überlieferung geht auf die Zeit Pius' I., das heißt auf das Jahr 145 zurück, als noch alte Leute am Leben waren, die über die Apostel aus erster Hand von Leuten gehört hatten, die sie kannten, oder deren Eltern sie vor 78 Jahren gekannt hatten. Auch der Apostel Paulus soll hier gewohnt haben, ferner wird behauptet, Markus habe hier sein Evangelium geschrieben.

Das Haus gehörte einem reichen, angesehenen Römer namens Cornelius Pudens, der angeblich sogar Senatsherr war. Manche sehen in ihm den Freund des Apostels Paulus, der im zweiten Brief an Timotheus erwähnt wird: »Es grüßt dich Eubulus und Pudens und Linus und Claudia und die Brüder alle.«

Jahrhundertelang wurden hier zwei Reliquien des Apostels Petrus gehütet: einmal der Senatorenstuhl des Pudens, den Petrus als Bischofssitz benutzt haben soll, und der heute als einer der Schätze der Peterskirche in einer Nische der Tribuna verschlossen gehalten wird. Die zweite Reliquie war ein altehrwürdiger Holztisch, auf dem nach der Überlieferung Petrus das Abendmahl austeilte. Bis auf einen Teil, der in S. Pudenziana verblieb, wird dieser Tisch seit Jahrhunderten im Hochaltar der Lateranskirche aufbewahrt.

Als Kardinal Wiseman Titularkardinal von S. Pudenziana war, ließ er aus Interesse das Holz des Tisches im Altar von St. Johannes im Lateran wissenschaftlich untersuchen und mit dem Holz des Bruchstückes in S. Pudenziana vergleichen. So konnte er beweisen, daß beide Teile römischen Datums waren und zu dem gleichen Tisch gehörten. Das Holzstück ist hinter einer Kristallglasplatte in einem der Nebenaltäre von S. Pudenziana zu sehen, wo es auf Anordnung Kardinal Wisemans nach der Untersuchung eingelassen wurde.

Das Schönste an dieser Kirche ist jedoch das Mosaik im Gewölbe der Apsis, das älteste in Rom. Dieses wunderbare Bild ist in seiner Leuchtkraft für unsere heutigen Augen noch genauso frisch wie damals zur Zeit der ersten Wallfahrer. Auf dem Thron sitzt unser Herr, von seinen Jüngern umgeben. Alle tragen wie römische Senatoren die Toga. Zu beiden Seiten Jesu Christi sitzen Petrus und Paulus, und zwei Frauen in grüngoldenen Gewändern, Pudenziana und Praxedis, die Töchter des Pudens, und halten Kränze über die Häupter der beiden Apostel. Im Rücken der Gruppe ist ein Stadtbild angedeutet, womöglich Rom um das Jahr 390, vielleicht auch Jerusalem. Hinter dem Heiland erhebt sich ein Hügel, der vielleicht Golgatha darstellen soll, auf seinem Gipfel eingepflanzt, steht ein riesiges, juwelenbedecktes byzantinisches Kreuz. In den Himmelswolken erscheinen die Symbole der vier Evangelisten.

Während der Restauration der Kirche im 16. Jahrhundert entdeckten die Arbeiter in den freigelegten römischen Grundmauern eine herrliche marmorne Laokoon-Gruppe, sie soll größer gewesen sein als die des Vatikans. Da die Männer jedoch *a cottimo*, im Kontrakt, arbeiteten und fürchteten, die Extrastunden für die Freilegung des Standbilds nicht bezahlt zu bekommen, ließen sie sie liegen, wo sie war, und da liegt sie heute noch.

Von dort ging ich zur Kirche der heiligen Praxedis hinüber. Ich besuchte sie oft, weil es hier die schönste byzantinische Kapelle von ganz Rom zu bewundern gibt. Der kleine gewölbte Raum ist über und über mit golden und buntglühenden Mosaiken bedeckt. Die Kapelle wurde um 800 vom Papst Paschalis I. als Grabmal für seine Mutter Theodora gebaut. Auf ihrem Bild, das wir zwischen den anderen starr dreinschauenden Figuren entdecken, trägt sie einen viereckigen Heiligenschein, da sie bei der Vollendung des Mosaikschmucks noch unter den Lebenden weilte. Weniges ist in Rom so rein byzantinisch wie diese kleine Kapelle, in der sich scheinbar nichts seit jenen fernen Zeiten geändert hat, als Rom noch von griechischen Mön-

chen überlaufen war und der Papst noch der Rechtshoheit des Kaisers von Konstantinopel unterstand. Die heilige Praxedis und die heilige Pudenziana waren Geschwister und die frommen Töchter Pudens'. Die Schrecken der ersten Christenverfolgung machten einen so nachhaltigen Eindruck auf sie, daß sie auch für sich das Martyrium erflehten. Wenn wir die paar Stufen zu der Gruft unter dem Altar hinuntergehen, können wir uns noch ihre Steinsarkophage ansehen, die vor mehr als 1000 Jahren von Papst Paschalis I. aus den Katakomben hierher überführt wurden.

Eine ausgezeichnete Vorstellung davon, wie eine Titularkirche in frühester Zeit aussah, bekommen wir in S. Maria in Cosmedin. Sie wurde zum Teil über einer Kornhalle erbaut, in der in

der Antike freies Getreide an die arme Bevölkerung ausgegeben wurde. Diese Zuteilungen waren unter dem Namen »*panis gradilis*« oder »Stufenbrot« bekannt, da sie nach dem Gesetz nicht von den Bäckereien, sondern nur von den Stufen eines öffentlichen Gebäudes aus ausgegeben werden durften. Hier, in nächster Nähe der Docks und Kornlagerhäuser, muß eine der Hauptausgabestellen gewesen sein.
Manche Leute sind der Meinung, die Restauratoren hätten in dieser Kirche zuviel des Guten getan, weniger kritische Besucher werden ihnen dagegen dankbar sein, denn sie brachten einen großen Teil der ausgefallenen, halborientalischen Schönheit dieser Kirche wieder zutage. Während ich die Kirche besichtigte, drang von draußen das Geschrei einer Gruppe italienischer Schulmädchen herein, die in der Vorhalle der Kirche reihum dabei waren, ihre Hände in den »Mund der Wahrheit« zu stecken. Dies ist eine große runde Steinplatte von irgendeiner alten römischen Dampfbadöffnung, deren Löcher eine grimmige Fratze mit Augen, Nasenlöchern und einem großen Mund im Marmor bilden. Sehr berühmt war die Platte bei den Pilgern des Mittelalters, die sie für das Werk des Zauberers Virgil hielten und fest daran glaubten, daß jedem, der mit der Hand im steinernen Mund die Unwahrheit sagte, die Finger abgebissen würden. Nach einer deutschen Geschichte, die in jenen Tagen allgemein bekannt war, mußte einmal eine ungetreue Ehefrau ihre Hand in die Öffnung stecken. Sie schwor, sie sei unschuldig – und fand, daß sie einen Finger weniger hatte! Belustigt beobachtete ich die aufgeregte Spannung der Kinder, die sich gegenseitig zu der Mutprobe aufforderten, die Hand in den dunklen Schlitz zu stecken, derweil die aufsichthabende kleine Nonne in dem vergeblichen Bemühen um die Ordnung kummervoll »*Silenzio! Silenzio!*« rief und mit ihrem Regenschirm fuchtelte.
Der Blick von der Eingangshalle dieser Kirche aus ist so bezaubernd wie nur irgendeiner in Rom. Gegenüber liegt der kleine Rundtempel mit den kannelierten Säulen und seinem tief ins Gesicht gezogenen japanischen Hütchen, der schon ewig Vesta-Tempel heißt, obwohl er wahrscheinlich als Heiligtum

für den Hafengott errichtet wurde. Nicht weit davon erhebt sich der sogenannte Tempel der Fortuna Virilis, heute glaubt man eher, daß er der Matuta, der Göttin der Morgenröte, geweiht war. Eben um die Ecke liegt der Janus-Bogen, der mit seinem Tor einen wunderbaren Rahmen für eine weitere schöne alte Kirche abgibt: S. Giorgio in Velabro mit einem Glockenturm und einer von zierlichen Säulen getragenen Vorhalle. Von hier ging ich meist die steile kleine Steigung hinter dem Rundtempel zum Tiber und der Ponte Palatino hinauf, die nach Trastevere hinüberführt.

Blickt man nach ein paar Schritten auf dieser Brücke zum Ufer zurück, gewahrt man den Ausgang des Hauptabzugskanals des antiken Rom, der berühmten Cloaca Maxima.

S. Sabina, die Kirche auf dem nahegelegenen Aventin, ist nach einer römischen Matrone benannt, die von ihrer griechischen Sklavin Seraphia zum Christentum bekehrt wurde. Beide erlitten unter Hadrian den Märtyrertod, und über Sabinas Palast wurde eine Kirche gebaut. Für mich ist diese mit die schönste unter den frühen Kirchen und sie kann es sogar mit S. Clemente aufnehmen. So kann ich einen Freund von mir gut verstehen, der zweimal im Jahr durch Rom kommt und zwischen zwei Flugzeugen stets in diese Kirche geht. Obwohl sie fast aller dekorativen Ausschmückung beraubt ist, hat sie nichts von ihrer Schönheit verloren, ja an Reinheit der Linienführung womöglich noch gewonnen. Die 24 kannelierten weißen Säulen des Mittelschiffs stammen aus einem Gebäude, wahrscheinlich einem Juno-Tempel, der früher auf diesem Gelände stand. Nichts lenkt von der Einfachheit und schlichten Würde dieses altrömischen Bildes ab. Ein junger Dominikanerbruder ordnete gerade vor einem dunklen Bogengang Blumen für einen Altar; so hätte ihn Zurbarán wegen des scharfen Lichtkontrastes dort hingestellt haben können. Er führte mich an ein Guckloch in der Kirchenwand und fragte mich, was ich sähe: In einem Garten stand ein Orangenbaum, wie mir der Bruder erklärte, der Ableger des Baumes, der vor 700 Jahren vom heiligen Dominikus hier gepflanzt worden war. Er zeigte mir auch eine Marmorplatte, auf der der Heilige oft im Gebet gekniet hatte.

Nach einer Geschichte sollen sich der heilige Franziskus und der heilige Dominikus, die beide zur gleichen Zeit in Rom weilten, während dieser Zeit kennengelernt haben. Abgesehen von der großen Demut und dem leidenschaftlichen Glauben, die beide gemeinsam hatten, kann man sich wohl kaum zwei verschiedener geartete Persönlichkeiten vorstellen. Der heilige Franziskus war ein Visionär, ein christlicher Orpheus, der den Vögeln und Blumen vorsang und nach oben, zum Himmel, wies, der heilige Dominikus, ein praktisch und kompromißlos gesinnter Spanier, in dem womöglich etwas von dem scharfen Intellekt des maurischen Spanien steckte, war im Innersten von der Sündhaftigkeit des Menschengeschlechts durchdrungen und wies hinunter zur Hölle. Der Papst übergab ihm die Kirche der S. Sabina, wo sich noch heute der Sitz des Ordensgenerals befindet.

Auf meine Frage, was sonst hier an den heiligen Dominikus erinnerte, hörte ich von einer Kapelle, die einst seine Zelle gewesen war, aber da ich vermutete, daß das viele Beiwerk verehrender Frömmigkeit jede Spur von ihm ausgelöscht hatte, ließ ich sie mir nicht zeigen. Ich schlenderte langsam die Straße hinauf und fand, daß es noch immer Gegenden in Rom gibt, – zum Beispiel diese Ecke hier auf dem Aventin –, die etwas von der vielgerühmten Ruhe und Stille des 19. Jahrhunderts bewahrt haben. Heute sind solche Stellen rar, manchmal findet man sie aber ganz unvermutet. Die Straße zur Via Appia, da, wo sie sich zwischen alten Gartenmauern und Weinlauben ganz eng zusammendrückt, ist so eine Stelle, eine andere der kleine Pfad, der sich hinter dem Forum zur Kirche des heiligen Bonaventura hinaufschlängelt. Er bildet eine Sackgasse und endet an einem verschlossenen Gitter, auf dessen anderer Seite sich der Palatin ausbreitet; aber wenn es irgendeinen Ort in Rom gibt, wo man dem heiligen Franziskus begegnen könnte, so hier. Und kommt man am Ende des Pfades an, sitzen da ein paar ehrwürdige Franziskaner in der Sonne und lesen mit tief auf die Nase gerutschter Brille.

Auch den kleinen, schon von Piranesi gezeichneten Platz, auf dem ich mich eben befand, zählte ich von nun an zu diesen friedvollen Ecken Roms. Es ist der Ort, wie ihn sich Shakespeare bei seiner Bühnenanweisung »1. Auftritt: Vor Olivias Haus« gedacht haben könnte. Ringsum erheben sich hohe, von unzähligen römischen Sommern durchglühte Gartenmauern, und wenn man durch das messinggefaßte Guckloch in der Gartenpforte der Malteserritter sieht, erscheint in einem Rahmen dunkler Bäume weit fort auf dem anderen Tiberufer die Peterskuppel. Während ich noch durch das Loch guckte und meinte, jeden Augenblick könnte Malvolio zwischen den Bäumen auftauchen, gab es plötzlich einen Riesenlärm, und ich wurde von einer aufgeregten Gesellschaft beiseitegedrängt, die gerade in ihrem Reiseomnibus angekommen war. Der kleine Platz tönte von ihrem Gerede. Nachdem auch der letzte durch das Guckloch gesehen hatte, trotteten sie eilig zum Bus zurück und brausten wieder ab. Ich ging weiter hügelabwärts zum Circus Maximus hinunter und beschloß, dem Pater Alfred in der Kirche SS. Paolo e Giovanni auf dem Coelio einen Besuch abzustatten.

Nur Kardinäle und Mönche kennen das Passionistenkloster und seinen riesigen Garten oben auf dem Coelio von innen, und es war daher eine große Freundlichkeit, beides besichtigen zu dürfen. Es ist vatikanischer Besitz, und da hier die *clausura* strikt eingehalten wird, ist dieses unverändert gebliebene Stück Rom nur den Klosterinsassen und sonstigen Ordensmitgliedern vertraut, die sich für eine Spanne der inneren Einkehr dorthin zurückziehen.

An das Kloster angelehnt steht ein wunderbarer mittelalterlicher Glockenturm, der sich über den gewaltigen Bögen des Claudius-Tempels erhebt. Weiter ist da die Kirche, deren Säulenvorhalle vor acht Jahrhunderten von dem einzigen Papst englischer Herkunft, Hadrian IV., gebaut wurde; die Fassade wurde erst kürzlich von dem Titularkardinal der Kirche, Kardinal Spellman von New York, restauriert. In der Kirche ruhen die Gebeine des spanischen Edelmanns Paul Franciscus Danei, genannt der heilige Paul vom Kreuz, der im 18. Jahrhundert den Passionistenorden gründete. Vor 70 Jahren entdeckte ein Mönch, der Pater Germano, einen römischen Palast aus dem

dritten Jahrhundert mit zwanzig Gemächern einschließlich Dampfbad, Bibliothek und Weinkeller. Überzeugt, daß dort unten Wunderdinge verborgen lagen, grub er wie ein Maulwurf unter der Kirche und stieß schließlich auf den ursprünglichen Schauplatz des Märtyrertodes der beiden Heiligen Johannes und Paulus, deren Existenz man bisher angezweifelt hatte.
Jenseits der schmalen Straße war mir ein riesiges Wellblechdach aufgefallen, das zu Kirche und Kloster in merkwürdigem Gegensatz stand. Ich fragte Pater Alfred, was das denn sei.
»Das? Das ist das Dach eines Filmateliers!« war die Antwort. Wo gab es so etwas schon, wenn nicht in Rom? Dicht nebeneinander, nur wenige Meter voneinander getrennt, liegen ein Claudius-Tempel, zwei Märtyrergräber, ein römischer Palast, ein mittelalterlicher Glockenturm, der heilige Paul vom Kreuz, das Restaurationswerk eines amerikanischen Kardinals und ... ein Filmatelier!
Ich ging mit Pater Alfred unter die Kirche und stöberte lange in dem zweistöckigen römischen Palast umher. In diesem Gebäude hatte die Christengemeinde einen Betraum eingerichtet, der allen frühen Wallfahrern bekannt war. Da die heidnischen Wandgemälde im Speisesaal für nicht ganz passend erachtet wurden, ließ man sie mit nachgemachtem Marmor überpinseln. Diese Schicht fiel mit der Zeit ab, und dahinter kamen anmutige Götter und Göttinnen zum Vorschein, dicke kleine Cupidos segeln in Booten über Wasser, in dem sich würdige Delphine tummeln. Das Haus stand an einer Straßenecke. Wie wenn wir plötzlich aus der Hintertür getreten wären, standen wir plötzlich auf einer alten, versunkenen Straße des antiken Rom. Wir blickten an der Backsteinmauer des Hauses zu den Fenstern empor, durch die wohl so manches römische Kammerzöfchen mit einem unten Vorübergehenden Gruß und Scherzwort getauscht hat. Heute umschließt Grabesstille Haus und Straße. Eine elektrische Glühbirne schien von oben und tauchte die Szene in unheimliche Schatten. Es schien unglaublich, daß christliche Frömmigkeit diesen Ort aus dem Rom des dritten Jahrhunderts in so unberührter Form erhalten konnte wie die Lava Pompeji.

Wir gingen nun in den Garten hinaus, der zwar nicht als Garten – denn die Passionisten haben über andere Dinge nachzudenken –, aber als Vordergrund zu einem der schönsten Blicke Roms, zu den unbekannten Wundern dieser Stadt gehört. Schon Agrippina ebnete das weitläufige Gelände für die Bohnen und Artischocken der Passionisten ein, als sie ihren Claudius-Tempel baute, und Vespasian legte mit seinem Wasserreservoir für die Seeschlachten im Kolosseum auch gleichzeitig die Grundmauern für den letzten Bauernhof innerhalb Roms an, auf dem die Mönche heute vier Kühe, ein paar Schweine und Hühner halten. Daß heute dort Kühe grasen, wo einst wilde Tiere aus aller Welt ihr Leben im *vivarium* fristen mußten, bis sie unten im Kolosseum gebraucht wurden, ist eigentlich ein versöhnlicher Gedanke.
Wer hätte sich träumen lassen, daß in Sichtweite des Kolosseums noch heute Kühe gemolken werden? Fast könnte man sagen, in Sichtweite des Campo Vaccino, denn das Forum wird nur eben vom Palatin verdeckt. Stolz marschierte eine Henne mit ihren Küken vorbei.
»Die Katzen vom Trajansforum streichen hier herum«, bemerkte Pater Alfred, »wir müssen nachts die Hühnerställe zumachen!«
Ja, dachte ich, hier auf dem Coelio hat sich wirklich ganz nebenbei ein letzter Rest von Pio Nonos Rom und damit auch vom Rom des Mittelalters erhalten. Hier steht die Zeit seit Jahrhunderten still, und in einer höchst wunderbaren Täuschung blickt man auf das Kolosseum, auf das dunkle Gitterwerk des zerfallenen Palatins und die ferne Kuppel der Peterskirche, als sei dies alles ein Stich von Piranesi.

Kapitel VI

Katzen auf dem Trajansmarkt
Römische Paläste
Die Wasserspiele der Villa d'Este
Hadrians Villa
Römische Bärte

1

Jedem Romreisenden wird aufgefallen sein, daß es in Rom viel mehr Katzen als Hunde gibt. Hunde auf der Etage zu halten ist ja auch schwierig, außerdem ist das Haustier Hund in zwei Kategorien einzuteilen: in Wachhunde und Luxushunde. Die Genehmigung für einen Wachhund kostet 2000 Lire, das heißt an die 14 Mark, während man für die Lizenz für einen Luxushund 5000 Lire, das sind etwa 35 Mark bezahlen muß. Ein Pekinese kann noch so angriffslustig und wachsam sein, er wird ebensowenig aus der Luxusklasse herauskommen wie die zutraulichste Promenadenmischung hinein. Dank dieser bewunderungswürdigen Anordnung ist aber jedenfalls der streunende, herrenlose Hund aus den Straßen Roms verschwunden.
Herumlungernde Katzen haben dagegen von jeher zu den Ruinen gehört. Schon auf den Stichen des vergangenen Jahrhunderts schauen Damen in Krinolinen und Herren in hohen Zylinderhüten und blauen Gehröcken in das Trajansforum, das damalige Katzenhauptquartier hinunter. Das besteht aber nun nicht mehr, die Katzen sind nach dem nahegelegenen Trajansmarkt ausgewandert, er ist ungestörter und liegt angenehm zentral in Reichweite der Mäuse auf dem Palatin und der Hühnerfarm der Passionistenpatres auf dem Coelio.
Nach der Besichtigung dieses Einkaufszentrums des zweiten Jahrhunderts kam ich noch mehrere Male wieder, um die Katzen zu füttern. Sie hausen im Kellergeschoß des einst so präch-

tigen, stark gebauten Marktes. Die Läden und Büros erhoben sich drei Stockwerke hoch, Arkaden schmückten die Fassade des Gebäudes, dessen weites Halbrund auf einen freien Platz hinausging, der gegenüber in einem ähnlichen Halbrund auslief. Dieses ist verschwunden oder liegt womöglich unter der Straßendecke des modernen Rom begraben. Die Läden bestanden in den meisten Fällen aus einem einzigen großen Raum, der durch eine in den steinernen Rillen der Türfüllung laufende Holztür verschlossen wurde. Wie bei den Verkaufsständen des Ostens stand auch wohl hier das Warenangebot in keinem Verhältnis zur Größe des Raumes, und ich fühlte mich sehr an die Läden in der Altstadt von Istanbul oder Aleppo erinnert.

Die Markthallen beherbergen an die zwei- bis dreihundert Katzen und sind damit die größte Katzenkolonie in Rom. Tiere jeden Alters, jeder Farbe und Größe wohnen dort, und alle sind wild und unzutraulich, auch wenn hier und dort noch eine Katze auftaucht, die den heimischen Herd noch nicht ganz vergessen hat und sich ansprechen, ja vielleicht streicheln läßt. Die Vielzahl der Katzensprößlinge beweist, daß das Familienleben ungestört ist, und die alten zerzausten, narbenbedeckten Kater erzählen von den wütenden Kämpfen, die hier stattfinden. Zunächst sieht man nichts als magere Körper, die sich schnell verkriechen, und armselige kleine Gesichter, die argwöhnisch aus Löchern und hinter Mauerecken hervoräugen; tritt dann aber die Papiertüte in Erscheinung, kommen sie von überallher, hinter jedem Vorsprung hervorgerannt, und im Nu ist man eingekreist. Kätzchen, die fast noch nicht laufen können, torkeln auf ihren unsicheren Beinen herbei und lassen sich erwartungsvoll am Rande der Gesellschaft nieder. Es ist ein herzerweichender und im Grunde unnatürlicher Anblick, denn Katzen sind eigentlich Einzelgänger, und es tut direkt weh, sie so in diesen abstoßenden Rotten zusammenleben zu sehen. Der Herdeninstinkt fehlt bei ihnen von Natur aus, und die Katze versteht es, selbst in der Gemeinschaft mit anderen stets abgesondert für sich zu bleiben.

Gegen halb elf Uhr vormittags werden die Tiere sichtlich unruhig und sitzen alle in einer Richtung, dem Eingangstor zum

Trajansmarkt zugewandt. Zwei Frauen mit Tüten erscheinen, und nun läuft ihnen die ganze Gesellschaft entgegen. Die beiden Frauen gehen sehr methodisch vor. Die eine füttert die Kleinsten und die andere die Erwachsenen und die blinden Kater, die sich bei ihren Kämpfen oft die Augen auskratzen. Das Futter besteht aus den üblichen kalten Nudeln mit Tomatensauce, ein Fraß, den die Katzen, die ich kenne, keines Blickes gewürdigt hätten: diese armen Kreaturen hier aber würden ihn notfalls mit der Kralle verteidigen. Nach der Abfütterung werden Bor und Schwefelpuder herausgeholt und die verletzten Tiere ärztlich versorgt.

Ich nahm an, die Frauen gehörten einem Tierschutzverein an, doch als ich sie daraufhin ansprach, stellte sich heraus, daß sie beide einfache Hausfrauen waren, und Zeit und Geld zur Betreuung dieser Katzenkolonie nur mit Mühe erübrigen konnten – aber die Katzen waren eben ihre Lieblinge.

Die eine erzählte mir, wie ihre Beziehung zur Kolonie mit einer Katzendame namens Mimi begann. Vor vier Jahren hatte ihr der Hauswirt mit Kündigung gedroht, wenn sie sich nicht von ihrem Liebling trennte. So brachte sie Mimi auf den Trajansmarkt und kam am anderen Morgen wieder, um sie zu füttern, fand aber so viele hungrige Katzen dort versammelt, daß sie seit vier Jahren nun jeden Morgen hierher kommt. Mimi ist noch immer da und begrüßt ihre Herrin jedes Mal.

Die Frauen kennen jede einzelne Katze. Natürlich sind Persönlichkeiten unter ihnen, wie zum Beispiel Bello Primo und Bello Secondo, sodann der riesige schwarze Kater namens Schwarzer Peter und eine kleine Graue, genannt »die Maus«. Mir fiel ein herrschaftliches Tier mit einem roten Band um den Hals auf, nie rührte es das Futter der anderen an, sondern saß verwöhnt, glatt und wohlgenährt auf der Mauer und wartete ab. Das, hörte ich, war Bello Primo. Er hatte ursprünglich zur Kolonie gehört, bis ihn eine Frau der Nachbarschaft wegen seiner offensichtlich in ihm steckenden Möglichkeiten adoptiert und mit nach Hause nahm. So wurde aus dem hungrigen, mageren Tier schnell eine normale Katze mit dem majestätischen Gebaren ihrer Rasse, doch jeden Tag zur Fütterungszeit bricht die alte Gewohnheit

durch und Bello Primo erscheint – zwar nicht wegen der kalten Spaghetti und schon etwas begehrenswerteren Kaldaunenstückchen, sondern um dabeizusitzen und zuzusehen.
Eines Tages fand ich die beiden Frauen in großem Kummer. »*Poveretta piccolina!*« riefen sie und hielten mir den Körper eines kleinen gescheckten Kätzchens entgegen, das sie letzthin behandelt hatten. »Wir müssen sie begraben«, beschlossen sie. »Das kann ich tun!« erbot ich mich in einem Augenblick ungezügelten Großmuts. Man grabe aber einmal ohne Spaten ein Katzengrab auf dem Trajansmarkt, nicht einmal ein Taschenmesser hatte ich bei mir. Die Erde war wie Eisen. Zuletzt gelang es mir mit einem Tonscherben eine kleine Mulde zu scharren, in die wir den kleinen Leichnam legten. Nicht jeder Romreisende kann von sich behaupten, auf dem Trajansmarkt einen Leichnam begraben zu haben, nicht wahr?

2

Das Viktor-Emanuel-Denkmal ist der achte Hügel von Rom. Man bemängelt sein grelles Weiß, seine Größe, seine ungezählten Statuen, die protzige Art und Weise, wie es das Trajansforum beiseite schiebt und den Kapitolshügel mit dem Forum Romanum dahinter gar völlig verdeckt, kurz, nichts daran scheint recht zu sein. Dennoch ist es eine der wenigen Stellen in Rom, wo man nicht überfahren werden kann, eine Oase relativen Friedens, und von den Bemühungen junger Männer mit einschmeichelndem Benehmen und amerikanischem Akzent, die einem Füllfederhalter und Reiseführer verkaufen wollen, einmal abgesehen, kann man verhältnismäßig ungestört auf seinen Hängen herumkraxeln.
Das Denkmal hätte die Zeitgenossen des Augustus schockiert, aber auch Viktor Emanuel selbst schwer bekümmert, der alles in allem ein recht bescheidener Mann war. Keine noch so lange Zeitspanne wird je den Brescia-Marmor mit der Patina reifen Alters überziehen. Während der Errichtung des Monuments ging in Rom die Geschichte um – eine typische Pasquinade

übrigens – der Ministerpräsident sei Abgeordneter für Brescia, und der für die Marmorlieferung an diese Stadt vergebene Vertrag halte ihm seinen Sitz für mindestens ein Vierteljahrhundert warm!

Sieht man von der Peterskuppel oder vom Gianicolo auf die Stadt hinunter, ist erstaunlich, wie dieses Schneegebirge aus dem übrigen Rom herausragt und mit welcher Schärfe sich das vergoldete Standbild des Königs von seinem Hintergrund abhebt, jenes Königs, der den vatikanischen Staat auflöste und den Papst aus dem Quirinal vertrieb. Ich habe mich oft gefragt, ob die Männer von 1885 mit der Errichtung des Denkmals wohl erreichen wollten, daß der in den Vatikan verwiesene Papst dieses Symbol des geeinigten Italiens von seinem Fenster aus ständig vor den Augen hatte! Wenn je, ist es tröstlich, zu denken, daß die Zeit, die so manche Schärfe mildert, auch dieser Geste den Stachel genommen hat.

Bei meiner Wanderung über diese Anhäufung eines allegorischen Allerleis machte mich das Übermaß an Nationalgefühl, das hier zum Ausdruck kommt, regelrecht betroffen. Hier liegt ein Beispiel für die Art Übertreibung vor, die den Angelsachsen ebenso abstößt wie anzieht. Alles wirkt als sei der Triumphmarsch aus »Aida« in Marmor entstanden. Im übrigen ein zutreffender Vergleich, denn eine der Parolen des *Risorgimento* hieß: »Viva Verdi!«, wobei die Buchstaben des Komponistennamens »Victor Emanuel Re D'Italia« bedeuteten.

Ich fand das Denkmal zur Hauptsache von Pfadfindern und Nonnen bevölkert. Die Jungen stürmten im Übermaß ihrer Kräfte gleich bis oben hinauf, als wollten sie von der höchsten Zinne »*Excelsior!*« hinabrufen, die Nonnen bewegten sich gesetzten Schrittes auf die südliche Terrasse zu und blickten mit ihren freundlich-milden Gesichtern in Richtung der Peterskuppel. Von der nördlichen Plattform aus hat man einen herrlichen Blick über das Forum bis zum Kolosseum. Ich stieg und stieg, bis ich mit Viktor Emanuel II., seinem riesigen Schnurrbart, seinem Schwert und federbuschverzierten Helm auf einer Höhe war, er sitzt mit der triumphierenden Miene eines immerwährenden Cäsaren auf seinem Schlachtenroß.

In dieser mächtigen Steinanhäufung ist innen das Museum des *Risorgimento* untergebracht. Der einzige Besucher, den ich dort vorfand, war ein junger Engländer, der mit ernsthafter Miene die Erinnerungsstücke aus dieser Zeit studierte und sich dazu Notizen in ein Buch machte. Er war Geschichtslehrer, sein Hauptgebiet war das 19. Jahrhundert, und natürlich kannte er seinen Trevelyan auswendig. Wir setzten uns draußen auf die Stufen und gingen einem Thema nach, das mich stets außerordentlich interessiert hat: dem psychologischen Drama zwischen den beiden Männern Pius IX. und Viktor Emanuel.

Als der Kirchenstaat durch die Truppen des vereinigten Italiens bedroht wurde, war der Papst bereits 78 Jahre alt. Er war eine auffallend gut aussehende Erscheinung und hatte sich in seinen jungen Jahren um Aufnahme in die »Guardia Nobile« bemüht, war aber wegen einer Neigung zur Epilepsie zurückgewiesen worden. Der gütige Pius VII. richtete seine Gedanken auf die Kirche, und so wurde der junge Graf Giovanni Mastai-Ferretti ein frommer Priester und unerwartet feuriger Prediger. Manchmal sprach er in der verdunkelten Kirche mit einem Schädel neben sich auf der Kanzel, einmal übergoß er einen Oberschenkelknochen mit Brennspiritus und entzündete ihn, um der Menge die Qualen des Höllenfeuers zu demonstrieren. Er hatte angeblich zeitlebens kein Buch gelesen, doch seine Frömmigkeit war grenzenlos. In hingebender Weise sorgte er für die Armen und kannte sich gut in den Elendsquartieren von Rom aus. Mit 54 Jahren wurde er Papst, und als er zum ersten Mal in seiner weißen Robe auf den Balkon des Quirinals hinaustrat, um die Menge zu segnen, konnte man sich keinen schöneren Papst denken. Doch in Europa grollten die Revolutionstrommeln. Anfänglich wurde Pius IX. als der liberale Papst verehrt, der den baufälligen Kirchenstaat reformieren und eine Eisenbahn bauen und sogar Zeitungen zulassen wollte. Als päpstlicher Harun-al-Raschid begab er sich in Verkleidung in die Elendsviertel und Gefängnisse, überhaupt waren unzählige Geschichten über ihn im Umlauf: wie er einmal einen verletzten Juden in seiner Kutsche mit in den Quirinal nahm, wie er für einen eingesperrten Betrüger einen Brief an sich selbst schrieb, und so weiter. Zwei Jahre liebten die Römer ihren »Pio Nono«, dann packte die Revolution auch Rom, der Staatssekretär wurde ermordet, und der Papst floh verstört und niedergeschmettert aus der Stadt.

Im Schutze einer französischen Besatzungsarmee kehrte er als veränderter, stiller Mann zurück, immer noch gütig, immer noch beispielhaft in seiner Frömmigkeit, immer noch auf die Gunst der Masse hoffend. Mit seiner Beliebtheit war es allerdings vorbei; man flüsterte sogar, er habe den bösen Blick. Fortan überließ er die weltliche Sorge um seinen Staat anderen und widmete sich ausschließlich geistlichen Dingen. 1870 wurde die französische Armee wegen des Krieges mit Preußen abgerufen, und die Truppen Viktor Emanuels standen mit der Unterstützung des ganzen Italiens zum Einmarsch bereit, um Rom zur Hauptstadt des jungen Italiens zu machen. Wohl waren andere Städte vorgeschlagen, um den Zusammenstoß mit dem Papst zu umgehen, doch hielt man Rom für die einzig mögliche Wahl. Bis zuletzt wollte Pius IX. nicht glauben, daß die Jungfrau Maria, von der er das Dogma der Unbefleckten Empfängnis verkündet hatte, seine Vertreibung vom Thron zulassen würde. Doch der Tag kam, an dem er den Quirinal für immer verlassen mußte, die italienische Armee zog ohne Blutvergießen ein.

Der arme Viktor Emanuel, ein barscher alter Soldat von 50 Jahren und der letzte europäische Monarch, der noch höchst selbst in Begleitung seiner Söhne eine Attacke gegen den Feind geritten hatte – der Feind waren die Österreicher – war ein gläubiger Katholik. Zu Cavour sagte er einmal, er würde mit ihm bis an die Tore Roms gehen, aber keinen Schritt weiter. Bis zu seinem letzten Stündlein erlaubte er nicht, daß auch nur ein Stück im Zimmer des Papstes im Quirinal angerührt würde, mit allen seinen Kruzifixen und anderen frommen Gegenständen blieb es so, wie Pius IX. es verlassen hatte, als er sich als »Gefangener« in den Vatikan zurückzog. Was den gläubigen Monarchen mehr als alles kränkte, war, daß er mit dem Antichrist verglichen wurde und gesenkten Hauptes alle die Anathemata hinnehmen mußte, die der Papst fortwährend gegen ihn schleuderte.

Wenn es auch viele Dinge in Viktor Emanuels Leben gab, die einem Pontifex kaum gefallen konnten, so hatten sie doch vieles gemeinsam, und beide waren im Grunde der gleiche Typ Mensch: einfach, ehrlich und fromm. Der Papst, der ein Anathema nach dem anderen gegen den »Räuberkönig« aussprach, schrieb ihm privat sanftmütige, höfliche Briefe. Umgekehrt schloß der exkommunizierte Monarch seine Briefe stets mit der Bitte um den päpstlichen Segen! Den konnte ihm Pius nun zwar logischerweise nicht geben, doch versprach er, für ihn zu beten. Dieses sonderbare Hin und Her dauerte acht Jahre, bis es eines Tages mit der tödlichen Erkrankung Viktor Emanuels zur Krise kam. Pius IX. wurde gebeten, den Kirchenbann vom König zu nehmen, damit dieser in den Genuß der Gnadenmittel der Kirche kommen könne. Pius oder seine Ratgeber willigten unter der Bedingung ein, daß der König in einer Erklärung seinen Willen zur Unterwerfung und Wiedergutmachung bekunden würde. Darauf ging Viktor Emanuel nicht ein. Mit Tränen in den Augen sandte der Papst seinen persönlichen Beichtvater mit Vollmacht in den Quirinal, dem König die Absolution und die letzte Ölung zu bringen, falls er auch nur mündlich eine Erklärung abgeben würde. Auf Weisung der Minister, die wohl wußten, daß Viktor Emanuel nur widerstrebend mit in Rom einmarschiert war und die fürchteten, er könnte in seiner letzten Minute schwach werden, wurde der Priester jedoch nicht vorgelassen.

»Diese Bösewichter!« rief der Papst aus. »Sie wollen ihn wohl als Heiden sterben lassen, ihn, den Sohn und Vater eines Heiligen!« Wieder schickte er seinen Prälaten, und wieder wurde der Zutritt verwehrt. Schließlich, ich glaube niemand weiß so recht wie, empfing der König, eben bevor er den Geist aufgab, mit der Erlaubnis des Papstes die Sterbesakramente der Kirche, eine Wiedergutmachungserklärung wurde nicht mehr verlangt. Drei Wochen nach dem Tode des ersten Königs von Italien folgte ihm der letzte Papst-König in das Grab.

An diesem Punkt der Unterhaltung wechselten der Schulmeister und ich in eine der Café-Bars am Platz über und sahen zum Denkmal zurück.

»Eigentlich ist es eine reichlich umfangreiche Ehrung für ein Königshaus, das nur vier Monarchen hervorgebracht hat«, meinte mein Begleiter.

Dutzende von Vespas knatterten vorbei, hunderte von Autos nebelten uns in ihre Auspuffgase ein.

»Wenn sie doch bloß Turin oder Mailand gewählt hätten«, sagte ich.

Wir gingen über die Straße zum Palazzo Venezia. In dem prächtigen *Sala del Mappamondo* nickte der Wächter auf eine Ecke des Marmorfußbodens hinunter: »Da stand sein Schreibtisch!« »Er« war natürlich Mussolini. Wir gingen zum Fenster und sahen uns den Balkon an, von dem aus »Er« mit flammenden Augen und emporgereckten Armen seine Reden gehalten hatte. Es schien uns alles schon so lange her, und selbst Trajan auf seiner Säule da drüben war uns näher.

3

Zu den malerischen römischen Straßenmärkten gehört auch der auf dem Campo de' Fiori, wenn auch die Blumen heute nur noch auf den Wäscheleinen der umliegenden Mietshäuser blühen. Es ist ein Obst- und Gemüsemarkt mit einer Einfassung von Kleiderbuden darum herum. Er liegt mitten im Herzen des Renaissance-Roms, und unter seinem Pflaster sind die umgebenden Gebäude des Pompejus-Theaters begraben. Ein paar Meter von hier wurde die Kolossalstatue des Herkules aufgefunden, die sich heute im Vatikan befindet. Es war ein Orakel-Standbild, in das eine schmächtige Person durch eine Öffnung am Hinterkopf hineinkriechen konnte. Das Experiment wurde 1864 einmal gemacht, in Gegenwart einer Reihe bekannter Persönlichkeiten zwängte sich ein junger Maurer in die Statue, und, so schreibt Lanciani, »der Klang der Stimme, die auf alle möglichen Fragen antwortete, wirkte höchst eindrucksvoll und fast übernatürlich«.

Den ganzen Vormittag wandeln die sparsamen Hausfrauen des Viertels hier zwischen den Bergen von Tomaten und Auberginen hin und her, kosten hier von den Weintrauben, brechen dort prüfend grüne Bohnen, derweil die alten rostroten und ockerfarbenen Häuser ringsum auf dieses typisch mittelalterliche Markttreiben hinuntersehen. Der Campo de' Fiori ist die einzige Institution in Rom, die noch aus der Zeit der mittelalterlichen Glockentürme und Kosmatenkirchen lebendig geblieben ist. Die mittelalterliche Note wird auch von dem bronzenen Mönch eingehalten, der mit über den Kopf gezogener Kapuze aus den Pfirsichen und Melonen aufragt. Wer neugierig genug ist, sich durch die Gemüseberge bis zu ihm vorzuarbeiten, wird den Römern eine gewisse Großzügigkeit nicht absprechen können, die hier dem Andenken Giordano Brunos ein bleibendes Denkmal setzten. Dieser Mann wurde im Jahre 1600 hier an dieser Stelle wegen seiner häretischen Ansichten von der Inquisition verbrannt. Nicht weniger erstaunlich sind die Bronzetafeln, die auch Johannes Hus' und John Wycliffes gedenken, so daß wir es mit fast so etwas wie einem protestantischen Denkmal in Rom zu tun haben. Die Erklärung dafür liegt in der Tatsache, daß es nach 1870 von einer antiklerikalen Regierung, womöglich als Ärgernis für den Vatikan, errichtet wurde, und da steht es nun auf der Stelle des Scheiterhaufens, wo zum Glück heute nur noch die Tomaten und Paprika glühen.

Während eines Aufenthalts in England hielt Giordano Bruno Vorlesungen in Oxford, verfaßte eine flammende Lobrede auf Königin Elisabeth, lernte Sir Philip Sidney kennen und soll einer reizvollen Überlieferung nach in der Buchdruckerei Thomas Vautrollier sogar einmal Shakespeare begegnet sein.

Auf dem kleinen Platz ein paar Schritte weiter sprudelt Wasser aus den beiden riesigen Granitwannen vor dem Palazzo Farnese, den manche für den schönsten Renaissance-Palast in Rom halten. Er wurde von Alexander Farnese, dem späteren Papst Paul III., erbaut, das heißt also, dieser gewaltige Gebäudeblock mit seinen drei übereinanderliegenden Reihen mathematisch abgezirkelter Fenster und seinem Kranzgesims von Michelangelo entstand zur Zeit Heinrichs VIII. von England.

In dem prachtvollen Innenhof entdeckte ich mit einigem Erstaunen den Sarkophag der Cecilia Metella. Der französisch sprechende Portier – im Farnese-Palast ist heute die Französische Botschaft untergebracht – zeigte mir seine Wachstube und machte mich auf die Dicke der Wände und die Stufen aufmerksam, auf denen die Arkebusiere zu den vergitterten Fenstern emporklommen.

Wie üblich, wollte ich wissen, was hier vorher stand und was hier unter der Oberfläche in diesem uralten Kulturboden verborgen liegt. Alles in Rom steht auf einer älteren Schicht. Die Antwort fanden die Baumeister des 16. Jahrhunderts, als sie auf die Überreste der Kasernen der Roten Wagenlenker stießen, auf die *Factio Russata*. In einem Keller ist noch heute der Fliesenfußboden erhalten. Alle Wagenlenker hatten auf dieser Ecke des Marsfeldes ihr Quartier. Die Kasernen der »Blauen« lagen auf dem Gelände des nahe gelegenen Englischen Kollegs und die der »Grünen« dort, wo jetzt der Palazzo della Cancelleria steht. Auf der dahinter, parallel zum Tiber gelegenen Rennbahn, dem Trigarium, wurden die Hengstfohlen eingefahren, indem man sie zwischen zwei trainierte Pferde in eine *triga* spannte. Hier muß der Sammelplatz aller Wettkumpane und Buchmacher des alten Roms gewesen sein.

Käme ein Hexenmeister mit seinem Zauberstab daher und beföhle den Bausteinen eines beliebigen römischen Palastes, wieder zu ihrem ursprünglichen Standort zurückzufliegen, gäbe es ein paar komische Szenen. Der ganze Farnese-Palast würde sich auflösen, teils die Riesenlücke in der Kolosseumswand füllen helfen, teils auf dem Quirinal landen, wo sich einst Aurelians Sonnentempel erhob, und weitere Quadermengen würden sich zum Trajansforum, zu den Diokletians- und den Caracalla-Thermen zurückbegeben.

Die zahllosen Paläste bleiben den Besuchern, die sie auf der Suche nach einem Gemälde oder einer besonders schönen Stuckdecke durchstreifen, auch wegen ihres hochherrschaftlichen Mangels an jedem Komfort in lebhafter Erinnerung. Sie wurden nicht nur als sichtbares Zeichen eines riesigen Aufwands gebaut, wie Veblen es ausgedrückt hat, sondern um verheiratete Söhne, unterstützungsbedürftige Familienangehörige und ein Heer von Dienstboten aufzunehmen. Das System ist die natürliche Weiterentwicklung der mittelalterlichen Hausgemeinschaft, der »Familie«, wie man in Rom sagt, und mir schien, daß manche Paläste in ihrer Atmosphäre mehr dem 13. Jahrhundert als dem 15. und 16. entsprachen, in denen sie doch gebaut waren.

Marion Crawford hat vor 70 Jahren in seinem Buch *Ave Roma Immortalis* allerlei Interessantes über das Leben in so einem römischen Palast zu berichten.

Das sogenannte *Piano nobile* war dem Familienoberhaupt und seiner Gemahlin vorbehalten. Alle verheirateten Söhne lebten mit ihren Frauen und Dienstboten in den restlichen Stockwerken des Palastes. Der älteste Sohn belegte meistens den zweiten Stock, der zweite den dritten, und die unverheirateten Kinder mußten mit dem vorlieb nehmen, was noch übrig war. In dem niedrigen, weitläufigen Dachgeschoß wohnten die Dienerschaft und meist auch der Bibliothekar, der Kaplan und der Hausverwalter. Gab es einen Kardinal in der Familie, stand ihm einer der vielen großen Empfangsräume als Thronsaal zur Verfügung.

Es wurde erwartet, daß alle Familienmitglieder zu den gemeinsamen Mahlzeiten an einem riesigen Tisch erschienen. »Alles und jedes ging über den Hausverwalter«, schreibt Marion Crawford, »der einen Koch vertraglich verpflichtete, für die täglichen festgesetzten Mahlzeiten eine bestimmte Anzahl Gerichte zu liefern, aber nichts, kein Ei, keine Scheibe Toast darüber hinaus. Dieses System besteht in manchen Haushalten heute noch, und da schließlich auch einmal mit einem Imbiß außer der Zeit gerechnet werden muß, wird vom Hausverwalter und seinen Buchhaltern ein ausgeklügeltes Kontensystem geführt, und jede kleinste Bestellung eines Sohnes oder einer Tochter wird der ihnen jeweils ausgesetzten Unterhaltssumme aufgerechnet. Für die Schwiegertöchter werden getrennte Konten geführt; ihnen wird im Heiratsvertrag ein regelmäßiges Nadelgeld aus ihrer Mitgift ausgesetzt, aber auch dieses geht durch die Hände des Hausverwalters. Die gleiche Regelung sah noch bis vor kurzem eine feste Anzahl von Fleischgerichten pro Tag vor – im allgemeinen zwei – dazu kamen eine bestimmte Anzahl neuer Gewänder und anderer Kleidungsstücke sowie neben einer Unmenge von Kleinigkeiten die Benutzung eines Wagens, der jedoch nicht mehr als zweimal täglich angespannt werden durfte: entweder vormittags oder nachmittags oder einmal am Tage und einmal abends. Falls nicht ausdrücklich im Heiratsvertrag erwähnt, mußte alles und jedes – eine Tasse Tee, ein Glas Limonade – extra beglichen werden.

Die Gerechtigkeit einer solchen Regelung – denn gerecht ist sie – wird nur noch von ihrer Umständlichkeit übertroffen. Zu ihrer Durchführung war die Maschinerie eines Hotels und eine Ehrlichkeit erforderlich, wie sie in solchem Grade in Hotels nicht gerade üblich ist. Ohne Frage ist das ganze System unmittelbar aus den Gebräuchen der Alten erwachsen, die jeden Familienvater zum absoluten Alleinherrscher seines Haushalts machten, so daß ein Sohn zu Lebzeiten seines Vaters weder zu eigenem Besitz noch zu einer gewissen Selbständigkeit kommen konnte ...«

Mit großer Anschaulichkeit schildert einmal Vittoria Colonna, die verstorbene Herzogin von Sermoneta und gern gesehener Gast am Hofe Eduards VII., die Gefühle einer jung verheirateten Frau, die mit im Palast ihrer Schwiegereltern wohnen muß. Sie heiratete 1901 den ältesten Sohn des Herzogs von Sermoneta, seit 1560 war dies die erste Hochzeit zwischen einer Colonna und einem Caetani.

»Immer habe ich den Palazzo Caetani mit seiner düsteren Atmosphäre gehaßt«, schreibt sie in »*Things Past*« (»Vergangene Zeiten«). »Es stimmt traurig, wenn man an die zahllosen Ehen in Italien denkt, die scheitern, nur weil die jungen Frauen einer überlebten Sitte wegen mit ihren Schwiegereltern zusammenleben mußten. Der Palazzo Caetani ist an sich ein sehr schönes Gebäude, das nach dem Entwurf eines Schülers Michelangelos, Ammanati, gebaut wurde. Leider wird es durch ein Extrastockwerk, das ein praktisch, aber unkünstlerisch gesinnter Caetani über dem Kranzgesims errichten ließ, verschandelt. Die Dunkelheit und Düsterkeit innen war niederziehend. Im ersten Stock, dem sogenannten ›Piano Nobile‹, wo meine

Schwiegereltern wohnten, brannte im Winter zu den Mittagsmahlzeiten ständig das elektrische Licht, und in mehreren Salons mußte man sich buchstäblich seinen Weg durch das immerwährende Halbdunkel tasten. Ich entsinne mich noch des ersten Abends, als wir nach unserer Hochzeitsreise im Palazzo Caetani eintrafen. Es dämmerte schon, es wurde Zeit für das Diner, aber nichts rührte sich in meinem Teil des Hauses. Ich saß in dem Schlafzimmer, das man mir zugewiesen hatte; das meines Mannes lag in einem anderen Stock und war durch so viele Treppen und Korridore entfernt, daß ich nie den kürzesten Weg entdeckt habe. Meine geliebte alte englische Kinderfrau, Sizy, saß bei mir. Sie war sehr ungnädig darüber, daß sie den schönen Palazzo Colonna mit allem seinem Luxus und Komfort hatte aufgeben müssen, und keineswegs gewillt, sich mit Humor in die Dinge zu finden. Schließlich, als es völlig dunkel war, sagte ich: ›Was meinst du, ob wir mal nach dem Hausmädchen klingeln, damit es uns warmes Wasser bringt?‹
›In diesem Haus gibt es keine Klingel, kein Hausmädchen und kein warmes Wasser‹, war Sizys düstere Antwort, und das Komische war, daß sie absolut recht hatte ...
Niemand aus der Familie meines Mannes zog sich zum Diner um, und ich glaube, ich habe in diesem ersten Winter, in dem wir alle zusammen wohnten, länger bei Tische gesessen als je wieder in meinem ganzen Leben.
Vor den Mahlzeiten ertönte eine Klingel um uns zusammenzurufen, aber niemand dachte auch nur im geringsten daran, sich daraufhin in den Speisesaal zu bequemen, für die Caetanis bedeutete sie lediglich das Signal, daß es in nicht allzu langer Zeit etwas zu essen geben würde. Man erzählte sich, daß die Herzogin beim Klingelton zu sagen pflegte: ›Oh, ausgezeichnet, dann habe ich ja noch Zeit, in die Ställe zu gehen und nach den Pferden zu sehen!‹ So pflegten denn die Caetanis zu den Mahlzeiten zu erscheinen, wenn es ihnen gerade beliebte, und der erste (unweigerlich ich) mußte warten, bis die letzten fertig waren. Manchmal habe ich gedacht, mein armer Rücken sollte brechen. Meistens kam die Herzogin als letzte. Sie erschien in einem violetten Flanellmorgenrock und fächelte mit einem

riesigen Papierfächer, was mir im Anbetracht der Eiseskälte in den Räumen etwas überflüssig vorkam. Vor jedem Familienmitglied stand ein Kranz von Gläsern mit Eingemachtem, Medizinflaschen, Sardinenbüchsen und so weiter um das Gedeck, und dieses Sammelsurium ließ an sich die einzelnen Plätze erkennen.

Die Gerichte wurden von einem ungeheuer beleibten Diener mit Namen Girolamo serviert, er trug einen abgelegten Gehrock des Herzogs und hatte einen Sprachfehler, so daß ihn niemand verstand. Er bildete die ständige Zielscheibe für das Gespött der Familie, und seine unglaublichen Dummheiten erfüllten sie alle mit reinstem Entzücken.

Der Herzog hatte stets eine sehr stark nach Knoblauch riechende besondere Bologneser Wurstart neben seinem Platz stehen, von der er dünne Scheiben abschnitt und sie als besonderen Gunstbeweis reihum seinen Familienmitgliedern zu verehren pflegte. Ich glaube, nachdem er entdeckte, daß ich diese Bologneser Wurst nicht ertragen konnte, war es mit seinem Wohlwollen für mich ziemlich vorbei. Er war sehr gescheit und gebildet und ein höchst angenehmer *causeur*, wie übrigens auch seine Kinder, so daß die Unterhaltung bei Tisch oft recht anregend und nett war. Zweimal im Laufe des Winters erschien der Herzog im Abendanzug zum Diner, das war das Zeichen, daß er später der Königinmutter seine Aufwartung machen wollte. Bei dieser Gelegenheit brachte ihm Girolamo unweigerlich eine Tasse extra starken Kaffees, die er mit den ewig gleichen Worten servierte: ›Wenn Euer Exzellenz heute abend zu Ihrer Majestät gehen, brauchen Euer Exzellenz etwas zum Wachbleiben.‹«

Im erfreulichen Gegensatz zu den Mord-und-Totschlag-Geschichten, die gewöhnlich um die Paläste der Renaissance kreisen, berichtet die Schreiberin im Zusammenhang mit der Rollschuhmode in den ersten Jahren nach der Jahrhundertwende, daß »die römischen Paläste mit ihren Marmorfußböden prächtig dafür geeignet waren. In manchen Häusern konnten wir auf den glatten Fliesen von einem Salon in den anderen ohne das geringste Hindernis rund um das Stockwerk fahren, und wenn wir abends eingeladen waren, nahmen wir unsere Rollschuhe im Beutel mit«.

4

Unter den Mietern, die zuletzt im Keats-Haus am Fuße der Spanischen Treppe wohnten, ist auch der Verfasser vom »Buch von San Michele«, Dr. Axel Munthe, der hier seine Praxisräume hatte. 1820, als Keats und sein getreuer Severn hier lebten, gehörte das Haus einer Signora Petri, die Zimmer vermietete und Mahlzeiten verabfolgte, von denen Keats einmal eine aus dem Fenster beförderte. Es war ein billiges Quartier, und in den Räumen, die Keats kannte, ist vielleicht außer den Decken nichts mehr in dem gleichen Zustand.
In dem dunklen Treppenhaus erhaschte ich im Hinaufsteigen durch die Fenster ab und zu einen farbenfrohen Blick von der in der prallen Sonne liegenden Spanischen Treppe und ihren Benutzern. Oben stand ich vor einer Tür, die aus Oxford oder Cambridge hätte sein können, so englisch sah sie aus. Innen hat die Keats-Shelley-Memorial Association eine Büchersammlung über die Dichter und ihre Zeit zusammengestellt, die wohl die beste ihrer Art ist, eine sehr schöne Bibliothek, zudem eine, die sehr schön aussieht. Ihre Einbände aus Kalbleder und Maroquin fielen sogar Henry James ins Auge. Ich ließ mir das kleine Eckzimmer auf die Piazza di Spagna hinaus zeigen, in dem der arme Keats gestorben war, und betrachtete die ausgemergelten, rührenden Züge seiner Totenmaske, rührend wegen des Anflugs von einem Lächeln, das er während seiner letzten trüben Lebensmonate nie gehabt hatte: Friede und Abgeklärtheit wurden ihm erst im Jenseits zuteil.
Wie viele Besucher, ging auch ich vom Keats-Haus auf den Protestantischen Friedhof in der Nähe der Porta S. Paolo, wo der Dichter begraben liegt. Dieser Friedhof ist wohl der schönste in der ganzen Welt und bestimmt der gepflegteste. Seine Verwaltung liegt in den Händen eines Botschafterkomitees, betreut wird er von dem trefflichen Commendatore Mar-

cello Piermattei, ein wandelndes Nachschlagewerk für die Biographien internationaler Berühmtheiten. Die Zypressen werfen hier ihre langen Schatten über eine Versammlung von Heimatlosen, die in ihrer Buntheit wohl einmalig ist. Alle paar Meter entdeckt man einen irgendwie bekannten Namen auf den dicht an dicht stehenden Grabsteinen. Keats und sein getreuer Severn liegen nahe beieinander, Shelleys Asche fand ihren Platz unweit der sterblichen Hülle seines romantisch-verstiegenen Freundes Trelawney, der das Herz des Dichters den Flammen des Holzstoßes bei Viareggio entriß.

Das Wahrzeichen der Umgebung ist ein vereinzelter Hügel, der sich unmittelbar hinter dem britischen Militärfriedhof etwa 35 Meter hoch erhebt. Er ist kahl wie eine Schlackenhalde, auf seiner Spitze steht ein Kreuz. Es ist ein künstlich aufgeschütteter Hügel aus Tongefäßen, die umfangreichste Sammlung römischer Töpfereierzeugnisse der Welt. In alter Zeit wurden hier jahrhundertelang die Abfälle von den benachbarten Werften immer auf den gleichen Haufen geworfen, und wenn auch die Docks längst verschwunden sind, dieser sonderbare

Hügel ist geblieben und offensichtlich unzerstörbar. In der Antike war die *amphora* selbst für das Getreide das genormte Maß, zudem verschiffte man wegen der Gefahr des Übergehens der Ladung von einer Schiffseite zur anderen das Getreide nie lose. Auch Importe von Öl, Wachs, Wein, Teer, Honig und Oliven kamen in Amphoren an. Zerbrachen sie auf der Fahrt, oder beim Ausladen, wurden sie hier weggeworfen.

Auf diesem Hügel, genannt Monte Testaccio – Scherbenberg – kletterte ich von unten bis oben herum, und wirklich, es war ein höchst kurioses und interessantes Überbleibsel aus der Zeit des antiken Roms. Keinerlei Vegetation kann dort Fuß fassen. Mit jedem Schritt nach oben brach ich eine Lawine von Tonscherben los, und wenn ich mit dem Stock in seiner Flanke herumstocherte, kamen dabei Topfstücke und Amphorenhenkel zum Vorschein, die dort seit Jahrhunderten vergraben lagen. Die meisten dieser Tongefäße kamen, soviel ich weiß, aus Mauretanien in Nordafrika und Baetica, dem heutigen Andalusien in Spanien. Manche Töpfer drückten ihre Initialen in die Amphorenhenkel, und im Umherkraxeln entdeckte ich ein paar solcher Henkel. Nun erwachte mein Sammlerehrgeiz, und ich stöberte weiter, bis meine Taschen vor Töpfersiegeln barsten. Zwei kleinen Jungen, die zuerst auf dem Hügel gespielt hatten, machte es dann mehr Spaß, mir beim Suchen zu helfen und binnen einer Viertelstunde hatten wir so viel zusammen, daß ich sie aufhören ließ.

Mit den Katakomben teilt sich der Monte Testaccio in die Auszeichnung, das einzige Zeugnis zu sein, das uns vom Alltagsleben der einfachen Leute Roms Kunde gibt. Voller Staunen steht man vor diesem riesigen Scherbenhügel und sieht in Gedanken die schönen Schiffe mit ihrer Fracht aus Korn und Honig über das Mittelmeer gleiten. Der Hügel erzählt von Getreidespeichern und Märkten, von einkaufenden Sklaven und körbebeladenen Hausfrauen. Wer weiß, vielleicht liegt in diesem geheimnisvollen Haufen gar noch ein Topf, dessen Inhalt seinen Weg auf die Tafel des Lucullus fand? Vielleicht gibt es in seinem Innern noch einen Steinkrug, dessen spanische Oliven Augustus oder Horaz erfrischt haben?

Am Fuße des Hügels hat man allerlei Keller und Weinläden in die Scherben hineingebaut, manche gehen ziemlich weit hinein, und die dem Hügel eigene Isolierungsschicht hält den Wein das ganze Jahr hindurch gleichmäßig kühl.

5

Der Tag war wie geschaffen für einen Besuch in den Gärten der Villa d'Este in Tivoli, die ich noch nicht kannte. Über Rom brütete eine Gluthitze, und meiner Meinung nach gab es keine passendere Gelegenheit für eine *scampagnata*, wie die Römer sagen.

Der Zug eilte durch die Campagna auf die etwa 50 Kilometer entfernten Sabiner Berge zu. Die einzigen Mitreisenden in meinem Abteil waren ein junger bärtiger französischer Maler mit seiner Frau. Sie reisten mitsamt ihren Fahrrädern durch Italien, blieben jeweils für ein bis zwei Tage an einem Ort, wenn er Lust zum Malen oder Zeichnen hatte, und fuhren dann weiter. Ihre höchst einleuchtende Art des Reisens war, von einem Ort zum nächsten die Bahn zu benutzen und dann von der erreichten Stadt aus Radausflüge in die Umgebung zu machen. Der junge Mann behandelte seine hübsche junge Frau ziemlich von oben herab, sie schien sich aber nichts daraus zu machen. Ganz offensichtlich hielt sie ihn für ein Genie und sah ihm wie einem echten Künstler alle Launen nach. Er hatte sich entschieden die rauhen Sitten des Quartier Latin im 19. Jahrhundert zum Vorbild genommen, und sie mit ihrer Ponyfrisur und den Mandelaugen hätte mit Manet Pernod schlürfen können. Ich kann nicht sagen, ob die aus der quellenden Mappe hervorgeholten Zeichnungen gut waren, dazu weiß ich zu wenig von der modernen Kunst, doch vermochte ich nach anfänglicher Schwierigkeit das Casino Borghese, den Pincio und den Äskulap-Tempel in den Borghesischen Gärten zu erkennen. Möglich, daß ich das Werk eines zukünftigen Van Gogh betrachtet habe, aber ich möchte es doch bezweifeln.

Beide liebten die Italiener, mit Ausnahme der Römer, die sie unsympathisch und raffgierig fanden. Die junge Frau war völlig von ihrem übelnehmerischen, bissigen Ehemann in Anspruch genommen und wagte keine Meinung zu äußern, ohne ihn, erst Billigung heischend, anzusehen. Mir schien, sie hatte noch viel zu lernen und machte sich selbst die Zukunft schwer. Inzwischen stieg die antike Landschaft mit ihren festungsartigen Bauernhöfen, Olivenhainen und weidendem Vieh sanft hügelan, und bald waren wir in Tivoli. Meine jungen Freunde behängten sogleich ihre Räder mit ihren Siebensachen und entschwanden verliebt in der Ferne.

Erstaunlich, wie anders die Luft im Sommer schon nach einer Stunde Fahrt von Rom ist, selbst in Tivoli bei einer Höhe von nur 210 Meter über dem Meere. So erklärt sich die römische Leidenschaft für Landhäuser, und man versteht, warum es Plinius, Horaz, Maecenas und andere alte Bekannte ständig von den Ufern des Tiber weg in die Berge zog. Ich wanderte durch die kleine Stadt und kam zu den berühmten Kaskaden, wo der Anio-Fluß einen riesigen Satz in das darunterliegende Tal macht. Emporschauend gewahrte ich in der Ferne auf einem Hügelvorsprung den reizenden kleinen Rundtempel der Sibylle, der sein flaches Dach wie das Hütchen einer Tanagra-Figur trug. Von allen Altertümern hat dieser Art Tempel wohl die häufigste Nachahmung auf dem englischen Lande gefunden. So ist er uns, wie das Kolosseum, seit langem vertraut, und doch war es eine Überraschung, ihn genau wie in einer alten Radierung dort oben stehen zu sehen.

Der Eingang zur Villa d'Este war feucht und verwahrlost und entsprach nicht meinen Erwartungen: aber als ich auf die Terrasse hinaustrat, sah ich schon die Wassersäulen bis über die Wipfel der hohen, dunklen Zypressen emporschießen. Ich schritt in die reinste Phantasielandschaft hinab, in ein extravagantes Spiel mit fallendem Wasser, steigendem Wasser, Wasser, das unter ungeheurem Druck emporgeschleudert, gleichsam zur schneeigen Alpenlandschaft wurde, Wasser, das sich rieselnd, rinnend, tropfend sei-

nen Weg durch Moose und Farne suchte, Wasser, das gemächlich aus Urnen bog oder in einer gewissermaßen Freudschen Abwandlung, aus den Brüsten der Sphinxe spritzte.
Ich kam durch dunkle Alleen aus riesigen Zypressen, die seit Jahrhunderten von der ständigen Nässe getränkt werden, wo Wasserbogen aus altem Mauerwerk strahlen und in einem tiefer gelegenen Becken vergurgeln, um irgendwo in einem neuen Spiel der Phantasie wieder aufzutauchen. Der Eindruck, daß ich mich durch den Wunschtraum eines Wüstensohnes oder sonstigen Bewohners einer dürren Steppe bewegte, verstärkte sich noch beim Anblick der Wassertreppe, dieser luxuriösen arabischen Spielerei, deren Geländer im Wasserstrom davonzugleiten scheinen. Ich meine, ich hätte eine solche Treppe auch in den Gärten von Granada gesehen.
Der Schöpfer dieses Wasserzirkus war der Architekt Pirro Ligorio, von dem auch dieses wahre Juwel von einem Gartenhaus, das Kasino Pius' IV., in den vatikanischen Gärten stammt. Die Anregung und auch die Mittel zur Anlage dieser Gärten gab Kardinal Ippolito d'Este, der Sohn von Lukrezia Borgia und des Herrn von Ferrara, Alfonso d'Este, den sie im Alter von 22 Jahren als dritten Ehegatten heiratete.
Jedem, der einmal durch die Straßen Roms gestreift ist, muß dabei klar geworden sein, daß die Wiederkehr des Wassers nach Jahrhunderten des Wassermangels ein Ereignis ersten Ranges in der Geschichte der Stadt bedeutete. Wie die Cäsaren leiteten auch die Päpste der Renaissance Flußläufe und Seen in die Stadt, allerdings nicht, um damit Bäder einzurichten, sondern um Brunnen anzulegen. Die Villa d'Este war nur eins von vielen Beispielen für die Wiederentdeckung des Wassers. Jede Renaissancevilla hatte ihre Wasserspiele, und beim Lesen der Reisebeschreibungen des 17. Jahrhunderts, als die Freude am Brunnenbau schon in den barocken Überschwung der Wasserkünste und -tricks umgeschlagen war, bekommt man den Eindruck, daß man in keinem Garten lustwandeln konnte, ohne völlig durchnäßt wieder herauszukommen.
Ich sah mich im Garten der Villa sehr genau nach hinterhältigen Wasserscherzen um, konnte aber keine entdecken, vielleicht

sind sie wie die Wasserorgel nach so langen Jahren alle außer Betrieb. Mit einer verborgenen Feder dem Besucher einen Wasserstrahl ins Gesicht zu sprühen, das war ein Streich, über den weder Kalif noch Kaiser, weder König noch Papst erhaben waren. Kein Despot ließ sich das Vergnügen entgehen, seinen Großvesier klatschnaß zu sehen. Noch heute ist es, als ertönte das schuljungenhafte Gelächter der königlichen Spaßmacher durch die Alleen des Alcazar von Sevilla, auf dem roten Hügel von Granada, in Versailles, selbst in dem schmalen Durchgang oben in Whitehall, Spring Gardens kann man es vernehmen, denn der alte Trick war überall verbreitet.

»Während die Damen noch ganz in die Beobachtung der Fische versunken sind«, schreibt Montaigne, »drückt man auf eine Sprungfeder, und sogleich steigen aus den Röhrchen ringsum feine, starke Wasserstrahlen in Mannshöhe auf und spritzen den Damen erfrischende Kühle unter die Röcke und an die Schenkel.« Dies trug sich in Augsburg zu, aber es hätte auch Tivoli sein können.

Diese Scherze entsprangen einem mehr orientalischen Sinn für Humor. Wenn sie in der Antike schon bekannt waren – was ich eigentlich bestimmt annehme – dann müssen sie von Bagdad oder Samarkand her in den Westen gekommen sein. Trotzdem kann man sich kaum denken, daß sich die Römer über jemand in einer nassen Toga totgelacht haben, und die in Samt und Seide starrenden Byzantiner werden es wohl erst recht nicht sehr witzig gefunden haben, unvermutet völlig durchnäßt dazustehen. Die Gartenarchitekten der Renaissance aber entdeckten noch manche anderen alten Wasserspiele aufs neue. Zu meinem Vergnügen fand ich zufällig »die Eule und die Singvögel«, leider funktionierten sie nicht mehr. Ich hatte diesen Wasserautomaten noch nicht gesehen, sondern nur darüber in dem Buch »Pneumatik« von Hero von Alexandria gelesen. Hero schrieb ein ganzes Buch über solche Wasserkünste mit genauen Anweisungen zu ihrer Herstellung.

»Die Eule und die Vögel« beruht auf einer ganz einfachen Überlegung. Benötigt wird nur ein luftdichter Wasserbehälter mit einer Öffnung, durch die das Wasser von einem in der Nähe

gelegenen Brunnen einfließen kann. Aus dem Behälter ragt eine hohle Röhre in der Form eines Zweiges heraus, auf dem die buntbemalten Vögel aus Holz oder Bronze sitzen. Wird die Luft durch das einfließende Wasser verdrängt, bildet es in der hohlen Röhre einen trillernden Ton wie Vogelgezwitscher. Ist das Wasser bis zu einer bestimmten Höhe gestiegen, rinnt es in ein Auffangsgefäß unter dem Wasserbehälter, das mit einer rotierenden Spindel in Verbindung steht, auf der eine Eulenfigur befestigt ist. Mit dem Vollaufen des Auffanggefäßes setzt das Gewicht des Wassers die Drehspindel in Gang, die die Eule auf die Höhe der Vögel hinaufdreht. Damit ist alle Luft hinausgepreßt und die Vögel verstummen urplötzlich, gleichsam vor Entsetzen über das Erscheinen der Eule.
Bei meinem Streifzug durch die Gärten der Villa d'Este kamen mir die Renaissance-Gärtner manchmal wie kleine Kinder vor, die mit einem Riesenspaß im Wasser herumplanschen. Während den Hitzewellen in New York sieht man manchmal Fotos von Kindern, die sich gegenseitig mit Feuerwehrschläuchen bespritzen, und etwas von der gleichen kindlichen Freude am Wasser kommt auch in den Springbrunnen und Renaissance-Villen Roms zum Ausdruck, besonders natürlich in Tivoli.
Die interessanteste Persönlichkeit in Verbindung mit der Villa d'Este war wohl Liszt, der in den Tonkaskaden seiner »Wasserspiele der Villa d'Este« diese in Vollendung nachempfunden hat. Das Rauschen der Springbrunnen und die hohen Noten des rinnenden Wassers müssen sich ihm unauslöschlich in den Jahren eingeprägt haben, in denen er in den oberen Räumen der Villa wohnte, nachdem er sich auf der Flucht vor einer Frau, die ihn unbedingt heiraten wollte, in aller Stille hatte zum Priester weihen lassen. Doch wenn auch der schwarze Rock eines Abbés eine großartige Schutzfarbe abgab, die ihn vor der extremen Strafe für seine Liebesaffären bewahrte, so waren damit seine amourösen Abenteuer doch nicht zu Ende. Hier also, zwischen den melancholisch-düsteren Lorbeer- und Ilexalleen müssen wir ihn uns vorstellen, eine hohe, priesterliche Gestalt im silbrigen Haar, die der unaufhörlichen Melodie des Wassers lauscht.

6

Horaz hat Tivoli – das Tibur der Antike – ein himmlisches Fleckchen Erde genannt, wo er das Ende seiner Tage zu verbringen hoffte. Sein Landgut in den Sabiner Bergen lag nicht weit von hier. Das heute wieder freigelegte Grundstück wurde im letzten Jahrhundert so oft besichtigt, daß die dort ansässigen Landleute meinten, Horaz sei ein berühmter Engländer. Spricht Horaz von Tibur, geschieht es stets mit einem liebevollen Attribut: »Taubenetztes Tibur«, »luftiges Tibur«, das »Tibur süßer Muße« und so fort, andere dachten das gleiche. Ringsum auf den Hängen der Sabiner Berge standen die Villen der wohlhabenden Römer. Es ist eine anziehende Landschaft voll geschichtlicher Erinnerungen, mit Wäldern, Wildbächen und steinigen Abhängen, auf denen uralte knorrige Olivenbäume wachsen, deren Blätter im leisesten Windhauch silbern erzittern. Sicher pflügt der Landmann noch heute bisweilen eine kupfergrüne Münze oder ein Stück von einer Marmorfliese hoch.

Später stieg ich von der Stadt zur Villa des Hadrian hinunter und war wie verzaubert. »Nach der Gewohnheit glücklicher, reicher Menschen« hatte sich der Herr der römischen Welt hierher zurückgezogen, um »die letzten Tage seines Lebens in friedlichem Gepränge zu verbringen« und sich ganz der Malerei, Musik, Dichtung und Literatur zu widmen.

Wer könnte sich dem Eindruck dieses Ortes entziehen, besonders, wenn man weiß, daß Hadrians Traum von einem ruhigen Lebensabend durch eine unheilbare Krankheit zunichte werden sollte? Von hier siedelte er zuletzt nach Baiae über, wo das berühmte Gedicht über die Seele entstand, in Baiae starb er.

Hadrians Villa steht auf einem Grundstück von etwa 70 Hektar. Im Laufe des Nachmittags bin ich wohl kreuz und quer über das ganze Gelände gelaufen, immer bemüht, mir vorzustellen, wie diese weitläufige kaiserliche Palastanlage wohl seinerzeit aussah. Die Großartigkeit, mit der hier ein einzelner Mensch seine architektonischen Neigungen in die Tat umgesetzt hat, ist wohl einmalig, und im Vergleich dazu muten die

Villa d'Este und die Bemühungen unserer kunstliebenden Fürsten des 18. Jahrhunderts wie ein Spiel mit Bauklötzen aus der Kinderstube an. Die Idee des Kaisers war, hier die Nachbildungen weltberühmter Gebäude, die ihn einst beeindruckt hatten, um sich zu sammeln, damit ihn an seinem Lebensabend etwas an die Tage seiner kaiserlichen Reisen erinnerte: ein Gedanke, den die Aristokratie des 18. Jahrhunderts mit ihm teilte, wenn sie sich einen Rundtempel aus Tivoli in ihre Parks setzen ließ.

Heute kann man leider nur noch auf den Grundfesten des Lyzeums, der Akademie, des Prytaneums, der Stoa Poikile und anderer berühmter Kopien herumklettern und ohne rechten Erfolg versuchen, sie in der Vorstellung zu rekonstruieren. Erstaunlich muß die Nachbildung des ägyptischen Heiligtums von Kanopos gewesen sein. Um den Kanal darzustellen, der einst den Nil mit dem Serapis-Tempel verband, mußte ein etwa 180 Meter langer Einschnitt in den Felsen gehauen und ein Flußlauf umgeleitet werden. Es gab große und kleine Schwimmbecken, gewaltige überkuppelte Bibliotheksgebäude und einen Strand zum Sonnenbaden, dessen Sand im Winter künstlich warmgehalten wurde. Im Zentrum erhob sich der Kaiserpalast, in dem der Hof residierte, nicht weit davon lagen die Prätorianerkasernen. Das Ganze muß eigentlich einer groß aufgezogenen internationalen Architekturausstellung nicht unähnlich gewesen sein.

Am meisten aber zog mich in diesen erstaunlichen Ruinen eine kleine Insel an, auf der noch die marmornen Überreste einzelner Gemächer zu sehen sind. Es wird das »Maritime Theater« genannt, aber das kann es nicht gewesen sein. Die Insel ist ringsum durch eine hohe Mauer von der Außenwelt abgeschlossen und über den sie umgebenden Wassergraben führte eine Brücke auf Rollen, die demselben Zweck wie eine Zugbrücke diente: war die Brücke hochgedreht, konnte niemand auf die Insel, es sei denn, er schwamm hinüber. Nach einer reizvollen Theorie sollen hier Hadrians Arbeitsräume gewesen sein, in die er sich zum Lesen, Schreiben oder Malen zurückzog. In der Villa hat man Hunderte berühmter Statuen gefunden,

die nun über die ganze Welt verstreut sind, in Rom, London, Berlin, Dresden, Stockholm und Leningrad. Und noch immer werden vielleicht neue gefunden. In einem abgelegenen Teil des Ruinenfeldes bemerkte ich eine kleine Feldbahn, Arbeiter mit nacktem Oberkörper waren am Graben und schafften die Erde in Feldbahnen fort. Ich hoffte, aus dem Aufseher etwas über neuaufgefundene Schätze herauszubekommen, aber es war nichts zu machen. Höflich, das muß ich ihm zugestehen, verspürte er jedoch keine Neigung, mir etwaige neuenthüllte Geheimnisse der Hadriansvilla mitzuteilen.
Halb benommen vor Müdigkeit, doch voller Hoffnung, Tivoli eines Tages wiederzusehen, fuhr ich mit dem Abendzug nach Rom zurück. Wie eine Melodie, die einem nicht aus dem Sinn geht, hatte ich noch ständig das donnernde Rauschen aufsteigender Fontänen in meinen Ohren, die Schimmern der weiß sprühenden Strahlen der Wasserspiele der Villa d'Este.

7

Den ganzen Tag schon hatte der *scirocco* den unangenehm heißen Atem Afrikas nach Rom getragen. Wie in der Periode des Südwestwindes am Kap waren die Nerven zum Zerreißen gespannt, und in den knatternden Vespas schien das passende Ziel gefunden, an dem man seine Gereiztheit auslassen konnte. Der Marmor auf dem Forum war zu heiß zum Sitzen, um die Restaurants stand zum Übelwerden ein Geruch von Ravioli, und der Asphalt auf dem Corso hatte sich in klebrigen Sirup verwandelt. Während der Siesta auf meinem Bett beobachtete ich, wie die Sonnenstreifen weiß glühend durch die Ritzen der Jalousien zitterten, und schauderte bei dem Gedanken, wieder auf die schwülen Straßen zurück zu müssen. Aber als ich mich schließlich doch dazu aufraffte, war inzwischen etwas Wunderbares geschehen: Der *ponentino*, ein leichter, weicher Wind, in dem ich Seeluft zu spüren meinte, wehte durch Rom, und das Leben war wieder erträglich.
Für den Abend hatte ich eine Karte zur Oper »Aida« in den

Thermen des Caracalla. Mein Taxichauffeur hatte wie so viele andere sein Englisch im letzten Kriege hinter Stacheldraht gelernt. Er erzählte mir, er habe gerade einen Cadillac voller reicher Amerikaner nach Schottland gefahren; er liebe Schottland! Es habe ununterbrochen geregnet. Alles und jedes in Schottland war äußerst *bello* oder *bella*. Mir aber kam es höchst komisch vor, in dieser warmen römischen Nacht mit einem italienischen Fahrer am Kolosseum vorbeizufahren, der sich vor Begeisterung über Dunfermline und die Links of Forth nicht zu lassen wußte.

Mindestens die Hälfte aller öffentlichen Verkehrsmittel Roms hatten sich um die Ruinen der Caracalla-Thermen angesammelt, und die größte Menschenmenge seit der Zerstörung der Aquädukte durch die Goten strömte von allen Seiten gleichzeitig herzu. In kaltem, Abstand wahrendem Schweigen ragten die Ruinen in die Nacht und distanzierten sich von den beleuchteten kleinen Verkaufsständen in ihrem Schatten, um die sich die Menschen nach Würstchen, Eis, *pizza* und kalten Getränken drängten, bevor die Oper begann.

Von meinem Platz in einem Sektor des riesigen Halbrunds blickte ich auf die zwischen den beiden eingestürzten Bogen des Caldariums errichtete Bühne. Dunkel und tragisch türmten sich die massigen Backsteinmauern, Edgar Allan Poe könnte sie erdacht, Piranesi sie auf einer seiner im Gefängnis entstandenen Radierungen gezeichnet haben. Es schien mir, als ließ sich die alte Ruine nur ungern ins Leben zurückzwingen, sie war für immer mit den Menschen fertig. Sie hatte sich an ein zeitloses Dasein mit Fledermäusen, Eulen und gelegentlich einem Dichter gewöhnt. Shelley ging noch an, aber Verdi war denn doch zuviel! Zwischen dem toten Giganten und unseren fröhlichen, erwartungsvollen Gesichtern herrschte ein seltsamer Kontrast.

Doch nun flammten die Scheinwerfer auf, und ich erblickte einen ägyptischen Tempel riesigen Ausmaßes, weit, weit fort. Diesen Raum konnten doch bestimmt nicht einmal italienische Tenor- und Sopranstimmen überbrücken. Doch; sie konnten. Orchester und Sänger waren hervorragend, die Ausstattung triumphal. Eine ganze Armee marschierte über die Bühne, und während der berühmte Marsch durch die Nacht trompetete, galoppierten Zirkuspferde mit nickenden Federbüscheln auf dem Kopf, Rennwagen ziehend, über die Szene, bis als Höhepunkt des Schauspiels Rhadames selbst in einer phantastischen Quadriga erschien. Wie ich mich gefreut habe, einmal eine richtige Quadriga zu sehen, und das in Rom!

Die Priesterinnen vollzogen ihre feierlichen Riten über dem Grab, unten schluchzten Rhadames und Aida ihr Lebewohl. Dann erloschen die Lichter, und die Ruinen standen wieder in unförmigen, gezackten Umrissen gegen den gestirnten Himmelsbogen.

Taxis gab es nicht, und so machte ich mich zu Fuß auf. Es schlug Mitternacht, als ich am Kolosseum ankam. Keine Menschenseele war mehr auf, und ich hatte den Koloß für mich. Zum ersten Male hatte ich ein wenig Mitleid mit ihm, als er da so verfallen im Nachtlicht lag, Schicht auf Schicht. Alle Blutrünstigkeit war endlich aus ihm gewichen. Die Zeit ist so galant, pflegen die Italiener zu sagen.

8

Rom liebt es, seine Denkmäler mit Scheinwerfern anzustrahlen, so daß Obelisken, Paläste, Kolosseum und Forum mit hereinbrechender Dunkelheit etwas Hartes, Starres, Geisterhaftes bekommen. Man wird dieses Theatereffektes leicht überdrüssig, und gleich mir werden wohl noch viele andere ihre Ruinen lieber im Mondschein betrachten. Der Trevi-Brunnen im Scheinwerferlicht, eine lärmende Menge davor, dazu alle paar Sekunden die Blitzlichter der Straßenfotografen, gehört nicht gerade zu meinen schönsten Erinnerungen; auch bin ich nicht der Meinung, daß das Forum durch das Anstrahlen seiner wenigen, noch aufrechten Säulen gewinnt.

Es gibt jedoch einen Ort in Rom, der durch die Illuminierung zur Sonnabendnacht schier märchenhaft wirkt: die Piazza del Campidoglio auf dem Kapitol. Von der Treppe an der einen

Seite des Platzes her kommt man auf die drei Gebäude zu, die seine restlichen Seiten einfassen, in der Mitte reitet uns Mark Aurel entgegen, bläuliches Licht hebt Säulen und Pfeiler und die weißen Statuen auf den Dächern aus dem Dunkel, und man meint, auf der Bühne eines überdimensionalen Theaters von Palladio zu stehen. Jeden Augenblick könnte kichernd und lachend eine Schar Longhischer Masken um die Ecke gerannt kommen und in einem Wirbel schwarzer Gewänder, aufblinkender roter Hacken, in der Nacht verschwinden, oder aber man wähnt sich in einem Traumbild von einer idealisierten, vollkommenen, von ihren Sünden rein gewaschenen Renaissance. Es war eine warme Nacht, als ich zum ersten Mal in diesem magischen Licht stand. Wasser rann im künstlichen Mondlicht. Schlief hier der Geist Roms? Rom und Wasser und Schweigen. Die beiden Museen zu beiden Seiten des Platzes strahlten im Lichterglanz wie für einen Ball oder einen Empfang. Die Gardinen waren hochgezogen, die Fenster der Wärme wegen weit geöffnet, und ich stand neben Mark Aurel auf dem Platz und blickte zu den goldenen Zimmerdecken und dunkelglühenden Fresken des einen Gebäudes empor, während gegenüber im anderen die marmornen Faune und Zentauren drauf und dran waren, zum Leben zu erwachen und ihre Flöten anzustimmen. Im Hof des Palazzo dei Conservatori entdeckte ich etwas, was ich in ganz Rom vergeblich gesucht hatte: das größte uns noch verbliebene Bruchstück des Triumphbogens aus weißem Marmor, den Claudius zur Feier der Eroberung Britanniens im Jahre 43 n. Chr. auf dem heutigen Corso hatte errichten lassen. Selbst in relativ neuen Büchern steht zu lesen, dieses Bruchstück sei in die Gartenmauer des Palazzo Barberini eingelassen, doch ist dort nur noch die Narbe von seiner Entfernung zu finden. Nun sah ich es hier mit der zusätzlichen Freude des Entdeckers. Der Bogen hat eine merkwürdige Geschichte. Er schien für immer verloren, bis er zur Renaissance im Zuge der Niederreißung einer baufälligen Häusergruppe mitten drin aufgefunden wurde, völlig erhalten, die Inschriften und Reliefarbeiten unberührt. Zwar wurde er auseinandergenommen, 136 Wagenladungen voll des reinsten Luna-Marmors war die

Ausbeute, und jedes Mal, wenn wir das Querschiff in St. Johann im Lateran betreten, gehen wir auf dem Triumphbogen des Claudius daher.
Ich erkannte das Fragment, wie man einen alten Freund erkennt, nicht nur wußte ich die Inschrift auswendig, sondern schon damals, als ich noch Münzen sammelte, hatte dem *aureus* aus schwerem, glattem Golde, den Claudius zur Feier seiner Eroberung mit dem Bilde des Bogens darauf prägen ließ, meine besondere Liebe gegolten. Und hier stand ich endlich vor einem Stück des Originals! Es war kleiner, als ich erwartet hatte; da das Original in zwei Stücke gehauen war, fehlte die Hälfte der Inschrift, doch die Buchstaben *brit* sind erhalten, die ersten vier Buchstaben von Britannia.
Während ich mich noch ganz der erregenden Beschäftigung hingab, den geschichtlichen Zusammenhängen nachzugehen, was in Rom so besonders reizvoll ist, füllte eine Schar englischer Touristen den Hof. Ihr Führer wies auf alle möglichen uninteressanten Dinge und ging mit ihnen an diesem ersten römischen Hinweis auf Britannien vorbei, ohne auch nur ein Wort darüber zu verlieren. Wie gern hätte ich sie zurückgerufen und ihnen den Stein gezeigt, auf dem die Gefangennahme des Caractacus verzeichnet ist, und hätte sie gebeten, sich einmal den fast unglaublichen Augenblick in unserer Geschichte auszumalen, als Claudius an der Spitze der Prätorianergarde und eines Korps von Kriegselefanten durch Kent heranmarschiert kam.
Als diese Inschriften in den Stein gemeißelt wurde, waren die Apostel Petrus und Paulus noch am Leben. Vielleicht hat der Steinmetz, der diese schönen Lettern formte, gar am Tage des Triumphzugs in seiner besten Toga – sofern er ein freier Römer war – mit auf dem Forum gestanden, um Claudius und seine Parade aus britischen und keltischen Dorfbewohnern vorüberziehen zu sehen – damals waren wir ja noch keine blonden Angeln! Und Rom wird den lieben langen Tag von nichts anderem als Druiden, Perlen, Gold, Zinn und der geheimnisvollen Insel geredet haben, die nun innerhalb der Grenzen der zivilisierten Welt lag.

Die Nachwelt hat nie aufgehört, über Claudius zu spötteln, doch kann ich einem Menschen viel nachsehen, wenn er im Grunde gütig ist. Ich bin ihm zugetan, wie man einem verschrobenen Professor zugetan ist, der einen durch seine Eigentümlichkeit ebenso belustigt wie irritiert. Er war im Grunde der am wenigsten kriegerische von allen Cäsaren, ein stotternder, weicher Pedant, der als Junge von allen verlacht und von seinen Verwandten umhergestoßen worden war. Jeder wußte von vornherein, daß er sich bei jedem öffentlichen Auftreten ungeschickt anstellen würde, und doch stammte er aus einer Familie von Soldaten, und wenn er seine kurzsichtigen Augen von den Büchern hob, wird er wie viele seines Typs sicher von großen Heldentaten geschwärmt haben; daß er aber eines Tages Cäsar werden würde, das hat er sich bestimmt nie träumen lassen! In Britannien verweilte er nur 16 Tage. Da selbst ein Cäsar nicht einen Triumphzug beim Senat beantragen konnte, wenn er nicht in der Schlacht oder zumindest in der Kriegszone gewesen war, zog er mit seinen Elefanten nach Britannien, allerdings erst, nachdem er von seinem General die Meldung erhalten hatte, daß der Feind zum Stehen gebracht war. Seine Pedanterie zeigte sich sogar auf dem Triumphbogen! Wissenschaftler, denen es gelang, mit Hilfe von Bruchstücken die fehlenden Worte der Inschrift zusammenzusetzen, haben erwiesen, daß sie in archaischem Latein verfaßt ist und die Genitive auf *ai* anstatt auf *ae* enden.
Ich betrat den Palazzo dei Conservatori, der als Entschädigung für die entnervende römische Sitte, Museen nachmittags zu schließen, Sonnabend abends geöffnet ist. Hier fand ich mich in einer Flucht fürstlicher Gemächer wieder, die sich im Schein der Wandbeleuchtung unter ihren vergoldeten Kassettendecken wie Schmuckkästen aneinander reihten. Auf den Malereien der Wände wurden gewaltige Barockschlachten ausgetragen, prächtige vergoldete Stühle und Konsoltische standen an den Wänden. Niemand war da außer den Museumsdienern, die sich vor mir erhoben und mit einer Höflichkeit verneigten, als sei ich ein römischer Prinz, der in seinem Palast einen abendlichen Rundgang macht.

So muß man ein Museum in Rom ansehen: bei offenen Fenstern, durch die die magische Nacht hereinkommt, langsam von Raum zu Raum wandernd, sich hierhin ziehen lassen, dorthin, gerade wie einem die Dinge auffallen. Hundert alte Freunde traf ich, die ich immer schon kannte, denen ich jedoch bis zu diesem Abend nie von Angesicht zu Marmorangesicht gegenübergestanden hatte. Ich sah die esquilinische Venus, weiß, aufrecht und so jung. Und ich versank in den Anblick einer noch viel schöneren Statue, mit eine der vollendetsten in Rom: es ist das Bild eines geheimnisvollen jungen Mädchens, das mit großer Aufmerksamkeit etwas über eine Mauer hinweg beobachtet. Ganz in ihre Stola gehüllt, die sie sich bis zum Hals hinaufgezogen hat, steht sie da. Sie ist so voller Leben, daß ich meinte, gleich müsse sie sich mit einem Seufzer widerstrebend abwenden. Ihr Haar ist nach hinten zusammengenommen und läßt ihre Ohren frei, mit leicht vorgebeugtem Oberkörper stützt sie sich auf ihren rechten Ellbogen, die Linien ihres Armes zeichnen sich deutlich unter den marmornen Falten ihres Gewandes ab. Man sagt, es sei Polyhymnia, eine der Zeus-Töchter und die Muse der lyrischen Dichtung, die, eine heidnische Santa Cäcilia, auch die Leier erfunden haben soll. Ich aber meine, es war ganz einfach das Mädchen, das der Bildhauer liebte, und jeder, der sie ansieht, muß sich unweigerlich auch in sie verlieben.
Ich ging nun über den Platz ins Kapitolinische Museum hinüber. Das beleuchtete Traumbild von der Renaissance war immer noch gleich wunderbar und harrte weiterhin der Spieler und Musikanten. In einem kleinen Innenhof eben hinter dem Toreingang zum Museum entdeckte ich den berühmten alten Gauner Marforio, den schlagfertigen Gesprächspartner des Pasquino, eine der wenigen antiken Skulpturen, die niemals in der Erde gelegen haben. Er ist ein dicker, gesetzter Herr im welligen Haupt- und Barthaar der allegorischen Flußgestalten der Antike. Wie zu einem Gastmahl ausgestreckt liegt er da und hält eine kleine Vase empor, aus der ein dünner Wasserstrahl sprudelt. Es mochte am Einfallswinkel des Lichtes liegen, aber mir kam er recht unheimlich vor. Er hat so etwas an sich, und

ich kann gut verstehen, warum er bis heute alles überstanden hat: Wer ihm mit dem Hammer zu Leibe will, muß schon ein recht mutiger Kerl sein.
Auch hier fand ich oben in den vielen ineinandergehenden Räumen voller marmorner Faune, tänzelnder Zentauren und höchst ungezogener junger Pan-Götter manch einen guten alten Freund, zum Beispiel den sterbenden Gallier mit seinem Schnurrbart à la Royal Air Force, der mich immer an die jungen Leute erinnert, denen man in den zwanziger Jahren im Ritz oder Berkeley begegnen konnte.
Dann kommt der Raum mit der kapitolinischen Venus. Um sie vor den Christen zu schützen, die sie als heidnische Gottheit vermutlich in die Kalköfen geschickt hätten, soll jemand sie sorgfältig in einem Versteck eingemauert haben, wo sie auch die ganze Renaissance über verblieb und im 18. Jahrhundert völlig unbeschädigt zum Vorschein kam. Sie gehört zu den schönsten Venus-Statuen, wenn auch deutlich wird, daß die Taille im alten Rom kein Gegenstand der Bewunderung und erst eine Erfindung des geschnürten Mittelalters war. Zu Beginn dieses Jahrhunderts, als Fürst Prospero Colonna Bürgermeister von Rom war, besuchte Kaiser Wilhelm II. die Stadt. Auf dem Kapitol fand ihm zu Ehren ein großer Empfang statt, an den sich eine Führung durch die Museen anschloß. Später verzeichneten die Zeitungen das Interesse des Kaisers für das weltberühmte Meisterwerk. Was sich wirklich begeben hatte, erzählt die jetzt verstorbene Herzogin von Sermoneta in ihrer Autobiographie: Als der Bürgermeister mit dem Kaiser vor der Statue stand, hatte Fürst Colonna gesagt: »Darf ich Euer Majestät meine offizielle Gemahlin vorstellen?«
Bei der großen Anzahl der römischen Porträtbüsten in diesem Museum fällt mir wieder auf, wie sehr die Menschen der Viktorianischen Epoche äußerlich den Römern ähnelten. Im Kapitolinischen Museum gibt es römische Gesichter, die durchaus auch zu Fabrikbesitzern aus Birmingham oder Abstinenzlern aus der Mitte des Viktorianischen Zeitalters gehören könnten, ferner finden sich viktorianische Staatsmänner, Soldaten und Kirchenvertreter darunter. Warum der römische Typ, der heute

ganz aus Rom verschwunden ist, vor einem Jahrhundert ausgerechnet in England aufgetaucht sein soll, ahne ich nicht und vermag's auch nicht zu raten. Die Tatsache, daß einem die Klassiker mit dem Rohrstock eingebläut wurden, ist kaum eine zureichende Erklärung dafür.
Wie die Vatikanischen Galerien ist auch das Kapitolinische Museum der geeignete Ort zum Studium der Cäsarenköpfe. Julius hat das feinste Gesicht, es sind die beweglichen Züge eines Schauspielers. Augustus übertrifft alle mit seinem edlen, aber zugleich trauervollen Ausdruck, Titus hat das nachgiebigste und Nero das am wenigsten vertrauenswürdige Antlitz. Tiberius sieht keineswegs lasterhaft aus, und nichts in seiner Erscheinung deutet auf die Ungeheuerlichkeiten, die ihm zugeschrieben werden. Auf manchen Bildern hat er einen Zug maliziösen Humors um den Mund, wie man ihn gelegentlich bei den Iren finden kann. Caligula war ganz offensichtlich ein verwöhnter, unangenehmer junger Mann, der so oft verunglimpfte Claudius dagegen zeigt eine ernste Würde auf seinem intelligenten, nachdenklichen Gesicht. Die Wandlung in Neros Charakter muß erschütternd gewesen sein; als junger Mann sieht er zunächst noch recht gut aus, zur Zeit seiner Ermordung im Alter von 31 Jahren, hat er das fette Unterkinn und den Specknacken eines Wüstlings von sechzig.
Die Ausfuhr von Marmor- und Bronzekaisern muß in Rom ein blühendes Geschäft gewesen sein. Wie heutzutage die Fotografien des regierenden Monarchen an die diversen Botschaften, so wurden damals die Kaiserbüsten staatlicherseits über das ganze Imperium versandt. Wie aus dem Brief des Historikers Arrian hervorgeht, den er als Statthalter von Trapezunt an Kaiser Hadrian schrieb, erwartete man selbst in so abgelegenen Gebieten wie den Küsten des Schwarzen Meeres ein hohes Maß von Lebensechtheit von den Bildnissen. »Deine Statue ist hier sehr schön aufgestellt und weist mit der Hand über das Meer. Aber sie sieht Dir überhaupt nicht ähnlich. Bitte schicke mir daher eine andere.« Gleichzeitig bittet er sich einen anderthalb Meter hohen Hermes und einen ebenso hohen Philesius aus. Gleich stellt man sich Hafenspeicher voll gestapelter Kaiser

und Götter vor, die, fertig verpackt, auf den Versand in alle Teile des Römischen Reiches warten.

Während ich reihenweise edle Römer Revue passieren ließ, sinnierte ich auch ein wenig über die interessante Geschichte des Bartes. Der erste große Geist, der sich täglich rasierte, war Alexander der Große. Sein Vorbild machte in Hellas Schule, wurde aber von der römischen Welt nicht aufgegriffen. Die Römer der Republik ließen sich alle einen Bart stehen, und wir kennen die unsterbliche Szene, als die alten Senatoren, in starrem Schweigen auf ihren Plätzen sitzend, die Ankunft der Gallier auf dem Forum erwarteten. Ein Barbar hatte die Unverfrorenheit, den einen Senator am Bart zu zupfen, um zu sehen ob er noch lebte, worauf sich der alte Mann erhob und den Frechling wegen des ihm angetanen Schimpfes erschlug. Die ersten glattrasierten römischen Gesichter erschienen erst ein und ein halbes Jahrhundert nach Alexander auf den römischen Münzen. Damals ging die Mode von dem 185 v. Chr. geborenen Philhellenen Scipio Ämilianus aus – er war der erste Römer, der sich jeden Tag rasieren ließ. Wer weiß, wie so eine Mode um sich greift? Jedenfalls machten es die vornehmen Römer ihm nach, und das Sinnbild der Manneswürde und -weisheit fiel unter dem Schaben eines recht unbehaglich aussehenden bronzenen Rasiermessers. Sulla ging glattrasiert, und ein Julius Cäsar mit Bart wäre eine ebenso unmögliche Vorstellung wie ein Shakespeare oder Walter Raleigh ohne »denselben«. Ein reichliches Jahrhundert lang gingen alle Cäsaren bartlos, bis Hadrian ihn wieder einführte, wahrscheinlich, um eine Narbe zu verdecken. Auf ihn folgten dann Antoninus Pius und Mark Aurel mit ihren gelockten und womöglich parfümierten Bärten. Niemand rasierte sich selbst, und dieser Brauch scheint sich auf viele heutige Italiener vererbt zu haben. Reiche Leute hielten sich ihren eigenen Barbier, die anderen gingen in die entsprechenden Läden, die damals die gleiche Brutstätte für Klatsch und Skandälchen waren wie heute die Frisiersalons der Modedamen. Doch gut geschnitten zu sein kostete Zeit und Geld, und so ließ sich das Volk weiterhin einen Bart stehen; mehr als einmal erwähnt Martial »haarige Bauerngesichter« und »filzige

Bärte« und nennt einen gewissen Linus, dessen Bart es an Steife mit einer cinyphischen Ziege aufnehmen konnte.
Mit diesen und anderen Gedanken durchwanderte ich diese vollendet schöne Galerie der antiken Bildhauerkunst. In keinem Museum habe ich eine so freundliche, anziehende Atmosphäre gefunden wie im Kapitolinischen, obwohl ich doch mein Leben lang Museen durchstöbert und nicht weniger als andere unter dem füßemordenden Trott durch endlose Marmorkorridore zu leiden gehabt habe. Jeder, der einmal einen Sonnabend in Rom ist, wenn das Kapitol im Lichte der Scheinwerfer aufstrahlt, gehe dort hinauf. Er wird von dort oben für das ganze Leben unauslöschliche Eindrücke mit nach Hause nehmen.

Kapitel VII

Der Quirinalspalast
Pauline Bonaparte und ihre Schwägerin
Was ein Kardinalshut kostet
Die Piazza Navona
Das Pantheon
Das Hospital zum Heiligen Geist

1

Es kam der Tag, an dem ich beschloß, in einen anderen Stadtteil Roms umzuziehen. Es war, glaube ich, Seneca, der reichlich optimistisch bemerkte, jeder Wechsel sei ein Vergnügen, und Washington Irving ging sogar so weit, zu behaupten, daß jeder Wechsel eine gewisse Erleichterung mit sich bringe, auch bei einer Wendung zum Schlechteren. Tatsächlich ist etwas Wahres an dieser Behauptung, denn man stürzt sich stets voller Hoffnung in etwas Neues. Zwar ist Rom im Sommer so überfüllt, daß die meisten Leute dankbar dort bleiben, wo sie gerade sind; ich aber spürte gerade jetzt die Rastlosigkeit der Zugvögel.
Die ersten Tage meiner Quartiersuche wurden jedoch zu einer einzigen Enttäuschung. Die römischen Unterkünfte schienen auf Wochen bis auf das letzte Quadratmeter vorausbestellt. Ich hatte mich schon fast in mein Geschick ergeben, als mir eines Morgens beim Schlendern durch das Regierungsviertel Roms, die Via Venti Settembre, das Namensschild einer Pension einfach deshalb auffiel, weil es so gar nicht in diese Gegend der Ministerien und sonstigen offiziellen Gebäude passen wollte. Der Eingebung des Augenblicks folgend, fuhr ich mit dem großen Aufzug aus Mahagoni bis zum obersten Stockwerk. Wer beschreibt mein Erstaunen, als mir hier in einer schweizerischen Pension eine Auswahl von Zimmern angeboten wurde. Diese Pension blieb mir bis zuletzt ein Rätsel. Sie wirkte wie

aus einem Detektivroman über den Secret Service, und ich fragte mich, ob ich unwissentlich das richtige Losungswort geflüstert hatte, als ich das erste Mal dort läutete.

Sie schien auf dreißig bis vierzig Gäste eingerichtet, die jedoch niemals auftauchten. Die Betten waren bereit, die Tische gedeckt, doch in der ganzen Zeit bekam ich niemanden zu Gesicht außer dem Zimmermädchen, das mir mein Frühstück brachte und mein Zimmer aufräumte. Die Stille wäre mir in jeder anderen Stadt ziemlich unheimlich, ja unheilvoll vorgekommen, hier in Rom war sie zu unwirklich, um wahr zu sein. Wie im Traum ging ich durch die große Wohnung mit ihren vielen leeren Zimmern, doch jeder Vorstoß, zu ergründen, warum diese ausgezeichnete Unterkunft in einer überfüllten Stadt völlig leer stand, wurde von dem dienstbaren Geist mit der Flucht in ein verstocktes, fast feindseliges Schweigen quittiert. Tagsüber herrschte eine rege und vielseitige Geschäftigkeit im Gebäude, das nach Schluß der Arbeit verödet dalag. Es beherbergte Büros, Privatwohnungen, ärztliche Praxisräume und einen enorm großen Saal, durch dessen immer weit offen stehende Türen der Geruch frischer Farbe nach außen drang. Auf dem Fußboden saßen zehn dunkelhaarige kleine Mädchen und nähten an einem riesigen roten Teppich. Danach kamen Dekorateure und brachten weiße Stühle nebst roten Kissen herbei, die zu dem roten Teppich paßten. Gewiß entstand hier das Atelier eines der berühmten *Couturiers*.

Ich lernte wieder ein neues Rom kennen. In meinem bisherigen Quartier fiel gleich nach Einbruch der Dunkelheit das Neonlicht auf die Wände meines Zimmers, der Lärm wurde noch lebhafter und es war, als ob die Straße den ganzen Tag über nur auf den Abend gewartet hätte. Hier aber hörte man Schlag sechs Uhr abends auf den Marmortreppen das Hackengeklapper schwatzender, zwitscherndér Stenotypistinnen und sonstiger Angestellten, die wie ein abendlicher Starenschwarm in Richtung des heimatlichen Busses entfleuchten. Draußen auf der Via Venti Settembre grüßten Wachen und Hausmeister, während die schweren Ministerwagen aus dem Hof des Kriegsministeriums und des gewaltigen Finanzministeriums auf die

Straße einbogen; an der Ecke unten am Quirinalspalast spielte zur Ablösung der Wache eine Militärkapelle. Dann fiel die Dämmerung, und die Nacht kam mit ihrer köstlichen Stille, nur ein paar Polizisten blieben in den Torbögen stehen und warteten vielleicht auf den geheimnisvollen Augenblick, an dem sie nachts ihre riesigen Revolver umschnallen würden. Am anderen Morgen kamen die schwatzenden, zwitschernden Stenotypistinnen und Sekretärinnen zurück, die Wachen grüßten die eintreffenden Minister, und die eindrucksvollsten Gestalten im römischen Stadtbild, die jungen Riesen der einstigen königlichen berittenen Garde und heutigen Präsidentengarde, schlenderten in ihren Messinghelmen mit den herabhängenden schwarzen Pferdeschwänzen die Straße hinunter zum Dienst im Palast.

Der Brunnen des Bezirks war nun nicht mehr der schöne ausgewaschene Bernini-Triton, sondern die Aqua Felice, der Mosesbrunnen. Dieser Brunnen wird zu Unrecht am wenigsten von allen geschätzt. Auch wer nur in einer Droschke schnell vorüberfährt, wird wohl die Geschichte von dem Bildhauer Prospero Bresciano zu hören bekommen, der diesen komisch untersetzten und nicht sehr anziehenden Moses schuf. Entgegen dem Rat seiner Freunde meißelte er die Figur ohne vorheriges Mo-

dell direkt aus einem riesigen Travertinblock, den er horizontal in seinem Atelier liegen hatte. Der Unglücksmensch hatte die Höhe, in der die Figur aufgestellt werden sollte, nicht mitbedacht, und so kam es, daß ihn die kritischen Römer bei der Einweihung dieser etwas proportionslosen Figur mit solchem Hohn überschütteten, daß Bresciano darüber melancholisch wurde und sich schließlich zu Tode grämte. Immerhin ist der Brunnen recht ansehnlich und wirkte sicherlich noch besser, als er noch nicht von hohen Gebäuden umgeben war und von Omnibuskabeln bedrängt wurde.

Mit Ausnahme der Löwen im Hof der Alhambra in Granada sind die vier Wesen, die das Wasser der Aqua Felice ausspeien, wirklich die spaßigsten und liebenswürdigsten Löwen, die ich kenne. Ich hing direkt an ihnen, denn sie hatten bestimmt niemals Appetit auf einen Christen verspürt oder sonst irgend jemandem etwas Böses antun wollen, sondern waren im Gegenteil ganz zufrieden, hübsch artig dazusitzen und das Wasser aus den fernen Albaner Bergen aus ihren Mäulern zu blasen.

Als dieses Wasser schließlich auf Veranlassung Sixtus' V. nach Rom geleitet war, wollte die Schwester des Papstes ihrem Bruder eine Freude machen und brachte ihm einen Becher voll aus dem neuen Brunnen. Der Papst mochte solche Auftritte nicht und trank keinen Tropfen davon, weil das Wasser seiner Meinung nach nicht besonders schmeckte. Und darin hatte er recht, meinen die Römer, denn dieser Brunnen führt kein erstklassiges Tafelwasser. Die Fähigkeit, mit kritischer Zunge Wasser zu probieren und abzuschmecken, und sich darüber heiß zu reden, teilen die Römer mit den Spaniern. Die Frage »Haben Sie gutes Trinkwasser?«, die in England kaum als eleganteste Wendung zur Anknüpfung einer Bekanntschaft gelten dürfte, hat noch nie seine Wirkung auf Römer oder Spanier verfehlt; genauso, wie man in England stets über das Wetter reden darf, kann man bei ihnen im Zweifelsfall stets das Wasser als Konversationsthema wählen.

2

Die Via Venti Settembre beginnt und endet mit Erinnerungen an Napoleon. In der Nähe der Porta Pia wohnte seine Schwester Pauline in der Villa Bonaparte, und am anderen Ende der Straße liegt der Monte Cavallo mit dem Quirinalspalast, dem Schauplatz von Napoleons Bemühungen, sich das Papsttum gefügig zu machen und es in seine Gewalt zu bekommen. Der mächtige Papst Sixtus V. (1585 bis 1590), der als der Hirtensohn Peretti geboren wurde, erbaute ihn sich als Wohnsitz, und vielleicht war es der Hirte in ihm, der einen so ausgedehnten Teil des Quirinals darum herum einfriedigen ließ. Die weite Gartenanlage mit ihrem unendlichen, einfallsreichen Formenspiel stammt von Maderna, und es fällt inmitten der Buchsbaumhecken und Bäume schwer, sich vorzustellen, daß unter dem Garten der lange Quirinaltunnel mit seiner abgestandenen Luft und seinen Schwaden von Öl- und Benzingasen entlangläuft. Zweiundzwanzig Päpste starben im Quirinal, und die

Mehrzahl der Konklaven von drei Jahrhunderten fand hier statt. Nach der Beschlagnahme des Quirinals durch Viktor Emanuel II. im Jahre 1871 wurde der Boden bis oben vollgestopft mit den hölzernen Trennungswänden und sonstigen Schreinergeräten, die bei diesen Gelegenheiten zur Herstellung der »Zellen« für das Heilige Kollegium benötigt werden, vorgefunden.

Rom bekam die schwere Hand Napoleons zum ersten Mal zu spüren, als die französischen Revolutionstruppen im Februar 1798 unter dem Zeichen der Trikolore in die Stadt einzogen und die wetterwendischen Römer unter der alten Devise »Freiheit« die Republik forderten. In der Nacht zum 20. Februar drangen zwei Männer, der General Cervoni und ein weiterer Offizier, der Sohn des Schweizer Botanikers Haller, in die Gemächer des Papstes im Quirinal ein. Pius VI. war 82 Jahre alt, ein schwacher, kranker Mann. Sie verlangten den Verzicht auf die weltliche Macht, was er verweigerte. Darauf zogen sie ihm den Fischerring vom Finger und drängten ihn aus dem Palast in einen bereitstehenden Wagen. Er starb im darauffolgenden Jahr in Frankreich.

Fünf Jahre später ließ Napoleon seinen Nachfolger, den sanftmütigen Pius VII., durch einen Gesandten ersuchen, bei seiner Krönung zum Kaiser die Messe zu zelebrieren. Selber ein Atheist, glaubte Napoleon fest an die Nützlichkeit der Religion für andere und hatte die Kirche in Frankreich wieder in ihre Rechte eingesetzt. Der Papst beratschlagte mit dem Heiligen Kollegium, und fünfzehn von zwanzig Kardinälen rieten ihm zur Annahme der Einladung. So verließ er Rom am 2. November 1804 und reiste in der Begleitung von sechs Kardinälen durch Frankreich, »mitten durch ein knieendes Volk«, wie er sich ausdrückte.

Zum Schutze des Papstes gegen die Unbilden des Wetters hatte Napoleon Wegzeichen entlang den gewundenen Alpenübergängen setzen lassen, und als der Heilige Vater in Fontainebleau eintraf, fand er, daß die ihm zur Verfügung gestellten Wohnräume eine genaue Nachbildung seiner Gemächer im Quirinal waren. Ein paar Tage vor der Krönung vollbrachte Josephine ein Meisterstück weiblicher Geschicklichkeit und Schläue: Da sie von der Scheidung ahnte, die Napoleon schon damals in Gedanken erwog, beichtete sie dem Papst, daß sie und Napoleon niemals kirchlich getraut worden seien. Pius war entgeistert; er wollte nichts mehr mit der Krönung zu tun haben! Er eröffnete dem Kaiser dieses Problem, aber anstatt des erwarteten Wutausbruchs zuckte der Kaiser nur lächelnd mit den Achseln, ließ in der Palastkapelle die Kerzen anzünden und wurde in selbiger Stunde mit Josephine von einem Kardinal getraut. Am nächsten Morgen, einem grauen, düsteren Dezembertage, der sich nur für einen Augenblick beim Eintreffen des Helden aufhellen sollte, erwartete der Papst in der Kathedrale von Notre-Dame die Ankunft Napoleons, dessen Nahen sich durch den fernen Kanonendonner ankündigte. Der Papst war von seinen Kardinälen umgeben und trug einen goldenen Umhang und die dreifache, diamantenbesetzte Krone. Napoleon erschien, das Zepter fest in der Hand, auf dem Haupt eine goldene Lorbeerkrone, sein Purpurmantel war mit den goldenen Bienen aus dem 1653 aufgefundenen Grab des Frankenkönigs Childerich bestickt. Wie Madame Junot beobachtete, die sich nur wenige Meter vom Hochaltar entfernt befand, konnte Napoleon mehrere Male nur mühsam ein Gähnen unterdrücken. Als ihm der Papst Haupt und beide Hände salbte, »ließ sich leicht aus der Bewegung seiner Augen ablesen, daß er das Öl gern abgewischt hätte«, schreibt sie. Als der Papst die Krone vom Altar nehmen wollte, kam ihm Napoleon zuvor und setzte sie sich selbst aufs Haupt. Danach krönte er Josephine, fast spielerisch, als ob er ihr einen neuen Hut aufprobierte: »Er setzte sie ihr auf, nahm sie wieder ab und setzte sie schließlich wieder auf, wie um ihr zu versprechen, daß sie ihr niemals schwer werden sollte.«

Fünf Jahre später kam es zu einem vollständigen Bruch zwischen Frankreich und dem Heiligen Stuhl. Napoleon erklärte den Kirchenstaat zu einem Teil des französischen Kaiserreichs und Rom zu einer kaiserlichen freien Stadt mit dem Papst als Bischof. Pius antwortete mit dem Kirchenbann, woraufhin Napoleon die Verhaftung des Papstes befahl. Am 6. Juni 1809 um zwei Uhr morgens überwältigten französische Soldaten die päpstliche Garde vor dem Quirinal; General Radet eilte indessen in das Gemach, wo der Papst mit seinem Staatssekretär, Kardinal Pacca, wartete. Wie Pius VI. vor elf Jahren, so widersetzte sich jetzt auch Pius VII. dem Befehl, der weltlichen Macht zu entsagen. Dann wurde er mit Gewalt hinunter auf den Platz in eine bereitstehende Kutsche gebracht.

Es war eine klare Sternennacht, Rom lag in tiefem Schlaf und ahnte nichts von dem Drama, das sich im Quirinal abspielte. Tränenüberströmt hob der Papst die Arme zum Segen über die schlafende Stadt und setzte sich dann mit dem Kardinal Pacca in den Wagen. Während sie durch Rom rumpelten, bemerkte der Papst, daß er in der Hast nicht einmal seine Brille mitgenommen hatte. Er öffnete seine Börse: Darin war noch ein *papetto*, das waren etwa fünfzig Pfennig. Der Kardinal hatte drei *grossi* bei sich, fünfundreißig Pfennig.

Es folgten sechs an Demütigungen und Härten reiche Jahre. Am Ende dieser Zeit war Napoleon auf St. Helena verbannt, und Pius VII. kehrte mit 74 Jahren, müde vom Kampf gegen den Kaiser, in den Quirinal zurück. Er überlebte Napoleon um zwei Jahre und hieß in einer wahrhaft großherzigen Geste die Mutter Napoleons, die bewunderungswürdige Madame Mère, in Rom willkommen, als sie sich nach der Schlacht bei Waterloo hier niederlassen wollte. Auf dem Hintergrund großer Paläste sehen wir diese große Frau zum letzten Male, eine traurige Gestalt in Schwarz, deren Anblick überall Mitleid und Bewunderung auslöste. Sie hatte jedoch einen ausgesprochenen Geschäftssinn und konnte dem Heiligen Stuhl zu einem niedrigeren Zinssatz Geld leihen als der Bankier Torlonia.

Das alles geht einem auf dem Quirinalsplatz durch den Kopf....

Aber da war noch eine dritte Flucht. Eines Abends im November 1848 erhielt ein Droschkenkutscher Befehl, vor einer kaum benutzten Tür in der langen Palastmauer zu warten. Schließlich hörte er, wie die Tür auf der anderen Seite mit einiger Schwierigkeit geöffnet wurde: zwei Gestalten traten heraus, ein Diener mit Gepäckstücken, und ein Priester mittleren Alters mit einem Wollschal um den Hals und einen breitkrempigen Hut auf dem Kopf. Dem Kutscher muß es höchst merkwürdig vorgekommen sein, daß sich der Diener nach dem Öffnen der Wagentür vor dem einsteigenden Priester auf die Knie warf. Aus dem Wageninneren wies der Diener dem Kutscher dauernd einen Weg durch winklige Straßen, bis sie schließlich in einem dunklen, einsamen Viertel hinter dem Kolosseum haltmachten, wo der Reisewagen des bayrischen Ministers mit sechs Pferden davor auf sie wartete. Auf die Weise floh Pius IX. in Verkleidung vor den Revolutionären, die seinen Ministerpräsidenten ermordet hatten und noch jetzt aus dem Hinterhalt auf seine Schweizergarde schossen.

Der Majordomo hatte dem Papst seinen Dreispitz, seine roten Pantoffeln, sein Brevier, Wäsche zum Wechseln, ein Bündel privater und vertraulicher Dokumente und eine kleine Kassette voll päpstlicher Münzen eingepackt. Im Quirinal gab man derweil vor, daß sich der Papst noch im Palast aufhalte. Licht brann-

te in seinem Arbeitszimmer, ein Prälat ging mit Schriftstücken ein und aus, sein Kämmerer trat ein, wie um das Brevier und die Tagesepistel zu lesen, das Nachtmahl des Papstes wurde hineingetragen und später verbreitet, daß sich Seine Heiligkeit zur Ruhe begeben habe. Die Diener und die Ehrenwache wurden für die Nacht entlassen.
Nach dem Bekanntwerden der Flucht des Papstes erfolgte die Ausrufung einer Volksrepublik, doch schon nach zwei Jahren setzten die Franzosen die päpstliche Regierung wieder ein. Durch eine ironische Fügung der Geschichte war es Napoleons Neffe, Napoleon III., der den Papst zur Rückkehr aufforderte. Zwanzig Jahre später, als am *Venti Settembre* 1870 Viktor Emanuels Truppen in die Stadt einrückten, war Pius, ein alter und bedrückter Mann, immer noch da. Während die Truppen des geeinten Italiens in Rom einzogen, baten einige um die Sicherheit des Oberhirten besorgte Diplomaten um eine Audienz im Vatikan. Der Papst bedeutete ihnen, daß er seiner Meinung nach nichts zu fürchten habe, auch wenn einer der Generäle gedroht habe, ihn in den Tiber zu werfen.
»Erst gestern baten, nein forderten die jungen Leute des amerikanischen Kollegs von mir die Erlaubnis, meine Person mit der Waffe in der Hand verteidigen zu dürfen«, sagte er. »Obwohl es wenige in Rom gibt, in deren Hand ich mich sicherer fühlen würde als bei den jungen Amerikanern, habe ich ihr großherziges Angebot doch abgelehnt. Nun hat der arme alte Papst niemanden mehr auf Erden, auf den er sich stützen kann. Die Hilfe muß vom Himmel kommen.«
Dies war nur zu wahr; selbst Diplomaten mußten es zugeben. Das einzige Land in der ganzen Welt, das gegen die Einnahme Roms und die Auflösung dieser merkwürdigen Institution des Kirchenstaats protestierte, war die Regierung von Ekuador. Der Quirinal wurde zum Palast des Königs, und aus dem Papst wurde »der Gefangene im Vatikan«.
Abends, wenn die Sonne hinter der Peterskuppel untergeht, marschiert die Präsidentenwache zum Klang der Trommeln und schrillen Infanterieschalmeien aus dem Quirinal. Die beiden marmorweißen Rossebändiger unter dem granitenen Obelisken

halten ihre griechischen Rosse zurück. Ein dicker Wasserstrahl steigt in einem Brunnenbecken auf und zerfällt in ein größeres darunter. Dies ist der Marmortrog, der damals, als das Forum noch Kuhanger war, dicht neben dem Castor- und Pollux-Tempel stand; er ist auf den Stichen von Piranesi und Giuseppe Vasi und anderen Bildern der Zeit noch dort zu sehen. Und so sinkt die Dämmerung über den Quirinal und seine Erinnerungen an Päpste und Könige, an Taten und Untaten, die zusammen das Leben ausmachen.

3

Einer der Gäste an der Mittagstafel erwähnte zufällig, daß er in dem schönen senffarbenen Palast im Park, dem Casino Borghese gewesen sei. Jemand fragte, ob er sich Canovas berühmte Statue von Pauline Borghese angesehen habe, die als Venus auf einem Empirebett hingestreckt liegt, die eine Hand an den hübschen Kopf gelegt, in der anderen zierlich den Apfel haltend.

Er hatte sie gesehen und stellte die Frage, ob Napoleons leichtlebige Schwester auch noch heute für eine solche Schönheit gelten würde. Ein junger Italiener behauptete, daß die heutigen Frauen in ihrem Aussehen einen unendlich viel höheren Stand erreicht hätten als ihre vor der Erfindung des Films und der preiswerten Kosmetika geborenen Schwestern. Er entwarf ein klägliches Bild von der armen Pauline, die heutzutage unter den Besucherinnen des Lido keinesfalls auffallen würde. Vielleicht ist daran wirklich etwas Wahres.

Die Unterhaltung wandte sich Paulines Eigenheiten zu. Mit dreiundzwanzig Jahren hatte sie in zweiter Ehe den langweiligen, aber sehr ehrenwerten Fürsten Borghese geheiratet, der trotz der Familiendiamanten, die er ihr zu Füßen legte, kaum mehr als Nichtachtung und Wutausbrüche von ihr erntete. Jemand erwähnte ihre phantastischen Kleider und Juwelen, ihre Gewohnheit, die Gesellschafterinnen als Fußbank zu benutzen, den riesigen Neger, der sie in die Badewanne trug, ihre Flucht in die Krankheit, wenn sie Mitgefühl erpressen wollte, und natürlich auch den endlosen Zug ihrer Liebhaber, der hübschen Husaren, Maler, Schauspieler und Musiker. Der junge Mann wollte uns wohl mit seiner zynischen Frauenkenntnis beeindrucken, jedenfalls meinte er, Pauline hätte wie so manche verführerische Frau weniger die Liebe als sich selber geliebt. Nun war dies zwar kein ausgesprochen origineller Gedanke, doch bat man ihn, sich näher zu erklären.

»Das ist doch ganz einfach«, sagte er, »nur durch eine Liebesaffäre konnte sie sich beweisen, daß sie noch immer so anziehend war wie früher.«

»Oder daß sie noch immer andere Frauen eifersüchtig und unglücklich machen konnte«, warf ein alter Mann am Ende der Tafel ein, von dem ich bisher gedacht hatte, daß ihn die Unterhaltung nicht interessierte.

Beim Aufbruch ging ich zufällig mit ihm die Treppe hinunter. »Sie war vollendet gewachsen, aber sehr klein«, bemerkte er, und ich begriff, daß er noch immer von Pauline Borghese sprach. »Ich werde Ihnen sagen, woher ich das weiß. Vor vielen Jahren war ich einmal im Grabgewölbe der Borghese in S. Maria Maggiore. An diesem ehrfurchtheischenden Ort, zwischen Staub, nachgedunkeltem Metall und verschlissenem Samt, wo die Särge von zwei Päpsten, Paul V. und Klemens VIII., neben denen von Kardinälen, Fürsten und Fürstinnen stehen, bemerkte ich einen kleinen, fast einen Kindersarg. Er war ohne Namen, denn die Familie hatte sie schließlich gehaßt. Es war der Sarg von Pauline Borghese.«

Bei meinem nächsten Besuch in der Villa Borghese sah ich mir Canovas Statue etwas näher an. Es hätte Pauline selber sein können; die Pose hat sie bis zum Ende ihres Lebens beibehalten. Selbst eine Zeit, deren Mode den Körper enthüllte, hielt die Statue für ziemlich gewagt, nur Pauline nicht. Eine Freundin fragte sie einmal, wie sie es fertiggebracht habe,

fast nackt Modell zu sitzen. »Oh«, entgegnete Pauline, »es gab einen Ofen im Atelier!«
Ich fand, daß die Statue ein bezeichnendes Streiflicht auf den Charakter dieser eitlen, schönen Frau warf; keine andere junge Frau hat sich wohl jemals ein derartiges Hochzeitsgeschenk ausgedacht, denn so könnte man es nennen. Pauline saß dafür auf eigenen Wunsch, eben nach ihrer Hochzeit mit Borghese, noch ganz berauscht von ihrer neuen Stellung als reiche Fürstin. Es scheint, daß Canova zunächst Bedenken hatte, Napoleons Schwester in dieser Pose darzustellen, und ihr nahelegte, sich als Diana modellieren zu lassen. Aber das gefiel ihr gar nicht, sie wollte als Venus enthüllt werden.
Es ist eigenartig, in diesem Zusammenhang auf eine Anekdote zu stoßen, nach der Fürst Borghese angeblich so entrüstet über diese Skulptur von seiner Frau war, daß er es hinter Schloß und Riegel hielt; denn nichts davon ist wahr. Es war im Gegenteil Pauline selber, die, nachdem ihre Ehe schon längst zerrüttet war und sie von ihrem Mann getrennt lebte, auf die Nachricht hin, ihr Mann habe Freunden die Statue gezeigt, ihm am 22. Januar 1818 den folgenden Brief schrieb:
»Ich möchte Sie bei dieser Gelegenheit um einen Gefallen bitten: Ich weiß, daß Sie ab und zu die Erlaubnis zur Besichtigung meiner Statue geben. Es wäre mir lieb, wenn dies wegen der an Unanständigkeit grenzenden Nacktheit der Statue nicht mehr geschehen würde. Sie wurde geschaffen, um nur Ihnen eine Freude zu bereiten. Da dies nicht länger zutrifft, ist es nur recht, daß sie keinem Auge mehr zugänglich ist.«
Madame Junot, die ihr eigenes Geschlecht mit nie versiegendem Wortschwall bewunderte und selbst noch in der abstoßend häßlichen Maria Luise von Spanien etwas Anziehendes fand, hielt Pauline für unwiderstehlich und schreibt in ihren Memoiren, Canovas Statue sei »wie ein Abguß ihrer selbst« und ihr bis ins letzte ähnlich gewesen. »Man hat behauptet«, schrieb sie, »der Künstler habe Unschönheiten an den Beinen und ihrer Büste korrigiert. Wie alle, die einigermaßen gut mit ihr befreundet waren, habe auch ich die Beine der Fürstin gesehen und habe nichts dergleichen bemerkt.« Eine Unschönheit gab

es jedoch, die Canova sorgfältig verdeckte und wegen der Pauline von Natur aus empfindlich war: Sie hatte ziemlich große Ohren ohne Rand. Pauline hatte eine Eigenschaft, die vieles aufwog, ein absolutes Treueverhältnis zu ihrem Bruder. Sie war die einzige Frau, die Napoleon zu necken wagte und ihn um den Finger wickeln konnte. Während der großen Zeit des Imperiums, als in den Tuilerien eitel Triumph herrschte, bekümmerte sie sich sogar einmal um seine äußere Erscheinung. »Du bist wirklich zu dickschädlig mit deiner Abneigung gegen Hosenträger«, schalt sie ihn. »Deine Hosen sehen aus, als ob sie jeden Augenblick herunterfallen wollten!« Kein anderes menschliches Wesen hätte so zum Kaiser zu sprechen gewagt. Er folgte ihrem Rat und ließ bei dem teueren Schneider Léger arbeiten, der die extravaganten Uniformen für Murat anfertigte. Er war jedoch ein so schwieriger Kunde und außerdem ein so widerspenstiger Zahler, daß Léger recht erleichtert war, als Napoleon ziemlich schnell das Interesse an seinem Äußeren verlor. – Nach der Schlacht bei Wagram schickte Napoleon einen Sonderkurier mit der Nachricht zu seiner Schwester, daß er in Sicherheit sei. Als der Kurier zurückkam, fragte ihn der Kaiser: »Hat sie dir eine Belohnung gegeben?« – »Nein, Sire.« – »Das habe ich mir gedacht; dieses geizige, kleine Biest!« war Napoleons brüderlicher Kommentar. Und doch, als er in Not war, gab ihm das geizige kleine Biest alle ihre Juwelen. Sie folgte ihm auf die Insel Elba, und als seine Reisekalesche bei Waterloo in die Hand des Feindes fiel, fand man in einem Geheimfach ihre Diamanten. Heute wüßte man gern, was aus ihnen geworden ist.

Nach Napoleons Sturz hatte sie immerhin noch genug übrig, um sich die Villa Bonaparte zu kaufen, die noch heute in der Nähe der Porta Pia liegt. Hier wohnte sie in großem Staat und fuhr vierspännig aus, von zwei Reitern flankiert und mit zwei schwarzen Lakaien auf dem Rücksitz. In dieser Zeit gehörte eine Reihe englischer Edelleute zu ihrer ständigen Gesellschaft; besonders der hochmütige Alexander Douglas, der spätere 10. Herzog von Hamilton, war ihr ernstlich verfallen. Seine Frau, die ansehnliche Tochter von William Beckford, des Verfassers von »Vathek«, befand sich zur gleichen Zeit in Rom und wird die Versklavung ihres würdigen Ehemanns wohl kaum mit Vergnügen beobachtet haben. Es hieß, daß Douglas des öfteren Pauline beim Ankleiden half und ihrer Kammerzofe Nadeln und Haarschleifen zureichte; manchmal durfte er sogar die Satinpantöffelchen über die reizenden kleinen Füße streifen. In ihrem Letzten Willen vermachte ihm Pauline einen vergoldeten Toilettentisch und seiner Frau zwei Vasen aus ihrem Schlafzimmer.

Die Geschichte wurde zur Komödie, als Douglas nach Schottland zurückgerufen wurde und Pauline im Schutze eines verläßlichen alten Familienvaters, Lord Kensington, zurückließ. Kaum hatte Douglas den Rücken gekehrt, verliebte sich dieser so sterblich in die Fürstin, daß er sogar auf ihren Arzt eifersüchtig wurde und ihn gefordert hätte, wäre dieser ihm gesellschaftlich ebenbürtig gewesen. Doch es kamen trübe Tage. Napoleons Tod erschütterte Pauline ernstlich; überdies erlitt ihre Eitelkeit und Eigenliebe einen tödlichen Stoß, als sie ihr letzter Liebhaber, der junge Komponist Giovanni Pacini, nach anfänglicher Ergebenheit schließlich egoistisch, langweilig und alt fand. Sie war zeitlebens anfällig gewesen und wurde nun wirklich krank. Einsam und ewig in Geldnöten, wandte sie sich nun an ihren Gatten. Dieser vielgeprüfte Mann hatte sich um diese Zeit glücklich in Florenz niedergelassen und war entsetzt, als ihm Briefe ins Haus flatterten mit Sätzen wie: »... Ich brauche Ihre Liebe und Sorge... Mein Herz verlangt nach Ihnen...« Er beschloß, aus Italien zu fliehen, doch mit einem Brief des neuen Papstes Leo XII. bewaffnet, schlug Pauline mit napoleonischer Blitzesschnelle zu. Der Heilige Vater ermahnte ihn an seine Pflichten als guter Katholik und römischer Fürst und befahl ihm, seine ihm vor Gott und den Menschen angetraute Gattin wieder aufzunehmen. Doch es war nur für drei Monate. Pauline starb an Krebs. Sie sah dem Tod ohne Furcht entgegen und setzte ihr Testament mit der Sorgfalt und Genauigkeit eines Napoleon auf; niemanden überging sie.

So starb die Schönste und Begabteste aus der Familie Bonaparte, erst 45jährig, in Rom. Welch eine Familie! Erstaunlich, wie sie sich alle in Rom sammelten: Madame Mère, Napoleons stattliche und sparsame Mutter, seine Brüder Lucien und Louis, sein Onkel, der Kardinal Fesch, und schließlich Josephines muntere Tochter Hortense. Großherzig nahm Pius VII. die ganze Bonapartefamilie unter seine Fittiche, obwohl ihn Napoleon schlecht behandelt hatte. Doch vergaß er ihm nie, daß er im Konkordat von 1801 Frankreich dem Katholizismus zurückgegeben hatte.

Bei weitem die Interessanteste der Bonaparte war Madame Mère, die den korsischen Dialekt ihrer Jugend sprach und kaum Französisch konnte. Sie war eine stattliche Erscheinung, die, von ganz Rom geachtet, sehr zurückgezogen lebte und jeden Pfennig umdrehte. Zur Zeit von Waterloo war sie schon recht hinfällig und fast blind, wäre aber sofort nach St. Helena gegangen, wenn sie nur gedurft hätte. Statt dessen fiel diese sonst so praktische, nüchtern denkende Frau Scharlatanen in die Hände und ließ sich einreden, daß ihr Sohn auf wunderbare Weise aus der Gefangenschaft entführt worden sei. Sie überlebte ihn um sechzehn Jahre und starb im Jahre der Thronbesteigung der Königin Victoria.

Das ungewöhnlichste Mitglied der Familie war jedoch eine hübsche, geistreiche Amerikanerin namens Elizabeth Patterson, die 1821 mit ihrem vierzehnjährigen Sohn Jerome Napoleon aus den Staaten in Rom eintraf. Sie war die verstoßene Frau von Napoleons Bruder.

Jerome diente als Neunzehnjähriger bei der französischen Marine in Westindien, wechselte in die Staaten über und lernte in Baltimore Elizabeth Patterson kennen, die Tochter eines der reichsten Bürger Neuenglands. Vater Patterson war 1766 aus Irland eingewandert und hatte in der Zeit der amerikanischen Revolution mit Waffen- und Munitionslieferungen ein Vermögen gemacht. Die jungen Leute – Elizabeth war achtzehn – verliebten sich ineinander, doch Vater Patterson wollte nichts von der Heirat wissen; sein Scharfsinn warnte ihn vor Napoleons Widerstand gegen diese Verbindung. Elizabeth war jedoch ein eigenwilliges und ehrgeiziges Mädchen, und ihr Vater mußte schließlich einsehen, daß jede Opposition nutzlos war.

Mit einer Art sechstem Sinn ahnte er, daß Napoleon trachten würde, die Ehe aufzulösen, und setzte daher Himmel und Hölle in Bewegung, um das Band so fest wie möglich zu knüpfen. Selber ein Presbyterianer, bestand er auf einer römisch-katholischen Trauung, und so wurde die Ehe 1803 in Gegenwart der prominentesten Leute des Staates von dem Erzbischof Carrol von Baltimore eingesegnet.
Wie Patterson vorausgesehen hatte, brach ein Sturm los. Napoleon war wutentbrannt, denn er hatte anderes mit Jerome vor. Er beordete seinen Bruder auf der Stelle nach Europa zurück, und zwar allein. Jerome kam dem Befehl nicht nach. Zwei Jahre später segelte er in Begleitung seiner Frau auf einem Schiff seines Schwiegervaters nach Europa, fand aber bei seiner Landung einen Befehl Napoleons vor, der Elizabeth das Betreten französischen Bodens verwehrte. So stellte sich Jerome allein dem brüderlichen Zorn; Elizabeth ging nach England, wo 1805 ihr Sohn Jerome Napoleon geboren wurde.
Im Gegensatz zu seinem Bruder Lucien, der gleichfalls gegen Napoleons Willen geheiratet, aber lieber auf jede Rolle in den kaiserlichen Plänen verzichtet hatte, als sich von seiner Frau zu trennen, ließ sich der weichere Jerome vom Kaiser einschüchtern. Da sich Pius VII. weigerte, die Ehe zu annullieren, wurde sie durch das Dekret eines französischen Staatsrats geschieden. Nach zwei Jahren wurde Jerome zum König von Westfalen ernannt und heiratete die Prinzessin Katharina von Württemberg. Elizabeth Patterson erhielt von Napoleon eine jährliche Rente, allerdings mit der Bedingung, daß sie in Amerika bliebe und den Namen Napoleons ablege, was sie auch tat. Mit der Verbannung Napoleons nach St. Helena fühlte sie sich jedoch nicht mehr an diese Abmachung gebunden und ließ sich vor ihrer Abfahrt nach Europa durch einen Sondererlaß der gesetzgebenden Körperschaft von Maryland scheiden.
Die Ankunft dieser hübschen und geistreichen amerikanischen Bonaparte mit ihrer merkwürdigen Geschichte und ihrem stattlichen Sohn rief bei den Familienmitgliedern eine Sensation hervor. Pauline Bonaparte lud ihre amerikanische Schwägerin nach Rom ein und führte sie und Jerome Napoleon in die Ge-

sellschaft ein. Auch die anderen Bonapartes benahmen sich umgänglich und freundlich, doch wie Elizabeth bald erkannte, waren sie entweder ohne Geld oder Verschwender, und materielle Vorteile waren von ihnen nicht zu erwarten.
Elizabeth war eine berechnende Frau von großem Ehrgeiz, deren Hauptinteressen im Leben Geld und gesellschaftliche Stellung bildeten. Wie die meisten Menschen im 19. Jahrhundert war sie ein Snob und verachtete Amerika und die Amerikaner. Im Verlauf ihres ausgedehnten Aufenthalts in Europa – sie blieb an die 25 Jahre – schrieb sie ihrem Vater unzählige Briefe, in denen sie sich über Geld, Rangfragen und ihre Abneigung für das Land ihrer Geburt ausließ. »Ich haßte und verabscheute das Leben in Baltimore so sehr«, schrieb sie einmal, »daß ich bei der Vorstellung, mein ganzes Leben dort verbringen zu müssen, mit dem Gedanken an Selbstmord spielte.« In ihren Augen waren auch die amerikanischen Männer unausstehlich. »Alle Männer sind Geschäftsleute; das Geschäft vermag zwar den Geldbeutel zu füllen, verstopft aber das Gehirn. Sie haben keinen anderen Gedanken im Kopf als ihre Kontore.« Auch im Umgang mit Frauen hielt sie sie für recht einfältig: »In allen Ländern entwickeln die Frauen bewundernswürdige Klugheit im Umgang mit den Männern, nirgends aber erreichen sie mehr als in Amerika, weil hier die Männer um ein Jahrhundert in der Menschenkenntnis zurück sind ...«
So bewegte sie sich mit würdevoller Gelassenheit in den Kreisen der europäischen Gesellschaft und wurde dabei majestätischer in ihrem Gehabe als manche Majestät. Obwohl Jerome sie schmählich behandelt hatte, war es doch der Stolz ihres Lebens, mit Napoleons Bruder verheiratet gewesen zu sein. Welch großartige Frau wäre sie erst für Napoleon selbst gewesen! Mit einer Elizabeth Patterson als Kaiserin an seiner Seite hätte es vielleicht kein Waterloo für ihn gegeben!
Ihr großer Ehrgeiz war eine glänzende europäische Heirat für ihren Sohn. Unglücklicherweise kehrte er allein nach Baltimore zurück und heiratete ein Mädchen aus Baltimore. Sie erhielt die Nachricht in Florenz.
»Die Nachricht, daß mein Sohn es fertiggebracht hat, sich zu

einer Heirat mit einem Mädchen aus Baltimore herabzulassen, hat mich fast verrückt gemacht«, schrieb sie an ihren Vater. »Ich habe meinen Sohn für ein Leben in Europa erzogen. Ich habe ihm und Dir stets eingeschärft, daß er sich niemals zu einer Heirat mit einer Amerikanerin erniedrigen dürfe.«

Diesem Schlag aber folgte ein nahezu ebenso schwerer zweiter. Der alte Patterson starb und hinterließ ihr weniger, als sie erwartet hatte. In seinem Testament rächte er sich mit folgenden Worten an seiner Tochter: »Das Verhalten meiner Tochter war mein Leben lang unehrerbietig, und sie hat sich nie um meine Meinung oder väterlichen Gefühle gekümmert, ja sie hat mir mehr Sorge und Verdruß bereitet als alle meine übrigen Kinder zusammen. Ihre Verstiegenheit und Aufsässigkeit hat mich vom ersten bis zum letzten Mal viel Geld gekostet.«

Mit 49 Jahren ging sie wieder nach Amerika zurück. Sie war recht geizig geworden und lebte in Baltimore nacheinander in einer ganzen Reihe von Fremdenheimen, als ob sie keinen Pfennig mehr besäße. Sie entwickelte sich zu einem rechten Original, trug immer einen roten Regenschirm und die gleiche alte Reisetasche, und in ihrem Zimmer stapelten sich die Koffer mit den europäischen Roben aus vergangenen Zeiten. Oft pflegte sie ein Ballkleid zu zeigen, das ihr in der guten, alten Zeit Pauline Borghese geschenkt hatte, auch den Hochzeitsrock ihres Mannes bewahrte sie sorgfältig auf. Mit Vorliebe sprach sie von ihren einstigen Triumphen und fragte einmal eine Besucherin, die gerade aus Europa zurückgekommen war, »ob sie auf dem Kontinent nicht von ihrer Schönheit gehört habe«.

Als die Stammutter der Bonapartes von Baltimore, die von Rechts wegen hätte Königin sein sollen, 1879 im Alter von 94 Jahren starb, hinterließ sie ein Vermögen von einer halben Million Dollar, das zum größten Teil an ihre beiden Enkel Jerome Bonaparte und Charles Joseph fiel.

Jerome wurde ein hervorragender Soldat und diente nach seinem Abschied aus der amerikanischen Armee in Frankreich unter seinem Vetter Napoleon III. Er war bei Balaklawa, Inkerman und Sedan dabei und begleitete später die Kaiserin Eugenie in ihr Exil nach England. Der jüngere Bruder Charles

Joseph Bonaparte brachte es zum Marinesekretär in Theodore Roosevelts Regierung von 1905 und wurde schließlich Generalstaatsanwalt der Vereinigten Staaten.
Die amerikanische Linie der Bonapartes starb 1945 mit einem alten Herrn ohne Nachkommen aus, der, unweigerlich Jerome Napoleon geheißen, in der Nähe des Zentralparks über die Hundeleine seiner Frau stolperte und diesem Unfall erlag. Die weibliche Linie aber lebt auf dem Kontinent weiter, und dieser Gedanke hätte Elizabeth wohl für manchen traurigen und bitteren Augenblick entschädigt.
Napoleon wollte Rom zu seiner zweiten Kapitale machen und träumte davon, als ein neuer Augustus auf dem Kapitol zu stehen. Aber obwohl seine Truppen Rom besetzt hielten und er den einen Papst entführen und den anderen demütigen ließ, hat er doch nie in Person den Schauplatz betreten, den er sich für seinen abschließenden Triumph ausersehen hatte.
Sein Einfluß auf Rom und Italien aber war so groß, daß man sich nach einer sichtbaren Hinterlassenschaft umsieht; doch außer der Piazza del Popolo und den Gärten auf dem Pincio, die seine Architekten umgestalteten, findet sich nichts.
Der Gedanke an Rom scheint ihn nie losgelassen zu haben. Als Marie Louises Sohn geboren wurde, erhielt er den stolzen Titel eines Königs von Rom, der Rechtens dem Papst gebührte. Für Bonapartisten war dieser junge Mann »Napoleon II.«, den anderen ist er als Herzog von Reichstadt bekannt, für romantische Seelen hieß er l'Aiglon. Mit 21 Jahren ist er gestorben.
Wer sich noch eingehender mit diesen alten Geschichten befassen möchte, sollte das sehr schön eingerichtete Napoleonische Museum im Palazzo Primoli am Ende der Via Condotti besuchen. Hier werden die Porträts und persönlichen Andenken an die Familie Bonaparte aufbewahrt, Autogramme, Briefe, Staatsgewänder und Speiseservice. Ein ganzer Raum ist der lebenslustigen Pauline gewidmet. Ich fand, daß die unglückliche Elizabeth Patterson, der man so tiefes Unrecht zufügte, doch mindestens mit einer Fotografie vertreten sein müßte; sie lebte bis in die Zeit der Kamera. Das rührendste Andenken ist ein kleines Edelholzkästchen mit den Milchzähnen des »Aiglon«.

4

Priester bringen wohl noch mehr als die meisten übrigen Männer ihre Schneider in Verzweiflung! Diese spiegelblanken Talare, die alten Hüte, die unförmigen Schuhe ohne Glanz! Möglich, daß die wetternde Brandrede des heiligen Hieronymus gegen die eleganten Priester des fünften Jahrhunderts, die in der Pracht ihrer parfümierten Locken auf Zehenspitzen gingen, um sich nicht die Füße zu beschmutzen, seither jede latente Neigung zu übertriebener Eleganz in der Kirche im Keime erstickt hat. Doch wer wissen möchte, wie elegant ein Priester aussehen könnte, muß einmal zu Gamarelli und den anderen kirchlichen Ausstattungsgeschäften an der Piazza della Minerva unweit des Pantheons gehen.

Hier ist die Saville Row des kirchlichen Rom. Ihre Auslagen zeigen eine beachtliche Auswahl dunkler Hüte, bisweilen gar eine Mitra, Birette, violett- und rotbezogene Knöpfe, Litzen in verschiedenen Farben, kräftige Schuhe, denen man glaubt, daß sie dem Teufel einen ordentlichen Tritt versetzen können, die sorgfältig gearbeiteten kleinen Käppchen, weiß für den Papst, rot für die Kardinäle, purpur für den Bischof und schwarz für den gewöhnlichen Priester, letztere heißen *zucchetto*. Nach dem Tode des Papstes, während das Konklave zur Wahl des neuen Oberhirten zusammentritt, wird Gamarelli die Ehre zuteil, drei weiße Papstmäntel in verschiedenen Größen anzufertigen, einen großen, einen mittleren und einen kleinen, so daß der neugewählte Papst, gleich, welcher Statur er sein mag, unmittelbar nach der Wahl eingekleidet werden und sich in der weißen *zimarra* auf dem Balkon über dem Hauptportal des Petersdoms zeigen kann, von wo aus er seinen ersten päpstlichen Segen erteilt. Nur ein einziges Mal hat sich Gamarelli versehen: bei der Wahl Benedikts XV., der von so kleinem Wuchs war, daß auch der kleinste der drei Mäntel erst noch hochgesteckt werden mußte, bevor er sich in der Öffentlichkeit zeigen konnte. Bis 1566 trug der Papst die rote Farbe, Pius V. aber, der in jenem Jahr gewählt wurde, behielt als Dominikaner sein weißes Gewand bei, und seither ist Weiß die Farbe des Heiligen Vaters

geblieben. Nur sein Hut, sein pelzverbrämtes Samtcape, die *mozzetta*, seine Stola und seine Schuhe sind noch immer rot.
Für mich gibt es keine romantischere Kopfbedeckung als den roten Kardinalshut. Majestätisch segelt er durch Kunst und Geschichte. In Rom hängt er quastengeschmückt, alt und verstaubt in der Titularkirche, der sein Besitzer ihn vermachte. Doch in den Lädenschaufenstern suchte ich vergeblich nach einem solchen roten Hut und erhielt auf meine Frage den Bescheid, diese Hüte seien nicht vorrätig, sondern würden lediglich auf Bestellung angefertigt. Weiter erfuhr ich, daß die Kardinalshüte auch nicht mehr die Bedeutung von ehedem haben, sie sind nur noch Symbole und werden niemals getragen. Das Kopfteil ist praktisch verschwunden, und der Hut besteht eigentlich nur noch aus einem breiten steifen Rand, von dem fünfzehn Quasten herabhängen. Immerhin kosten sie auch so etwa 240 Mark. Der Historie nach verdanken die Kardinäle diesen Hut einer Frau, der Gräfin von Flandern, die sich auf dem Konzil zu Lyon im Jahre 1145 darüber beklagte, sie könne in dem Wald von Mitren die Kardinäle von den Äbten und anderen hohen Kirchenfürsten nicht unterscheiden – ihr besonderes Gewand gehörte erst einer späteren Entwicklung an. Von 1297, dem Pontifikat Bonifaz' VIII. an, war das königliche Purpur die Kardinalfarbe, bis 1464 Paul II., der sich mit Pracht zu umgeben liebte, das Heilige Kollegium in Scharlachrot steckte. Nur zur Passions- und Adventszeit und während eines Konklaves tragen die Kardinäle auch heute noch Purpur. In dieser Zeit unterscheidet sich ein Kardinal nur durch seinen roten *zucchetto* und seine rote Fußbekleidung von den Bischöfen. John Evelyn hörte in Rom die Geschichte, daß auch die Juden auf Befehl rote Hüte trugen, bis einmal ein kurzsichtiger Kardinal einen von ihnen grüßte, da er ihn für einen Kollegen hielt; von da an mußten die Juden Gelb tragen.
Spricht ein kirchlicher Schneider über die Gewänder eines Kardinals, verfällt er fast in ehrfürchtiges Flüstern, etwa so, wie sich ein Militärschneider selbst in unserer jeder Formalität abholden Zeit über die Galauniform eines Feldmarschalls äußern würde. Der Kardinal ist von allen Mitgliedern der römisch-

katholischen Kirche einschließlich des Papstes das eleganteste und hat die größte Ausstattung. Sein täglicher Anzug ist die schwarze Soutane, die von einem kurzen schwarzen, rotabgesetzten Cape mit rotbezogenen Knöpfen und Knopflöchern ergänzt wird. Dazu trägt er eine rote Schärpe und ein rotes Beffchen – wenn dies der richtige Name für das Streifchen Rot unter dem Priesterkragen ist – und rote Strümpfe. Für Ausfahrten gebraucht er den gewöhnlichen schwarzen Priesterhut mit einem roten Seidenband und fünfzehn Goldquasten. Bei formellen Anlässen trägt der Kardinal einen weiten Umhang aus roter Seide über seiner schwarzen Soutane, bei Staatsanlässen ist auch seine Soutane rot, dazu gehört ein Spitzenüberwurf und ein kurzes ärmelloses Cape, die *mantelletta*. Für die Funktionen päpstlicher Feierlichkeiten wird eine noch prächtigere Ausstattung benötigt, die etwa dem für Empfänge bei Hofe vorgeschriebenen Anzug entspricht. Dieser Anzug besteht aus einer scharlachroten Soutane mit Schleppe, einem Spitzenüberwurf und einem kreisrunden scharlachroten Seidenmantel, der wie eine römische *paenula* geschnitten ist, vorn über die Arme gezogen wird und im Rücken in einer langen Schleppe, der *cappa magna*, endet. Dieser Umhang hat eine Kappe aus roter Seide, die vom 25. Oktober bis 25. April der größeren Wärme wegen mit Hermelin überzogen ist. Als der rote Hut noch getragen wurde, zog man ihn über diese Kappe, wie noch auf alten Bildern zu sehen ist. Käppchen, *biretta*, Strümpfe und Handschuhe sind rot.

Kardinäle sind heutzutage keine Millionäre mehr, auch in den von schwarzen Hengsten gezogenen schweren Kutschen fahren sie nicht mehr umher, ohne die noch vor einem Jahrhundert das Straßenbild Roms nicht zu denken war. Doch stehen sie auch heute im Rang eines Fürsten. In der römischen Gesellschaft ist es üblich, einem Kardinal bis an den Fuß der Treppe Diener mit brennenden Kerzen entgegenzuschicken, die ihn in die Empfangsräume geleiten und ihn bei Verlassen auch wieder die Treppe hinunter zum Wagen bringen. Die Wohnung eines Kardinals, sei sie prächtig oder einfach, ist noch immer »der Palast« in dem er das Recht hat, einen Thronsessel aufzustellen. Doch muß dieser zur Wand stehen und darf nur in der Zeit zwischen dem Tod eines Papstes und der Neuwahl seines Nachfolgers benutzt werden. Es bleiben einem Kardinal etwa zehn Tage, in denen er während eines Interregnums seinen Thron umdrehen und benutzen darf, ehe er sich zum Konklave begibt.

Der Ausstatter der Geistlichkeit muß in den kleinsten Feinheiten des Kirchenzeremoniells ebenso bewandert sein wie jene Meister ihres Faches in den Regierungsvierteln, die zu Hunderten Peers, Generäle und Botschafter für die Staatsempfänge einkleiden, und deren Stimme manchmal vorwurfsvoll-bekümmert aus den Anproberäumen dringt, weil ein hoher Kunde die Reihenfolge seiner Orden und Ehrenzeichen durcheinandergebracht hat. Die Fachleute der Piazza della Minerva wissen genau, daß die katholischen Bischöfe die purpurne *biretta* erst seit 1869 tragen, als Papst Pius IX. bestimmte, daß sie sich von gewöhnlichen Priestern unterscheiden sollten. Sie wissen, wie ein Monsignore di Mantelletta für die Ausfahrt, für eine *Cappella Papale*, für die Gesellschaft und die Kirche gekleidet sein muß und was ein Monsignore di Mantellone bei den gleichen Gelegenheiten zu tragen hat, sie wissen, worin sich die Kleidung der Domkapitel der Peterskirche, der Lateranskirche und von S. Maria Maggiore von den Kapiteln der übrigen römischen Kirchen unterscheidet.

Der Schneider redete sich langsam in Wärme, als er mein Interesse an diesen ungewöhnlichen Dingen bemerkte, und bekannte mir kopfschüttelnd und im feierlichen Flüsterton, daß er durch eine leichte Änderung in der Tönung des bischöflichen Violetts bekümmert sei, sehr bekümmert.

Nichts interessierte mich mehr als die wunderschönen Handschuhe, die der Papst und die Kardinäle während derjenigen Abschnitte der Messe anlegen, wenn sie sitzen und die Mitra auf dem Kopf tragen, also bis zum *Lavabo.* Wie schon in antiker und mittelalterlicher Zeit wird der Ring über den Handschuh gestreift, und die Handschuhe haben auch nicht für jeden Finger ein Loch, sondern wie die ursprünglichen Handschuhe in alter Zeit, etwa wie Gartenhandschuhe, nur eines für den Daumen. Als das Grab des 1303 verstorbenen Bonifaz VIII.

geöffnet wurde, fand man weißseidene, perlenübersäte Handschuhe an den Händen. Heutzutage werden die Päpste in rotseidenen und die Kardinäle in violettseidenen Handschuhen bestattet.

Während wir uns noch über diese Dinge unterhielten, kam ein Geistlicher herein, ein breiter, muskulöser Christenmensch mit den Schultern eines New-Yorker Polizisten, und fragte in schönstem irischamerikanischem Akzent: »Sind meine Sachen zur Anprobe fertig?«, woraufhin ein Angestellter mit einem Zentimetermaß um den Hals hinter einem Schutzwall ekklesiastischen Tuches hervorglitt, hinter dem er sich bisher zu schaffen gemacht hatte, und ihn in einen Anproberaum führte. Der Geistliche war kürzlich Bischof geworden und mußte sich völlig neu einkleiden lassen.

Zwei junge französische Seminaristen kamen und wollten einen Kragen kaufen. Während sie auf das Einpacken warteten, bewunderten sie eine goldene Mitra, die mir gerade gezeigt wurde. Ich gab sie ihnen zu halten und meinte: »Na, wie wär's? Eines Tages haben Sie beide selbst eine!« Sie erröteten wie Sandhurst-Kadetten, denen man im Traum einen Marschallstab vorgegaukelt hat.

5

Zwischen dem Pantheon und dem Corso liegen drei der prächtigsten Kirchen Roms. Sie starren vor Pracht, Cherubim fliegen, Engel blasen Trompeten, an den Altären leuchtet es lapislazuliblau und malachitgrün. In zweien ihrer Altäre ruhen die sterblichen Überreste eines Mannes und einer Frau, beide gehören zu den außergewöhnlichsten Menschen, die je gelebt haben. In einem beleuchteten Sarg unter dem Altar von S. Maria sopra Minerva liegt schmal, fast zerbrechlich der Körper einer Dominikanerin, sie trägt eine Krone und hält einen silbernen Ölzweig in der Hand. Es ist die heilige Katharina von Siena, die nach unsäglichen Entbehrungen und Leiden im Alter von nur 33 Jahren starb, nachdem sie eine bedeutende Rolle in der

großen Politik gespielt hatte. Sie war es, die Gregor XI. überredete, Avignon zu verlassen und den Sitz des Papstes wieder nach Rom zu verlegen.
In der reichverzierten Pracht der Gesù ruhen die Gebeine eines spanischen Soldaten, St. Ignatius von Loyola, des Gründers der Gesellschaft Jesu. Wie das der heiligen Katharina ist auch sein Leben eine einzige Folge von Schwierigkeiten und Entbehrungen, die sein Glaube überwand. Nur in Rom kann man innerhalb von wenigen Metern gleich an zwei solchen Heiligenschreinen stehen. Die dritte Kirche ist S. Ignazio, ihre Pracht ist überwältigend.
Wie eindrucksvoll sich der christliche Phönix in diesem Teil Roms aus seiner heidnischen Asche erhebt! Und zwar nirgends anmutiger als in S. Agostino, wo die »Madonna von der Geburt« wie einst die Juno Lucina ihren schützenden Arm über alle werdenden Mütter hält. Eine nahe gelegene Mauer ist mit wunderlichen und rührenden kleinen Bildchen bedeckt, die darstellen, aus welchen Schwierigkeiten und Gefahren die Jungfrau die frommen Bittsteller erlöst hat.

6

Die römische Piazza, Nachfahre des Forums und Mutter aller Plätze Europas, kann vielerlei Spielarten haben. Manchmal ist sie ein Verkehrsknotenpunkt, wie die Piazza dell'Esedra und die Piazza Venezia, sie kann auch recht still und kaum mehr als eine verbreiterte Straße sein wie die Piazza dei Santi Apostoli oder die winzige Piazza Mattei, auf der dennoch der bezaubernste Brunnen Roms steht: der Schildkrötenbrunnen. Oder aber sie ist ein Versammlungsort der Einheimischen, wo ständig Nachrichten über Arbeitsmöglichkeiten und ähnliches ausgetauscht werden, wie zum Beispiel auf der Piazza della Rotonda gegenüber dem Pantheon.
Plätze, die in meiner Erinnerung haften, sind die Piazza di Spagna mit ihren ockerfarbenen Häusern und dem Treppenwerk, die Piazza dell' Esedra mit den kahlen, rötlichen Ruinen

der Diokletians-Thermen im Hintergrund, die Piazza Colonna mit ihren Cafés am verkehrsbrausenden Corso, die Piazza Barberini, wo der Triton seelenruhig inmitten des brandenden Verkehrs sitzt, und die Piazza del Popolo, auf der man jedes Mal sein Herz in die Hand nehmen muß, wenn man den Bürgersteig verläßt. Die Piazza del Campidoglio und der Petersplatz bilden eine Klasse für sich.

Kein Platz in Rom aber bereitete mir soviel Entzücken wie die Piazza Navona in der Nähe des Pantheons, auf dem alten Campus Martius. Es ist ein langer, schmaler Platz, dessen Form das Stadion des Domitian nachzeichnet, das einstmals hier lag. Ich wüßte wirklich kein besseres Beispiel für den sich durch die ganze römische Stadtgeschichte ziehenden Prozeß der Umwandlung des Alten ins Neue. Der Platz sieht noch immer wie eine römische Rennbahn aus. Kommt ein Taxi aus einer Seitenstraße geschossen und fährt einmal um den Platz, so zieht es den gleichen Kreis wie die alten Rennwagen, und selbst die *spina* des ehemaligen Stadions wird heute noch durch die drei Brunnengruppen auf der Mitte des Platzes angedeutet.

In den Kellern der umliegenden Häuser befinden sich noch heute die guterhaltenen Unterbauten zu den Korridoren und Sitzreihen des Stadions; der beste Zugang ist von der Kirche der heiligen Agnes aus. Ein Priester führte mich in ein altes römisches Bordell hinab, das den merkwürdigen Heiligenschein dieser Kirche bildet, denn in diese Lasterhöhle wurde die heilige Agnes nackt hineingestoßen. Ihr Haar aber deckte sie, und ein wunderbares Gewand aus Licht hüllte sie ein. In den drei bis vier Räumen, deren Wände mit Fresken bedeckt sind, die leider jetzt unter der Einwirkung der Feuchtigkeit abblättern, läßt sich ganz deutlich der *fornix* oder Gewölbebogen des alten Stadions erkennen.

Die Charakteristika des Platzes aber sind die aus einer überquellenden Phantasie geborenen Brunnen des Bernini und seiner Schüler. Der Brunnen mit den Figuren der vier Weltströme ist höchst ergötzlich, und ich bestaunte lebhaft die kraftstrotzenden Gestalten, wenn ich auch fand, daß das Ganze einer leisen Komik nicht entbehrte: der Nil, der sein Haupt verhüllt, weil seinerzeit seine Quellen noch unbekannt waren; das Pferd, das aus einer Höhle ins Wasser stürzt; der Löwe, der sich zur Tränke schleicht; und der mächtige Obelisk, der scheinbar schwerelos auf dem Nichts ruht; und doch bin ich immer wieder gekommen, um mich an dem Brunnen und dem Spiel des rauschenden Wassers zu freuen. Das Wasser kommt übrigens auf unterirdischem Weg aus der Fontana di Trevi und fließt von hier mit der für Rom typischen Wasservergeudung in den Tiber.

In den Augen Urbans VIII. konnte Bernini nichts falsch machen. In der gleichen glücklichen Lage befanden sich damals noch zwei weitere Künstler: Velazquez in Spanien, der unermüdlich die stetig höher strebenden Schnurrbartenden Philipps IV. malte, und Van Dyck in London, der in seinem Atelier in Blackfriars so häufig den hohen Besuch Karls I. bekam. Zwar diente Bernini in seinem langen, über achtzigjährigen Leben acht Päpsten und füllte ganz Rom mit den Erzeugnissen seines vielseitigen Genies, doch niemand zollte ihm mehr Bewunderung und regte ihn mehr an als Urban VIII., der doch nur seine frühen Werke, also den Barberini-Palast, den Triton-Brunnen und den Baldachin in der Peterskirche kannte. Es wird erzählt, wie Urban VIII. nach seiner Wahl Bernini zu sich kommen ließ und sagte: »Du hast Glück, unter einem Barberini-Papst zu leben, doch wir haben sogar noch mehr Glück, in unserem Pontifikat einen Bernini zur Verfügung zu haben.« Der Papst liebte es, dem Künstler bei der Arbeit zuzusehen, und als einmal ein Bekannter zufällig in Berninis Atelier hineinschaute, traute er seinen Augen nicht, als er dort den Papst sah, der dem gerade ein Selbstbildnis malenden Bernini seelenruhig den Spiegel hielt.

Nach Urbans Tod fiel Bernini durch seine vorschnelle neapolitanische Zunge und die Machenschaften seiner Rivalen bei Innozenz X. in Ungnade. Dieser Papst hatte eine Schwägerin, die habgierige Donna Olimpia Pamphili, die am liebsten selbst die Tiara getragen hätte. Es blieb also nichts anderes übrig, als sich mit dieser greulichen Frau anzufreunden. In ihrem düsteren Palast an der Ecke der Piazza, dem Palazzo Pamphili, gelang

Bernini das denn auch. Da es ihm bei seiner Stellung als *persona non grata* verwehrt war, den Obelisken auf dem Platz aufzustellen und die Brunnen dafür auszuführen, ließ er sich dazu überreden, ein kleines Modell in Silber anzufertigen, und Donna Olimpia stellte es geschickt in einem Gemach auf, durch das abends der Papst kommen mußte. Innozenz war von dem Modell begeistert und wollte gar keine Entwürfe anderer Künstler mehr sehen.

Innozenz X. war bei seiner Wahl schon 72 Jahre alt und ein sanftmütiger, gütiger Mensch, der aber völlig unter der Herrschaft seiner verwitweten Schwägerin stand. Der Vatikan hallte von schrillen Weibertiraden wider, vor denen sich der Papst zu verstecken versuchte, und die meisten Entscheidungen wurden daher im Palazzo Pamphili getroffen. Als Innozenz X. in dem einzigen Hemd, das er besaß, und in eine löcherige Decke eingehüllt, auf dem Totenbett lag, schlich sich seine Schwägerin in das Gemach und zog unter dem Bett die beiden Geldkassetten hervor, die der Papst bisher vor ihr hatte verborgen halten können. Innozenz starb einsam und verlassen von seiner durch ihn reich gewordenen Familie. Als man Donna Olimpia bat, für sein Begräbnis aufzukommen, entgegnete sie, als arme Witwe könne sie sich das nicht leisten. Der Leichnam wurde in der Peterskirche in einem Abstellraum aufgebahrt, mitleidig zündete ein Maurer an der Bahre eine Kerze an, und da es dort von Ratten wimmelte, hielt jemand gegen Bezahlung zwei bis drei Nächte Wache. Schließlich erbarmte sich ein Kanonikus, den Innozenz einmal entlassen hatte, und legte fünf Kronen für die Beisetzung des Papstes aus. Sieht man sich dagegen das Porträt von Velazquez im Palazzo Doria oder den Gedenkstein an, der hundert Jahre später in der Kirche von S. Agnes errichtet wurde, kann man sich diese trübe Geschichte kaum vorstellen.

Das Porträt entstand im Jahre 1649, als sich Velazquez in Rom aufhielt, um für Philipp IV. von Spanien antike Statuen aufzukaufen. Für viele gehört es zu der Handvoll bester Porträts der Welt, Joshua Reynolds hielt es für das beste in Rom.

Ich habe oft in dem langen, mit vergoldeten Louis-XIV.-

Möbeln vollgestellten Korridor im Doria-Palast davor verweilt und gedacht, ob dieser Innozenz X. wohl eine Art gespaltener Persönlichkeit war. Nach dem Bilde von Diego Velasquez war dieser Papst kein Mann, der sich von einer Frau einschüchtern und bestehlen ließ, er sieht verschlagen und unversöhnlich und nicht gerade sehr anziehend aus. Und doch steht in dem gleichen Palast eine Büste von Bernini, und da haben wir den gütigen, sanften Träumer, den Mann, der seinen Frieden wollte und den letzten Heller weggab, um häßliche Auftritte zu vermeiden. Welcher ist der wirkliche Innozenz X.? Bernini kannte ihn besser als Velazquez, doch muß man bedenken, daß er allen Grund hatte, ihm zu schmeicheln, was Velazquez nicht brauchte. Ich glaube nicht, daß jemals zwei große Künstler den gleichen Menschen so verschieden dargestellt haben, und es ist schade, daß die meisten Besucher des Palazzo Doria nach Betrachtung der Porträts wieder fortgehen und nicht auch die Büste ansehen.
Auf die Zeit des Pontifikats Innozenz' X. gehen jene merkwürdigen »Wasser-Festspiele« auf der Piazza zurück, die sich bis zum Jahre 1867 hielten. Während der heißen Monate Juli und August wurden hier an Sonntagen die Abflußröhren der Brunnen zugestopft, so daß die Brunnen überliefen und der Platz alsbald tief unter Wasser stand. In den Häusern ringsum wurden Feste veranstaltet, Kapellen spielten, und die große Welt fuhr in ihren goldenen Kutschen langsam durch das Wasser. Zu den Teilnehmern an diesen Festlichkeiten gehörten auch der »Old Pretender«, der »Alte Kronprätendent« – Sohn des 1688 während der »Glorreichen Revolution« abgesetzten Jakob II. von England, mit dem die Regierung der Stuarts auf dem englischen Thron endete – und Maria Klementina, die in Rom als Jakob III. und Königin Klementina von England bekannt waren. Bei einer Gelegenheit sah jemand 1727 auch den »Bonnie Prince Charlie«, der, damals ein Kind von sieben Jahren von einem Balkon herunter hell begeistert für die Straßenjungen Münzen ins Wasser warf. Beim ersten Ton der Ave-Maria-Glocke verschwanden die Kutschen, und das Wasser auf dem Platz wurde abgelassen.
Die Piazza Navona hat jede Art Volksbelustigung erlebt; zu

römischer Zeit waren es die Wagenrennen und andere sportliche Wettkämpfe, das Mittelalter sah Turniere und Stierkämpfe, und im 18. Jahrhundert folgte die Festa di Agosto. Heute ist hier das Befana-Fest, das alljährliche Vergnügen – Befana ist eine Verballhornisierung von Epiphania –, das im Januar gefeiert wird. Die Römer stellen sich die Befana als ein unwirsches altes Weib vor, eine Art weiblichen Knecht Ruprecht, die den Kindern Spielzeug schenkt, möglichst lautes Spielzeug, Trommeln, Trompeten und dergleichen. Wie die meisten Volksfeste hat sich auch dieses verändert, sagte man mir; immerhin, mit seinen bunten Luftballons und der freudig-aufgeregten Kinderschar bietet der Platz alljährlich für ein paar Tage ein lustiges, farbenfrohes Bild.

Jedes Mal, wenn ich die Piazza Navona wegen der Brunnen besuchen ging, aß ich ein Eis in der *Gelateria*, die das beste Eis von Rom herstellt, und ging dann in den Palazzo Braschi an der Ecke gegenüber dem Palazzo Pamphili. Heute ist in diesem Palast das Museum von Rom mit seiner Fülle von interessanten Sehenswürdigkeiten, zur Hauptsache aber alten Bildern der Stadt und des päpstlichen Hofes, untergebracht. Auch Abgüsse von den Kosmaten-Grabmälern Eduards des Bekenners und Heinrichs III. stehen dort. Im Erdgeschoß sind die Wagen des für Pius IX. 1858 in Paris angefertigten Eisenbahnzugs aufgestellt. Der Museumswärter erzählt, daß »Pio Nono« der erste Heilige Vater war, der sich dieser Art Fortbewegungsmittel anvertraute, und stolz öffnet er die Tür zum Einsteigen. Die Wagen sind einfach phantastisch; die Kunst des 18. Jahrhunderts, angewandt auf einen Dampfzug. Sie beherbergen einen Salon, einen Thronsaal und eine Kapelle. Spiegelglastüren geben den Zutritt zu einem päpstlichen Polstersofa in rotem Satin frei. Die meisten Besucher sind von der Rokokopracht so geblendet, daß ihnen die Ironie des Ganzen nicht mehr aufgeht: Die erste päpstliche Eisenbahn gehörte dem »Gefangenen im Vatikan«!

Oben entdeckte ich in einer Gemäldegalerie das Bild eines schwarzweißen Katers. Dieses majestätische Wesen strich einst durch die marmornen Hallen eines Palastes des 17. Jahrhunderts, hier auf dem Bild thront es im Schmuck eines breiten Glöckchenhalsbands auf einem quastenbehangenen Kissen. An dem Vorhang hinter der Katze ist ein kleiner Vers befestigt, in dem es heißt, daß einst eine edle und schöne Dame den Kater liebkoste und ihm auftrug, »Herz und Mund« rein zu halten und ihren Kuß nicht zu vergessen. Niemand kennt den Namen dieser Dame. Man kann nur hoffen, daß sie nicht mit jener Gräfin aus der alten römischen Geschichte identisch war, die nach dem Tod ihres Ehegatten alle Liebe auf ihren Kater übertrug und ihm jeden Tag ein Hühnchen kochen ließ. Als sie einmal einen Tag bei einer Freundin in der Campagna zubrachte, beschlossen die Dienstboten, sich das Hühnchen selbst zu Gemüte zu führen und nur die Knochen an die übliche Stelle zu legen. Bei ihrer Rückkehr war die Gräfin höchst erstaunt, als ihr der Kater nicht wie sonst zum Willkomm entgegenlief, sondern sie keines Blickes würdigte und tief beleidigt tat.

»Was ist denn mit ihm los?« fragte die Gräfin. »Hat der denn nicht sein Hühnchen bekommen?«

»Doch, doch, Frau Gräfin«, versicherten die Diener, »sehen Sie, die Knochen liegen ja noch auf dem Boden, wo er sie immer liegen läßt!«

Das konnte die Gräfin nicht bestreiten. Kurz darauf begab sie sich zur Ruhe, der Kater hinterdrein, denn er pflegte auf ihrem Bett zu schlafen. In dieser Nacht wurde die arme Gräfin von ihrem Kater erstickt.

Die Römer erklären die Geschichte damit, daß sie sagen, Katzen seien intelligent, aber selbstsüchtig und grausam. Der Kater rechnete so: Wenn ihn seine Herrin bei ihrem Fortgang nicht zurückgelassen und den Bediensteten ausgeliefert hätte, wäre er nicht so schlecht behandelt worden. Sie hatte also schuld und mußte sterben. Hunde sind treu, sagen die Römer, Katzen sind falsch. Wobei sich die Feststellung bestimmt erübrigt, daß die Loyalität englischer und siamesischer Katzen noch nie angezweifelt worden ist! Vielleicht hat jedes Land die Katzen, die es verdient.

Beim Verlassen des Palazzo Braschi verhielt ich noch einen Augenblick im Torweg, weil mir eine recht undemokratische

Szene einfiel, die sich hier während des Pontifikats von Pius VI. abspielte. Der wie üblich leicht erregbare römische Mob schob dem Papst die Schuld für Napoleons Vorbereitungen zu einem Einfall in Italien in die Schuhe und wollte gerade den Palast seines Neffen, des Herzogs von Braschi-Onesti, stürmen, um sich an ihm zu rächen. Plötzlich flogen die Torflügel auf, und der Herzog trat heraus, in jeder Hand eine Hundepeitsche. Lakaien erschienen mit Körben voll Gold, das sie mit vollen Händen unter das Volk warfen. Während das Gebrüll der Menge urplötzlich verstummte und jeder soviel Geld wie möglich zu erraffen suchte, ging der Herzog umher und teilte rechts und links seine Peitschenhiebe aus. Nach dieser praktischen Lektion in der Behandlung eines römischen Mobs begab er sich in den Palast zurück, und die Tore wurden wieder verriegelt.

7

Hinter dem Palazzo Braschi steht der angeschlagene Überrest einer Marmorgruppe, die einmal Patroklus, auf Menelaus gestützt, darstellte und seit Jahrhunderten unter dem Namen Pasquino bekannt ist. An dieser Statue fanden sich in der Renaissancezeit oft witzige und manchmal verleumderische Wortspiele und Kommentare befestigt, die von der Statue des dicken Marforio oben auf dem Kapitol beantwortet wurden. Manche Päpste nahmen diese »Pasquinaden« – so genannt nach ihrem angeblichen Urheber, einem Schneider namens Pasquino – sehr übel und setzten Belohnungen für ihre Verfasser aus. Selten fiel jemand auf den Köder herein, nur einmal erschien ein argloser Witzemacher und wollte sich die Belohnung abholen, konnte sie aber nicht mehr forttragen, denn beide Hände wurden ihm abgehackt. Journalist zu sein, war im Rom der Renaissance ein gefährlicher Beruf.

Eine typische Pasquinade kommentierte einmal die große Zahl englischer Besucher, die in solchen Scharen die Sixtinische Kapelle besichtigten, daß die Römer kaum noch hinein könnten.

Es begann mit einer Frage von Pasquino: »Bruder, wohin willst du, schwarzberockt und degenumgürtet?«
Marforio hatte am nächsten Morgen die Antwort parat:
»Ich gehe zum Miserere in die Sixtina.«
Pasquino meinte dazu:
»Dann gehst du umsonst. Die Schweizergarde setzt dich raus, und die *camerieri* des Papstes werden dir schon beibringen, daß du dort nichts zu suchen hast.«
Darauf spielte Marforio seinen Trumpf aus:
»Keine Angst, Bruder, ich werd' schon reinkommen; ich bin gestern Ketzer geworden!«
Vom Pasquino aus führt der Weg über die Piazza Navona und eine kleine Seitenstraße in die Piazza S. Eustachio, wo zu Marion Crawfords Zeiten noch eine der alten römischen Tavernen stand, der »Falcone«. Sein Schweinskopf in süßer Sauce mit Pinienkernen, der dort im Winter serviert wurde, war ebenso berühmt wie sein gebackenes Stachelschwein und all die anderen Gerichte, die heute mitsamt dem »Falcone« vergessen sind. Doch der »Orso«, eines der mittelalterlichen Gasthäuser Roms, in dem Dante übernachtet haben soll, besteht noch heute am Tiberufer. Allerdings ist es jetzt ein Restaurant für die elegante Welt, wo Kellner im Frack unter gotischen Leuchten hin und her eilen und der Barmixer wohl weiß, daß ein Bourbon nichts mit der französischen Monarchie zu tun hat. Noch ein paar Schritte weiter, und man steht auf der geschäftigen kleinen Piazza vor dem Pantheon. Seine lärmende Helligkeit hinter sich lassend, betritt man ein lautloses Mauerrund ohne Fenster, in dem man unwillkürlich nach oben sieht, um zu sehen, woher das Licht kommt. Inmitten der kassettierten Wölbung des Daches blickt man durch ein kreisrundes Loch geradenwegs in den Himmel, und mittags schickt die Sonne in diese umgekehrte Schale einen goldenen Lichtpfeil hinunter, der langsam an der Wand aufwärts gleitet, so daß die für die Kirche bestallten Wächter an dieser sonderbaren Sonnenuhr eigentlich immer die Tageszeit ablesen können. Fast jeder, der im Pantheon gewesen ist, erwähnt die eigenartige Wirkung der über das Kreisrund hinwegziehenden Wolken, ich selbst habe

es allerdings nie so erlebt. Einmal jedoch, als ich zufällig während eines plötzlichen Regenschauers vorbeiging, trat ich ein und sah eine Säule grauer Regentropfen eilfertig herunterglitzern, ein silbriges, zitterndes Spinngewebe gegen das düstere Halbdunkel des Raumes. Das Wasser läuft durch einen Kanal ab, den schon Agrippa zur Entwässerung dieser Ecke des Marsfelds anlegte. J. H. Middleton erzählt, daß in Überschwemmungszeiten das Wasser manchmal zurückgedrückt wurde und wie eine Springfontäne in der Mitte des Fliesenbodens emporsprudelte. Noch seltener wirkt wohl Schneefall im Pantheon, und vielleicht hat diese Naturerscheinung die poetische Seele des Mittelalters zu dem Brauch angeregt, während des Pontifikalamts zu Pfingsten in symbolischer Andeutung der Ausgießung des Heiligen Geistes weiße Rosenblütenblätter niederschauern zu lassen.

Wie Smollett und der Président de Brosses war auch ich vom Pantheon zunächst enttäuscht, doch nach zwei, drei Malen wurde mir klar, daß es das großartigste aller uns verbliebenen Bauwerke aus dem alten Rom ist. Man stelle sich die Peterskuppel zu ebener Ebene vor; das Pantheon ist noch etwas größer. Es wurde aus einem Stück in Beton gegossen, und ich frage mich, ob unser Zeitalter des Stahls und Betons ein solches Bauwerk wohl noch einmal fertigbrächte. Das heutige Gebäude ist seiner einstigen Pracht völlig entkleidet; die Wandtäfelung aus kostbarstem Marmor ist dahin, ebenfalls die goldenen Dachziegel. Da die Römer kein Blattgold verwandten, sondern eine Schicht reines Gold, muß das Pantheon wie ein goldener Berg gewirkt haben. Was die Goten von diesen Herrlichkeiten übrigließen, nahm der Kaiser Konstans II. 663 zur Ausgestaltung von Konstantinopel mit. Auf dem Heimweg wurde er in Syrakus erschlagen, und die Ziegel vom Pantheon gingen verloren. Noch war die Decke der edlen Vorhalle so reich an Goldbronze, daß sie das Material zu achtzig Kanonen hergab, die Urban VIII. auf den Bastionen von S. Angelo aufstellte; daß darüber hinaus noch genug für die vier geschwungenen Säulen von Berninis großem Baldachin im Petersdom übrigblieb, stimmt nicht ganz. Möglich, daß einige Tausend Pfund der

Pantheon-Bronze mit zu ihrer Herstellung verwendet wurden, der größte Teil des Metalls aber kam aus Venedig.
Bei einem Besuch im Pantheon beobachtete ich einmal eine Frau mit einem Nelkenstrauß, die die ganze Runde des Gebäudes abschritt, hier und da an den Grabmälern von Königen und Künstlern verweilte und die Blumen schließlich am Grabe Raffaels niederlegte. Der große Meister, dem nur sechzehn Jahre eigentlicher Arbeit vergönnt waren, starb im Alter von 37 Jahren an einem Fieber. Ganz Rom trug ihn zu Grabe. Seine unvollendete »Verklärung« wurde wie ein Banner im Trauerzug mitgeführt.
Wegen Raffaels Liebe zu einer Bäckerstochter ziehen Tausende jedes Jahr zum Palazzo Barberini, um sich das angebliche Porträt der »Fornarina« anzusehen. Man vertrieb das arme Mädchen in ihren Tränen vom Sterbelager des Geliebten, da die Boten mit dem letzten Segen des Papstes sich weigerten, das Zimmer in ihrer Anwesenheit zu betreten.
Auch mußte sie zu ihrem Kummer noch erfahren, daß Raffael selbst gewünscht hatte, nahe der sterblichen Hülle seiner Verlobten Maria Bibbiena beigesetzt zu werden.
Als Goethe in Rom war, wurde in der Akademie S. Luca ein Schädel aufbewahrt, der angeblich der Raffaels sein sollte. Der Dichter bemerkte höchst beeindruckt, daß in diesem »trefflichen Knochenbau ... eine schöne Seele bequem spazieren konnte ...«, aber die schöne Seele war keinesfalls die von Raffael. Am 14. September 1833 spielte sich im Pantheon ein makabres Schauspiel ab: In Anwesenheit eines Ausschusses von Kirchenvertretern und Künstlern wurde Raffaels Grab geöffnet. Sein Schädel und seine Gebeine lagen in einer Schicht von Tiberschlamm eingebettet. Man stellte sie vor ihrer erneuten Beisetzung einige Tage in einem Glaskasten aus.
Die Bronzetüren des Pantheons, einst noch mit einer Schicht aus geschlagenem Gold überzogen, sind den Plünderern aus irgendeinem Grund entgangen. Man kann ganze Tage auf dem Forum damit zubringen, sich das Rom aus den Tagen seiner kaiserlichen Größe in Gedanken wieder aufzubauen, doch das Pantheon bleibt der einzige sichtbare Zeuge und hat als ein-

ziges mächtiges Bauwerk mit heilem Tor und Dach den Stürmen von achtzehn Jahrhunderten getrotzt.

8

Die Piazza Santi Apostoli in der Nähe des Corso ist gar keine Piazza im eigentlichen Sinne, sondern nur eine enge Straße. Hier liegen außer der Kirche der heiligen Apostel noch zwei der größten Paläste Roms, der Palazzo Colonna und der Palazzo Odescalchi, die sich wie Ozeanriesen im Trockendock auftürmen. Tief unter der Straße liegen die Überreste vom Scotland Yard des kaiserlichen Rom, ein Komplex mit Säulenhallen, Götter- und Kaiserbildern, Warteräumen, Büros und dem Hauptquartier des Kommandeurs der sieben Hauptkasernen der *Vigiles*. An der Schmalseite dieser Straße erhebt sich ein un-

scheinbarer kleiner Palast; wenn man ihn nicht kennte, würde man achtlos daran vorübergehen. Er wurde zu einem Bürohaus umgebaut, in dem ich jedoch das Schild einer »Pensione St. George« entdeckte. Ob es tatsächlich immer noch englische Jakobiter gab, die mit Vorliebe hier abstiegen, weil in diesem Haus der »Alte Kavalier« gestorben war und »Bonnie Prince Charlie« und der Herzog Heinrich von York geboren wurden? Denn dies ist der Palazzo Muti.

Siebzig Jahre lang war dieses Gebäude die Residenz des »Königs jenseits des Meeres«, und in seiner heutigen Schäbigkeit ist es wie nichts anderes geeignet, die Erinnerungen an das traurige Geschick der Exil-Stuarts wachzuhalten. Kein Engländer wird vorbeigehen können, ohne der Menschen zu gedenken, die hier in sinnlosen Verschwörungen und Plänen ihr Leben fristeten, von Spitzeln umgeben, die schadenfroh alles weiterberichteten, was sich in den alten Räumen zutrug. Heute hämmern hier die Schreibmaschinen, und von den Speisen im Erdgeschoß hängt Essensgeruch in der Luft.

Ich ging nun in die Kirche der Apostel hinüber, deren hohes Alter vom Barockstuck verdeckt ist. Ich sprach den Priester in der Sakristei auf die Stuarts an, doch wußte er nichts von ihnen. Er wollte mich aber nicht enttäuschen, und zeigte mir auf einem Sockel im Mittelschiff eine Marmorurne, die das Herz der Klementina Sobieski enthält.

Sie war sechzehn, als sie in Rom eintraf, um den »Alten Kavalier«, den damals 31jährigen James Stuart, zu heiraten, ein hübsches junges Ding mit einer Stupsnase, blauen Augen und hellbraunen Haaren, die ihr fast bis an die Fersen reichten. Als kleines Mädchen hatte sie viel »Königin von England« gespielt, nun kam sie strahlend in Rom an, in glücklicher Unkenntnis, daß sie dieses Spiel zwar spielen, doch im Leben nicht gewinnen sollte. Ihr Großvater, der große Johann Sobieski, hatte die Türken vor den Toren Wiens geschlagen und Ungarn vom ottomanischen Joch befreit.

Ein merkwürdiges Stück in ihrem Heiratsgut erinnerte an dieses Ereignis: ein Baldachinbett, dessen Vorhänge aus der Stoffhülle der Standarte Mohammeds IV. gemacht waren. Auf goldenem Grund waren mit Türkisen und Perlen arabische Schriftzeichen gestickt, getriebenes vergoldetes Silber bildete den Rahmen des Bettes. Auch die drei riesigen Rubine, die man im Haremszelt des Großwesirs Amurad gefunden hatte, waren in ihrer Mitgift. Die Ankunft des Bettes aus »Tausendundeiner Nacht« wurde in Rom nicht weniger gefeiert als Klementina selbst. Auf ihrem Herweg von Polen hatte sie der mit England verbündete Kaiser entführt und im Schloß Innsbruck eingesperrt, sollte doch der Zweck dieser Heirat, nämlich ein katholischer Erbe für den englischen Thron, mit allen Mitteln verhindert werden. Darauf meldeten sich vier irische Offiziere bei James und erboten sich großherzig, die zukünftige Gemahlin zu befreien. In Sturm und Schnee ritten sie durch die Aprilstürme nach Innsbruck. Der Plan war, ein junges Mädchen in das Schloß und in Klementinas Bett zu schmuggeln, während diese zu ihren Rettern aus der Burg schlüpfen sollte. Es war stockfinstere Nacht, der Schnee fiel in dicken Flocken. Die Schloßwachen hatten sich untergestellt, die Straßen lagen menschenleer. Um Mitternacht sah Charles Wogan, der die Retterschar anführte, wie sich ein junges Mädchen im Kapuzenmantel durch den Sturm kämpfte, mit vorgebeugtem Kopf kam es vorsichtig durch den aufgeweichten Schnee näher, in den Händen trug es zwei große Pakete. In das eine hatte Klementina drei Hemden, einen hermelingefütterten Unterrock, ein Oberkleid und ein paar Taschentücher für sich zusammengepackt, das andere enthielt, in braunem Tuch eingeschlagen, die Kronjuwelen von England, das Brautgeschenk von James.

Wogan brachte sie zu dem Gasthaus, wo die anderen Retter warteten. In dem von einer Kerze spärlich beleuchteten Raum knieten die vier nieder und küßten ihr die Hand. Eine Kutsche mit doppelter Federung für die beschwerliche Reise über die Berge stand bereit, auch an Lederkissen und Seile hatten sie gedacht für den Fall, daß Klementina die Kutsche aufgeben und die Reise im Sattel bewältigen müßte. Kurz nach ihrem Aufbruch vermißte die Prinzessin das Paket mit den Kronjuwelen, das sie im Gasthaus vergessen hatte. Einer der Männer, O'Toole, ritt zurück und fand es hinter der Tür liegen.

Die Fahrt über den verschneiten Brennerpaß war fürchterlich. Zweimal brach das Gefährt, und einmal wäre es um ein Haar in einen Abgrund gestürzt, zum Glück waren die Fenstergardinen heruntergelassen und die Prinzessin ahnte nichts. Schließlich wollten die Achsen nicht mehr, und Klementina überquerte die österreichische Grenze in die Freiheit auf einem holprigen Karren. Nach fünf weiteren Tagen erreichten sie Bologna, wo sie James in Abwesenheit des Ehemannes angetraut wurde. Bei ihrer Ankunft in Rom erhob James alle vier Iren in den Ritterstand, und der Papst ernannte Charles Wogan zum römischen Senator.

James war hoch erfreut über seine hübsche junge Frau, und sie war nur darauf bedacht, ihm zu gefallen. Dem unrichtigen Bild, das er sich während der Flitterwochen von ihrem Charakter machte, liegt wohl auch die Stelle in jenem Brief zugrunde, in dem er sich spöttisch fragt, ob seine liebe kleine Frau überhaupt einen eigenen Willen habe... Er sollte noch Augen machen! Rom fand sie reizend, und die ersten sechs Jahre vergingen in ungetrübtem Eheglück. 1720 wurde Karl Eduard (»Bonnie Prince Charlie«) geboren, sein Bruder Henry, der spätere Kardinal Herzog von York, fünf Jahre danach. Dann begannen die Schwierigkeiten einer Hofhaltung ohne Geld, die kleinen Unstimmigkeiten und Reibereien, die Sorgen ihres ewig melancholischen Gatten und besonders die Anwesenheit der Protestanten, die James aus politischen Gründen und mit Genehmigung des Papstes im Haushalt behielt, Klementina auf die Nerven zu gehen, es heißt, sie sei katholischer als der Papst gewesen. In einer Aufwallung hysterischer Wut floh sie aus dem Palazzo Muti und suchte bei den Nonnen von S. Cecilia in der Via Vittoria Schutz, in dem gleichen Gebäude, in dem heute die berühmte Musikhochschule S. Cecilia untergebracht ist. Hier verweilte sie verstockt zwei Jahre lang.

Ein Kardinal nach dem anderen und schließlich der Papst selbst baten sie vergeblich, in den Palazzo Muti zurückzukehren, da ihre Handlungsweise den Ruf ihres vielgeprüften und engelsguten Gatten schädige. Von einem Ende Europas zum anderen wurde James schon als ein bösartiger Ehemann verschrieen, der mit seiner Schlechtigkeit seine arme junge Frau ins Kloster getrieben habe. Es war glänzendes Propagandamaterial gegen die Partei der Jakobiter. Dann, ebenso plötzlich, wie sie gegangen war, kehrte sie zurück, und James empfing sie voller Freude und mit offenen Armen. Doch hatte sie sich völlig verändert, ihr Leben gehörte fortan der Religion. Als sie im Alter von 35 Jahren starb, waren James und seine beiden Söhne untröstlich. Klementinas blonde Erscheinung hatte sich auf »Bonnie Prince Charlie« vererbt, dessen polnisches Blut ihn dem älteren, nordischen Typ der Stuarts ähnlich machte. James blieb für die restlichen 31 Jahre seines Lebens ein trauernder Witwer und verbrachte Stunden, im Gebet versunken, am Grabe seiner Gemahlin.

Die nächste Herrin des Palazzo Muti war die junge Frau von Karl Eduard, der bei seiner Heirat schon 52 Jahre zählte und nichts mehr mit dem tapferen Jüngling gemein hatte, der das schottische Hochland in Aufruhr gebracht hatte. Sein Hang zur Liederlichkeit war schon recht weit gediehen; er nahm sich jedoch eine Weile zusammen, als seine neunzehnjährige hübsche Braut, die muntere Prinzessin Luise von Stolberg, in Begleitung des stattlichen jungen Thomas Coke aus Norfolk, den sie unterwegs kennengelernt hatte, nach Rom kam. Die Klatschmäuler raunten natürlich, daß sie ineinander verliebt wären, doch trennten sie sich und sahen sich niemals wieder.

Luise entzückte die Römer, die sie »Herzdame« nannten; sogar ihr Schwager, der Kardinal, fand sie recht anmutig. Für einen Augenblick schien es, als könne sich Karl Eduards Leben noch einmal zum Besseren wenden, aber er war schon zu alt zur Umkehr, und das tragische Porträt von Batoni in der National Portrait Gallery in London spricht eine beredtere Sprache als alle Worte. Fünf Jahre später, als sie in Florenz wohnten, begegnete Luise dem italienischen Dichter Graf Alfieri und verliebte sich in ihn. Im Typ von einer gewissen Ähnlichkeit mit Byron, war er eine stattliche Erscheinung und hatte erst vor kurzem im Londoner Hydepark ein Duell mit einem beleidigten Ehemann ausgefochten. Die Lage dieser schönen jungen Frau von 24 Jahren, deren Leben an einen eifersüchtigen

Trinker gekettet war, ging ihm zu Herzen und rief seine Ritterlichkeit auf den Plan. Eines Abends, am Vorabend des für Bonnie Prince Charlie immer schmerzlichen Sankt-Andreas-Tags, stürmte dieser in Luises Zimmer, beschuldigte sie der Untreue und hätte sie fast erwürgt. Luise floh in ein Kloster und wandte sich an ihren Schwager, den Kardinal, um Hilfe. Durch seine Vermittlung konnte sie nach Rom und in das gleiche Kloster S. Cecilia gehen, das schon seine Mutter aufgenommen hatte.

Alfieri fuhr ihr nach Rom nach. Hier hatte sie der arglose Kardinal, der als einziger in Rom dieses Verhältnis für platonisch hielt, aus dem Kloster herausgeholt und sie in dem herrlichen Palazzo della Cancelleria untergebracht, einem der großartigsten Paläste Roms. Alfieri bewohnte eine nicht allzu entfernt gelegene Villa auf der Stelle des heutigen Opernhauses. Hier schrieb er seine Theaterstücke und Gedichte und ritt mit Luise aus. Das Leben schien vollkommen. Alfieri wurde vom Papst empfangen, Luise erfreute sich des Schutzes des Kardinals, und so nahm zur Belustigung von ganz Rom die Liebesaffäre gewissermaßen unter höchster Protektion ihren Lauf! Darüber vergingen zwei Jahre, in denen Alfieri vierzehn seiner Tragödien schrieb. Die römische Gesellschaft hatte nichts gegen die Verbindung, und die Gräfin wurde überall mit dem Dichter empfangen. Einer der Höhepunkte ihres Lebens war die Uraufführung von Alfieris Stück »Antigone« im Palazzo di Spagna, das in Anwesenheit der römischen Gesellschaft bei Kerzenlicht über die Bühne ging; auch Alfieri wirkte mit. Hinterher servierten in den spanischen Landesfarben Gelb und Rot livrierte Diener Eis in Schalen aus gesponnenem Zucker. Diese Tage sollten jedoch einen jähen Abschluß finden.

Es sah aus, als ob Karl Eduard sterben wollte, und man reichte ihm die heiligen Sterbesakramente. Da er sein letztes Stündlein gekommen glaubte, beichtete er seine Sünden, versuchte nichts zu beschönigen, erzählte aber die Wahrheit über die Gräfin und Alfieri und welches Unrecht sie ihm angetan. Der ahnungslose Kardinal fiel aus allen Wolken. Was ihn besonders empörte, war der Gedanke, daß diese unerlaubte Liebesaffäre scheinbar

mit seiner Billigung zwei Jahre vor sich gegangen war! Bei seiner Rückkehr nach Rom wurde er sofort beim Papst vorstellig, der gleich ahnungslos gewesen sein muß; auch er war entsetzt und erließ willig den Befehl, der Alfieri aus Rom verbannte. So mußten sich die Liebenden trennen, zum großen Bedauern und Kummer der römischen Gesellschaft.
Alfieri ging nach England, um Pferde zu kaufen, die nach der Literatur und Luise seine große Leidenschaft waren. Bald darauf verließ auch die Gräfin Rom und siedelte sich im Elsaß an, wohin auch Alfieri kam. Als sie die Revolution aus Frankreich vertrieb, ließen sie sich in Florenz nieder. Erst Alfieris Tod zwanzig Jahre später trennte sie.
Aber damit war die Herrschaft der Stuarts im Palazzo Muti noch nicht zu Ende. Karl Eduard erholte sich wieder und gab dem alten Palast seine letzte und glücklichste Herrin in seiner illegitimen Tochter Charlotte Stuart. Jahrelang hatte er überhaupt nicht an sie gedacht und sie einmal sogar roh verstoßen, doch nun, alt, krank und von den Enttäuschungen des Lebens gebeugt, erinnerte er sich ihrer, und sie kam gern. Er hatte ihre Mutter, Klementine Walkinshaw in den vierziger Jahren in Schottland kennengelernt. Nach der Rebellion hatte sie sein Wanderleben auf dem Kontinent geteilt, wo sie beide als Mr. und Mrs. Johnson oder Thomson auftraten. Häufig kam es zwischen ihnen zu heftigen Streitigkeiten und sogar in aller Öffentlichkeit zu häßlichen Szenen, bis ihn Klementine schließlich eines Tages verließ und ihr Kind mit sich nahm.
Als Charlotte zu ihrem Vater zog, war sie 31 Jahre alt. Wie er sie vor sich sah, war sie sein Ebenbild aus den Tagen, als er noch Bonnie Prince Charlie war; die gleiche gerade Nase, die gleiche hohe Gestalt und kastanienbraunen Haare. Zum ersten Male spöttelten oder lächelten weder Spitzel noch Klatschmäuler, als Charlotte mit fähiger Hand wieder etwas Ordnung und gesunde Regelmäßigkeit in das Leben ihres Vaters brachte. Er war nun bettlägerig und sie pflegte ihn mit hingebender Liebe. Er konnte nicht ertragen, sie nicht um sich zu sehen. »Wenn Herzensgüte zu Eroberungen eines Thrones genügte«, schrieb ein Zeitgenosse, »so hätte sich seine Tochter ihn schon

verdient, denn sie ist die Herzensgüte selbst. Solche Güte entspringt nicht aus der Pflicht, sondern kommt aus der Seele, trägt sich mit Anmut, erobert alle Herzen und nötigt Achtung ab.«
Als erstes legitimisierte Karl sie urkundlich und gab ihr den Titel einer Herzogin von Albany.

Unter ihrer Fürsorge wurde Karl wieder er selbst. Fühlte er sich wohl genug, fuhren Vater und Tochter zusammen aus; von Dienern in königlich großbritannischer Livree begleitet, fuhren sie dann in einer Kutsche durch Rom, deren Tür unter der Königskrone das Monogramm CR zeigte. Meist aber blieb Karl Eduard schlafend oder ruhend im Palazzo Muti, manchmal begannen seine Gedanken zu wandern und er wähnte sich wieder im schottischen Hochland, und einmal kamen ihm Tränen, als er die Melodie von »Lochaber no more« hörte. Aber alt und verbraucht, wie er war, verwahrte er doch für den Fall, daß er auf den Thron seiner Väter zurückgerufen würde, eine Kiste mit 12000 Zechinen unter dem Bett.

So vergingen seine beiden letzten Lebensjahre in einer würdigen, friedvollen Atmosphäre. Ende Januar 1788 starb Bonnie Prince Charlie in den Armen des Master of Nairne. Um sein Lager standen treugesinnte Männer, die ihr Leben einer verlorenen Sache verschrieben hatten, seine hochherzige Tochter verschönte seine letzten Augenblicke. Außer den Franziskanern, die das Totenamt lasen, regte sich kein Laut im Palast. Sein Name wird für immer in den schottischen Liedern lebendig bleiben.

Traurig, aber wahr, Charlotte Herzogin von Albany überlebte ihren Vater um nur ein Jahr und acht Monate. Sie stürzte in Bologna vom Pferd und erlag ihren Verletzungen.

Bei der Betrachtung des schäbigen alten Palazzo Muti von heute geht einem noch eine letzte Begebenheit durch den Kopf. 23 Jahre waren seit dem Tode Karl Eduards vergangen, man schrieb das Jahr 1811. Eine füllige, kleine Frau von 69 Jahren stand in Begleitung eines gichtgebeugten Mannes von 45 Jahren vor dem Gebäude und sah an seinen Fenstern hinauf. Wir haben guten Grund, uns zu fragen, was in ihrem Sinn vorging, denn es war Luise, die Gräfin von Albany, Karl Eduards Gemahlin. In diesen Palast war sie vor 39 Jahren als fröhliche, junge Braut eingezogen, wer aber war ihr lahmer Freund? Der Dichter Alfieri war es nicht, der war schon acht Jahre tot. Sein Hinscheiden im Alter von 54 Jahren hatte die Gräfin zutiefst erschüttert, denn trotz Alfieris schrecklichen Wutanfällen und trotz seiner Verachtung für alles Französische im allgemeinen, und Napoleon im besonderen, hatten sie doch ein glückliches Leben miteinander geführt.

Der Mann von 1811 war der französische Maler François-Xavier Fabre, dessen Porträts von Luise und Alfieri noch heute im französischen Saal der Uffizien in Florenz bewundert werden. Wie Luise war auch er ein großer Verehrer des Dichters, und so schien es ganz natürlich, daß sie nach dessen Tode beide zusammen lebten. Der Klatsch munkelte natürlich das Übliche. Während eines Besuches in Rom stiegen die beiden Freunde zusammen in die Krypta der Peterskirche, wo Luise vor den Sarkophagen ihres Gatten, dessen Bruders und beider Vater stand. Was sie dachte? Ihr Tagebuch berichtet darüber nichts. Nachdem sie Rom besichtigt hatten, kehrten sie in bequemen Tagestouren in die Casa Alfieri in Florenz zurück.

Wenn auch Luise niemals Königin von England wurde, so war sie doch ganz bestimmt während ihrer letzten dreizehn Lebensjahre Königin von Florenz, sie hielt sich meist in einem großen Zimmer auf, das zum Fluß hinaus ging, und alle Welt liebte und verehrte sie und kam sie besuchen. Ihre bezaubernde Schönheit war einer deutschen Eckigkeit in Gesicht und Figur gewichen. So saß sie da, mit gebieterischer Miene, ein bißchen unordentlich und altmodisch in der Kleidung, mit einem Fichu à la Marie-Antoinette um die Schultern, und herrschte stolz über das Andenken ihres Dichters. Für ihre englischen Besucher hatte sie allerdings mehr als die Witwe des »Jungen Kronprätendenten« Interesse. An dem Tag, als die Nachricht vom Tode Georgs III. eintraf, rief eine überspannte Besucherin, womöglich um sich bei der Gräfin beliebt zu machen, dramatisch: »Prinzessin, ich melde Ihnen den Tod des Usurpators!« Verständnislos blickte Luise sie an und fragte scharf: »Welches Usurpators?«

Bei ihrem Tod im Alter von 71 Jahren hinterließ sie Fabre ihre gesamten Alfieriana, und wer heute durch die alte Stadt Montpellier in Frankreich, Fabres Geburtsort, kommt, wird sie dort alle in dem schön eingerichteten und gutgehaltenen Musée Fabre bewundern können. Der arme Alfieri bekäme wohl seinen größten Wutanfall, wenn er erführe, daß alle seine Bücher und Manuskripte in diesem ihm verhaßten Land aufbewahrt werden!
Bei einem weiteren Besuch in Palazzo Muti entdeckte ich in einem dunklen Gang eine Gedenktafel mit der Aufschrift, daß hier Henry, Kardinal Herzog von York, gelebt habe, mit dessen Tod das königliche Haus der Stuarts erlosch. Wie merkwürdig, daß weder sein Bruder noch sein Vater erwähnt werden.

9

Nach Karl Eduards Tod rief sich der Kardinal Herzog von York eigenhändig unter dem Namen Heinrich IX. zum König von England aus und gab eine Gedenkmünze mit der rührenden Aufschrift »Von Gottes Gnaden König, aber nicht nach dem Willen der Menschen« heraus. Doch wurde er außer von den Dienern, ein paar Iren und einigen Schmeichlern niemals mit »Euer Majestät« angeredet. Auch der Vatikan erkannte ihn nicht als Heinrich IX. an, und so blieb er außerhalb seines Palastes »Seine Hoheit Heinrich Benediktus Maria Klemens, Kardinal Herzog von York«.
Er war der anziehendste aus der Familie. Englisch sprach er mit einem starken Akzent und war gekränkt und ratlos, wenn man ihn nicht recht verstehen konnte. Er war sehr vermögend, bis er auf Grund der napoleonischen Streitigkeiten mit dem Vatikan eines Tages mittellos dastand; mit großem Takt überredete ihn damals Georg III., eine jährliche Pension von 4000 Pfund Sterling anzunehmen.
Frascati sah seine glücklichste Zeit. Hier war er wirklich König. Als junger, wohlhabender Kardinalbischof schüttete er das

Geld mit vollen Händen über sein Bistum aus, bis Not und Elend angeblich daraus verschwunden waren. Er lebte auf großem Fuße, hielt ein gastfreies Haus und hatte für jeden ein offenes Ohr. Seine von edlen Pferden gezogene Reisekalesche war ein vertrauter Anblick auf den Straßen nach Rom, die er stets im Galopp entlangpreschte.

Ich war neugierig, ob sich wohl noch irgendwelche Erinnerungen an den letzten Stuart in Frascati gehalten hatten, und fuhr eines Morgens hinaus. Nach 25 Kilometern war ich in den herrlichen Albaner Bergen und stieg stetig zu der zwiebackbraunen Stadt hinauf, die in der klaren italienischen Morgenluft von ihrer Höhe über die Campagna nach Rom hinunterblickte. Durch den herbstlichen Dunstschleier, aus dem die sonnenbeschienenen Kirchenkuppeln herausragten, konnte ich weit in der Ferne die Stadt liegen sehen.

Frascati hatte dem Feldmarschall Kesselring als Hauptquartier gedient und war 1943/44 von den Alliierten mit Bomben belegt worden. Noch immer gab es klaffende Lücken zwischen den Häusern und andere Kriegsschäden, doch durch die Straßen dieses für viele schönsten der *Castelli Romani* pulsierte kräftig das Leben. Wem ich auch begegnete, hier strahlte jeder den unwiderstehlichen italienischen Charme aus, der sich in dem übervölkerten Rom, wo die Leute gehetzt und überarbeitet sind, doch verloren hat.

Die große Barockkathedrale war bombenbeschädigt, eine Gedenktafel hatte hingegen alles ohne eine Schramme überlebt: die lange Inschrift mit dem königlichen Wappen von England, die Henry dem Gedenken an seinen Bruder gewidmet hatte. Dieser war zuerst in Frascati beigesetzt und erst später in die Gruft der Stuarts in der Peterskirche überführt worden. Während ich noch in der Stadt umherwanderte, die wegen ihres Weißweins berühmt ist, fielen mir eine Reihe Weinläden auf, die verliesähnlich in den Felsen hineingehauen waren. In einem stieg ich die Stufen hinab und befand mich in einer Umgebung, die Cervantes nicht unbekannt gewesen wäre. Wenige Lampen und Kerzen erhellten spärlich eine in den Tuffstein gehauene Höhle, in der mehrere altersschwarze lange Tische aus klobigen

ungehobelten Holzplanken in trübem Licht standen. An einem saß eine Gruppe fröhlicher Trinker mit bauchigen Flaschen voll Frascati-Wein vor sich. Scharfer Weingeruch stieg aus dem Gewölbe. Als ich die Treppen hinunterstieg, verstummte das Gelächter. Die Szene war so alt wie die Welt selbst, und ich fühlte mich in einen mittelalterlichen Schelmenroman oder ein Theaterstück versetzt: Die hier versammelten, zweifellos hochehrbaren Bürger von Frascati kamen mir vor wie eine Räuberbande, die einen gelungenen Coup begießt.

Man hätte mich nicht höflicher empfangen können. Weinreste wurden von der alten Kastanienholzplatte aufgewischt, die alte Bank abgestaubt, und mit Verbeugung und einladender Handbewegung erhielt ich einen Platz angeboten. Schon nach wenigen Minuten war mir klar, daß ich in eine geschlossene Gesellschaft geraten war. Hier fand der letzte Umtrunk vor Beginn der Weinlese statt, und die *cantina* würde nicht eher wieder öffnen, bis der neue Wein gekeltert war.

Ich bemerkte, daß der Wein in Frascati doch etwas ganz anderes sei als der Wein selbigen Namens in Rom.

»Ah«, sagte ein alter Mann, der sich seit letzten Sonntag nicht rasiert hatte, »diese schuftigen Römer geben Ihnen ja auch nie echten Frascati. Das ist Frascati mit Wasser! *Salute*, Herr!«

Wie mir diese Anrede gefiel! In den Ruinen war ich schon »dottore«, in den Museen sogar »professore« gewesen, hier in diesem weingeschwängerten Keller von Frascati aber vernahm ich das letzte Echo des höflichen 18. Jahrhunderts.

Der Eigentümer des Kellers erzählte mir, daß er zwei Hektar Land mit Malvasier-Weinstöcken besitze. Seine berstend gute Laune und seine Großzügigkeit – er füllte alle Karaffen immer wieder nach – kamen von der ausgezeichneten Ernte, deren Einbringung am 20. Oktober beginnen sollte. Die Trauben wurden hier noch mit den Füßen gestampft, und er lud mich ein, dabei zuzusehen. Niemals, erklärte er, würde er seinen Wein mit Maschinen aus-

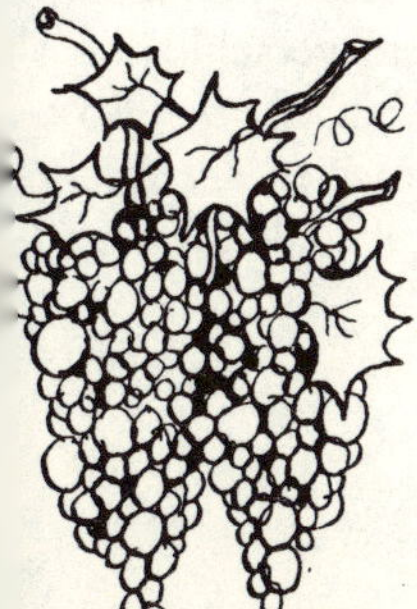

pressen lassen, die zerquetschten auch die Kerne, und das mache den Wein bitter. Ich staunte, daß zwei Hektar Land den Jahresbedarf für die *cantina* und noch so viel darüber produzierten, daß man nach Rom liefern konnte.

Er ging mit mir in die Gewölbe hinunter, die aber mehr wie Katakomben aussahen. Vierzig große Fässer standen hier an den Wänden des Felsentunnels entlang. Die Temperatur wechselte auch im August nie mehr als um einen Grad, sagte mein Begleiter.

Als wir in den Keller zurückkamen, blinzelte von oben aus dem Sonnenlicht der Straße ein magerer alter Mann in unsere Düsternis herunter und rief mit lauter Stimme: »*Oliva dolce!*« Wir reichten ihm einen Becher Wein, damit auch er auf die neue Ernte anstoßen konnte, und kauften ihm köstliche, in Salzlake eingelegte grüne Oliven ab. Immer mehr Leute kamen, und ich machte mich davon. Der Wirt begleitete mich zur Straßenhöhe hinauf und wiederholte seine Einladung, zum Traubenstampfen zu kommen.

Der Weg aus Frascati hinaus führt an einer Terrasse vorbei, die westwärts über die Campagna blickt. Von hier sah ich mir den glühenden, flammenden Sonnenuntergang über Rom an. Die ganze Campagna hatte sich in ein purpurnes Meer verwandelt, über dem die Stadt der Kuppeln und Türme wie eine Luftspiegelung schwebte. Zu der magischen Stunde, in der die Straßen rosa glühen, war ich wieder in Rom.

10

Das Mausoleum des Augustus in der Nähe des Tiber ist eine von jenen kläglichen Ruinen, die einfach nicht zerfallen wollen. Es hat bereits als Festung, Stierkampfarena, Zirkus und Konzerthalle gedient. Heute ist es ein verschlossenes Trümmergrundstück, in dem sich lahme Katzen vor den Straßenjungen in Sicherheit bringen. Einst ruhte hier die Asche von fünf Kaisern: Augustus, Tiberius, Caligula, Claudius und

Nerva; auch zwei Kaiserinnen, Livia und Agrippina, wurden hier nebst anderen Familienmitgliedern beigesetzt. Niemand weiß, was mit der Asche geschah, doch ist es unschwer zu erraten; die Urne, die einst die Asche der Agrippina barg, fand im Mittelalter als Kornmaß Verwendung.

Die Einäscherung der Kaiser erfolgte nur wenige Schritte von hier, in der Nähe der heutigen Kirche von S. Carlo al Corso. Von allen Bräuchen des alten Rom wäre uns, glaube ich, das Zeremoniell eines Kaiserbegräbnisses am fremdesten gewesen. Ein direkter Nachfahr einer altrömischen Sitte ist die *Conclamatio*, die noch heute beim Tode des Papstes Anwendung findet. Mit dem Augenblick der Nachricht vom Tode des Kaisers ruhte in ganz Rom die Arbeit, und die Bevölkerung legte Trauer an. Vom melancholischen Klang der Hörner und dem Wehklagen der Frauen im aufgelösten Haar begleitet, wand sich der feierliche Trauerzug langsam auf das Marsfeld zu. Im Zuge wurden auch die Wachsmasken der Vorfahren mitgeführt, jene absonderlichen Erinnerungsstücke, die den stolzen Besitz jeder aristokratischen Römerfamilie bildeten. Diese Masken wurden in den römischen Palästen in Schränken aufbewahrt und ebenso für wert gehalten wie unsere heutigen Ahnenbilder. Zur Kaiserzeit waren die »neuen Familien«, die keine Vorfahren oder zumindest nur geborgte hatten, in derselben Weise das Gespött der Leute wie bei uns die Reichen, die sich in den Tagen, als Adel noch etwas bedeutete, ihre Ahnen in einer Versteigerung erstanden. Mitglieder der kaiserlichen Familie und andere, auf Grund ihrer Ähnlichkeit mit den Urahnen ausgesuchte Männer, trugen die lange Reihe der lebensgetreuen Wachsmasken vor der Bahre des in Purpur gehüllten Kaisers her. Im übrigen hatte jeder seinen Platz in der Prozession: Familienmitglieder, Sklaven, die durch den Letzten Willen des Kaisers freigelassen waren und auf ihrem geschorenen Kopf die Mütze der Befreiten trugen; der Senat; Mitglieder des Adels; Liktoren mit gesenktem Rutenbündel; die Prätorianergarde. Unter lautloser Stille, die nur von dem Wehklagen der Trauernden unterbrochen wurde, hob man den Leichnam im Ostrinum (Verbrennungsstätte) auf den Holzstoß. Während sich die wächsernen Ahnen herzudrängten, setzte ein Mann abgewandten Auges mit einer Fackel das Holz in Brand, im gleichen Augenblick wurde die Tür eines auf dem Holzstoß befestigten Vogelkäfigs geöffnet, und ein Adler schwang sich aus dem Rauch in die Freiheit, eine symbolische Andeutung dafür, daß die Seele des Kaisers nun jenseitigen Gefilden zustrebte.

Am Tiberufer, nicht weit von der Stelle des Ostrinums, steht heute ein abscheulicher Betonbau, er birgt jedoch ein besonders herrliches Monument Roms: die *Ara Pacis Augustae*. Dies ist der berühmte Altar, den der Senat im Jahre 13 v. Chr. dem Kaiser Augustus bei seiner triumphalen Rückkehr aus Spanien und Gallien stiftete, damals breitete sich der große Augusteische Friede über das Reich. Bis vor gar nicht langer Zeit bestand der Altar nur bruchstückweise in einem Dutzend verschiedener Sammlungen. Ein großer Teil lag noch unter dem Palazzo Fiano am Corso, dessen Grundmauern sogar auf den Marmorstufen des Altars ruhten. Wie diese in alle Winde verstreuten Fragmente wieder gesammelt, und die anderen Teile unter dem Palazzo hervorgeholt werden konnten, ist eines der romantischen Abenteuer der Archäologie, und wenn das faschistische Regime am Jüngsten Tage vor den Richterstuhl tritt, kann es gut sein, daß sein Verdienst um die Rekonstruktion des Friedensaltars die reizlose Anlage seiner Via della Conciliazione aufwiegt.

Schon 1903 machte man den Versuch, unter dem Palazzo Fiano zu graben; wundervolle Stücke wurden gefunden, doch drang Wasser in die Ausgrabungsschächte und die Standfestigkeit des Palastes war in Gefahr. 1937 nahm Mussolinis Regierung die Arbeiten in jener großzügigen und zupackenden Weise wieder auf, die anscheinend nur unter einem Diktator möglich sind. Zunächst wurde das Grundwasser zu Eis gefroren, danach der Palast mit einer ausgeklügelten Stahlkonstruktion abgestützt und so das Stufenwerk des Altars freigelegt.

Neun Stufen führen heute zu einem quadratischen, ungedeckten Hof hinauf. Er ist von hohen Mauern umgeben, die innen und außen mit den herrlichsten Skulpturen geschmückt sind, in seiner Mitte steigt eine weitere Treppenflucht zum Altar hinauf. Rings um die Mauern verläuft der Fries lebensgroßer Figuren, ein feierlicher Zug von Männern und Frauen, die zur Einweihung des Altars schreiten. Unter ihnen bemerken wir Augustus selbst, der die Toga über den Kopf gezogen trägt, weiter seinen Nachfolger Tiberius, seine Gemahlin Livia und seine Tochter Julia. Diese Porträts wurden von den besten Bildhauern der Zeit alle noch zu Lebzeiten der abgebildeten Personen geschaffen. Unglaublich, wie gut erhalten die Teile sind, die jahrtausendelang unter dem Corso lagen; auf diese Weise dem Zugriff der Barbaren wie der Barberini entzogen, stehen sie heute in der ganzen erstaunlichen Frische ihrer wiedererstandenen Schönheit vor uns.

11

Wer sich als Fremder in der Abenddämmerung in der Via di Monserrato befindet und etwas bänglich seinen Weg von Straßenlaterne zu Straßenlaterne sucht, atmet auf, selbst wenn er einen so zweifelhaft aussehenden Hafen wie das Campo di Fiori erreicht. Mit einbrechender Dunkelheit sinken die alten Straßen Roms in eine frühere Existenz zurück und füllen sich mit verstohlener Betriebsamkeit. Wie vermummte Verschwörer lauern die alten Paläste in den engen Gassen und beim Anblick ihrer mit starken Eisengittern maskierten unteren Fensterreihen steigt unwillkürlich der Gedanke an Bübereien und dunkle Verliese auf. Verschwommene Gestalten vor einem gleiten plötzlich in Durchgänge und Seitenstraßen, die eigens dazu geschaffen scheinen, ein unbehagliches Gruseln hervorzurufen. Zum Glück schwebt manchmal die beruhigende Stimme Bing Crosbys von einem oberen Stockwerk hernieder und versichert, nichts ginge über die Liebe.
An der Ecke der Via di Monserrato stehen das englische Kollegium und die dazugehörige Kirche des heiligen Thomas von Canterbury. Der alte Palast, in dem heute junge Engländer zu

Priestern ausgebildet werden, steht zu seiner Umgebung in merkwürdigem Gegensatz. Innen herrscht allenthalben eine gesunde englische Ordnung. Die Eingangshalle mit ihrer marmornen Treppenflucht und der Empfangsraum links sind zwar im italienischen Barockstil gebaut, doch hat seltsamerweise im Laufe der Jahrhunderte etwas von der englischen Lebensweise, den englischen Stimmen und Ideen und den Generationen englischer Jugend aus englischen Heimen auf sie abgefärbt. Wenn man die Patres Brown, Jones und Robinson kennengelernt hat, deren fröhliche, aufrechte Frömmigkeit so charakteristisch für den englischen Katholizismus ist (wenn es ihnen vergönnt gewesen wäre, hätten sie dem heiligen Augustin Fußball beigebracht), dann begreift man auch das urenglische Lüftchen, das hier gelegentlich durch die Korridore weht. Auch wundert man sich nicht mehr, wenn man erfährt, daß Kardinal Hinsley das neue Schwimmbecken mit einem Kopfsprung einweihte – wohl das einzige überlieferte Beispiel eines Mitglieds des Heiligen Kollegiums im Badeanzug.

Das umliegende Gelände war in antiker Zeit mit den Trainingsställen der Wagenlenker bebaut. Die berühmten »Roten« lagen auf dem Platz des Palazzo Farnese, die »Grünen« auf dem des Palazzo della Cancelleria, und die »Blauen« waren dort, wo heute das Englische Kollegium steht. Während der Errichtung des heutigen Gebäudes im Jahre 1682 wurden neben einem schön gearbeiteten Faun auch Teile eines Heiligtums aufgefunden, das 90 n. Chr. ein Wagenlenker namens Thallus dem Gott Silvanus zu Ehren gestiftet hatte. In diesem Winkel Roms ist es jedoch entschieden leichter, an mittelalterliche Räuber und Renaissance-Meuchelmörder zu denken als an die Wettlustigen und Buchmacher, die hier früher herumlungerten und über die Mauer des Trigariums hinweg die Wagenlenker beim Training beobachteten.

Als Bonifaz VIII. im Jahre 1300 das Heilige Jahr ausrief, hatte die alte Scola Saxonum in der Nähe der Peterskirche schon längst zu bestehen aufgehört, und die englischen Pilger waren daher auf die habgierigen römischen Gastwirte angewiesen. Im nächsten Heiligen Jahr von 1350, womöglich durch die umlaufenden Geschichten von Raub und Erpressung dazu bewogen, verwandelte der englische Rosenkranzverkäufer John Shepherd und seine Frau Alice ihr bescheidenes Haus in eine Pilgerherberge. Die Originaldokumente dieses Hospizes und – später – des Kollegiums werden noch heute in der schönen und prachtvoll ausgestatteten Bibliothek in einem oberen Stockwerk des Kollegiums aufbewahrt, einem großen Saal, dessen Wände vom Fußboden bis zur Decke mit den schönsten Schafleder-, Kalbleder- und Pergamentbänden bedeckt sind. 1362 kaufte eine Gruppe von Geschäftsleuten der blühenden englischen Kolonie, die unter der Regierung Eduards III. in Rom bestand, John und Alice das Hospiz ab, behielt beide aber als Heimleiter bei.

Drei Jahrhunderte lang wohnte jeder Engländer während seines Romaufenthalts in der Via Monserrato, wo die Unglücklichen und die Mächtigen gleich willkommen waren. Eine interessante Eintragung berichtet unter dem Jahre 1489 über die Ankunft zweier Engländer, William Lily und Thomas Linacre, die in Italien Griechisch studierten. Vielleicht erlebten sie gar, eingekeilt in der Menge, die phantastische Prozession des Bruders von Sultan Bajazet, der, tief verschleiert, von Kardinälen begleitet, auf einem schneeweißen Pferd, das ihm der Papst zur Verfügung gestellt hatte, 1489 in Rom einzog.

Dieser junge Mann hatte vor seinem Bruder, dem Sultan, fliehen müssen und bei den Johanniterrittern Schutz gefunden. Als darauf der Sultan demjenigen eine hohe jährliche Rente versprach, der den Prinzen als Gefangenen bei sich behalten würde, spielte sich zwischen den Höfen Europas eine regelrechte Versteigerung des derart einträglichen Gastes ab. Der Papst schlug jedoch alle übrigen Interessenten mit seinem Angebot eines Kardinalshuts für den Großmeister aus dem Feld, und so wurde denn der Türkenprinz nach Rom geschickt. Wie alle anderen Römer hörten wohl auch Lily und Linacre in dem Jahr die Geschichte, wie der junge Mann im Turban sich hochmütig geweigert hatte, dem Papst den Fuß zu küssen, obwohl man ihm die Etikette des päpstlichen Hofes des langen und breiten erklärt hatte. Schließlich ließ er sich widerwillig dazu herab, den Papst auf die linke Schulter zu küssen. Sechs Jahre lang hielten das Haupt aller Christenheit und der Bruder seines Erzfeinds im Vatikan ihren Hof, bis der Prinz unter der nachfolgenden Herrschaft Alexanders VI. Borgia starb, wie man munkelte, an einem gewissen »weißen Pulver«.

Linacre kehrte nach England zurück und wurde Lehrer des Bruders Heinrichs VIII., des Prinzen Arthur; nach dessen Tod ernannte ihn Heinrich zu seinem Leibarzt. Auch Kardinal Wolsey gehörte zu seinen Patienten.

Unter Elisabeths Regierung wandelte sich der Charakter des Hospizes von Grund auf. Es wurde die Zuflucht derer, die ein Exil dem Leben unter protestantischer Herrschaft vorzogen. Der Gründer von Douai, Kardinal Allen, organisierte das Englische Kollegium als ein Seminar für junge Priester, die nach ihrer Ausbildung nach England gesandt wurden, um unter Einsatz ihres Lebens die Sakramente auszuteilen. In seinem Kampf um die Wiedereinsetzung des alten Glaubens – notfalls auf der Spitze einer Toledaner Klinge – eilte Pater Parsons geschäftig zwischen der Via di Monserrato, dem Escorial und dem Englischen Kollegium in Valladolid hin und her.

44 junge englische Priester aus dem Kollegium wurden gefaßt und hingerichtet, unter ihnen Edmund Campion und Robert Southwell. Es wurde Brauch, vor ihrer Abreise nach England noch dem heiligen Philip Neri Lebewohl zu sagen, der gegenüber dem Kollegium in S. Girolamo wohnte. Der alte Heilige umarmte sie und entließ sie mit den Worten, die die Kirche für die unschuldigen Opfer des Kindermordes von Bethlehem hat: »*Salvete flores martyrum*!«

Es war damals eine aufregende, schreckliche Zeit in der Geschichte Englands: die Zeit der Priesterverstecke, Spitzel, geheimen Messen, Verhaftungen, des Rades und des Galgens. Doch scheint keiner der hohen Verbannten, am allerwenigsten Pater Parsons, begriffen zu haben, daß sich die Zeiten seit ihrem Weggang aus der Heimat gewandelt hatten und daß, in den Worten des Erzbischofs Mathew, »im Fall eines feindlichen Einfalls jeder Katholik die englische Regierung ohne Ansehen ihrer religiösen Einstellung unterstützen würde«.

Außer den 44 Märtyrern aber ging aus. dem Kollegium auch einer der schamlosesten Spitzel seiner Zeit hervor, ein Mann, der Maria Stuarts Tod mit herbeiführen half. Selbst Titus Oates rangiert meiner Meinung nach hinter Gilbert Gifford. Dieser junge Mann spielte die Rolle eines überzeugten Katholiken, spionierte aber in Wirklichkeit für Francis Walsingham. Auf Grund seiner Ausbildung in Douai und dem Englischen Kollegium in Rom hielten ihn die nichtsahnenden Katholiken für einen der Ihren; er berichtete dagegen alle ihre Geheimnisse dem Secret Service weiter. Er wußte sich sogar in das Vertrauen der Königin Maria von Schottland einzuschleichen, die damals in Chartley Hall in Staffordshire gefangengehalten wurde, und schmuggelte ihre in ölgetränkter Seide verpackten Briefe mit vorgetäuschter größter Umsicht in einem Fäßchen Burton-Bier aus ihrem Gefängnis – nachdem er sie vorher für Walsingham kopiert hatte. Auf dem gleichen Wege gelangten Briefe von außen an die Königin. Es ist eine allerdings unbewiesene Behauptung, daß Gifford auch hinter dem Babington-Komplott zur Beseitigung Elisabeths steckte; immerhin war er der Überbringer von Babingtons Brief an Maria und ebenfalls ihrer für sie belastenden Antwort an Babington, die, ob nun von Gifford oder Walsingham gefälscht oder nicht, zum letzten Akt ihrer Tragödie führte. Im Jahr von Marias Tod empfing Gifford die Priesterweihe. Doch eines Tages kamen seine üblen Machenschaften an den Tag, sechs Jahre später starb er in einem Pariser Kerker.

Auf einem Tisch in der Bibliothek bemerkte ich ein reizendes kleines Vogelbauer aus Silber und vergoldetem Holz in der Form eines barocken Schreins: einer der Taubenkäfige, die 1935 bei der Kanonisierung der heiligen John Fisher und Thomas More verwendet wurden. Dabei fiel mir eine Szene in der Peterskirche vor ungefähr zwanzig Jahren ein, als Andrea Bobola, John Leonardi und Salvatore da Horta heiliggesprochen wurden. Während des Hochamts vernahm ich plötzlich Vogelzwitschern und Taubengurren und sah, wie eine Prozession von Mönchen und Männern in schwarzer Hofkleidung das Mittelschiff entlangkam, in den Händen trugen sie kleine vergoldete Vogelbauer, silberne und goldene Fäßchen mit Wein und auf einem goldenen Tablett einige Brotlaibe. In lautloser Stille, die nur von dem Taubengurren unterbrochen wurde, reichten die Postulanten oder Befürworter der neuen Heiligen kniend dem Papst ihre Gaben dar. Dreimal, für jeden der drei neuen Heiligen einmal, wurden die Käfige mit ihrem lustig zwitschernden Inhalt dem Papst entgegengehalten; mit schräg geneigten Köpfchen blinzelten die Vögel in das gleißende Licht, als sich der Papst vorbeugte und sie segnete. Eine schönere Zeremonie kann nicht gedacht werden: die Gabe des Brots und Weins in Erinnerung an den Brauch der frühen Kirche, die Vögel als Symbol für die Reinheit und himmlische Natur des Opfers.

12

Ich wollte näher an der Peterskirche wohnen und beschloß daher, meine Pension in der Via Venti Settembre aufzugeben und mir etwas auf der anderen Tiberseite zu suchen. Ich hatte Glück und bekam ein Zimmer in einem Kloster. Es war von klinischer Sauberkeit und enthielt außer einem Bett nur noch Schrank, Tisch und Stuhl. Über dem Tisch hing ein Kruzifix mit einem Palmzweig des letzten Osterfestes dahinter, über dem Bett ein farbenfreudig koloriertes Bild der Jungfrau Maria auf einem Wolkenthron, die Erdkugel in der Hand.

Ich hatte zwar schon in einer ganzen Reihe von Mönchsklöstern gewohnt: bei Dominikanern und Trappisten, in Palästina bei den Karmelitern, in Spanien bei den Franziskanern, auf dem Berge Athos und auf dem Sinai bei griechischen Mönchen und am Roten Meer bei koptischen Mönchen, aber in einem Nonnenkloster war ich noch nie abgestiegen. Da ich so gar nicht Bescheid wußte, war ich mir zunächst recht im unklaren, ob das Rauchen erlaubt sei. Mit Gewissensbissen, wie ich sie so arg seit den Tagen meiner Kindheit nicht mehr gekannt hatte, rauchte ich dann doch verstohlen eine Zigarette und war ungeheuer erleichtert, als ich einige Stunden später einen Aschen-

becher auf dem Schauplatz meines Verbrechens vorfand; das zeigte die Kirche wieder einmal in ihrer ganzen Nachsicht und Umsicht!

Spätabends, wenn die unermüdliche Kinderschar dieses fruchtbaren Viertels endlich zwangsweise in die Betten abgeführt war, herrschte hier eine gesegnete Stille. In der ersten Nacht lag ich wach und lauschte dem Ruf des Käuzchens auf dem Gianicolo. Wie die Römer diesen Vogel fürchteten und verabscheuten! Als einmal ein Käuzchen auf dem Kapitol geschrien hatte, wurde eine Belohnung auf seine Ergreifung ausgesetzt, und Rom mußte symbolisch gereinigt werden. Einem Vogelfänger gelang der Fang, der Vogel wurde daraufhin feierlich verbrannt, seine Asche streute man wie die eines Übeltäters in den Tiber. Ein seltsamer Gegensatz: In Athen wurde die Eule als Vogel der Pallas Athene verehrt, in Rom war sie, wie Plinius sagt, »das Ungeheuer der Nacht«.

Nach so viel höllischem Maschinenlärm lauschte ich dem Schrei des Käuzchens, als sei es die lieblichste Musik. Es ist eigen, wie unser Unterbewußtsein die Erlebnisse wahllos und oft ohne den geringsten ersichtlichen Grund in der Erinnerung bewahrt. So manche wichtige Begebenheit, für deren Erinnerung man wer weiß was gäbe, verschwindet völlig aus dem Gedächtnis, während eine andere, höchst triviale, in strahlender Gegenwärtigkeit bleibt. So wußte ich auch hier, daß mir höchstwahrscheinlich recht wichtige Dinge über Rom entfallen würden; die Nacht aber, in der ich das Käuzchen auf dem Gianicolo rufen hörte, würde mir unauslöschlich in den Sinn gegraben sein.

Das Kloster war nur klein. Amerikanische Nonnen unterhielten hier eine Tagesschule und nahmen einige empfohlene Gäste auf. Außer mir waren als einzige noch ein Priester und ein aufgeweckter junger Amerikaner da. Ich wohnte nun der Peterskirche so nahe, daß ich tagsüber beobachten konnte, wie die Menschen außen um die Kuppel herumstanden, gestikulierend hierhin und dorthin wiesen, um sich die Wahrzeichen der Stadt zu zeigen, und den Lauf des ausgetrockneten Tibers nachzeichneten, der sich wie ein grünes Band durch die Sommer-

hitze wand. Des Nachts glühten orangefarbene Funken auf der Spitze der Antennenmasten des Vatikanischen Rundfunks, zwischen ihnen, in mondloser Nacht eher eine Gegenwart als feste Gestalt, löschte die Kuppel Millionen Sterne.
Auch die Gegend, in der ich nun wohnte, hatte ihre besondere Eigenart. Noch vor wenigen Jahren hatte dieser Teil wohl am Stadtrand gelegen; nun aber waren Vorstadthäuser und eine Handvoll Wohnblocks hügelaufwärts gekraxelt und standen nun gleichsam erschrocken an den langen Schluchten und Sandgruben der westlichen Gianicolohänge. Diese wenig beachtete Seite des Hügels hat etwas Schrebergartenartiges an sich und sticht damit recht von der allbekannten anderen Seite ab, wo Garibaldi zwischen Blumenbeeten auf seinem Roß sitzt.
Der junge Amerikaner, der zu den Mahlzeiten an meinem Tisch saß, wollte sich ein wenig die Welt ansehen, bevor er zu Hause in den Staaten in den Familienkonzern eintrat. In London war er aus einer Reisegesellschaft ausgebrochen, die nicht seinen Vorstellungen von idealen Reisegefährten entsprochen hatte. Paris hatte ihn enttäuscht, und jetzt versetzte Rom ihn in Ekstase. Er erinnerte mich an einen jungen Lord des 18. Jahrhunderts, der in der sogenannten »Grand Tour« erst noch einmal Europa bereiste, ehe er sein väterliches Erbe übernahm.
Nach ein paar Tagen traf ein weiterer Amerikaner in Begleitung seiner abgekämpften Frau und zweier todmüder Kinder ein. Er war ein Offizier der in Deutschland stationierten amerikanischen Truppen und erzählte mir, daß er mit dem Auto über den Brenner nach Italien gefahren sei, um einen Tag in Rom zu verbringen! Während seine übermüdeten Sprößlinge weinerlich den Kopf wegdrehten, sobald ein Löffel Essen auf ihren Mund zukam, und die geplagte Gattin mit einem unterdrückten Seufzer ihre Lippen zusammenpreßte, fragte mich der Ehemann mit einem gewinnenden Lächeln: »Man kann doch sicher an einem Tag eine ganze Menge von Rom schaffen, nicht?«
Die Nonnen sah ich nur ganz kurz, wenn sie durch eine Seitentür in die Kirche huschten. Sie lebten in einem Teil des Klosters über dessen Eingang *Clausura* geschrieben stand; ihre einzige Verbindung zu uns war eine kleine italienische Schwester mit

reizendem amerikanischem Akzent. Sie machte die Betten, fegte aus, polierte alles auf Hochglanz, bediente bei Tisch und kochte womöglich auch noch die Mahlzeiten. Wenn sie nicht schon Martha hieß, hätte sie so heißen müssen, denn Martha ist die Schutzheilige der Hausfrauen und wird in der Kunst mit der Suppenkelle in der Hand dargestellt, zuweilen wird ihr auch ein Drache beigegeben. Die heilige Martha überwältigte dieses Untier nämlich mit Weihwasser, fesselte es, nicht faul, mit ihrem Gürtel und wird es dann wohl zum Geschirrspülen und Einholen abgerichtet haben!

»Könnte ich wohl für heute abend einen Hausschlüssel bekommen?« fragte ich sie. »Na sicher!« nickte sie und zog auf der Stelle einen aus den Falten ihres Gewandes hervor.

An diesem Abend ging ich noch spät über die verlassene Piazza di San Pietro nach Hause. Keine Menschenseele war mehr auf. Die Lampen beschienen eine leere Weite, auf deren Mitte der Obelisk in die Sterne ragte. Das Wasserspiel der Brunnen rauschte weiter durch die Nacht, niemand stand, sie zu bewundern. Im Vorübergehen bekam ich ihren Sprühregen ab. Riesenhaft, drohend stieg der verschlossene Dom in die Dunkelheit auf. Ich dachte an Michelangelos Pietà dort drinnen in dem weiten, menschenleeren Raum; nur der Schein der 72 Ölampeln, die Tag und Nacht um das Apostelgrab brennen, leuchtet durch die Finsternis.

Kapitel VIII

St. Peter am frühen Morgen
Geschichte des Vatikanischen Hügels
Das Petrusgrab
Die römische Gräberstätte unter der Kirche
Auf dem Gianicolo

I

Das Wort »Rom« ruft hunderterlei heitere Bilder wach: die Trinità dei Monti mit dem Blumenmeer zu ihren Füßen; die Via Sacra mit dem Titusbogen gegen den Himmel; die verwunschenen Ilex-Alleen der Villa Medici; die Aurelianische Mauer mit der Schattenlinie einer Spielzeugburg; das kühle Rauschen der Fontana Trevi; das rosafarbene Rund der Engelsburg an einem stillen Sommermorgen. Jeder, der einmal in Rom war, trägt diese Bilder mit sich fort. Die Frauen mit dem glänzenden Haar, die auf dem Campo de' Fiori ihr Gemüse kaufen; Seminaristen, die eine goldene Mitra im Schaufenster eines kirchlichen Ausstattungsgeschäftes auf der Piazza della Minerva bewundern; Verdis Hörner- und Trompetenklang, der in die warme Dunkelheit aufsteigt, während inmitten der Schatten der Caracalla-Thermen Aida und ihr Geliebter dem Tode entgegengehen, und das Angelusläuten, das am Abend durch den rötlichen Dunstschleier der Straßen klingt.
In meinen eigenen Erinnerungen käme das Bild des Petersplatzes im Morgendämmern hinzu. Noch brennen im frühen Grau die Lampen an den vier Laternenpfosten um den Obelisken, und unter dem Rund der Kolonnaden glüht künstliches Licht. Im Hintergrund wartet, gewaltig sich auftürmend, die Kirche auf die erste Berührung der aufsteigenden Sonne. Sie kommt, blitzesgleich aus der Richtung des Tibers. Das Kreuz über der Kuppel wird Gold, Licht überflutet die große Kirche und den

Vatikanspalast, und die satten römischen Farben des Siena und Umbra kommen wieder zutage.

Dies ist ein wichtiger Augenblick am römischen Morgen. Die Tore von St. Peter öffnen sich, besenbewehrte Männer erscheinen, die marmorne Weite der Vorhalle zu kehren. Gleichzeitig sieht man viele schwarze Gestalten mit Köfferchen oder Taschen über den Platz eilen: Priester aus aller Welt, die gerade Rom besuchen. Sie haben das Vorrecht, in St. Peter die Messe zu lesen – die Altäre sind dafür Wochen, manchmal Monate vorausbestellt – und so eilen sie also im ersten Morgensonnenlicht die Stufen hinauf, und jeden Tag von morgens bis zwölf Uhr mittags widerhallt die Kirche von Latein in der verschiedensten Aussprache, Messe nach Messe, oft ohne jede Gemeinde, außer vielleicht ein paar gerade Vorübergehenden.

Die aufgehende Sonne bescheint auch weiterhin das Hauptportal der Peterskirche, als sei sie ein griechischer Apollotempel. Ich fragte mich, ob das wohl auch den Priestern auffiel, und wieviele von ihnen wohl wüßten, daß dieses Problem der aufsteigenden Sonne dem Papst Leo dem Großen schon im Jahre 460 viel Kummer bereitet hat. Waren die Christen die große Treppenflucht zur Basilika hinaufgestiegen, »wenden sie sich der aufgehenden Sonne zu und verneigen sich gesenkten Hauptes in Ehrfurcht vor dem herrlichen Ball«, schrieb Leo der Große, »dieser teils in lästerlicher Unwissenheit, teils in heidnischem Geiste begangene Brauch schmerzt uns tief.« Alle von Konstantin erbauten Kirchen sahen nach Osten, gerade auch die Kirche vom Heiligen Grabe in Jerusalem: andere, wie St.-Paul-vor-den-Mauern, erhielten später eine neue Richtung, St. Peter aber ist noch immer der aufgehenden Sonne zugewandt.

2

Es wäre vielleicht gar nicht so abwegig, den Petersplatz als Christliches Kolosseum zu bezeichnen. Zwar ist sein weites architektonisches Rund dem ewigen Leben und nicht dem Tode geweiht. Nie in der Geschichte gab es zwei so gewaltige steinerne Kreise, und vielleicht ließ sich Bernini vom Kolosseum inspirieren, oder auch von den entschwundenen Arkaden des alten Rom: denn einzig die Peterskolonnaden lassen sich heute in Rom mit den langen überdeckten Gängen vergleichen, die ein so wundervolles Wahrzeichen des kaiserlichen Rom waren und der Bevölkerung im Winter vor dem Wind und im Sommer vor der Sonne Schutz boten. Diese Kolonnaden waren ihrerseits eine Weiterentwicklung der langen Arkaden der hellenistischen Welt, die auf Augustus während seines Feldzuges gegen Antonius und Kleopatra einen so großen Eindruck machten. Die sogenannte »Enge Straße« in Damaskus und die »Kanopus-Straße« in Alexandrien waren solche Arkaden, von dieser gibt es noch heute eine sehr gute provinzielle Nachahmung, die sich bei Palmyra über die Wüste spannt. Es schien mir ganz natürlich und machte mir Freude, dies alles miteinander in Beziehung zu bringen, während ich, wie so oft, am Fuße einer der hohen Bernini-Säulen saß und das Leben und Treiben auf der Piazza betrachtete.

Von der Spitze der Kolonnaden schauen die Statuen von 140 Heiligen in dieses eindrucksvolle Amphitheater hinab. Unter den Figuren sind natürlich die Mehrzahl der wohlbekannten Heiligen aus dem Kalender vertreten, daneben aber auch andere weniger bekannte. Fünfzig Frauen stehen unter den 70 Statuen auf der rechten Seite, nur acht unter den 70 auf dem gegenüberliegenden Arm. Nummer fünf von rechts, wenn man auf den Platz kommt, ist die in der griechisch-orthodoxen Kirche so wohlbekannte heilige Thekla, die als Knabe verkleidet dem heiligen Paulus durch ganz Kleinasien folgte. Auf der linken Kolonnadenflanke steht die heilige Rosa von Lima, die noch nicht sehr lange eine Kirchenheilige gewesen sein kann, als Bernini sie dort oben hinstellte. Weiter entdeckte ich die Statue

des heiligen Genesius, des römischen Schauspielers, der das Christentum auf der Bühne verspottete, bis er eines Tages plötzlich bekehrt wurde und sich weigerte, sein Stück weiterzuspielen. Er ist der Schutzheilige der Komödianten, und wenn er, was selten vorkommt, in der Kunst dargestellt wird, trägt er eine Schellenkappe.
Beim Entwurf der Säulen dachte Bernini wohl daran, daß die barocken Kutschen der Prinzen und Kardinäle unter ihnen einherfahren würden, denn der mittlere der drei Gänge zwischen den Säulen ist so weit, daß die Kutschen aneinander vorbeifahren können. Die Seitengänge sind für die Fußgänger gedacht.
Obgleich der Platz nun schon seit so vielen Jahrhunderten bebaut ist, läßt sich der ursprüngliche Verlauf des vatikanischen Hügels andeutungsweise noch heute erkenne. Er erhebt sich am höchsten im Norden, wo der Vatikanspalast liegt, und fällt nach Süden hin ab.
Ich überlegte, ob wohl der heilige Petrus während seines Aufenthalts in Rom jemals hier des Weges gekommen war, ob er das vatikanische Bestattungsfeld kannte, wo ihm sein Grab bestimmt war, und den vatikanischen Hügel, auf dem dereinst seine Kirche errichtet werden sollte. Vielleicht war er an einem heiteren Frühlingstag hier, noch ehe Neros Haß sich wie ein Schatten auf die junge Kirche legte. Der vatikanische Hügel gehörte natürlich nicht zu den sieben Hügeln Roms: er lag außerhalb der Stadtmauer auf dem westlichen Tiberufer, eine einsame Landgegend mit Lehmgruben und Weingärten. Am Tongeschirr war nichts auszusetzen, der Wein soll jedoch der schlechteste in ganz Rom gewesen sein. »Wenn du Lust auf einen Surius hast, trink Vatikaner«, schrieb Martial, und auch Cicero erwähnt seine minderwertige Qualität. Zweifellos hätte der heilige Petrus etwas über die merkwürdige Herkunft des Wortes Vatikan gehört; daß es sich von »vates« oder »vaticinator« ableitete, d. h. Seher oder Prophet. In grauer Vorzeit war nämlich hier einer der Bezirke, die Numa Pompilius für die Verkündigung der Botschaften seiner Geister-Gemahlin Egeria bestimmt hatte.

Ganz gewiß hätte der heilige Petrus den Tempel der großen Göttermutter Kybele auf dem Vatikanshügel gekannt, jener phrygischen Gottheit, deren Anhänger mit Ochsenblut getauft wurden; sehr zum Entsetzen und Kummer der Christen, die in diesen wie auch den Riten des Mithras nur eine gräßliche Verhöhnung ihrer eigenen Sakramente sahen. Der Kybeletempel war berühmt; bis nach Frankreich und Deutschland hin hat man Inschriften gefunden, auf denen sich die Priester der Großen Mutter rühmen, ihr Ritus sei der gleiche wie der auf dem Vatikanshügel.

In alten Zeiten hieß die Straße vom Tiber zum Vatikan die Via Cornelia und war, wie alle aus Rom hinausführenden Straßen, von Gräbern umsäumt. Diese Straße war zudem durch die in ihrer Nähe liegenden Gärten der älteren Agrippina, der Mutter Caligulas, bekannt, und ein Teil des Geländes grenzte an die Gräberstätte. Sportlich gesinnte junge Kaiser, wie Caligula und Nero, kamen oft auf die in den Gärten gelegene Rennbahn, um sich im Lenken der vierspännigen Streitwagen zu üben. Diese Hügel-Gräberstätte lag nun so dicht an diesem Zirkus, daß einige der zunächst am Wege gelegenen Gräber weichen mußten, als es dem überspannten jungen Kaiser Heliogabal einfiel, seine Rennbahn zu erweitern, um Platz für seine von Elefanten gezogenen Wagen zu schaffen. Das nach Norden aufsteigende Hügelgelände trug Familienmausoleen, und wahrscheinlich konnte man von hier aus gut beobachten, was unten in der Arena vor sich ging.

Wer sich also in jener Nacht des Jahres 65 n. Chr., als Neros erste Christenverfolgung einsetzte, zufällig auf jener Gräberstätte befand, hätte das entsetzliche Schauspiel gesehen, das Tacitus beschreibt. Christen in den Fellen wilder Tiere wurden von heißhungrigen Jagdhunden zerrissen, andere mit Teer übergossen und auf dem Scheiterhaufen verbrannt, wieder andere gekreuzigt. Und während dieser fürchterlichen Szene jagte Nero als Rosselenker gekleidet auf seinem Wagen um die von brennenden Märtyrern erleuchtete Bahn. Zwei Jahre später wurde der heilige Petrus an der gleichen Stelle gekreuzigt. Der Tradition nach, soll er *inter duas metas* (zwischen zwei pyramidenförmigen Pfosten) auf der Spina, d. h. in der Mitte der Rennbahn, den Tod erlitten haben. Man hat immer geglaubt, daß er am Fuße des Obelisken starb, der heute in der Mitte der Piazza steht, wo er aber erst 1586 aufgestellt wurde. Ursprünglich hatte er südlich der Kirche, ein paar Meter vom Campo Santo in einem kleinen Hof seinen Platz, wo ein Stein im Pflaster die Stelle noch bezeichnet. Wer den Leichnam Sankt Peters zur Bestattung erbat, brauchte ihn also nur ein kleines Stück hinter dem Zirkus hügelaufwärts zu tragen. Der Kirchentradition nach errichtete man schon bald danach eine Gedenkstätte über dem Grab, die dort auch verblieb, so daß jeder Christ in Rom sie kannte. Als Konstantin der Große die erste Peterskirche erbaute, geschah es, um dieser Gedenkstätte eine würdige Hülle zu geben, und die Kirche wurde auf dem schwierigen abschüssigen Hügelgelände errichtet, damit dieses Heiligtum seinen Ehrenplatz auf der Sehne des Apsisbogens erhalten konnte.

Man könnte meinen, Rom habe keine Geheimnisse mehr preiszugeben, doch dem ist nicht so. Während des letzten Krieges untersuchten vatikanische Archäologen das Petersgrab und entdeckten etwas, das seit den Tagen Konstantins kein menschliches Auge mehr erblickt hatte: eine heidnische Gräberstraße unter der Kirche.

3

Spuren der vatikanischen Gräberstätte unter St. Peter waren in den vergangenen sechzehn Jahrhunderten einige Male gesehen worden, das erste Mal, als die alte Peterskirche eingerissen und die heutige errichtet wurde, sodann wieder im Jahre 1626 während der Untermauerungsarbeiten für Berninis massiven Baldachin über dem Hochaltar. In jenem Jahre gruben die Architekten rund um den zentralen Bezirk, in dem man das Grab vermutete. Man bat Papst Urban VIII. zu entscheiden, ob Nachforschungen durchgeführt werden sollten, um den Zustand des Grabes festzustellen. Zwei Standpunkte wurden

vertreten: die einen wollten wissen, ob das Grab im Jahre 846 von den Sarazenen geplündert war, die anderen hatten eine abergläubische Furcht davor, die Gebeine des Apostels in ihrer Ruhe zu stören. Einige unerwartete Todesfälle unter den Ausgräbern schienen den Befürchtungen derer recht zu geben, die sich auf einen vor 1000 Jahren geschriebenen Brief Gregors des Großen beriefen. Nach diesem Brief würde über jeden Unheil kommen, der es wagte, geheiligte Reliquien anzutasten. Wenn auch Urban VIII. sicherlich nicht zu den Abergläubischen gehörte, so entschied er doch aus drei Gründen gegen eine Untersuchung: erstens, sollte das Apostelgrab nicht gefunden werden, so würde damit das Vorhandensein von St. Peters Gebeinen in Rom womöglich überhaupt in Zweifel gezogen, zweitens ließe sich vielleicht bei der Vielzahl der frühen Papstgräber um ihn herum der eigentliche Leichnam nicht erkennen, und drittens könnte man bei dem großen Alter des Grabes und der Gebeine noch ungewollt Schaden anrichten. Die Ausgräber wurden daher angewiesen, nicht weiter unterhalb des Hochaltars vorzustoßen, und ihre Arbeiten auf die Untermauerung des Bronze-Baldachins zu beschränken.
Urbans Befürchtung, das Grab könne nicht aufgefunden werden, verweist jene merkwürdigerweise von vielen hervorragenden Schriftstellern wiederholte Erzählung ins Reich der frommen Wünsche, nach der man das Grab während des Pontifikats Klemens VIII., also nur 28 Jahre vorher, zufällig gesehen haben will. Es wird berichtet, daß während einiger Abänderungsarbeiten in der Krypta im Frühjahr 1594 ein Fußboden nachgab und man durch die Öffnung hindurch das Petersgrab erblicken konnte; auch das goldene Kreuz Konstantins, das 150 Pfund wog, lag noch so, wie man es im 4. Jahrhundert dort niedergelegt hatte. Klemens VIII. soll sich in Begleitung der Kardinäle Bellarmin, Antoniano und Sfondrato sofort an Ort und Stelle begeben und im Fackelschein das Grab liegen gesehen haben. Der Anblick erschütterte ihn so, daß er die augenblickliche Versiegelung des Grabes befahl. Es ist eine anziehende Geschichte, aber wenn sie stimmen würde, wäre sie Urban VIII. bekannt gewesen, gab es doch noch viele im Vati-

kan, die zur Zeit des angeblichen Vorkommnisses schon am Leben waren.

Das war also der Stand der archäologischen Vorgeschichte des Petrusgrabes beim Tode des Papstes Pius' XI. im Jahre 1939, der den Wunsch geäußert hatte, in der Nähe Pius' X. in der übervollen Krypta, beigesetzt zu werden. Sogleich machten sich die *Sampietrini*, die Bauleute, denen es seit Jahrhunderten zufällt, das Bauwerk St. Peters zu erhalten, nach einem geeigneten Platz für das Grab in der Krypta auf die Suche. Im Verlaufe ihrer Arbeiten kamen die Spuren der heidnischen Gräberstätte, über der St. Peter errichtet ist, von neuem zum Vorschein, und wieder bat man den Papst, über die Fortsetzung der Ausgrabungen zu befinden. Pius XII. faßte den kühnen Entschluß, die Nachforschungen fortzuführen, so lange sie die Struktur der Kirche nicht gefährdeten. Von nun an arbeiteten Architekten, Archäologen und etwa zehn *Sampietrini* zehn Jahre einschließlich der Kriegsjahre in strengster Verschwiegenheit unter dem Mittelschiff und Hochaltar von St. Peter.

Im Jahre 1951 konnte der in italienischer Sprache abgefaßte Ausgrabungsbericht vorgelegt werden. Inzwischen veröffentlichte einer der vier Archäologen, die mit den Forschungsarbeiten betraut waren, der Jesuitenpater Prof. Engelbert Kirschbaum einen für die breite Öffentlichkeit bestimmten Bericht unter dem Titel »Die Gräber der Apostelfürsten«, (Verlag Heinrich Scheffler, 2. erweiterte Auflage, Frankfurt a. M., 1959). Dieses reich illustrierte Buch ist für das Verständnis der Ereignisse unter St. Peter und der durch die Neuentdeckung aufgeworfenen Probleme bedeutsam.

Der Leser wird nun sofort fragen, ob das Petrusgrab wirklich entdeckt wurde? Die Antwort ist: Ja; doch war es nicht das Grab, das Konstantin der Große hinterlassen hatte. Schon in alten Zeiten war es wahrscheinlich von den Sarazenen geplündert worden, und von dem in frühen Bestattungsberichten erwähnten Bronzesarkophag und dem goldenen Kreuz ist jede Spur verloren. Unter einer Grabnische wurden kopflose Skelettreste eines älteren Mannes gefunden. War dies das Skelett des Heiligen? Niemand weiß es. Die zurückhaltenden vatikanischen Behörden haben die Gebeine nun seit mehreren Jahren zur Untersuchung vor sich, doch wurde bisher keine Verlautbarung dazu herausgegeben.

Worin also besteht das Ergebnis der vatikanischen Ausgrabungen? Eine ganze unter dem Mittelschiff durchlaufende Straße mit wunderbar dekorierten römischen Mausoleen wurde entdeckt, eine Straße, die seit den Tagen, als Konstantins Bauleute vor sechzehn Jahrhunderten die erste Kirche darüber errichteten, verborgen und keinem Auge zugänglich war. Unter dem Hochaltar der heutigen Basilika entdeckte man Reste eines alten Monuments, das den Grund zum Bau der ersten Kirche gegeben hatte. In eine Mauer dieses Monumentes hatten Pilger aus römischer Zeit ihre Namen oder die ihrer Toten eingeritzt. Neueste Forschungen haben überraschenderweise gezeigt, daß in diesen Namen und Anrufungen ein System symbolischer Buchstaben steckt, durch das von den Schreibern viele Begriffe des christlichen Glaubens in kürzester Form ausgedrückt wurden. Wichtig ist vor allem, daß diese Kritzeleien des späten dritten und frühen vierten Jahrhunderts ein beredtes Zeugnis der Verehrung des Apostelgrabes in dieser Zeit sind. Auf einer anderen Mauer desselben Grabmonumentes wurde sogar eine noch ältere Wandkritzelei in griechischer Sprache gefunden, in der das Grab des Apostels Petrus als solches bezeugt ist. Diese wichtige Inschrift stammt noch aus dem zweiten Jahrhundert. Nur ein übervorsichtiger Archäologe würde zögern, in diesem Bauwerk das Apostelgrabmal anzuerkennen. Durch die Ausgrabungsergebnisse wird allerdings ein seit langem bestehender Glaube zerstört und ein neues schwieriges Problem aufgeworfen. Viele Jahre hindurch galt die Annahme, daß die Südmauer von St. Peter auf der Nordmauer des neronischen Zirkus errichtet war, und daß der vatikanische Obelisk, der früher an der Südostecke der Kirche stand, ehemals den Punkt der *spina*, wo die Rennwagen drehten, bezeichnete. Als die Ausgräber auf die Grundmauer an der Südseite der Kirche hinabstießen, die, wie sie zuversichtlich meinten, auf dem Mauerwerk des Zirkus aus dem ersten Jahrhundert aufliegen mußte, entdeckten sie, daß die Mauer bis hinunter auf den gewachsenen Boden konstantinischen Datums war. So scheint es, daß weder der neronische Zirkus an der angenommenen Stelle gelegen, noch der Obelisk auf der Spina in der Mitte gestanden haben kann. Niemand weiß die Erklärung dafür. Vielleicht lag der Zirkus weiter südlich, vielleicht gibt es einen zweiten Obelisk, der noch nicht aufgefunden wurde. Wenn man dort nachgrübe, wo der bestehende Obelisk einmal stand und wo ein schwarzer Stein im Pflaster im Südosten der Kirche die Stelle noch bezeichnet, könnte man vielleicht den Schlüssel des Geheimnisses finden.

Die Grabungen unter St. Peter bedeuteten umständliche Feinarbeit: manchmal ließen sich Hacke und Spaten nicht gebrauchen, und die Archäologen und *Sampietrini* mußten mit Schabemessern und Fingern arbeiten. Einige Mauern wurden für unzureichend befunden und daraufhin abgestützt, und St. Peter ist nun stärker denn je fundiert. Die Gräberstraße unter der Kirche blieb vollständig erhalten und erhielt elektrische Beleuchtung. Wie in manchen Straßen von Herkulaneum oder Pompeji kann man dort auf und abgehen und in die Mausoleen hineingehen. Für mich ist dies das wunderbarste in ganz Rom, und es ist nur schade, daß die Besichtigung immer nur einer kleinen Anzahl von Besuchern gestattet ist: der Raum ist zu beschränkt und die Wandgemälde und Fresken könnten leicht Schaden leiden. Wissenschaftler und andere Interessierte erhalten jedoch nach schriftlicher Anfrage beim Amt der »*Reverenda Fabbrica di San Pietro*« Zutritt, aber mehr als jeweils acht werden nicht in den Ausgrabungsbezirk hinuntergelassen. Die Krypta aber ist für die Allgemeinheit geöffnet, und wenn unten in der Gräberstraße zufällig Licht brennt, geben die Eisengitter im Fußboden wunderbare Durchblicke frei.

4

Schlag zehn Uhr stand ich am Seiteneingang der Peterskirche, wo der Führer wartete, der mir die Ausgrabungen unter der Kirche zeigen sollte. Er öffnete eine brandsichere Tür und stieg mir voran die Stufen hinunter. Wir gingen unter der Kirche und der Krypta hindurch und kamen schließlich vor einem unvergeßlichen Bild zum Stehen: Im kalten Licht schirmloser Glühbirnen standen wir auf einer römischen Straße. Stahlträger bildeten über uns den eisengrauen Himmel. Hinter einer fortlaufenden Fassade aus schönem rotem Ziegelwerk, das alle paar Meter von massiven Travertin-Portalen und teilweise eierstabgeschmückten Fenstern unterbrochen wurde, lag Mausoleum an Mausoleum. Eine etwa eineinhalb Meter breite Straße trennte die beiden Häuserreihen.

Als hätten sich die Jahrhunderte hier in weißer Asche abgesetzt, lag über allem eine dicke Staubschicht.

Jedes Grabmal bestand aus höchstens zwei Kammern und war den Häusern der Lebenden gleich entworfen, die Gemächer hatten nichts Trauriges oder Düsteres an sich, manche waren in leuchtendem Pompejanischrot ausgemalt, auf ihren Wänden und Decken tummelten sich zwischen bunten Blumen Vögel und kleine Liebesgötter: Wohnzimmer für die Seelen der Abgeschiedenen. Manche der Mausoleen hatten Nischen für Aschenurnen, andere Fächer für die Sarkophage. Ich blickte zu der Linie der Dächer empor, die einst in der frischen Luft des Hügels standen und nun schon seit sechzehn Jahrhunderten weder Sonne noch Regen kennen, und dachte an die Leute, die neun Meter über uns über die glänzend polierten Fliesen der Peterskirche gingen und keine Ahnung von dieser außerordentlichen Szenerie hier unten hatten.

»Wo befinden wir uns jetzt im Verhältnis zur oberen Kirche?« fragte ich.

»Wir stehen ungefähr in der Mitte des Hauptschiffs, ungefähr in halber Länge der Kirche«, erklärte der Führer.

Er ging bis zum östlichen Ende der Straße, wo uns eine Mauer den Weg versperrte: »Hier enden unsere Ausgrabungen nach

Osten«, sagte er. »Wie nach Westen zu gehen fraglos auch hier die Mausoleen weiter auf das Hauptportal zu. Zur Fortsetzung der Grabungen wäre allerdings eine Abstützung der Basilika nötig. Aber man möchte doch manchmal zu gern wissen, was da noch alles drunter liegt.«

Das freigelegte Stück der Straße mißt etwa 60 Meter, hier entlang stehen 27 Familiengräber, von denen sich manche wie eine doppelte Häuserreihe gegenüberstehen. Die Inschriften erwähnen die Namen von 105 Menschen, 67 Männer und Knaben und 38 Frauen und Mädchen. Es handelt sich hier überwiegend um Mausoleen wohlhabender römischer Bürger des Mittelstands, die zwischen 125 und 300 n. Chr. gelebt haben. Manche Gräber wurden nachweisbar zu Lebzeiten ihrer Besitzer gekauft und ausgestaltet, andere wahrscheinlich von Spekulanten erbaut und bereits fertig dekoriert verkauft. Obgleich ich schon viele Fotografien gesehen und alles über die Ausgrabungen gelesen hatte, was ich finden konnte, war ich doch über den Umfang des freigelegten Geländes und die Zahl der Monumente erstaunt.

»Kommen Sie, ich werde Ihnen jetzt einige der interessanteren Gräber zeigen«, sagte der Führer. »Zunächst ist da das Grabmal des Gaius Popilius Heracla.« Auf der über dem Eingang eingelassenen Marmorplatte war in klaren römischen Buchstaben ein 19 Zeilen umfassender Auszug aus dem Letzten Willen des Toten eingemeißelt:

»Aus dem auf drei Blättern niedergeschriebenen Testament des Popilius Heracla. Gaius Heracla an seine Erben, Grüße. Ich bitte Euch, ich befehle Euch, ich verlasse mich auf Eure Ehrlichkeit, meine Erben, mir auf dem vatikanischen Hügel in der Nähe des Circus, neben dem Mausoleum des Ulpius Narcissus für 6000 Sesterzen ein Grabmal zu errichten. Dafür soll Novia Trophime 3000 Sesterzen und ihr Miterbe auch 3000 Sesterzen zahlen. Dort will ich, daß meine sterblichen Überreste bestattet werden und ebenfalls die meiner Frau Fadia Maxima, wenn ihre Zeit gekommen ist. Meine freigelassenen Sklaven und Sklavinnen haben das Recht und die Pflicht, an diesem Grab Totenmähler zu feiern. Dieses gilt auch für diejenigen, die durch meinen Letzten Willen frei werden, sowie für die, denen ich unter gewissen Bedingungen die Freiheit gebe. Das gleiche gilt auch für die freigelassenen Sklaven und Sklavinnen der Novia Trophime und für alle Nachkommen der obenerwähnten Personen. Sie alle sollen zum Zwecke des Opferns freien Zugang zu meinem Grabmal haben.«

»Sehen Sie sich das an«, sagte mein Führer, »*in Vatic ad circum!* Sie können sich vielleicht die freudige Überraschung der Ausgräber vorstellen, als sie im Lampenschein diese zeitgenössische Erwähnung des Vatikans und des Neronischen Zirkus lasen.«

Ein solches Wunder bleibt frisch wie im ersten Augenblick. Als diese Worte gemeißelt wurden, gab es noch keine Peterskirche, sondern dieser Mann wollte ganz einfach neben seinem alten Freund auf der Gräberstätte in der Nähe des kaiserlichen Zirkus begraben werden und hatte wenig Ahnung, daß sein Grab an dem heiligsten Ort eines noch ungeborenen Europas liegen würde.

Die weißen Stuckwände des nächsten Mausoleums hatten lustige Streifen aus Pompejanischrot, Gelb und dem Ockerton, der noch heute in Rom vorherrscht. Es war das Grabmal einer Frau namens Fannia Redempta. Rundliches Rehgetier auf hohen Spindelbeinen beäugte sich scheu auf den Wänden, rote Vögel mit blauen Schwingen flogen umher, ein Pfau, Symbol der Unsterblichkeit, stolzierte zwischen Blumen und Urnen. Der Führer wies auf einen Sarkophag auf einem hochgelegenen Wandbord. »Fannia Redempta liegt dort noch«, sagte er.

Die Inschrift besagt in wenigen Zeilen, daß sie mit 13 Jahren den Aurelius Hermes heiratete und nach 35 jähriger glücklicher Ehe im Alter von »47 Jahren fünf Monaten und sieben Tagen« starb.

Wir gingen nun über die Straße und betraten das Familiengrab der Marcier. An der pompejanischrot gehaltenen Wand sahen wir einen Sarkophag mit herrlicher Bildhauerarbeit: im Tanze wirbelnde, Flöten spielende Mänaden, ein nackter Dionysos, ein graziöser Satyr mit einem Kind auf dem Arm und in absonderlichem Gegensatz dazu die in Stein gemeißelten Gesichter der Verstorbenen: Quintus Marcius Hermes und seine Frau. Er hat kühl berechnende Gesichtszüge und einen kleinen Stutzbart und mag Geldverleiher gewesen sein, seine Frau ist eine gutmütig aussehende Frau in den mittleren Jahren mit leicht eingesunkenen Wangen.

Auf unserem Weg zu dem Bestattungsplatz des Apostels Petrus unter dem Hochaltar sahen wir in fast alle Mausoleen. In manchen war schon von den Arbeitern Konstantins des Großen das kassettierte Gewölbe in Deckenhöhe abgetragen, doch sah der Schaden so frisch aus, als wären die Arbeiter eben zur Mittagspause gegangen. Sie waren mit Ehrfurcht vorgegangen, diese Arbeiter, und hatten die Gebeine sorgfältig an einer Stelle geschichtet, wo sie bis zu ihrer Sammlung in Gräbern sicher verwahrt waren. Ich überlegte, ob die vielen leeren Grabnischen vielleicht die Erklärung auf eine Frage sein könnten, auf die der Führer jedenfalls keine Antwort wußte. Wie hatte Konstantin die öffentliche Meinung besänftigt, die durch diese Antastung einer Gräberstätte höchst aufgebracht gewesen sein muß? Hatte er vielleicht einen neuen Friedhof angelegt, auf den die noch bestehenden Familien die Überreste ihrer Anverwandten umbetten konnten? Für diesen Akt einer *violatio sepulchri* durch Konstantin, ein Akt, vor dem die Kirche jahrhundertelang zurückschreckte, bedarf es noch einer Erklärung.

Ein recht eigenartiges Grab soll angeblich einem in Rom ansässigen Ägypter gehört haben, seine Mumie wurde allerdings nicht gefunden. Aufrecht und stocksteif schreitet der Gott Horus auf der roten Wand und ist damit meines Wissens die einzige ägyptische Gottheit auf einer italienischen Grabmalerei. Wunderschön ist das »Grab der Quadriga«, auf dessen Boden in schwarzen Mosaiksteinchen ein Wagen mit vier galoppierenden Pferden eingelegt ist. Es ist die Rückkehr der Proserpina aus der Unterwelt dargestellt, von Hermes geführt und von Pluto begleitet. Wir betraten auch das Familiengrab der Tullier, in dessen einer Nische eine elegant geformte gelbe Alabastervase steht, die noch mit Asche gefüllt ist. Das Grab gehörte einem Steuereinnehmer in Belgien aus dem ersten Jahrhundert.

Wir besichtigten auch das Grab eines »consul designatus«,

dessen Tochter Ostoria Chelidon ebenfalls hier an dieser Stätte beigesetzt wurde. Ein kostbarer, golddurchwirkter Schleier bedeckte einst das Haupt der Toten, deren Leib purpurgeschmückte Gewänder umhüllten. In dem Mosaik eines weiteren Mausoleums war Christus als Sonnengott auf seinem Himmelswagen dargestellt. Fast unmittelbar unter dem Hochaltar lag das Grabmal eines fröhlichen Heiden namens Flavius Agricola. Es wurde schon 1626 während der Ausschachtungen für den Unterbau zu Berninis Baldachin entdeckt, zum Glück hat man die Grabinschrift kopiert, ehe die Platte verlorenging oder in den Tiber geworfen wurde. Hier ist sie:
»Am Tiber habe ich gewohnt, Flavius Agricola ist mein Name, ich bin's, den Du hier ruhen siehst, geradeso wie in allen Lebensjahren, die mir vergönnt waren und in denen ich mich so recht pflegte und niemals knapp an Wein war. Meine liebe Frau Primivita verschied vor mir, auch sie eine Flavierin und zudem keusche Anhängerin der Isis, sie war mir eine gute Frau und mit jeder Schönheit begabt. Dreißig selige Jahre verbrachten wir gemeinsam, zu meinem Trost hinterließ sie mir die Frucht ihres Leibes, Aurelius Primitivus, der mein Haus (oder Grab?) in liebevoller Sohnespflicht versorgen wird, sie selbst, ihrer Pflichten nun entbunden, hat mir für immer eine Wohnung freigehalten. Freunde, die Ihr dieses lest, tut, was ich Euch heiße. Mischt den Wein, bekränzt Euch mit Blumen und trinkt und verweigert auch den hübschen Mädchen die süßen Freuden der Liebe nicht. Kommt erst der Tod, wird alles von Erde und Feuer verzehrt.«

Kann man sich etwas Erstaunlicheres unter dem Hochaltar der Peterskirche vorstellen? Wir kamen nun auf die ehrwürdige Stätte zu, die Konstantin während der Erbauung seiner Kirche auf diesem öden Hügelabhang in einen besonderen Schrein fassen ließ. So sehr war diese Stelle Gegenstand der Verehrung, daß er lieber unter riesigem Aufwand die Hügelseite anschnitt und am unteren Abhang eine weite Plattform aufschüttete, als hier einen Stein zu verrücken oder das Ganze auf ein vernünftiges Gelände zu verlegen; sie blieb Mittelpunkt seines Bau-

werks. Dies ist der Ort, der seit Neros Zeiten als Bestattungsplatz des Apostels Petrus verehrt wurde.
Ich befand mich in einem engen Gang, dessen Boden mit dem Pfad identisch war, den die Christen auf ihrem Wege zum Grabplatz hügelan Jahrhunderte vor der Entstehung der Peterskirche ausgetreten hatten. Antikes Mauerwerk erhob sich ringsum, und ich wußte, daß ich dem Apostelgrab nun so nahe war wie es ein Mensch sein kann.
Die Welt gab sich mit der Auskunft zufrieden, daß Konstantin den »Bronzesarkophag«, in den er den Leichnam des Apostels hatte betten lassen, ringsum mit schützendem Mauerwerk umgeben hatte: »Fünf Fuß zu seinen Häupten, fünf Fuß zu seinen Füßen, fünf Fuß zu seiner Rechten, fünf Fuß zu seiner Linken, fünf Fuß unter ihm und fünf Fuß über ihm, so umgab und verbarg er den Körper des heiligen Petrus.« Nichts konnte einleuchtender sein als dieser vermutlich im sechsten Jahrhundert auf Grund zeitgenössischer Aussagen niedergeschriebene Bericht. Da nachfolgende Jahrhunderte ihn ohne weiteres übernahmen, durften die Ausgräber mit Fug und Recht erwarten, wenn auch nicht den Bronzesarg mit den intakten Gebeinen des Apostels, so doch zumindest den Bestattungsplatz des Sarges aufzufinden, womöglich gar mit Beweisstücken, daß er auf der Suche nach Gold erbrochen worden war.
Nichts dergleichen wurde jedoch gefunden. Statt dessen entdeckten die Ausgräber ganz unverhofft etwas anderes: die Überreste eines kleinen säulengeschmückten Denkmals, das sich einst an der Stelle erhob, wo später einmal der Hochaltar stehen sollte. Es war der antike Schrein, das »Tropaion«, also die Gedächtnisstätte für den Apostel, die nach frühen Schriften lange vor der Errichtung der Kirche weithin sichtbar auf dem vatikanischen Hügel gestanden hatte. In seinem unteren Teil gab es eine Öffnung, über die die Pilger während ihres Gebets das Haupt beugten; durch diese Öffnung im unteren Teil ließen sie später Tücher und andere kleine Gegenstände hinab, um sie durch die Berührung mit dem Apostelgrab zu heiligen.
Die Überreste des Heiligtums wurden später schwer beschädigt, denn gierige Plünderer brachen in ihrer wilden Sucht

nach Gold und Silber alles in großer Hast auf. Aller Anschein deutet auf die Sarazenen, die im Jahre 846 eine Woche lang in der Peterskirche plünderten und brandschatzten und dabei »unbeschreibliche Missetaten« begingen, selbst den Altar schleppten sie mit sich fort. Einer Schätzung nach muß ihnen in der Peterskirche und in St.-Paul-vor-den-Mauern wohl an die drei Tonnen Gold und an die dreißig Tonnen Silber in die Hände gefallen sein; schwer beladen wie ihre Schiffe, waren sie schließlich bereit, Rom mit ihrer märchenhaften Beute zu verlassen. Mit größter Wahrscheinlichkeit wurden mithin die Schätze der Peterskirche, alle die Kostbarkeiten, mit denen christliche Frömmigkeit das Grab in fünf Jahrhunderten umgeben hatte, von den Piraten geraubt. Ihre Schiffe sanken in einem Sturm vor der Küste Siziliens.

In der untersten Nische des Tropaions wurden, halb versteckt, Gebeine gefunden, die man für die des Apostels Petrus hält. Es wird gesagt, daß sie nach einer Untersuchung in die Gemächer des Papstes gebracht worden seien. Näheres darüber ist nicht bekannt geworden. Was man weiß, ist, daß sie die Gebeine eines älteren Mannes von kräftiger Statur sein sollen, dessen Kopf fehlt.

»Unsere Reise in die Vergangenheit ist zu Ende«, bemerkte der Führer, »auch Sie werden sagen, daß dies hier mit das Schönste ist, was es in Rom gibt.«

Vom Rande der Piazza her blickte ich auf den Petersdom. Immer würde ich in Zukunft auch an die dunkle Straße unter seinem Mittelschiff mit den Grabmälern der Menschen aus apostolischer Zeit zurückdenken.

5

Ein junger amerikanischer Priester, wie ich Gast im Kloster, erzählte mir, daß er sich gern für einen Altar im Petersdom vormerken lassen wollte, um dort eines Morgens die Messe zu lesen. »Für so 'nen einfachen Kerl wie mich wird's ja wohl schwerhalten, den Altar des heiligen Pius X. zu bekommen, was? Der ist ja immer Wochen vorbestellt! Aber ich könnt' ja vielleicht einen anderen nehmen ...«, meinte er.

»Wenn ich vorschlagen darf«, sagte ich, »versuchen Sie doch den Altar Gregors des Großen zu bekommen. Für einen englisch sprechenden Katholiken kann es doch nichts Passenderes geben, da doch Gregor den heiligen Augustin nach England geschickt hat!«

Abends traf er mich in der Halle und rief schon von weitem: »Also das war wirklich eine gute Idee von Ihnen. Ich hab' Gregor den Großen für sieben Uhr früh!«

Kurz nach sechs Uhr am nächsten Morgen wanderte ich zum Dom hinunter. Der Platz lag still und leer. Die Lampen um den Obelisken brannten noch. Priester aus aller Herren Länder eilten mit dem Meßgewand im Köfferchen über den Platz und mit langen Schritten das Treppenwerk hinauf. Die Kirche lag noch im Dunkel, ein *Sampietrino* versorgte mit Schere und Ölkanne die Lämpchen um die Confessio, andere streuten nach der Reinigungsmethode der alten Römer, die schon bei Martial und Juvenal erwähnt wird, Sägespäne auf die Fliesen und fingen dann an auszukehren. In diesem grauen Morgenlicht machte der Petersdom einen ganz besonderen Eindruck, er wirkte ohne die üblichen Menschenmengen noch gewaltiger. An einem Altar hatte die Messe begonnen; goldenes Licht floß von den Kerzen, der Glassarg, in dem der heilige Pius X. mit einer Maske über dem Antlitz liegt, war hell erleuchtet.

Die Sakristei des Petersdoms hat die Größe einer normalen Kirche. Nur wenige Laien bekommen sie je am frühen Morgen zu sehen, sie gehört dann zum Eindrucksvollsten in ganz Rom. Vor einem Pult mit dem aufgeschlagenen Altarbuch sitzt ein Beamter und prüft die Namen der Priester, die zum Messelesen an den von ihnen gewählten Altären eintreffen. Manche Altäre waren schon über einen Monat von sieben Uhr morgens bis zwölf Uhr mittags vorausbelegt. Ein paar Priester legten, stumm die vorgeschriebenen Gebete sprechend, ihre Meßgewänder an, andere warteten. Kaum kam ein Priester von der Messe zurück, ging der nächste in Begleitung seines Chorknaben an den nun leeren Altar. Eine ganze Schar von kleinen Jungen war in einem Nebenraum versammelt, wo ein scharfes Auge die Vorgänge überwachte. Ich weiß nicht, ob es einen Sammelbegriff für »Chorknabe« gibt, aber »Getuschel« oder »Gescharre« wäre nicht ganz abwegig! Der Unterschied im Benehmen zwischen den Priestern und ihren kleinen Helfern fiel sofort ins Auge. Für die Jungen war der Dienst eine allmorgendliche Verrichtung, für die Priester handelte es sich dagegen um ein einmaliges Erlebnis, das sie nie wieder vergessen würden; in der Peterskirche die Messe zu lesen! Ich sah den kleinen Dienern nach, wie sie mit ihren Glöckchen und Altargefäßen vor den ernsten, andächtigen Priestern her eilfertig über die marmorne Glätte der Fliesen zum bestimmten Altar liefen.

Mein junger Amerikaner las die Messe am Altar Gregors des Großen, und ich war seine ganze Gemeinde. Meine Gedanken kreisten um den großen Mann, dessen Gebeine unter diesem Altar ruhen; um den heiligen Augustin, wie er über die Landstraßen von Kent zieht, und Gregors Briefe, in denen er ihm rät, was er mit den heidnischen Tempeln tun und wie er sich bei heiklen Heiratsproblemen verhalten solle, eben jene Anweisungen, die vielleicht heute ein Bischof oder Ordensgeneral seinen Missionaren in Afrika erteilt.

Später traf ich meinen Amerikaner in der Sakristei wieder, und zusammen gingen wir in die Kaffeebar, die es – o Wunder! – in der Peterskirche gibt. Sie ist für die Priester bestimmt und schließt mittags nach Beendigung der Messen, wenn auch der letzte Zelebrant sein Fasten abbrechen darf. Belebender Kaffeeduft aus einer zischenden Maschine hinter der Theke umfing uns, auf den Borden bot sich eine beachtliche Auswahl von geistigen Getränken dar, unter denen selbst der Respekt einflößende jugoslawische *sljivovica* nicht fehlte. Eine muntere Matrone versorgte uns mit Kaffee und Brötchen, die wir unter den wohlwollenden Blicken Pius' X. schweigend verzehrten. Bei einem darauffolgenden Rundgang durch die Kirche sah ich im südlichen Teil des Querschiffs die Pönitentiare von St. Peter in ihren Beichtstühlen sitzen, wo sie in acht Sprachen die Beichte abnehmen. Über jedem Beichtstuhl steht in kühnen Lettern die jeweilige Sprache. Nur hier in St. Peter und in den Hauptbasiliken Roms berührt nach einem sonderbaren Brauch der Beichtvater Haupt beziehungsweise Schultern der Gläubigen mit einem langen Stab, der *bacchetta*. Gibt es nichts für den Stab zu tun, ragt er wie eine Antenne über dem Beichtstuhl in die Luft.

Alle paar Augenblicke kniete unvermittelt ein Mann oder eine Frau vor dem Beichtstuhl nieder, woraufhin der Beichtiger, ohne im geringsten die ihm zugeflüsterten Enthüllungen zu unterbrechen, seinen Stab ergriff und damit dem Bußfertigen vor ihm auf den Kopf pochte. Auf diesen Akt der Demütigung und das damit verbundene Glaubensbekenntnis steht als Belohnung ein besonderer Gnadenablaß.

Ich suchte mir den Beichtstuhl mit der Überschrift »Englisch« und bat den darinsitzenden Priester, mir die Herkunft dieses Brauches zu erklären. Er wandte mir sein glattes, volles irisches Gesicht zu.

»Das ist folgendermaßen«, sagte er. »In der bösen alten Zeit des heidnischen Rom erhielt ein Sklave bei seiner Freilassung symbolische Schläge, eine Akkolade. Der Brauch wurde dann von der Kirche übernommen, die Ihnen einen kleinen Schlag auf den Kopf versetzt zum Zeichen dessen, daß Sie zu der freien Gemeinschaft der Christen gehören.«

Hier wurden wir von einer Frau unterbrochen, die mit ihrem kleinen Sündenpäckchen in den Beichtstuhl glitt, bald würde sie erleichterten Herzens aufstehen und viel froher aussehen.

Der Amerikaner und ich nahmen unseren Rundgang wieder auf, und er fragte mich, was mich in der Peterskirche am meisten beeindruckte. Es sei nicht ihre räumliche Größe, antwortete ich ihm, sondern ihre Kontinuität, die in der Welt einzig

dastünde. Das in den Tagen des heidnischen Rom auf diesem Hügelabhang gesäte Samenkorn des Glaubens, der Liebe und Ehrfurcht, hatte sich zu diesem gewaltigen Schrein entwickelt, wobei die Größe der Peterskirche, die Tatsache, daß man nicht weiß, wohin man zuerst blicken soll, ihre eigentliche Funktion verdeckt, nämlich, daß sie wirklich ein Schrein ist, das weit über die Vorstellung seiner Stifter hinausgewachsene Tropaion des Anicetus. Damit nicht genug: Sie ist außerdem noch die Aufbewahrungsstätte für den angeblichen Stuhl oder Bischofsthron des Apostels Petrus, der am westlichen Ende der Kirche in der Nähe von Berninis goldener Tribüne hinter Schloß und Riegel gehalten wird. Noch vier weitere bedeutsame Reliquien werden in diesem Schrein aufbewahrt und verherrlicht: das Schweißtuch der heiligen Veronika, das Haupt des heiligen Andreas, ein großes Bruchstück des wahren Kreuzes und die heilige Lanze.
Nachdem sich mein Freund verabschiedet hatte, ging ich zu der schönen Pietà von Michelangelo hinüber. Er schuf sie im Alter von 24 Jahren. Ein paar Schritte von hier erhebt sich die Peterskuppel, die er mit 72 Jahren entwarf und deren Konstruktion er bis zu seinem Tode im 90. Lebensjahr überwachte. Beginn und Ende einer genialen Laufbahn liegen hier, nur durch wenige Schritte getrennt, beieinander.
Von den mächtigen Werken Michelangelos ist die Pietà das einzige, das er signierte Auf dem Gürtel der Madonna finden sich die Worte: Michelangelo Buonarroti, der Florentiner, hat es gemacht. Der erschöpfte Körper des Erlösers liegt eben nach der Abnahme vom Kreuz auf den Knien seiner Mutter, bei seiner Betrachtung drängen sich die Gedanken an Gethsemane, das Verhör, die Geißelung und die Kreuzigung auf. Mit dieser Figur hat

der Künstler die letzten Kapitel des Evangeliums in Marmor gehauen. Das Antlitz der Madonna, die sich über den Körper ihres Sohnes neigt, ist in einem Schmerz erstarrt, für den es keine Tränen gibt.

Nur wenige Beobachter bemerken die geschwungenen Säulen an den Balkons und das gynäkologische Relief rund um den Baldachin. Wer, unter der Kuppel stehend, zu den in den Pfeilern eingelassenen und von diesen getragenen Balkons aufsieht, wird an jedem Balkon gewundene weiße Säulen aus dem reinsten Marmor entdecken, die in der Form an unsere altmodischen Zuckerstangen erinnern. Von den zahllosen Sehenswürdigkeiten in der Peterskirche sind sie die historisch interessantesten, denn sie gehen auf Konstantin selbst zurück. Während der Errichtung der ersten Kirche sandte der Kaiser, wie es heißt, aus Griechenland, sechs dieser Säulen für den Baldachin über dem Apostelgrab. Wahrscheinlich waren sie die ersten Säulen ihrer Art und »mußten bei dem Standort, den sie erhielten, notwendig die Aufmerksamkeit und Bewunderung jedes Besuchers der Peterskirche erregen«, schreibt Professor Ward Perkins. »Sie wurden dann während des ganzen Mittelalters immer wieder kopiert.«

Weitere sechs Säulen der gleichen Art trafen zur Zeit Gregors des Großen ein, der den Apostelschrein umgestaltete und diese Säulen gemeinsam mit den ersten sechs zu einem schützenden Vorhof vor dem Schrein verwandte. Beim Abriß der alten Kirche wurden die Säulen gerettet – nur eine von den zwölf fehlt,– und Bernini kopierte sie in Bronze, so daß sein monumentaler Baldachin mit den gewundenen Säulen und dem offenen Überbau eine mächtige Nachbildung des ursprünglichen Baldachins ist.

Auf den Sockeln dieser vier Säulen hat Bernini in einem unbegreiflichen Augenblick die fraglos ausgefallenste Dekoration in der Peterskirche angebracht. Angeblich soll die Nichte Urbans VIII. die Stiftung der Säulen für den Fall gelobt haben, daß sie ihr Kind sicher zur Welt brächte. Die Sockel haben vier Seiten; auf neun Seiten erscheint das Gesicht einer Frau, deren Züge sich mit den fortlaufenden Monaten der Schwangerschaft

jeweils verändern. Auf der zehnten ist ein wohlgebildeter Säugling abgebildet.
Es war interessant, zu erfahren, daß zwischen den in St. Peter beigesetzten Päpsten (nach einer Tafel in der Sakristei 143 an der Zahl, darunter 35 Heilige) auch fünf Frauen ruhen. Die eine, Mathilde von Toskanien, hinterließ bei ihrem Tode im Jahre 1115 ihre Ländereien der Kirche und wurde so zur Gründerin der weltlichen Macht des Heiligen Stuhles. Ferner liegen hier drei Exilköniginnen: Charlotte von Zypern, die 1461 bettelarm in Rom anlangte, nachdem sie von ihrem illegitimen Bruder vom Thron gestoßen und unterwegs von Piraten ausgeraubt worden war, Christine von Schweden, Gustav Adolfs Tochter, die 1654 abdankte und zum römisch-katholischen Glauben übertrat, und Klementina Sobieski, die Gemahlin des »Alten Kavaliers« und Mutter des »Bonnie Prince Charlie«. Die fünfte Frau ist Agnes Colonna, die Gemahlin des Helden von Lepanto und Gouverneurs von Rom während des Pontifikats von Gregor XIII., Onorato Colonna. Es gab sogar noch eine sechste, Goyas sauertöpfische Maria Luisa von Spanien, die vor Napoleon flüchten mußte. Ihre Gebeine wurden jedoch später in die königliche Gruft des Escorial überführt.

6

Nach einem Morgen in den vatikanischen Museen, einem Spaziergang, der es wie wenige in Europa in sich hat, suchte ich mir mit ganz besonderem Genuß eines der kleinen preiswerten Restaurants aus, die sich in großer Zahl an den Grenzen der Vatikanstadt angesiedelt haben. Eines von ihnen hatte es mir besonders angetan. Hinter einem schlecht gelüfteten Speiseraum kam man auf einen von einem riesigen Weinstock beschatteten Hof mit hölzernen Tischen und Stühlen.
Bei meinen Wanderungen durch Italien ist es recht ungünstig für mich, daß ich mir nichts aus Spaghetti mache und auch den Ravioli wenig Geschmack abgewinnen kann. Selbst wenn dieses volkstümliche Gericht mit goldenem Löffel, Gesang und

Tanz serviert wird wie in einem gewissen römischen Restaurant, kann mich nicht dazu überreden. Der italienische Appetit auf *pasta* ist ja in der Tat erstaunlich, und ich habe öfters überlegt, ob diese Vorliebe wohl über die Jahrhunderte hinweg noch von den Weizen essenden alten Römern stammt, denn trotz Lucullus und seinesgleichen war der Durchschnittsbürger im antiken Rom praktisch Vegetarier und seine Hauptnahrung der Weizen. Tacitus erwähnt Soldaten, die »mangels Weizen und Gemüse einzig von tierischer Nahrung leben mußten und vor Erschlaffung fast umfielen«, und Cäsar bewundert mehr als einmal die Ausdauer seiner Legionäre, die sich mit Fleisch begnügen mußten, wenn Weizen fehlte. Auch gegen Butter hatten die alten Römer ein Vorurteil, sie hielten sie für ein barbarisches Nahrungsmittel, das in ranzigem Zustand von Leuten wie den Burgundern als Haarpomade benutzt wurde. So ist es vielleicht kein Zufall, daß man bis auf den heutigen Tag in einem römischen Restaurant die Butter gesondert bestellen muß. Nie steht sie wie in anderen Ländern als Selbstverständlichkeit auf dem Tisch.

Einen Italiener vor einem Riesenberg Spaghetti zu beobachten, ist für mich rein als Schauspiel schon interessant. Die Art, wie er sich darüber beugt, sie hoch in der Luft durchkämmt und um seine Gabel wickelt, ehe er sie sich in den Mund fallen läßt und die herabhängenden Fransen abbeißt, ist wirklich geeignet, das unverholene Staunen weniger geübter Esser zu wecken. Kein Wunder, wenn die Gabel als italienische Erfindung gilt. Es gibt jedoch noch eine ganze Reihe anderer Gerichte in Rom. Sehr gefielen mir *fichi con prosciutto*, ein köstliches Mahl auf frischen grünen Feigen und Parmaschinken, eine merkwürdig anmutende, gleichviel wunderbare Zusammenstellung. Weiter liebte ich *saltimbocca alla Romana;* hierfür wird eine Scheibe Schinken mit einem frischen Salbeiblatt darauf auf eine dünne Scheibe Kalbfleisch von der gleichen Größe gelegt, zusammengerollt, mit einem Zahnstocher gehalten und in Butter gebraten. Und es gibt nichts Schöneres als das Obst in Rom und die guten Salate und Gemüse der *cucina Romana*. Ausgezeichnet zum Beispiel sind die roten und grünen Paprikas, *peperoni alla provin-*

ciale, und die in Öl knusprig gebackenen Artischocken, *carciofi alla Guidea*.

In meinem kleinen Stammrestaurant sah ich zum ersten Mal auch *gineproni*, was mich so erboste, daß ich aufstand und im Restaurant gegenüber aß. *Gineproni* sind Drosseln, die im beschmutzten, zerissenen Federkleid zu Dutzenden verkauft werden. Sie nähren sich von Wacholderbeeren und sollen nach Gin schmecken, sagte man mir, hier gelten sie als große Delikatesse. Sie sind ebenso erbarmungswürdig anzusehen wie die *beccaficos* auf Zypern, eingelegte Singvögel, die sich an Feigen dick und rund gefressen haben. Wenn man die Bündel von Drosseln und anderen kleinen Vögeln auf den Straßenmärkten zum Verkauf aushängen sieht, hat man die Erklärung für das Fehlen des Vogelsangs in Italien.

Um diese Jahreszeit etwa, gegen Ende des Sommers, füllen sich die Läden und Eisschränke der Restaurants mit Pilzen in den aufregendsten Größen, Formen und Farben. Schon die italienische Bezeichnung *funghi* hat etwas Beunruhigendes an sich, das eingefügte »h« verleiht dem Wort etwas teuflisch Unheilvolles. Doch wurden diese monströsen Gewächse, grün gefleckt oder bösartig rot, wie sie waren, sorglos von den Kunden vertilgt. Ich dagegen vermochte mich nicht zu einer Bestellung aufzuraffen, obwohl ich an sich ein unternehmungslustiger Esser bin. Für mich bildeten diese Pilze die sichtbare Bestätigung für Suetons Behauptung, daß Claudius mit *funghi* vergiftet wurde.

Mein Restaurant hatte einen herrlichen Platz. Eben um die Ecke lagen die goldbraunen Kolonnaden, die beiden Springbrunnen und der Petersdom. So nahe am Petersdom einen Stuhl zum Draufsitzen und einen Weinstock zum Druntersitzen zu haben: Was konnte es Schöneres geben? Bei einer Karaffe Frascati, einem Teller Minestrone und einem Stück Gorgonzola war es jederzeit leicht, sich von dem anstrengenden Besuch der vatikanischen Museen und Bibliotheken zu erholen.

Abends wechselte mein Restaurant den Charakter. Die Leute, die hier zur Nacht aßen, unterschieden sich sehr im Typ von den Mittagsgästen. Verschwunden war die Amerikanerin, die ihre Handtasche verloren hatte, der zu Besuch weilende Priester, die Touristengruppen, die französisch, deutsch, englisch durcheinanderredeten. Verschwunden ebenfalls der aufdringliche junge Mann mit den Kameenbroschen, der stets während des Mittagsmahls erschien, blitzschnell jeden Gast abschätzte und dann wie ein höflicher Schatten überall da auftauchte, wo ein junger Mann in Begleitung eines jungen Mädchens speiste. Mit bezwingendem Blick auf das Mädchen öffnete er dann einen lederbezogenen Kasten, dessen Schübe voller Kameen lagen. Er wußte sofort, ob er etwas verkaufen konnte oder nicht, und war schnell am nächsten Tisch, wenn das Mädchen kein Interesse zeigte. Erstaunlich, wieviel er verkaufte, und höchst amüsant zu beobachten, wie gekauft wurde. Engländer oder Amerikaner zahlten nach einem schüchternen Versuch, den Preis herunterzuhandeln, meist die geforderte Summe, wohl um in den Augen ihrer Begleiterin nicht als knauserig zu gelten. Solche Hemmungen waren den Italienern unbekannt. Falls ihr Mädchen wirklich eine Brosche haben wollte, rang ein italienischer Kavalier mit dem Mann um jede Lira, zuckte die Achseln, kehrte ihm den Rücken zu, wurde aufsässig, machte die Brosche schlecht und schnippte sie verächtlich zwischen den Brotkrumen herum, als wär's ein Dreck. Der Verkäufer konnte einem fast leid tun, obwohl er ja im Grunde jeden Augenblick mit Genuß auskostete, ja in dem Maße, wie sein Preis gedrückt wurde, füllten sich seine dunklen Augen mit Respekt, wie wenn ein Degenfechter auf einen würdigen Gegner stößt und ihm, obwohl hart bedrängt, seine Bewunderung entgegenbringt. Die Szene endete, indem er mit dem herzzerreißenden Ausruf »Sie sind mein Ruin!« die Kamee hergab und den vermutlich recht netten Gewinn einstrich. Jedenfalls war er sofort nach Abschluß des Handels wieder ganz lächelnde Liebenswürdigkeit und wandte sich mit der gleichen Verkaufstechnik seinem nächsten Opfer zu.

Abends kam anstatt des Kameenmanns ein Sänger mit Gitarre. Er war ein dünner, verschlagen dreinschauender Bursche mit schweren Augenlidern über unverschämten Augen, der sich auch nicht jeden Tag rasierte. Eine Filmkomparsenagentur

würde ihn in der Rubrik »Ausländischer Hochstapler« einstufen, doch ist der Typ schon einige Jahrhunderte alt, diese Sorte hat schon das Rom der Borgias unsicher gemacht.
Er kam lässigen Schrittes in die Weinlaube und ließ seine schweren Augen träge in die Runde schweifen. Die Einheimischen, ganze Familien, Originale und Witzbolde, füllten nun das Lokal, und er kannte fast alle. Die Familienmitglieder hockten mit vorgebundener Serviette über ihren Tellern mit Spaghetti, Bekannte saßen bei einer gemeinsamen Flasche *vino bianco*, und die hierher kommenden Einzelgänger, Leute, die wahrscheinlich um die Ecke wohnten und im Vatikan arbeiteten, nahmen sich über ihrer Mahlzeit geruhsam Zeit.
Der Mann hatte sich jemand aufs Korn genommen und zupfte auf seiner Gitarre einleitend ein paar Akkorde, ehe er mit seinem Gesang anfing. Schlagfertig wie er war, hatten seine Lieder offensichtlich manchmal einen recht bösartigen Witz, einmal beobachtete ich, wie ein beleibter Römer wütend aufstand, während sich seine Freunde ausschütten wollten vor Lachen. Überhaupt antwortete meist ein zustimmender Heiterkeitsausbruch dem Sänger.

Unter all diesen südländisch dunklen Gästen gab es einen Besucher, der ebenso häufig kam wie ich, ein kräftig gebauter, gutmütiger Typ, der mit seinem blonden Haar und dem Bärtchen von seiner italienischen Umgebung abstach; zudem trank er lieber Bier als Wein. Ich erfuhr, daß er Feldwebel der Schweizergarde ist.
Ein weiterer Stammgast, mit dem ich gelegentlich eine Karaffe Wein leerte, war ein Mann, der für die Reinigung und Erhaltung der Springbrunnen auf dem Petersplatz verantwortlich war. Von ihm erfuhr ich, daß der Brunnen rechts, wenn man mit dem Gesicht zum Petersdom steht, sechzig Jahre älter ist als sein Gefährte zur Linken. Durch das fallende Wasser kann

man das Wappen von Papst Paul V. Borghese – ein gekrönter Adler mit einem Drachen darüber – entdecken, während auf dem Brunnen links das Familienwappen von Papst Klemens X. Altieri – eine umgekehrte Pyramide aus sechs Sternen – zu sehen ist. Mit nur einem Brunnen muß der Platz sonderbar ausgesehen haben, und Klemens X., der anscheinend stets das Gefühl hatte, daß etwas fehlte, ist also die endgültige symmetrische Anordnung des Platzes zu danken. Ich erzählte meinem Freund, ich hätte nach eingehender Besichtigung gefunden, daß der an sich jüngere Brunnen älter als der ursprüngliche aussähe, und wurde darüber belehrt, daß der Nordwind, die *tramontana*, stets in ein und derselben Richtung um den Brunnen fegt, und so schleift das kalte Gesprühe des Wassers den Stein ringsum ab. Der andere Brunnen steht trotz nächster Nähe an einer windgeschützten Stelle. Mein Bekannter erzählte weiter, daß das Wasser auf dem Petersplatz 64 Kilometer weit aus dem Braccianer See hergeleitet wird. Es kommt auf dem Gianicolo an, speist mehrere Brunnen in den vatikanischen Gärten und gibt vor seinem Verschwinden im Tiber eine großartige Abschiedsvorstellung auf dem Petersplatz.
»Haben Sie oft Scherereien mit den Brunnen?« fragte ich ihn.
»O ja«, kam die Antwort, »es gibt doch die Aale!«
Große Mengen von Aalen laichten im See von Bracciano, berichtete er weiter, und zu einer bestimmten Jahreszeit gelangten Millionen winziger Tierchen durch die Wasserleitungen nach Rom und verstopften die Brunnen. Dann heiße es für ihn die Brunnen abstellen und die Röhren reinigen. In manchen Jahren sei es ganz schlimm, und die Fremden seien immer enttäuscht, wenn ein Wasserstrahl plötzlich in sich zusammensinke und eingehe! Ohne die Springfontänen wirke der Petersplatz irgendwie leblos und unvollständig.
Der Schweizer Feldwebel, ein angenehmer, gutmütiger Mensch, konnte mir eine Menge über die Geschichte seiner Truppe erzählen. Von ihm erfuhr ich, daß nach heutiger Ansicht Raffael, nicht Michelangelo, die geschlitzte Uniform der Schweizergarde entworfen hat, im übrigen haben sie sie beide nicht frei erfunden, sondern sie ist ein Überrest der geschlitzten »Bläschen«-Mode,

die nach dem Siege der Schweizer über den Herzog von Burgund im Jahre 1476 durch ganz Europa zog. Nach der Schlacht rissen die zerlumpten Landsknechte die seidenen Standarten in Streifen, flickten ihre löchrigen Wämse und Pumphosen damit und kamen so mit einem gelben und einem grünen Bein, die eine Wamshälfte weiß, die andere blau, zu Hause an. Zuerst lachte man sie wegen ihres bunten Flitterkostüms aus, dann aber griff der Adel die Mode auf, und bald gab es kein Kleidungsstück mehr, das nicht geschlitzt und mit einer prächtig leuchtenden Farbe unterlegt war. Vielleicht hat Julius II. der allzu großen Farbenfreudigkeit der Schweizer Söldner ein wenig steuern wollen, als er Raffael bat, die berühmte Uniform Rot-Gelb-Blau zu entwerfen.

Ein einziges Mal hat die Schweizergarde den Papst mit ihrem Leben verteidigen müssen. Das war während der Plünderung Roms durch die Bourbonschen Truppen im Jahre 1527, als bei der heldenhaften Verteidigung des Vatikans gegen eine überwältigende Übermacht alle Schweizergardisten bis auf zwölf auf dem Petersplatz mit dem Rücken gegen den Dom fielen.

Die Schweizergarde umfaßt 120 Mann; ihre Rekruten stammen aus den vier katholischen Kantonen der Schweiz, Uri, Schwyz, Unterwalden und Luzern. Sie müssen unverheiratet, zwischen 18 und 25 Jahren, mindestens 1,78 Meter groß, von einwandfreiem Charakter und – natürlich katholisch sein. Gefordert wird, daß der Rekrut wenigstens die Grundausbildung der schweizerischen Armee vor seinem Eintritt in die Garde durchlaufen hat. Ebenso müssen Oberst, Oberstleutnant, Major, Hauptmann und die beiden Leutnante alle schweizerische Offiziere sein.

Nach zehnjähriger Dienstzeit erhält der Gardist eine Pension, auszahlbar in Schweizer Franken. Exerzieren wird groß geschrieben, und das erste, was der Rekrut lernen muß, ist, mit einer 2,40 Meter langen Hellebarde umzugehen und für den päpstlichen Gruß mit senkrecht erhobener Hellebarde in der rechten Hand ohne sichtliche Anstrengung anmutig das rechte Knie zu beugen. Ich fragte den Sergeanten, ob der Dienst in der Schweizergarde in den einzelnen Familien Tradition sei, was er bestätigte. Nur wenige erlernen Italienisch, allesamt bilden sie eine kleine Fremdenkolonie für sich. Für den Ausgang dürfen sie Zivilkleidung anlegen, und wandern wie jeder andere Tourist durch Rom, und diese Männer, die zu den meistfotografierten der Welt gehören, nehmen dann selbst ihre Kamera mit!

An einem Abend gab es große Aufregung im Restaurant. Eine Henne, die sich im Weinspalier zur Ruhe begeben hatte, verlor die Balance und fiel in panischem Schrecken jemandem in die Spaghetti. Nach einer aufregenden Jagd wurde das Federvieh gefangen, wahrscheinlich, um eines Tages als *pollo in padella* auf den Tisch zu kommen. Die Hühnerhaltung ist auch drei Schritte von St. Peter nicht verboten, wenn ja, würde sich niemand um das Verbot kümmern. Auch das ist ein Merkmal für Rom: In dem schnellen Wachstumsprozeß der Stadt ist so manche ländliche Ecke erhalten geblieben, und es ist ein eigner Gedanke, daß der Nachfolger auf dem Stuhle Petri wohl zuweilen morgens durch das Krähen eines Hahns geweckt wird.

7

Nirgendwo in Rom erwarten den englischen Besucher so viel Überraschungen wie im Heilig-Geist-Spital unweit der Peterskirche. Dieses gewaltige Renaissance-Gebäude liegt zwischen der Ponte Vittorio Emanuele und der Ponte di Ferro auf dem Westufer des Tibers. Oft findet man an Sommernachmittagen die Pforten unter der Säulenvorhalle geöffnet, und ein Blick ins Innere zeigt einen großen Krankensaal, mit langen Reihen weißer Betten auf Bodenhöhe. Auf einer Häuserwand dem Tiber gegenüber steht der Name der Uferstraße: Lungotevere in Sassia. Sassia ist eine verballhornisierte Form von Saxia, und dieses Wort hat sich durch alle Zeitläufte hindurch seit dem achten Jahrhundert erhalten. Damals gründeten fromme angelsächsische Könige hier auf dieser Stelle eine Pilgerherberge, aus der sich die erste englische Kolonie Roms entwickelte.

Sie war unter dem Namen *Schola Anglorum* oder *Burgus Saxo-*

num bekannt. Das Wort *burgus*, aus dem Sächsischen *burh* entstanden, ist unter seiner italienischen Form *borgo* noch heute in diesem Bezirk weit verbreitet. Praktisch jede Straße zwischen der Engelsburg und der Peterskirche ist ein *borgo*. Verläßt man diesen eng bebauten Bezirk, wird ohne Übergang jede Straße wieder eine *via*. Der Name Borgo stammt noch aus der Zeit, als die Umgebung der ersten Peterskirche dicht mit germanischen Gemeinden frommer Neubekehrter aus den nördlichen Barbarenstämmen besiedelt war.

Die erste dieser »Petersgemeinden« war englisch. Vom Gelände des Heilig-Geist-Spitals aus zog sie sich ziemlich unregelmäßig bis fast vor die Stufen der Peterskirche hin und wurde jahrhundertelang von einer hier ansässig gewordenen Bevölkerung von Angelsachsen bewohnt: Kirchenmännern, Pilgern, Königen und Königinnen, die quer durch Europa gereist waren, um am Grabe des heiligen Petrus zu beten und ihre Gaben niederzulegen. Mehr als einmal griff die *Schola*, also die Gilde oder Bruderschaft der Sachsen, zur Verteidigung der Kirche zu den Waffen. Bei der Landung der Sarazenen im Jahre 846 hatten einzig und allein die Angeln, die Franken und die Friesen des Borgo den Mut, sich ihnen kämpfend entgegenzustellen. Leider war ihre Tapferkeit vergebens: Der Borgo ging in Flammen auf, die Peterskirche wurde geplündert, und der Anblick der rauchenden Trümmer soll angeblich den Papst Sergius II. ins Grab gebracht haben.

Als ich in der Straße Borgo S. Spirito die lange Spitalsmauer entlangging, die sich fast bis zum Petersplatz erstreckt, fiel mir eine eigenartige Drehscheibe, ein »Rad« in der Wand auf, wie sie in den von der Welt abgeschlossenen Nonnenklöstern noch im Gebrauch sind. Heute ist es unbenutzt und mit einem Eisengitter bedeckt. Es stammt noch aus der Zeit, als die *Schola Saxonum* nach wiederholten Feuersbrünsten und Plünderungen im Jahre 1204 von Papst Innozenz III. in ein Findlingsspital verwandelt wurde. Das heutige Gebäude wurde im 15. Jahrhundert von Sixtus IV. gleichfalls für Findlinge erbaut, wo noch bis vor kurzem diese kleinen *trovatori* Aufnahme fanden. Auf der Drehscheibe in der Wand stand ein Körbchen für die

Findelkinder bereit. Wer glaubte, ein Kind aussetzen zu müssen, läutete dort eine Glocke und glitt ungesehen davon, während die Drehscheibe von innen in Bewegung gesetzt und das Kind aus dem Körbchen genommen wurde. Augustus Hare schreibt im Jahre 1887, als dort noch Findelkinder aufgenommen wurden, daß es gleich neben der Scheibe ohne recht ersichtlichen Grund noch ein zweites Eisengitter gab. Wie er erklärt, war es ein Guckloch für diejenigen, die ein Kind adoptieren wollten: »Durch das zweite Eisengitter können sie sich das Kind ansehen und überlegen, ob sie es *simpatico* finden, wenn nicht, können sie es dalassen und fortgehen.«

In diesen Straßen gehen die Erinnerungen an unsere angelsächsischen Vorfahren um. Und wie zeitentrückt sind uns diese Geister aus dem wohl unbekanntesten Kapitel unserer Geschichte! Damals konnten fünfzig Jahre vergehen, ohne daß die Nebelschwaden über dieser Zeit mehr als nur einen gelegentlichen Blick auf ein Schlachtfeld, eine Hungersnot, eine verödete römische Stadt, oder eine Gruppe von Schweinehirten um ein auf Marmorfliesen entzündetes Feuer freigaben, um dann für das nächste halbe Jahrhundert die Sicht vollends zu verhüllen. Plötzlich aber reißen sie bei strahlend einfallender Sonne auf, und wir sehen Benediktiner vom Coelio unter hohen Eichen vor bärtigen Königen und ihren flachshaarigen Königinnen das Evangelium predigen.

Die *Schola Saxonum* wurde bald zum Vorbild für andere Nationen, denn der Wunsch, in der Nähe des Apostels Petrus begraben zu werden, beschränkte sich keineswegs auf England. Als nächstes entstand die von der Königin Ansa um 770 gegründete *Schola* der Langobarden, deren letzte Reste sich bis in das 17. Jahrhundert hinein hielten, dann mußten sie Berninis Kolonnaden weichen. Es folgte die *Schola Francorum*, 797 von Karl dem Großen gegründet, und diese, kaum zu glauben, besteht noch heute eben innerhalb des Arco delle Campane, des Eingangs zur Vatikanstadt. Außen an dem Gebäude ist eine Darstellung Karls des Großen nebst einer Inschrift angebracht, die ihn als Gründer nennt. Hier ist heute das Campo Santo Teutonico untergebracht, und mir war, als würde es den deut-

schen Priestern und Studenten, die ich dort kennenlernte, etwas sauer, zuzugeben, daß ihre Gründung recht viel jünger war als der angelsächsische *burh*, der hier einmal ganz in der Nähe auf der Stelle des Heilig-Geist-Spitals gestanden hatte!
So steht man in dieser Stadt mit ihrer vielschichtigen Vergangenheit, in diesem Borgo S. Spirito, wo man noch immer die Gegenwart seiner ehemaligen Bewohner spürt, und versucht, sich die auf engem Raum zusammengedrängten niedrigen Strohdachhäuser unserer Altvordern vorzustellen, die anfangs mit Hilfe einer Truhe voller Silber aus den Heimstätten Englands unterhalten wurden. In jener morgenfrischen Frühzeit, als die Milch der frommen Denkungsart noch nicht mit der Länge der Zeit sauer geworden war, war es ein schöner Gedanke, daß jeder heimische Herd in England, ganz gleich, ob Halle der Edlen oder Hütte der Einfachen, sein Scherflein dazu beitrug, damit die Kerzen um das Petersgrab brannten. Als aber die Gabe zur Abgabe wurde, und ein Jahrhundert nach dem anderen darüber verging, war man Heinrich VIII. nicht böse, der 1534 den Peterspfennig abschaffte. Warum nach den nahezu acht Jahrhunderten steter Silberlieferung nach Rom nur so wenige Münzen aufgefunden wurden, bleibt eines der römischen Geheimnisse. Im vorigen Jahrhundert, und ausgerechnet im Haus der Vestalinnen, wurde ein Schatz von Peterspfennigen gefunden; aus diesem Fund stammen die sächsischen Münzen, die nun im Museo Nazionale di Roma in den Diokletiansthermen ausgestellt sind. Manche erklären das Fehlen englischer Münzen ganz einfach damit, daß der Jahresertrag eingeschmolzen wurde und in Form von Silberbarren in die päpstlichen Schatzkammern wanderte.

8

Während des Mittelalters und in der Renaissance war die Zahl der ausgesetzten Kinder in Rom ungeheuer hoch, meist ließ man sie wie Moses im Schilf am Tiberufer liegen. Hier wurden sie von Fischersleuten gefunden, denen sie manchmal sogar ins

Netz gerieten. Später löste dann die Drehscheibe in der Spitalswand den Tiber als Mittel, sich der Kinder zu entledigen, ab. »Ein ganzes Heer von Ziehmüttern wurde durch einen Beamten mit dem Namen ›Ammenmeister‹ angeworben und in strenge Zucht genommen«, erzählte Signor de Angelis, »sie nährten die Kinder zu den Klängen eines Flötenspielers, das ist bestimmt das früheste Beispiel für Musiktherapie! Das Ganze muß wirklich ein eindrucksvolles Bild gewesen sein!«
Das Vorstandszimmer ist mit einer Bilderfolge hochinteressanter Fresken ausgeschmückt. Da sitzt Papst Innozenz III. im Schmuck der Tiara auf seinem Thron und wehrt mit erhobenen Armen in komischer Verzweiflung einen Pagen ab, der einen nackten Säugling am Fuß gepackt hat und ihm entgegenhielt. Im Hintergrund steht ein Fischersmann auf sein Ruder gelehnt und hält ein Netz in der Hand, in dem zwei weitere nackte Babys liegen. Dann kommt ein Bild, auf dem der Papst schlafend im Bett liegt – noch immer mit der Tiara auf dem Kopf –, unter dem gewaltigen Betthimmel schwebt ein Engel und befiehlt ihm die Gründung eines Spitals für die Findelkinder. Auf dem dritten Bild sieht der Papst im Kreise seiner Kardinäle vom Rücken seines weißen Maultiers herunter dem Bau des Spitals zu.
Im nächsten Raum befand sich eine der schönsten Bibliotheken im Stile des frühen 18. Jahrhunderts, die ich je gesehen habe. Bücher, überwiegend aus dem 16. und 17. Jahrhundert, in Kalbsleder, Pergament und Schweinsleder deckten die Wände bis zur Decke. Diese Bibliothek gehörte Giovanni Lancisi, dem berühmten Anatomen und Verfasser einer klassischen Abhandlung über die Struktur des Herzens. Unter den Schätzen des Spitals befindet sich unter anderem das »*Liber Fraternitatis*« mit über tausend Autogrammen von Päpsten, Königen, Königinnen, Kardinälen und anderen an der Arbeit des Spitals interessierten Personen.
In einem Alkoven öffnete der Direktor eine merkwürdige kleine Tür; wir betraten eine kleine Zelle mit einem Fenster. Signor de Angelis sperrte es auf und ließ mich durchsehen. Wer beschreibt mein Erstaunen, als ich, gleichsam vom

Kirchendach ins Innere des Mittelschiffs blickend, von hier aus die ganze Länge des riesigen Sixtinischen Krankensaals überschauen konnte, den man manchmal bei zufällig geöffneten Portikuspforten teilweise auch von der Straße aus sehen kann. Dieser Krankensaal ist nach fünf Jahrhunderten immer noch in Benutzung. Auch die 1546 eingebaute Orgel spielt noch. Zwischen den vielen Lagern – der Frauensaal faßt 100 Betten und der der Männer ungefähr die gleiche Zahl – liefen die Krankenschwestern geschäftig hin und her.
»Dieses Fenster hat 1633 der damalige Großmeister des Spitals, Monsignore Virgilio Spada, anbringen lassen«, erklärte Signor de Angelis. »Auf diese Weise konnte er das Pflegepersonal ständig unter Aufsicht halten! Er pflegte in diesem Zimmer zu schlafen, und wenn er nachts hörte, daß jemand rief oder ein Kranker um etwas bat, beobachtete er durch das Fenster, ob man sich auch unverzüglich um sie kümmerte. Da er für die Schwestern und Ärzte unsichtbar blieb, andererseits als scharfer Aufpasser bekannt war, fühlten sie sich ununterbrochen vom Auge des gestrengen Großmeisters beobachtet!«

9

Seit zwei Jahrhunderten bewundert jeder Romreisende den Sonnenuntergang auf dem Pincio, aber kaum einer beobachtet einmal den herrlichen Sonnenaufgang vom Gianicolo aus. Als ich eines Morgens früher als gewöhnlich aufwachte, schlich ich mich leise aus der Klostertür und ging hügelabwärts zum Petersplatz, wo die Morgendämmerung noch nicht die Oberhand über das Laternenlicht gewonnen hatte. Es lohnt sich, auf ein paar Stunden Schlaf zu verzichten, wenn man dafür den Petersplatz ohne eine Menschenseele erleben kann, wenn sich nichts regt außer den beiden Brunnen und nichts zu hören ist außer dem Rauschen des stetig fallenden Wassers.
Von den Kolonnaden führt ein kurzer, angenehmer Spazierweg zum Hügelrücken des Gianicolo. Von hier aus, St. Peter auf der einen Hügelseite, den Tiber und Rom auf der anderen, beob-

achtete ich. Die Straßenlampen waren nur noch Fünkchen im grauen Frühlicht. Es war erfrischend kühl hier zwischen den Blumen und Bäumen. Unter mir lag Rom, eine weite, stille Dunstmasse, in der ich nur das Viktor-Emanuel-Denkmal und hier und da einen Glockenturm oder eine Kuppel erkennen konnte. Beim Rückblick sah ich, daß sich der Petersdom mittlerweile schon vom Himmel abhob und sich massig dem ersten Strahl der aufgehenden Sonne entgegenreckte. Rom lag in wunderbarer, gesegneter Stille. Regungslos standen Autos und Vespas in Hunderten von Garagen, die Fahrer lagen noch in der Horizontale. Ich aber schaute voll Dankbarkeit über diesen köstlichen Frieden auf die Stadt hinunter.
Auf der höchsten Erhebung des Gianicolo, im Angesicht Roms, sitzt Garibaldi auf einem prächtigen Bronzeroß; er sieht recht königlich drein, dieser Garibaldi, und auch sein Pferd stammt fraglos aus königlichem Gestüt. Ein bißchen weiter hügelab reitet Anita Garibaldi dagegen ein recht anderes Tier, einen wilden, kopfscheuen Mustang, der nur zu gerne durchgehen möchte. Dabei reitet Anita nicht nur, sondern sie hält auch noch ein Kind im Arm und feuert gleichzeitig eine Pistole ab. Der Gegensatz zwischen der sichtlichen Erregung und der Gefahr, in der sie sich befindet, und der steinernen Gemütsruhe, die ihr liebender Gemahl, nur wenige Schritte entfernt zur Schau trägt, ist direkt beängstigend. Man hat das Gefühl, wenn Garibaldi nur ahnte, was seiner geliebten Gefährtin da in nächster Nähe alles zustößt, dann wäre er mit einem Satz von seinem Paradegaul herunter und eilte ihr schleunigst zu Hilfe.
Anitas Denkmal hält den Augenblick in ihrem abenteuerlichen Leben fest, als sie mit dem Kind im Arm ihren Feinden entflieht und sich durch einen Wald hindurch, rechts und links schießend, den Weg in die Freiheit erkämpft. Die unerschrokkene Anita war eine geborene Partisanenkämpferin, die rein aus Zufall in das Leben der Lagerfeuer und Überfälle geriet, für das sie sichtlich wie geschaffen war. Die Art, wie Garibaldi um seine Frau warb, steht an lakonischer Kürze in der Geschichte wohl einzig da. Er sah sie zum ersten Mal, als er von Bord eines Schiffes aus auf die vor ihm liegende brasilianische

Küste starrte. »Ich wollte von jemandem geliebt werden, und zwar sofort«, berichtet er selbst. Von seinem Dampfer aus erspähte er »eine Gruppe hübscher Mädchen bei der Hausarbeit. Besonders eine erregte meine Neugierde. Da blieb nichts anderes übrig, als an Land zu gehen, und sofort richtete ich meine Schritte auf das Haus, auf dem mein Blick so lange geruht hatte.« Er ging auf Anita zu und sagte: »Mädchen, du sollst die Meine sein!« Und das wurde sie dann wunderbarerweise auch.

Auf meinem Rückweg den Gianicolo hinunter sah ich mir Anita auf ihrem sich bäumenden Pferd noch einmal an und überlegte, wieviel bronzene und marmorne Rösser es in Rom eigentlich gibt. Am berühmtesten ist wohl das Pferd auf dem Kapitol, das Mark Aurel ohne Steigbügel reitet. Noch heute zeigt die Bronze Spuren ehemaliger Vergoldung, und wenn alles wieder mit Gold überzogen ist, so heißt es in der Sage, dann verwandelt sich die Stirnlocke in einen Singvogel, bei dessen Lied die Welt in Trümmer geht. Weiter sind da die beiden großartigen Marmorpferde, die oben an der Kapitolstreppe neben Castor und Pollux stehen, sodann, vielleicht von der gleichen Mutter, die beiden tänzelnden Riesenrosse neben dem Obelisken auf dem Quirinal, über die die mittelalterlichen Pilgersleute so viele Geschichten wußten. Schließlich gibt es das prächtig vergoldete Kavalleriepferd Viktor Emanuels auf dem Monument und in der Peterskirche, vom Eingang aus rechts in einer Ecke versteckt, ein schönes, sich bäumendes Pferd von Bernini, das Konstantin den Großen auf dem Rücken trägt.

Ich strebte auf mein kleines Stammcafé in der Via della Conciliazione zu, wie gewöhnlich waren die Brötchen noch nicht da. Der Kellner staubte mit seiner Serviette einen Tisch ab und meinte, es werde heute wohl wieder recht heiß. Dann begoß er die Orangenbäumchen in ihren Kübeln, und der Junge mit dem Brot kam angeradelt. Ein Tourist baute sich nicht ohne Gefahr in der Mitte der Straße auf, richtete seine Kamera auf St. Peter und knipste das erste Bild des Tages.

Kapitel IX

Besuch im Vatikan
Der vatikanische Staat
Der vatikanische Sender
Die Gärten des Papstes
Ein bezauberndes Sommerhaus
Die Sampietrini

1

Hinter Berninis Kolonnaden erhebt sich in eigenartig ungewöhnlichem Winkel dazu der sandfarbene Vatikanspalast, hinter dessen spiegelnden Fenstern die Gardinen herabgelassen sind. Der alte Palast liegt schläfrig in der Morgensonne da. Ein überzeugter Lutheraner mag sich bei seinem Anblick einbilden, daß dort oben verschlagene Jesuiten durch die düsteren Korridore huschen, und nur, wer einmal darin gewesen ist, weiß, daß es dort außer dem gedämpften Licht auf Raffaels Fresken nur einen gelangweilten Angestellten gibt. Der gläubige Katholik sieht an dem Wirrwarr von Häuserfronten empor und fragt sich, wo wohl der Heilige Vater wohnt.
Marion Crawford machte schon 1898 die Beobachtung, daß jeder Tourist auf der Piazza mit der Neugierde dessen, der gern wissen möchte, was dort oben vor sich geht, zum Vatikanspalast hinaufschaut. Er erzählt, wie ein fliegender Postkartenhändler in der Art eines Leporello, der die Liste von Don Juans Eroberungen entfaltet, meterweise Innenansichten des Palastes aus grellroten Mappen schüttelt. »Auf die Eckfenster im zweiten Stock weisend, informiert er seine Zuhörer, dort oben wohne ›Sua Santità‹, und schwatzt ihnen darauf flugs ein paar Fotografien auf, die alle möglichen Innenansichten aus dem Vatikan darstellen, aber beileibe nicht die Gemächer des Papstes.«

Das ist alles auch heute noch so: die Piazza, der Vatikan, der Tourist und der aufdringliche Händler mit seiner Meterware von kolorierten *Ricordi di Roma* – mit einer großen Ausnahme: Seit Marion Crawford sein »*Ave Roma Immortalis*« schrieb, ist der Papst aus dem luxuriösen zweiten Stock unters Dach des Apostolischen Palastes gezogen.

Niemand aber empfindet es heute als seltsam, daß der Papst in den ehemaligen Dienstbotenkammern seines Palastes wohnt, und nur wenige sind sich des tiefgreifenden Wandels hinter der Tatsache bewußt, daß der Papst in weniger als einem Jahrhundert die vergoldeten Prunksalons des Quirinals mit dem Dachgeschoß des Vatikans vertauschen mußte. Was aber damals als Unglück galt, wurde zum Segen: Die weltliche Macht der Päpste war dahin, doch das Reich des Heiligen Vaters erstreckt sich heute über die Herzen von mehr als 400 Millionen in der ganzen Welt.

Heute ist das Fenster des Papstes im obersten Stock des Apostolischen Palastes bekannter als die meisten Sehenswürdigkeiten Roms. Die Geister der Borgia und Medici, der Aldobrandini und Borghese, die sicher in den langen Korridoren umgehen, reißen wohl vor Erstaunen die Augen auf, wenn sie das einfache Schlafzimmer des Papstes unter dem Dach, das anspruchslose Gemach sehen, in dem er seine Mahlzeiten einnimmt.

Die Einfachheit regiert hier seit den Tagen des heiligen Pius X., der bei seiner Wahl 1903 mit der bisherigen Etikette des Vatikans brach und nicht zu bewegen war, die rührend einfache Kammer aufzugeben, die man ihm während des Konklaves angewiesen hatte. Noch heute sind Geschichten über seine Anspruchslosigkeit und Genügsamkeit im Umlauf. Als klar wurde, daß er niemals seine Einwilligung zu einem Umzug in die päpstlichen Gemächer im zweiten Stock geben würde, ließen die vatikanischen Behörden den obersten Stock für ihn ausbauen, und dort haben seither alle folgenden Päpste gewohnt.

Als ich eines Morgens über die Piazza ging, fiel mir eine Gruppe von Männern am Ende der linken Kolonnadenflanke auf, ein zweiter Blick genügte, um sie als Polizei in Zivilkleidung zu

»entlarven«. Weitere Polizisten in Uniform standen in Torwegen herum oder warteten unauffällig auf der Straße gegenüber den Kolonnaden. Nun wußte ich, was anlag: Der Papst sollte für irgendeine Konferenz oder Audienz von Castel Gandolfo nach Rom zurückkehren. So stellte ich mich mit auf, um seinen Übergang über die Grenze zwischen Italien und der Vatikanstadt mit zu erleben.

Die Berninischen Kolonnaden legen sich wie ein dichter Waldstreifen um die Piazza di San Pietro, und das auf diese Weise eingefaßte Feld ist so weit, daß außer den wenigen, die der Zufall in unsere entlegene Waldesecke führte, kaum jemand ahnte, was vorging. Hätten wir auch nur das Geringste verlauten lassen, so wären die Leute in Scharen aufgeregt zu uns herübermarschiert gekommen.

Plötzlich warf ein Mann in blauem Anzug seine Zigarre weg und wurde zum Polizeigewaltigen. Jeder grüßte militärisch. Die uniformierte Polizei nahm zu beiden Seiten der Straße Aufstellung, ihre Kollegen in Zivil gruppierten sich um das verschlossen gehaltene eiserne Gittertor, das den Weg am Collegio Teutonico und dem Campo Santo vorbei in die Vatikanstadt freigibt. In diese Vorkehrungen platzte in schöner Unbekümmertheit ein blondes amerikanisches Mädchen in Begleitung einer älteren Dame. Sie ging auf den Polizeigewaltigen zu und fragte was hier los sei. Mit seinem gewinnendsten Lächeln erklärte dieser der hübschen Ausländerin, daß der Papst vorbeikäme, und fand für sie in vorderster Reihe noch einen Platz.

Während ich noch dachte, wie recht Frauen haben, ihre ach so rasch schwindenden Reize vorteilhaft einzusetzen, fuhren drei schwarze Tourenwagen über die unsichtbare Grenze in die Vatikanstadt.

2

Als ich das erste Mal einen Beamten im Vatikan aufsuchte, war ich wie sicher viele andere auch von den historischen Bezügen, die ein solcher Besuch aufklingen läßt, überwältigt. Für die

Kontinuität der päpstlichen Kurie gibt es in der Welt kein zweites Beispiel. Seit 16 Jahrhunderten ist sie im Lateran, in Avignon oder im Vatikan ansässig, das heißt, seit Konstantin dem Großen hat das Papsttum nur drei Adressen gehabt! Nach dem berühmten Satz von Thomas Hobbes »ist das Papsttum nichts anderes als der Geist des abgeschiedenen Römischen Reiches, der gekrönt auf dessen Grab sitzt«. Diese Behauptung ist natürlich übertrieben und bedarf der Erklärung, doch ist schon oft auf die strukturelle Ähnlichkeit zwischen der lateinischen Kirche und dem Römischen Reich wie auch auf die Tatsache hingewiesen worden, daß die Kirche viele Begriffe des Kaiserreichs übernommen hat: Diözese, Präfektur, Vikariat, Konsistorium und so fort. Ernennt der Papst einen Vertreter, erhält dieser wie in den Tagen Julius Cäsars den Namen »Legat«. Mit am erstaunlichsten aber ist die Übernahme des Titels »Pontifex Maximus« durch das Papsttum.
Überall in Rom stehen diese beiden Wörter auf Architrav oder Brunnen, von der Inschrift Pauls V. auf der Fassade des Petersdoms ganz zu schweigen; bisweilen erscheint sie in der auf den römischen Münzen gebräuchlichen Abkürzungen *Pont. Max.*, was unter Umständen manchen Leuten Rätsel aufgeben kann. So hörte ich einmal, wie eine schrille weibliche Stimme über das Tosen des Trevibrunnens hinweg ungeniert fragte: »Sag mal, wer ist denn dieser Max eigentlich, dieser Pont Max, über den man hier überall fällt?« Pontifex heißt Brückenbauer. Der Titel eines *Pontifex Maximus* wurde dem obersten Priester im antiken Rom auf Grund gewisser Zeremonien verliehen, die er zur Besänftigung der über den Bau der ersten Holzbrücke in grauer Vorzeit noch immer aufgebrachten Flußgeister des Tibers verrichten mußte. Julius Cäsar war gerade *Pontifex Maximus*, als ihn der Dolch ereilte. Anscheinend erhielt der Papst diesen heidnischen Titel schon zur Zeit Leos I., im Jahre 440. Der *Pontifex Maximus* stand als oberster Priester nicht im Dienst einer einzigen Gottheit, sondern regelte vielmehr die römische Staatsreligion als Ganzes, und so ist anzunehmen, daß mit dem Sieg des Christentums über das Heidentum der Titel ganz von selbst dem Papst zufiel. Doch obwohl die Bau-

meister rücksichtslos davon Gebrauch gemacht haben und er in keiner Inschrift auf Grab, Brunnen oder Gebäude fehlen durfte, verwenden ihn die Päpste selber nie. Der Titel, mit dem sie sich seit der Zeit Gregors des Großen bis heute auf ihren Bullen nennen, ist *Servus Servorum Dei:* Diener der Diener Gottes.

Unter solchen Gedanken war ich am Eingang zum Papstpalast, dem Bronzetor unter der rechten Kolonnadenflanke, angekommen. Die hier unter einem älteren Unteroffizier wachhabenden Schweizergardisten wirkten nun nicht mehr lediglich malerisch, sondern musterten jeden Ankömmling mit scharfem Interesse. Hier, wenn überhaupt, hätten sich Besucher namens Attila oder Luther zu melden, oder wer sonst den Papst bekehren möchte. So phantastisch es klingt, kam dies tatsächlich im 18. Jahrhundert mehr als einmal vor. Der entschlossenste Missionar von allen war ein schottischer Geistlicher, der zu der Überzeugung gekommen war, daß die »Hure Babylon« in der Offenbarung niemand anders als der Papst war, und daß es seine Pflicht sei, nach Rom zu gehen und ihn zur Presbyterkirche zu bekehren. Während einer Zeremonie in der Peterskirche drang er bis in die Nähe des Papstes vor und schrie mit lauter Stimme: »O, du Tier mit sieben Köpfen und zehn Hörnern! Du Mutter der Buhlerinnen, angetan mit Purpur und Scharlach und übergoldet mit Gold und Edelsteinen und Perlen! Wirf den goldenen Becher voll von Greueln und dem Schmutz deiner Unzucht von dir!«

Die Schweizergarde nahm ihn in Gewahrsam, und wenn er nicht am Galgen endete, so ist das nur dem Eingreifen Klemens XIV. zu verdanken, der in der allgemeinen Empörung am wenigsten schockiert war. Mit der Bemerkung, er sei ihm für seine gute Absicht und wegen der langen Reise um einer guten Sache willen recht verbunden, bezahlte er ihm die Heimreise nach Schottland.

Seither halten die Schweizergardisten an dem Bronzetor immer nach möglichen Missionaren Ausschau und beobachten jeden die Treppe heraufsteigenden Ankömmling wie stechbereite Wespen; haben sie einen aber erst als harmlos eingestuft, so verwandeln sie sich wieder in lustige Schweizer Schmetterlinge und weisen mit einladender Handbewegung den Weg zum Empfangsraum rechts vom Eingang. Hier sitzen zwei ältere Angestellte in Schwarz vor einem Schreibtisch voller Telefone. Sie melden einen telefonisch bei demjenigen an, den man zu sprechen wünscht, und beschreiben einem den Weg zu seinem Zimmer.

Soviel ich sagen kann, war der Empfangsbeamte sehr viel hilfsbereiter als seine Kollegen in den rauhen Gefilden der britischen Bürokratie, die ich erlebt habe. Ich hatte einen australischen Monsignore sprechen wollen, den ich vor Jahren einmal kennengelernt hatte, erhielt aber den Bescheid, daß er nicht mehr im Vatikan sei, sondern jetzt als Bischof irgendwo in Afrika lebe. Auf mein etwas langes Gesicht hin fragte der Beamte höflich, ob ich vielleicht den Nachfolger kennenlernen wolle. So überquerte ich wenig später im blendenden Sonnenlicht den weiten Innenhof von S. Damaso, während mich das einzige Lebewesen weit und breit außer mir, der päpstliche Gendarm, von weitem beobachtete. Was es doch ausmachte, einmal nicht Tourist, sondern eines jener historisch bedeutsamen Wesen zu sein: ein Mensch, der beruflich im Vatikan zu tun hat!

Ich hörte einen Wagen im Aufwärtsfahren schalten und durch den Torweg des Cortile dei Pappagalli fahren – wessen Papageien das wohl sein mochten? – schon tauchte er wieder auf und hielt am Eingang zum Apostolischen Palast rechts. Vor mir erhob sich die glasverkleidete Loggia, deren herabgezogene Gardinen Raffaels Wandmalerien schützten. Irgendwo tropfte Wasser in einen Mauerbrunnen; sicher wurde er noch von den gleichen unterirdischen Wasserläufen gespeist, die der heilige Papst Damasus im Jahre 366 für die Versorgung des Taufbeckens der ersten Peterskirche in Röhren fassen ließ.

Der Gendarm hob seine baumwollbehandschuhte Rechte zum Gruß an seinen napoleonischen Zweispitz und winkte mich zu einer Tür. Hier wurde ich zu einem Aufzug geleitet, in dem schon zwei junge, kaum dem Seminar entschlüpfte Monsignori warteten. Gerade wollte der Liftführer die Tür schließen, da kam noch ein Kardinal mit seinem Sekretär ins Gebäude und betrat den Lift. Wie zwei jüngere Dienstgrade im Kriegsministerium, die ihren Aufzug urplötzlich von der gewichtigen Persönlichkeit des Generalstabschefs ausgefüllt finden, drückten sich die beiden Monsignori platt gegen die Rückwand. Knöpfe und Knopflöcher des Kardinals waren wie seine Schärpe aus roter Seide. Er rauschte aus dem Lift, sein Sekretär wie ein ernsthaftes schwarzes Kaninchen eilfertig hinterdrein, unterm Arm die überquellende Aktenmappe, die dem Geschäftsleben auf dem Kontinent etwas so eindrucksvoll Würdiges verleiht. Ein Bediensteter wartete schon auf mich. Es ging einen Korridor entlang, und ich durfte mich auf eine Bank setzen. Ich hatte nun vollends jede Richtung verloren und fühlte mich wie jemand, der mit verbundenen Augen in eine Festung geführt worden ist. Dabei brannte ich darauf, zu erfahren, wo ich mich eigentlich befand; ob es wohl gegen die Etikette von sechzehn Jahrhunderten verstieß, wenn ich auf Zehenspitzen zum Fenster schlich und durch die Gardinen spähte? Ich tat's und wußte nun, daß ich hoch über und rechtwinklig zu dem Portikus des Petersdoms stand, fast auf einer Ebene mit den gigantischen Heiligen. Ich konnte die Menschen auf dem Dach umherwandern und in die Piazza hinunterschauen sehen. Andere standen in Gruppen auf der Galerie der Peterskuppel im Hintergrund und blickten über Rom, den Tiber und zu den fernen Albaner Bergen hinüber.

Gerade noch zur rechten Zeit schlich ich mich zu meiner Bank zurück. Schweigend erschien wieder der Bedienstete und winkte mich auf die eigenartige italienische Weise herzu, die nichts mit unserem englischen erhobenen Zeigefinger zu tun hat, sondern eher eine verstohlene, fast unheimliche Bewegung mit den Fingern der rechten Hand ist, so, als ob man einen großen unsichtbaren Hund am Kopf kraulte. Ich folgte seiner Aufforderung und machte die Bekanntschaft eines jungen englischen Monsignores, der gerade aus Japan zurückgekehrt war.

3

In der Vatikanstadt gibt es keine Einkommensteuer, keinen Zoll und keine Devisenkontrolle. Als ich in der nach modernen Gesichtspunkten eingerichteten marmornen Bank einige Reiseschecks einlösen wollte, wurde ich sehr höflich vom Kassierer darauf aufmerksam gemacht, daß ich in Rom zu einem um weniges besseren Kurs tauschen könne, doch lag mir so viel daran, diese Bank mit ihrer Kundschaft von überwiegend Bischöfen und Monsignori kennenzulernen, daß ich gern auf die paar Lire verzichtete. Während ich auf die Durchsicht meines Passes warten mußte, stellte sich eine alte Nonne an, brachte nach einigem Suchen ein Scheckbuch aus ihren schwarzen Kleiderfalten zutage und hob, wie ich vermutete, das nötige Haushaltsgeld für ihr Kloster ab. Wie überall im Vatikan geht auch in der Bank alles schnell und ohne Laut vonstatten.
Keiner weiß, wie reich der Vatikan eigentlich ist. Er ist der einzige Staat der Welt, der niemals das Jahresbudget veröffentlicht, und seine Finanzverwaltung ist allein dem Papst verantwortlich. Es ist jedoch kein Geheimnis, daß beim Abschluß des Lateranvertrags von 1929 dem Papsttum als Entschädigung für den Verlust seiner weltlichen Macht 750 Millionen Lire in bar und eine Milliarde Lire in fünfprozentigen Schatzanweisungen vom italienischen Staat übereignet wurden. So dürfte der Vatikan beträchtlich zahlkräftiger sein als die meisten anderen Staaten unserer heutigen Welt, auch hat er keine Staatsschuld, die überall anderswo ihre häßlichen Fangarme nach noch ungeborenen Generationen ausstreckt.
Eine der hauptsächlichsten Einnahmequellen des Vatikans ist der »Peterspfennig«, jene Abgabe zugunsten der Erhaltung des Apostelstuhles, die im angelsächsischen England ihren Anfang nahm. Heute zahlen ihn die römisch-katholischen Gemeinden in der ganzen Welt. Eine weitere Einnahme bilden die in so häufiger Folge erscheinenden schönen Briefmarken des Vatikans. Kein Rombesucher, der nicht eine Postkarte mit einer vatikanischen Marke nach Hause schickt und in einen der blauen vatikanischen Briefkästen versenkte.

Der Papst ist der letzte absolute Herrscher der Welt und als sein eigener Schatzkanzler niemandem verantwortlich. Da ihm alles bis auf den letzten Rest gehört, könnte er nach Belieben Millionen weggeben und den Heiligen Stuhl an den Rand des Ruins bringen, was Benedikt XV. auch beinahe gelungen wäre. Seine Großzügigkeit kannte anscheinend keine Grenzen. »In seiner Schreibtischschublade hatte er stets Riesensummen Geldes liegen, die er nach eigenem Ermessen für den Bau von katholischen Schulen, Klöstern, Missionsstationen und dergleichen verteilte«, schreibt C. M. Cianfarra in seinem Buch »*The War and the Vatican*«. »Ein Bischof, der in der Absicht gekommen war, den Papst um die Mittel zum Bau eines Klosters in Palästina zu bitten, wurde vorher gebeten, das Thema nicht zu berühren, da Benedikt bei der Gewährung der Audienz geäußert hatte: ›Sicher wird er Geld für die Durchführung seines Projektes haben wollen, und ich habe doch keins!‹
Während der Audienz also sprach der Bischof nur ganz allgemein über die Lage der Kirche in Palästina, die Zahl der Klöster und so weiter und berührte sein Anliegen mit keinem Wort. Schließlich, als er sich verabschiedete, sagte Benedikt: ›Na, und Ihr Plan? Die Kosten sind doch sicher unmöglich hoch ...‹ – ›An die 100000 Lire, Eure Heiligkeit‹, stotterte der Prälat verlegen. ›In dem Fall können wir einen Zuschuß geben‹, sagte der Papst, öffnete eine Schublade und übergab dem verblüfften Bischof ein Bündel mit hundert Eintausend-Lire-Noten.«

So ist es kaum verwunderlich, daß Kardinal Gasparri nach dem Tode Benedikts XV. im Jahre 1922 »bei einer Bilanz feststellen mußte, daß der Heilige Stuhl buchstäblich bankrott war«, wie Cianfarra berichtet.

Es gibt etwa tausend vatikanische Staatsbürger, darunter eine ganze Anzahl Frauen, zum Beispiel die Ehefrauen und Töchter der Laienbeamten und die wenigen Nonnen, die den Haushalt des Papstes versorgen und seine Mahlzeiten bereiten. Die Mehrzahl der Bürger sind Nichtgeistliche: die Schweizergarde, die päpstliche Gendarmerie, die vatikanische Feuerwehr, die Gärtner und viele andere, die innerhalb der Staatsgrenzen wohnen. Alle römischen Kardinäle sind automatisch vatikanische Staatsbürger, ebenfalls die päpstlichen Nuntien im Ausland. Alle diese Glücklichen sind von Einkommensteuer und Devisenkontrolle befreit und berechtigt, alles Lebensnotwendige und darüber hinaus einige Genußmittel zu zollfreien Preisen im Magazin des Vatikans einzukaufen. Dieser Laden wird mit der lateinischen Bezeichnung *Annona* benannt, im alten Rom bedeutete dieses Wort den Jahresertrag an Korn, Wein und Obst. So ist aus dem alten Kirchenstaat, der sich bis 1870 kreuz und quer über die italienische Karte erstreckte, heute hier dieses vorbildliche kleine Staatswesen geworden, in dem es weder Steuer noch Armut, weder Verbrechen noch Handel gibt; vatikanischen Bürgern ist jede gewerbliche Tätigkeit untersagt. Der letzte, vatikanische Weingarten wurde, glaube ich, vor einigen Jahren ausgerodet, nachdem herauskam, daß ein unternehmender Gärtner ein Getränk herstellte, das zweifellos ebenso sauer war wie das bei Martial erwähnte, und unter dem Namen »Papstwein« vertrieb!

Der Hauptzugang zur Vatikanstadt ist die Porta S. Anna in der Via di Porta Angelica, hier steht ständig eine Wache der Schweizergarde und fragt nach dem Woher und Wohin des Besuchers. Eine enge Straße geht hügelan. Rechts liegt die Kirche der S. Anna dei Palafrenieri, die heutige Pfarrkirche der Vatikanstadt. In der Kantine zur Linken können die gastfreundlichen Schweizergardisten ihre Freunde zu etwas Stärkerem als gerade Kaffee einladen; der anheimelnd eingerichtete Raum ist mit Wandmalereien geschmückt, die von den Heldentaten ihrer mit Schwert und Hellebarde bewaffneten Vorgänger berichten. Nach wenigen Schritten hügelan steht man vor dem hübschesten Postamt der Welt. In der Mitte einer von keinem Reklameplakat verunzierten Marmorhalle steht ein Marmortisch, an dem man – meist in Gesellschaft des unvermeidlichen Franziskaners – sein Telegramm- oder Kabelformular ausfüllen kann. Durch dieses Hauptpostamt geht die ganze Privatpost des Papstes, dessen Sekretär an die tausend Briefe pro Tag erhält, darunter nicht selten welche von Sonderlingen und Verrückten. Schon im hohen Greisenalter, erhielt Benedikt XV. einmal einen Brief von einer aufgeregten Dame, die ihm mitteilte, Gott habe ihr in einer Sonderbotschaft mitgeteilt, daß der Antichrist bereits auf Erden weile und sich in den nächsten Jahren offenbaren werde. Der greise Papst soll den Brief lächelnd seinem Sekretär übergeben und gesagt haben: »Gott sei Dank, dafür ist dann ja mein Nachfolger zuständig!«

Das Postamt liegt an der Ecke der vatikanischen Hauptstraße, der Via della Tipografia. Nicht weit von hier ist die ausgezeichnete Apotheke der Fate-Bene-Fratelli, der »Tut-Gutes-Brüder«, die auch das schöne alte Spital auf der Tiberinsel leiten. Gegenüber befindet sich die Lebensmittelzentrale, wo man alles einschließlich Wein, Spirituosen und Tabak zu Preisen kaufen kann, die es an Billigkeit mit den Preisen in Andorra aufnehmen. Gemüse, Milch und Eier werden von dem päpstlichen Landgut in Castel Gandolfo geliefert. In Erinnerung an die schmucken Hühnerpaläste mit ihren farbenfrohen Mosaikdekorationen besah ich mir die Eier mit gehobenem Interesse.

Schaufensterdekorationen sind in der Vatikanstadt nicht nur keine künstlerische Leistung, sondern geradezu verpönt. Der Käufer soll nicht zum Kaufen verlockt werden. Trotzdem ist die *Annona* immer voll, da sie jeden Tag um elf Uhr dreißig schließt. Ich beobachtete dort, wie ein Dominikaner eine Flasche Benediktiner erstand: eine hochgeistige Handlung!

Ferner liegt hier die Redaktion des *Osservatore Romano*, des vatikanischen Abendblatts, und unweit davon die Polyglotte Druckerei, die Bücher in Koptisch, Syrisch, Hebräisch und noch einem Dutzend anderer ausgefallener Sprachen setzen und drucken kann. Eben über die Straße liegt die Waffenkammer der Schweizergarde, wo alle die Stahlhelme, Hellebarden und die zweihändigen Schwerter für die päpstlichen Prozessionen schön blankgeputzt und geordnet aufbewahrt werden; auch die Trommeln und Standarten des Korps haben hier ihren Platz. Einmal ging ich in Begleitung eines jungen Seminaristen vom Englischen Kollegium an diesem Gebäude vorbei.

»Ich mußte hier einmal eine Rüstung abholen, die uns die Schweizergarde freundlicherweise für eine

Aufführung von ›The House at Sly Corner‹ zur Verfügung stellen wollte. Sie waren alle sehr nett, aber einen Helm wollten sie uns nicht leihen. Auf dem wäre das Wappen Julius' II. und das Regimentsabzeichen; die gehörten nicht auf die Bühne, meinten sie. Immerhin, alles andere haben sie uns geborgt!« Welch ein amüsanter Einblick in das Familienleben des Vatikans! Als eine der vielen Überraschungen im Vatikan werde ich auch jenes imposante Gebäude nie vergessen, über dessen breiten Toren die Worte *Raedis Pontificum Servandis* stehen, das heißt »Zur Benutzung für die päpstlichen Kutschen«, mit anderen Worten, dies ist die päpstliche Wagenremise. Heute ist es allerdings eine Garage. Im geöffneten Tor stand der schwarze Tourenwagen des Papstes – SCV 1 –, eine amerikanische Sonderanfertigung mit einem Klappdach und nur einem thronartigen Sitz im Fond. SCV sind die Buchstaben des vatikanischen Nummernschilds. Der Wagen stand in einer Wolke von stark riechendem Mottenpulver; wie ich sah, lagen innen auf dem Fußboden mehrere Kampfersäckchen.

Zwei bis drei weitere Wagen eines veralteten Modells waren in tadellosem Zustand, obwohl sie sich kaum noch zur Benutzung eigneten. Hinter ihnen entdeckte ich zu meinem Entzücken die päpstlichen Kutschen, unter ihnen die große rotgoldene Staatskarosse, die von sechs Schimmeln gezogen wurde. Das Standbrett für die Lakaien war mit einer geschnitzten, vergoldeten Figurengruppe geschmückt, zwei wohlgenährte Putten tänzelten mit der Tiara in den Händen in den Vordergrund, als sei diese gewichtige Krone ein Scherzartikel für die Preisverteilung bei einem Kostümball. Auf dem Dach waren acht goldene Pinienzapfen angebracht. Die Karosse ist ziemlich hoch in ihren gebogenen Federn aufgehängt und muß wohl wie eine Wiege geschaukelt haben. Die Türen schnappen auf, ein teppichbelegtes Treppchen kann herabgelassen und wieder zusammengelegt werden. Der Papst saß auf einem karmesinrot vergoldeten Thronsessel, ihm gegenüber gab es Platz für zwei Kardinäle. Zu seiner rechten Hand gab es ein kleines Fach für das Brevier oder die Schnupftabaksdose, je nachdem. In diesem großen, langsam dahinschaukelnden Fahrzeug hat man den Papst entschieden leichter sehen und bewundern können als heute in seinem Auto – trotz des Klappdachs.

Die letzte Ausfahrt in dieser Kutsche fand nur zwei Tage vor dem berühmten *Venti Settembre* 1870 statt, als Pius IX. zu seiner letzten öffentlichen Amtshandlung als weltlicher Herrscher fuhr. Einige Zeit vorher hatte er einer englischen Firma die Erlaubnis zur Wiederherstellung des alten Aquädukts der Marcier gegeben, um diese alte Wasserversorgung für Rom wieder zu erschließen. Die Arbeiten waren am 18. September 1870 beendet; der Brunnen, an dem die Einweihungsfeierlichkeiten stattfanden, existiert allerdings heute nicht mehr, er stand auf der Stelle des heutigen Hauptbahnhofs. Durch die »*Papa Re*« rufende Menschenmenge fuhr der Papst in der Staatskarosse vom Quirinal aus in Prozession zum Brunnen, kostete dort von dem Wasser und lobte seine Reinheit und Frische; dann richtete er einige Dankesworte an den Magistrat, der das Wasser auf den Namen des Papstes getauft hatte: Marcia Pia. Zwei Tage später zogen die Truppen Viktor Emanuels in Rom ein, und aus dem Papst wurde der erste »Gefangene im Vatikan«. Die alte Kutsche sieht zwar noch recht fesch und federnd aus und könnte so, wie sie ist, auf die Straße, aber die Lakaien, die Postillione und die herrlichen Schimmel sind einer nach dem anderen gestorben und nie mehr ersetzt worden.

An den Wänden ringsumher hängt das stattliche Sattelzeug, die roten Samtsättel der Postillione und Vorreiter, die goldenen Federbüschel der Pferde, die beschlagenen Zügel und Trensen, der Stahl blinkt, die Vergoldung leuchtet, das Leder ist gut geseift und gewaschen. Dort hing auch noch das Geschirr für das weiße Maultier des Papstes; es stammt noch aus den Tagen der *Cavalcata*, als der neugewählte Papst in feierlichem Zuge die Via Sacra entlang zur Inbesitznahme des Laterans durch Rom ritt. Mit Staunen steht man vor diesen Dingen, und vor dem geistigen Auge steigt das Bild einer Zeit auf, deren ostentativer Prunk und symbolhaftes Gepränge ein für allemal aus der Welt verschwunden sind. Letzte Spuren dieses Glanzes haben sich in den großen Zeremonien im Petersdom und bei den Krönungsfeierlichkeiten der englischen Monarchen erhalten.

Man kann der päpstlichen Remise nicht den Rücken kehren, ohne des Tages im Jahre 1769 zu gedenken, an dem zum letzten Male ein Papst durch Rom ritt. Klemens XIV., bei seiner Wahl zum Papst im Mai 1764 noch ein rüstiger Mann von vierundsechzig Jahren, beschloß, in Erneuerung des Glanzes von ehedem in Prozession vom Quirinal zum Lateran zu reiten. Die gierige Zuschauermenge war unzufrieden, es ärgerte sie, daß in den Brunnen immer noch Wasser und nicht der erhoffte Wein floß, und die 66000 Brotmarken, die – ein vielsagender Kommentar zur Zeit – zwischen ihr auf die Erde flatterten, entschädigten sie in ihren Augen nicht für die harten Dukaten, die ihrer Meinung nach durch die Luft fliegen sollten. Der Zug bewegte sich langsam vom Quirinalshügel über die Piazza dei SS. Apostoli zum Kapitol und von dort über das Forum die Heilige Straße entlang zum Lateran. Reiter in karmesinrotem Samt und Goldspitze, behelmt und lanzenbewehrt, eröffneten den Zug. Hinter ihnen ritten vier »Ritter der Garde«, gefolgt vom Oberstallmeister, den Dienern und Herolden der Kardinäle in scharlachroten Umhängen. Danach kam, für den Fall, daß dem Papst das Reiten zu anstrengend würde, seine von zehn weißen Maultieren getragene leere Reisesänfte, die *portantina*, nebst Reitknechten in roten Röcken und zurückgeschlagener Kapuze. Als nächste erschienen vier Trompeter zu Pferde, die vor der langen Reihe – mehreren Hundert – der scharlachrot gekleideten geistlichen Kammerherren herritten. Es folgten die Chefs der Fürstenhäuser, die Odescalchi, Albani, Giustiniani, Mattei, Altemps, Fiano, Caffarelli, Salviati, Anguillara und wie sie alle hießen, mit ihren Pagen und Dienern. Das nächste Glied im Zuge bildete eine Abteilung der Schweizergarde in schimmernden Panzern und Stahlhelmen, ihre riesigen Schwerter in der Hand, es folgte auf einem spanischen Hengst der Thronassistent des Papstes, Fürst Colonna, ebenfalls in voller Rüstung, hinter ihm in langer Reihe kirchliche Würdenträger, ein Auditor der Heiligen Rota mit dem Papstkreuz, noch einmal Schweizergarde und schließlich – der Papst.

Ein Stich im Britischen Museum zeigt Klemens XIV. in dem Aufzug, wie er bei dieser denkwürdigen Gelegenheit vor seinen

Untertanen erschien, und wahrhaftig, ein alltäglicher Anblick war er nicht! Er ritt nicht wie sonst sein Maultier, sondern einen feurigen weißen Zelter, der mit baumelnden Quasten und einer rotgoldenen Schabracke behangen war. Die kostbare Satteldecke starrte vor goldener Stickerei und hing bis einen Fuß über dem Boden herunter, den Sattel selbst konnte man nicht sehen, da er ganz und gar unter einer Gestalt verschwand, die zunächst wie eine stattliche alte Dame aussah. Die langen, fließenden Gewänder des Papstes waren hinter ihm auf der Kuppe des Pferdes zusammengebündelt, darüber trug er einen Spitzenüberwurf und eine Stola aus puren Goldfäden, dazu ein mit weißem Pelz verbrämtes rotes Cape. Das Ganze wurde von einem breitkrempigen Hut gekrönt, den der Papst über seinem Käppchen trug. So ritt er langsam dahin, nach rechts und links seinen päpstlichen Segen austeilend. Ihm zur Seite schritten 24 junge Edelknaben in silbernen Brokatanzügen, weißseidenen Strümpfen und weißen Federbüscheln auf ihren runden Mützen, die man wegen ihrer Schönheit und hohen Geburt ausgewählt hatte. Jeder trug eins von den vielen Dingen, die der Papst unter Umständen benötigen könnte, zum Glück, wie sich herausstellen sollte, befand sich auch ein Extrahut darunter. Als Klemens XIV. nämlich unter dem Septimius-Severus-Bogen hindurchritt, scheute sein Zelter und warf Seine Heiligkeit in den Staub. Der Papst hatte sich aber nicht weh getan und stieg mit einem hoheitsvollen Scherzwort wieder auf.

Im zweiten, nicht weniger glanzvollen Teil der Prozession ritt das Kardinalskollegium in Zweierreihe, in scharlachroter Robe und Käppchen an Stelle des Kardinalshuts. Bedienstete trugen ihnen jeweils ihre Familienwappen auf vergoldeten Schilden voran.

Was von dieser Pracht und Herrlichkeit übrigblieb, hängt nun an der Wand der päpstlichen Garage, und es ist für den Vatikan bezeichnend, daß alles weiterhin gut gepflegt wird. Die *portantina* konnte ich mir allerdings nicht ansehen, sie war woanders untergebracht. Der andere päpstliche Tragsessel, die *sedia gestatoria*, ist ja allgemein bekannt und wird auch heute noch ständig benutzt. Weniger bekannt hingegen dürfte eine dritte

Art sein, der *talamo*, er ist seit Jahren nicht in Erscheinung getreten. Mit diesem Wort, sicher eine Ableitung von *talaris*, dem bis zu den Knöcheln reichenden Gewand, wird ein eigentümliches Gestell bezeichnet, das glaube ich, im 17. Jahrhundert für das Fronleichnamsfest angefertigt wurde. An diesem Tag zog der Papst, anbetend vor der Heiligen Hostie kniend, in einer großen Prozession durch Rom. Kein Mensch aber hätte, so lange knien können, und so saß der Papst auf diesem dafür geschaffenen *talamo*, einem niedrigen Hocker, und bei geschickter Anordnung seiner Gewänder wirkte es, als ob er kniete.

Etwa hundert Meter von der Garage entfernt, an die wuchtige Mauer des Vatikanischen Museums angelehnt, liegt das Quartier der vatikanischen Feuerwehr, die man interessanterweise noch heute mit dem Namen *Vigiles* bezeichnet. Ursprünglich war dies der Name für die von Augustus eingesetzte Polizeitruppe im alten Rom, deren Wachen über alle Bezirke der Stadt verteilt waren. Die päpstlichen *Vigiles* tun in einem nüchtern-modernen Wachraum Dienst, dessen Telefonzentrale mit jedem Winkel der Vatikanstadt verbunden ist.

»Welche Nummer hat der besondere Apparat des Papstes?« erkundigte ich mich.

»Vatikanstadt Nr. 101«, hieß es, »aber es dürfte schwerhalten, den Heiligen Vater ans Telefon zu bekommen!«

Die Feuerlöschgeräte könnten nicht moderner sein, von den Pumpen für die Überschwemmungen, die im Winter auf dem Mons Vaticanus eine häufige Gefahr bilden, ganz zu schweigen. Jeden Nachmittag nach Schließung der Museen machen die *Vigiles* die Runde durch die endlosen Korridore und kontrollieren jeden Winkel. Einmal im Jahre, am 17. Januar, dem Fest des heiligen Antonius, dessen Versuchungen ihn wie Flammen brannten und der dafür der Schutzheilige der Feuerwehr ist, treten die *Vigiles* in Paradeuniform an und gehen zur Messe in S. Anna. Mittags erscheint der Kardinalvikar der Vatikanstadt in ihrem geschmückten Quartier zu Besuch und wird vom Feldwebel der Truppe mit einigen Worten willkommen geheißen, die er dankend erwidert. Nach seiner Abfahrt vereint alle ein Festmahl.

4

Auf dem höchsten Punkt der vatikanischen Gärten erhebt sich die Rundfunkstation des Vatikans, dort liegt auch der private Spazierweg Papst Pius' XII. Da die Kuppe dieses Hügels nicht wie die meisten anderen der berühmten sieben Hügel Roms abgetragen oder bebaut wurde, hat er seine ursprüngliche Höhe behalten. Die Antennenmasten der vatikanischen Sendestation gehören heute zu den Wahrzeichen des römischen Stadtbildes. Wenn sie auch nicht gerade eine Verschönerung sind, so gewöhnt man sich doch rasch an sie, und in meinem Kloster freute ich mich abends schon immer auf das Aufleuchten ihrer Spitze, die so lustig und vergnügt funkelte wie der Stern auf dem Zauberstab einer Feenkönigin. Die heutige Sendestation ist in dem umgebauten ehemaligen Sommerpalast Leos XIII. untergebracht, den dieser auf der höchsten Erhebung der Gärten errichtete. Innen ist er mit vielerlei Marmorsorten prächtig ausgelegt und summt vor elektrischer Apparatur. Unten um die Kuppel herum läuft eine Inschrift aus dem Matthäusevangelium mit den Worten Jesu an seine Jünger: (Matth. 10, 27): »Was ich euch im Dunkeln sage, das redet im Lichte, und was euch ins Ohr geflüstert wird, das verkündet auf den Dächern.« Ich kann mir keinen schöner gelegenen Rundfunksender vorstellen, es sei denn Radio Andorra, das von seinem Berg in den Pyrenäen aus mit seiner beharrlichen Stimme die Ätherwellen über Südfrankreich und Nordspanien beherrscht. Der Vatikansender hat eine beachtliche Stärke und strahlt in allen Sprachen auf vierundzwanzig Kurzwellen und drei Mittelwellen aus. Sein Pausenzeichen, die Glocken der Peterskirche, und die darauffolgende Ansage: ›*Laudetur Jesus Christus*, hier ist Radio Vatikan ...‹, sind in der ganzen Welt bekannt. Jemand bezeichnete mir gegenüber den Sender einmal als »das geistliche Kraftwerk des Papstes«.

Die Universalität der katholischen Kirche ist ein oft gelesener und gehörter Gemeinplatz, und doch erstaunt es, wenn man den Beweis dafür so ganz nebenbei im turnusmäßigen Sendeprogramm vor Augen geführt bekommt; es gibt täglich zwei

Sendungen in Ungarisch und Tschechisch, wöchentlich zwei Programme in Bulgarisch, drei Sendungen in Ukrainisch, vier Sendungen in Slowenisch und Kroatisch, eine in Weißrussisch, drei Sendungen in Rumänisch und so fort, dazu kommen in regelmäßigen Abständen Programme in allen orientalischen Sprachen. Der Sender wird von den Rundfunkexperten des Vatikans, den Jesuiten, unter ihnen der Kölner Pater Schmitz, geleitet.
Eine bestimmte Sendung des Vatikanischen Rundfunks ist wahrscheinlich weniger bekannt: die täglichen Weisungen des Staatssekretärs an die Würdenträger der katholischen Kirche in der ganzen Welt. Jeder Kardinal, päpstliche Nuntius und apostolische Legat im Ausland besitzt einen Apparat, auf dem er die Signale des Vatikans abhören kann. Für die Verlautbarungen und Anweisungen sind bestimmte Sendezeiten festgesetzt. Wieviel Zeit wird dadurch gespart, daß zum Beispiel ein Kardinal in Südamerika einfach zur gegebenen Zeit seinen Apparat einstellen und hören kann: »Der Vorschlag in Ihrem Brief vom 7. hat unsere volle Zustimmung, doch möchten wir darüber hinaus raten ... usw., usw.« Ich möchte bezweifeln, daß in der Welt auf so engem Raum noch einmal zwei solche Gegensätze beieinanderliegen wie hier der Vatikansender und die Wagenremise *Raedis Pontificum Servandis*...
Nicht weit von hier liegt der vatikanische Bahnhof, er ist ganz aus weißem Marmor und wirkt eher wie eine vornehme Filiale von einer Bank. Er ist der sauberste und stattlichste Bahnhof, den es gibt, hat aber noch nie einen Personenzug gesehen! Fahrkartenschalter, Zeitungsstand, Handgepäckaufbewahrung, nichts von allem, was für unsere Begriffe zu einem normalen Bahnhof gehört, gibt es hier, dagegen ist Platz für einen Sängerchor vorgesehen, aber bisher hat noch nie einer dem davonfahrenden Pontifex eine Abschiedshymne dargebracht! Die Eisenbahnstation wurde kurz nach der Unterzeichnung des Lateranvertrags erbaut. Eindrucksvoll sind die riesigen Eisengitter quer über den Schienenstrang, die in Minutenschnelle elektrisch geöffnet oder geschlossen werden können.
Später ging ich wieder hügelabwärts auf die malerische Gruppe

der Paläste zu, in denen ein Teil der römischen Kurie untergebracht ist. Weitere Ämter, für die der winzige, nur 42 Hektar große und bereits übervölkerte vatikanische Staat keinen Raum mehr bietet, sind in den verschiedenen Stadtteilen Roms in Gebäuden untergebracht, die als exterritoriales Gebiet gelten. Vielen bleibt das Funktionieren der römisch-katholischen Kirche ein Rätsel, aber alle sind sich bewußt, daß es sich hier um das älteste Verwaltungssystem der Welt handelt – und, wie einige meinen, um das weiseste. So viel ist sicher, daß es jedes andere an Menschenkenntnis übertrifft. Es ist die Frucht eines ununterbrochenen, jahrhundertelangen Wachstumsprozesses, und wenn es auch bei zahlreichen Anlässen modernisiert wurde, so haftet ihm doch auch noch manch ein Rest der Vergangenheit an. Im Gegensatz zu den anderen Staaten, deren Regierungen ihre Amtszeit nach Jahren zählen, rechnet der Vatikan in Jahrhunderten. Die Zeit ist von untergeordneter Bedeutung, seine Politik baut sich auf dem Glaubenssatz auf, daß der einzelne sterblich, die Kirche aber ewig ist. Das war eine Einstellung, gegen die auch Napoleon machtlos war. Er konnte einen Papst demütigen und entführen, aber den Geist der Kirche zu brechen, das vermochte er nicht.

»Ist Ihnen klar, daß ich Ihre Kirche zerstören kann?« schrie er einmal den Staatssekretär, Kardinal Consalvi, an.

»Sire«, erwiderte Consalvi, »das haben in achtzehn Jahrhunderten selbst wir Priester nicht fertig gebracht!«

Das eigenartigste an der römischen Kurie ist, daß beim Tode des Papstes die Verwaltung mit erlischt. Der gesamte Apparat liegt wie erstorben, und erst der neue Papst kann ihn wieder zu neuem Leben erwecken. Da die Mehrzahl der Päpste bei ihrer Wahl schon in recht hohem Alter steht und manchmal nicht lange regiert, kommt es zu öfteren Perioden eines Interregnums was in vergangener Zeit, besonders wenn sich die Neuwahl um Monate, ja Jahre hinauszögerte, zu anarchischen Zuständen führen konnte. Heutzutage aber ist die Kurie in zwei bis drei Wochen wieder arbeitsfähig. In der Zwischenzeit liegt die Macht in den Händen der Kardinäle.

Der Papst ist der letzte absolut regierende Herrscher. Seine Ratgeber, beziehungsweise Kabinettsmitglieder, gehen aus dem Kardinalskollegium hervor, das derzeit um 80 bis 90 Mitglieder zählt. Nur ein kleiner Teil von ihnen sind Präfekten, das heißt Chefs der verschiedenen Abteilungen; sie sind die Kurienkardinäle. Die Regierung besteht aus zwölf Ämtern, Kongregationen genannt, jede Kongregation wird von einem Präfekten geleitet, der stets ein Kardinal ist, sie befassen sich mit jeder Fragestellung des geistlichen Lebens. Das Gerichtswesen des Vatikans liegt in der Hand von drei Tribunalen: Eines ist für die Probleme der Sünde und des Gewissens zuständig, ein weiteres ist eine Berufungsinstanz. Das dritte Tribunal, die Heilige Rota, gleicht einem gewöhnlichen Gerichtshof, doch finden die Sitzungen hinter verschlossenen Türen statt. Drei Richter führen den Vorsitz, für die Plädoyers sind nichtgeistliche Rechtsanwälte, Fachleute des kanonischen Rechts, zugelassen. Vor diesem Gericht werden notfalls die Eheprozesse der römischkatholischen Welt verhandelt.

Eine Gruppe von sechs Ämtern, Offizien genannt, befaßt sich mit den weltlichen Angelegenheiten der Kirche. Das wichtigste Amt dieser Gruppe ist das Staatssekretariat, und daher ist der einflußreichste unter den päpstlichen Ministern auch der Kardinalstaatssekretär, der einzige Kardinal, der im Apostolischen Palast in persönlichem Umgang mit dem Papst lebt.

Eine höchst interessante Unterabteilung im Staatssekretariat ist das Sekretariat für die Fürstenbreven und lateinischen Briefe. Früher oblag es diesem Sekretariat, die Mitteilungen des Papstes an die regierenden Monarchen in elegantem Latein abzufassen. Da heute wohl kein Monarch mehr viel mit einer derartigen Korrespondenz anfangen könnte, übersetzt das Sekretariat für die Fürstenbreven nun die zahlreichen Verlautbarungen des Heiligen Stuhls ins Lateinische. So erscheint das offizielle Organ des Heiligen Stuhls, die *Acta Apostolicae Sedis*, ausschließlich in lateinischer Sprache.

Der maßgebliche Latinist im Vatikan ist Monsignore Antonius Bacci, der päpstliche Sekretär für die Fürstenbreven. Er ist der Gründer einer Zeitschrift mit dem Namen »*Latinitas*«, die sich für den Gebrauch der lateinischen Sprache im Alltag einsetzt.

Ich bekam ein paar Hefte zu sehen: In dem einen wurde auf lateinisch über einen Fußballkampf berichtet, das andere enthielt in der gleichen Sprache ein Waschpulverinserat, an dem selbst Cicero nichts hätte aussetzen können.

Auch fast alle Vorlesungen der Gregorianischen Universität werden auf lateinisch gehalten, das zudem zwischen Seminaristen verschiedenster Nationalität häufig das einzig mögliche Verständigungsmittel bildet. Man kann köstliche Brocken Umgangslatein in den Korridoren der Gregoriana aufschnappen, und wenn Monsignore Bacci sie wohl nicht gerade den Fürsten zur Kenntnisnahme unterbreiten würde, so hätte er zumindest als Herausgeber eines Wörterbuchs voller lateinischer Umschreibungen für den modernen Gebrauch nichts dagegen einzuwenden. Sein Wörterbuch, das schon drei Auflagen erlebt hat, heißt *Lexicon eorum vocabulorum quae difficilius Latine redduntur*. Darin finden sich zum Beispiel folgende lateinische Umschreibungen moderner Bezeichnungen:

Atombombe: *Globus atomica vi displodens; pyrobolus atomicus*
Pfadfinder: *Puer explorator*
Wasserflugzeug: *Cymba volatilis*
Torpedoboot: *Aligera navis tranatantia missilia jactans*
Ölfeld: *Regio bituminosi olei dives (Olei incendiarii)*
Radar: *Radioelectricum instrumentum monitorum*
Rasierapparat: *Novacula ab inferendis vulneribus tuta*
Fernsehen: *Imaginum transmissio per electricas undas*
Tee mit Milch und Zucker: *Theana potio saccharo lacteque condita*
Zahnbürste: *Peniculus dentarius*
Zentralheizung: *Calefacientis aquae ductus*
Spaghetti: *Farina subacta et vermiculata*
Makkaroni: *Farina aqua subacta ac tubulata*

Viele Kongregationen und das Staatssekretariat haben internationale Mitarbeiter, und es gibt keine europäische Sprache und kaum eine orientalische, die nicht im Vatikan gesprochen würde. Die jüngeren Mitglieder der Ministerien kommen aus allen Teilen der Welt, und in den Korridoren trifft man ebenso leicht auf einen chinesischen wie auf einen englischen, spanischen oder orientalischen Monsignore.

Der Dienst beginnt für die Monsignori morgens um acht Uhr dreißig und endet mittags um dreizehn Uhr dreißig. Nachmittags wird nur in Ausnahmefällen gearbeitet. Es ist ein wunderlicher Anblick, wenn frühmorgens Priester und Fratres mit Büchern und Aktentaschen unterm Arm vor so einer Kontrolluhr aus gebeizter Eiche Schlange stehen, wie man sie in jeder Fabrik findet.
Abgesehen vom Staatssekretariat und anderen Ämtern, ist im Vatikan natürlich auch die malerische, altehrwürdige Institution des päpstlichen Hofes zu Hause. Er unterteilt sich in die Päpstliche Kapelle und die Päpstliche Familie. Zur Kapelle gehören die vielen Würdenträger, die bei den großen Zeremonien im Petersdom in Erscheinung treten: alles Gestalten mit Halskrausen und Degen, und die Mitglieder von Fürstenhäusern, deren Titel auf längst aufgehobene Pflichten hinweisen, ferner die Palastwache und die Schweizergarde; der Beichtvater des Papstes, seine Geheimkapläne; sein Leibarzt; sein Leibkämmerer; die *scopatori segreti*, die Bediensteten des Papstes; die *bussolanti*-Torhüter –; die Träger der *sedia gestatoria* und viele andere. Auf dem Papier erscheint der päpstliche Haushalt riesig, bei Licht besehen, und im wahren Sinne des Wortes genommen, aber schmilzt er zu einem kleinen Kreis zusammen: einem persönlichen Kammerdiener, zwei bis drei Hausangestellten und einigen wenigen Nonnen, die dem Papst seine frugalen Mahlzeiten bereiten und die Privaträume in Ordnung halten.

5

Die Tage, in denen ich in beschaulicher Muße die vatikanischen Gärten durchstreifte, gehören zu den schönsten meines römischen Aufenthalts. Mit besonderem Entzücken lauschte ich den Vögeln, deren Gesang ich nirgends sonst gehört hatte. Die Gärten waren ein Traum. Es gab einsame Winkel unter Eichen und Roßkastanien, wo selbst die Peterskuppel nicht mehr zu sehen war und nur das Geplätscher eines Brunnens oder der alte Gärtner mit seiner Schubkarre, der sich an den Fontänen zu schaffen machte, die Stille unterbrach.

In den vergangenen achtzig Jahren ist eine Reihe gütiger und verehrungswürdiger Männer mit großer Liebe in diesen Gärten geschritten. Pius IX. ritt manchmal auf seinem weißen Maultier unter den Eichen spazieren. Leo XIII., der heilige Pius X., Benedikt XV., Pius XI. und natürlich Pius XII., alle sind hier in der Zwiesprache mit Gott auf diesen Pfaden gewandelt. Wenn die Päpste auch heute nicht mehr die »Gefangenen« dieser bezaubernden Umgebung sind, ist in den Gärten doch die einzigartige Atmosphäre aus den Tagen ihrer freiwilligen Bewegungsbeschränkung erhalten geblieben. Unmöglich, dort umherzuwandern, unter den alten Bäumen zu sitzen, den Brunnen zuzuhören – die sich übrigens im Vergleich zu den pompösen päpstlichen Brunnen innerhalb Roms bescheiden ausnehmen und in jedem gewöhnlichen Garten stehen könnten –, ohne sich vorzustellen, wie die weißen Gestalten der »gefangenen« Päpste im Schatten alten Gemäuers lustwandelten und rotbeschuht über den Rasen schritten.

»Reisen werde ich ja nun wohl nicht mehr können«, soll Pius XI. etwas traurig bemerkt haben, als er zum ersten Male nach seiner Wahl auf die Piazza di San Pietro hinuntersah. Für einen Menschen, der ein so aktives Leben gewohnt war wie er, muß es wirklich in jener Zeit vor 1929 ein trüber Gedanke gewesen sein, niemals wieder den Fuß vor die Tore der Vatikanstadt setzen zu dürfen.

Pius XI. war übrigens der einzige Papst, der sich auch in praktischer Weise um die Gärten kümmerte; er ließ eine an die 80 Kilometer lange, mit unzähligen Sprengern verbundene Wasserleitung legen, so daß heute eine Fläche von etwa 12 Hektar ausreichend feucht gehalten werden kann. Die Rasenanlagen hier sind sicher die einzigen in Rom, die den ganzen Sommer hindurch frisch und grün aussehen.

Das vatikanische Wasser, Millionen von seinem Abschlußsalto im Sonnenlicht des Petersplatzes her bekannt, wurde 1612 von Paul V. in die Stadt geleitet, der dafür die unterirdische Wasserleitung des Trajan wiederherrichten ließ. Die Römer werden zwar sagen, daß die Aqua Paola nicht das beste Trinkwasser ist und zudem die unangenehme Eigenschaft hat, Marmor mit der Zeit schwarz zu machen. Immerhin, es ist stets reichlich vorhanden, und jeder Rompilger hat gesehen, wie hoch man es emporschleudern kann. Vor seinem Auftritt in der Öffentlichkeit läuft es erst durch die vatikanischen Gärten und speist dort so manchen Brunnen.

In dem höchstgelegenen Teil der Gärten, in der Nähe einer Gruppe von Kastanienbäumen, die im Herbst ihre spiegelblanken Früchte über den Boden streuen, machte Papst Pius XII. an jedem Nachmittag, den er in Rom weilte, seinen Spaziergang. Ein überdeckter Pfad wurde hier angelegt und eine Mauer in entsprechendem Winkel gezogen, so daß der Papst winters auf der einen Seite, sommers auf der anderen stets vor dem Wind geschützt war. Dieser Teil der vatikanischen Gärten wurde streng abgeschlossen gehalten.

Eines Tages entdeckte ich den meiner Ansicht nach ausgefallensten Blick auf die Peterskuppel. Unweit der Mauer Leos IV. erstreckt sich ein Renaissancegarten mit Buchsbaumhecken, einem Fischteich in der Mitte und einer ganzen Allee von Ilexbögen, die so geschnitten sind, daß sie einen genau passenden Rahmen für die Peterskuppel ergeben: ein höchst unerwarteter *coup d'oeil*, der an den Blick durch das Tor der Malteserritter erinnert, wo die Kuppel zum abschließenden Höhepunkt einer langen Baumallee wird. Hier natürlich scheint einen die Kuppel mit ihrer Nähe fast zu erdrücken. Als ich sie in ihrer naturgewachsenen Umrahmung betrachtete, lag sie in der vollen Nachmittagssonne, und die umlaufende Galerie war schwarz von Menschen, die in die vatikanischen Gärten hinabsahen.

Ich glaube, es gibt sogar ein paar Wasserkünste im Garten – Springfontänen, die ihren Strahl auf ahnungslose Besucher loslassen –, aber man muß sie zu finden wissen. Sie sind auch nicht mehr im Betrieb. Als letzter Papst benutzte sie meines Wissens der kindlich-gütige Pius IX., der, wenn er dazu aufgelegt war, seine Kardinäle recht gern unter Wasser setzte.

Das allerhübscheste in den Gärten war aber entschieden das heitere kleine Sommerhaus oder Kasino, 1560 von Pirro Ligorio für den milden, hochgebildeten und ausgesprochen weltlichen Papst Pius IV. geschaffen, dem ein angenehmes Pontifikat von

sechs Jahren beschieden war. England stand im Zeitalter der ersten Elisabeth. In Rom hatte Pirro Ligorio die Erlaubnis bekommen, sich das für den Bau des Sommerhauses benötigte Material vom Domitiansstadion auf der heutigen Piazza Navona wegzuholen.

Das zauberhafte Gebäude – Lanciani nennt es »die vollendete Nachbildung eines antiken römischen Landhauses« – wurde ausschließlich aus dem alten Stein gebaut. Es ist eine poesievolle Schöpfung, deren zugleich anmutige und würdige Linienführung sie den elegantesten Bauten der Renaissance ebenbürtig an die Seite stellt. Der mit Fliesen ausgelegte Garten könnte nicht schöner sein: ein Oval, um das, wie die unterste Stufe in einem griechischen Theater, eine Reihe Steinsitze läuft, dahinter erhebt sich als zweite Einfassung eine niedrige Mauer, auf der in Abständen Urnen mit Aloëpflanzen stehen. Das Oval wird nur durch zwei hohe Renaissanceportale und ein klassisches Gartenhäuschen unterbrochen, seine Fassade schmückt ein aprikosenfarbener Fries von Figuren im Hochrelief.

Angelockt durch das, was ich dort sah, spähte ich viele Male über die Mauer, hinein konnte ich nicht, das Kasino war stets verschlossen. Eines Tages erschien jedoch ein Gärtner mit einem Schlüssel und ließ mich ein.

Auf dem marmornen Brunnenrand in der Mitte des Hofes reiten einander gegenüber zwei kleine Putten auf Delphinen, zwei weitere hocken auf absonderlichen Meeresungetümen mit Adlerschnäbeln, Fischschwänzen und den schwimmhäutigen Vorderfüßen eines *hippocampus* rechts und links vom Eingang. Die Brunnenwände sind mit köstlichem Muschelmosaik ausgelegt, und wie um den heidnischen Anstrich des Ganzen noch zu erhöhen, erscheint dazwischen auch das Bild der vielbrüstigen Diana von Ephesus.

Der einzige Laut in dieser erlesen schönen und friedvollen Umgebung kam von der Springfontäne des Brunnens. Das Sonnenlicht auf dem pfirsichfarbenen Gemäuer, der Zug der klassischen Figuren mit ihren Flöten und Leiern, die schweren Früchtegirlanden, das alles vereinte sich in seiner von vier Jahrhunderten unberührten Frische zu einem Eindruck, der

mir in unauslöschlicher Erinnerung bleiben wird. Dies war der rechte Hintergrund für die weltgewandten, stolzen Renaissancepäpste, und mir war, als könnten sie jeden Augenblick in der Begleitung ihrer rotbemützten Kardinäle die Szene betreten.
Viele Male noch habe ich über die Mauer gespäht, und jedes Mal wurde mir wieder bewußt, daß mir dieser Garten hier und der Schildkrötenbrunnen auf der Piazza Mattei von allen Zeugen aus dem Rom der Renaissance die liebsten waren.
In diesem magischen Kreis empfing Pius IV. seine gelehrten und künstlerischen Freunde, hier fanden auch seine Beratschlagungen mit seinem Neffen, dem grundgütigen Carlo Borromeo, statt. Auch Pius VIII. und Gregor XVI. hielten hier häufig Audienzen ab. Erst Leo XIII. fand den Ort zu ungesund und ließ sich auf der höchsten Erhebung des Gartens ein neues Sommerhaus bauen, in dem heute, wie ich schon sagte, die vatikanische Sendestation untergebracht ist. Für den Gast Pius' IX. muß es ein Genuß gewesen sein, nach dem Diner unter den »Grotesken«-Bildern der Vatikanischen Bibliothek durch die Stille der Nacht zu dem kleinen, ovalen Garten hinüberzuschlendern. »Pio Nono« war der letzte Papst, der öffentliche Abendgesellschaften gab. Von seinem erhöhten Tisch, an dem er allein aß, pflegte er dann mit wohlwollendem Lächeln seine Gäste zu überschauen, später begab er sich auch ins Kasino hinüber und nahm gemeinsam mit ihnen den Kaffee ein.

6

Bei einem Spaziergang in den Gärten in Begleitung eines Offiziers der Schweizergarde kamen wir eines Tages auch an die paar alten Treppenstufen, die zu dem berühmten Korridor zur Engelsburg hinaufführen, dem Gang, der seit dem Mittelalter den Vatikan mit der Engelsburg verbindet. Oben an der Treppe liegt der Wachraum eines Unteroffiziers der Schweizergarde, zu dessen Pflichten es gehört, zu dem Gang, durch den man auch heute noch ungesehen in die Festung hineingelangen kann, ständig die Schlüssel bereitzuhalten.

»Sollte der Heilige Vater wirklich einmal die Schlüssel verlangen, hoffen wir ja, daß es aus rein traditionellen Gründen ist«, lächelte der Offizier. »Aber parat liegen sie immer.«
Über solchen abseitigen, halbvergessenen Ecken hängt die Last unendlichen Alters. Niemand bringt sie für Besichtigungen in Ordnung, und wie ein alter Hausboden voller Gerümpel, der unangetastet von einer Generation auf die nächste übergeht, bleiben sie genauso liegen, wie die Jahrhunderte sie belassen haben.
Während wir noch in diesem staubigen Stück Mittelalter herumstöberten, kamen wir an die verschlossene Pforte des Korridores, der, wie jeder andere geheime Gang die Phantasie anregt. Über ihm läuft zwischen zwei Reihen Schießscharten ein Weg entlang, der Korridor selbst ist ein enger gewölbter Durchgang, der zwei nebeneinandergehenden Personen nur eben Platz bietet. Er ist mit Backsteinen gepflastert, alle paar Meter fällt durch die in die dicken Wände eingelassenen Fenster Licht in den Gang herein.
Mir ging jener schreckliche Morgen des 6. Mai 1527 durch den Sinn, an dem die Truppen Karls V. im Schutze des Morgennebels zum Angriff auf Rom vorrückten. Lutherische Deutsche waren darunter, katholische Spanier und Italiener, aber sie waren sich alle gleich: rauhe, seit Monaten nicht entlohnte, beutegierige Söldner. Während der Erstürmung des Borgo lag Klemens VII., überwältigt vom Grauen über die unheilvollen Folgen seiner Politik für Rom, in der Peterskirche auf den Knien. Er war zunächst noch entschlossen, im päpstlichen Ornat auf dem Thron sitzend den Feind zu erwarten, wie es zweihundert Jahre vor ihm Bonifaz VIII. bei der Ankunft von Sciarra Colonna getan hatte. Doch als die Halsabschneider zum Schrecken und Entsetzen aller im nahen Heiliggeistspital erst einmal alle Kranken erschlugen und die Schreie der Sterbenden und der Donner der Kanonen auf den Stufen der Peterskirche zu hören waren, ließ sich der Papst zu einer Flucht durch den gedeckten Korridor in die Engelsburg überreden. »Hätte er noch drei Credos länger verweilt, wäre es um ihn geschehen gewesen«, heißt es in einem Augenzeugenbericht.

Noch in der *cappa del papa* mit ihrer überlangen scharlachroten Schleppe, wurde der verstörte Papst eilends in den gewölbten Gang geführt; um ihm weiterzuhelfen, schlug sich ein Kardinal die Schleppe über den Arm. Tränenüberströmt sah Klemens durch die Fenster des Ganges die furchtbaren Szenen unten auf der Straße und auf dem Platz vor der Peterskirche, wo die Schweizer Mann für Mann niedergemacht wurden.
Schließlich, aus Angst, der Papst könnte durch die vielen Fenster von den Arkebusieren unten erkannt werden, warf ihm ein Kardinal einen Mantel über Haupt und Schultern; und so gelang es, Klemens VII. in die Engelsburg zu schmuggeln. An dem gleichen denkwürdigen Tage wurde ein Kardinal von der in panischer Angst vorwärts drängenden Flüchtlingsmenge fast zu Tode getrampelt, ein anderer durch ein Fenster gestoßen, ein dritter in einem Korb an den Festungswällen hochgehievt. Am gleichen Tage hatte Benvenuto Cellini morgens im Frühnebel seine Arkebuse sorgfältig auf ein bestimmtes Ziel angelegt und war später einer der vielen, die den Tod des Connétable de Bourbon verursacht haben wollten.
So nachhaltig blieb die Erinnerung an diese Schreckenstage im Volk, daß römische Mütter noch vor fünfzig Jahren ihre unartigen Kinder mit den Worten in den Schlaf sangen: »*Fatti la ninna, è passa via Barbone* ...!«, wobei »der Mann mit dem langen Bart, *Barbone*, den Namen Bourbon übernahm«, wie Lanciani schreibt.
Die Plünderung Roms durch 20000 Deutsche, 14000 Italiener und 6000 Spanier dauerte acht Tage. Es kam zu barbarischen Grausamkeiten: Kardinäle wurden mit auf dem Rücken gebundenen Händen durch die Stadt gezerrt und wegen des Lösegelds einbehalten, einen schleppte man in einem Sarg auf das Kapitol und hätte ihn wohl lebendig begraben, wenn sich nicht jemand erboten hätte, die Summe für seine Freilassung zu zahlen. »Die katholischen Spanier und Lombarden führten sich innerhalb des geheiligten Bezirks der Peterskirche schlimmer auf als 846 die Sarazenen«, schreibt Lanciani. »Die Spanier durchsuchten jedes Grab. Dem Leichnam Julius' II. zogen sie seine päpstlichen Gewänder ab, sie würfelten um ihre Beute

und streckten sich auf den altehrwürdigen Altären zum Schlafen aus. Die wunderbar gearbeiteten mittelalterlichen Altarkelche mißbrauchten sie als Trinkbecher für ihre Zechgelage in der Gesellschaft liederlicher Weiber, ihre Pferde brachten sie in den Seitenschiffen unter und warfen ihnen als Streu die kostbaren Manuskripte aus den Sammlungen Pius' II. und Sixtus' IV. unter... Die Büsten der Apostel Petrus und Paulus, das Haupt des heiligen Andreas und das des heiligen Johannes des Täufers wurden aus ihrem jeweiligen Schrein im Lateran, im Vatikan und in der Kirche S. Silvestro in Capite geraubt. Den heiligen Speer, mit dem der Überlieferung nach Longinus dem Erlöser am Kreuz in die Seite stach, steckte sich ein deutscher Söldner auf die Lanzenspitze... Unter Hohngelächter und Schmähreden einer betrunkenen Soldateska schleppte man das Schweißtuch der heiligen Veronika, das den Abdruck der Züge unseres Erlösers getragen haben soll, durch die römischen Tavernen.
Am wildesten gebärden sich die Deutschen – bis sie etwas zu trinken fanden. Dann verlegten sie sich aufs Possenreißen, ritten in prächtigen Chorgewändern und Mitren auf Mauleseln umher und äfften mit betrunkener Würde das Zeremoniell des päpstlichen Hofes nach. Die Spanier überboten alle an Grausamkeit, die Italiener an Erfindungsgabe.
Neunzig Schweizer und vierhundert Italiener wurden mit dem Papst und dreißig Kardinälen in der Engelsburg belagert. Vorräte waren nicht vorhanden; allein der Papst erhielt ab und zu als großen Leckerbissen ein Gericht aus Eselsfleisch vorgesetzt. Kinder, die dabei ertappt wurden, wie sie für die ausgehungerte Garnison Gemüse an Bindfäden zum Hinaufziehen befestigten, wurden von den Spaniern erschossen, eine arme Alte, die für den Papst ein paar Salatblätter anhängen wollte, gehängt.
Der unglückliche Papst, über dessen Haupt sich höchst ungerechterweise die ganze Vergeltung für die weltlichen Sünden des Papsttums zu entladen schien – denn obwohl ein schwankender und unzuverlässiger Charakter, ein schlechter Mensch war er nicht –, weinte und betete ohne Unterlaß, schließlich kapitulierte er. Zur Aufrundung des enormen Lösegelds muß-

ten schließlich auch noch die Juwelen aus der päpstlichen Tiara, die Benvenuto Cellini herausgebrochen und in die päpstlichen Gewänder eingenäht hatte, geopfert werden. Einige Monate später gelang es dem Papst, als Gemüsegärtner verkleidet, aus Rom zu fliehen. Das folgende Jahr sah seine tiefste Demütigung, als er sich mit Karl V. aussöhnen und ihm die Kaiserkrone aufs Haupt setzen mußte. Der Kaiser gehört zu den Leuten, die man sich immer als Greis vorstellt, vielleicht ist Tizians Porträt im Prado daran schuld. Damals aber, als ihm sein politisches Geschick das Papsttum auf Gedeih und Verderb in die Hand spielte, war er noch ein häßlicher, unansehnlich gebauter junger Mann von dreißig Jahren; Heinrich VIII., der seine Tante Katharina von Aragon zur Frau hatte, hielt ihn für einen recht unbedarften Jüngling.
Im Durchgang zur Engelsburg hat man, wie im Tower von London, das Gefühl, daß Frohsinn in diesen Mauern nie Platz gehabt hat.

7

Von zehn bis vierzehn Uhr durchstreifen leicht verwirrt aussehende Besucherscharen jeder Sprachgruppe unter der Sonne tapfer die Vatikanischen Museen und werfen im Vorübergehen hastige Blicke auf Sammlungen, zu deren geistiger Erfassung man ein Leben brauchte. Trotzdem ist es ein eindrucksvolles Erlebnis, durch die endlosen Korridore zu wandern und sich, wenn auch noch so oberflächlich, die große Schatzkammer der Renaissancepäpste anzusehen. Überwältigt von der künstlerischen Vielseitigkeit der Antike, geht man von ägyptischen Räumen in etruskische, von römischen in griechische.
Jeder Papst fügte den Sammlungen seines Vorgängers neue Schätze hinzu. Ein so puritanisch gesinnter Papst wie der strenge Hadrian IV., der vor Empörung über den heidnischen Einschlag der Renaissancekunst die Sixtina weiß übertünchen lassen und den Laokoon in den Tiber werfen wollte, kam immerhin nicht oft vor.

Und dann ist da die Pinakothek, in der den ganzen Morgen über kleine Gruppen schweigend vor Raffaels »Verklärung« stehen. Für die Künstler war die Renaissance wohl die fruchtbarste Schaffenszeit, die es je gegeben hat. Rom hat nie ein einheimisches Genie hervorgebracht, und so zogen die Päpste mit ihrem Reichtum und Kunstverständnis die großen Künstler Italiens an ihren Hof wie in ein gelobtes Land, wo Glück und Ruhm ihrer harrten.

Bei meinen Wanderungen durch die vatikanischen Galerien habe ich mir oft zu erklären versucht, warum sich gerade in der Renaissance das Genie zu solchen Höhen aufschwang, oder besser, wie es kam, daß den Päpsten ein nicht abreißender Strom großer Künstler zur Verfügung stand. Im Gegensatz zu unserem Zeitalter des Spezialistentums konnte man damals das gesamte Wissen der Menschheit auf den Bücherborden eines Raumes unterbringen, und was Pius II. von Nikolaus IV. sagte, traf damals völlig zu: Was ein Gelehrter nicht wußte, lag außerhalb des menschlichen Wissensbereichs. Die Vielseitigkeit der großen Künstler war erstaunlich: Leonardo da Vinci, der wissenschaftliche Experimente durchführte, Michelangelo, dessen Genie sich nacheinander der Bildhauerei, der Malerei und der Architektur zuwandte, Raffael, der dem Herzog von Ferrara Ratschläge über rauchige Kamine erteilte und dann hinging und auf Bitten Leos X. einen toten Elefanten abmalte, ohne sich dabei im geringsten in seiner Kunst herabgesetzt zu fühlen. Gewiß, viele dieser großen Künstler hatten ihre Launen, waren säumig in der Arbeit, verschwenderisch und schwierig im Umgang, aber ich glaube nicht, daß sie sich schon das anmaßende Getue und Gehabe einer späteren Zeit zulegten. Sie waren im wesentlichen gute Handwerker und richteten sich mit größter Selbstverständlichkeit nach den Wünschen ihrer Auftraggeber, daher erklärt sich auch so manches mittelmäßige Erzeugnis großer Meister.

Für die Ausschmückung der vier kleinen Gemächer in der Reggia von Mantua, die noch heute zu besichtigen sind, nahm die schöne und reizende Isabella d'Este mit einigen der besten Künstler ihrer Zeit Verbindung auf, und obwohl sie ihnen in

durchaus demütigem Ton schrieb, als bäte sie um einen Gefallen, wenn sie bei ihnen ein Gemälde bestellte, so war offensichtlich auch der berühmteste von ihnen in ihren Augen nur ein Innendekorateur.
Nachdem sie von Leonardo da Vinci eine Absage erhalten hatte, da er »gerade die Flußläufe und den Vogelflug studiere«, riet man ihr zu Filippino Lippi oder Botticelli, doch entschied sie sich für Perugino. Wie die meisten Künstler brauchte er Geld und nahm ihren Auftrag an. Darauf erhielt er von Isabella einen Brief mit einer genauen Beschreibung des gewünschten Bildes, das eine damals sehr beliebte Allegorie über den Kampf zwischen der Liebe und der Keuschheit darstellen sollte. In einem Nachsatz hieß es: »Auf keinen Fall darfst Du irgend etwas Eigenes hinzufügen.« So ging denn der arme Perugino, der Meister exquisiter Madonnen und Heiliger, gehorsam und ohne sich gekränkt zu fühlen, ans Werk und malte eine bewegte figurenreiche Szene, die Carpaccio besser angestanden hätte. Dabei ließ ihn seine besorgte Auftraggeberin ständig überwachen, indem sie ihm Spitzel ins Atelier schickte, die ihr über den Fortschritt des Gemäldes Bericht erstatten mußten. Und als Isabella erfuhr, daß Perugino entgegen ihren Anweisungen die Venus doch nackt dargestellt hatte, befahl sie ihm, sie geschwind zu bekleiden, denn »mit der Änderung einer einzigen Figur wäre der ganze Sinn der Fabel entstellt«.
So kommt es, daß man sich beim Umherwandern in der vatikanischen Bildergalerie beim Anblick der scheinbar unerklärlichen Fehlleistungen der alten Meister fragt, wie viele geniale Künstler der Renaissance wohl unter ähnlichen Bedingungen arbeiten mußten und »nichts Eigenes hinzufügen« durften.
Ein Teil der vatikanischen Museen erfüllte mich stets mit reinem Entzücken und einem Gefühl unbeschwerten Glückes: die prachtvolle Bibliothek von Sixtus V. Die riesige Halle ist mit Kostbarkeiten besetzt wie ein Reliquienschrein, leichte Grotesken-Malereien bedecken die Wände, die Decke bildet eine Gemäldegalerie für sich. Es ist die einzige Bibliothek, die ich kenne, in der kein Buch zu sehen ist. Wie in den Bibliotheken der klassischen Zeit, nach deren Vorbild sie gebaut wurde, be-

wahrte man die Bücher nicht aufrecht in Fächern, sondern flach, in wunderschönen, bemalten Schränken liegend, auf. Heute wird die Bibliothek nicht mehr als solche benutzt, nur einige besondere Schätze sind in Glaskästen ausgelegt, und wie überrascht ist man, hier auf die Briefe Heinrichs VIII. an Anna Boleyn zu stoßen.

Unter den *stanze di Raffaello* liegen die Gemächer der Borgia, die für mich aus der ganzen Zahl der dem Publikum zugänglichen Räume die interessantesten waren. War ich erst unter der niedrigen marmornen Türfüllung hindurchgegangen und stand vor der Reihe der ineinanderführenden Prunkgemächer, deren vergoldete Decken sich über den vollendet schönen Fresken von Pinturicchio wölben, dann war mir, als seien fünf Jahrhunderte wie Schnee an der Sonne vergangen, und ich meinte, gleich würde eine Knochenhand mich in eine Fensternische winken.

Es war Alexander VI., der Borgia-Papst, der diese Schmuckkassette von Räumen für sich herrichten ließ. Hier schmiedete er im Interesse seiner Kinder seine Pläne und spann seine Ränke, hier starb er. »Ich bin Papst und Stellvertreter Christi!« rief er bei seiner Wahl befriedigt aus – aber das war er ja nun nicht, sondern lediglich ein weltlicher Herrscher, ein skrupelloser, machtgieriger Mann, dessen Untaten nur deswegen in die Geschichte eingingen, weil er sie auf dem Throne des Apostels Petrus beging.

Seinem Sohn, dem berüchtigten Cesare, der nachts mit einer Bande Bewaffneter maskiert durch die Straßen strich, sagt man noch größere Verbrechen nach als seinem Vater, er gehörte zu dem Typ des italienischen Gangsters, der auch heute noch keineswegs ausgestorben ist. Die ebenfalls sattsam bekannte Lukrezia ist eine junge Frau mit weichen, willenlosen Gesichtszügen und wunderschönem Haar, das sie wahrscheinlich zur Erhaltung seines berühmten Goldtons ständig gewaschen hat … Aufschauend sah ich alle drei, Alexander, Cesare und Lukrezia, in den wunderbar gemalten Fresken des Pinturicchio. Großartig das Porträt des Borgia-Papstes: Mit seinen fetten, selbstzufriedenen Hängebacken, dem Doppelkinn und der gekrümmten Adlernase im Profil dargestellt, kniet er vor dem auferstandenen Erlöser und legt seine dicken, beringten Hände im Gebet zusammen. Ein schmucker Soldat neben ihm stellt Cesare dar, ein weiterer Jüngling im römischen Gewand ist wahrscheinlich dessen Bruder Giovanni, den Cesare im Jahre 1497 ermordete. Auf einem anderen Wandgemälde figuriert Lukrezia als die heilige Katharina.

Alexander beging die meisten Sünden aus Liebe zu seinen Kindern. Um den Namen dieses unheiligen Vaters rankt sich, schlecht, wie er war, wie im Falle der Cäsaren eine Fülle von Verleumdungen; andererseits ist es schwierig, wie Bischof Creighton so richtig sagte, sich ein gerechtes Urteil über die Borgias zu bilden, ohne die Dinge zu beschönigen.

Ich verließ das *Appartamento Borgia* in dem Gefühl, nicht oft in Räumen gewesen zu sein, wo die Atmosphäre der Vergangenheit so stark nachwirkte wie hier.

Von der Sixtinischen Kapelle nahm ich den Eindruck eines strahlenden Blaus mit, das Blau des Mantels der Jungfrau Maria. Alles starrte nach oben an die Decke. Fremdenführer erklärten in einem Dutzend Sprachen, daß Michelangelo die Decke auf seinem Rücken liegend ausmalte und dazu viereinhalb Jahre brauchte und später Briefe oder Bücher zum Lesen stets über den Kopf halten mußte. Um dieses erhabene Kunstwerk wirklich mit Genuß auskosten zu können, brauchte man eine Couch und einen Feldstecher. Die Führer tragen für ihre Schutzbefohlenen kleine Spiegel bei sich.

Michelangelo mit seiner gebrochenen Nase (die hatte ihm in seiner Jugend der aufbrausende Torrigiano eingeschlagen) ist wohl das größte Genie der Renaissance, das uns zugleich auch am meisten anzieht: ein einsamer, zur Melancholie neigender Geist, dessen Leben einfach, dessen Glaube groß war und dessen Werk wie aus einer anderen Welt wirkt. Am Tage nach seinem Tode im Jahre 1564 – er war 89 Jahre alt geworden – erschien in dem Hause, das er so lange Jahre allein bewohnt hatte, ein Magistrat zur Bestandsaufnahme. Hinter weißleinenen Vorhängen stand eine eiserne Bettstelle mit einer Decke aus Ziegenfellen. In einem Schrank daneben fand man Michelangelos Kleidung: zwei Mäntel, ein grauer und ein pelzgefütterter brauner, dazu ein Umhang aus Florentiner Tuch mit einem seidenen Satinfutter, eine Satinbluse mit roten Seidenbändern, zwei schwarze Hüte und neunzehn Hemden. Der Vorrat im Weinkeller bestand aus einem Krug Essig und fünf Krügen Treviwasser, im Stall stand ein kleines kastanienbraunes Pony. In Taschentüchern eingebunden, beziehungsweise in Krügen und Vasen, wurden über 8000 Golddukaten gefunden. Niemand verläßt Rom, ohne die eine oder andere Erinnerung an Michelangelo mit nach Hause zu nehmen: die Peterskuppel, den Moses in S. Pietro in Vincoli, die Pietà im Petersdom, die Kirche S. Maria degli Angeli und als schönste vielleicht das himmlische Blau der Sixtinischen Kapelle.

8

Die Bibliothek und die Archive des Vatikans liegen in dem Gebäude im Norden des Cortile di Belvedere und sind seit dem Jahr 1881 der Öffentlichkeit zugänglich. Nur Gelehrte und Forscher kennen sich in ihnen aus, und das dort gesammelte Material gab und gibt auch weiterhin den Anlaß zu zahllosen wissenschaftlichen Veröffentlichungen in alle Sprachen Europas. Der Chefbibliothekar, ein Kardinal, trägt den volltönenden Titel »Bibliothekar und Archivar der Heiligen Römischen Kirche«. In einer großen Halle, deren Stille der des Lesesaals im Britischen Museum nicht nachsteht, sitzen zahlreiche Wissenschaftler und Forscher an den in der Länge des Raumes aufgestellten Tischen – die Wände ringsum sind vom Boden bis zur Decke mit Büchern bedeckt. Angestellte gehen lautlos zwischen den Tischen umher und bringen den Besuchern vergilbte Manuskripte, die nur ein geschultes Auge zu entziffern vermag. Viele Ordensmitglieder saßen in

ihren verschiedenen Trachten zwischen den Lesenden, ein Dominikaner, mit dem ich kurz sprach, arbeitete über die ländlichen Bodenbesitzverhältnisse im Irland des elften Jahrhunderts.

Ein Bibliothekar nahm mich in die Stahlnischen der Archive mit, entnahm einem Safe ein Pergament mit schweren roten, einzeln signierten Wachssiegeln und gab es mir in die Hand; es war die Petition Heinrichs VIII. an den Papst mit dem Antrag auf Auflösung seiner Ehe mit Katharina von Aragon. Der Text des Dokuments wurde veröffentlicht, doch sagte man mir, daß die Namen der Unterzeichner nie im Druck erschienen sind. Von dem Augenblick an, wo der Abgesandte des Königs nach seinem Ritt von Whitehall aus quer durch Europa das Dokument in die Hände der römischen Kurie legte, ist es sorgfältig in den Archiven abgelegt geblieben und daher heute so frisch wie am Tage seiner Abfassung vor über vierhundert Jahren.

Ich hielt das Aktenstück über Galileis Verhör in den Händen, betrachtete ein von Michelangelo unterschriebenes Schriftstück, ein Dokument Ferdinands und Isabellas von Spanien mit einem Goldsiegel von der Größe einer Untertasse, einen Brief aus der Hand von Dantes Lehrer Benedetto Latini, das Konkordat zwischen Napoleon und Pius VII. und ein umfangreiches Pergament mit dreihundertfünf Unterschriften und Siegeln: die Abdankungsurkunde der Christine von Schweden. Dann, fast schon im Abschließen, zeigte man mir ein byzantinisches Pergament, das in roter Tinte die Unterschrift des ersten Herrschers aus dem Geschlecht der Paläologen im dreizehnten Jahrhundert aufwies.

Alle diese Schätze wurden ohne großes Aufheben ganz nebenbei hervorgeholt, als ob ein Sammler einem eiligen Freund nur gerade ein paar Stücke aus seinem Besitz zeigen wolle. Noch ganz benommen vom Schauen, fiel mit etwas auf, was mir in einer großen Bibliothek noch nicht vorgekommen war. Alle fünfzehn Minuten verlöschten die Lampen und mußten wieder angeknipst werden. Ich bat um Aufklärung und erhielt zur Antwort, daß Wissenschaftler und andere Forschungsbeflissene meist in längst vergangenen Jahrhunderten leben und in ihrer Zerstreutheit oft in den Archiven Licht brennen lassen; daher verlöscht es in regelmäßigen Abständen automatisch.

Ich wurde mit einem Professor bekannt gemacht, dessen Spezialgebiet die päpstlichen Bullen waren. Von ihm erfuhr ich, daß die päpstliche Kanzlei noch zu einer Zeit Papyrus als Schreibmaterial verwandte, als das übrige Europa schon längst zum Pergament übergegangen war. Erst im Jahre 1022 hörte dies auf. Früher wurden die päpstlichen Bullen entweder mit einer Seidenschnur, an der das Bleisiegel, die *bulla*, befestigt war, oder mit einer hänfenen Schnur umwunden. Die »seidenen« Bullen waren *letterae gratiosae* und die hänfenen *letterae executoriae*, so daß die Empfänger auf den ersten Blick erkennen konnten, ob die Bullen gute oder mäßige Nachrichten enthielten. Zudem trugen die »seidenen« schön dekoriert den vollen Namenszug des Papstes, während sich die weniger angenehmen »hänfenen« mit seinen Initialen in unheilvoll schwarzer Umrandung begnügen mußten.

Bisweilen waren die Bullen so stilisiert abgefaßt und ohne jede Interpunktion in einer so ausgefallenen gotischen Schrift, der sogenannten Bollandentype geschrieben, daß eine Version in Normalschrift mitgeschickt werden mußte. Diese Schrift wurde erst vor sechzig Jahren von Leo XIII. abgeschafft.

Jeder weiß, daß der Papst bei seiner Wahl einen neuen Namen annimmt, weniger bekannt dürfte dagegen sein, daß er die Originale der päpstlichen Bullen mit seinem ursprünglichen Taufnamen unterzeichnet. Abgesehen davon bedient er sich seines früheren Namens nie, und man vernimmt ihn auch im Vatikan nie – bis zu seinem Tode. Dann tritt der Kämmerer an sein Lager und ruft ihn leise dreimal mit dem Namen an, den er bis zu seiner Wahl zum Papst trug.

Einer der striktest gehüteten Räume im Vatikan ist der Kanzleiraum, in dem das große Siegel, beziehungsweise die *bulla* für die Dekrete der Kirche aufbewahrt wird. Wer sich hier ohne plausible Erklärung aufhält, kann von Glück sagen, wenn er nicht exkommuniziert wird. Es ist ein schwerer Metallstempel von etwa einem Meter Höhe, der mit Hilfe eines Hebels bedient wird. Auf seinem Abdruck sind die beiden einander zugekehrten Köpfe Petri und Pauli sowie der Namenszug des regierenden Papstes zu sehen.

Regierende Monarchen benutzten häufig goldene Siegel für ihre Mitteilungen an den Vatikan; in der päpstlichen Kanzlei wurden diese dagegen nur ganz vereinzelt verwendet. Das früheste Beispiel ist ein Brief Leos X., in dem er Heinrich VIII., den Titel eines »*Defensor Fidei*« – Verteidiger des Glaubens – verleiht.

9

Das Bauwerk des Petersdoms wird von einem Völkchen erheblich begabter Akrobaten instand gehalten, die diese Aufgabe schon seit Jahrhunderten im Wechsel von Vater und Sohn erfüllen und sich im Laufe der Zeit den Namen *Sampietrini* verdient haben. Sie werden von klein auf an schwindelnde Höhen gewöhnt, und wenn sie auf der Kuppel herumklettern und in ihren Standbrettern unterm Dach von Säule zu Säule schwingen, so ist das, so sagte man mir, ein wahrer Trapezakt, nur ohne Netz. Die *Sampietrini* heben auch die Papstgräber aus, und wie ich schon erwähnte, betraute man einige besonders Ausgewählte unter ihnen mit den Ausgrabungen unter dem Hochaltar. In früherer Zeit wohnten viele mit ihren Familien auf dem Dach, und einige Häuser sind noch heute unweit des Postamts, im Schatten der Peterskuppel, dort oben zu sehen.

Die Diensträume der *Sampietrini* liegen nicht weit von der Sakristei. Bei einem meiner Besuche wurde ich in einen Raum geführt, dessen schön bemalte, aus dem 18. Jahrhundert stammende Türen zu meiner Überraschung das englische Königswappen unter einem Kardinalshut aufwiesen. Selbstverständlich konnten sie nur dem letzten Stuart gehört haben, aber es war mir ein Rätsel, wie sie hierher kamen. Ich erfuhr, daß sie beim Abbruch eines alten Hauses in der Nähe der Sakristei gerettet und an ihren heutigen Platz gebracht worden waren. Dieses Haus hatte der Kardinal Herzog von York bewohnt, nachdem er im Jahre 1751 Erzpriester von St. Peter geworden war. Die Entdeckung machte mir Freude, hatte ich es doch nicht für möglich gehalten, noch so spät ein bisher unbekanntes Erinnerungsstück an die Stuarts aufzufinden; denn diese Bezeichnung haben die schönen alten Türen doch wohl verdient. Ich war eigentlich hierher gekommen, um etwas über die Illuminierung der Kuppel in Erfahrung zu bringen, das größte Kunstwerk der *Sampietrini*, das man leider nur noch sehr selten zu sehen bekommt. Wenn auch die Glocken von St. Peter heute elektrisch geläutet werden, so überlief die *Sampietrini* doch ein Schauder bei meiner Frage, ob die Kuppel je durch einen Schalterdruck illuminiert würde. Kein echter Römer und erst recht nicht ein *Sampietrini* könnte es ertragen, die Umrisse des Petersdoms im kalten Licht elektrischer Glühbirnen nachgezeichnet zu sehen.

Der Brauch, die Basilika zu illuminieren, stammt schon aus Berninis Zeiten. Bernini selbst entwarf die zwischen den Kolonnadensäulen hängenden Gefäße für die Lichter. Die Technik der Beleuchtung vererbt sich von einer Generation *Sampietrini* zur nächsten weiter, auch für die Zusammensetzung des Talges haben sie ein besonderes traditionelles Rezept.

Früher gab es regelmäßig zwei Illuminationen der Peterskirche pro Jahr: einmal zu Ostern und einmal zu Peter und Paul. Ostern wurde der unsicheren Witterung wegen stets nur Fackeln benutzt, zu Peter und Paul aber außerdem auch die *lanternoni*, das heißt Kerzen in etwa dreißig Zentimeter hohen Papierlaternen.

Eine Beleuchtung der Peterskirche kostet etwa 11500 Mark, 360 Mann sind erforderlich, die zu zweit oder zu dritt arbeiten, wobei jeder auf mehrere Fackeln zu achten hat. Gegen neun Uhr abends nehmen die Männer ihre Plätze im Dunkeln ein und halten sich bereit, auf ein Zeichen hin mit ihren Fackeln an den Seilen entlang auszuschwärmen. Dieses Zeichen kommt beim ersten Glockenschlag vom Chef der *Sampietrini*, der auf der Kreuzesspitze den ersten Feuerbrand entzündet; unmittelbar darauf stoßen sich die übrigen Männer ins Dunkel ab, schwärmen wie die Bienen über die ganze Kuppel und setzen überall die Fackeln in Brand. Schlag neun Uhr erstrahlen die Umrisse der Kuppel im Glanze der flackernden, züngelnden Flammen.

»Was wird aus den *Sampietrini*, wenn sie für diese Akrobatenstücke zu alt werden?« wollte ich wissen.

»Von diesem Dienst werden wir dann befreit - zu anderen Pflichten in der Kirche. Hunderterlei Dinge müssen täglich getan werden. Vielleicht ist Ihnen schon einmal ein Alter aufgefallen, der frühmorgens das Mittelschiff kehrt ... Was für eine *bella figura* der in seinen jungen Jahren auf der Kuppel machte!«

Diese treuen Wärter sind wahrlich die Schutzengel der Kirche; wer weiß, vielleicht fließt gar das Blut der Bauleute der neuen Peterskirche in ihren Adern?

Kapitel X

Eine Pilgerherberge
Rom im Regen
Die Engelsburg
Trastevere
Das Morraspiel
Wie die Pallien gemacht werden
Die Tiberinsel
Abschied von Rom

1

In der Peterskirche lernte ich eines Tages ein reizendes junges Ehepaar kennen, deren fast unmerklichen Akzent ich nirgendwo einordnen konnte. Als ich raten sollte, aus welcher Gegend Englands sie kämen, mußte ich mich geschlagen geben, sagte aber dann doch »East-Anglia«. Lachend gestanden sie, sie seien Dänen und noch nie in England gewesen.

Sie wohnten ein paar Schritte von der Peterskirche in einer Pilgerherberge und luden mich dorthin zum Lunch ein. Das Gebäude stand an der Uferstraße des Tibers, gar nicht weit von dem Schild mit dem Straßennamen, der mir von dem Augenblick meiner Ankunft in Rom an so sehr gefallen hatte: Lungotevere in Sassia. Die Herberge war in einem weitläufigen, schönen Renaissancepalast untergebracht, der in den Reiseführern als Militärakademie verzeichnet ist. Im Heiligen Jahr 1950 wurde er als Pilgerherberge eingerichtet, und das ist er bis heute geblieben. Eine Flucht flacher, für längst vermoderte Kardinäle geschaffener Stufen, führt zu weiten Gemächern und Vorzimmern hinauf, die heute mit Hilfe von Sperrholzwänden in spartanisch einfache Schlafsäle umgewandelt sind; hier können die Pilger ihre reisemüden Knochen ausstrecken. Der

Raum, in dem sie ihre Postkarten schreiben oder vor dem Fernsehapparat sitzen, beschwört immer noch andere Bilder einer anderen Welt herauf. In dem herrlichen Innenhof könnten mehrere Batterien der berittenen Artillerie Quadrille vorführen. Meine neuen jungen Freunde wohnten nicht direkt in der Herberge, die ganzen Pilgergruppen vorbehalten ist, sondern im Garten, wo für einzelne Reisende abgeschlossene Zimmer mit Bad verfügbar sind. Der Garten war so recht nach meinem Geschmack: Unter riesigen Bäumen wucherte eine Wildnis von Dorngestrüpp und Unkraut, in der Hühner herumscharrten und in erstorbenen Brunnenbecken inmitten undurchdringlicher Sträucher ihre Eier legten. Marmorstücke mit halbverwischten Wappen darauf lagen umher. Ein seltsam reizvoller Ort, und als ich hörte, daß meine Freunde in wenigen Tagen nach Dänemark abreisten, vereinbarte ich mit der Herbergsleitung die Übernahme ihres Gartenzimmers. So zog ich also zum vierten Male um und befand mich nun in einem Quartier, das, wenngleich kahl wie eine Klosterzelle, mir in vieler Hinsicht am meisten von allen zusagte.

Ich war völlig ungebunden und konnte kommen und gehen, wann ich wollte. Junge, oft durchscheinend blasse Waisenmädchen in häßlichen schwarzen Kleidern und dicken Wollstrümpfen, die unter der Aufsicht von Nonnen ihre Arbeit verrichteten, hielten unmerklich mein Zimmer in Ordnung.

Das Überraschendste an dieser Herberge waren die Pilger selber. Für die mittelalterliche Begriffswelt war der Pilgrim ein verehrungswürdiger alter Mann im langen Bart, der dem Bannkreis des Heiligen zustrebte, ehe es für ihn zu spät wurde. In dieser Herberge aber fand man nur mit Mühe jemand, der über das reife Alter von Zwanzig schon hinaus war. Sie kamen aus aller Herren Länder und ihre Gesichter glänzten vor Gesundheit und Begeisterung. Manchmal zogen sie gruppenweise unter Leitung ihres Dorfpriesters umher. Alles in allem vermittelten sie einem ein erfreuliches Bild des jungen Europas, zudem nicht uninteressante Einblicke in den sozialen Umschwung unserer Zeit. Die Jugend von heute fährt in die Alpen zum Wintersport, an die Riviera und nach Rom und leistet sich noch vieles andere, was meist nur den wohlhabenden Kreisen vorbehalten war, und das, bis auf ihren Rucksack, ohne Gepäck und praktisch ohne Geld. Seit dem Mittelalter sind nicht mehr so viele Leute scharenweise kreuz und quer durch den Kontinent gewandert, und es wäre ein schöner Gedanke, wenn die dabei erworbenen Kenntnisse anderer Länder zu einem besseren Verständnis der Nationen untereinander und dem Aufbau einer friedlicheren Welt beitragen würde.

Nach meiner Übersiedlung in das Gartenzimmer dachte ich zufrieden, daß eine wiederholte Umweltsänderung in einer fremden Stadt viel für sich hat. Man ist stets in Versuchung, an einem Ort hängen zu bleiben und sich dort vorübergehend heimisch einzurichten, und doch sollte man es nicht tun. Ein Umzug ist wie ein neuer Start im Leben, man muß wieder umlernen und gewinnt dabei der gleichen Stadt stets neue Seiten ab. Das teuere Rom, das ich in der Via Veneto kennengelernt hatte, unterschied sich von Grund auf von dem geschäftigen Büroviertel der Via Venti Settembre, – und welcher Unterschied zwischen dem Gianicolo, wo die Nonnen gemächlich ihren Beschäftigungen nachgingen, und diesem turbulenten Pilgerzentrum hier, mit seinen Kameras, Länderkarten, im Winde trocknenden Nylonstrümpfen, seinem babylonischen Sprachgewirr und ständigen Kommen und Gehen. Meine Wanderstraße führte nun in einer Richtung auf die Peterskirche zu, in der anderen in jenen sagenhaften Bezirk von Rom: Trastevere. Wie mir fast mit Schrecken aufging, war es bereits Oktober, der womöglich schönste Monat in Rom. Die Bäume leuchteten in hundert roten und goldenen Schattierungen. Manchmal lag die Stadt in einem überirdischen, perlmuttartigen Licht, das scharf und klar wie ein Frühlingsmorgen auf der Akropolis war, abends schien das rosarote Glühen in den Straßen zwischen Dämmerung und Dunkel noch an Intensität zu gewinnen. Auf den Obstkarren häuften sich die dicken runden, dunklen und hellen Trauben und erinnerten mich daran, daß jetzt nach beendeter Weinlese oben in den *Castelli Romani* bacchische Feste stattfanden, die durch kirchliche Prozessionen den Anstrich der Ehrbarkeit erhielten, – eine Zusammenstellung, die Gregor

den Großen nicht weiter erstaunt hätte. Starke Dunstschwaden dieser virgilischen Stunden kamen morgens mit den wunderlichen Weinkarren und ihren Reihen von kleinen Fäßchen in die Stadt; die Kutscher saßen unter riesigen gefächerten Schirmen, die in der Form der Muschel einer heruntergekommenen, entthronten Aphrodite glichen. Sie holperten nach Trastevere hinein und füllten die Tavernenkeller mit mehr als der üblichen Lustbarkeit. Mehrmals war ich drauf und dran, meine Freunde in den Weinkellern von Frascati aufzusuchen, die ja mittlerweile wohl kniehoch in den neuen Ernten standen.
Der Einzug in mein Gartenzimmer wurde wegen des ersten Gewitters, das ich dabei in Rom erlebte, zu einem denkwürdigen Ereignis. Es war nachmittags ungewöhnlich schwül und unangenehm gewesen, und Trastevere roch wie Tanger im Sommer. In den ersten Stunden nach Mitternacht wachte ich dann von rollendem Donner auf, blaue Blitze beleuchteten mein kleines Zimmer bis in den letzten Winkel. Plötzlich begann auch der Regen auf mein leichtes Hüttendach zu trommeln. Ich sah hinaus: vor dem Fenster stand eine Wand stürzenden Wassers, die begierig von dem ausgedörrten Boden aufgesogen wurde.
Ich blieb am Fenster, während die Blitze zuckten und der Donner krachte. Für mich spielte sich die Szene in einer gleichsam gehobeneren Wirklichkeit ab, denn dies war Rom. Die Römer glaubten, Blitze bei Tage kämen von Jupiter, nachts aber würden sie von einer obskuren Gottheit namens Summanus geschickt, der Jupiter anscheinend nach Einbruch der Dunkelheit ablöste. Auch glaubten sie, daß ein Mensch, der in wachem Zustand vom Blitz erschlagen wird, stets geschlossenen Auges daläge, andererseits der im Schlaf Getroffene die Augen offen behielte. Die Körper der solcherart ums Leben Gekommenen durften nicht auf Holzstößen verbrannt, sondern mußten so der Erde übergeben werden. In der Meinung der Römer war gegen den Tod durch den Blitz überhaupt nur der Seehund als einziges Säugetier gefeit; aus diesem Grunde hatte nach Sueton, der Kaiser Augustus in seiner panischen Angst vor Blitzen stets ein Wams aus Seehundfellen bei sich.

Manche Blitze waren so überwältigend, daß ich erschrocken die Gardine fallen ließ und vom Fenster zurücktrat. Mir fiel ein, wie häufig die römischen Tempel vom Blitz getroffen wurden, und ich konnte jetzt verstehen, warum dieses abergläubische Volk, das sowieso nichts unternahm, ohne vorher ängstlich die Leber eines unglücklichen Rindes nach Zeichen abzusuchen, eine solche panische Furcht vor dem blitzschleudernden Jupiter hatte.

Den ganzen nächsten Tag noch regnete es. Rom unter einem nassen grauen Himmel kam mir unendlich schäbig vor. Die Gebäude, die ihre Schönheit im Sonnenlicht der ungleichmäßig angesetzten Alterspatina verdanken, standen in dieser grauen Nässe da wie übernächtigte Festteilnehmer, die in ihren Kostümen bei Tageslicht nach Hause kommen. Regen hat in Rom eine höchst entmoralisierende Wirkung auf die öffentlichen Dienste. In London hätte man dieses Gewitter kaum erwähnt, hier brachte es die Straßenbahnen zum Stillstand und setzte sogar die Telefone außer Betrieb. Köstlich anzusehen war der erstaunte Gesichtsausdruck der Römer, die mit Schirmen und Regenmänteln zur Arbeit gingen und auf ihren Vespas durch die Straßen schlitterten, als ob eine fürchterliche Naturkatastrophe über ihre Stadt hereingebrochen sei. Sogar die Hühner im Garten schienen entrüstet und schoben nach Frauenart die ganze Schuld auf den Hahn, der mit hängendem beschmutzten Gefieder und einem bösen gelben Glitzern in den Augen etwas abseits unter einem Gartenstuhl hockte.

Nachdem der Regen aufgehört und der Himmel sich aufgeklärt hatte, zogen Tage von einer bisher ungeahnten Schönheit herauf. Die Luft war rein und klar, die sengende Hitze vergangen, eine aprilartige Frische stand über dem frühen Morgen. Als ich vor Sonnenaufgang erwachte, warf ich mir meinen Morgenrock über und ging in Pantoffeln über die Straße ans Tiberufer. Der Fluß strömte jetzt rascher dahin und sein trübes Blaßgrün hatte sich in Braun verwandelt. Die vielen kleinen Schilf- und Grasinseln, die sich während des niedrigen Wasserstandes im Sommer mitten im Lauf gebildet hatten, waren auch jetzt noch zu sehen. Rom schlief noch, es war wunderbar still.

Nur drei Brücken von mir erhob sich das rote Rund der Engelsburg.
Irgendetwas regte sich unten am Flußufer. Ein alter Mann und eine Frau, – vielleicht hatten sie unter einem Brückenbogen das Gewitter überstanden, – schlichen durch den kühlen Morgen und begannen mit hastigen Bewegungen Schilf zu schneiden, als ob sie fürchteten, daß ihnen mit dem steigenden Wasser auch das noch genommen werden sollte. Mit vollen Armen wateten sie dann durch das nasse Gras zurück, sie brauchten es wohl zum Stühleflicken oder Korbflechten.
Die ersten Sonnenstrahlen trafen die goldenen Flügel des Erzengels Michael auf der Spitze der Engelsburg und fluteten dann an den verwitterten Wällen hinunter. Die Farben strömten in die römische Landschaft zurück, Glocken läuteten zur Frühmesse.

2

Oft stand ich am Tiberufer und beobachtete den Wechsel von Licht und Schatten auf der Engelsburg. So angeschlagen und mittelalterlich sie auch aussieht, in ihren großen Umrissen bleibt sie doch das Grabmal des Kaisers Hadrian.
In den letzten Monaten vor seinem Tod übersiedelte der Kaiser nach Baiae an der sonnigen Bucht von Neapel. Seine Glieder waren von der Wassersucht unförmig angeschwollen und in seinen furchtbaren Qualen befahl er seinen Ärzten, ja, bestach er seine Sklaven, ihn zu töten. Er wußte genau, an welcher Stelle unter dem Herzen ein beherzter Dolchstoß tödlich wirken mußte, aber niemand hatte den Mut, dem Herrn der Welt das Leben zu nehmen. Sonderbarerweise kam während seines qualvollen, für ihn demütigenden Krankenlagers das Gerücht auf, daß er Wunder wirken können. Ein blindes Mädchen erhielt nach einem Kuß auf seine Knie ihr Augenlicht zurück, auch ein blinder Alter aus Pannonien wurde durch Berührung geheilt. Es liegt eine gewisse Ironie in diesen Geschichten um das Sterbelager eines Menschen, der sich selbst nicht zu helfen vermochte.

In der Villa mit dem Blick über die Bucht entstand das Gedicht an seine Seele. Kein lateinischer Text hat die Übersetzer so sehr gereizt und sich ihrer Geschicklichkeit immer wieder entzogen wie diese fünf Zeilen:

Animula, vagula, blandula,
Hospes comesque corporis,
Quae nunc abibis in loca,
Pallidula, rigida, nudula,
Nec, ut soles, dabis jocos...

Seele Du, schweifende, zärtliche,
Leibes Gefährtin und Gast,
Nun führt ins düstere Reich
Fröstelnder Schatten Dein Weg,
Und nie scherzest Du fürder wie einst...

(Nach *Marguerite Yourcenar: »Ich zähmte die Wölfin«*
Übertragen von Fritz Jaffé, Deutsche Verlagsanstalt, Stuttgart)

Am 10. Juli 138 n. Chr. verließ die »schweifende, zärtliche« Seele den Körper des großen Hadrian und fuhr hinab zu den Schatten. Die Asche des Kaisers wurde vorübergehend in Ciceros Villa in Puteoli aufbewahrt und dann nach Rom überführt, wo sie in dem Mausoleum am Tiberufer, mit dessen Bau der Kaiser drei Jahre vor seinem Tode begonnen hatte, ihren Platz fand.

Ein früher Vorläufer des Viktor-Emanuel-Denkmals, muß das Grabmal mehr oder weniger wie ein überdimensionaler Hochzeitskuchen ausgesehen haben. Auf einem marmorweißen Rund bauten sich zwei übereinanderliegende Säulenkreise auf, unter denen über sechzig Statuen Platz fanden. Auf der obersten Fläche wuchsen Tausende von Zypressen von der schlanken dunklen Art der *cupressus pyramidalis* der italienischen Friedhöfe zu einem riesigen Kegel zusammen. Das überschüssige Wasser dieses hängenden Waldes wurde durch ein sinnreiches Abflußsystem durch das Gebäude in den Boden und schließlich in den Tiber geleitet. Über den Zypressenwipfeln soll sich noch der riesige bronzene Pinienzapfen erhoben haben, der heute im *Cortile della Pigna* im Vatikan steht. Eine andere Theorie will,

daß eine goldene Quadriga mit der Figur Hadrians als Roßlenker den Gipfel krönte.
Der Entwurf zu diesem seltsamen Gebäude stammt von Hadrian selbst, die Wirkung muß der einer neuartigen Pyramide nicht unähnlich gewesen sein. Wie in den Pyramiden, führte auch im Innern dieses Grabmals eine lange ansteigende Rampe zur eigentlichen Grabkammer im Herzen des Gebäudes. Was wir heute sehen, ist an sich nur noch der gewaltige Kern aus rotem Ziegelwerk, denn auch das letzte Stückchen Marmor ist längst verschwunden.
Außer der Asche Hadrians fanden hier die sterblichen Überreste der Kaiser Antoninus Pius, Mark Aurel und Septimius Severus ihre letzte Ruhestätte. Als Kaisermausoleum löste das Hadriansgrabmal das am gegenüberliegenden Tiberufer gelegene Mausoleum des Augustus ab, das die Asche vieler Cäsaren barg und schon zu Hadrians Zeiten keinen Platz mehr bot.
Jahrhundertelang, bis zu den Goteneinfällen im 5. und 6. Jahrhundert blieben hier die Urnen unangetastet. Doch das Sakrilegium geschah, – durch die aufgebrochenen Bronzetore stürmten die Barbaren in die Kaisergräber und ließen in ihrer Gier nach Gold keine Urne in ihrer Nische und keine Asche in Frieden.
Die Ausmaße des Kastells überraschten mich. Erst wenn man sich in den dunklen Gängen verirrt hat, und auf der Suche nach dem Ausweg über Wendeltreppen plötzlich in prachtvolle Gemächer gerät, die wie die Vatikanische Bibliothek über und über mit »Grotesken« bemalt sind, erst wenn man die Höfe kennt, wo immer noch steinerne Kanonenkugeln geschichtet liegen, die Runden der Schildwache abgeschritten ist, und die Schießscharten gesehen hat, durch die Cellini seine Bombarden abfeuerte: erst dann bekommt man einen Begriff von der Ausdehnung dieses Bollwerkes. Als erstes fiel mir der Schacht eines Renaissancefahrstuhles auf, den Papst Leo X. 1513 einbauen ließ, um sich den anstrengenden Anstieg zu den päpstlichen Gemächern im obersten Stock zu ersparen. Er wurde natürlich mit Menschenkraft betrieben, eine ganze Mannschaft bediente ein ausgeklügeltes System von Flaschenzügen, Winden und

Bremsen, und auf diese Weise wurden der Papst und seine Kardinäle Zentimeter für Zentimeter in die Höhe gekurbelt. Schade, daß der Aufzug selbst nicht mehr vorhanden ist, bestimmt war er der prächtigste Lift, den es je gegeben hat.

Langsam windet sich die lange ansteigende Rampe, noch ein Teil des ursprünglichen Mausoleums nach oben, bis man schließlich im Innersten des Gebäudes in einen einst marmorbekleideten Raum kommt, dessen Wände aus gewaltigen Travertinblöcken gefügt sind. Hier stand einst Hadrians Urne. Heute gibt es dort nichts mehr zu sehen, nur hat jemand den rührenden Gedanken gehabt, an einer Wand nicht weit davon eine Tafel mit dem berühmten *Animula vagula, blandula* anbringen zu lassen.

Beim Anblick dieser fünf Zeilen in dem fast dunklen Gang versank die Welt der Päpste und Gegenpäpste, und eine zeitlich noch entlegenere Szene tauchte vor meinem geistigen Auge auf; die Villa oberhalb der Bucht von Neapel, wo Hadrian im Sterben lag. Daß die Seele nur Gast im Körper ist, und ihn eines Tages verlassen und ihre geheimnisvolle Wanderung fortsetzen muß, diese Quintessenz des kleinen Verses konnte eigentlich auch kein Kirchenvater verdammen. Es mag der Gedankengang eines Agnostikers sein, gewiß nicht der eines Atheisten. Es rührt das Herz an, hier dieser letzten Überlegung eines Mannes zu begegnen, der sich in seiner Suche nach der Wahrheit mit allen Religionen, einschließlich der christlichen, kritisch befaßt hatte.

Im obersten Stock, dessen Gemächer es an Prächtigkeit mit allen im Vatikan aufnehmen können, bot sich mir ein überraschender Anblick: das Badezimmer Klemens' VII., der ja während der Plünderung Roms im Jahre 1527 hier in der Engelsburg eingeschlossen war. Wie kann man bei den Schilderungen über die Plünderung und die hungernde Garnison ahnen, daß der Papst ein so entzückendes kleines Badezimmer hatte, das durch Heißluft in den hohlen Wänden geheizt wurde und mit fließendem warmen und kalten Wasser für seine marmorne Wanne ausgestattet war? Jeder Zoll dieses vollendet römischen Gemaches, Fußboden, Wände und Decke, ist mit

lustigen Putten in farbiger Stuckarbeit bedeckt und erinnert an das berühmte Bad des Kardinals Bibbiena im Vatikan, das Raffael angeblich mit so ungehörigen Szenen ausmalte, daß der Raum Jahrhunderte lang zugemauert blieb.

Wer die Engelsburg kennt, wird mir darin beistimmen, daß einen in diesen Mauern wie kaum anderswo in der Welt die Angst ankommen kann. Man braucht gar nicht überspannt, allzu empfindlich oder phantasievoll zu sein, um in den dunklen Korridoren die Todesängste und qualvollen Leiden einer vergangenen Epoche zu spüren. Hört man nicht einen fürchterlichen Schrei, wenn man im düsteren Halblicht die Steinstufen hinaufsteigt, erwartet man nicht geradezu, im Öffnen einer Tür in eine Mord- oder Marterszene hineinzugeraten? Es gibt herrliche Räume, wie geschaffen für liebliche Konzerte: dabei liegen ein paar Meter weiter finstere Verliese, und in mindestens einem der heiter geschmückten Gemächer öffnet sich eine Falltür über einer »Oubliette«. Im Vergleich zu S. Angelo ist der Tower von London fast gemütlich.

Mir fielen die beiden fürchterlichen Frauen des zehnten Jahrhunderts ein, Theodora die Senatorin und ihre noch schlimmere Tochter Marozia, die je nach Laune Päpste ein- oder absetzten und, wie Gibbon meint, womöglich für jene seltsame Legende des Mittelalters von der Päpstin Johanna verantwortlich sind. Auch dachte ich an den großen Papst Gregor VII., der den Kaiser Heinrich IV. in Canossa gedemütigt hatte und dann vor seinem Zorn in die Engelsburg fliehen mußte.

Auch das Gefängnis, in dem Beatrice Cenci die Zeit vor ihrer Hinrichtung zubrachte, bekam ich zu sehen. Wenn auch die moderne Forschung neues Licht auf diese Tragödie geworfen hat, so bleibt doch Shelley stärker, und die Nachwelt sieht in ihr lieber das unschuldige Opfer eines unaussprechlich lasterhaften Vaters, den sie zur Bewahrung ihrer Ehre umbringen mußte.

Ihre Hinrichtung fand an einem Septembermorgen auf einem am Ende der Brücke gegenüber S. Angelo errichteten Gerüst statt. Mit dem Augenblick, wo Beatrice ihr schönes Haupt vor der Axt des Henkers beugte, ging sie für immer in die roman-

tische Dichtung ein und ist seither in den Augen Roms und der Welt *la bella Cenci* geblieben.
Noch einem anderen ruhelosen Geist begegnet man hier an jeder Ecke: dem des Borgia-Papstes Alexander VI. Die Chronik berichtet, wie er an einem Tage des Heiligen Jahres 1500 hier von den Wällen aus seiner geliebten Tochter Lukrezia nachschaute, die auf dem Wege zum Lateran und zu den vorgeschriebenen Visiten der großen Basiliken gerade die Engelsbrücke überquerte. Sie ritt auf einem reich geschmückten spanischen Pferd, begleitet von ihrem Gemahl Don Alfonso zur Rechten und einer Hofdame zur Linken. Es folgte der Kapitän der päpstlichen Garde Rodrigo Borgia, und eine Eskorte von zweihundert Edelleuten mit ihren Damen.
So sah sie der Papst über die Brücke ziehen, und seine Augen schwammen vor Rührung. Er mag ein schlimmer Papst gewesen sein, aber seine närrische Vaterliebe findet in der Geschichte wohl nicht leicht ihresgleichen. Gold war die Passion seines Lebens, und so blickte er seiner goldhaarigen Tochter nach, bis sie außer Sicht war.
Der Blick von der Höhe der Burg herunter ist einer der großartigsten von Rom. Nach Westen zu liegt der Petersdom und der lange schmale Gang, der die Bastion der Engelsburg mit dem Vatikan verbindet, gen Osten breitet sich ganz Rom vor den Blicken aus, der Tiber schlingt sein grünes Band um das Marsfeld; ein unvergeßlicher Anblick.

3

Jemand machte mich mit einem Monsignore bekannt, der haargenau meiner Vorstellung von einem Abbé des 18. Jahrhunderts entsprach. Charmant, weltlich, geistreich, war er sichtlich gewohnt, in den besten Kreisen zu verkehren. Seine Liebhaberei war die Kleinbildfotografie. Auf Grund dieses beiderseitigen Interesses schlossen wir uns einander an, und wer uns feierlich gemessenen Schrittes unter den Bäumen wandeln sah, wäre womöglich enttäuscht gewesen zu hören, daß wir uns nur über etwas so Unbedeutendes wie Brennweite und die Vor- und Nachteile der verschiedenen Entwicklerlösungen unterhielten. Sollte irgend ein zweiter Veblen mit einer Arbeit über die Verhaltensweisen der sozialen Schichten unserer Zeit beschäftigt sein, so hoffe ich, daß er die Kleinbildfotografie in der Rubrik »äußerlicher Aufwand« einordnet. Als diese Kleinfilmkameras vor dreißig Jahren auf dem Markt erschienen, war die Amateurfotografie praktisch die Liebhaberei der Mittelschicht, auf keinen Fall war der Besitz einer Kamera vom sozialen Gesichtspunkt aus etwas Besonderes. Seinen snobistischen Wert mag der kostspielige Apparat mit dem Augenblick gewonnen haben, als der Herzog von Windsor, der damalige Prince of Wales, sich nicht scheute, damit in der Öffentlichkeit zu erscheinen. Seither sind sie immer beliebter und immer teurer geworden, und ihre technischen Unzulänglichkeiten haben eine solche Fülle von Zusatzgeräten, wie auch der Priester sie besaß, nach sich gezogen, daß der Besitzer vor lauter Möglichkeiten nicht weiß, was tun, und bis er sich entschieden hat, ist das Motiv, das er auf ewig festzuhalten gedachte, entweder verschwunden oder kein Foto mehr wert. Einer der frühesten Jünger der Kleinbildfotografie war Bernard Shaw, der einmal hinsichtlich des unbekümmerten Filmverschleißes, zu dem die Kleinbildkamera verlockt, bemerkte: ein solcher Apparat wäre wie ein Kabeljau, der eine Million Junge in die Welt setzte, damit eines schließlich am Leben bliebe.

Eines Abends saß ich schreibend in meinem Gartenzimmer, als jemand ungestüm ans Fenster klopfte. Draußen stand der Prälat, das Stativ in der einen, seinen Ausrüstungskoffer in der anderen Hand. Seine Augen leuchteten: »Kommen Sie schnell!« rief er, »wir haben keine Minute Zeit! Die Engelsburg brennt!«

Ohne mit einem Gedanken zu überlegen, wie das der ehrwürdigen trutzigen Feste hätte passieren können, lief ich hinaus, und beide rannten wir durch Garten und Hof an das Tiberufer. Da sah ich die Burg.

Sie war zu Ehren eines der unzähligen Kongresse, die zu jeder Zeit in Rom stattfinden, mit Lichtern illuminiert worden, deren gelbe Flammen in großen Ringen um das Gebäude züngelten.

Blaues Scheinwerferlicht strahlte die Figur des Erzengels Michael oben auf der Spitze an, und das ganze Bild spiegelte sich im Tiber. Die Szene wirkte so mittelalterlich, daß ich mich ins 14. Jahrhundert zurückversetzt fühlte. Im flackernden, rotglühenden Schein der zahllosen Lichter stand die Burg massig, drohend gegen den dunklen Himmel. Und doch war es zugleich ein heiteres Bild: denn hier war das Feuer, sonst der gefräßige Feind der Burgen, gezähmt und führte zur Freude Roms wie ein Zirkustiger seinen Dressurakt vor.

Mein Monsignore war begeistert. Sollte er ein Fünf- oder Neun-Zentimeterobjektiv nehmen? Und welche Belichtung sollte er wählen? Hatte er überhaupt den richtigen Platz? Obgleich die ganze Nacht zur Verfügung war, gebärdete er sich, als ob der Zauber jeden Augenblick verlöschen könnte. Wir fanden, daß wir auf der verkehrten Tiberseite standen, und schon stürzte er über die Brücke und stellte sein Stativ am anderen Ufer auf. Er hatte recht, der Anblick war noch gewaltiger. Man konnte sich einbilden, daß in diesem Galapalast dort drüben irgendein mittelalterlicher Papst in einer plötzlichen Aufwallung von Freundschaft und Einvernehmen mit dem Kaiser des Heiligen Römischen Reiches tafelte.

Stunden später kam ich noch einmal zurück. Die Öllichter brannten immer noch, nur vereinzelt gab es schon ein paar dunkle Lücken.

4

Ich saß in einer Cafébar in Trastevere, die sich in nichts von den übrigen in Rom unterschied, es sei denn, die Habitués hatten einen mit dem kurzen schnellen Blick, mit dem sie von ihren gewichtigen Tätigkeiten aufsahen, noch flinker und präziser eingeschätzt.

»Wenn Sie Gold oder Diamanten kaufen wollen oder für einen verlorenen Gegenstand eine Belohnung aussetzen, ohne den ehrlichen Finder unnötig viel zu fragen, dann müssen Sie hierher kommen«, meinte mein Begleiter.

»Gold und Diamanten ... hier?«
»Ja, und es wird behauptet, – ob zu Recht oder nicht, kann ich nicht sagen, – daß alles nur einigermaßen wertvolle Diebesgut Roms seinen Weg in das Gängegewirr dieses Viertels findet.«
Daraufhin kamen mir die öllockigen jungen Borgias um die Espressomaschine schon etwas unheimlicher vor. Ein Prachtexemplar von einem Meuchelmörder der Renaissance steckte einen *gettone* in den Telefonapparat der Bar und begann seinen Redeschwall, gut zuredend, flehend, beschwörend, und mit der freien Hand unausgesetzt gestikulierend. Er krümmte sich wie in Schmerzen, wiegte sich in den Hüften, lief soweit die Telefonschnur es erlaubte, hin und her, und hatte zwischendurch noch Zeit, den Blick eines Freundes mit zynisch verständnisvollem Augenzwinkern zu erwidern. Dann ließ er den Hörer zurückfallen und kehrte mit jenem gleichmütigen abschließenden Achselzucken eines Römers zum Tisch seiner Freunde zurück. Irgendwo in der Stadt legte wohl ein junges Mädchen recht geschmeichelt auch ihrerseits den Hörer auf.
Es ist unglaublich, wie sich die jungen Römer in der Öffentlichkeit aufspielen und großtun. Das gehört wohl zum *far figura*, was das Wörterbuch mit »eine gute Erscheinung sein, gut aussehen« übersetzt. Die eigentliche Bedeutung geht aber viel tiefer und schließt geistige Werte mit ein. Eine gute Figur machen, *panache* zeigen, das »Gesicht« wahren, gehört zur Selbstachtung des Italieners unumgänglich nötig dazu, und wer ihn vor sich selbst herabsetzt, hat es für ewig mit ihm verdorben. Die Prahlhänse und Bravos der Renaissance müssen besonders tüchtige Vertreter des *far figura* gewesen sein; man spürt es in den Porträts der Zeit: die unverschämten Augen, der lässig gehaltene Handschuh, die beringte Hand auf dem Griff des Degens. In Trastevere ist das *far figura* ebenso wichtig wie Römer sein. Es berührt vielleicht sonderbar, daß überhaupt jemand auf die Verwandtschaft mit den Bewohnern des antiken Rom, diesem gerissenen, wetterwendischen, schamlosen Volk Anspruch erhebt, die Trasteveraner tun es den lieben langen Tag. Dabei stammen sie ursprünglich aus Korsika, glaube ich. Zwar hört man das selbstzufriedene *noialtri* in ganz Rom, aber

nirgends häufiger als in Trastevere. Es bedeutet »Leute wie wir« und hat den gleichen selbstgefälligen Beigeschmack wie das spanische *nos otros*. Beim Anblick einer mehr als sonst mit sich beschäftigten Gruppe von Männern fragte ich einmal einen in Rom ansässigen Freund, worüber die denn reden, und erhielt zur Antwort: »Die? Über sich selbst und Rom, aber am meisten über sich selbst!« Gehen Sie einmal dicht an so eine Gruppe in der Cafébar vorbei und achten Sie auf die Worte *noialtri* und *i Romani:* Sie werden keine Enttäuschung erleben. Die Römer im allgemeinen und die Trasteveraner im besonderen sind für sich selbst stets ein unerschöpfliches Gesprächsthema.

Ich wollte mit einem italienischen Bekannten gerade dieses Café verlassen, als wir auf die »Spitfire« stießen. Sie war ein kräftig gebautes junges Mädchen mit herausfordernden Augen. Mit uns Schritt haltend, sagte sie mit lauter, für uns berechneter Stimme: »Ufaaaah, diese Fremden! Kommen nach Rom und gucken sich die Paläste an! Solln' sich mal das Loch ansehen, wo ich drin wohnen muß.«

»Schnell, sagen Sie ihr, ich möcht's sehen!« flüsterte ich meinem Begleiter zu.

Etwas widerstrebend, wohl aus Angst, eine *brutta figura* zu machen, holte er sie ein und redete sie in höflichem Italienisch an. Das schien sie zu entwaffnen. Langsam und verächtlich musterte sie uns von Kopf bis Fuß, plötzlich fuhr der Zorn wieder in sie und sie bedachte uns mit einem Trasteveraner Schimpfwort, das selbst mein Freund nicht verstehen konnte. Eine Sekunde meinte ich, sie würde handgreiflich. Stattdessen zuckte sie die Achseln und schritt hochmütig von dannen. Mir tat der Mann leid, der sie einmal zähmen sollte.

Trastevere besteht aber nun nicht aus lauter Bravos und Spitfires. Menschlich gesehen, ist es der interessanteste Stadtteil von Rom. Er liegt auf dem kleinen vorspringenden Stück Land, das durch eine Tiberschleife gebildet wird und dem Campus Martius auf der entgegengesetzten Tiberseite etwas weiter flußaufwärts entspricht. Die eine Hauptstraße durchzieht ein Netzwerk von kleinen Straßen und Gängen, die von pulsierendem Leben bersten. Mancherorts hängt die Wäsche von einem Haus zum anderen über das Sträßchen und die intimen Kleidungsstücke des Bezirks flattern wie Banner im Winde. Hier stößt man auf die letzten Spuren des päpstlichen Rom, wie es unsere Vorfahren vor zweihundert Jahren erlebten. Wie so häufig in dieser Stadt hat man auch hier das Gefühl, daß die Gesichter um einen herum nicht aus der Gegenwart, sondern aus den Gemäldegalerien stammen: und zwar aus den Gemälden all der Reitknechte, Postillions, Sänftenträger, Herolde und der Angehörigen des Kleinadels. Wenn ganz Trastevere sich einmal im Jahr in mittelalterliches Gewand werfen würde, wie es in Siena Brauch ist, so gäbe es ein unvergeßliches Schauspiel mehr in Europa.

Natürlich knattern auch hier die Motorroller, doch auch die menschlicheren Laute von Martials Rom sind hier zu Hause. In tausendundeiner kleinen Werkstatt, in Kellern und Untergeschossen sind die Menschen dieses Viertels mit tausenderlei Dingen beschäftigt, aber bei aller Arbeit ist immer Zeit für einen Schwatz mit dem Nachbarn. Ich kam mit einem ehrwürdigen Alten ins Gespräch, Erfinder einer Maschine zum Nachschleifen von Autoersatzteilen. Er hielt mein etwas lauwarm zur Schau getragenes Interesse für die Begeisterung eines passionierten Technikers, zog mich in seine dunkle Höhle und erklärte mir den Vorgang bis ins kleinste. »Sogar aus Mailand kriege ich Aufträge!« sagte er stolz. Es gibt in Trastevere eine Tabakfabrik, die einst den Schnupftabak für die Päpste herstellte, sie ist noch voll in Betrieb. Heute drehen dort Hunderte von kleinen Carmens Zigarren und Zigaretten, die nach »starkem Tobak« aussehen. Nicht weit davon beobachte ich Mädchen bei der Herstellung von Tausenden von Patronenhülsen. In einem ehemaligen Garten blies ein Töpfer seine Öfen an, in einem Schuppen nebenan standen Hunderte von Töpfen und Tellern, noch naß von der Drehscheibe. Gewiß waren sie aus dem vatikanischen Ton hergestellt, der schon in der Antike erwähnt wird.

Wenn Trastevere lustig und festlich wirkt, so nicht zum wenigsten wegen seiner Schaufenster voll *confetti*, den Zuckermandeln, die bei Hochzeiten verteilt oder sogar, wie in alter Zeit die

Nüsse, vor dem glücklichen jungen Paar hergestreut werden. Überall werden sie schalenweise aufgestellt, und zwar nicht nur die üblichen rosa oder weißen, sondern auch grüne, rote, blaßblaue. Die Trasteveraner heiraten gern unter sich. Um Sohn oder Tochter eine rauschende Hochzeit und damit einen guten Start ins Eheleben zu ermöglichen, stürzt sich hier jede Familie frischfröhlich in Schulden.

Augustus Hare schreibt im letzten Jahrhundert, daß es in Trastevere mehr Mordfälle gäbe als im übrigen Rom, obwohl die Zahl dieser Verbrechen damals in Rom geringer war als in England. Den Grund dazu sieht er in der »großen Erregung, mit der sich die Trasteveraner ihren Volksspielen hingeben, besonders dem ›Morra‹-Spiel«. Heute ist dieses Spiel gesetzlich verboten, aber ich habe es selbst oft genug beobachten können. Es ist ein ganz einfaches Spiel, in dem natürlich das *micare digitalis* des antiken Rom steckt: der Gegner muß raten, wieviel Finger man hochhält. Aber wenn man, um die Ecke biegend, sich plötzlich einem Haufen morraspielender Männer oder Jungen gegenübersieht, meint man in eine wildbewegte Straßenauktion hineingeraten zu sein. Alles geht Schlag auf Schlag unter erheblichem Stimmenaufwand und prachtvollem Gebärdenspiel vor sich. Beim Auftauchen eines Fremden bricht das Spiel unvermittelt ab und die Teilnehmer verschwinden meistens um die nächste Ecke.

Sehr anziehend ist die Piazza S. Calisto in Trastevere. Vor der Kirche S. Maria in Trastevere, wie es heißt, die erste der Jungfrau geweihte Kirche Roms versprudelt ein alter Brunnen sein Wasser. Auf der einen Seite nimmt der alte Palast von S. Calisto eine ganze Ecke des Platzes ein, und streng genommen, steht er gar nicht zu Rom, sondern im Vatikan: er gehört zu einer ganzen Reihe von Gebäuden, denen im Lateranvertrag Exterritorialität zugestanden wurde.

Für mich bedeutete die mosaikleuchtende Fassade von S. Maria in Trastevere ein wunderschönes Abbild en miniature der ersten Peterskirche. Hatte man erst einmal das weite Atrium der konstantinischen Kirche durchquert, dann kann das Gebäude vor einem nicht viel anders ausgesehen haben wie dieses hier.

Wer wissen möchte, wie die alte Peterskirche ausgesehen hat, dem würde ich empfehlen, sich das Atrium von S. Clemente, die Fassade von S. Maria in Trastevere und das Innere von St.-Paul-vor-den-Mauern anzusehen.

Im Innern der Kirche befindet sich Madernas schöne Skulptur von der heiligen Cäcilie, die er so dargestellt hat, wie sie nach dem Bericht der Augenzeugen in ihrem Katakombengrabe gelegen hatte. Eine Reproduktion hatte ich schon in den Katakomben des heiligen Sebastian gesehen. Unter der Kirche zeigte man mir das Dampfbad, in das die Heilige von ihren Schergen eingeschlossen wurde. Eingebettet in antikes Mauerwerk sind noch heute die Bleirohre der römischen Wasserleitung zu sehen.

Ich kam auf eine staubige Piazza mit einem bunten Obstmarkt. Ein einfach hinreißendes Geschöpf verkaufte Trauben, natürlich ging ich auf sie zu, um mir welche zu erstehen. Plötzlich

hundert scheltende Stimmen, von allen Seiten Männer in drohender Haltung! Erschrocken drehte ich mich um: da war ich wahrhaftig in eine Filmszene hineingelaufen. Aber so etwas kann jedem in Rom passieren. Irgendwann werden alle Paläste, Brücken, Straßenmärkte einmal Hintergrund zum Filmgeschehen. Zwei, drei Filmwagen halten, die Elektriker bringen ihre Scheinwerfer in Stellung, die Kameraleute bauen ihre Stative und Kameras auf, Schauspieler laufen nonchalant herum und – Rom nimmt nicht einmal immer Notiz. Ich entschuldigte mich beim Regisseur wegen meiner Tolpatschigkeit, welche die Dreharbeit aufgehalten hatte und zog mich in einen Torbogen zurück. Der gab den Blick auf ein Bild zauberhaften Friedens frei: den Innenhof der Kirche S. Cecilia in Trastevere. Auf einem marmornen Brunnenrand saßen drei Franziskaner im Gespräch vertieft. Hinter ihnen erhob sich eine edel geformte Marmorvase aus einer antiken Bäderanlage. Anmutig stieg ein dünner Wasserstrahl aus ihrer weiten Öffnung, ein weiterer floß aus der bauchigen Vasenseite in ein Marmorbecken. Im Hintergrund wurde die von Säulen aus afrikanischem Marmor getragene Vorhalle sichtbar. Einer der Fratres wohnte in Rom, die beiden anderen waren Pilgersleute, alle drei kamen sie aus Belgien. Gerade waren sie in der nahegelegenen Kirche von S. Francesco a Ripa gewesen. In dem Kloster auf dem Gelände dieser Kirche hatte 1219 der heilige Franziskus gewohnt, als er sich die Zustimmung des Papstes für seine neue Ordensgründung einholen wollte. Das Gespräch der Fratres kam immer wieder auf diese Dinge zurück, das größte Erlebnis aber war gewesen: Sie hatten in der Zelle des heiligen Franziskus gebetet.

5

Die Pallien, die der Papst neugeweihten Erzbischöfen und Metropoliten übersendet, werden seit Jahrhunderten von Trasteveraner Nonnen gewebt und zwar, wie ich entdeckte, in dem an der Kirche von S. Cecilia grenzenden Kloster. Es ist ein altes weitläufiges Gebäude und hat einst eine große und wohlhabende Benediktinergemeinschaft in seinen Mauern beherbergt, heute wohnen hier in großer Armut nur noch dreizehn Nonnen.

Jedes Jahr werden am Namenstag der heiligen Agnes, dem 21. Januar, unter dem Gesang des Agnus Dei zwei Lämmer in kleinen, mit einem blauen Bändchen geschmückten Weidenkörbchen zum Altar der Kirche von S. Agnese in der Via Nomentana getragen. Nachdem sie den feierlichen Segen des Papstes empfangen haben, werden sie nach Trastevere geschickt, wo sie bis Gründonnerstag in der Obhut der Nonnen verbleiben. Am Gründonnerstag werden sie geschoren, und aus ihrer Wolle jedes Jahr etwa zwölf Pallien hergestellt.

Die Pallien sind ungefähr drei Finger breite, weiße Wollstreifen mit einem Ornament von sechs purpurnen Kreuzen. Sie werden über dem ärmellosen Mantel getragen und so um den Hals gelegt, daß das eine Ende nach vorn, das andere im Rücken hinabfällt und beide Seiten die Form des Buchstabens Y bilden.

In der Frühzeit der christlichen Kirche war es nur dem Papst gestattet, dieses uralte Zubehör des Ornats anzulegen, und selbst heute darf nur er es zu jeder Gelegenheit tragen. Es ist unendlich viel älter als die päpstliche Tiara, und daher ist auch der Augenblick der Krönungszeremonie, wenn dem Papst das Pallium umgelegt wird, der feierlichste der ganzen Handlung, und in seiner Bedeutung vielleicht mit der Salbung bei einer weltlichen Krönung vergleichbar. Die feierliche Übergabe wird von den Worten begleitet: »Empfange das Pallium zum Ruhme Gottes, und der allerseligsten Jungfrau, Seiner Mutter, der heiligen Apostel Petrus und Paulus, und der Heiligen Römischen Kirche.« Mit dem Streifen aus Lammwolle auf seiner Schulter wird der Papst zum Hirten von Jesu Herde, zumindest ist dies die Deutung, die eine spätere Zeit dieser Handlung unterlegt hat.

Die frühen Päpste übersandten den Bischöfen das Pallium als eine Auszeichnung. Das erste Pallium für England wurde von Gregor dem Großen an den heiligen Augustin nach Canterbury geschickt. Heutzutage verstieße es gegen die herrschende Ord-

nung, wollte ein neuernannter Erzbischof seine Amtsgeschäfte vor dem Empfang des Palliums aufnehmen. Auch nachher darf er es nur zu bestimmten feierlichen Gelegenheiten anlegen, bei seinem Tode wird es ihm ins Grab mitgegeben.
Die Nonnen von Trastevere händigen die fertigen Pallien nicht, wie man annehmen könnte, dem Vatikan aus, sondern den Subdiakonen des Lateran – so streng wird an der Tradition der christlichen Kirche festgehalten – die Subdiakone des Lateran übergeben sie den Subdiakonen von St. Peter, die Subdiakone von St. Peter den Domherren, und die Domherren legen sie in einen goldenen Behälter unter den Hochaltar des Petersdomes, unmittelbar über der Stelle, wo der Tradition nach das Apostelgrab liegen soll. So fließen in diesem Vorgang mehrere schöne alte Vorstellungen und Bräuche zusammen. Wir werden an das Lamm Gottes gemahnt, an den Guten Hirten, der seine Herde auf seinen Schultern trägt, wir denken aber auch an den mittelalterlichen Pilgrim, der Stoffstücke und Rosenkränze in das Grab hinunterließ, um sie durch die Berührung mit dem Apostelgrab zu heiligen.

6

Die Beziehung zwischen Trastevere und dem Rom der sieben Hügel wird durch mehrere Brücken und – Schlemmermahle aufrechterhalten. Es ist Mode geworden, spät abends, fast so spät wie in Spanien, nach Trastevere zu fahren und in einem der vielen kleinen Restaurants, deren Gerichte nach meiner Erfahrung doppelt so gut gekocht und weit weniger kostspielig sind als im ganzen übrigen Rom, zu Abend zu essen.
Mit dem Tage, an dem ich mich abends allein in Trastevere zurechtfinden konnte, fühlte ich mich über den Stand eines gewöhnlichen Touristen hinausgehoben. Dabei war mir, ehrlich gesagt, bei meinem ersten Irrweg durch das ineinandergehende Netz von Straßen und Gassen, in denen oft nur das Flämmchen eines Madonnenbildes die Dunkelheit durchbrach, recht ängstlich zumute gewesen. Doch tröstete ich mich bei dem Gedan-

ken, daß die Mörder und Räuber von heutzutage eigentlich nur noch höchst selten Masken tragen wie im 15. Jahrhundert. Schon als kleines Kind waren mir Masken etwas Fürchterliches, und der Gedanke, ich könnte in einer dunklen Nacht hier in Trastevere jemand Maskiertem begegnen, wäre für mich der lähmendste aller Albträume. Blättert man in der Lebensgeschichte der Borgias, fällt einem auf, daß es damals fast gebräuchlich war, abends maskiert auf die Straße zu gehen, anscheinend fand kein Mensch etwas dabei. Man gab diesen herumstreifenden Gestalten den unheimlichen Namen »Masken«. Mit so einer Maske wurde der Herzog von Gandia an dem Abend seiner Ermordung gesehen; Cesare Borgia ging selbst oft als »Maske« aus. In einem Zeitalter eleganter Verbrechen waren die Masken ein meisterlicher Trick für Erhaltung ständiger Panikstimmung.

Bei meiner Abneigung gegen Masken gehörte für mich schon Mut dazu, im Dunkeln eine mit allen Merkmalen einer »Maske« begabte Gestalt anzusprechen und sie in holprigem Italienisch nach dem Weg zur Viale Trastevere zu fragen: die Antwort heilte mich indessen ein für alle Mal von meiner Angst vor dunklen Gassen. Meine »Maske« wurde augenblicklich zum redseligen Trasteverino in Hemdsärmeln, der in Afrika in Gefangenschaft gewesen war, daher ein paar Brocken Englisch konnte und, unentwegt auf mich einredend, mir fröhlich den Weg durch das Labyrinth dunkler Gänge bis zu den hellen Lichtern zeigte.

Ich hatte hier zwei Lieblingsrestaurants. Das erste, fast unmittelbar an der Porta Settimiana, nahm den Ruhm für sich in Anspruch, im Haus von Raffaels Freundin, der Fornarina, zu liegen. Ich saß meist draußen in dem kleinen weinlaubengedeckten Garten. Es war frisch und kühl hier, und allein schon ein Vergnügen, sich aus der langen, getippten Speisekarte ein Menu zusammenzustellen. Nur wenige Schritte von mir wurden die Gerichte zur Begleitmusik fröhlicher Stimmen und ständigen Tellergeklappers ausgezeichnet zubereitet. Gegen zehn Uhr abends kamen dann die ersten Kunden von der anderen Tiberseite; man hätte in Madrid sein können. Modisch gekleidete junge Mädchen hatten nichts dagegen, auf einem Vesparücksitz hierher gefahren zu werden, und um elf Uhr standen die umliegenden Straßen voller parkender Vespas. Sobald alle Tische besetzt waren, erschienen auch die Musikanten, ein Guitarrenspieler und ein Sänger, gaben etwas zum Besten, ließen den Teller kreisen und zogen dann wieder ins nächste Restaurant auf ihrer abendlichen Runde. Kein Italiener wird je diesen oft recht mittelmäßigen Musikanten ihren Obolus verweigern, wie ja auch selten ein Bettler leer ausgeht.

In meinem zweiten Restaurant verkehren fast ausschließlich Trasteveraner, ich glaube, die einzigen Fremden hier waren die, die ich selbst mitbrachte. Vor dem Eingang zum Lokal hing ein Perlenvorhang, durch den man wie Alice durch den Spiegel in ein Wunderland köstlich kräftiger Speisegerüche geriet. Die Spezialität dieses Restaurants war Fischsuppe, eine italienische Abart der Bouillabaisse, also ein mixtum compositum aus Mittelmeergetier, wie Krabben, Langusten, Muscheln, Kabeljau, kleinen Tintenfischringen und was es sonst am Morgen gerade auf dem Fischmarkt gegeben hatte. Das Gericht schmeckte wunderbar, und war zudem sehr sättigend, niemand erwartete, daß man danach noch mehr verzehren konnte. Ferner gab es hier einen ausgezeichneten *fritto misto di mare* die der *zarzuela de mariscos* von Barcelona an Güte fast nicht nachstand, – und das ist die größte Anerkennung, die ich spenden kann!

Gegen Mitternacht glich die Atmosphäre in diesem Restaurant einer Cocktailparty in dem Stadium glücklicher Gelöstheit, wo Zigaretten einsam auf Walnuß beziehungsweise Mahagonioberflächen verglühen. Aus dem babylonischen Stimmengewirr stiegen einzig erkennbar die Worte »*i Romani* ... *noialtri* ... *noialtri* ... *i Romani* ... auf. Ich erkundigte mich einmal, nach wieviel Generationen im Stammbaum man diese Worte selbst gebrauchen dürfe und erhielt zur Antwort, zu einem echten *Romano di Roma* wären sieben Generationen in Trastevere geborener und aufgewachsener Vorfahren unerläßlich. Belustigt entdeckte ich, daß auch ein italienischer Freund von mir, den ich in diese Trattoria mitgenommen hatte, überhaupt nur die Hälfte der an ihn gerichteten Worte verstand. Die Trasteveraner sind zweisprachig: sie sprechen das geläufige Italienisch, aber ziehen untereinander ihren eigenen ironisch treffsicheren Dialekt vor. Mein nächtlicher Rückweg führte mich an dem einsamen roten Turm der einst mächtigen Grafen von Anguillara vorbei zu einem kleinen Platz, auf dem eine elegant gekleidete Figur in Gehrock und Zylinder im Lampenlicht über den Taxis thront. Überraschenderweise ist es der Chaucer von Trastevere, der Dialektdichter Guiseppe Gioacchino Belli. Er muß der personifizierte Pasquino und ein recht glücklich veranlagter Poet gewesen sein: selbst eine reiche Heirat brachte sein künstlerisches Talent nicht zum Versiegen, sondern gab ihm außer dem eleganten Zylinder, der mit ihm verewigt wurde, noch die Muße, sorglos seinen dichterischen Neigungen nachzugehen.

7

Ein herrlicher Morgen zog herauf, windstill und wolkenlos: mein letzter Morgen in Rom. Die Luft war nach den ersten Regenfällen der Saison von einer seidigen kristallklaren Beschaffenheit – sicher ein Geschenk der Götter Griechenlands an Rom – und die Silhouetten der Tempel, Kuppeln und Paläste standen in gestochener Schärfe am Horizont. Im gelbgrünen Tiber spiegelten sich die roten Ziegel des Hadriansgrabes, ich sah die Fassade von S. Spirito in Sassia und weiter ab die Peterskuppel.

Wie üblich drehten sich die *giornelli*, oder wie manche sie auch nennen, die *girarelli*, im Fluß: wahrlich wohl die faulste Art des Fischfangs! Aus den am Ufer festgemachten Booten ragt ein windmühlenartiges Gestell mit Netzen, die im Wasser rotieren. Wahrscheinlich lauert der sogenannte Fischersmann irgendwo in Sichtweite und stürzt im Falle eines Fangs herbei, um dem Netz seine Beute zu entreißen, ehe die *giornelli* sie wieder in den Tiber befördern. Meiner Beobachtung nach drehen sich die Netze zwar voller Optimismus und unermüdlich, aber immer – leer.

An der Ponte Palatino stand ein Mann mit einem langen Bambusstab und ließ seine Angelleine in Richtung der Cloaca Maxima treiben. Da es immer mein sehnlichster Wunsch war, einmal Zeuge zu sein, wie ein Fisch von einer Brücke aus gefangen wird, blieb ich bei ihm stehen. Wäre es nicht aufregend, gerade hier einen Fang zu beobachten, wo es nach der Aussage so vieler antiker Schriftsteller den besten *lupus* gegeben haben soll? Manche wollen den *lupus* mit dem Hecht identifizieren, andere sagen, es sei die Äsche gewesen. Aber nichts Aufregendes geschah, mir wurde die Zeit lang, und ich ging über die Brücke und sah stromaufwärts.

Vor mir lag die kleine Tiberinsel, ein wirklich romantischer Anblick. Es ist ein keilförmiges Stück Land mitten im Tiber und sieht heute, wie in römischen Tagen, wie ein Schiff aus. Mit ihren vielen, eng aneinanderstehenden Gebäuden wirkt sie wie eine den Fluß abwärts schwimmende, mittelalterliche Burg.

Die Insel ist durch zwei Brücken mit dem Festland verbunden, also leicht zugänglich, trotzdem hatte ich sie noch nie erforscht und beschloß, dies auf der Stelle nachzuholen.

Für Mediziner kann es meines Erachtens keinen Ort in der Welt geben, der ihnen so starke und nachhaltige Impulse verliehe wie die Isola Tiberina. Schon fast dreihundert Jahre vor Christi Geburt war diese Insel dem Aeskulap geweiht, hier stand ein Heiligtum für den Gott und eine »Heilstätte« für Kranke. Heute wird die ganze Insel von den Gebäuden eines der besten Krankenhäuser Roms eingenommen: St. Johannes Calybita, das unter der Leitung der »Brüder des heiligen Johannes von Gott« steht.

Während ich auf dem kleinen zentral gelegenen Platz noch überlegte, an welcher Glocke ich läuten sollte, kam ein Krankenauto die Uferstraße entlang gejagt, bog auf die Inselbrücke ein und hielt alsbald vor der Tür zur Ambulanz. Daneben lag eine große Apotheke, in der Mönche in schweren schwarzen Kutten mit breitem Skapulier und Kapuze an eine große Zahl Bedürftiger Medikamente ausgeben.

Man führte mich in einen großen Raum voller Porträts der Spitalsbrüder, der *Fate-bene-fratelli* oder »Tut-Gutes-Brüder«, wie sie im Volksmund heißen. Der Gründer dieses Pflegeordens ist der heilige Johannes von Gott, ein portugiesischer Soldat, der nach einer auf dem Schlachtfeld empfangenen Verwundung gelobte, fortan sein Leben in den Dienst Gottes zu stellen. Nach seiner Wiederherstellung sammelte er 1538 eine kleine Schar Gleichgesinnter – alles Laien – um sich, die, wie er, sich der Pflege der Armen und Kranken zuwenden wollten. Sie unterhielten ein Spital und verteilten Heilmittel an die Armen, wie ich es noch morgens in der Apotheke gesehen hatte. Ihr sonderbarer Name rührt von der Aufschrift: »Fate bene, fratelli!« auf der Almosenbüchse her, die sie in der Kirche aufstellten.

Der Prior und zwei weitere Brüder beantworteten meine Fragen mit größter Freundlichkeit und zeigten mir bereitwillig das Hospital. Bei unserem Rundgang durch die hellen Krankensäle und modernst ausgerüsteten Operationsräume hörte ich, daß hier einundfünfzig Brüder aus zwölf Ländern arbeiten. Darüber hinaus beschäftigt das Hospital einen Stab von 30 Doktoren, fünf Zahnärzten, zwei Apothekern und weitere einhundertzwanzig Angestellte: alles Laien.

Es berührt fast merkwürdig, durch die Röntgenzimmer und Untersuchungslabore von Gebäuden zu gehen, die von außen mehr nach Strohlagern und Alchimistenküchen aussehen.

»Dabei haben wir im letzten Jahr 4600 große Operationen durchgeführt«, sagte der Prior, »und 164000 Patienten ambulant behandelt.«

Ein Bruder arbeitete an einer Geschichte der Insel. Unten am Wasser zeigte er mir eine Stelle, wo gleichsam am Bug des Inselschiffes ein Aeskulapstab eingeritzt ist.

»Das ist eine hochinteressante Geschichte«, begann er. »Im Jahre 291 v. Chr. ging eine Pestepidemie durch Rom, und man beschloß, eine Abordnung von Priestern und Doktoren zu dem berühmten Aeskulaptempel von Epidaurus in Griechenland zu entsenden, um vom dem Gott Hilfe zu erflehen. Die Antwort des Gottes war originell. Eine der im Tempel gehaltenen heiligen Schlangen fand ihren Weg auf das römische Schiff, rollte sich zusammen, und glitt beim Anlegen des Schiffes im Tiber schleunigst über Bord und in das Schilf der Isola Tiberiana. Die Römer deuteten dies als ein Zeichen dafür, daß der Gott

hier einen Tempel errichtet haben wollte. Der Tempel wurde gebaut, gleichzeitig gab man zum ewigen Gedenken an das Schiff, das die Schlange nach Rom gebracht hatte, der Tiberinsel eine schiffsartige Gestalt. Ein Obelisk auf der Mitte der Insel stellte den Mast dar.

»Der Tempel wurde weit und breit bekannt, und die Leute strömten selbst von auswärts herbei, um sich bei den Doktoren Rat zu holen und von dem heilkräftigen Wasser zu trinken. Noch heute führt ein Brunnen in der Kirche des heiligen Bartholomäus, die wir gleich sehen werden, das gleiche Wasser. Wie das Heiligtum in Epidaurus wurde auch der Aeskulaptempel von Rom wegen seiner Traumheilungen berühmt. Ob dabei die Patienten unter Opium oder sonst ein traumerzeugendes Narkotikum gesetzt wurden, ob es sich bei den Visionen einfach um Halluzinationen handelte, oder ob einer der Priester in der Rolle des Gottes im Halbdunkel zu den Patienten sprach und so eine seelische Heilung herbeiführte – ob einfache Hypnose vorlag: das alles kann man heute nicht mehr feststellen. Fest steht, daß die Kunde von den hier und in Griechenland erfolgten Traumheilungen überall verbreitet war. Vielleicht wurden sogar die Schlangen bei den Wunderheilungen eingesetzt, indem man sie dazu abrichtete, ihre Zunge über die kranken Stellen spielen zu lassen. Auch Hunde waren dem Aeskulap heilig und wurden darauf trainiert, die Wunden zu belecken.

Daß auf dieser Insel, wo man sich schon zweihundert Jahre v. Chr. mit der Heilkunst befaßte, noch heute ein Krankenhaus liegt, würde in jeder anderen Stadt an ein Wunder grenzen, hier in Rom nicht ...«

Wir warfen noch einen Blick in die alte, dunkle, 1001 von Kaiser Otto III. erbaute Kirche, deren Dach von antiken Säulen aus einem römischen Tempel gestützt wird. Innen blickten wir in die Tiefe des Brunnens, dessen Wasser schon vor der Geburt Christi wegen seiner Heilkraft berühmt war.

Daß ich diese kleine Insel der Heilkunst erst an meinem letzten Tage in Rom entdecken sollte, tat mir aufrichtig leid. Hätte ich nur eher davon gewußt, ich wäre noch oft wieder hierher gekommen. In einer Welt, wo das Böse in den Menschen die Oberhand zu gewinnen trachtet, blickt man mit Dankbarkeit und neuem Mut auf Stätten, die einem wie diese vor Augen führen, wie das Samenkorn einer guten Tat im Laufe von Jahrhunderten aufgehen und Früchte tragen kann. Und jeder, der einmal für noch so kurze Zeit in den Mauern dieser Geburtsstadt des Abendlandes weilte, nimmt die Verpflichtung mit sich fort, das Gute in der Welt zu erkennen und anzuerkennen.

Am nächsten Morgen blickte ich aus dem aufsteigenden Flugzeug voller Dankbarkeit zum letzten Male auf das in der Sonne eines neuen Tages liegende Rom, das mich so viel gelehrt; der einzige Abschiedsgruß an eine solche Stadt ist:

AUF WIEDERSEHEN

Kapitel XI

Die Deutschen in Rom von Josef Schmitz van Vorst

Alt-St. Peter, der Lateran und die Kaiser
Im Schatten des Kapitols
Der Campo Santo Teutonico
Die alte deutsche Kolonie und ihre Nationalkirche
Luther in Rom
Die roten Krebse
Deutsch-Römer zweier Jahrhunderte
Pius XII. und Johannes XXIII.

1

An die Stelle des Kapitols, des alten heidnischen Götterbergs und Sitz des höchsten Jupiters, der Staatsgottheit Roms, trat St. Peter, und an die Stelle des Palatins, des Herrschaftsberges, von dem das Weltreich regiert wurde, der Lateran als die Pfalz der Päpste. Erst im Hochmittelalter, als sich auch in Rom der städtische Freiheitswille unter den Bürgern regte, erwachte das Kapitol zu politischer Bedeutung. St. Peter, Lateran und Kapitol, diese drei Orte in der römischen Topographie, haben daher von Anfang an auch für die deutschen Könige, die in Rom die Kaiserkrone erhielten, und damit für das Verhältnis zwischen Deutschland und der Ewigen Stadt eine besondere Bedeutung gewonnen. Freilich haben sich nur noch wenige monumentale Erinnerungen daran erhalten. Aber sie vermögen nichtsdestoweniger als Stütze für unsere Vorstellungskraft zu dienen.

Wer heute den Petersdom betritt, erblickt in der Vorhalle zur linken Hand das Reiterstandbild Karls des Großen. Es stammt von Cornacchini aus dem Jahre 1725. Noch in der Barockzeit, nach der Zerstörung der alten und dem Bau der neuen Basilika, hielt man also an der Bedeutung dieses Symbols fest, zu einer Zeit, in der der Brauch der Romzüge der deutschen Kaiser schon lange nicht mehr geübt wurde. Dieser ganze Gebäudeflügel, der sich rückwärts bis zu den Kolonnaden auf dem Petersplatz erstreckt, trägt den Namen »Braccio di Carlo Magno«, Arm Karls des Großen, wie der gegenüberliegende Gebäudeflügel »Braccio di Costantino«, Arm des Konstantin, heißt. Der Besucher wird gleichsam von diesen beiden weltlichen Armen aufgenommen und zur Papstkirche hingeleitet. Das Standbild des großen römischen Kaisers, der den Frieden mit dem Christentum schloß, auf der rechten Seite der Vorhalle, bleibt freilich durch das davorgesetzte Tor den Blicken entzogen. So wird dem Besucher des Petersdoms auf der Schwelle des Heiligtums das Verhältnis von Imperium und Sacerdotium, von Reich und Kirche in ihrer gegenseitigen Bedingtheit anschaulich gemacht. Die enge Verbindung von weltlicher und geistlicher Gewalt, die für mehr als ein Jahrtausend der europäischen Geschichte galt und auch heute noch nachwirkt, beruht auf den Namen Konstantins und Karls des Großen. Dieser ungeschriebene Pakt hat freilich immer wieder einer neuen Auslegung bedurft. So erklären sich auch die Kämpfe, die darum entbrannt sind.

Im Vorhof von Alt-St. Peter erhob sich das Grabmal Ottos II., des Sachsenkaisers, der am 7. Dezember 983, noch nicht dreißigjährig, in Rom gestorben ist. Der Porphyrdeckel des Sarkophages, der vom Grab des Kaisers Hadrian in der Engelsburg genommen war, bildet heute die Wanne des Taufbrunnens; die römischen Kinder werden darin getauft. Um 1605 ließ Papst Paul V. die Kaiserleiche herausnehmen und in einen anderen Marmor-Sarkophag betten, der mit Gips überwölbt in der vatikanischen Papstgruft aufgestellt wurde. Bei der Neuordnung der vatikanischen Grotten durch einen deutschen Domherrn, den Prälaten Ludwig Kaas, erhielt das Kaisergrab wieder einen seiner Bedeutung angemessenen Platz. In der Unterkirche von St. Peter wurde die Ottonische Kapelle geschaffen. Dem Kaiser gegenüber ruht der erste deutsche Papst, Gregor V. (996 bis 999), ebenfalls ein jugendliches Mitglied des ottonischen Hauses. Über dem Grabmal Ottos II. im Vorhof von Alt-St. Peter befand sich an der Wand ein Mosaik mit dem segnenden Heiland zwischen dem heiligen Petrus und dem heiligen Paulus. Prälat Kaas hat es wieder mit dem Kaisergrab vereinigt. Leider reicht die Aufmerksamkeit nicht aus, die die Besucher aus Deutschland, ja auch die Deutschen aus Rom, dem wiederhergestellten Kaisergrab schenken. Bei den Kaisergräbern von Palermo ist es anders. Es vergeht kaum ein Tag, an dem nicht den Porphyrsarkophagen Friedrichs II. und der Konstanze ein Blumengruß erwiesen würde.

An die Kaiserkrönung erinnert heute noch in St. Peter die Porphyrscheibe im Fußboden unmittelbar hinter dem mittleren Eingang im Schiff der Basilika. Im alten St. Peter befand sie sich in der Nähe des Altars. Um sie her spielten sich die feierlichen Zeremonien während der Krönung ab, auf ihr stand der Kaiser, wenn über seinem Haupt das Schwert geschwungen wurde.

Die Kaiserkrönungen bildeten den Höhepunkt der mittelalterlichen Welt- und Gesellschaftsordnung. Der Heerzug betrat nicht durch die Porta del Popolo, durch die später Goethe und so viele andere Reisende aus dem Norden nach Rom gekommen sind, die Stadt. Er bewegte sich über den Monte Mario die Via Triumphalis abwärts vor die Mauern des Borgo und schlug im heutigen Stadtteil *Prati* (auf den Wiesen, dem »Prater«) das Lager auf. Der Stadtteil Prati ist erst nach 1870 entstanden. Die Häuserzüge wurden so geführt, daß man die Kuppel trotz ihrer Nähe kaum erblicken kann. Man wollte darin eine Absicht des damals zum Vatikan in Feindschaft lebenden Italien erkennen. Vor der Krönung durften der Kaiser und das Heer die Stadt nicht betreten. Während der Zeremonie hatte man auch immer mit der Eifersucht oder Feindschaft der Römer zu rechnen. So sagte Otto der Große, als er den Monte Mario herabritt, zu Ansfried von Löwen: »Wenn ich am Apostelgrab knie, so halte das Schwert fest über meinem Haupt.«

Blättern wir ein wenig in der Chronik, um das Bild noch mehr mit Leben zu füllen: Im Jahre 500 betete der Ostgotenkönig Theoderich der Große (Dietrich von Bern) am Apostelgrab und stiftete zweiundsiebzig Pfund schwere Kandelaber; 770 betete die fränkische Königin Bertha, die Mutter Karls des Großen, am Apostelgrab; 781 schenkte Karl der Große zur Erneuerung des Daches das Holz und einige tausend Pfund Blei; der Altar über der Confessio wurde mit Gold überzogen und mit den Reliefs Karls des Großen und Papst Hadrians I. geschmückt; 795 ließ Karl der Große eine schwarze Marmortafel mit goldener Grabschrift für Papst Hadrian I. anbringen, die noch heute in der Vorhalle an der Innenwand links oben neben dem Haupteingang zu sehen ist. »Dieses Gedicht schrieb nieder Karl, den Vater beweinend...«, so beginnt der in Versen gehaltene, in lateinischer Sprache verfaßte Nachruf. 800 schlug Karl der Große als Patrizius von Rom, da der Palast des Tiberius auf dem Palatin nicht mehr bewohnbar war, sein Tribunal im Vatikan auf. Er saß über Papst Leo III. und die römischen Großen zu Gericht. Der Papst befreite sich durch einen Reinigungseid von den gegen ihn erhobenen Anklagen; am 25. Dezember wurde der Frankenkönig von Leo III. vor der Confessio zum Kaiser gekrönt. Der Kaiser stiftete der Basilika als Krönungsgeschenke silberne Tische und goldene Gefäße; 962 am 2. Februar setzte Johann XII. Otto dem Großen und Adelheid die Kaiserkrone unter bisher noch nicht beobachteter Prachtentfaltung auf; 963 setzte Otto der Große auf einer Synode in St. Peter den geflohenen Johann XII. ab und ließ sich am Grabe des Apostels von Leo VIII. den Treueid schwören; 964 schwören nach einem niedergeworfenen Aufstand die Römer mit Leo VIII. zusammen in der Krypta dem Kaiser Otto I. den Treueid. Auf der dritten Synode in St. Peter setzte Heinrich III. die Päpste Sylvester III. und Gregor VI. ab und ließ an deren Stelle den Bischof Suidger von Bamberg als Clemens II. wählen. Es geschah aus dem Geist der Hilfeleistung zur Reform der Kirche. Denn gerade der priestergleiche Sinn des Kaisertums war bei diesem mächtigen Herrscher in besonderer Weise lebendig. Am Weihnachtstage krönte Clemens II. Heinrich III. zum Kaiser; 1054 starb Papst Leo XIX., ein Deutscher, in der Basilika und es wurde Viktor II. (ebenfalls deutscher Herkunft) gekrönt; 1067 zog sich die Kaiserin-Witwe Agnes nach Rom zurück, um als Büßerin am Apostelgrab zu leben. Im kaiserlichen Mausoleum Santa Petronilla, einer der beiden großen Rotunden, die sich damals noch an der Südseite von St. Peter erhoben, wurde die im Lateran verstorbene Kaiserin-Witwe beigesetzt. Ihr Grab ist verschwunden. 1083, auf der Höhe des Investiturstreits, kam es nach der Eroberung der Leostadt durch das Heer Heinrichs IV. in der Kirche selbst zu einem furchtbaren Kampf zwischen Deutschen und Römern. Die Deutschen erstürmten den Portikus, in dem die Römer sich verschanzt hatten. 1155 krönte Hadrian IV. in der vom deutschen Heer geschützten Peterskirche Friedrich I. Barbarossa; 1167 beschoß Kaiser Barbarossa eine Woche lang die Peterskirche, wobei der Glockenturm und der Vorhof in Flammen aufgingen und der Portikus zusammenstürzte. Friedrich von Rotenburg brach mit Axthieben die fünf herrlichen Portale auf. Sie wurden nach Viterbo gebracht. 1191 erfolgte die Krönung Heinrichs VI. und seiner Gemahlin Konstanze. 1220 war hier die Krönung Friedrichs II. von Hohenstaufen und seiner Gemahlin Konstanze. 1452 empfing Nikolaus V. vor St. Peter Kaiser Friedrich III. und seine Braut Eleonora von Portugal und segnete die Ehe des Kaiserpaares ein. Es folgte dann die letzte Kaiserkrönung in Rom (1468). Bei einem zweiten Besuch empfing Paul II. Kaiser Friedrich III. nachts mit Fackeln. Der Kaiser sang in der Weihnachtsmesse im geistlichen Gewande, mit dem Schwerte umgürtet, in Anwesenheit des Papstes das Evangelium: »In jener Zeit erging vom Kaiser Augustus der Befehl...«

Der Apostolische Palast, der heutige Sitz des Papstes auf der rechten Seite des Petersplatzes, verdankt seine gegenwärtige Gestalt der Renaissance. Erst im Jahre 1370 trat der Vatikan als päpstliche Residenz an die Stelle des Lateranspalastes, der in der Zeit des Exils von Avignon der Zerstörung und Verwahrlosung anheimgefallen war. So ist es auch zu erklären, daß der Vatikan in den voraufgegangenen Jahrhunderten, von der Zeit Karls des Großen an, häufig als Kaiserpfalz benutzt worden ist. Dreimal wohnte Karl der Große in dem Bischofshaus bei St. Peter, der *Episkopia*. Hier hatte auch die kaiserliche Vertretung ihren Sitz. 983 starb Kaiser Otto II. wohl hier und nicht auf dem Aventin. Im Vatikan residierten und wohnten außerdem jeweils für kürzere Zeit Kaiser Konrad II. zusammen mit der Kaiserin Gisela, Heinrich V., Ludwig der Bayer, Kaiser Sigismund und Friedrich III.

Auch im Lateran, dem Bischofs- und in der Nachfolge Konstantins auch Herrschaftssitz der Päpste, sind deutsche Kaiser gekrönt worden: der Sachsenkaiser Heinrich II., (1002–1024,) noch in der frühen Zeit und der Luxemburger Heinrich VII., (1308–1313), als das Gestirn des Kaisertums in Italien schon verblaßte. Es war in beiden Fällen wegen des Widerstandes der Römer nicht möglich, die Petersbasilika zu erreichen. Gewöhnlich bildete der Lateran das Ziel des farbenprächtigen Krönungszugs. Im Lateran fand auch das Krönungsmahl statt. Dem Kaiser wurde das Gewand eines Domherrn der Basilika angelegt, wie er schon vorher das Gewand eines Domherrn von St. Peter erhalten hatte. Im Jahre 1530 reisten die Kanoniker vom Lateran und St. Peter eigens nach Bologna, um den hier gekrönten Karl V. in ihre Kapitel aufzunehmen. Später ging das Recht auf die Mitgliedschaft im lateranischen Domkapitel auch auf den französischen König über. Heinrich von Navarra (1589–1610), dem Hugenottenkönig, dem Paris eine Messe wert war, und der deshalb seinen Glauben wechselte, wurde es zuerst verliehen. Niemand hätte sich daran noch erinnert, wenn dieses verjährte Recht nicht wieder eine anachronistische Aktualität in unseren Tagen durch die Bemühungen eines französischen Kanonikus am Lateran gewonnen hätte: Der Präsident der Vierten Republik, René Coty, nahm bei seinem Staatsbesuch in Rom im Jahre 1957 im Chorgestühl im Lateran den Platz des französischen Königs ein.

An den Gebäudeteil der Scala Sancta angelehnt, öffnet sich zu der weiten Fläche des freien Platzes vor dem Lateran eine mächtige apsisartige Tribuna, die mit einem Mosaik auf goldenem Grunde geschmückt ist. Sie bildete früher den Abschluß des *Triclinium majus*, des großen Speisesaales, der zur Bewirtung von Fürstlichkeiten diente, und in dem auch das Krönungsmahl der Kaiser stattgefunden hat. In dem Mittelfeld des Mosaiks ist die Aussendung der Apostel dargestellt. Im rechten Seitenfeld vom Beschauer her überreicht Christus, der Herr St. Peter die Schlüssel und dem Kaiser Konstantin die Fahne; und im linken Seitenfeld der Apostel Petrus dem Papst Leo III. das Pallium und dem König Karl das Banner. Darunter steht die Anrufung: »Seliger Petrus, gib Leben dem Papst Leo und Sieg dem König Karl.« Der Bildinhalt, der wiederum die Auffassung von der Einheit und Nebeneinanderordnung der geistlichen und weltlichen Gewalt zum Ausdruck bringt, stammt also noch aus der Zeit vor der Kaiserkrönung Karls des Großen. Allerdings handelt es sich bei dem Mosaik nur um eine Kopie, die aber ziemlich genau nach dem Original bei der Wiederherstellung der in Verfall geratenen Tribuna im Jahre 1743 ausgeführt worden ist.

Die zahllosen Löcher in der Mauer des Kolosseums werden vom römischen Volksmund als Barbarenlöcher bezeichnet. Sie sollen von den Germanen geschlagen worden sein. In Wirklichkeit waren dort Metallklammern angebracht, die von den metallhungrigen Römern des Mittelalters herausgerissen worden sind. Gewiß, die Germanen haben die Stadt nicht geschont und sie vor Plünderung nicht bewahrt. Aber sie haben sie nicht zerstört. Sie waren weit davon entfernt, ihr das Schicksal Karthagos zu bereiten. Denn in ihnen lebte der Glaube an die überzeitliche Sendung Roms weiter, der in den Bewohnern Italiens schon fast erloschen war. Theoderich sorgte für die Instandsetzung der großen öffentlichen Bauwerke der Stadt. Dennoch behauptet sich die Legende, daß die ungeheure Armut des Forum Romanum, die tausend Wunden des Kolosseum, die Verheerungen der Katakomben, die Trümmer der Paläste und Tempel auf die „Barbaren“ zurückgehe. Vieles, was für das völkerpsychologische Verhältnis zwischen Deutschland und Italien gilt, nimmt von hier seinen Ausgang. Doch Legenden haben im Grunde gewöhnlich recht. Die Germanen haben zwar Rom nicht zerstört, aber ihm die Voraussetzung für sein Dasein, das Weltreich, genommen. Rom verödete. Das Heilige Römische Reich Deutscher Nation fand seinen Schwerpunkt in Mitteleuropa.

Das Forum war zur Zeit Karls des Großen noch im wesentlichen unversehrt. Aber auf dem Palatin konnte der Kaiser schon nicht mehr wohnen. Die Ruinenwelt war schon zu groß geworden. Dies veranlaßte auch Otto III. (983–1000), der Rom nicht nur dem Namen nach zu seiner Hauptstadt machen wollte, die Kaiserpfalz auf dem Aventin aufzuschlagen. Von ihr sind keine Spuren mehr vorhanden. Sie befand sich bei dem heute noch bestehenden Kloster von San Alessio e Bonifacio, etwa dort, wo sich auf dem zum Tiber hin abfallenden Hügel die barocke Überraschung des Schlüssellochs anbietet, durch das man ganz unvorbereitet, wie durch ein umgekehrtes Fernrohr St. Peter erblickt. Von hier aus schaute auch der Kaiser auf das unruhige Rom herab. Unmittelbar zu seinen Füßen lag die Tiberinsel. Auf ihr hat sich die Kirche St. Bartholomä im wesentlichen ohne barocke Umgestaltung erhalten, so wie sie von Otto III. erbaut worden ist. Zumindest der Glockenturm und die vierzehn Granitsäulen ihrer Schiffe stammen noch aus der ottonischen Zeit. Sie ist zugleich das Denkmal einer Freundschaft, des schwärmerischen Kaisers Adalbert von Prag, der im Dienst der Slawenmission den Märtyrertod erlitt. Die Kirche trug auch eine Zeitlang den Titel St. Adalbert. Die Gebeine des Apostels Bartholomäus hatte der Kaiser von der Stadt Benevent angefordert. Ihre Bürger sollen ihn jedoch mit dem Leichnam des Paulinus von Nola betrogen haben.

Das Kapitol kam wieder zur Bedeutung in dem Maße, in dem es zum Symbol der städtischen Freiheiten des römischen Bürgertums wurde, dessen sich mitunter auch die Kaiser gegen die Päpste bedienten. Konradin wurde hier oben zum Imperator ausgerufen. Nach seiner Hinrichtung in Neapel aber stellte man seinem Henker Karl von Anjou im Senatorenpalast eine Ehrenstatue auf, wo sie sich heute noch befindet, ein Beispiel für die Wandelbarkeit des Glücks und der Volksgunst. An den Gegensatz zwischen den deutschen Kaisern und den Anjou erinnert auch eine beinahe unbekannte Darstellung des Erzengels Michael im inneren Bogen der Porta San Sebastiano, die zu den Katakomben auf der Via Appia hinausführt. Hier ist ein Heerhaufe der Anjous von Neapel von den Soldaten Ludwigs des

Bayern zurückgeworfen worden. Der Luxemburger Heinrich VII. war gezwungen, sich das Kapitol Schritt um Schritt zu erobern. Es kämpften gepanzerte Fürsten und Bischöfe um die Straßenschanzen. »In den Basiliken von Aracoeli auf dem Kapitol und Santa Sabina auf dem Aventin«, schreibt Gregorovius, »kann der Deutsche noch nach einem halben Jahrtausend an grauen Leichensteinen stehen, die Wappenschilder der erschlagenen Freunde Heinrichs VII. betrachten und ihre Namen wie Todestage in wohlerhaltenen Inschriften lesen.«
Der Besuch Karls V., des Herrn der beiden Welten, in Rom im Jahre 1536 hat für das Forum und das Kapitol eine eigentümliche Bedeutung gewonnen. Die Hütten und die kleinen Hirtenhäuser auf dem zu einer Viehweide herabgesunkenen Schauplatz alter römischer Größe wurden abgerissen und für seinen Einzug eine schnurgerade Triumphstraße angelegt. Dabei wurde das Forum mit jener hohen Erdschicht bedeckt, die man bei den späteren Ausgrabungen entfernen mußte. Karl V. ritt mit dreitausend Soldaten über das ins Grab gelegte Forum. Auf dem Kapitol hatte Michelangelo zwei Flachtreppen für den Einzug des Kaisers gebaut und die »Trophäen des Marius«, die Statuen Konstantins und seines Sohnes Konstans I. aufgestellt.

Auf unserer Wanderung durch die mittelalterlichen Jahrhunderte an unseren Ausgangspunkt nach St. Peter zurückgekehrt, begegnen wir auf der linken Seite der Basilika, durch das Tor beim Glockenturm von dem Kolonnadenplatz getrennt, unmittelbar hinter dem sogenannten »Arm Karls des Großen« und dem Reiterstandbild des Kaisers in der Vorhalle der Basilika, dem *Campo Santo* der Deutschen, dessen Fassade noch einmal mit dem Bilde des Kaisers, seines Gründers, geschmückt ist. Der Eingang ist der *Arco delle Campane* unter dem Glokkenturm. Er wird auch als Einfahrt für die Wagen in die Vatikanstadt benutzt. Sowohl die Schweizergarde wie die päpstliche Gendarmerie halten hier Wacht. Auch der Schlagbaum ist herabgelassen. Aber der Weg wird bereitwillig freigegeben. Niemand, der sich darauf beruft, den Campo Santo besuchen zu wollen, wird zurückgewiesen. Die Einrichtung im Schatten von St. Peter gehört zu den ältesten deutschen Stiftungen überhaupt. Wo sich heute Priesterkolleg und Friedhof erheben, dürfte inmitten eines Frankenviertels die *Schola Francorum* ihren Sitz gehabt haben. Wie den Angelsachsen, deren Könige als früheste germanische Fürsten aus dem Norden nach Rom wallfahrteten, galt es auch den Franken als Vorzug, beim heiligen Petrus begraben zu sein. Denn er galt ihnen als der mächtige Himmelspförtner, der am Tor des Paradieses die Seelen der Gewalt des Teufels entreißt und dabei seine zwei Schlüssel schwingt, um den Dämonen notfalls eins über die Köpfe zu versetzen. Es sind weitgehend die germanischen Stämme gewesen, die der Verehrung des heiligen Petrus damals solche Bedeutung geschenkt haben und die räumliche Nähe zu ihm suchten; daher die Krönung der deutschen Kaiser möglichst an seinem Grabe. Daher auch die Entstehung des ältesten Fremdenviertels in der Nähe des Vatikans auf dem rechten Ufer des Tiber. An die Sachsen erinnern heute noch die beiden Stiftungen Santo Spirito in Sassia, unmittelbar am Fluß, und San Michele in Sassia, auf halbem Wege zwischen dem Tiber und dem Campo Santo Teutonico. Alle diese Bewohner aus dem Norden bildeten gleichsam die germanische Leibgarde des Apostels, als der erste *Sacco di Roma* mit dem Sarazenensturm des Jahres 846 hereinbrach. Sie haben St. Peter zwar nicht vor ihm bewahren können, aber einen hohen Blutzoll entrichtet. Die Lehre aus diesen Ereignissen war der Mauerbau um den neuen Stadtteil auf dem rechten Tiberufer durch Leo IV., der nach ihm den Namen Leostadt erhielt, später dann aber auch nach einer Burg, die Heinrich IV. am Hang des *Gianicolo* anlegte, *Borgo* genannt wurde.

Das Gebiet des deutschen Campo Santo reichte ursprünglich viel weiter bis auf den Petersplatz, wo heute die Kolonnaden stehen. Aber die Deutschen haben immer noch das Vorrecht bewahrt, auf dem Friedhof begraben zu werden. Viele Künstler, Wissenschaftler, Diplomaten und Kirchenfürsten haben in den letzten hundert Jahren auf ihm die letzte Ruhestätte gefunden. Vor allem wird man immer wieder von dem Blick hingerissen, der sich von dieser Oase aus Palmen und Zypressen auf die

Peterskuppel bietet. Auf dem Petersplatz verschwindet sie hinter dem vorgelagerten Langhaus Madernas. Hier ist ihr nur der kurze Kreuzarm des Seitenschiffes vorgelagert, so daß man die Stellung der Kuppel im Bauwerk erlebt, wie sie Bramante und Michelangelo vorschwebte, die sie über dem Grundriß eines griechischen Kreuzes planten. Man braucht nur auf dem Friedhof das Grab des Archäologen Ludwig Curtius († 1953) aufzusuchen. Er hat sich mit Vorbedacht die Stelle ausgewählt, die den schönsten Blick bietet.

Rom war im Mittelalter in vier Dörfer zerfallen, bei Sankt Peter, beim Lateran, beim Kapitol und in Trastevere. Daraus erhoben sich die Reste der alten Bauten, das Kolosseum, das Pantheon, die Hadrians- und die Trajanssäule wie kolossale Wunderbarkeiten. Die neue Stadt wurde nach der Rückkehr der Päpste aus Avignon und den großen Reformkonzilen von Konstanz und Basel auf dem alten Marsfeld im Tiberknie eingerichtet. In der Zeit des republikanischen und kaiserlichen Rom war es Vorstadt gewesen. Jetzt lag es zwischen dem Borgo und dem Kapitol in der Mitte und wurde damit auch zum neuen Mittelpunkt Roms. Der Adel schickte sich an, seine Festungen zu verlassen und zwischen dem Tiber und dem Corso Paläste in der Form von Stadthäusern zu errichten, City zu bilden. Der eigentliche Träger der neuen Entwicklung war jedoch das Bürgertum. Auch die ausländische Kolonie verlagerte ihren Schwerpunkt hinüber ins Tiberknie an die Piazza Navona, die für lange Zeit der wichtigste Platz Roms wurde. In ihrem langgestreckten Oval bewahrt sie den Grundriß eines römischen Zirkus. Auch die Reisenden, die aus dem Norden kamen, nahmen von nun an in diesem Viertel Wohnung. Das Albergo dell' Orso („Zum Bären“) hat sich aus dieser Zeit noch erhalten. Das deutsche Zunftwesen griff nach Rom über. Eine große Zahl von Gewerben wurde von den Deutschen ausgeübt. Von den farbenprächtigen Aufzügen der deutschen Gilden auf der Piazza Navona gibt es zahlreiche Bilder. Sie haben etwas Meistersingerliches. Das älteste, bis zum Ende des 15. Jahrhunderts reichende Verzeichnis der deutschen Schustergilde zählt 1120 Namen. Es traten dann bis zum Jahre 1531 weitere 1290 Mitglieder bei, so daß in einem Jahrhundert mehr als 2400 Schuster in die Gilde Aufnahme gefunden haben. Sie besaß ihr eigenes Haus mit einer den Heiligen Crispinus und Crispinianus geweihten Kapelle, die die selbstbewußte Inschrift trug: »Gildenhaus der wirklich deutschen Schuster«. Die deutschen Bäkker, die noch zu Anfang des 16. Jahrhunderts bei weitem zahlreicher waren als ihre italienischen Kollegen, bildeten zunächst mit ihnen eine gemeinsame Gilde, die von zwei Konsuln, einem italienischen und einem deutschen geleitet wurde. Die deutschen Gesellen, die »Peckenknechte«, aber hatten sich von Anfang an rein national zusammengeschlossen. Später wurde von den deutschen Meistern und Gesellen eine neue Gilde, die ihr Haus neben der Kirche San Andrea della Valle hatte und in Verbindung mit einem Spital stand, errichtet. Auch von den deutschen Leinewebern wissen wir, daß sie eine Gilde bildeten. In ganz Italien befand sich das Gastwirtsgewerbe in weitem Umfang in deutschen Händen. Daher das Wort »Albergo«, das sich von Herberge herleitet. Von den deutschen Wirten schrieb 1446 Aeneas Silvio Piccolomini, der spätere Papst Pius II.: »Die Deutschen machen überall die Wirtsleute. Ihr Verdienst ist es, daß man ziemlich allenthalben in Italien ein Gasthaus findet, wo es aber keine Deutschen gibt, da gibt es auch keine Herbergen.« Auch von deutschen Schmieden, Müllern, Sattlern, Kürschnern, Barbieren wird in den Chroniken häufig gesprochen, ebenso wie von deutschen Gold- und Silberarbeitern, Kunststickern, Elfenbeinbildnern, Buchmalern, Malern, Bildhauern und Architekten, die einen regen Anteil an der Entwicklung von Kunst und Kunstgewerbe auf römischem Boden nahmen. Die Erschließung der Bergwerke des Kirchenstaates ist zeitweilig ganz in den Händen von Deutschen gewesen. 1479 übergab sie Sixtus IV. dem Meister Johann Klug aus Freiberg bei Meißen, der mit fünfzig seiner Landsleute ans Werk ging. Eine Orgel in St. Peter um 1400 war das Werk eines Deutschen, und ein deutscher Uhrmacher Antonio fertigte 1412 die Uhr an der Fassade von Aracoeli. Auch die deutschen Kaufleute traten in Rom auf. Unter ihnen vor allem das Welthaus der Fugger. Ohne daß die Kaisermacht noch einen starken politischen Rückhalt bieten konnte, gelangte das deutsche genossenschaftliche Leben in der Stadt des Papstes zur Blüte. Es beschränkte sich nicht auf die gewerblichen Tätigkeiten im überlieferten Sinn. Nicht weit von der Piazza Navona erhebt sich der Palast der Fürsten Massimo. Hier haben zwei deutsche Buchdrucker, Konrad Schweinheim und Arnold Pannartz, zum erstenmal auf römischem Boden die Kunst der beweglichen Letter geübt und die epochemachende Erfindung in Rom eingeführt. Auch war im 15. Jahrhundert eine besonders große Zahl von Kurialen aus Deutschland in den verschiedensten Ämtern der Kirchenverwaltung und des päpstlichen Hofes tätig. Sie wurden vor allem von Papst Eugen IV. (1431–1447) und Nikolaus V. (1447–1455) wegen ihrer absoluten Zuverlässigkeit bevorzugt. Als die Pest des Jubiläumsjahres zahlreiche deutsche Abbreviatoren dahingerafft hatte, gab Nikolaus seinem Legaten sofort Befehl zur Heranziehung anderer aus Deutschland. Schon unter Martin V. hatte der Westfale Hermann Dwerg als Apostolischer Protonotar eine außerordentlich einflußreiche Stellung bekleidet und sich das persönliche Vertrauen des Papstes in besonderem Maße erworben, so daß er selbst während seiner Krankheit ungehindert Zutritt zu ihm hatte. Der verantwortungsvolle Posten eines Kastellans der Engelsburg wurde unter Martin V. von Kaspar Amdofen und das einflußreiche Amt eines Maestro del Sacro Palazzo bis zu Calixt III. von dem rheinischen Dominikaner Heinrich Kalteisen bekleidet.

Zu den ersten Sendboten des Nordens, die der neue Geistesfrühling des Humanismus nach Italien lockte, gehörten bekannte Naturwissenschaftler, wie der Wiener Georg von Peurbach und sein bedeutenderer Schüler Johannes Müller aus Königsberg in Franken, genannt Regiomontanus, sowie der große Nikolaus Kopernikus. Während seines einjährigen Aufenthaltes in der Stadt hielt der Begründer des neuen naturwissenschaftlichen Weltsystems vor einem großen Kreis von Schülern und Gelehrten Vorlesungen. Im Arkadengang des oberen Stockwerks der *Sapienza* erinnert eine Gedenktafel an seine römische Lehrtätigkeit. Diese Männer wurden von den Päpsten auch als Berater für die in Aussicht genommene Kalenderreform nach

Rom gerufen. Regiomontanus ist während eines solchen Aufenthalts am römischen Fieber gestorben. Er soll im Pantheon bestattet worden sein. Sein Grab hat man aber nicht mehr gefunden.

Aus der Schar der Humanisten, die aus Deutschland nach Rom eilten, ragten hervor der Westfale Hermann von dem Bussche, Rudolf Agricola, Johann Reuchlin, Konrad Celtes und der streitbare Hutten, der später einer der heftigsten Gegner des Papsttums werden sollte. Ulrich von Hutten gehörte zu den ersten, die ihre Spottschriften an die Statue des *Pasquino* anhefteten. Das Steinbild wurde im Jahre 1501 zu Füßen des Palazzo Braschi, ebenfalls in unmittelbarer Nähe der Piazza Navona aufgestellt. Der verstümmelte Torso stammt aus einer Gruppe »Menelaos mit dem Leichnam des Patroklos«. Von der Schönheit des griechischen Originals ist allerdings nichts mehr zu spüren. Diese Statue hat eine ganze Literatur von Pasquillen und Pasquinaten hervorgerufen.

Zu wahrhaft geschichtlicher Größe erhob sich Nikolaus von Kues, Nicolaus Chrypffs (Krebs) aus Kues an der Mosel (1401 bis 1464). Als Theologe und Philosoph, Mathematiker und Naturwissenschaftler, Kirchenpolitiker und Staatsmann stand er zwischen zwei Zeitaltern. Das Anliegen der kirchlichen Reform führte ihn nach Rom, wo er schon im Alter von 47 Jahren zum Kardinal ernannt wurde. Als Pius II. zum Fürstenkongreß nach Mantua reiste, bleibt er in Rom als Stellvertreter des Papstes zurück. In seiner Titelkirche San Pietro in Vincoli ist er begraben, in der auch der Moses von Michelangelo steht. An der Wand des linken Seitenschiffes befindet sich das schöne Grabdenkmal mit seinem Bild, das für ein Werk des Lombarden Andrea Bregno gehalten wird. Sein Herz ist nach seinem Wunsch in die Heimat an die Mosel zurückgebracht worden.

Das Bekenntnis zu ihrer Herkunft zeichnete alle die Männer dieser und der darauffolgenden Generationen in Rom aus, obwohl doch die Anziehungskraft durch die um sie her aufsteigende neue glanzvollere Welt sehr stark sein mußte. Man spürt diese Spannung auch in ihren Zeugnissen. Bei manchen führte sie bis zum Zerspringen und Zerbrechen. Luthers Romfahrt und was daraus ward! Als er in Ordensgeschäften im Jahre 1511 nach Rom kam, wohnte er im Augustinerkloster bei der Porta del Popolo. In seinen Tischreden grollte das Urteil dieses enttäuschtesten Romfahrers in seinem gewaltig protestantischem »Je näher Rom, je ärger Christen« nach. Es sind aber Eindrücke, die erst in der Erinnerung eine solche Macht über ihn gewonnen haben. Auf seinen Wegen durch Rom kam ihm das Wesen der neuen weltlichen Kultur und was sich an Heidnischem in ihr regte, noch nicht voll zum Bewußtsein.

»More alemannico«, im gotischen Stil, so verlangte Burkard von Straßburg, der Zeremonienmeister von drei Päpsten, darunter dem Borgia-Papst Alexander VI. und dem Michelangelo-Papst Julius II., müsse die neue deutsche Nationalkirche bei der Piazza Navona, Santa Maria dell' Anima, gebaut werden. Nach diesem Burkard nennt sich heute noch die Piazza Argentina Straßburger Platz. Er hat die Zeremonien bei der Grundsteinlegung der neuen Peterskirche geleitet. Seine Tagebücher geben über eines der dunkelsten Kapitel der Kirchengeschichte Auskunft. In der genauen Schilderung, die bewußt auf jeden Kommentar verzichtet, liegt die Stärke der Darstellung. Burkard ist auch der Bauleiter der deutschen Nationalkirche gewesen, die schon an die Stelle eines älteren, gotischen Baues trat. Bramante nahm, wie Vasari berichtet, an der Planung teil. Es wurde schließlich dann doch auf die Aufführung des Neubaus im gotischen Stil verzichtet. Sicher nicht nur, weil sich der Bauplatz als zu eng, sondern auch weil der neue Geist der Renaissance sich als zu stark erwies. Der Charakter der Hallenkirche blieb aber gewahrt. Von der Ostseite der Piazza Navona sieht man den spitzen Turm über die Dächer ragen und über ihm den doppelköpfigen Reichsadler aufblitzen. Das Herrschaftszeichen wurde der Anima durch Kaiser Sigismund aus dem luxemburgischen Hause verliehen. Im Innern sind an den Gewölben des Langschiffes die Wappen der sieben Kurfürstentümer aufgemalt.
Diese Kirche ist als Baudenkmal bedeutender als ihre ältere Schwester auf dem Campo Santo Teutonico. Auf dem Hochaltar steht eine Madonna mit Kind von dem bedeutendsten

Raffael-Schüler Giulio Romano, die von einem Fugger in Auftrag gegeben worden ist. In der Brandenburgkapelle ist das Wappen des Hauses Brandenburg gleich fünfmal angebracht. Sie erinnert an den Stifter Albrecht von Brandenburg, jenen Erzbischof von Mainz, in dessen Auftrag Tetzel den Ablaß predigte, und damit an die Anfänge der Reformation. Auch der letzte deutsche Papst, Hadrian VI. von Utrecht, der Lehrer Karls V., dessen Reformwille in Rom scheiterte, ist in ihr beigesetzt. Das bedeutende Grabdenkmal, das Baldassare Peruzzi schuf, trägt die inhaltsschwere Inschrift: »Wieviel kommt darauf an, in welche Zeit auch des besten Mannes Tugend fällt«. Am Kircheneingang hat der Sohn des Landsknechtsführers Frundsberg, der im Jahre 1524 im jugendlichen Alter beim Sturm auf Rom fiel, Grab und Denkmal erhalten.

Auch Luther hat der Anima einen Besuch abgestattet. Er erwähnt mit Wärme, daß man in ihr das Evangelium in deutscher Sprache lehre, daß sie die beste Kirche sei und einen deutschen Pfarrherrn besitze. Zu dieser Volkskirche haben, wie noch heute ein Gang durch ihre Hallen lehrt, alle deutschen Stämme und Stände ihren Beitrag geleistet von der Nordsee bis nach Österreich.

In den französischen Revolutionskriegen und den darauffolgenden Jahrzehnten war die Anima ihrem Zweck entfremdet worden. Die Stiftungen bestanden zwar fort, waren aber unter italienische Nutznießung geraten. So erfolgte im Jahre 1859 eine Erneuerung der Anima. Vorsitzender der Kommission war der deutsche Kurienkardinal Graf Reisach, der von dem damaligen Erzbischof von Köln, Kardinal Geissel, in seinen Bemühungen lebhaft unterstützt wurde. Der damalige Rektor Alois Flir war ein Tiroler, Abgeordneter in der Frankfurter Nationalversammlung. Kaiser Franz Joseph von Österreich stellte Mittel zur Verfügung. Die Habsburger Monarchie zahlte bis zu ihrem Ende einen Zuschuß zum Gehalt des Rektors aus ihrer Privatschatulle. Andere österreichische Stiftungen für die Anima hat es nicht gegeben. Das Priesterkolleg, das im Jahre 1859 errichtet wurde, befindet sich noch heute in den Häusern, die der Anima von dem Westfalen Dietrich von Nieheim vor

fünfhundert Jahren geschenkt worden sind. Der österreichische Kaiser handelte auch nicht als österreichischer Landesherr, sondern als Mitglied des Deutschen Bundes. Er stand damals mit Preußen im Wettbewerb um die Führung in Deutschland. Ausdrücklich hat er die Anima als Kirche und Kolleg für alle Katholiken deutscher Sprache bezeichnet. Seit hundert Jahren vermittelt die Anima auch den Schriftverkehr von etwa vierzig deutschen und österreichischen Diözesen mit der Kurie. Dies hat sich als sehr nützlich erwiesen, weil die Geistlichen, meistens Kirchenrechtler, die sich zu Studienzwecken bei der Anima aufhalten, auf diese Weise mit den leitenden Persönlichkeiten und dem Geschäftsgang der Kurie unmittelbar in Verbindung kommen und lernen, was nicht in den Büchern steht. Viele deutsche und österreichische Kardinäle, Bischöfe und Generalvikare sind auf diese Weise aus der Anima hervorgegangen. Zu ihnen gehört der Erzbischof von Köln, Kardinal Frings, der auch bei seinen Aufenthalten in Rom bei der deutschen Nationalkirche Wohnung nimmt.
Der Gegenreformation verdankt das *Collegium Germanicum et Hungaricum* (1552) seine Entstehung. Es kam den Päpsten darauf an, durch die Sorge für einen gut erzogenen und besser als vordem durchgebildeten Klerus die Verbindung zwischen Kirche und Reich wieder zu festigen. Spricht man einen Germaniker an, so ist keineswegs gesagt, daß er aus Deutschland oder aus Österreich stammt. Er kann auch Ungar sein. Denn das *Hungaricum*, das ungarische Kolleg, wurde schon sehr früh mit dem Germanicum vereinigt. Es kann sich aber auch um einen Kroaten, Slowenen, Slowaken, Tschechen, Westpolen, Siebenbürger, einen Schweizer, Elsässer, einen Holländer aus der Diözese Roermond oder um einen Italiener aus der Diözese Trient handeln; Studenten aus all jenen Gebieten also, die einmal zum Heiligen Römischen Reich Deutscher Nation gehört haben. Der christliche Europagedanke, des alten Reichs lebt hier bis auf den heutigen Tag ungebrochen fort. Deutsch ist die Umgangssprache der Hausgemeinschaft. In deutscher Sprache muß auch die Probepredigt von den Studierenden aller Nationen gehalten werden. So wurde in diesem Kolleg

vier Jahrhunderte lang der Versuch gemacht, eine geistige Führerschicht für Mitteleuropa zu schaffen. Dies schließt freilich nicht aus, daß viele große Bischofs- und Theologengestalten nicht durch das Kolleg gegangen sind und auch nicht in römischer Luft ihre Ausbildung empfangen haben. Zu den Germanikern gehörte Karl Sonnenschein, der Berliner Großstadtapostel der zwanziger Jahre.

Wie die mittelalterlichen Universitäten und Kollegs verfügt auch das Germanicum noch heute über eigenen Grundbesitz. Es gehört sogar zu den größten Grundbesitzern Latiums. In den letzten Jahren sind auf dem dreitausendachtzig Hektar Land fünfzig Mustergüter errichtet worden, die für die Bewirtschaftung der römischen Campagna beispielgebend geworden sind. Der Sitz des Germanicums, der sich zuerst im Palazzo Altemps in der Nähe der Piazza Navona befand, erhebt sich heute auf der Höhe des Quirinals, auf einem der höchstgelegenen Plätze Roms, mitten im Gewühl des internationalen Verkehrs, in einem Stadtviertel, in dem jeder Zoll Boden Gold wert ist. Das Gebäude des Kollegs ist an der Hauptfront ganz mit Läden und Büroräumen bedeckt. Es läßt nicht vermuten, daß es dahinter einen Bezirk der Stille gibt. Man betritt einen echt römischen Innenhof mit Springbrunnen und hat den Lärm der technischen Zivilisation hinter sich.

Die schlanken Gestalten mit dem kardinalsroten Talar fallen im südlichen Menschengewühl des römischen Stadtbildes auf. Sie erhielten das Rot der Kardinäle, damit diese sich stets bewußt blieben, daß sie ihre Söhne seien. Die römische Stadtverwaltung legte nach dem Kriege Wert darauf, die »Krebse«, wie die Germaniker im Volksmund genannt werden, wieder ihr rotes Gewand anlegen zu lassen, denn es gibt dem römischen Stadtleben eine farbige Note. Die Angehörigen keines anderen Nationalkollegs – es gibt davon dreißig in Rom – sind den Römern so vertraut und auch fremd zugleich. Bei ihrem Anblick begegnen sich zweierlei Welten.

Im Zeitalter der europäischen Bildungsreise, im 17. und 18. Jahrhundert, verschob sich der Schwerpunkt des römischen

Fremdenviertels ein anderes Mal. Zu Füßen der Gärten des Pincio entstand das Viertel der Piazza di Spagna mit der Spanischen Treppe, in dem die Spanische Botschaft die Polizeirechte ausübte. Es war kein Zufall, daß sich an den arkadischen Hängen des Pincio die Landschaftsmaler aus dem Norden niederließen, vor allem zunächst die Niederländer. Aber es waren auch schon einige Deutsche darunter wie die Frankfurter Elsheimer und Sandrart. Unter den fremden Gästen standen die Engländer an der Spitze, so daß dieser Stadtteil auch mitunter »Englisches Viertel« genannt wurde.

Das hier gelegene Café Greco erlangte seine Berühmtheit als der Versammlungsort der ausländischen Künstler. Diese Entwicklung wurde durch die Erschütterungen der Französischen Revolution keineswegs unterbrochen. Jenseits der Spanischen Treppe auf der Höhe des Pincio kam die Villa Malta in den Besitz des bayerischen Königs Ludwig I., der als Mäzen bei dem deutsch-römischen Künstlerkreis Gastrecht genoß. Die Villa, die später in das Eigentum des Reichskanzlers Fürsten Bernhard von Bülow überging und heute Sitz der »Civiltà Cattolica«, der Zeitschrift des Jesuitenordens, geworden ist, hat sich in ihrer beherrschenden Lage erhalten, ist aber durch die Umbauten des 19. Jahrhunderts arg entstellt worden.

Ein anderer Palazzo, mit dem das deutsche Kunstleben in Rom schon seit der Zeit seines Erbauers, des Malers Federico Zuccari eng verbunden war, ist durch die hochherzige Stifterin Henriette Hertz aus Köln am Ende des 19. Jahrhunderts fest in den Besitz der kunsthistorischen *Bibliotheca Hertziana* übergegangen. Ausgezeichnet durch seine Lage unmittelbar über der Spanischen Treppe auf der freien Höhe der Trinità dei Monti mit einem weiten Blick über ganz Rom, ist es der einzige von den alten, edlen Palästen, der aus dem Schiffbruch der beiden letzten Weltkriege noch in deutscher Hand geblieben ist. Nebenan befand sich auch die erste Wohnung Joachim Winckelmanns, der das neue Zeitalter, das die Archäologie zu einer Bildungsreligion erhob, begründet hat.

Am 18. November 1755 war er durch die Porta del Popolo eingefahren, um in Rom seine Geschichte der Kultur des Altertums zu schreiben. Die Einzelheiten seiner Darstellung mögen überholt erscheinen, aber er machte die Hinterlassenschaft des Altertums zu einem verwandelnden Erlebnis. So wurde auch für Goethe, der ihm ein Menschenalter später folgte, Italien zum Wendepunkt seines Lebens und brachte ihm die Neugeburt des Menschen durch die Kunst, die Natur und das Licht des Südens. Ebenso deutsch wie Luthers gewaltige Romfeindschaft wird es immer klingen, was Goethe neunundsiebzigjährig Eckermann gestand: »Ich kann sagen, daß ich nur in Rom empfunden habe, was eigentlich ein Mensch sei. Zu dieser Höhe, zu diesem Glück der Empfindung bin ich später nie wieder gekommen, ich bin, mit meinem Zustand in Rom verglichen, eigentlich nachher nie wieder froh geworden.«

Zu den Dichtern, die kamen und gingen, gehörten Herder, Friedrich Müller, Heine und Klinger. Über die vielfältige Berührung zwischen deutschen Dichtern, Malern und Gelehrten, die Rom damals vermittelte, ersetzte es gleichsam dem in viele Länder aufgesplitterten deutschen Kulturleben den in Deutschland fehlenden Mittelpunkt, wurde Rom für eine Weile, während sich der deutsche Geist eng mit dem europäischen berührte, zur geistigen Hauptstadt Deutschlands. Wilhelm von Humboldt, der Gelehrte und Staatsmann, der als preußischer Ministerresident an den Papstsitz entsandt worden war, spürte die große Kontinuität Roms im geschichtlichen Werden und Vergehen. Auf ihn folgte der Geschichtsschreiber Barthold Georg Niebuhr.

In dem preußischen Gesandtschaftssitz auf dem Kapitol wurde unter seinem Nachfolger Christian Josias Bunsen schließlich das Reis in den Boden gesenkt, aus dem der mächtige Baum des Deutschen Archäologischen Instituts erwachsen sollte. Unter seinen Mitgliedern befanden sich auch Ausländer. Auf dem Tarpejischen Felsen, auf dem das Institut seinen Sitz genommen hatte, erschien am Jahresende 1844 Theodor Mommsen. Er durchstreifte die Ausgrabungsfelder, entzifferte die steinernen Inschriften, befragte sie nach Staat, Recht und Kultur der Römer, verglich sie mit dem aus der schriftlichen Überlieferung bekannten und erschloß sich auf diese Weise eine neue Quelle der Geschichtsschreibung. Mit Hentzen und dem Italiener Gian Battista de Rossi tat er sich zusammen, um mit ihnen die zutage gekommenen Inschriften zu einem Werk zu vereinen, das den Namen *Corpus Inscriptionum Latinarum* erhielt. Mommsen war wie Humboldt Protestant. Mit Recht ist hervorgehoben worden, daß die drei wirklich großen Italienbücher in deutscher Sprache, Goethes »Italienreise«, Gregorovius' »Wanderjahre in Italien« und Viktor Hehns »Italien« von evangelischen Deutschen verfaßt worden sind.

Im Stil des märkischen Klassizismus erhebt sich noch heute der Backsteinbau, der von preußischen Baumeistern für das Deutsche Archäologische Institut auf dem Kapitol errichtet worden ist, von strenger Nüchternheit, aber edel in den Maßen. Die Gesandtschaftskapelle, die erste freie Bekenntnisstätte des evangelischen Glaubens in Rom, und der Bau des evangelischen Krankenhauses, die sich ebenfalls auf diesem ehrwürdigen Hügel Roms befanden, wie auch der Palazzo Caffarelli selbst, der Sitz der Preußischen Gesandtschaft und später der Deutschen Botschaft, mußten zum großen Teil der Spitzhacke weichen. In dem Palast hatte Kaiser Wilhelm II. einen Thronsaal einrichten lassen, der mit Fresken aus der germanischen Götterwelt und der nordischen Naturmythen geschmückt war – eine wahrhaft entlarvende Maßlosigkeit. Das ehrwürdigste Denkmal für das evangelische Deutschland in Rom bleibt der nichtkatholische Friedhof bei der Cestiuspyramide. Das älteste Grabmal, das sich auf ihm wahrnehmen läßt, weist auf einen Verkehrsunfall hin. Es gehört dem hannoverischen Altertumsfreund Georg von Werpup, der bei seiner Abreise von Rom am 24. Mai 1765 auf der Via Flaminia durch einen Sturz mit dem Reisewagen den Tod fand.

Wenige Schritte abwärts vom Kapitol hatte im Palazzo Venezia die Botschaft Österreichs ihren Sitz, bis 1866 noch Vormacht des Deutschen Bundes, das wie Preußen auch in Rom seinem deutschen Beruf nachzugehen suchte. Deutsche und österreichische Künstler fanden im Palazzo Venezia Aufnahme, besaßen hier ihre Ateliers. Zweimal wurden in seinen Räumen

Ausstellungen zugunsten der Vollendung des Kölner Domes veranstaltet. So machte sich die zwiegespaltene Wurzel des deutschen politischen und kulturellen Lebens auch in Rom geltend.

Die deutsche römische Kolonie mag heute etwa dreitausend Mitglieder zählen. Es fehlt ihr jetzt das Element der Kaufleute und Handwerker. Die vielen deutschen Geistlichen, die am Mittelpunkt der Weltkirche tätig sind, die Gelehrten und Künstler der fünf deutschen kulturellen Institute (Deutsches Archäologisches Institut, Deutsches Historisches Institut, Bibliotheca Hertziana, Römisches Institut der Görres-Gesellschaft und die Deutsche Akademie, Villa Massimo) und das wechselnde Element der Beamten der beiden deutschen Botschaften beim Quirinal und Vatikan bilden ihre Grundlage.

Zu einem wesentlichen konstituierenden Element ist auch wieder die »Deutsche Schule« geworden, die auf einen hundertjährigen Bestand zurückblickt und nach der Unterbrechung während des letzten Krieges und der Nachkriegszeit wieder eine Zahl von über 300 Schülern innerhalb und außerhalb des deutschen Sprachkreises erreicht hat.

Wenn die deutschen Pilger und Besucher in den letzten Jahrzehnten nach Rom kamen, wurden sie an den großen Festen von der Höhe von St. Peter auch in der Sprache ihres Volkes angeredet. Die Namen der deutschen Städte und Landschaften, von Köln und Augsburg, von Berlin und Hamburg, von München und Stuttgart, von Würzburg und Freiburg, ja auch der heute unter fremder Besatzung und Verwaltung stehenden Gebiete im Osten, wie Schlesien, Pommern und Ostpreußen, waren für den Papst, der sie nannte, ein fest umrissener Begriff. Denn er hatte ein volles Jahrzehnt seines Lebens in diesem weiten Lande zwischen der Nordsee und den Alpen zugebracht und hatte sich geöffnet für alles, was auf ihn einströmte und ihm entgegentrat in einer Zeit, in der das europäische Drama, das im zweiten Weltkrieg gipfelte, schon in vollem Gange war. Hier nahm Eugenio Pacelli, der damalige Nuntius und spätere Papst Pius XII. die treibenden Kräfte der Zeit aus größerer Nähe wahr als südlich der Alpen, wo nur allzuleicht dem Blick zu einer undeutlichen grauen Masse zusammenrinnt, was nördlich der großen Gebirgsscheide des Kontinents liegt. Viel Verhängnis auch für die Geschichte der Kirche hat es in früheren Jahrhunderten mit sich gebracht, daß dieser Vorhang vorhanden war. So war es auch ein Glück für die Deutschen, daß dieser Pápst auf dem Stuhl Petri saß, als sie in den tiefsten Abgrund ihrer Geschichte stürzten. Nicht nur, daß er mit großzügigen Hilfssendungen ihrem Elend und ihrer Not zu steuern suchte. Es mag dahingestellt bleiben, wieviel dieser Papst an »deutschen Eigenschaften« mitgebracht hat. Seine engeren Mitarbeiter sagen, daß er sie von früher Jugend besessen habe. Die ungeheure Arbeitsdisziplin und Arbeitsaskese haben ihn befähigt die Weltkirche in einem Maße zu regieren, wie es selten einem seiner Vorgänger beschieden war. Darin war er wie die großen römischen Staatsmänner der Republik und noch des Kaiserreiches, die Schöpfer des britischen Weltreiches und heute die Männer, die an der Spitze der großen politischen und wirtschaftlichen Zusammenschlüsse stehen. Zu ihrem Leben gehören die Nachtwachen. Pius XII. aber vollendete damit eine Entwicklung im kirchlichen Rom, die ihre Wurzeln im vorigen Jahrhundert hat, als sich als der große Gegner der Kirche, der sogenannte Fortschritt, herausstellte. Mit ihm, mit der Entwicklung der modernen Kultur, wollte sie Schritt halten, ihr wenn möglich zuvorkommen, ihr beweisen, daß die Kirche, die nicht von heute, sondern von gestern und vorgestern ist, gerade deshalb Lösungen bereit hielt, für morgen und für übermorgen, die dieser fortschrittlichen Welt nicht bekannt waren. Das war schon der Ehrgeiz Leos XIII. Er steigerte sich dadurch, daß unter den nachfolgenden Päpsten noch das Element der Aktion hinzutrat. Pius XI., der Mailänder Papst, proklamierte die »Katholische Aktion«. So wollte man die gewaltigen Aufgaben des 20. Jahrhunderts bewältigen. Auch Pius XII. hat in diesem Sinn die Kräfte bis zum äußersten angespannt. In zunehmendem Maße bediente er sich dazu der modernen technischen Mittel, suchte er auch die Organisation der Kurie zu straffen, auch wenn es zu der ihm vorschwebenden Reform der Kurie nicht gekommen ist. Er sah deutlich, daß die Verfassung der Kurie, wie sie in den letzten Jahrhunderten geworden ist, sich nicht mehr im Gleichtakt mit den Aufgaben der Weltkirche befindet und suchte aus dem Staatssekretariat, das er selbst in der Hand hielt, das Führungsorgan zu machen. Mit seiner Arbeitsaskese, mit der Straffung der Organisation der kirchlichen Verwaltung und durch sein Wort, mit dem er zu all den vielfältigen Erscheinungen des modernen Lebens Stellung nehmen wollte, und durch das er zu einem großen Lehrer der Kirche, zu einem zweiten Gregor dem Großen wurde, ist er bis an die Grenze des Möglichen gegangen. Es ist wahr, niemals seit den mittelalterlichen Jahrhunderten hat die Kirche eine solche Höhe universalen Ansehens erreicht.

Über Pius XII gab es keinen Weg mehr hinaus. Er war die Vollendung und damit auch der Abschluß einer kirchenpolitischen Entwicklung. Auch der kirchliche Zentralismus schien seine Grenze erreicht zu haben. Mit Johannes XXIII. zog ein ganz anderes Klima am päpstlichen Hof ein. In der Nachfolge des galiläischen Fischers schien an die Stelle Pius' XII., eines aristokratischen Papstes, ein Volkspapst zu treten. Zunächst überraschte die Zeitgenossen die Wahl des Namens Johannes, der seit den Tagen des 15. Jahrhunderts in der Papstgeschichte nicht mehr vorgekommen war. Dann die freiere Art sich zu bewegen, in der Vatikanstadt selbst wie auch außerhalb ihrer Mauern. Schon in wenigen Monaten hatte Johannes häufiger die Staatsgrenze überschritten als sein Vorgänger in zwanzig Jahren seiner Regierungszeit. Seine souveräne Einfachheit, seine Menschlichkeit und Güte erweckten von Anfang an selbst in der Brust des unzugänglichsten Laien herzliche Gefühle. In seinen Entscheidungen lebte der ganze Optimismus und die Vitalität dieses jugendlichen Achtzigjährigen. Sein Geist gewährte der Traurigkeit keinen Eingang. Heiterkeit, Geduld und Vertrauen haben ihn niemals verlassen.

Man hat ihn als einen Weltpfarrer bezeichnet. Der Anstoß, den er an gewissen Formen des Protokolls nahm, haben viele dazu verleitet, in ihm eine Art von großem, wenn auch durch Studien, diplomatische Praxis und priesterliche Erfahrung verfeinerten Landpfarrer zu sehen. Es ging ihm aber nicht um eine Weltschau aus dem Blickwinkel des Dorfpfarrers. Es waren die großen Probleme, die ihn beschäftigten. In einer erschütterten Gesellschaft und in einer Welt, die sich nach Einheit sehnt, sah er die katholische Kirche vor schwerste Aufgaben gestellt. »Aus dem Turm heraus«: diese Losung war vor vielen Jahrzehnten in den Reihen der deutschen Katholiken ausgegeben worden. Das schien nun für die katholische Kirche als Ganzes zu gelten. Johannes XXIII. hat niemals einen übertriebenen Geschmack an Neuerungen gezeigt. Vor allem dann nicht, wenn sie nur die Oberfläche berührten. Johannes XXIII. zeigte sich nach seinen eigenen Worten bestrebt, »den Tiber zu verbreitern«. Also einen größeren Abstand zwischen Vatikan und italienischem Staat zu schaffen. In den Zwischenraum stellte er die italienischen Bischöfe, denen er die Überwachung der italienischen Angelegenheiten anvertraute. Damit war der Apparat der Kurie um einen Schritt zurückgedrängt. In Frankreich hatte er erkennen gelernt, was ein Episkopat bedeutet, der auf eigenen Füßen steht.

Der Appell an die christliche Einheit war eines seiner Themen. Er mochte den Begriff der Wiedervereinigung der Christen nicht. Er sprach von der wiederherzustellenden Einheit der Kirche Christi. Dabei war er sich bewußt, daß sich die katholische Kirche selbst erst noch auf die wiederzufindende Einheit hin entwickeln mußte, daß sie in die Einheit als eine andere eintreten werde als die, die sie jetzt sei; sowohl in ihrem Aufbau wie in ihrer Lehre. Er begrüßte den Aufbruch der pluralistischen Kräfte im Schoß der eigenen Kirche. Im Orient war ihm deutlich zum Bewußtsein gekommen, daß die katholische Kirche nicht mit der lateinischen Kirche gleichgesetzt werden kann, daß das geistliche Rom infolgedessen das Römische im engeren Sinn überwinden muß. Dies war schon in einem Satz Pius' XII. angelegt, daß die Kirche nicht an eine bestimmte Kultur gebunden sei.

Papst Johannes XXIII. verblüffte nicht nur die Konservativen, wenn er auf das Konzil zurückgriff. Waren doch viele Theologen geneigt zu erklären, daß nach der Verkündung des Dogmas von der päpstlichen Unfehlbarkeit im Jahre 1870 die ökumenischen Konzile als überwunden angesehen werden müßten. Vier Jahre lang erlebten Römer und Rombesucher im Herbst auf dem Petersplatz ein ungewöhnliches Schauspiel. Zweimal am Tage färbte sich sein großes Oval violett; rund 2500 Bischöfe des Zweiten Vatikanischen Konzils strömten am Morgen in den Petersdom hinein und am Mittag wieder aus ihm heraus. Die Bischöfe haben auf dem Konzil die Kollegialität beschlossen. Dies soll nicht nur ihrem Verhältnis zum Papst gelten, sondern auch zu den übrigen, zu den Priestern und zu den Gläubigen. Kirche ist ihrem Wesen nach Kollegialität, Kommunion, Gemeinschaft, Brüderlichkeit. Diesen Kernsatz wollte das Zweite Vatikanische Konzil verkünden.

Im Petersdom lagen sich die ansteigenden Sitze der Konzilsväter auf einer Länge von dreißig Meter gegenüber, genau wie im englischen Parlament, von der Größenordnung abgesehen, die Sitze von Regierungspartei und Opposition. Nur nach vorn blieb der Blick frei in die Helligkeit der Kuppel, auf den Tabernakel des Bernini mit den gewundenen Bronzesäulen und das als Abschluß der Raumflucht durchschimmernde Fernbild des Altars der Kathedra, mit den Riesenfiguren der Kirchenväter. So waren diese liturgisch bedeutsamen Stellen des Kircheninneren in die Konzilsaula einbezogen. 104 Beobachter aus dreiundreißig nicht katholischen Kirchengemeinschaften nahmen an der letzten Sitzungsperiode des Konzils teil. An der ersten waren es neunundvierzig, an der zweiten sechsundsechzig und an der dritten fünfundsiebzig. Sie stammten aus den Kirchen der Orthodoxie und der Reformation. Wer hätte dies zehn, ja auch nur fünf Jahre vorher für möglich gehalten? Die Beobachter hatten einen Platz vor aller Augen auf einer Tribüne zwischen dem Präsidententisch und dem Sekretariat.

Wer in der katholischen Kirche noch zu sehr die Fortsetzung des Imperium Romanum sah, mußte erfahren, daß sie das Reich des Gekreuzigten ist. Die Sprache der Bischöfe gipfelte in der Kritik an dem Romanismus. Darunter verstand man alle Übertreibung von Papalismus und Episkopalismus, Zentralismus und Legalismus, die dem Geist des Evangeliums widerspricht.

Die katholische Kirche wurde im Konzil aufgefordert, die Gebärde der Weltherrschaft und jeglichen Triumphalismus abzulegen und sich im demütigen Kleide der pilgernden Kirche auf den Weg zu machen. So wurde in Rom selbst Rom in Frage gestellt. Denn gerade wer Rom liebt und verehrt, muß auch die Gefahren und Schattenseiten des Römischen erkennen. Dafür ist der Sinn wachgeworden. Kommt es zu dieser römischen Verwandlung? Von der Beantwortung dieser Frage hängt nicht nur das Ergebnis des Konzils, sondern auch die künftige Geschichte der Christenheit in weitem Maße ab.
Die »echten« Konservativen, wie man die erneuernden Kräfte nennen darf, die für die organische Weiterentwicklung des echten Alten eintraten, haben sich den »falschen« Konservativen, der Partei der Beharrung, als überlegen erwiesen. Dieser Kampf ist freilich auch nach dem Konzil noch nicht abgeschlossen.
Der zweite Konzilspapst ist nach dem Tode Johannes' XXIII. im Jahre 1963 der Montini-Papst Paul VI. geworden. Auf die herkömmliche Frage: »Wie willst du genannt werden?« antwortete er: »Paulus«. Entgegen dem Brauch setzte er zur Begründung nichts hinzu. Es verstand sich von selbst, daß nur einer gemeint sein konnte, Paulus von Tarsus, der Völkerapostel, der weder Juden noch Heiden, Griechen noch Römer kannte und dessen ökumenische Botschaft lautete: »Öffnung zur ganzen Welt, Dialog und Verkündung der Wahrheit in Liebe«. Paulus ist auch der Apostel, der den Kirchen der Reformation besonders nahe steht. Der neue Papst setzte sich zur Aufgabe, das Programm Johannes' XXIII. fortzusetzen. Aber es geschah in einem anderen Stil und in einer anderen Methode. Das Ringen zwischen den beiden Auffassungen von der Kirche, der mehr legalistischen und kanonistischen und der mehr charismatischen, von der Bibel herkommenden auf der anderen Seite, muß der Papst auch in seiner eigenen Brust austragen. War dieser Dualismus doch von vornherein durch sein ganzes Leben, seinen ganzen Werdegang in ihm angelegt: Auf der einen Seite der Schüler der Oratorianer aus der Gefolgschaft des heiligen Filippo Neri, der geistliche Berater der italienischen

Studenten, der offene Geist für die Strömungen der Zeit, der Pfleger der Bibel, der Befürworter einer heilsgeschichtlichen Theologie und auf der anderen Seite der junge Geistliche, der ohne sein Studium zu Ende geführt zu haben, in die Kurie hinübergeholt worden war, der alle Stufen im Staatssekretariat bis zur höchsten erklettert hatte, der zur rechten Hand Pius' XII. geworden war, der aber auch durch diese Tätigkeit vor Einseitigkeit bewahrt wurde, dem sich der Blick für die Weite der Welt und der Weltkirche erschloß. Was lag für ihn näher als beide Erfahrungen miteinander zu verbinden! Aber nicht immer stimmen sie miteinander überein. Dann ist eine Entscheidung gefordert. Man hat diesem Papst Unentschiedenheit vorgeworfen. Es ist noch nicht möglich, ein Urteil darüber zu fällen. Was hat sich aber nicht allein im äußeren Auftreten des Papstes alles geändert! Paul VI. legte die Tiara ab. Wer hätte sich noch vor zehn Jahren einen Papst ohne die dreifache Krone vorstellen können! Reisen haben Paul VI. zu den Vereinten Nationen über den Ozean nach New York und in das Land der großen Religionen Asiens, der Bevölkerungsexplosion, des Reichtums und des Hungers nach Indien geführt. Vor allem aber ist er der erste Papst nach Petrus, der in das Land zurückgekehrt ist, wo der Herr lebte.
Nachdem der Abschnitt der Gewaltsamkeit in der östlichen Welt in großem Umfang abgeklungen war, glaubte schon Johannes XXIII. die Möglichkeit zu erkennen, mit einem modus vivendi den bedrohten Kirchen in den östlichen Ländern zu helfen. Paul VI. ist diesen Weg entschlossen weitergegangen. Er hat Abkommen mit Ungarn und Jugoslawien abgeschlossen. Er hat sich auch nicht gescheut, den sowjetischen Staatspräsidenten Podgorny im Vatikan zu empfangen. Der Begriff der Audienz wurde dafür auf Wunsch der sowjetischen Besucher aufgegeben. Es wurde nur von einer Begegnung gesprochen. Um den Schreibtisch des Papstes herum fand eine Arbeitsbesprechung statt, an der auch Fachleute teilnahmen. Der Durchbruch des bisherigen Zeremoniells kam auch darin zum Ausdruck, daß der sowjetische Staatspräsident in Gegenwart des Papstes zur Zigarette griff. Diese Begegnung war an sich

schon ein historisches Ereignis, ganz unabhängig von den Folgen, die sie zeitigt. Die Hoffnung der katholischen Kirche geht dahin, daß sie am Anfangspunkt einer neuen Entwicklung steht, einer Entwicklung, die die Religionsfreiheit auch in der östlichen Welt zur Geltung kommen läßt.

Noch auf Bildern des frühen neunzehnten Jahrhunderts erscheint Rom als eine Stadt, die in Gärten und Weinbergen untergeht. Heute hat sich das Bild vollkommen umgekehrt. Tag um Tag rückt die Lava des Eisenbetons vor und verschluckt die Äcker am Rande der Stadt und läßt die wenigen übrig gebliebenen Parks der ehemaligen Villen als immer mehr zusammenschrumpfende Inseln hinter sich zurück. Rom besitzt von allen Hauptstädten Europas am wenigsten Grünfläche, auch wenn die Spazierwege unter den Steineichen des Pincio oder unter den Pinien des Gianicolo noch ein anderes Bild vorgaukeln. Aber auch diese neue Realität, diese neue große Verwandlung, in der Rom begriffen ist, stellt die Wiederholung eines schon einmal in der Antike in der römischen Kaiserzeit dagewesenen Zustandes dar. Heute entstehen wieder die *Insulae*, das heißt die großen Baublocks von Miethäusern, die ganzen Stadtvierteln gleichen. In ihnen gibt es zehn bis zwanzig Treppenhäuser, ihre Stockwerke schießen bis zur Höhe von Hochhäusern auf. Mit zwei- bis dreitausend Bewohnern erreichen sie die Einwohnerzahl einer kleinen Gemeinde. Rom hat auf dem Einwohnermeldeamt die Zahl von 2,5 Millionen überschritten. In Wirklichkeit sind es noch einige Hunderttausend mehr. So gibt es zwei Städte nebeneinander, eine bekannte und eine unbekannte. Es sind nicht nur die Bewohner der Barackenviertel in der Bannmeile, die ohne Aufenthalts- und Arbeitsgenehmigung zugezogen sind und deshalb in der amtlichen Statistik nicht geführt werden. Auch angesehene und manchmal recht wohlhabende Angehörige freier Berufe wollen im Rathaus auf dem Kapitol unbekannt bleiben, denn in Rom muß eine besonders hohe Gemeindesteuer errichtet werden. Hinter der Zuwanderung steht als beängstigende Erscheinung die Entleerung der italienischen Provinz. Rom ist die einzige

Weltstadt, in der es keine Fabrikschornsteine gibt, trotz aller Pläne für die Errichtung einer Industriezone. Die Ansammlung von Arbeitermassen am Sitz der italienischen Regierung und vor allem am Sitz des Papsttums wurde auf diese Weise vermieden.

Schon kündigt sich die Gefahr an, daß das alte, eigentliche Rom eines Tages durch die von allen Seiten andrängenden neuen Viertel wie eine Nuß gesprengt wird. Es wird in einem Maß von dem Mahlstrom des Verkehrs erfaßt, daß es kaum noch möglich scheint, sich in seinen Straßen und Gassen zu bewegen. Denn der Altstadtkern liegt auf den inneren Verbindungslinien zwischen den Außenvierteln, die nun einmal die kürzesten sind. Der bisherige Bebauungsplan hat die Ausdehnung der Stadt in der Form eines Ölflecks nicht gesteuert. Der neue Bebauungsplan sieht in weitgespanntem Bogen von Süden nach Osten Satellitenstädte vor in einer Richtung, in der zum Glück schon heute die Hauptmasse der Bevölkerung wohnt. Den Ansatzpunkt für die neue Planung bietet die Ausstellungsstadt tiberabwärts. Die Finanzverhältnisse Roms sind nach wie vor chaotisch. Hier hat die stürmische Entwicklung die stärkste Unordnung gestiftet. Die Stadtverwaltung wird viele von diesen Problemen lösen, wenn das neue universale Rom nicht nur äußerlich, sondern auch innerlich eine moderne Stadt geworden ist. Denn damit vermag sie erst der Probleme wirklich Herr zu werden. Das Schwerste von allem ist und bleibt, das alte Rom, das ein Gut der ganzen Menschheit darstellt, vor dem Ansturm der technischen Zivilisation zu retten. Dauer und Verwandlung: mit dem Ausgleich dieser Spannung hat die Urbs heute noch in viel größerem Umfang als an früheren Wendepunkten ihrer Geschichte zu ringen.

FINIS

Anhang XII

Verzeichnis Römischer Stätten

CIP-Kurztitelaufnahme der Deutschen Bibliothek:

Morton, Herny V.:
Wanderungen in Rom / Henry Vollam Morton.
Mit Zeichn. von Bernd Rosenheim. Mit e. Nachw. von Josef Schmitz van Vorst. – 9. Aufl. – Frankfurt am Main: Societäts-Verlag, 1986.
Einheitssacht.: A traveller in Rome «dt.»
ISBN 3-7973-0093-X